hänssler

BIBELWISSEN

D. Fritz Grünzweig (5. 11. 1914 – 24. 11. 1989)

Fritz Grünzweig

Einführung in die biblischen Bücher

DAS ALTE TESTAMENT

mit einem Geleitwort
von Gerhard Maier

Herausgegeben von
Stephan Zehnle

Die Deutsche Bibliothek-CIP-Einheitsaufnahme

Grünzweig, Fritz:
Einführung in die biblischen Bücher / Fritz Grünzweig. Mit einem Geleitw. von Gerhard Maier. – Neuhausen-Stuttgart : Hänssler.
(Hänssler-Bücher : Hänssler-Bibelwissen)

Das Alte Testament. – 1991
ISBN 3-7751-1625-7

hänssler-Bibelwissen
Bestell-Nr. 391.625

Illustrationen: Georg Ozory (nach Vorlagen von Fritz Grünzweig)
Umschlaggestaltung: Daniel Dolmetsch
Titelbild: Artephot, Paris/Maurice Babey
Printed in Germany

Inhalt

Zum Geleit

Daß diese »Einführung in die biblischen Bücher« von Fritz Grünzweig jetzt als eine Art Testament des verstorbenen Autors erscheint, wird sich vermutlich auf längere Sicht als hilfreich erweisen.

Worin lagen eigentlich die Vorzüge der Ausdrucksweise Fritz Grünzweigs? Man darf sie nicht in einem rasanten Feuerwerk äußerer Effekte suchen. Die Sprache ist sachlich, penibel abwägend, und man hört den Autor öfter gewissermaßen im Satz innehalten, noch einmal bedenken und erwägen, bis der Satz dann mit aller Vorsicht zu Ende geführt wird. Diese Sprache atmet »Erdgeruch«. Ihre Diktion ist unverhüllt schwäbisch, und sie entstammt einem Mann, der das Rechtliche auch im Glauben und in der Religion nicht vergaß – eine Seltenheit unter den heutigen Evangelischen. Nicht zuviel und nicht zu wenig zu sagen – das war seine Maxime.

Wenn Fritz Grünzweig daran ging, die Bibel auszulegen oder in die Bibel einzuführen – übrigens zwei Vorgänge, die bei ihm praktisch auf dasselbe hinausliefen –, dann hörte er zunächst auf die Bibel selbst. Diese *Konzentration auf die Bibel* unterschied ihn von der Mehrzahl der evangelischen Theologen seiner Zeit. Fritz Grünzweig war ein Biblizist, und zwar mehr noch ein Biblizist als ein Pietist, obwohl er beides gerne gewesen ist. Aber vor das Hören auf die Stimme seines Herrn sollte sich nichts schieben. Fritz Grünzweig lebte »reichsunmittelbar« – und darin war er ein wenig verwandt mit der Struktur seines Korntal. »Reichsunmittelbar« heißt: unvermittelt, direkt vor Jesus stehend. Daran aber gab es für ihn keinen Zweifel, daß dieser Jesus heute in Gestalt der biblischen Botschaft hörbar und erkennbar ist. Die altkirchlich-christliche Anschauung, daß wir das Evangelium als »os Christi« (»Mund Christi«) bei uns haben, wurde in ihm lebendige Gegenwart.

Fritz Grünzweig glaubte also allen Ernstes, daß wir die besten Auskünfte über die Bibel und deren einzelne Teile aus ihr selbst holen können. Er glaubte und praktizierte in Verkündigung und Lehre, daß die Bibel wahr ist. Für manche Protestanten ist das heute eine schreckliche Häresie. Aber niemand wird bestreiten können, daß Fritz Grünzweig damit vielen Menschen einen Zugang zur Bibel freilegte, Vertrauen schuf und vielen wohlgetan hat. Dabei ist dieses innerliche »Wohltun« nicht zu verwechseln mit einem billigen »Das tut mir gut!«, sondern es meint die Anwendung der aufbauenden Kräfte des Evangeliums.

Nach seiner Konzentration auf die Bibel war also dies sein zweiter Vorzug, daß er *aufbauend* wirkte. Ich habe nie eine absichtlich verletzende Polemik von ihm gehört oder gelesen.

Fritz Grünzweigs dritter Vorzug war die *Anwendung der Brüderlichkeit in der Lehre*. »Brüderlichkeit« heißt in diesem Zusammenhang zunächst »Zuhören-Können«. Fritz Grünzweig wollte durchaus hören, was andere in der zur Verhandlung stehenden Sache sagten. Dieses Hören bedeutete für ihn eminenten Fleiß, weil das Zuhören immer unbequem ist und Mühe macht. So las er andere, sprach mit anderen und hörte zu, so gut er konnte. »Brüderlichkeit« heißt des weiteren »Korrekturbereitschaft«. Obwohl von Natur eher »gestanden«, mutete sich Fritz Grünzweig die Anstrengung zu, sich korrigieren zu lassen und Besseres zu hören als das, was er bisher selbst zu sagen hatte. »Brüderlichkeit« bedeutet hier ferner das Stehenlassen anderer. Mochte er sich auch nicht zur Übernahme ihrer Meinungen entschließen, so wollte er sie doch, sofern er ihnen die Ausrichtung an der Bibel abspürte, achten. Er gestand ihnen zu, daß auch sie »reichsunmittelbar« lebten, daß sie also direkt vor Jesus standen. Dieses stete und angestrengte Abwägen spürte man ihm auf Schritt und Tritt an.

Man mache einmal die Probe und überlege sich, ob es wohl »Grünzweigianer« geben könnte. Ich glaube nicht. Dazu war er zu abwägend. Andrerseits muß man ihm erstaunlich oft zustimmen. Nimmt man ihn ernst, dann muß man ihm in der Haltung begegnen: »Prüft alles, und das Gute behaltet« (1. Thess 5,21).

Ich möchte zuletzt nicht verschweigen, daß ich ihm selber Wesentliches verdanke. Seine Ermahnung zur Sachlichkeit war mir oft eine Bewahrung. Sein aus der Gewißheit kommendes »So steht es geschrieben!« richtete auf, ließ wieder Boden unter den Füßen spüren, machte fröhlich. Seine Frage: »Was ist recht?« bohrte sich immer wieder in Herz und Gewissen. »Was ist recht?« heißt ja: »Was sieht Gott als richtig an? Was erlaubt uns Gott?« Hier handelt es sich um die praktische Anwendung der Gottesfurcht. Man lernt ja im Laufe des Lebens manche Siege und Sieger kennen, die nicht recht haben und auch nicht recht tun. Fritz Grünzweigs Betonung der Zukunft hatte manchmal etwas Unerbittliches. Aber in einer Zeit, die so weit wegrückt von der Ewigkeit, war es etwas Tröstliches, mit ihm auf den Herrn zu schauen, der nicht nur in der Bibel sprach, sondern der auch wiederkehrt, um endlich alles ins reine zu bringen.

Im August 1990 Gerhard Maier

Alphabetisches Verzeichnis der Abkürzungen der biblischen Bücher u. a.

Am	Amos	Jos	Josua
Apg	Apostelgeschichte	Jud	Judas
Bar	Baruch	Kap.	Kapitel
1. Chr	1. Chronik	Klgl	Klagelieder
2. Chr	2. Chronik	1. Kön	1. Könige
Dan	Daniel	2. Kön	2. Könige
Eph	Epheser	Kol	Kolosser
Esr	Esra	1. Kor	1. Korinther
Est	Ester	2. Kor	2. Korinther
f.	folgender (Vers)	Lk	Lukas
ff.	folgende (Verse)	1. Makk	1. Makkabäer
Gal	Galater	2. Makk	2. Makkabäer
Geb. Man	Gebet Manasses	Mal	Maleachi
Hab	Habakuk	Mi	Micha
Hag	Haggai	Mk	Markus
Hebr	Hebräer	Mt	Matthäus
Hes	Hesekiel (Ezechiel)	1. Mose	1. Mose (Genesis)
Hiob	Hiob (Ijob)	2. Mose	2. Mose (Exodus)
Hld	Hoheslied	3. Mose	3. Mose (Leviticus)
Hos	Hosea	4. Mose	4. Mose (Numeri)
Jak	Jakobus	5. Mose	5. Mose (Deuteronomium)
Jdt	Judit	Nah	Nahum
Jer	Jeremia	Neh	Nehemia
Jes	Jesaja	Obd	Obadja
Joel	Joel	Offb	Offenbarung
Joh	Johannes	par	und Parallelstellen
1. Joh	1. Johannes	1. Petr	1. Petrus
2. Joh	2. Johannes	2. Petr	2. Petrus
3. Joh	3. Johannes	Phlm	Philemon
Jona	Jona	Pred	Prediger (Kohelet)

Ps	Psalmen	St zu Est	Stücke zu Ester
Ri	Richter	1.Thess	1. Thessalonicher
Röm	Römer	2.Thess	2. Thessalonicher
Rut	Rut	1.Tim	1. Timotheus
Sach	Sacharja	2.Tim	2. Timotheus
1. Sam	1. Samuel	Tit	Titus
2. Sam	2. Samuel	Tob	Tobias
Sir	Sirach	V.	Vers(e)
Spr	Sprüche (Sprichwörter)	Weish	Weisheit
St zu Dan	Stücke zu Daniel	Zef	Zefanja

Übersicht über das Ganze der Bibel

1. Die biblischen Bücher (das fortschreitende Handeln Gottes)

1.1 Die Bibel zeigt Gottes Weg mit der Welt von der Schöpfung bis zur Vollendung

Es ist bereits eine richtungweisende Feststellung, wenn zu Beginn dieser Übersicht über die Bibel die grundlegende Erkenntnis steht, daß Gott *einen Weg* geht. Viele Weltanschauungen (z.B. die Religion der alten Germanen) und Weltdeutungen kennen nur einen ewigen Kreislauf des Lebens. Das ist nicht biblisch gedacht und ist auch eine letztlich hoffnungslose Sache, denn es geschieht ja nach dieser Auffassung im Grunde genommen nie etwas Neues.

Demgegenüber ist die Botschaft der Bibel *teleologischer* Art, d.h. »zielgerichtet«. Der Gott der Bibel geht auf ein Ziel zu. Gottes Ziel ist es, nach dem Sündenfall (1. Mose 3) mit seiner Schöpfung dennoch zu seinem großen Ziel zu kommen. Dieses Ziel ist, daß alles unter und bei ihm ist und in ihm vollendet wird. Daher ist die Heilsgeschichte das, was die Bibel insbesondere kennzeichnet.

Das bedeutet aber auch, daß Gott etwas *tut*, daß er auch in dem, was er tut, vorwärtsschreitet. Es gab in diesem Jahrhundert eine theologische Schulrichtung, die stark betonte und davon sprach, daß sich im Menschen das Bewußtsein verändere. Von daher wurden auch die großen Ereignisse der Bibel, insbesondere des Neuen Testaments (z.B. Jesu Auferstehung), nur als ein Wandel im Denken gedeutet: »Auferstehung Jesu« bedeute die Entstehung des Glaubens in den Jüngern, daß Jesus lebe. Ob Jesus, ob Gott etwas getan hat und ob er etwas tun wird, das hat man dahingestellt sein lassen; bei dieser Anschauung fiel die Heilsgeschichte weg.

Aber damit sind wir nicht auf dem biblischen Grund. Die Bibel bezeugt, daß Gott etwas tut, weil er der Lebendige ist und weil er auf ein Ziel zugeht. Die Bibel zeigt uns Gottes Weg mit der Welt von der Schöpfung bis zur Vollendung.

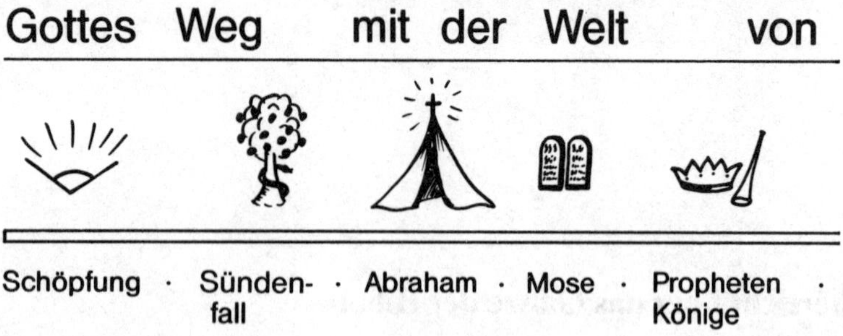

Abb. 1: Übersicht über die Bibel

An Abbildung 1 wird deutlich, wie dieser heilsgeschichtliche Weg Gottes im großen und ganzen verläuft. Der durchgehende Pfeil weist darauf hin, daß es sich um einen Weg handelt. Im *Alten Testament* folgt nach *Schöpfung und Sündenfall* der Neuanfang Gottes mit *Abraham*. Abraham wohnte im Zelt, weil er sich von Gott hat in Marsch setzen lassen. Der Stern ist das Zeichen der Verheißung, durch die Gott dem Abraham etwas in Aussicht gestellt hat: »...in dir sollen gesegnet werden alle Geschlechter auf Erden« (1. Mose 12,3b).

Auf Abraham folgt die »Hausordnung« für das von ihm abstammende Volk Israel: die *Gesetzestafeln*, die Mose am Sinai empfing. Gott gibt diesem Volk also eine Verfassung. Weitere wichtige Stationen der Geschichte Gottes mit Israel sind die *Propheten* (dargestellt durch die Posaune; vgl. Jes 58,1) und die *Könige*. Nachdem Gott das Volk eher theokratisch regierte – mit einzelnen, die er in seinen Dienst gestellt hat (bes. die Richter) –, hat er einerseits auf Wunsch des Volkes, andrerseits als neue Ordnung das Königtum eingesetzt.

Die Zeit des göttlichen Gerichtes über Israel durch die *babylonische Gefangenschaft* zeigt der Baumstumpf an: Wie eine Terebinthe (hebr. für eine Art von Bäumen in Jes 6,13; Luther übersetzt »Eiche«) abgehauen wird, so geht Israel durch die Katastrophe des schwersten Gerichts, weil es auf die Propheten nicht gehört hat. Doch Gott machte mit diesem Volk weiter – der Baumstumpf schlug wieder aus, ein Sproß schlägt daraus hervor (vgl. Jes 6,13b; 11,1).

Im *Neuen Testament* sind es dann die gesamtbiblisch wichtigsten Ereignisse von Jesu Leben, dargestellt durch seine *Geburt*, *Sterben* (Kreuz) und *Auferstehen* zum Heil der Menschen und der Welt nach der Katastrophe der Sünde. Es schafft die große Wende zum Positiven. Es ist göttliche Weisheit, diesen Weg Gottes zu erkennen, und Glaubensgehorsam, ihn anzuerkennen

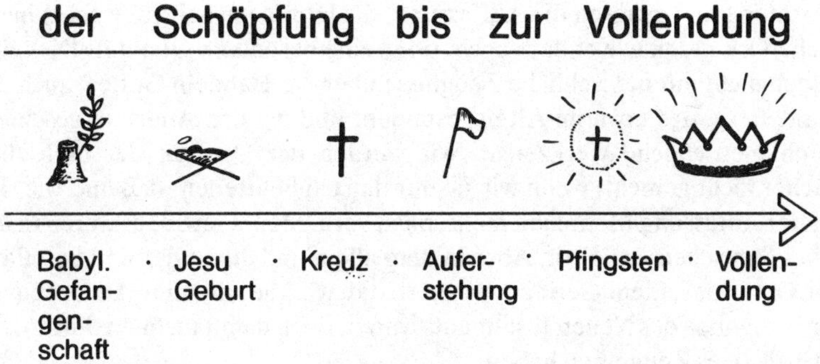

und ihn mit dem eigenen Leben mitzugehen, dafür zu wirken mit Wort, Tat und Wesen, daß auch andere diesen Weg gehen, und dafür mitzubitten, daß Gott an den einzelnen und an den vielen, an Israel und an der Welt, zu seinem Ziel kommt.

Pfingsten stelle ich so dar, daß im Zentrum Christus ist und um ihn seine Gemeinde. Er ist sowohl inmitten der Gemeinde als auch in den einzelnen Christen gegenwärtig als »Christus in ihnen«, als der Heilige Geist. Das große Ziel Gottes ist angezeigt mit der großen Krone: die *Königsherrschaft Gottes* auf dieser Erde in Jesus Christus.

1.2 Was ist die Bibel?

An Abbildung 1 wird des weiteren gezeigt, was die Bibel ist und was sie enthält. Wir unterscheiden zunächst *Altes und Neues Testament*, d.h. Alten und Neuen Bund. Die biblischen Bücher, die wir unter das Leitwort *»Geschichte«* fassen, betreffen das Handeln Gottes in der Menschheitsgeschichte im Zuge seiner Heilsgeschichte. Auch die menschliche Geschichte wird ja von Gott in den Dienst seiner Heilsgeschichte gestellt. Das sind die Bücher 1. Mose 1 bis Ester (im Alten Testament), die vier Evangelien und die Apostelgeschichte (im Neuen Testament).

Zu den *anderen Schriften* zählen die alttestamentlichen Bücher Hiob, die Psalmen, Sprüche, Prediger und das Hohelied sowie sämtliche Briefe des Neuen Testaments. Zu den *Propheten* zählen im Alten Testament die vier Großen und die zwölf Kleinen Propheten, im Neuen Testament als einzige prophetische Schrift die Offenbarung des Johannes.

Auch die Entstehung, Sammlung und Abgrenzung der Zeugnisse über die Heilsgeschichte sind ein Stück der Heilsgeschichte. Manche Theologen vertraten und vertreten die Auffassung, die biblischen Schriften seien historische Urkunden wie andere auch, ohne eine besondere Qualität. Dies sind jedoch nicht nur menschliche Zeugnisse über das Handeln Gottes; auch das Handeln Gottes etwa im Alten Testament und bei den Aposteln geschieht durch menschliche Werkzeuge. Wir werden der Qualität der biblischen Bücher nicht gerecht, wenn wir sie nur danach beurteilen, daß und wie sich bei der Abfassung Menschen menschlich verhielten. Gewiß, es waren in der Bibel Menschen am Werk. Aber in dem allem und durch das und vor allem war Gott mit seinem Geist am Werk, so daß wir, die wir keine Augenzeugen der Ereignisse des Neuen Testaments waren, doch damit rechnen dürfen, ein zuverlässiges Zeugnis zu haben.

Wenn Gott der frühen Christenheit die Aufgabe gegeben hat, das Zeugnis von Jesus aufzuschreiben, zu sammeln und abzugrenzen, so daß der Kanon der neutestamentlichen Schriften entstand, so können wir miteinbeziehen, daß diese Menschen konnten, was sie sollten (wenn sie auch persönlich nicht unfehlbar waren): uns den Rat und Plan Gottes zuverlässig mitteilen. »Es ist noch nie eine Weissagung aus menschlichem Willen hervorgebracht worden, sondern getrieben von dem heiligen Geist haben Menschen im Namen Gottes geredet« (2. Petr 1,21). »Alle Schrift, von Gott eingegeben, ist nütze zur Lehre, zur Zurechtweisung, zur Besserung, zur Erziehung in der Gerechtigkeit, daß der Mensch Gottes vollkommen sei, zu allem guten Werk geschickt« (2. Tim 3,16f.).

Weil Gott hier am Werke war, um uns seinen Ratschluß mitzuteilen, kann Schrift mit Schrift, kann Neues Testament mit Altem Testament ausgelegt werden. Bei ganz zusammenhanglos aneinandergefügten menschlichen Urkunden wäre das unmöglich.

Das reformatorische Prinzip der Auslegung Heiliger Schrift mit Heiliger Schrift hat auch der württembergische Reformator Johannes Brenz vertreten und es in das württembergische Bekenntnis von 1554 aufgenommen. Darauf hat auch Johann Albrecht Bengel in seiner Schriftforschung ganz stark Bezug genommen. Dieses Auslegungsprinzip ist nur dann sinnvoll, wenn der eine Gott durch den einen Geist bei der Abfassung der biblischen Schriften wirkte und daher diese Entstehung der Bibel Teil der Heilsgeschichte ist.

Dazu kommt, daß auch eine geschichtliche, auch sprachgeschichtliche Forschung im Blick auf die biblischen Texte, wie sie uns vorliegen, nötig ist: Wie war damals die Lage? Wie haben die Menschen gedacht? Wie wurden bestimmte Worte damals verstanden? Aber das alles sind Hilfswissenschaften gegenüber dem Einen und Einzigartigen, was uns die Heilige Schrift sagt und bringt.

2. Der Inhalt der Bibel: die große Linie des Handelns Gottes

2.1 Mit der menschlichen Sünde ist die Menschheit zum Dornen- und Distelfeld entartet; weil es so mit Gottes »Acker«, der Welt, steht, läßt Gott auch den Acker des Menschen Dornen und Disteln tragen (1. Mose 3,17–19; Mt 13,38). Statt nun das Ganze in der Sintflut und nach dem Turmbau zu Babel zu vernichten, machte Gott einen Neuanfang mit Abraham, dem von diesem abstammenden Volk und mit denjenigen aus den Völkern, die geistliche Söhne Abrahams sind (1. Mose 12,1ff.; Röm 4,16; Gal 3,14.29).

Wie ein Bauer ein wildes Bäumlein vom Waldrand in seinen Garten umpflanzt, beschneidet, veredelt und weiterhin pflegt, so hat Gott Abraham und das ganze Volk Gottes aus der Herrschaft der Finsternis in sein Reich versetzt und an ihm gearbeitet, und er arbeitet weiterhin daran. Auch an einzelnen Menschen arbeitet er so. Christus und sein Geist ist das von Gottes Thron und der himmlischen Herrlichkeit her »eingeführte« Edelreis, mit dem Gott den Menschen und die Menschheit veredelt und neu macht.

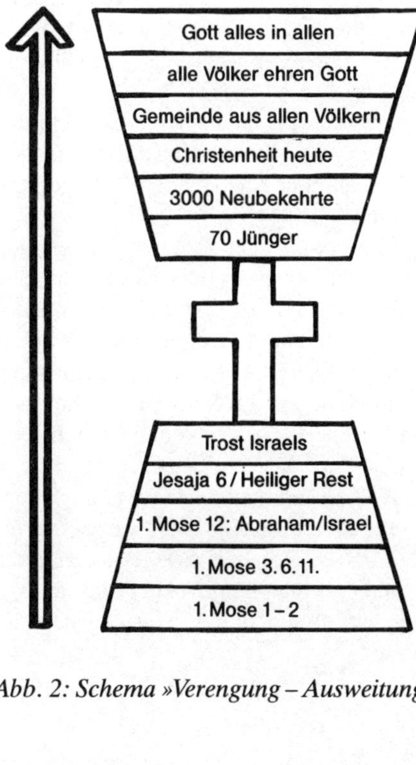

Abb. 2: Schema »Verengung – Ausweitung«

2.2 Mit Abrahams Berufung und mit dem von ihm abstammenden Volk und sodann innerhalb Israels gab es eine fortschreitende *Verengung:* Abraham – der »heilige Rest« (vgl. Jes 6,13) – »die Stillen im Lande«, die »auf den Trost Israels warteten« (Ps 35,20; 37,7; Lk 2,25). Im Neuen Testament weitet sich dies wieder: Jesus Christus – die zwölf Jünger – 3000 Menschen an Pfingsten – die zwischen Jesu Himmelfahrt und Wiederkunft aus den Völkern Gesammelten – die unzählbare Schar aus allen Völkern (Offb 7,9). Das ist »die Vollzahl aus den Völkern« (Lk 21,24; Röm 11,25) – alle Völker, die Ihm die Ehre geben (Offb 15,4; vgl. Jes 45,23 f.; Phil 2,9–11), »damit Gott sei alles in allem« (1. Kor 15,28). So erfolgt, seitdem Jesus Christus in die Welt eingetreten ist, eine zunehmende *Ausweitung* bis zur Vollendung (siehe Abb. 2).

Das erste Buch Mose (Genesis)

1. Zum Ganzen des 1. Mose-Buchs

Das 1. Mose-Buch wird mit dem Fachwort *Genesis* (griech.: »Ursprung«, »Anfang«) bezeichnet.

1.1 Zur Verfasserfrage

Man hat sich schon viele Gedanken über den Verfasser der fünf Bücher Mose gemacht.

Seit ca. 200 Jahren gibt es eine Theorie, die auch heute bei vielen große Beachtung findet.

Im hebräischen Wortlaut der Bücher Mose kommen vor allem drei Gottesnamen und -bezeichnungen vor. *Jahwe* ist eigentlich Gottes Eigenname, der 2. Mose 3,14 Mose am brennenden Dornbusch gesagt wurde. Er heißt: »Ich bin, der ich bin, ich bleibe mir und euch treu«. Früher meinte man, man müsse diesen Namen »Jehova« aussprechen, was damit zusammenhängt, daß früher nur die Konsonanten (Mitlaute) geschrieben wurden, nicht auch die Vokale (Selbstlaute) und man sich daher gelegentlich nicht im klaren darüber war, wie das auszusprechen sei. Das hebräische Wort für »Gott« ist *elohim*, das allgemein die Bezeichnung für die Gottheit ist (abgekürzt *el*). Beide Namen – Jahwe wie auch elohim – kommen in Abkürzungen in zahlreichen Eigennamen der Bibel vor. Die Endung -ja (im Deutschen auch -ia) ist immer ein Hinweis auf den Jahwenamen (z.B. Jesaja, Jeremia usw.); die Endung -el weist auf »Gott« hin: Israel, Hesekiel, Daniel usw. Die dritte Bezeichnung für Gott, *adonai*, heißt eigentlich »mein Herr«.

Viele Ausleger meinen, die Mose-Bücher sollten nach diesen drei Namen in verschiedene Quellen aufgegliedert werden. Es seien, so meinen sie, verschiedene Teile von unterschiedlichen Verfassern niedergeschrieben, und erst ein späterer (ein Redaktor) habe das alles zusammengearbeitet.

Es ist durchaus auch denkbar, daß Mose weitgehend der Verfasser ist, da er selbst die wesentlichen Stücke des Buches niedergeschrieben und – je nach Zusammenhang – verschiedene Gottesbezeichnungen und -namen verwendet hat. Er war ja ein Mann des vertrauten Umgangs mit Gott, wie ein »Freund« Gottes (2. Mose 33,11). Mose war ein Prophet (5. Mose 18,15). Wie andere Propheten Künftiges ankündigten (z.B. Jes 53), so könnte hier »rückwärts gewandte Prophetie« das Vergangene von Gott her schauen und deuten. Gott kann seinen Boten, den Propheten, auch Einblick gegeben haben in das, wie alles geworden ist, vor allem auch, was die Absichten Gottes in seinem Handeln waren, und wie von Gott her die Urgeschichte, die Anfangsgeschichte der Menschheit, zu deuten sei. Auf jeden Fall können die fünf Bücher Mose nicht ganz von Mose verfaßt worden sein; das geht schon daraus hervor, daß 5. Mose 34 der Tod Moses beschrieben ist.

Es wird in den fünf Büchern Mose die Offenbarung Gottes in den Tagen des Mose und in der vorausgehenden Zeitspanne dargestellt. Auf jeden Fall war auch bei der Abfassung dieser Schriften Gott mit seinem Geist am Werk, so daß wir heute daraus das Zeugnis erhalten über das, was Gott tat, tut und tun wird. Denn was am Anfang geschah, ist auch immer wieder die Grundlage für das, was noch geschehen wird, also zum Teil eine Vorausabbildung.

1.2 Der Aufbau des Buches

1. Die Urgeschichte (Kap. 1–11)
2. Die Erzväter-Geschichte (Kap. 12–50)

Das 1. Mose-Buch ist klar und übersichtlich gegliedert; es besteht aus zwei großen Teilen. Die Kapitel 1–11 beinhalten die Urgeschichte (die historisch nicht faßbare frühe Zeit der Erschaffung der Welt und die Zeit der ersten Entwicklung des ganzen Menschengeschlechtes), die Kapitel 12–50 die Erzväter-Geschichte von Abraham bis zu dessen Urenkel Josef. Während also die Urgeschichte die gesamte Menschheit betrifft, beginnt in 1. Mose 12 der eingegrenzte Teil der Geschichte Gottes mit Israel und durch Israel (vgl. Abb. 2).

2. Zum Inhalt des Buches

2.1 Die Urgeschichte (Kap. 1–11)

Die **Kapitel 1 und 2** beschreiben *die Erschaffung der Welt, der Erde und des Menschen* durch Gott. – Seitdem die Menschheit zu denken und zu fragen begonnen hat, fragt sie und muß sie fragen: Woher kommt denn alles? Woher kommen denn wir?

So gab es unter vielen frühen Völkern und Menschheitskulturen unzählige Schöpfungs- bzw. Weltgeburtsmythen usw. Auch heute kennen wir diese Frage nach dem Anfang. Doch der Mensch, der nach dem Anfang des Kosmos fragt, stößt immer an eine Grenze: Er kann nur feststellen, was *ist*; die Frage, woher das kommt, was ist, und die Frage danach, wer in diesem wunderbaren Kosmos gewissermaßen seine Erfindergedanken zur Ausgestaltung brachte, kann der Mensch von sich aus nicht beantworten. Hier stoßen alle Naturwissenschaften an eine Grenze, sofern sie sich auf das beschränken, was sie mit ihren Mitteln und ihren Arbeitsmethoden vermögen.

Vom Schöpfer der Welt kann der Mensch nur etwas erfahren, wenn sich dieser selbst vorstellt, wenn er selbst zu reden beginnt, ja sich – wie die Bibel sagt – zu uns herabneigt. In der theologischen Fachsprache nennt man das die *Kondeszendenz* (von lat. *condescencio:* »Herablassung«) Gottes. Gott hat sich uns geoffenbart, sich uns bekanntgemacht (vgl. Abb. 3). Das ist der Anspruch der Bibel und auch dieser Schöpfungsgeschichte: Der, der die Welt geschaffen hat, teilt sich uns mit, und wir können stammelnd sein Lob aussprechen. Im Grunde sind die beiden ersten Kapitel der Bibel ein gewaltiger Schöpferlobpreis: Der Mensch redet stammelnd das nach, was Gott getan hat.

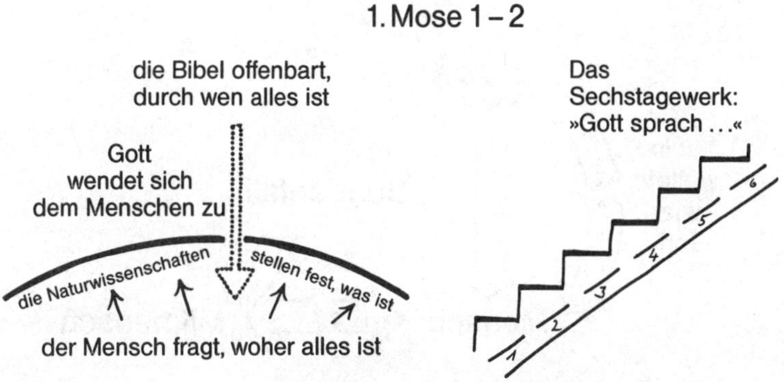

Abb. 3: Die Schöpfung

Die Schöpfungsgeschichte sagt aus, daß die Welt nicht von selbst entstanden ist. Mit seinem schaffenden Wort hat Gott nach dem Plan seiner Weisheit alles in den Stand befohlen. Er hat aber nicht alles auf einmal hervorgebracht, sondern in einem immer wieder neuen Einsatz seines Schaffens. Die sechs »Tage« sind Zeitepochen; es waren ja nicht Menschen-, sondern Gottestage (vgl. Ps 90,4; 2. Petr 3,8). Das fortschreitende Schaffen kann auf der Seite der sichtbaren Wirklichkeit als ein fortschreitendes Sich-Entfalten der Schöpfung angesehen werden, so daß jedesmal neugeschaffene Wesen auftraten. Gott hat also seine Welt in Stufen geschaffen (vgl. Abb. 3).

Die Stellung des Menschen ist eigenartig. Er steht zum einen in der Reihe der anderen Geschöpfe, zumal er unmittelbar im Anschluß an die Säugetiere am sechsten »Schöpfungstag« als letztes Geschöpf geschaffen wurde. Hier wird die Nähe des Menschen in seiner Erdenleiblichkeit zu Tieren, die es auf dieser Erde gibt, erkennbar. Zum anderen ist der Mensch das ganz andere, das besondere Geschöpf: Gott hat ihm den lebendigen Odem, seinen Geist, eingehaucht (»Geist« und »Hauch« sind im Hebräischen dasselbe Wort!) – was bei der Erschaffung der Tiere nicht der Fall war.

Gott schenkt also etwas aus sich selbst in den Menschen hinein und macht ihn zu seinem Du, zu seinem Gesprächspartner, der zur Gemeinschaft mit ihm geschaffen ist. Das ist die Gottebenbildlichkeit des Menschen, da er nicht nur ein körperliches, sondern auch ein Geistwesen ist und nicht zur Ruhe kommt, ehe er in die Gemeinschaft mit Gott findet. »Mein Herz ist unruhig in mir«, sagte Augustinus, »bis daß es ruhe, Gott, in dir.« Das ist das Einzigartige des Menschen im Ganzen der Schöpfung. Dazu hat Gott dem Menschen diese Erde anvertraut.

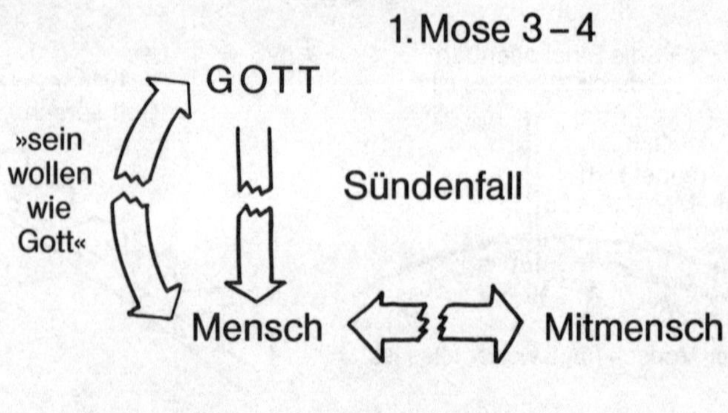

Abb. 4: Die sich steigernde Rebellion gegen Gott – der Sündenfall

In den **Kapiteln 3 und 4** finden wir den katastrophalen *Zwischenfall der Sünde:* Der Mensch ist unter Gott geschaffen. Doch er hat sich von dem großen Rebellen gegen Gott infizieren lassen, vom Mißtrauen gegen Gott und von der satanischen Eigenmächtigkeit. Die Bibel spricht an mehreren

Stellen vom Urfall eines Engelfürsten, »Luzifers« (wie die Alten sagten), d.h. des »Lichtträgers«, der das Licht in die Schöpfung tragen durfte und sich selbst von Gott losgerissen und einen Teil der Engelwelt mitgezogen hat (vgl. Jes 14,12–14; Joh 8,44; 2. Petr 2,3; Offb 12,4).

Die Bibel deutet das nur an, weil sie die Geschichte des Menschen zeigen will und nicht die Geschichte der dämonischen Welt. Auch der Mensch wurde hineingezogen: *»Ihr werdet sein wie Gott...«* Aus dieser schillernden Aussicht wurde der große Absturz, weil die Menschen dem Widersacher Gottes folgten. Indem der Mensch dem Feind Raum gab, sich ihm unterworfen hat, hat er auch das dem Feind unterworfen, was ihm unterstellt war: die Erde. Seitdem heißt der Teufel der »Fürst dieser Welt«.

Jesus als der neue Adam (Röm 5,12ff.) hat dieselbe Prüfung noch einmal durchgemacht (vgl. Mt 4,1–11), den Feind überwunden und entrechtet, das Hindernis unserer Heimkehr abgetragen und die neue Gemeinschaft mit Gott ermöglicht. In Offb 21,3 ist dieses Ziel ganz erreicht.

Es kam so zur Trennung der Gemeinschaft von Gott und Mensch und zugleich auch der zwischen Mensch und Mensch. 1. Mose 4 zeigt die katastrophale Auswirkung davon: den ersten Krieg, einen Bruderkrieg.

Kapitel 5 zeigt die andere Linie von Adam und Eva her: Gott zieht sich von den Menschen nicht ganz zurück; er läßt auch diese Menschheit noch nicht fallen. Das macht Seth mit seinen Nachfahren deutlich (V. 21–24), unter denen sich ein Henoch befindet, der ganz *»mit Gott wandelte«* (V. 22) und den Gott (ähnlich wie Elia) wegnimmt. Henoch ist eine Vorausabbildung der Himmelfahrt Jesu und der Entrückung der Gemeinde Jesu.

Kapitel 6–9: In der *Sintflut*, in dem *Gericht*, aber auch in der *Bewahrung* durch Gott zeigt sich der ganze, tiefe Schaden, die volle Auswirkung des satanischen Infektes. An der Sintflut wird deutlich, daß einmal ein gewisses Maß voll sein kann, daß eine Gerichtsreife eintritt: nämlich dann, wenn der Mensch das Gebot Gottes nicht nur *bricht*, sondern wenn er es *zerbrechen* und abschaffen möchte. Das Gericht durchs Wasser am Anfang ist ein Modell für Künftiges und ein Vor-Bild des großen Gerichtes durch das Feuer am Ende (Mt 24,37–39; Lk 17,27; 2. Petr 3,5–7).

a) Die *Ursache* ist der Mensch der Gesetzlosigkeit, der Autonomie (1. Mose 6,5; vgl. 2. Thess 2,3).

b) Die menschliche Sünde reißt auch die Tierwelt, die »seufzende Kreatur« mit ins Verderben (vgl. Röm 8,18–22). Das macht die Verantwortung des Menschen noch größer.

c) Der Herr trägt die Seinen durch. Auch die Wasser des Gerichtes müssen die Arche mittragen. Sogar Gottes Gerichtsmaßnahmen dienen dem, daß seine Gemeinde hindurchgetragen wird (vgl. Röm 8,28!). So ist die Arche in der Sintflut ein Bild für die Gemeinde, die durchgebracht wird – bis hin zur Entrückung.

Abb. 5: Die sich steigernde Rebellion gegen Gott – Gericht und Bewahrung

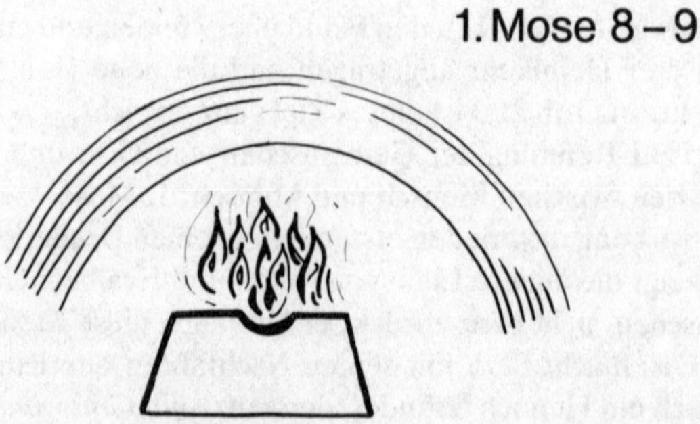

Abb. 6: Die sich steigernde Rebellion gegen Gott – Erhaltung und Vollendung

d) Nach der Katastrophe der Sintflut schließt Gott einen Bund zur Erhaltung der Welt und schafft so Raum für sein wichtiges Werk der Heilung der Welt. Nach dem dargebrachten Opfer dürfen die Menschen gewissermaßen unter einem Tor hindurch, unter dem Friedensbogen in eine Ordnung der Erhaltung bzw. Vollendung der Welt eintreten: Gott will erhalten, bis er vollenden wird (1. Mose 9; Offb 21). So ist der Noahbund ein Vor-Bild für die Vollendung, bei der es auch sozusagen unter dem gewaltigen Tor, das durch das Kreuz Jesu Christi eröffnet ist, dem Herrn entgegengeht.

Die **Kapitel 10 und 11** betreffen die Völker der Welt (Kap. 10: die Völkerwelt [Stammbaum]) und ihr stolzes Widerstreben gegen Gott.

In der Geschichte vom Turmbau (**Kapitel 11**) zeigt sich, wie sich der Mensch trotz Sintflut und Noah gegen Gott aufbäumt. Gott thront über dieser Welt in Unsichtbarkeit, und die Menschen wollen so hoch thronen wie er, wollen einen Turm bauen, dessen Spitze *»in den Himmel reiche«* (V. 4; Luther übersetzte unzutreffend »an…«). Der Mensch wollte in seiner *hybris*, in seinem Größenwahn selbst die Schöpfung vollenden. Er will

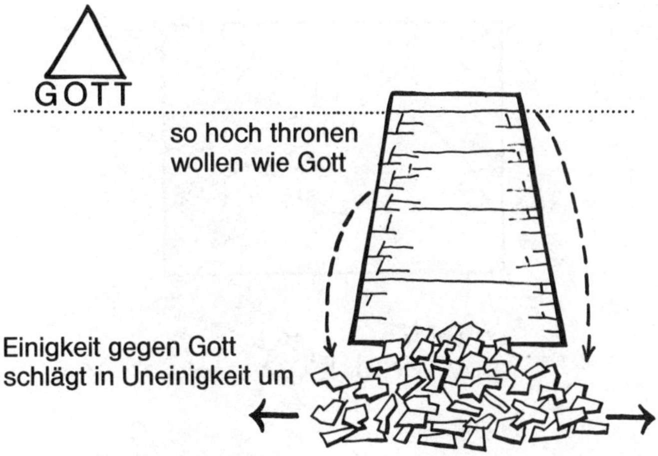

Abb. 7: Die sich steigernde Rebellion gegen Gott – der Turmbau zu Babel

Gottes Willen (1. Mose 1,28: »...füllet die Erde und machet sie euch untertan...«) trotzen und sich nicht über die Erde zerstreuen, sondern eine Einheit gegen Gott bilden.

Doch diese schlägt um in schreckliche Uneinigkeit: Gott widersetzt sich dem. Das Turmbaugeschlecht ist eine Vorausabbildung des in der Endzeit auftretenden Menschen, der »vorgibt, er sei Gott« (2. Thess 2,4), der endzeitlichen Zusammenballung der Völker in der Rebellion und Demonstration gegen Gott (vgl. Offb 13,8; 16,6) und des katastrophalen Scheiterns des Kampfes gegen ihn (vgl. 2. Thess 2,8; Offb 16,10; 19,19f.).

Gott durchkreuzt diesen hypothetischen Turm – dieser kommt nicht zustande – und diese Einheit; sie werden zerstreut, und ein Trümmerhaufen bleibt übrig. Gott macht trotzdem mit der Welt noch nicht Schluß: Seine Antwort auf dies alles ist sein Volk, das mit Abraham beginnt (1. Mose 12). Gott errichtet eine neue Pflanzung, seinen »Weinberg« in einer kleinen Ecke der Welt, um von dort aus die Welt wieder zu »kultivieren«, nämlich doch noch mit seinem Schöpfungsplan zum Ziel zu kommen.

2.2. Die Erzväter-Geschichte (Kap. 12–50)

Dieser große zweite Teil des 1. Mose-Buches ist so untergliedert: Abraham (Kap. 12–23), Isaak (Kap. 24–26), die Jakobsgeschichten (Kap. 27–36), die Josefsgeschichten (Kap. 37–47) und der Abschluß (Kap. 48–50).

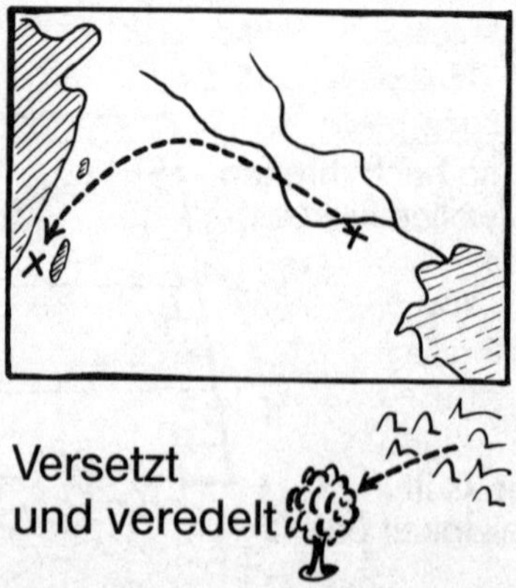

Abb. 8: Gott macht weiter nach dem Einbruch der Sünde

Kapitel 12: Nachdem die Menschheit einem verwilderten Acker mit »Dornen und Disteln« glich (1. Mose 3; 6; 11), war Gott nicht etwa am Ende. Nun setzte er mit seiner Heilsgeschichte ein: Er machte mit einem Menschen und mit dem von diesem abstammenden Volk weiter und »versetzte« ihn wie ein Bäumchen aus seiner angestammten Heimat und »veredelt« ihn, um so doch noch mit seiner Menschheit ans Ziel zu kommen (V. 3; vgl. Abb. 8).

Kapitel 13: Abram und Lot, sein Neffe, trennen sich. Der Glaubende (Abram) kann auch auf sein »gutes Recht« verzichten, wenn es – etwa um des aufkeimenden Glaubens anderer willen – nötig ist. Einen solchen Menschen läßt Gott nicht zuschanden werden.

Kapitel 14: Es kommt zu einer Auseinandersetzung weltpolitischer Art, in die Abram eingreift, der sog. »Krieg der Könige«. Könige aus dem Osten überfallen die kleinen Stadtkönige im Lande Kanaan und nehmen sie mit ihrer Bevölkerung gefangen. Auch Lot wird mitgenommen. Aus Treue zu dem ihn übervorteilenden Lot wagt sich Abram in den Kampf der Mächte und macht die Erfahrung: »Es ist dem Herrn nicht schwer, durch viel oder wenig zu helfen« (1. Sam 14,6).

Kapitel 15: Dem einsamen Abram wird ein Sohn verheißen; Gott will die mit Abram begonnene Heilsgeschichte fortsetzen. Gott teilt Abram durch Zeichen mit, daß er sich an sein Wort und damit an Abram gebunden hält. Doch Abram muß weiter warten und sich bewähren.

Kapitel 16: Sara und Abram brechen aus der Probe durch Gott aus. Es werden uns hier keine fertigen Menschen gezeigt, sondern solche, mit denen Gott Arbeit hat (vgl. Jes 43,24b). Angesichts der Tatsache, daß der verheißene Nachkomme so lange ausbleibt, greifen Sara und Abram zur Selbsthilfe; Hagar gebiert Abrams Sohn Ismael.

Kapitel 17: Nach 13jähriger Unterbrechung redet Gott wieder mit Abram: Seine Verheißung bleibt bestehen; der Name »Abram« wird zu »Abraham« verändert. Als Besiegelung dessen, daß Abraham und die Seinen Träger der Heilsgeschichte Gottes sein dürfen, wird ihnen die Beschneidung gegeben.

Kapitel 18: Eine »Advents«-Geschichte als Modell des rechten Empfangs: Gott kehrt bei Abraham ein. Die Verheißung bekommt Aktualität; die Erfüllung steht vor der Tür.

Gott zieht Abraham hinsichtlich seiner Gerichte (Untergang Sodoms, Kap. 19) ins Vertrauen; damit gibt er ihm Gelegenheit zur Fürbitte. Abraham tritt mit seiner Fürbitte Gott in den Weg. Die Entscheidung fällt einerseits bei dem »Geschrei der Sünde« Sodoms, andrerseits bei dem einsamen Fürbitter (ein Vorabbild des großen Fürbitters Jesus; vgl. Röm 8,34; Hebr 8,1). Abraham bricht seine Fürbitte bei »zehn Gerechten« ab.

Es bleibt gewissermaßen ein »Pyramidensockel«, ein Abbruch, der seine Fortsetzung im Leben Jesu in Gethsemane und auf Golgatha fand. Es ist die Frage, ob der Eine da ist, um dessentwillen Gott der Welt gnädig ist. Die Geschichte findet in Jesus und in seinem Priesterdienst ihren Abschluß und ihre Vollendung, in dem Einen, der wahrhaft gerecht ist. Indem wir uns an ihn halten und uns in ihm bergen, sind auch wir gerecht (Röm 8,1).

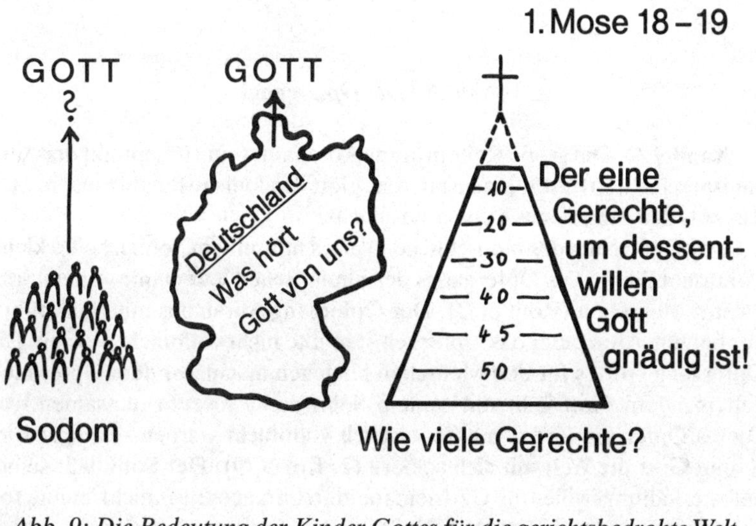

Abb. 9: Die Bedeutung der Kinder Gottes für die gerichtsbedrohte Welt

Kapitel 19: In dem einen Haus Sodoms, in dem die himmlischen Boten eingekehrt waren, war vorläufig Bergung. Diejenigen, die dort waren, wurden dann unter den Gerichten hinausgeführt.

So ist Jesus heute in seiner Gemeinde eingekehrt. Wer zu ihm kommt, wird dann unter dem letzten Gericht hinweg hinausgeführt werden in die endgültige Geborgenheit und Freude beim Herrn. Wichtig ist es, daß auch wir – selbst noch unmittelbar vor dem Hereinbruch der Gerichte – rufen wie einst Lot.

Kapitel 21: Isaak, der verheißene Sohn, wird geboren; es kommt zur Auseinandersetzung um Ismael und zu seiner und Hagars schmerzvollen Ausscheidung. – Mit unseren Sünden bereiten wir auch anderen Schmerzen.

Abb. 10: Der Opfergang

Kapitel 22: Die große Reifeprüfung Abrahams (ein Höhepunkt der Abrahamsgeschichten): Abraham ist bereit, Gott das Liebste darzubringen, auch das, was den Sinn seines Lebens ausmacht.

Der Opfergang des menschlichen Vaters mit seinem Sohn ist eine kleine Vorausabbildung des Opfergangs des himmlischen Vaters mit seinem Sohn für uns Menschen (Röm 8,32). Der Opfergang Abrahams mit Isaak führte nur bis zum Altar, aber das Opfer selbst mußte nicht vollbracht werden. Der Opfergang Gottes für den Menschen hingegen macht vor dem Opfer nicht halt, sondern Gott geht mit seinem Sohn den schweren, einsamen Weg. Dieses Opfer am Kreuz mußte wirklich vollbracht werden – und so »versöhnte Gott die Welt mit sich selber« (2. Kor 5,19). Der Sohn läßt seinen Selbsterhaltungswillen in Gethsemane durchkreuzen: »...nicht mein, sondern dein Wille geschehe!« (Lk 22,42).

Kapitel 24: Die Brautwerbung für Isaak ist im Laufe der Kirchengeschichte immer wieder ein Bild dafür geworden, wie Zeugen Jesu Menschen in der rechten Haltung für ihren Herrn zu »gewinnen« suchen (vgl. 1. Kor 9,19f.; 1. Petr 3,1). So haben insbesondere große Verkündiger wie Zinzendorf (»Seelen für das Lamm zu werben«) und Spurgeon ihren Dienst verstanden.

Kapitel 27 und 28: Jakob will – wie schon Abraham – dazu beitragen, daß die Verheißung Gottes erfüllt wird und erschleicht sich den Erstgeburtssegen.

Als Jakob an der Grenze seines Heimatlandes in der Steppe übernachtete, stand er vor der ernsten Frage: »Ist die Tür zu Gott nicht ins Schloß gefallen? Kann ich noch beten? Nimmt Gott seine Verheißungen nicht zurück?« Er hatte dort eine Erscheinung, die mehr war als ein Traum: Jakob sieht Engel – die Boten Gottes – auf- und niedersteigen, bereit, gute Gaben zu bringen und auch seine Gebete vor Gott zu bringen. Man könnte sagen: Die diplomatischen Beziehungen sind nicht abgebrochen; die Botschafter sind nicht zurückgerufen. Endlich redet Gott selbst und gibt Jakob Verheißungen wie schon zuvor (28,10ff.). Wird Jakobs Schuld also völlig übergangen? Nein, denn Gott nimmt Jakob in seine Erziehung, auch durch die Bosheit anderer (Kap. 29f.). Gott nimmt den Menschen an, wie er ist, aber er läßt ihn nicht, wie er ist.

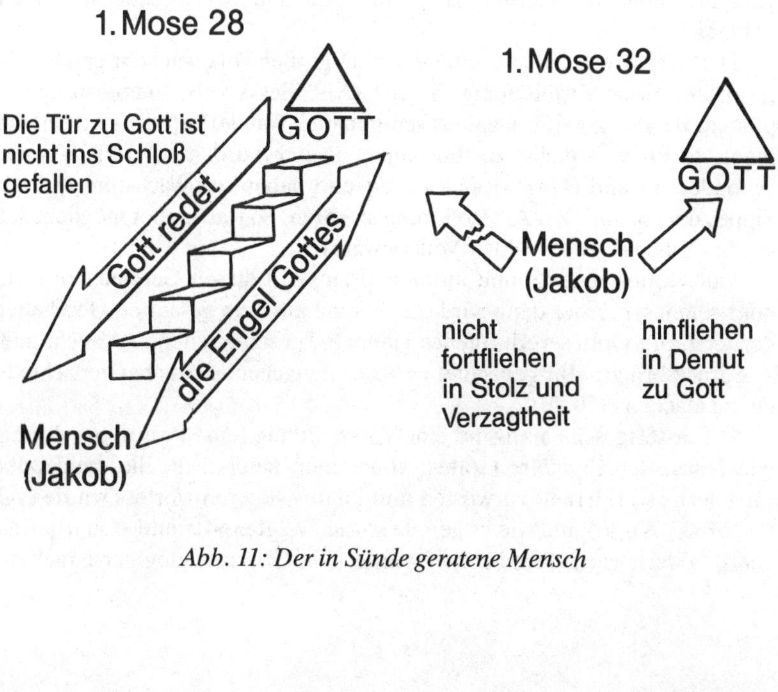

Abb. 11: Der in Sünde geratene Mensch

Kapitel 32: Nicht nur Laban und möglicherweise Esau wenden sich gegen Jakob. Gott selbst tritt ihm in den Weg; über die alte Schuld ist kein Gras gewachsen. Es kommt zum Ringen Jakobs mit Gott vor Jakobs Heimkehr an der Grenze des Landes, am Jabbok.

Das war für Jakob eine unheimliche Nacht, aber er hat richtig reagiert: Indem Jakob nicht trotzig von Gott weg-, sondern zu ihm hinflieht, seinem Züchtigen Recht gibt, sich in Demut vor ihm beugt und dennoch das hohe Vertrauen festhält, daß Gott den Segen für ihn bereit habe, wird er angenommen, gesegnet zu einem zwar »zerbrochenen«, aber nun erst recht geeigneten Werkzeug der Heilsgeschichte Gottes. Das bringt der Name »Israel« zum Ausdruck, den Jakob hier empfängt.

Kapitel 35: Auch in der Familie des Jakob ist eine Reinigung notwendig: *»Tut von euch die fremden Götter!«* (V. 2). Und auch dem Jakob selbst werden seine »Götter« genommen: seine Lieblingsfrau Rahel und – zeitweise – seine Lieblingssöhne Josef und Benjamin.

Kapitel 37–47: Ausführlich und anschaulich werden die Josefsgeschichten erzählt – auch literarisch ein Meisterstück der Erzählkunst. Josef wird von seinen neidischen Brüdern für Geld nach Ägypten verkauft, aber diese ganze Angelegenheit ist eigenartigerweise so geworden, daß Josef in Ägypten sozusagen der Quartiermacher für Israel geworden ist. Die Familie Jakobs war wohl schon – wenn man etwa Kap. 38 (das Geschehen um Juda) liest, gewinnt man diesen Eindruck – dabei, sich im Lande Kanaan mit der einheimischen Bevölkerung zu vermischen und deren Lebensart anzunehmen.

Der Schritt von der Einzelfamilie zum großen Volk war sehr gefährlich: Es drohte diese Vermischung. So hat Gott dieses Volk anderswo hinverpflanzt. Bei den Ägyptern galten Semiten und Wanderhirten als unrein; mit ihnen durfte man nichts zu tun haben. Daher wurden sie dort in einem besonderen Land (Gosen) angesiedelt und haben das Wachstum von der Sippe zum Volk in einer Art Isolierung erfahren. So war es eher möglich, daß sie ihre Eigenart als erwähltes Volk bewahrten.

Der Gottesname kommt auffallend lange in diesen Geschichten nicht oder selten vor. Aber dann wird die Summe aus dem gesamten Geschehen gezogen, die Gottes verborgenes Handeln, ja seine leitende Absicht zum Ausdruck bringt: »Ihr gedachtet es böse zu machen; Gott aber gedachte es gut zu machen« (50,20).

Die Josefsgeschichten sind eine Vorabbildung (ein »Prototyp«) dessen, wie Jesus, der Erwählte Gottes, von seinen neidischen, ihn meidenden »Brüdern« (d.i. Israel) verworfen und Pilatus »überantwortet« wurde (vgl. v.a. Mt 27,18 u.a.) und wie er gerade so zum Wegbereiter und »Quartiermacher« in der ewigen Herrlichkeit wurde. Die Überraschung der Israeliten, wenn sie ihn als den Wiederkommenden sehen werden, ihn, den sie »zerstochen haben« und den sie nun durch Buße und Glauben grüßen dürfen (Sach 12,10; 14,1–5), wird nicht weniger groß sein als die der Brüder des Josef. Dann wird es erst recht heißen: »Ihr gedachtet es böse zu machen; Gott aber gedachte es gut zu machen« (50,20).

Kapitel 48–50: Jakob stirbt den »Prophetentod«, segnend und so, daß er einen Blick weit in die Zukunft tun darf, sozusagen ins »verheißene Land«, ebenso wie Mose (5. Mose 34,1 ff.) und Daniel (Dan 12). Er segnet die Söhne Josefs und seine eigenen Söhne. Er schaut voraus, daß das *»Zepter von Juda nicht weichen«* werde, *»bis daß der Held komme, und ihm werden die Völker anhangen«* (49,10). Sehnsüchtig wartet er auf das Ziel der Wege Gottes: *»HERR, ich warte auf dein Heil!«* (49,18).

Das zweite Buch Mose (Exodus)

Das 2. Buch Mose ist ein grundlegendes Buch des Alten Testaments. Wird Gott im Neuen Testament häufig als der bezeichnet, der »Christus von den Toten auferweckt hat« (das ist ein stehender Ausdruck; vgl. Apg 2,24.32; 3,15; 4,10 u.a.; Röm 6,4; 7,4; 8,11; 10,9; 1. Kor 6,14 u.a.m.), so ist die alttestamentliche Entsprechung der Gott, »der Israel aus Ägyptenland erlöst hat« (z.B. 5. Mose 7,8; 9,26; 13,6; 15,15; 24,18; 2. Sam 7,23; 1. Chr 17,21; Mi 6,4). Die Befreiung Israels aus Ägypten ist also geradezu die grundlegende Tat Gottes im Alten Testament. Nach diesem Geschehen wird das gesamte 2. Buch Mose auch *Exodus* (»Auszug«) genannt.

1. Der Aufbau des Buches

Dieses Buch berichtet, wie Gott die Sache des inzwischen zum Volk gewordenen Israel wiederaufnahm, es aus der Sklaverei in Ägypten befreite (Kap. 1–15), es zum Sinai und zum Bundesschluß mit ihm führte, ihm seinen heiligen und heilsamen Willen kundtat (Kap. 16–24) und ihm in der Stiftshütte das Zeichen seiner Gegenwart gab (Kap. 25–31). Dies war um so dringlicher, als das Volk nicht bereit und dazu fähig war, für seinen Gott den »Glauben ohne zu schauen« (vgl. 2. Kor 5,7) durchzuhalten (Kap. 32–34). Zuletzt wird der Bau der Stiftshütte geschildert (Kap. 35–40).

2. Zum Inhalt des Buches

2.1 Der Auszug, die Befreiung (Kap. 1–15)

Kapitel 1: Die Not, die Sachlage wird in ihrer ganzen Schwere gezeigt: Israels Sklaverei in Ägypten. Dies ist immer wieder in der Bibel ein Bild dessen, wie der »Fürst dieser Welt« die Menschheit in Bann schlägt.

Kapitel 2: Mose, das Werkzeug Gottes für seine Befreiungstat, wird geboren, bewahrt und von Gott erzogen. Wenn bei Mose Züge auftauchen, die wir auch bei Jesus sehen (er wird einer menschlichen Mutter anvertraut; er wird nach Ägypten gerettet), so zeigt sich doch, daß Mose menschlich vorgeht. Er bekennt sich zwar zu seinem Volk (das wird Hebr 11,24f. ausdrücklich gelobt), aber er half doch diesem Volk mit menschlichen Mitteln und nach menschlicher Weisheit – und das war ein Fehlschlag. Das soll uns eine Warnung sein: keine Hilfe aus eigener Kraft, mit eigenen Mitteln, nach eigenem Plan und zur selbstgewählten Zeit. Mose ist lange Zeit in den »Wartestand« versetzt worden, aber abgeschrieben hat Gott seine Absicht nicht.

Kapitel 3 und 4: Zur rechten Zeit wird Mose von Gott berufen.

Abb. 12: Moses Berufung: Gott beantwortet Moses Fragen

Bemerkenswert sind die drei Gegenfragen des Mose – ganz kennzeichnend für Menschen, die Gott in seinen Dienst ruft. Diese Fragen bewegen sich in einem Dreieck (vgl. Abb. 12): je eine Frage im Blick auf Gott, auf Mose selbst und im Blick auf das Volk.

Mit der ersten Frage im Blick auf sich selbst drückt Mose aus, daß er sich hinsichtlich der Beauftragung für ungeeignet, für eine Null hält (3,11). Gott aber »addiert« sich mit ihm: $0 + \infty = \infty$.

Als Zweites fragt Mose: *»Wer bist du, Gott?«* Daraufhin offenbart Gott sein Wesen, indem er seinen Namen nennt, der durch das ganze Alte Testament geht (vgl. dazu die Ausführungen zu 1. Mose, Verfasserfrage). Luther übersetzt den Eigennamen Gottes mit »Herr« (in Nachahmung der griech. Übersetzung der hebr. Bibel, der Septuaginta). *»Ich bin, der ich bin«* – so stellt sich Gott vor. Das bedeutet einerseits, daß Gott der *Unvergleichliche* ist. Haben die Ägypter ihre Gottheit als Stier (der stark und zeugungskräftig ist), die Babylonier ihren Gott in Löwengestalt (da er gewaltig und stark ist) dargestellt, so reicht für den Gott Israels kein Bild aus (vgl. Ps 40,6; 71,19; 86,8; 89,7). *»Ich bin, der ich bin«* – das heißt zum anderen: »Ich bin mir selbst und euch treu.«

Im Blick auf das Volk fragt Mose, inwiefern er glaubwürdig sein werde. Als Ausweis erhält er ein Zeichen, das das Volk verstehen kann (4,1 ff.). Und das Volk akzeptierte das; es glaubte und dankte (4,31).

Kapitel 5 und 6: Hier kommt es zur ersten Begegnung Moses mit dem Pharao. Statt einer Erleichterung der Sklaverei wird diese noch schwerer; daraufhin kündigt Gott dem Mose die Befreiungstat an: *»Nun sollst du sehen, was ich dem Pharao tun werde«* (6,1).

Moses Auftrag ist Modell der Befreiungstat Gottes durch Jesus.

Kapitel 7–10: Mehrmals heißt es im 2. Buch Mose, daß Gott das Herz des Pharao verstockte (4,21; 7,13.22; 8,15; 9,7.12; 10,20.27; 11,10; 14,4.8). Bei zunehmender Gehorsamsverweigerung schwindet für den Pharao die Möglichkeit, überhaupt noch zu hören.

Die neun Plagen sind ein Bild der Siegel-, Posaunen- und Schalengerichte von Offb 6–16; auch in der Vollendung also kämpft Gott sein Volk frei von den Mächten dieser Welt. So ist diese Auseinandersetzung des Mose im Auftrag Gottes mit dem Pharao etwas wie ein Modell der letzten Herauslösung der Gemeinde Jesu aus dieser Welt.

Kapitel 11–13: Der letzte, entscheidende Schlag wird angekündigt und es erfolgt (Kap. 12) die zehnte Plage: die Tötung der Erstgeburt. Die Israeliten in den Sklavenhütten sind zwar auch nicht besser als die anderen, aber sie leben von einem Opfer, sind gedeckt von diesem Blut, das an die Türschwellen und -pfosten gestrichen ist. So werden sie unter den Gerichten bewahrt und in die Freiheit hinausgeführt. Dasselbe Geschehen, das für die anderen den Untergang bedeutet, bedeutet für sie die Errettung. Das Passamahl wird dann als bleibende Ordnung in Israel gestiftet (Kap. 13).

Auch Jesus greift das im Abendmahl auf und feiert ein in Israel übliches Fest (wahrscheinlich um einen Tag vorverlegt) im Wissen um seinen nahen Tod, und er gibt dem Passamahl eine neue Bedeutung. *Er* ist das Passalamm: »Nehmet, esset; das ist mein Leib... Trinket alle daraus; das ist mein Blut...« Das ist das Passamahl in seiner Erfüllung. Die Schar, die von *diesem* Opfer lebt und von *diesem* Blut gedeckt ist, wird auch unter den Gerichten hinweg dem Herrn entgegengeführt. So ist das Passamahl Bild der letzten Bewahrung und Befreiung der Gemeinde Jesu – dem wiederkommenden Herrn entgegen.

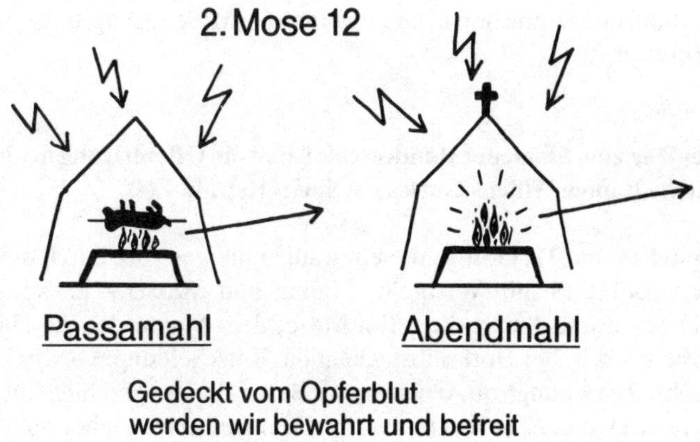

Abb. 13: Passanacht

Kapitel 14 und 15: Israel zieht – verfolgt von den Ägyptern – durch das Rote Meer; es wird hindurchgerettet allein durch die Kraft Gottes. Es konnte und mußte sich nicht wehren, denn es wird gesagt: *»Der HERR wird für euch [d.h. an eurer Stelle] streiten, und ihr werdet stille sein«* (14,14). – Dieses Bild wird Offb 15 aufgenommen. In der antichristlichen Zeit, der Zeit der höchsten Bedrängnis (die der Gemeinde offenkundig nicht erspart wird), kommt als Parallele zu 2. Mose 15: »...und (sie) sangen das Lied des

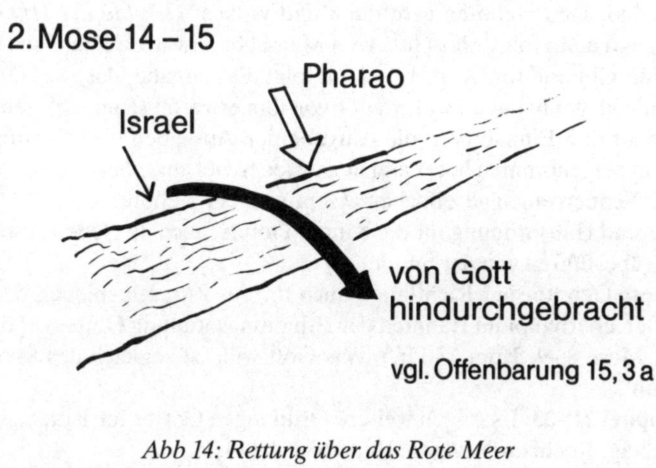

Abb 14: Rettung über das Rote Meer

Mose, des Knechtes Gottes…« (Offb 15,3 a), nämlich: »Ich will dem HERRN singen, denn er hat eine herrliche Tat getan« (2. Mose 15,1 b), er hat das Volk Israel gerettet.

2.2 Der Weg zum Sinai, der Bundesschluß und die Offenbarung des heiligen und heilsamen Willens Gottes am Sinai (Kap. 16–24)

Kapitel 16 und 17: Gott führt sein wankelmütiges Volk durch die Wüste, und er versorgt es mit Wachteln, Manna und Wasser.– Es kommt zur Schlacht gegen die Amalekiter: Bei Mose, dem Mann, der die Hände zu Gott erhebt – d.h. bei Gott selbst – liegt die Entscheidung. Dies ist ein Bild der Wechselbeziehung von Arbeiten und Beten. Beides geschieht nicht fifty-fifty, sondern wir müssen uns hundertprozentig einsetzen, aber hundertprozentig liegt die Entscheidung, ob etwas daraus wird, bei dem, auf den wir ganz angewiesen sind und den wir bitten dürfen.

Kapitel 18: Auf Anraten seines Schwiegervaters Jitro ordnet Mose das Volk Gottes neu: Viele übernehmen Aufgaben und treten in den Dienst. Mose gewinnt Mitarbeiter.

Kapitel 19: Israel kommt am Sinai an, wo der Bundesschluß erfolgen soll: Gottes großes Angebot und die Annahme durch das Volk. Dem entspricht heute das Gnadenangebot Gottes in der Verkündigung und dessen Annahme durch die Menschen im Glauben.

Kapitel 20: Gott macht seinen heiligen und heilsamen Willen in den Zehn Geboten bekannt. Israel empfängt die hilfreiche Hausordnung Gottes für seine Kinder, die zugleich hilfreiche Leitplanken für die Menschen überhaupt sind. Den Geboten geht der Bund voraus: *»Ich bin der HERR, dein Gott«*, und dann folgt, was Gott vom Menschen erwartet. Die Gabe ist das, was Gott gibt und tut (Kap. 19); dann folgt die Aufgabe, das, was Gott von seinem Volk getan haben will, was er von ihm erwartet (Kap. 20). Die Gabe entspricht den Einnahmen, die Aufgabe den Ausgaben eines Kaufmanns: Wer viel eingenommen hat, kann auch wieder viel ausgeben.

Wir kennen einen »dreifachen« Gebrauch der Gebote:

a) Sie sind Hausordnung für die Kinder Gottes, auch im Neuen Testament.
b) Sie überführen von der Sünde.
c) Diese Gebote sind Richtlinien auch für das Zusammenleben der Menschen überhaupt im Rahmen der Erhaltungsordnung Gottes für die Welt (1. Mose 8–9; Röm 13,1 ff.). Was Gott will, ist zugleich des Menschen Wohl.

Kapitel 21–23: Es folgen weitere Ordnungen Gottes für Israel, auch für den Alltag: Rechtsordnungen, Bundesbuch (24,7).

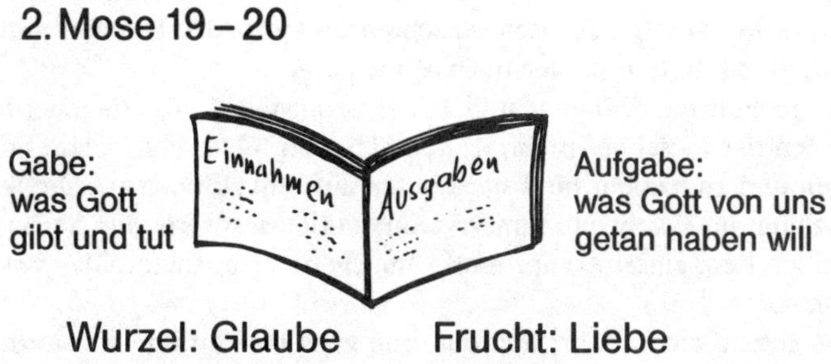

Abb. 15: Bundesschluß und Gebote

Kapitel 24: Hier wird Kapitel 19 wieder aufgenommen. Der eigentliche Abschluß des Bundes erfolgt, indem der Altar einerseits und das Volk andrerseits mit demselben Opferblut besprengt werden.

2.3 Anweisungen für die Stiftshütte (Bundeszelt) und ihren Inhalt (Kap. 25–31)

Der lebendige Gott ist unsichtbar. Das bedeutet für den Menschen eine große Spannung. Da will Gott seinem Volk ein sichtbares Zeichen seiner Gnadengegenwart geben. Er, »den aller Himmel Himmel nicht fassen«, beugt sich herab, um inmitten seines Volkes zu wohnen. Israel weiß, wo es Gott finden kann. Die Dringlichkeit eines solchen Zeichens zeigt der nächste Abschnitt. (Zur Stiftshütte vgl. Abschnitt 5).

2.4 Der goldene Stier – die Selbsthilfe des Volkes – und drohendes Gericht; die Fürbitte Moses und das Erbarmen Gottes (Kap. 32–34)

Israel war ins blinde Glauben gestellt; Mose war seit längerem nicht mehr da, und auch die Stiftshütte war noch nicht gegeben. Die Israeliten hatten nichts Sichtbares, an das sie sich halten konnten. Sie waren in das Nicht-Sehen-und-doch-Glauben gestellt, was – so möchte man menschlich sagen – sie fast überfordert hat.

Das Motiv für den goldenen Stier war daher wohl nicht so sehr Leichtsinn als vielmehr Schwermut und Anfechtung. Nun wollten sie sich selber auf eine Weise helfen, die sie in Ägypten bei den Völkern der näheren Umgebung gesehen hatten. Sie wollten einen Gott, den sie sehen, den sie mitführen und über den sie verfügen konnten, einen »Talisman-Gott«, einen »Glücksbringer-Gott«. An den unsichtbaren Gott, der Himmel und Erde geschaffen hat, hatten sie sich noch wenig gewöhnt.

So brechen die Dämme, und Israel veranstaltet ein Götzenopferfest. Sie ehrten das Geschöpf mehr als den Schöpfer. »Das Volk setzte sich, um zu essen und zu trinken, und sie standen auf, um zu tanzen.« Die Schwermut schlug in Leichtsinn um. Aaron wollte insofern die Sache noch umwenden bzw. einen Kompromiß versuchen, als er sagte: *»Wir feiern das Fest Jahwes.«*

Das gelang nicht mehr; und das ging ganz hart an ihre Existenz. Gott droht, sie zu verwerfen. Mose tritt bei Gott für das Volk ein bis zu dem Angebot: *»Tilge (stattdessen) mich aus deinem Buch«* (32,32). Mose wird erhört, und Gott nennt ihm seinen Namen, der sein Wesen ist: *»Wem ich gnädig bin, dem bin ich gnädig… barmherzig und gnädig und geduldig und von großer Gnade und Treue«* (33,19; 34,6f.).

Das Wort 2. Mose 34,6 zieht sich dann durch das ganze Alte Testament (vgl. Neh 9,17; Ps 86,15; 103,8; 145,8; Joel 2,13; Jona 4,2). Gott erbarmt sich also.

Mit seinem Eintreten für das Volk vor Gott ist Mose gewissermaßen ein Vorläufer Jesu geworden, der ja auch anstelle von uns Menschen alles Gericht auf sich genommen hat. Mose erinnert auch an Paulus, der schrieb: »Ich selber wünschte, verflucht und von Christus getrennt zu sein für meine Brüder, die meine Stammverwandten sind nach dem Fleisch…« (Röm 9,3). Ein Mensch kann und muß sich so nicht opfern; er

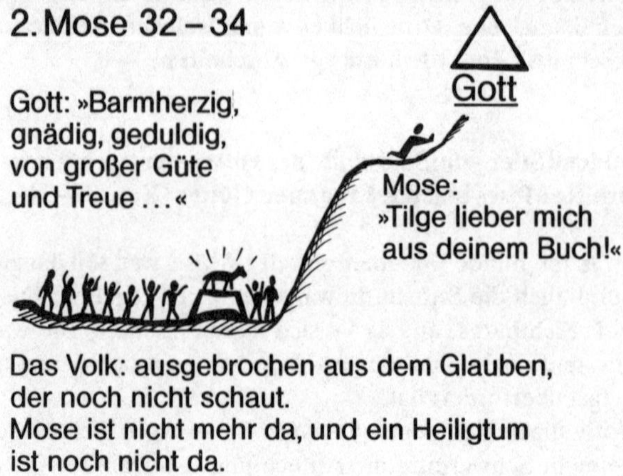

Abb. 16: Tanz ums Goldene Kalb und Moses Fürbitte

ist ja selbst auf Vergebung angewiesen. Aber dies signalisiert die große Liebe zu den Menschen, die Gott liebt, wenn jemand auch bereit wäre, als priesterlicher Mensch, als Fürbitter sich zugleich in seine Fürbitte hinein zu opfern, wie Jesus das auf eine unvergleichliche, auf die eigentliche Weise getan hat.

2.5 Ausführung der Anweisungen für die Stiftshütte (Kap. 35–40)

In seiner Barmherzigkeit schenkt Gott eine Stätte seiner Gegenwart, für die wiederum die Bezeichnung »Kondeszendenz« zutrifft. Gott beugt sich herab, steigt herab. An der Ausführung der göttlichen Anweisungen, am Bau der Stiftshütte ist zu sehen, daß Gott in gewissem Sinne der Schwachheit des Menschen entgegengekommen ist, indem er doch dieses Zeichen seiner Gegenwart gibt.

Das ist aber kein Zeichen, das ein Mensch nach eigenen Gedanken sich fertigt, sondern ist ein Zeichen, das Gott schenkt und das sein Zugegensein anzeigt: »Ich will unter euch wohnen...« (vgl. 25,8; 29,45 f.). Gott muß das nicht, aber er bindet sich an den demütigen Menschen – verfügen kann der Mensch über Gott deshalb noch lange nicht.

Zur Stiftshütte gehörten das Allerheiligste, das Heiligtum und der Vorhof.

Im *Allerheiligsten* ist es dunkel als Zeichen dafür, daß Gott sich verhüllt; man sieht ihn nicht. Die *Bundeslade*, die die Gesetzestafeln enthält, hatte

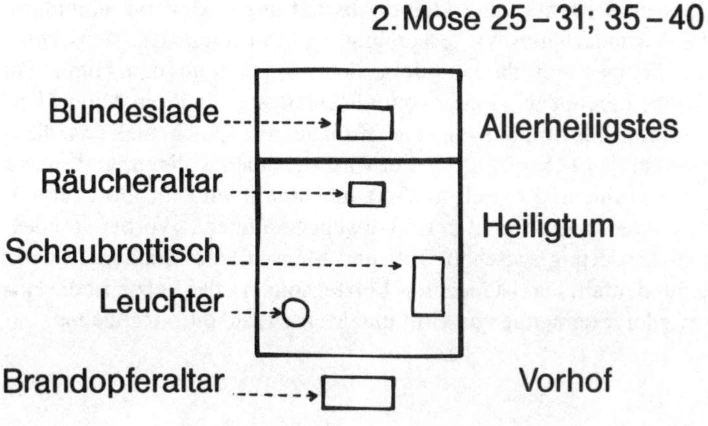

Abb. 17: Grundriß der Stiftshütte

die Form eines Thronsitzes für einen Herrscher mit menschlicher Größe. Gott geht also auf Menschenmaß. Die Engelgestalten an der Seite der Lade muß man sich wie eine Stuhllehne vorstellen. Das Ganze hatte also das Aussehen eines Thronsessels, der aber leer war, ohne jedes Götterbild. Das war das Besondere Israels, das es sonst im gesamten Altertum nirgends gab.

Im *Heiligtum waren drei Dinge: der Räucheralter* (der Altar im Innern, wo nur Kräuter usw. dargebracht wurden, die einen Rauch erzeugten), der *Schaubrottisch* (wo Brote u.a. dargereicht wurden, das Schönste, das Beste, zum Zeichen dafür: »Alles haben wir von dir, und im Dank reichen wir etwas davon zurück«) und der *Leuchter* (er ist auch aus der Geschichte um Eli und Samuel wohlbekannt; er war einerseits von Gott her ein Zeichen der Erleuchtung des Volkes, daß das Volk nicht im Dunkeln ging; andrerseits war er auch ein Zeichen der ständigen Anbetung, der liebenden Hingabe des Volkes an Gott).

Vor der Stiftshütte stand im *Vorhof* der *Brandopferaltar*, auf dem in der Regel zweimal täglich (vormittags um 9 Uhr, nachmittags um 3 Uhr) das Morgen- und Abendopfer dargebracht wurde, eben als Zeichen der Hingabe, aber auch dafür, daß das Geschöpf sich dem Schöpfer, der Mensch sich dem großen Gott nur über den Weg des Opfers nähern kann. Die Tieropfer sind nur ein Hinweis, wie der Hebräerbrief sagt; das Endgültige, das Einmalige und Ein-für-Allemalige ist das Opfer Christi.

Das ist also der Ort, an dem Gott dem Menschen begegnet. Im Neuen Bund begegnen wir Gott in Jesus Christus; er bezeichnet sich als »Tempel« (Joh 2,21), und sein Tempel darf seine Gemeinde sein, weil sie dort ihm begegnet, weil er bei ihr gegenwärtig zu sein verheißt.

Das alles ist nur eine kleine Abschattung und Vorausabbildung der großen, wunderbaren Wiedervereinigung Gottes mit den Menschen: »Ich sah die heilige Stadt, das neue Jerusalem, von Gott aus dem Himmel herabkommen, bereitet wie eine geschmückte Braut für ihren Mann. Und ich hörte eine große Stimme von dem Thron her, die sprach: Siehe da, die Hütte Gottes bei den Menschen! Und er wird bei ihnen wohnen, und sie werden sein Volk sein, und er selbst, Gott mit ihnen, wird ihr Gott sein« (Offb 21,2f.). Aber Gott schenkt etwas Vorweggenommenes, Vorbereitendes nach der Distanzierung zwischen Gott und Mensch beim Sündenfall und nach dem Sündenfall. Das ist nicht das Letzte, sondern das Letzte ist die einzigartige Wiedervereinigung von Gott und Mensch, auf die wir zugehen.

Das dritte Buch Mose (Leviticus)

Das 3. Buch Mose heißt auch *Leviticus*, weil es das Buch der Ordnungen Gottes für Priester und Leviten ist. Der Stamm *Levi* war ja unter den zwölf Stämmen Israels der zum priesterlichen Dienst beauftragte Stamm, aus dem Mose und Aaron kamen. Das 3. Buch Mose enthält also vorwiegend göttliche Anweisungen an Mose zur Weitergabe an das ganze Volk oder an Aaron und dessen Söhne, denen insbesondere der Priesterdienst aufgetragen war.

Diese Schrift des Alten Testaments ist ein biblisches Buch, von dem wir in besonderem Maße meinen, es sei für uns als neutestamentliche Gemeinde überholt. Das trifft in gewissem Sinne auch zu, denkt man z.B. an den Opferdienst, der seit Jesu Kreuz nicht mehr nötig ist (vgl. Hebr 7,27; 9,12.26; 10,2). Nur ist zu bedenken, daß das, was uns im Neuen Testament durch unseren Herrn gegeben ist (vor allem mit seinem großen Opfergang), vor dem Hintergrund des 3. Mose-Buches noch deutlicher wird. Das hat insbesondere der Hebräerbrief in seinen Kapiteln 7–10 aufgenommen und des näheren gezeigt, wie Jesus nun zugleich der große Hohepriester und das Gott dargebrachte Opfer ist.

1. Übersicht über das Buch

Das 3. Buch Mose besteht aus zwei Hauptteilen, die sich weiter untergliedern:

1. Die Beseitigung der Störungen in der Gemeinschaft zwischen Gott und seinem Volk
1.1 Die Opferanweisungen (Kap. 1–7)
1.2 Die Priesterweihe und der Beginn des Opferdienstes (Kap. 8–10)
1.3 Die Reinheitsvorschriften im Blick auf Mensch und Tier (Kap. 11–15)
1.4 Die Anordnung des alljährlichen großen Versöhnungstages (Kap. 16)
2. Die Neugestaltung des ganzen Lebens in der Gemeinschaft und für die Gemeinschaft mit dem heiligen Gott – das Heiligkeitsgesetz (Kap. 17–27)

2. Zum Inhalt des Buches

2.1 Die Anweisungen für das Opfer und für die Priester (Kap. 1–16)

Dieser erste Teil besteht aus Opfer- und Priesterordnungen. Er befaßt sich also mit dem Problem, daß die Gemeinschaft des Menschen mit seinem Gott seit 1. Mose 3 durch die Sünde gestört ist. 3. Mose 1–16 handelt davon, auf welchem Weg in der Vorläufigkeit des Alten Testaments die Gemeinschaft mit Gott wiederhergestellt werden kann. Dieser Teil gliedert sich in folgende Unterabschnitte auf:

2.1.1 Die Opferanweisungen (Kap. 1–7)

Es sind hier sieben Opferarten genannt.

Beim *Brandopfer* (Kap. 1), das regelmäßig dargebracht worden ist (zweimal täglich), wurde das Opfertier vollständig verbrannt – zum Zeichen dafür, daß sich der Mensch seinem Gott ganz hingibt, ganz ausliefert. (Das ist im Neuen Testament aufgenommen, z.B. Röm 12,1f., wo der Glaube praktisch im Alltag vollzogen wird.)

Das *Speisopfer* (Kap. 2) bedeutete: Gott beschenkt das Volk mit allen guten Gaben, auch mit Nahrungsmitteln, und der Mensch reicht zum Zeichen des Dankes und darum, weil er weiß, von wem er alles hat, ein wenig – das Beste, etwas Auserlesenes – wieder an Gott zurück.

Das *Dank- bzw. Heils- oder Friedensopfer* (Kap. 3) war nicht so sehr ein Dank im allgemeinen Sinn (d.h. für die guten Gaben Gottes), sondern ein Dank speziell dafür, daß Gott dem Menschen seine Gemeinschaft schenkt, daß Friede zwischen Gott und Mensch ist, und war deshalb auch ein Ausdruck der Freude. Dies war das einzige Opfer, bei dem derjenige, der die Opfergaben gab (also nicht der Priester, der sie darbrachte), vom Opfer essen durfte. Er war sozusagen Gast bei Gott, und Gott ging die Gemeinschaft mit ihm ein. (Damals bedeutete ja ein Gastmahl, daß zwischen Gastgeber und Gast Gemeinschaft geschlossen wurde.) Das ist also schon so etwas wie eine Vorausabbildung des Abendmahls.

Das *Sünd- oder Schuldopfer* (Kap. 4f.) war ein Opfer, das Gott mit dem Bekenntnis der Schuld dargebracht wurde. Allerdings war von diesem Opfer nur die unabsichtliche Übeltat betroffen; die andere Schuld blieb auf dem Menschen.–Weitere Opfergesetze enthalten die Kapitel 6 und 7.

Ein stellvertretendes Opfer wurde sowohl im täglichen Brandopfer (Kap. 1) wie auch im Sünd- und Schuldopfer dargebracht (Kap. 4f.). Wichtig war aber, daß aufgrund des geschehenen Opfers nun der Priester hertreten

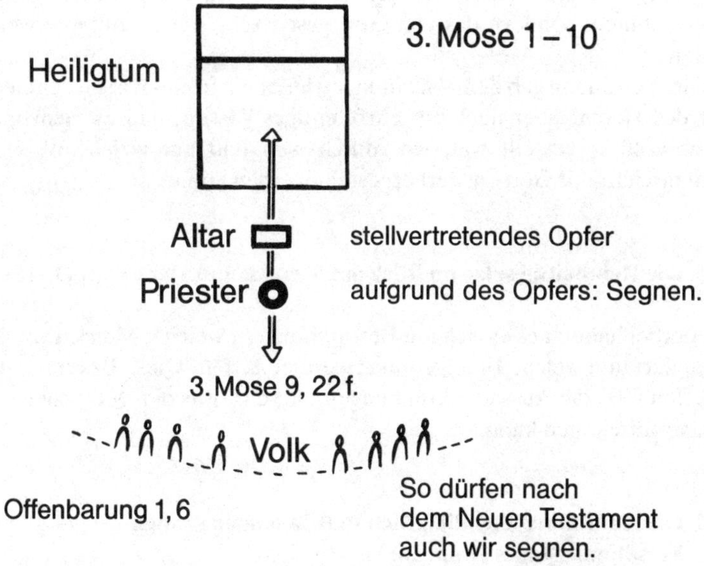

Abb. 18: Opfer und Segen

und das Volk segnen durfte. Zunächst wandte er sich dem Heiligtum – also Gott – zu und brachte das Opfer dar; dann durfte er sich umwenden und dem Volk den Segen spenden (3. Mose 9,22f.). Das führt zu:

2.1.2 Die Priesterweihe und der Beginn des Opferdienstes (Kap. 8–10)

Der speziell priesterliche Dienst ist der des Opferns und des Segnens. Es wird insbesondere Aaron erwähnt, der segnet (9,22f.); der Wortlaut dieses aaronitischen Segens wird 4. Mose 6,24–26 genannt: *»Der HERR segne dich und behüte dich...«* Hinsichtlich des Priesteramtes, das ja eine besondere Nähe zur Gegenwart des Herrn hatte, galt eine ganz bestimmte Ordnung:

a) Es war nicht in die Willkür gestellt, wer Priester sein durfte: Nur Aaron und seine Söhne waren zum Priesterdienst bestimmt. (Eine Ausnahme aus der früheren Zeit, als die aaronitische Priesterordnung noch nicht bestand, war das Passamahl, bei dem jeder Familienvater in gewissem Sinne als Priester fungierte.)

b) Der Priester durfte nicht beliebig angezogen sein (vgl. 2. Mose 28).

c) Beim Verbrennen der Opfertiere durfte der Priester nicht irgendein Feuer nehmen, sondern das von Gott geschenkte Feuer sollte verwendet werden.

Diese Ordnung gab dem Volk immer wieder ein frohes Wissen der Gegenwart des Herrn, aber auch ein ehrfürchtiges Wissen, daß es nicht in die eigene Willkür gestellt war, wo, durch wen und auf welche Weise die Gemeinschaft mit Gott wiederhergestellt werden konnte.

2.1.3 Die Reinheitsgesetze im Blick auf Mensch und Tier (Kap. 11–15)

Hierbei handelt es es sich um Bestimmungen, welcher Mensch vor Gott treten darf und welche Tiere geopfert werden dürfen. Diese Bestimmungen betreffen z.B. die Aussatzerkrankungen und das, was den Menschen sonst noch verunreinigen kann.

2.1.4 Die Anordnung des alljährlich stattfindenden großen Versöhnungstages (Kap. 16)

Hier findet der erste Teil, der den Dienst betrifft, der die Gemeinschaft mit Gott ermöglicht, seinen Abschluß und Höhepunkt. Das Hauptkapitel des 3. Mose-Buches ist das Kapitel 16 mit den Bestimmungen für den großen Versöhnungstag, den man im Herbst gefeiert hat. Was an diesem Tag geschah, war eigentlich ein Sünd- und Schuldopfer (vgl. Kap. 4f.) besonderer Art, der Höhepunkt aller Opferhandlungen. Es wurde besonders sinnfällig gemacht, daß das stellvertretend dargebrachte Leben verwirkt ist. Gott ist unversöhnlich im Blick auf die Sünde, doch er will sich mit dem Sünder, der sich vom Bösen lösen läßt, versöhnen.

Nur einmal im Jahr sollte diese Art von Opfer dargebracht werden. Das, was an diesem Tag geschah, ist nun im besonderen Maße eine Vorausabbildung des Opfers durch Jesus (z.B. Röm 7–10). Zu diesem besonderen Sühneakt war das Volk vor dem Heiligtum, also vor dem Bundeszelt, vor der Stiftshütte versammelt. Auf dem Volk lag wohl ein ganz besonderer Ernst, weil es hier mit seiner Sünde konfrontiert wurde. Es sollte auch an diesem Tag vollständig fasten.

Zunächst mußte der Priester einen jungen Stier zu seiner eigenen Reinigung opfern. (Hebr 7,27 u.a. betonen dann von Jesus, daß er nicht zuerst für sich selbst opfern mußte, weil er ja der ganz Reine war und blieb.) Sodann wurden zwei Böcke herzugeführt (V. 5.7; daher rührt unsere Bezeichnung »Sündenbock«). Auf das eine Tier legt der Hohepriester die Hand, und

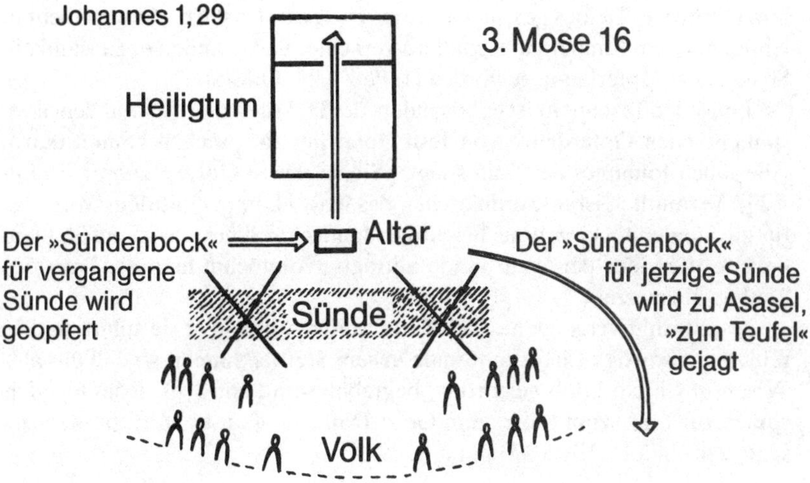

Abb. 19: Der große Versöhnungstag

somit wird alle jetzige Liebe zur Sünde, alles, was jetzt vorhanden ist und was Gott mißfällt, zeichenhaft auf diesen Bock gelegt.

Dieses Tier wird nicht getötet, sondern *»zu Asasel in die Wüste«* (V. 10b) hinausgeführt. Dieses seltsame Wort »Asasel« bezeichnet wohl einen Wüstengeist, einen Wüstendämon und ist letztlich eine Umschreibung für den Feind selber. Die Sünde soll dorthin, woher sie gekommen ist. »Wir wollen nichts mehr mit ihr zu tun haben!« brachte Israel damit zum Ausdruck. Das Tier sollte nicht wieder ins Lager zurückkehren.

Der andere Bock wurde geschlachtet; sein Blut wurde ins Allerheiligste getragen – also dorthin, wo Gott unmittelbar gegenwärtig zu sein verhieß – und an die Bundeslade (den »Gnadenthron«) gesprengt. Damit sollte die Sühnung des Volkes hergestellt werden. In 16,30 steht, das Volk werde *»von allen...Sünden...gereinigt vor dem HERRN«* (vgl. 16,34).

Also wurde nicht nur die versehentliche, sondern auch die vorsätzliche Sünde getilgt. Das war das Große dieses Tages. Das meiste, was wir an Bösem tun, das eigentlich Böse ist ja das, was wir mit Wissen und Wollen und aus wohlbedachter Überlegung tun. Auf diese Weise wurde die in der Vergangenheit liegende Sünde bereinigt.

Daß es zweier Sündenböcke bedarf, um die Schuld des Menschen zu beseitigen, weist auf die Unzulänglichkeit dieser Opfer hin. Der Mensch müßte, wenn er sich Gott nähern wollte, entweder in der heiligen Glut verbrennen (vgl. Jes 33,14) und sterben oder aus der Gegenwart Gottes »weggeblitzt« werden. Beides geschah an Jesus zugleich. Er starb – jedoch nicht in Ehren auf dem Tempelplatz, sondern verachtet und draußen in Einsamkeit. So ist er das Opferlamm geworden (1. Petr 2,24; Offb 5).

Im Neuen Testament ist es besonders der Hebräerbrief, der auf den alttestamentlichen Opferdienst von Jesu Opfer her zu sprechen kommt (s.o.). Aber auch Johannes der Täufer sagt: »Siehe, das ist Gottes Lamm...« (Joh 1,29). Vermutlich ist im Aramäischen das Wort »Lamm« mit dem Wort, das für die Sündenböcke gebraucht wurde, identisch. »Siehe, das ist der Sündenbock Gottes, der der Welt Sünde abträgt«, so möchte man das Wort des Täufers übersetzen.

Jesus bringt vergangene Schuld in Ordnung, indem er sie sühnt, und er reißt gegenwärtige Liebe zur Sünde in sein Sterben hinein, so daß das alte Wesen in Christi Grab gestorben, begraben sein kann (vgl. Röm 6). »Ich sprach zur Lust, zum Stolz, zum Geiz: Dafür hing unser Herr am Kreuz«, sagte Zinzendorf (EKG 273,3c).

2.2 Die Neugestaltung des ganzen Lebens in der Gemeinschaft und für die Gemeinschaft mit dem heiligen Gott: das Heiligkeitsgesetz (Kap. 17–27)

Der zweite Teil des 3. Buches Mose enthält Anweisungen für das praktische Leben. Darin wird gezeigt, wie der Mensch, der zum Frieden mit Gott gekommen ist, sein Leben und Wesen verändern muß und kann; es ist das sog. Heiligkeitsgesetz (Kap. 17–26). Ein zentrales Kapitel in diesem Teil ist das 19. Kapitel, in dem wir zweierlei sehen:

a) Der Mensch soll zu Gott passen. Über das Verhältnis des Menschen zu Gott heißt es: *»Ihr sollt heilig sein, denn ich bin heilig«* (19,2b). »Heilig« heißt nicht »fehlerlos«, sondern »zugehörig zu Gott«; das bedeutet aber auch, daß der Mensch durch seinen Eigentumsherrn bis ins letzte bestimmt wird. Jesus nimmt ja dieses Wort auf: »Ihr sollt vollkommen sein, wie euer himmlischer Vater vollkommen ist« (Mt 5,48). »Ihr sollt« heißt im Hebräischen zugleich »ihr werdet«; dies ist also Weisung und Verheißung zugleich.

b) Das andere Wort betrifft das Verhältnis zu den Mitmenschen: *»Du sollst deinen Nächsten lieben wie dich selbst«* (19,18b). Die folgende Begründung: *»...denn ich bin dein HERR«* bringt zum Ausdruck, daß beide – der, dem dieses Gebot gilt, und sein Nächster – zu Gott gehören; daher soll auch beider Zusammenleben von Gott geordnet sein. Das verdeutlichen die horizontale und die vertikale Linie in Abb. 20. In 5. Mose 6 steht das zu diesem

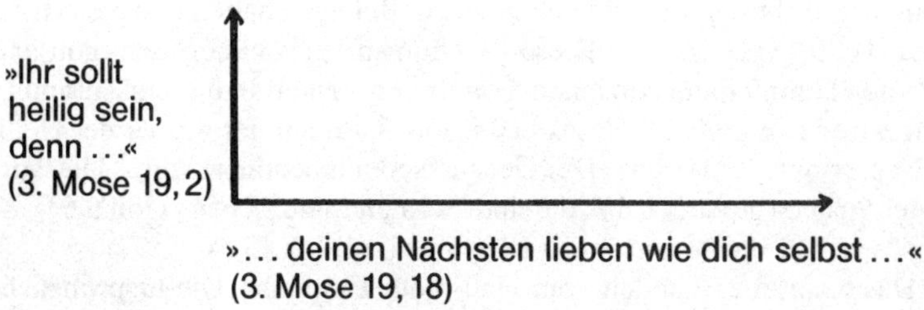

Abb. 20: Der Mensch soll zu seinem Gott passen
a) Verhältnis zu Gott und Mitmensch

Zusammenhang gehörende Wort: »Du sollst den HERRN, deinen Gott, liebhaben von ganzem Herzen, von ganzer Seele und mit all deiner Kraft.« Jesus fügt beide Worte – 3. Mose 19,18b und 5. Mose 6,5 – zum Doppelgebot der Liebe zusammen (Mt 22,37–39; Mk 12,30f.; vgl. Lk 10,25ff.).

Wer die Kapitel 17–27 des 3. Buches Mose liest, dem fällt auf, daß hier eine eigenartige Kasuistik – d.h. eine auffallende Aneinanderreihung von Vorschriften – vorliegt. Solches haben später die Hohepriester und die Pharisäer weiter ausgebaut, so daß es unzählige Einzelvorschriften gab. Die Heiligung soll durch äußere Anordnung erreicht werden. Das hat nie zu einem fröhlichen Glauben geführt, daß man immer einen umfangreichen Katalog von Bestimmungen vor Augen haben mußte, die man einzuhalten hatte.

Demgegenüber ist schon im Alten Testament angekündigt: »Ich will mein Gesetz in ihr Herz geben und in ihren Sinn schreiben« (Jer 31,33), »damit sie

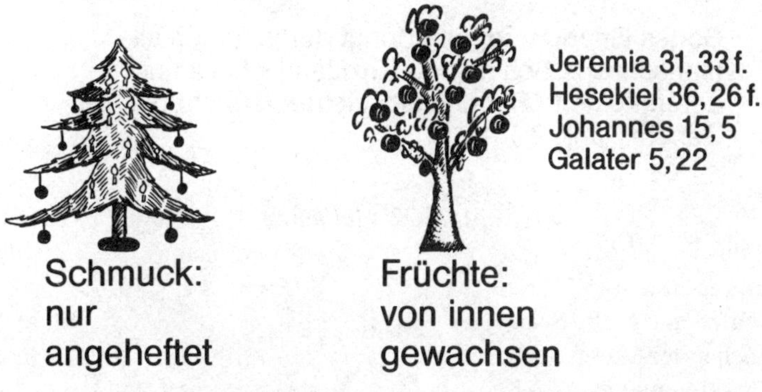

Abb. 21: Der Mensch soll zu seinem Gott passen
b) Heiligung nur durch äußere Anordnungen und/oder durch Geist und Leben vom Innersten her?

in meinen Geboten wandeln und meine Ordnungen halten und danach tun« (Hes 11,20; vgl. 36,27). Dieser Gehorsam gegenüber den göttlichen Geboten kommt dann von innen, vom Innersten her. In diesem Zusammenhang wird in Jeremia 31, Hesekiel 36, Joel 3 u.a. immer wieder der Heilige Geist genannt. Jesus sagt: »Der Geist ist's, der lebendig macht... Die Worte, die ich zu euch geredet habe, die sind Geist und sind Leben« (Joh 6,63). Der Geist schafft Früchte, aus ihm wachsen sie (vgl. Joh 15,5).

Das Kapitel 25 handelt vom Hall- oder Erlaßjahr. Die ursprünglichen Besitzverhältnisse werden nach jeweils 49 Jahren (»sieben Sabbatjahre, siebenmal sieben Jahre«, 25,8) wiederhergestellt. Das Land, das ja Gott gehörte, war anvertrautes Gut und sollte einer Sippe, die es wegen Verschuldung verloren hatte, nie für immer entzogen werden. Es war also Eigentum auf Zeit. Auch Sklaven wurden dann freigelassen. Manche unserer Väter sahen an dieser Stelle einen Hinweis darauf, daß Gott friedliche Schuld nicht mit ewiger Verdammnis beantworte, sondern daß es nach Äonen von Läuterungsgerichten zu einer »Wiederbringung« aller kommen würde.

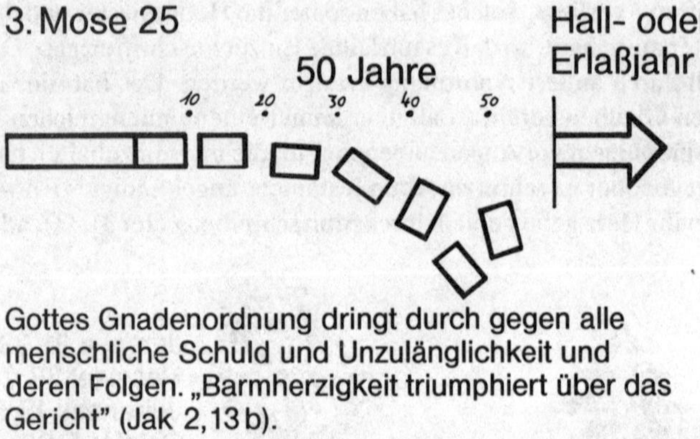

Abb. 22: Halljahr

Ja, Jesus siegt!
Seufzt eine große Schar
noch unter Satans Joch,
die sehnend harrt
auf das Erlösungsjahr,
das zögert immer noch,
so wird zuletzt aus allen Ketten

der Herr die Kreatur erretten.
Ja, Jesus siegt!

Johann Christoph Blumhardt

3. Wichtige Erkenntnisse, die wir durch das 3. Buch Mose gewinnen

1. Die Beziehung des Menschen zu Gott ist die grundlegende Frage unseres Lebens.
2. Die Gemeinschaft zwischen Gott und Mensch nur auf den Wegen zu gewinnen, die Gott uns Menschen gnädig eröffnet hat.
3. Dieser Weg ist vor allem durch das stellvertretende Opfer und das priesterliche Handeln ermöglicht.
4. Von der in Ordnung gebrachten Beziehung zu Gott her werden dann auch alle übrigen Lebensbeziehungen – insbesondere die zu den anderen Menschen – geordnet (19,18); allein die in Ordnung gebrachte und erhaltene Gottesbeziehung bewahrt das menschliche Zusammenleben vor der Zerstörung.
5. Es erfolgt eine Absonderung des Volkes Gottes von allem heidnischen Wesen seiner Umwelt.
6. Dies erst macht Gottes Volk für den Dienst an der heidnischen Völkerwelt brauchbar, für den Dienst also, dem ja seine Erwählung und Aussonderung dient (vgl. 1. Mose 12,3b; 2. Mose 19,5).

Das vierte Buch Mose (Numeri)

Das 4. Buch Mose heißt auch *Numeri* (Zahlen bzw. [Volks-]»Zählungen«). Es werden in diesem Buch immer wieder Stämme aufgezählt, die Zahl der waffenfähigen Männer angegeben usw., insbesondere in den Kapiteln 1 und 26. Es geht einerseits um die Ordnung des Volkes beim Aufbruch vom Sinai und andrerseits um die Kampfordnung für die Einnahme des verheißenen Landes.

4. Mose ist für uns insofern von Bedeutung, als es eine Vorausabbildung des Weges der Gemeinde Jesu von ihrem Aufbruch bis zu ihrem Ziel, von ihrer Berufung bis zu ihrer herrlichen Vollendung ist. Was am meisten an diesem Buch auffällt, ist dies, welch große Mühe Gott mit seinem Volk hat. Das 4. Buch Mose ist nicht ganz einfach einzuteilen; gewisse Zäsuren sind aber doch gegeben.

1. Überblick über Aufbau und Inhalt des Buches

(1) Kapitel 1–9: Fortsetzung des Berichts vom Aufenthalt Israels am Sinai während eines Jahres (vgl. 4. Mose 10,11; 2. Mose 19,1) mit zahlreichen weiteren Gesetzen, als Ergänzung von 2. und 3. Mose

(2) Kapitel 10–21,9: Der Zug Israels durch Wüste und Steppe, von Lagerstätte zu Lagerstätte, teilweise durch wohl lange Aufenthalte unterbrochen, im ganzen 38 Jahre

Kap. 10: Aufbruch; in der Folge – wie auch schon 2. Mose 17 – viel Unzufriedenheit und Murren des Volkes

Kap. 11: Murren und Lagerbrand; Klage des Mose; nun 70 Älteste zu seiner Hilfe

Kap. 12: Miriam murrt, wird aussätzig und will Heil

Kap. 13–14: Kundschafter

Kap. 16: Aufruhr der Rotte Korah

Kap. 20: Mose ärgert sich über den Ungehorsam des Volkes und wird selbst ungehorsam

Kap. 21,1–9: Verdrossenheit des Volkes; Schlangen als Unheil und Strafe; Hilfe; das Heilszeichen der ehernen Schlange

(3) Kapitel 21,9–36: Beginn der Kämpfe mit den Stämmen und Völkerschaften am Rande des verheißenen Landes, insbesondere im Gebiet östlich des Jordan

Kap. 21,9ff: Kampf mit Arad im Südland und mit dem Amoriterkönig Sihon

Kap. 22–24: Bileam soll verfluchen und muß segnen; Gott läßt sich von seinem Volk nicht trennen

Kap. 25: Die List der Moabiter und der Midianiter bzw. des Bileam (vgl. 31,16), das Volk von seinem Gott zu trennen; das gelang teilweise; Pinhas, der Enkel Aarons, greift durch

Kap. 27: Josua wird Moses Nachfolger; Mose kommt nicht ins Land; Verteilung des Ostjordanlandes an die Stämme Ruben, Gad und Manasse

Die Teile (2) und (3) sind vielfach von Gesetzen und Anordnungen durchsetzt.

2. Zum Inhalt des Buches

2.1 Der Aufenthalt Israels am Sinai (Kap. 1–9)

Israel ist etwa ein Jahr am Sinai geblieben (vgl. 2. Mose 19,1; 4. Mose 10,11); im 4. Mose-Buch werden in Weiterführung des 2. und des 3. Buches Mose dem Volk weitere Anordnungen gegeben. Es ist wichtig, nicht nur die Bekehrung, den Aufbruch (d.h. den Bundesschluß) zu erleben, sondern es geht dann um den Glaubensgehorsam. Die »Aufrichtung des Gehorsams« (vgl. Röm 1,5; 16,26) geschah damals noch im Rahmen einer gewissen Kasuistik (vgl. die Ausführungen zu 3. Mose 17ff.), eines Katalogs von Einzelbestimmungen.

2.2 Der Zug Israels durch Wüste und Steppe, von Lagerstätte zu Lagerstätte (Kap. 10–21,9)

Hier handelt es sich um den Wüstenzug im engeren Sinne. Aus der langen Zeit von 38 Jahren sind nicht viele Begebenheiten erzählt (etwa zwei Jahre dauerte der Zug des Volkes zum Sinai und der Aufenthalt dort). Die Lagerstätten Israels werden genannt (21,10ff.); man muß es sich wohl so vorstellen, daß das Volk an manchen Stellen länger lagerte, etwa an Oasen, und erst nach geraumer Zeit wieder weiterzog. So waren die Israeliten über lange Zeit hinweg ein Wüsten- und Steppenvolk, ehe sie seßhaft wurden. Im Hebräischen heißt das 4. Buch Mose »In der Wüste«, was dieses Buch treffender kennzeichnet als »Numeri«; es hat die eigentliche Zeit des Wüstenaufenthalts zum Inhalt.

In **Kapitel 10** wird der *Aufbruch* beschrieben (V. 11ff.). Man spürt einen gewissen Elan, aber schon bald beginnen die *Schwierigkeiten* (11,1–9). Wie schon in 2. Mose 16,2ff. ist das Volk nur mühsam durch diese Wüste zu bewegen; es war freilich auch schwierig, mit einem großen Volk und all seinem Besitz so unterwegs und ungesichert zu sein. Man konnte sich ja nicht vom Land ernähren, sondern war von Tag zu Tag auf Gott angewiesen. Das verkraftet der Mensch schlecht; er will ja einen gewissen Vorrat haben, der ihm seine Versorgung sichert. Solchen Vorrat hatten sie keinen; nur zum Sabbat konnten sie ja bereits im voraus das Manna sammeln. »Sorgt nicht für morgen!« (Mt 6,34) – das ist schnell zitiert, aber das in der jeweiligen Situation des eigenen Lebens zu praktizieren, ist kein Kinderspiel.

So fängt es in **Kapitel 11** mit dem Immer-wieder-Hadern, mit dem Sich-Aufbäumen, mit der großen Unzufriedenheit an. Wenn wir das auch heute bei uns in Gestalt von Zweifeln und Gedanken des Haderns fast ein wenig kultivieren und pflegen, so sollten wir doch in Betracht ziehen, daß das hier ausgesprochen als Sünde vor Gott gezeigt wird. Diese Unzufriedenheit hat auch die Erfüllung der Verheißung offenkundig verzögert. Es ist also nötig, auch über Zweifeln und Hadergedanken Buße zu tun.

Auch Mose klagt über der Last seiner Aufgabe der Leitung (11,10ff.), und Gott geht gnädig auf seine Klage ein: Es werden 70 Älteste berufen, die Mose beistehen und seine Last mittragen.

Miriam begehrt ebenfalls auf; es paßt ihr nicht, daß Mose, ihr Bruder, immer die erste Rolle spielen soll. Sie wird aussätzig, und auf Moses Fürbitte hin wird sie wieder gesund **(Kap. 12)**.– Es hat einmal jemand gesagt, Gott habe sein Volk ins verheißene Land schleppen müssen. Da ist schon etwas Wahres dran.–

Die *Geschichte von den Kundschaftern* ist dann ausführlich dargestellt **(Kap. 13f.)**. Es wird also ein Erkundungstrupp in das Land geschickt, und zwar mit je einem auserlesenen, führenden tapferen Mann eines jeden Stammes (unter ihnen Josua und Kaleb). Nach ihrer Rückkehr überbringen die Kundschafter dem Volk zweierlei Nachrichten: *»Das Land ist sehr gut, ist ein Land, in dem Milch und Honig fließt«* (13,27). Sie haben Kostproben von Früchten mitgebracht. Das Ziel ist also wunderbar und strahlend dargestellt; der Weg dorthin aber ist von schweren Hindernissen blockiert. »Die Städte sind befestigt«, das Land ist stark besiedelt und vermag seine Einwohner nicht zu ernähren, und seine Einwohner sind Menschen von überlegener Körpergröße, sind »Riesen«, denen gegenüber sich die Kundschafter wie »Heuschrecken« vorkamen (wie sie es übertrieben ausdrückten). Zudem haben die Einwohner des Landes überlegene Waffen.

Uneinig waren sich die Kundschafter darüber, welche Folgerung aus diesem Ergebnis zu ziehen sei. Zehn von ihnen sagten, es sei unmöglich, dieses Land zu erobern. Dieser ihr Zweifel, ihr Unglaube steckt die übrigen Israeliten an, die sich gewissermaßen für Realisten halten: »Wir machen uns nichts vor!« Dies ist aber ein Realismus des Unglaubens, der nicht mit Gott rechnet. Josua und Kaleb dagegen, die beiden übrigen Kundschafter, denken von *Gott* größer als von den Schwierigkeiten (14,6ff.). Sie sagen (wie Luther drastisch übersetzt): *»Wenn der HERR uns gnädig ist, so wird er uns in dies Land bringen... Wir wollen sie (diese Riesen) wie Brot auffressen«* (14,8f.). Das ist ein Realismus des Glaubens, für den sie beinahe vom Volk gesteinigt worden wären (14,10).

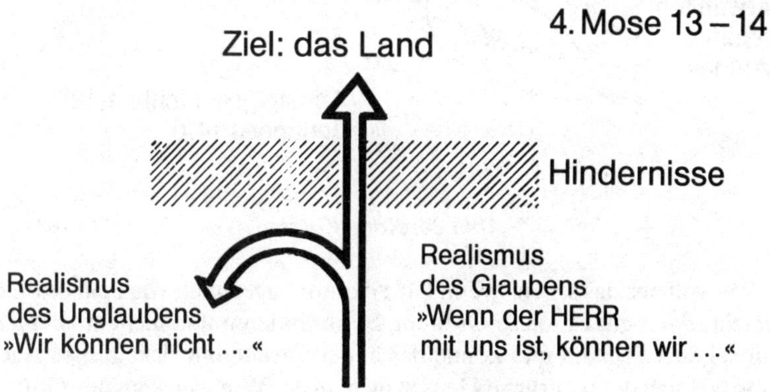

Abb. 23: Kundschafter

Den Unglauben der zehn Kundschafter bestätigt Gott in seiner Züchtigung. Die »Wüstengeneration«, die meint, sie werde nicht ins Land kommen, läßt Gott nicht ins Land kommen, sondern in der Wüste sterben! Josua und Kaleb dagegen kommen nicht nur selbst in das Land, sondern dürfen auch eine neue Generation dorthin führen. Eine solche Wirkung hat dieser Realismus des Glaubens!

Auch heute ist im Blick auf die persönliche Erlangung der Seligkeit und hinsichtlich des Bestandes der Gemeinde Jesu und des kommenden Friedensreiches Jesu der Realismus des Glaubens gefragt.

In **Kapitel 16** taucht eine neue Schwierigkeit auf. *Korah* ist ein Mann aus dem Stamm Levi, der näher beim Heiligtum war als das übrige Israel. Doch dem Stolz Korahs genügt das nicht; er neidet Mose dessen Führerposition. So rebelliert er mit seinen Verbündeten gegen Mose. Diese Rotte Korah geht durch Gottes Eingreifen dabei zugrunde.

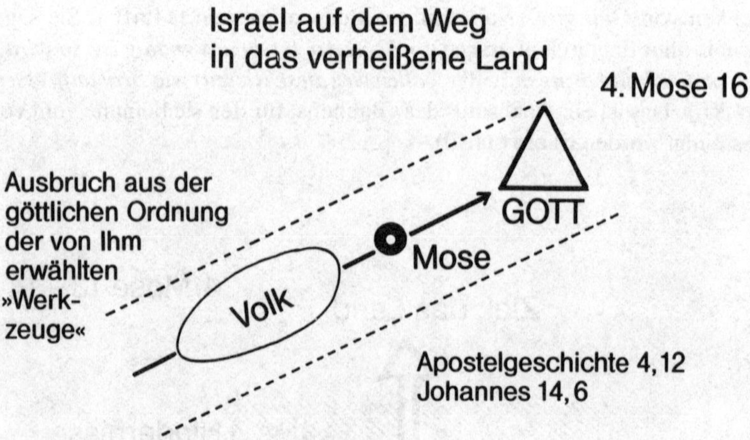

Abb. 24: Rotte Korah

Was will uns das sagen? Wenn Gott Anordnungen gibt, wie man das Ziel erreicht, dann gilt es, diese Ordnung zu akzeptieren und nicht zu meinen, man sei auch jemand und könne das ändern, weiterentwickeln usw. Auch heute will sich der natürliche Mensch nicht in den Weg schicken, den Gott zu unserem Heil vorgesehen hat: den Weg der Schrift, der Rechtfertigung allein aus Gnade, der Allgenügsamkeit dessen, was Jesus für uns vollbracht hat, und den Weg der Einzigartigkeit von Jesu Stellung (»allein Christus, allein die Gnade, allein die Schrift«). »In keinem andern ist das Heil, auch ist kein andrer Name unter dem Himmel den Menschen gegeben, durch den wir sollen selig werden« (Apg 4,12). Das ist die Ordnung Gottes für uns, und in ihr gilt es zu gehen. »Bring mich völlig in die Schranken, die dein Liebesrat gesetzt.«

In **Kapitel 20** begegnen wir einer eigenartigen Sache. Der ansonsten treue *Mose begeht eine Tat des Ungehorsams*. Er war genötigt, als das Volk großen Durst hatte, mit einem Felsen reden, daß dieser Wasser gebe. Früher sollte Mose einmal einen Felsen schlagen, so daß dieser Wasser geben würde (2. Mose 17,6). Jetzt, als er mit einem Felsen reden sollte, war er so aufgebracht, ja verärgert über den Ungehorsam und über das dauernde Hadern des Volkes, daß er mit dem Felsen nicht nur geredet, sondern ihn geschlagen hat. Im Ärger über den Ungehorsam der andern ist er selbst ungehorsam geworden. Das hat ja bewirkt, daß Mose das verheißene Land zwar sehen, nicht aber betreten durfte (4. Mose 27,12ff.; 5. Mose 34).

Auch in **Kapitel 21** wird geschildert, wie Israel erneut ungeduldig wird, hadert und gegen Gott und Mose rebelliert (V. 4ff.). Es folgt die Strafe in der Gestalt *feuriger Schlangen* (wörtlich: »rötliche, kupferfarbene Schlangen«). Darauf hat das Volk Mose um Fürbitte gebeten und auch selbst zu Gott gerufen; das Ergebnis war nicht etwa, daß die Schlangen verschwanden, sondern daß ein Heilmittel angeboten wurde: die Hilfe durch das Heilszeichen der ehernen Schlange. Es kam darauf an, daß diejenigen, die gebissen worden waren, den Blick erhoben.

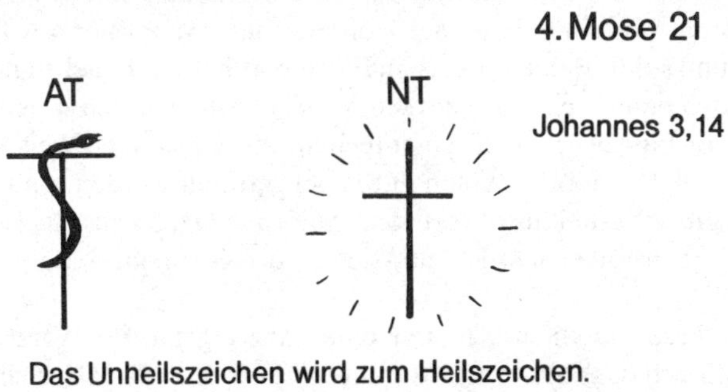

Abb. 25: Die erhöhte Schlange

Entsprechend verhält es sich auch im Neuen Bund. Es ist nicht etwa die alte Schlange mit ihrem giftigen Biß schon weggetan, sondern es wird das Heilmittel angeboten. Das Heil ist auch im Neuen Bund ein Geschenk, das man annehmen muß, weil es sonst nicht wirksam wird.– Jesus hat ja diese Begebenheit aufgenommen: »Wie Mose in der Wüste die Schlange erhöht hat, so wird des Menschen Sohn auch erhöht werden« (Joh 3,14). Das ist deutlich ein Hinweis auf sein Kreuz.– Auffallend ist also, daß dasselbe Zeichen, das den Fluch, die Verurteilung anzeigt (die Schlange), zum Zeichen der Heilung, des Heils wird. So ist auch das Kreuz eigentlich ein Zeichen des Gerichts, des Fluches (Gal 3,13). Jesus trägt allen Fluch; aber gerade so wird aus diesem Unheilszeichen der schrecklichsten Hinrichtungsart und des Gerichtes das Heilszeichen.

Die Kapitel 10–21 (wie auch die Kap. 21,9–36) sind immer wieder durchsetzt mit vielen Gesetzen und Anordnungen.

2.3 Beginn der Kämpfe mit den Stämmen und Völkerschaften am Rand des verheißenen Landes, insbesondere im Ostjordanland (Kap. 21,9–36)

Nun kommt Israel bereits an die Pforte des Landes und hat mit den Völkern, die um das verheißene Land herum angesiedelt sind, manche kriegerische Auseinandersetzung zu bestehen (vgl. den Kampf mit Arad im Südland und mit dem Amoriterkönig Sihon, Kap. 21,10ff.). Das Besondere an Israel war sein unsichtbarer Gott Jahwe, der sie aus der Herrschaft der Ägypter befreit hat. Den anderen Völkern war bewußt, daß Israel nur dann beizukommen war, wenn es nicht unter dem Schutz dieses ungewöhnlichen Gottes stand.

Einen größeren Komplex bilden die *Bileamgeschichten* **(Kap. 21–24; 31,16)**. Bileam sollte im Auftrag des Moabiterkönigs Balak Israel verfluchen. Bileam war ein heidnischer Hellseher und Wahrsager aus Pethor am Euphrat und sollte Balak durch sein Fluchwort helfen, Israel zu bezwingen, indem durch den Fluch Gott und sein Volk getrennt werden sollen. Doch er konnte sein Fluchwort nicht aussprechen; auf irgendeine Weise sind ihm Auge und Ohr für Gottes Willen mit Israel geöffnet worden, und er spricht sogar das große Verheißungswort vom *»Stern aus Jakob«* aus (24,17). Es wird daran auf jeden Fall ersichtlich, daß sich Gott von seinem Volk nicht trennen läßt.

Doch diese Geschichte nimmt eine ganz eigenartige Wende. Bileam wußte, daß sich das Volk von Gott trennen kann; deshalb gab er einen bösen Rat (vgl. 31,16). Die Moabiter und die Midianiter waren die Feinde Israels (wie schon früher), aber sie gaben sich nun freundlich und luden das Volk zu ihren zuchtlosen Götzenfesten – wie sie für die gesamte Welt der kanaanitischen Kultur kennzeichnend waren – ein **(Kap. 25)**. Ein Teil des Volkes versündigte sich sodann gegen das erste und das sechste Gebot. Daraufhin eifert Pinhas auf die alttestamentliche blutige Weise für Gott und seinen Bund.

Immerhin wird hier deutlich, wie gefährlich es ist, sich von seinem Gott trennen zu wollen, und wie raffiniert der Feind ist, wenn er sich freundlich stellt, um Menschen von Gott zu lösen.

Eben das ist die Gefahr der Gemeinde Jesu, vor allem in der Endzeit. Der Herr läßt sich zwar von ihr nicht trennen (Röm 8,31–39), aber die Gläubigen können sich von ihrem Herrn trennen; ein Teil der Weltchristenheit wird zur »Hure« entarten (Offb 2,14; 17). Dann bedarf es auch solcher Menschen wie Pinhas, die nicht töten, aber mit Ernst heimrufen.

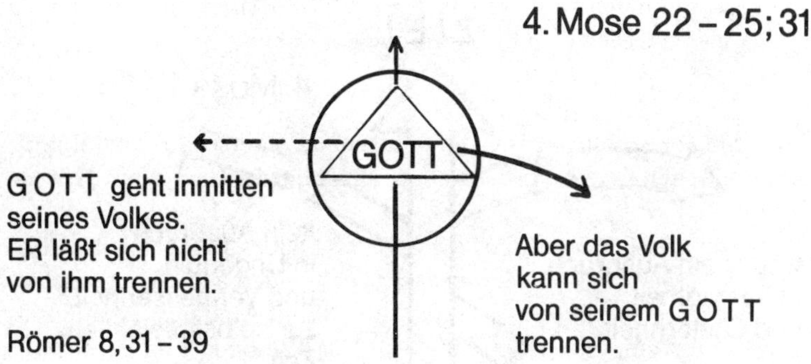

Abb. 26: Bileam

3. Zusammenfassung

Israel sollte einfältig und einmütig Gott folgen, indem es hinter der Wolken- und Feuersäule herzog, und weder zur Rechten noch zur Linken ausbrechen. Israel war in der Gefahr, nach links auszubrechen und sich mit den Moabitern und Midianitern zu verbünden oder gar zu den »Fleischtöpfen Ägyptens« zurückzukehren. Das aber wäre sein Untergang gewesen. Andrerseits bestand aber auch die Gefahr, ungeduldig nach rechts und nach vorwärts auszubrechen und zur selbstgewählten Zeit, in eigener Macht und nach eigenem Plan zum Ziel durchbrechen zu wollen (14,39–45).

Der Weg Israels von Ägypten ins Land Kanaan ist ein Vorabbild für den Weg der Gemeinde Jesu von ihrer Berufung bis zum herrlichen Ziel (Hebr; 1. Kor 10 u.a.m.). Auch hier ist es wichtig, klar auf dem Weg zu bleiben, zu »folgen dem Lamm nach, wohin es geht« (Offb 14,4), und weder nach »links« – zu der umgebenden Welt – oder gar zurück unter die Herrschaft des großen »Pharao« auszubrechen.

Aber auch der Ausbruch nach »rechts« bzw. vorwärts zu einer ungesunden, schwärmerischen, falschen Frömmigkeit ist ein Fehlweg, d.h. so zu tun, als ob die Prüfung des Nicht-Sehens-und-doch-Glaubens vorüber sei, als ob bereits das große »Halleluja« der vollendeten Gemeinde angebrochen wäre. Es ist wichtig, willig an dem heilsgeschichtlichen Ort auszuharren, an den wir heute gestellt sind: nicht mehr unter »Pharao« und noch nicht im »verheißenen« Land, sondern unterwegs mit unserem Herrn.

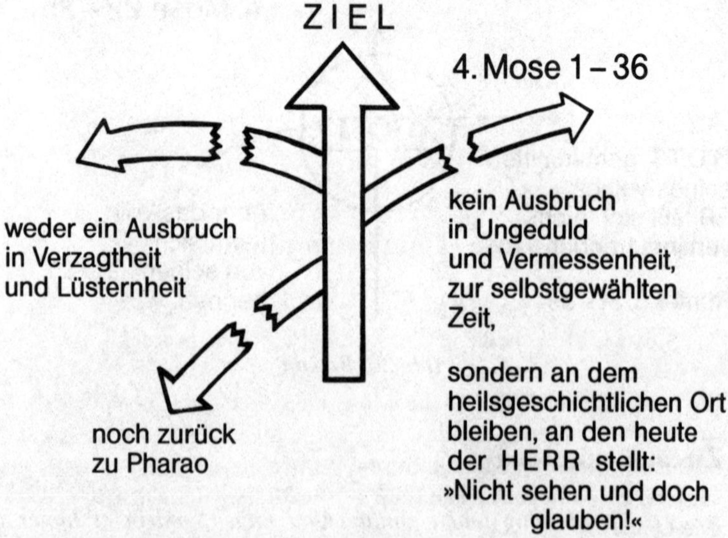

Abb. 27: Zusammenfassung: Kein Ausbruch nach links oder rechts

Das fünfte Buch Mose (Deuteronomium)

Das 5. Buch Mose heißt in der theologischen Fachsprache *Deuteronomium* (»das zweite Gesetz«, d.h. »Gesetzeswiederholung«). Das Buch enthält im wesentlichen Reden, die Mose an Israel gewissermaßen an der »Pforte« des verheißenen Landes, also vor dem Eintritt dieses Volkes in das Land Kanaan, richtete. Mose faßt sein Wirken zusammen, vertieft es und aktualisiert sein Anliegen im Blick auf den bevorstehenden Schritt in das verheißene Land.

1. Aufbau und Inhalt des Buches

Das 5. Buch Mose umfaßt fünf Teile:

1. Eine Rückschau auf die bisherigen Wege (ein geschichtlicher Rückblick; Kap. 1–4)
2. Der Ertrag der Führungen Gottes für Israel (Kap. 5–11)
3. Gesetzeswiederholungen und neue Gesetze (Kap. 12–26)
4. Das Volk wird von Gott in die Entscheidung gestellt (Kap. 27–30)
5. Der Abschluß der Wirksamkeit des Mose (Kap. 31–34)

2. Zum Einzelnen

2.1 Eine Rückschau auf die bisherigen Wege (ein geschichtlicher Rückblick; Kap. 1–4)

Dieser Teil beginnt damit: *»Dies sind die Worte, die Mose zu ganz Israel redete jenseits des Jordans [d.h. im Ostjordanland]…«* – aber das steht auch über dem gesamten 5. Mose-Buch.

In 1,8 lesen wir: *»Siehe, ich habe das Land vor euren Augen dahingegeben. Ziehet hinein und nehmt das Land ein…«* Unsere Glaubensväter haben oft gesagt, man müsse auch, was Gott einem verheißen habe, in Besitz nehmen. Wir sollen also gelten lassen, daß wir Vergebung der Sünde haben, daß wir Gottes Kinder sind, daß wir seinen Geist haben, daß wir aller Hoffnung teilhaftig sind, des ewigen Lebens gewiß.

In **Kapitel 4** ermahnt Mose im Blick auf das, was die Geschichte dem Volk Israel gebracht hat und was auch bleibende Ordnung geworden ist und was Heilsgeschichte Gottes – göttliches Heilshandeln – ist: *»Ihr sollt nichts dazutun ... und sollt auch nichts davontun...«* (4,2). Hier kommt erstmals das vor, was dann der Schluß der gesamten Bibel ist: daß man im Blick auf die Offenbarung nichts weg- und nichts hinzutun soll (Offb 22,18f.). Das gilt hinsichtlich der ganzen Bibel. Hier wird sowohl der Neigung modernistischer Kreise, etwas von der Schrift wegzustreichen, gewehrt wie auch dem Interesse an der Spekulation, das etwa die Zukunftsankündigungen der Bibel ausmalend erweitert.

So beginnt das 5. Mose-Buch mit dem geschichtlichen Rückblick. Einen solchen Rückblick sollten wir gelegentlich auch über unseren persönlichen Lebensweg unter dem Geleit Gottes halten. Dabei wäre nicht nur zu bedenken: »Vergiß nicht, was Er dir Gutes getan hat«, sondern auch, wie Er in Geduld und Treue getragen hat.

2.2 Der Ertrag der Führungen Gottes für Israel (Kap. 5–11)

Dieses Teilstück ist ein erster zentraler Abschnitt des 5. Mose-Buches. Hier wird nun die Schilderung des geschichtlichen Weges gewissermaßen geistlich vertieft und das Wesentliche davon als geistlicher Ertrag hervorgehoben. Deshalb finden wir in den Kapiteln 5–11 einige der wichtigsten Abschnitte der gesamten Bibel.

In **Kapitel 5** werden noch einmal die Zehn Gebote wiedergegeben; und es wird ein Aspekt genannt, der in 2. Mose 20 fehlt. Es steht hier noch dabei: *»Ach, daß sie [Israel] ein solches Herz hätten, mich [ihren Gott] zu fürchten«*, d.h. ernstzunehmen (V. 29). Das Wissen allein um das, was man sollte, reicht noch nicht aus. Man müßte die Kraft dazu haben; vom Innersten her müßte man dafür konzipiert sein! Bis dahin ist es eigentlich ein Sich-Ausstrecken nach dem Geist Gottes – wie es dann in Hesekiel 36 und in Jeremia 31 heißt: »Ich will euch ein neues Herz und einen neuen Geist in euch geben... Ich will meinen Geist in euch geben und will solche Leute aus euch machen, die in meinen Geboten wandeln und meine Rechte halten und danach tun« (Hes 36,26f.). Bei diesen beiden Propheten wird das noch klarer ausgesprochen, was schon in 5. Mose 5 anklingt.

Ein ganz zentrales Kapitel im Alten Testament, das in Israel große Bedeutung hatte und noch hat, ist **Kapitel 6**: *»Höre, Israel, dein Gott ist ein einiger*

Gott, ist einer« (V. 4). Dieses Wort hat man als »monotheistisch« (d.h. den einen Gott lehrend) charakterisiert. Das hat auch in der Umwelt, in der die Juden lebten (z.B. zur Zeit Jesu bei den Juden, die im Ausland – in der Diaspora – lebten), großen Eindruck gemacht: die Sittenstrenge Israels mit seinen Geboten und der unsichtbare Gott (daß man keinen Gegenstand anbetet). Das hat bewirkt, daß viele Heiden Proselyten geworden sind, also Gottesfürchtige aus den Heiden, die sich mehr oder weniger offiziell der israelitischen Religionsgemeinschaft angeschlossen haben. Dieses Bekenntnis »Höre, Israel...« hat jeder Israelit mindestens einmal am Tag, unter Umständen aber auch mehrere Male gebetet.

Des weiteren heißt es dann in 5. Mose 6, Israel solle die Worte »Höre...« seinen *»Kindern einschärfen und davon reden, wenn du in deinem Hause sitzt oder unterwegs bist, wenn du dich niederlegst oder aufstehst«* (V. 7). Es wird also hier die Tradition festgelegt; das geht von den Vätern zu den Söhnen weiter wie das Stafettenholz, das beim Staffellauf von Läufer zu Läufer gereicht wird. Dieses Urbekenntnis Israels muß eingeübt, muß anerzogen werden, ja muß bis ins Unterbewußtsein dringen: »Höre, Israel, dein Gott ist ein einiger Gott.« Die Israeliten sollen ja nicht auf die Fremdreligionen hereinfallen, die unter den Völkern ringsum präsent sind. *»Du sollst sie binden zum Zeichen an deine Hand, und sie sollen dir ein Merkzeichen zwischen deinen Augen sein«* (V. 8). Deshalb haben ja die Israeliten zum Teil noch heute – in kleine Lederbeutelchen eingenäht – gerade diese Worte etwa in ihren Gebetsriemen an die Stirn und um den Arm gebunden.

Israel soll für ihn, den großen Gott, der sich mit ihnen verbunden hat, dasein – *»von ganzem Herzen, von ganzer Seele und mit aller deiner Kraft«* (V. 5).

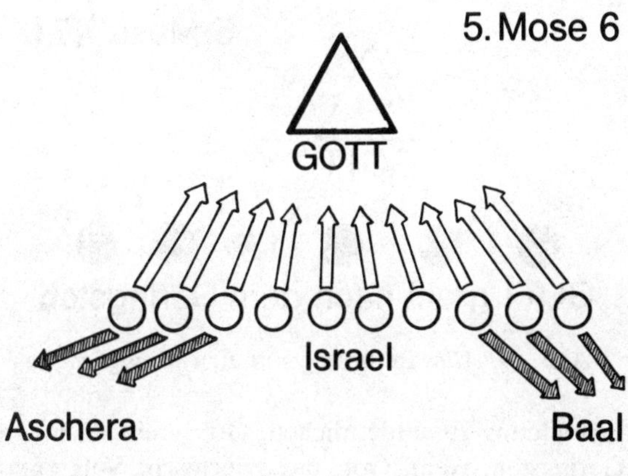

Abb. 28: Alles soll liebende Hingabe an den einen Gott sein

Daß alles, ganz Israel, auf den einen Gott ausgerichtet sein soll, schließt ein, daß man deshalb nicht anderen Göttern diene. Es soll also nicht so sein, daß für die ewige Seligkeit und für alles Geistliche Jahwe zuständig ist (so haben sie es in Israel gelegentlich gemeint), aber für die Fruchtbarkeit der Felder der Gott Baal und für die Fruchtbarkeit des Viehs die Göttin Aschera maßgeblich ist. (Wir kennen ja eine solche Zuteilung der Zuständigkeit, solche Vermischung verschiedener Religionen [den sog. Synkretismus] auch aus modernen Anschauungen.) Gegen diese Aufteilung der Zuständigkeit Jahwes und anderer Gottheiten (Baal) war ja auch der Kampf des Elia gerichtet: »Wie lange hinket ihr auf *beiden* Seiten?« (1. Kön 18,21).

Die Aufforderung zur ungeteilten Zuwendung zu Jahwe in 5. Mose 6 ist Israel tief eingeprägt worden und hat bis auf den heutigen Tag bewirkt, daß dieses Volk mit seinem Glauben nicht einfach in anderen Völkern und Religionen auf- bzw. untergehen konnte.

In **Kapitel 7** wird zweierlei gesagt. Soll sich Israel nicht anderen Göttern zuwenden (5. Mose 6), so soll es aber auch nicht sich selbst – als Nation – vergötzen: *»Nicht hat euch der HERR angenommen und euch erwählt, weil ihr größer wäret als alle Völker – denn du bist das kleinste unter allen Völkern –, sondern weil er euch geliebt hat…«* (V. 7f.). Alles, was dieses Volk war und von Gott empfing, ist also auf die unverdiente Erwählungsgnade, nicht aber etwa auf eigene Qualitäten usw. zurückzuführen. Gott liebt dieses Volk in seiner Souveränität und Freiheit, ohne daß Israel etwas vorzuweisen gehabt hätte, worauf sich Gottes Zuwendung zu diesem Volk gründen könnte.– Ähnliches ist freilich auch von Christen zu sagen. Nicht, weil sie von Natur aus prima Leute sind, hat Gott nach ihnen gegriffen, sondern allein aus seiner Gnade. Ein Grund zu Stolz oder Einbildung ist damit auf jeden Fall nicht gegeben.

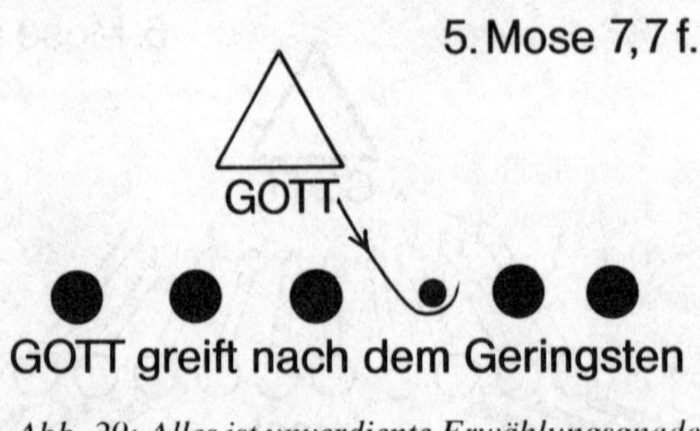

Abb. 29: Alles ist unverdiente Erwählungsgnade

Das soll Abbildung 29 verdeutlichen: Gott greift nach dem Kleinsten, nach dem Geringsten. Wenn Gott das griechische Volk zum Heilsträger gemacht hätte oder die mathematisch begabten Babylonier oder die architektonisch glänzenden Ägypter, so hätten diese vielleicht gedacht, daß ihre Erwählung eine Selbstverständlichkeit sei. Nun hat Gott aber dieses geringe Volk Israel herausgegriffen – und schon war der Stolz auch wieder da. Dem wird in 5. Mose 7 kräftig widerstrebt.

Im selben Kapitel wird aber auch noch einmal betont, daß die Erwählung des geringen »Häufleins« nicht bedeuten kann, daß man von den anderen Völkern und Religionen in dem Sinne lernt, daß man ihre Religion – d.h. ihren Götzendienst – übernimmt. So spricht Gott gewissermaßen zum Volk: »Und wenn du ins Land kommst und die Götzendienste dort siehst, dann sollst du dieser Götter nicht schonen; denn das würde dir zum Fallstrick werden« (vgl. 7,16).

In **Kapitel 8** wird das fortgeführt; Gott erklärt hier, warum er Israel 40 Jahre lang durch die Wüste geführt habe. *»Ich habe euch geprüft, auf daß kundwürde, was in euch ist«* (vgl. V. 2).– Gott führt uns auch in Prüfungen, in Erprobungen. Es muß herauskommen, wie es um uns steht: ob wir in Einfalt und Klarheit bei unserem Herrn stehen, oder ob wir dann, wenn Schwierigkeiten und Nöte auf uns zukommen, unseren Glauben fahrenlassen.

Kapitel 9 knüpft wieder stärker an Kapitel 7 an. Die Israeliten haben wohl nicht nur gedacht, sie seien größer, klüger, religiös begabter usw., sondern sie seien eben auch *besser* als die anderen. In dieser Lage wird ihnen gesagt: »Wenn du meinst, es sei *deine* Gerechtigkeit gewesen, daß der Herr dich aus Ägypten erlöst und in dieses Land geführt hat, dann denke daran, wie du mich, den HERRN, deinen Gott, beleidigt und betrübt hast, indem du immer wieder mit mir gehadert hast« (vgl. V. 4.7 ff.).

Hieran erkennen wir auch etwas Wichtiges über uns. Gewiß, wenn wir Gott um Vergebung gebeten haben, ist unsere Sünde vergeben und vergessen. Gott denkt nicht mehr daran, und auch wir müssen nicht mehr daran denken. Aber in *einer* Hinsicht muß man vielleicht doch daran erinnert werden: Auf einmal hat man ganz vergessen, daß man seinem Herrn und Gott soviel Mühe gemacht hat und so auf sein Vergeben angewiesen war; man erhebt sich dann möglicherweise über andere und wird sogar vor Gott stolz. In dieser Hinsicht ist eine solche Erinnerung an vergangene – und vergebene! – Schuld lehrreich, daß wir neu erkennen, wie sehr wir auf Gottes Vergebung angewiesen waren und sind, und so demütig vor Gott und vor anderen Menschen bescheiden werden. »Ach laß mich schmecken dein kräftig Versühnen und dies zu meiner Demütigung dienen!« heißt es in dem Lied »Jesu, hilf siegen, du Fürste des Lebens« (EKG 260,2).

In **Kapitel 10** kommt eine ganz feine Zusammenfassung der Gebote in zwei Aussagen. Die erste Aussage bezieht sich auf Gott: *»Nun, Israel, was fordert der HERR, dein Gott, noch von dir, als daß du den HERRN, deinen Gott, fürchtest, daß du in allen seinen Wegen wandelst und ihn liebst und dem*

Herrn, deinem Gott, dienst von ganzem Herzen und von ganzer Seele, daß du die Gebote des Herrn hältst…« (V. 12f.). Ganz ähnlich heißt es beim Propheten Micha: »Es ist dir gesagt, Mensch, was gut ist und was der Herr von dir fordert, nämlich Gottes Wort halten und Liebe üben und demütig sein vor deinem Gott« (Mi 6,8).

Ganz entsprechend erwartet Gott auch von uns Christen, nachdem wir seine Gnade, seine Wohltat erfahren haben, von ihm erwählt und zu seinen Kindern gemacht sind, daß wir ihn fürchten – ihn also ernstnehmen –, daß wir ihm dienen und daß wir ihn lieben.

Neben dieses Wort in 10,12f., das gewissermaßen die Horizontale – die Beziehung Israels zu Gott – betrifft, tritt eines der feinen Worte im Alten Testament, die weniger bekannt sind: *»Ihr sollt auch die Fremdlinge lieben; denn ihr seid auch Fremdlinge gewesen in Ägyptenland«* (V. 19). In Israel war also der Fromme nicht nur an seine Volksgenossen gewiesen, sondern mußte sich auch im Zusammenleben mit Menschen aus anderen Völkern (die vielleicht als Sklaven oder als Flüchtlinge nach Israel gekommen waren) bewähren. Israel kann ja dabei an seine eigene Vergangenheit in Ägypten denken.

Kapitel 11 nimmt bereits vorweg, was nachher in den Kapiteln 27–30 breit ausgeführt ist. Durch das Gebot Gottes ist Israel in die Entscheidung gestellt: »Ich habe euch Leben und Tod, Segen und Fluch vorgelegt, damit du das Leben erwählst…« (30,19). Gott folgen ist Leben – Gott abweisen ist Untergang! Ihn haben ist Leben – ihn nicht haben, weil man ihn nicht haben *will*, ist Untergang.

2.3 Gesetzeswiederholungen und neue Gesetze (Kap. 12–26)

Dieser dritte Teil des 5. Mose-Buches enthält nun Gesetzeswiederholungen im engeren Sinn. Hier kommen eine ganze Anzahl der Gesetze, die schon im 3. Buch Mose stehen, noch einmal vor; sie wurden großenteils ergänzt und vertieft. Es sind aber auch etliche neue Gesetze darunter, die zuvor noch nicht dabei waren. Drei von diesen Gesetzen will ich aus der Vielzahl herausheben und eingehender entfalten.

In **Kapitel 12** wird festgestellt: *»Ihr sollt dem Herrn, eurem Gott, so [wie die Heiden, die zuvor im Lande wohnten] nicht dienen, sondern die Stätte, die der Herr, euer Gott, erwählen wird aus allen euren Stämmen, daß er seinen Namen daselbst wohnen läßt, sollt ihr aufsuchen und dahin kommen«* (V. 4 f.). Israel soll also den *einen* Gott an dem *einen* Ort anbeten, den Er bestimmt hat, daß Er dort angebetet werde. (Das war ja später der Tempel in Jerusalem.) Es ist Gottes Souveränitätsrecht, zu bestimmen, wo er sich finden läßt.

In Johannes 4 sagt Jesus ja, daß Gott weder in Jerusalem auf dem Zion noch auf dem Berg Garizim (der Anbetungsstätte der Samaritaner), sondern »im Geist und in der Wahrheit« angebetet werden solle (Joh 4,21 ff.).

Wenn Gott sich so herabbeugt, daß er uns die Tür zu sich öffnet, dann richtet er mitten in diesem Sich-zu-uns-Herabbeugen ein Zeichen seiner Hoheit auf, indem er sagt, *wo* der Zugang zu ihm ist. Nur dort, wo *er* die Tür auftut, kann man ihn finden. Dieser Ort war im Alten Testament zumeist der Tempel auf dem Zion in Jerusalem. Im Neuen Testament sagt Jesus: »Wer mich sieht, der sieht den Vater!« (Joh 14,9), und insbesondere: »Ich bin der Weg und die Wahrheit und das Leben; niemand kommt zum Vater denn durch mich« (Joh 14,6).

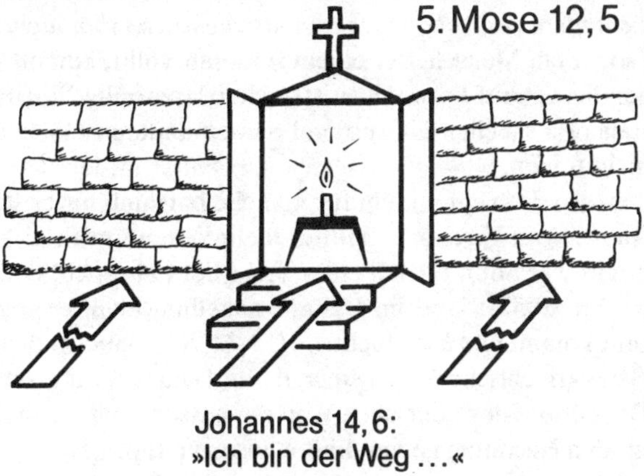

Abb. 30: Gott bestimmt, wo die Tür zu ihm offen ist

Das habe ich bildlich dargestellt mit einer Tür, durch die allein man ein Gebäude betreten kann (Abb. 30). Man kann nicht mit dem Kopf durch die Wand. Man kommt nicht so zu Gott, indem man sagt: »Ich bin doch auch jemand! Warum muß es denn immer dieser Jesus sein!? Ich finde Gott in der Natur.« Wie Gott über uns denkt, das erfahren wir nicht in der Natur – so schön sie ist –; allenfalls ersehen wir in der Natur etwas von Gottes Größe und Weisheit (vgl. Röm 1,20). Daß Gott dem sündigen Menschen, dem gefallenen kleinen, schwachen Geschöpf gut ist, das zeigt uns nicht die Natur. ER bestimmt, wo die Tür zu ihm offen ist, wo er redet. Das wollen wir akzeptieren; so demütig wollen wir sein. »Suche nicht, was schon gefunden!« – so formulierte dies der Liederdichter Ernst Gottlieb Woltersdorf.

Kapitel 13 bringt zum Ausdruck, daß man auch vom klügsten und liebsten Menschen nichts annehmen darf, das einen von Gott wegzieht. *»Wenn ein Prophet oder Träumer«* (also ein religiöser Genius!) *»unter euch aufsteht und dir ein Zeichen oder Wunder ankündigt und das Zeichen oder Wunder trifft ein, von dem er dir gesagt hat, und er spricht: Laß uns andern Göttern folgen, die ihr nicht kennt, so sollst du nicht gehorchen... Dem HERRN, eurem Gott, sollt ihr folgen...«* (V. 2–5). Es ist also geboten, den auszuschalten, der Israel von seinem Gott Jahwe wegziehen möchte. Ja, es heißt sogar: *»Wenn dich dein Bruder, deiner Mutter Sohn, oder dein Sohn oder deine Tochter oder deine Frau in deinen Armen oder dein Freund, der dir so lieb ist wie dein Leben, heimlich überreden würde und sagen: Laß uns hingehen und andern Göttern dienen, die du nicht kennst noch deine Väter, von den Göttern der Völker, die um euch her sind, sie seien dir nah oder fern, von einem Ende der Erde bis ans andere, so willige nicht ein und gehorche ihm nicht«* (V. 7–9). Wenn also sogar ein Mensch, der einem sehr nahesteht, kommt und meint: »Ach, immer dieser Gott Jahwe! Das ist doch so langweilig. Von ihm nehmen wir uns einmal ein bißchen Urlaub und dienen anderen Göttern!«, so soll man dem nicht folgen.

Das ist es, was Jesus in seinem für manche hart und bitter scheinenden Wort aufnimmt: »Wer Vater oder Mutter mehr liebt als mich, der ist meiner nicht wert; und wer Sohn oder Tochter mehr liebt als mich, der ist meiner nicht wert« (Mt 10,37). Und im Lukasevangelium heißt es sogar: »Wenn jemand zu mir kommt und *haßt* nicht...« (Lk 14,26). Dabei muß man freilich wissen, daß das griechische Wort *misein*, das mit »hassen« übersetzt ist, nicht die harte Bedeutung des deutschen Wortes »hassen« hat. Es heißt einfach »übergehen, den Nachrang geben, hintenansetzen«.

Gottes Wort ist also ernster zu nehmen als alles, was uns selbst der klügste oder der uns liebste Mensch einflüstert!

Kapitel 18 ist auch ein sehr wichtiges Kapitel, das besagt, daß Israel auf keinen Fall Praktiken – okkulte Machenschaften – aus den es umgebenden Völkern übernehmen soll. *»...daß nicht jemand unter dir gefunden werde, der seinen Sohn oder seine Tochter durchs Feuer gehen läßt oder Wahrsagerei, Hellseherei, geheime Künste oder Zauberei treibt oder Bannungen oder Geisterbeschwörungen oder Zeichendeuterei vornimmt oder die Toten befragt. Denn wer das tut, der ist dem HERRN ein Greuel«* (V. 10f.).

Das hat heute große Aktualität. Inzwischen finden wir das sogar auch unter Christen, daß man hier keine eindeutigen Abgrenzungen mehr vollzieht, so daß man z.B. Glücksbringer (Hufeisen) bei sich trägt oder sich mit spiritistischen Machenschaften oder parapsychologischen Experimenten befaßt. Ich weiß aus der Seelsorge, wie mühsam es ist, Menschen aus solchen okkulten Verstrickungen wieder loszubekommen. In 5. Mose 18 wird deutlich, daß das die feste Regel nach Gottes Wort ist: Wir dürfen mit den Toten nicht unmittelbar in Verbindung treten wollen und treten. Keine Grenzüberschreitung!

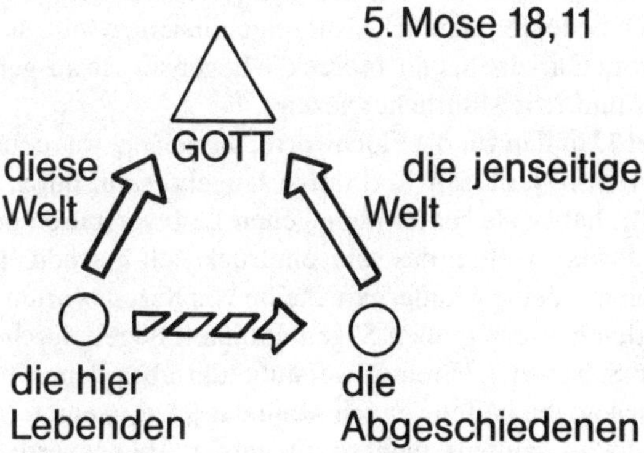

Abb. 31: Nicht mit den Toten unmittelbar in Verbindung treten

In Abbildung 31 habe ich das dargestellt. Wir, die jetzt Lebenden, dürfen auf den auferstandenen Herrn blicken und mit ihm leben, und jene, die Verstorbenen, werden auf ihn blicken (insbesondere die, die im Frieden mit Gott gestorben sind). Allein im Herrn begegnen sich die Blicke beider. Aber die jetzt Lebenden und die Abgeschiedenen dürfen nicht unmittelbar miteinander in Kontakt treten.

Es ist also etwas Illegitimes, daß man in den Bereich der Toten eindringen will. Das ist die eindeutige Auskunft der Bibel. Diese Grenze ist für uns jetzt gesetzt; und wir müssen abwarten, bis wir auch in der Ewigkeit sind. Das wollen wir respektieren.

Dem steht in Kapitel 18 eine Messiasverheißung gegenüber: *»Einen Propheten wie mich wird dir der HERR, dein Gott, erwecken aus dir und aus deinen Brüdern…«* (V. 15).

2.4 Das Volk wird von Gott in die Entscheidung gestellt (Kap. 27–30)

Dieser Abschnitt des 5. Mose-Buches knüpft, wie wir schon gesehen haben, an 5. Mose 11 an. Dort heißt es interessanterweise: »Wenn dich nun der HERR, dein Gott, in das Land bringt, in das du kommen sollst, es einzunehmen, so sollst du den Segen sprechen lassen auf dem Berge Garizim und den Fluch auf dem Berge Ebal…« (5. Mose 11,29).

Israel sollte also, wenn es im Land eingetroffen war, eine Volksversammlung in der Gegend von Sichem (also im späteren Samaria) abhalten. Dabei sollten einige Männer aus den Stämmen auf den einen Berg – Ebal – gehen, einige andere auf den anderen Berg, den Berg Garizim, gehen. Das Volk sollte unten versammelt sein. Die auf dem Berg Ebal sollten rufen, was für das Volk Fluch bedeutet: nämlich Gott ungehorsam zu sein, sich von ihm zu lösen. Und vom Garizim haben andere die Segensworte ausgerufen. Das ist in 5. Mose 27 und 28 ausführlicher gezeigt.

In **Kapitel 27** finden wir die Fluchworte, die zeigen, was es bewirkt, wenn die Israeliten Gott verlassen: Tod durch Ungehorsam, durch Eigenmacht. Was das heißt, haben sie später am eigenen Leib verspüren müssen. Mose (und später Josua) wollten das sehr eindrucksvoll machen. In Kapitel 28 folgt dann zunächst eine wunderbare Reihe von Segensworten (V. 1–14), in denen Gott den ganzen, großen Segen anbietet: Segen durch Glaubensgehorsam. Der Schatz des Himmels sei aufgetan über denen, die nach ihm fragen und sich an ihn halten, – auch wenn das jetzt, in einer Zeit des Nicht-Sehens-und-doch-Glaubens, nicht so zutagetritt. Aber es wird sich erweisen: Wer sich an Ihn hält, den wird Er halten. Wer Ihm folgt, den wird Er zu sich rufen. Wer *jetzt* bei Ihm sein will, wird *dann* bei Ihm sein dürfen.

In den Versen 25ff. des **Kapitels 28** wird noch einmal hervorgehoben, was es bedeutet, wenn Israel seinen Gott verläßt, bis hin zu einem eigenartigen Wort: Wenn Israel Jahwe verläßt, dann *»wirst du [unter jenen Völkern unter die Gott das Volk zerstreut hat; V. 64] keine Ruhe haben…«* Etwas davon haben 1900 Jahre jüdischer Geschichte gezeigt. Doch in den **Kapiteln 29 und 30** folgen dann aber die Worte: Aber wenn *»du dich bekehrst zu dem HERRN, deinem Gott…, so wird der HERR, dein Gott, … dich wieder sammeln aus allen Völkern… Wenn du bis ans Ende der Erde verstoßen wärst, so wird dich doch der HERR, dein Gott, von dort sammeln und dich holen…«* (30,2ff.). Das wird dann am Schluß des 30. Kapitels ganz prägnant noch einmal ausgesprochen: *»Ich nehme Himmel und Erde heute über euch zu Zeugen: Ich habe euch Leben und Tod, Segen und Fluch vorgelegt, damit du das Leben erwählst…«* (V. 19).

Israel ist hier also in einer Entscheidungssituation.

Stellen, die ganz dem entsprechen, finden wir auch im Neuen Testament. Jesus spricht zu Matthäus, der am Zoll sitzt: »Folge mir!« (Mt 9,9), und er sagt auch zum reichen Jüngling: »Komm und folge mir nach!« (Mt 19,21b). Der eine von ihnen wählt das Leben – der andere geht traurig fort.

Es ist in unsere Entscheidung gestellt. Je nachdem, wie wir uns entscheiden, wird über uns entschieden. »Wer den Sohn hat, der hat das Leben; wer den Sohn Gottes nicht hat, der hat das Leben nicht« (1. Joh 5,12). »Wer an den Sohn glaubt, der hat das ewige Leben. Wer aber dem Sohn nicht gehorsam ist, der wird das Leben nicht sehen, sondern der Zorn Gottes bleibt über ihm« (Joh 3,36).

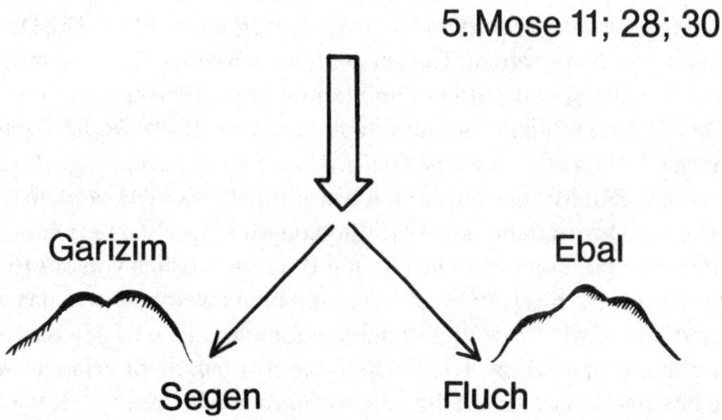

Abb. 32: »Ich habe euch Leben und Tod, Segen und Fluch vorgelegt...«

2.5 Der Abschluß der Wirksamkeit des Mose (Kap. 31–34)

In **Kapitel 31** übergibt Mose endgültig sein Amt an Josua (vgl. 4. Mose 27,12ff.). In **Kapitel 32** finden wir einen Psalm, ein Lied Moses, in dem er auf die bisherige Geschichte Israels zurückblickt, aber auch schon in die Zukunft sieht: Gottes Größe – der Abfall des Volkes – Gottes Gericht und Erbarmen. Mose bekam die Anweisung, auf den Berg Nebo zu gehen, von dort aus in das verheißene Land zu schauen und dann zu sterben (V. 44ff.).

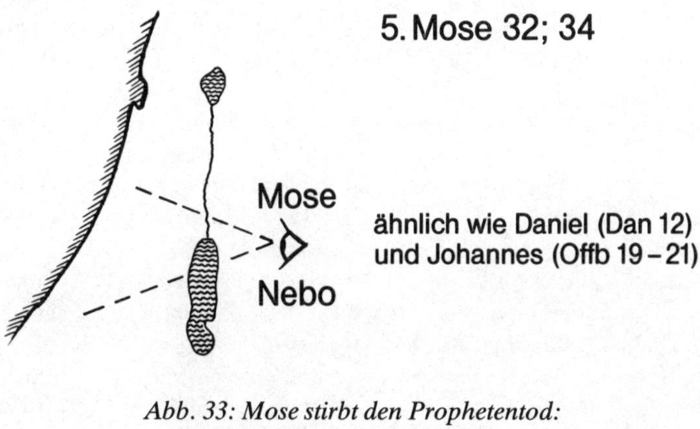

Abb. 33: Mose stirbt den Prophetentod:
Er wirft einen Blick auf das verheißene Ziel

In **Kapitel 33** darf Mose das Volk vor seinem Tod noch segnen: Entsprechend hat auch Isaak vor seinem Tod Jakob gesegnet (1. Mose 27,24 ff.), und so hat auch Jakob vor seinem Tod seine Söhne gesegnet (1. Mose 49). Mose darf dies am ganzen Volk, Stamm an Stamm; er stellt Gottes Ja über dieses Volk. Das Kapitel schließt mit dem freudigen Ausruf: *»Wohl dir, Israel! Wer ist dir gleich? Du Volk, das sein Heil [hebr.: shalom] empfängt durch den Herrn...«* (V. 29). Mit diesem frohen Wort schließt die Wirksamkeit Moses.

In **Kapitel 34** wird dann der Abschluß von Moses Leben berichtet. Mose geht auf den Nebo, einen ziemlich hohen Berg, der östlich von der Einmündung des Jordans in das Tote Meer liegt, und blickt weit hinein in das verheißene Land. Dann wird er von Gott heimgenommen. Er darf gewissermaßen den Prophetentod sterben: Die Verheißung ist noch nicht erlangt, aber er darf die bevorstehende Erfüllung gewissermaßen schauen.

So darf auch Daniel einen ausgesprochenen Fernblick tun, wie er sonst im Alten Testament kaum irgendwo zu finden ist (Dan 12), einen Blick auf das Ziel vor seinem Tod.

Ähnliches erfuhr freilich insbesondere Johannes auf der Insel Patmos (Offb 19–22): dieser gewaltige Ausblick auf das Friedensreich Jesu Christi, auf die endgültige Wiedervereinigung Gottes mit den Menschen (Offb 21,3).

So endet das Leben des Mose – wie auch das Leben Daniels und Johannes' – nicht hoffnungslos, sondern mit einem frohen Ausblick auf das, was Gott noch tun und erfüllen wird. Es wird noch erwähnt, Mose sei der größte Prophet des Alten Bundes gewesen (V. 10 ff.). Gott hat ja mit ihm gesprochen »wie ein Mann mit seinem Freunde redet« (2. Mose 33,11).

Das Buch Josua

1. Einleitung

1.1 Die Stellung des Buches Josua im Ganzen des Alten Testaments

In der hebräischen Bibel schließt das Buch Josua einerseits an das 5. Mose-Buch mit einem Bindewort (»und«) an; es hängt also eng mit den fünf Büchern Mose zusammen; andrerseits ist Josua das erste Buch der in dieser Bibel unter der Überschrift »Vorderen Propheten« zusammengefaßten Schriften, der geschichtlichen Bücher, die vom Josua-Buch bis zu 2. Könige reichen. Zu ihnen gehören also neben dem Buch Josua das Buch der Richter, die beiden Bücher Samuel und die beiden Bücher der Könige. Mit diesen Büchern bildet das Buch Josua eine Einheit und hat daher eine Brücken- oder Klammerfunktion.

Die Bücher 2. bis 5. Mose zeigen den *Weg* Israels von Ägypten ins verheißene Land und das, was auf diesem Weg geschah und was daraus als bleibende Ordnung vorhanden war. Das Josua-Buch hingegen zeigt den Schritt zum *Ziel*. Das entspricht der Aufgabenteilung zwischen Mose und Josua. Mose sollte Israel aus der Sklaverei Ägyptens durch die Wüste bis an das verheißene Land geleiten und führen, doch der Schritt aus der Wüste in das Land war Josua vorbehalten. Josua führt ins Land und verteilt das Land.

1.2 Mose und Josua als Vorausabbildungen Jesu

Der Dienst Moses (Befreiung und Weggeleit) sowie der Dienst Josuas (die Führung zum Ziel) sind in Jesus Christus vereinigt. Jesus tut uns einerseits den »Mose-Dienst« (5. Mose 18,15.18), nämlich den Dienst der Befreiung aus der Macht des großen Feindes und den Dienst der Führung auf dem Weg. Er hat uns »errettet von der Macht der Finsternis« (Kol 1,13), nicht nur mit seinem Leben, sondern auch mit seinem Sterben. Er hat uns losgekauft. »Ihr seid teuer erkauft« (1. Kor 6,20; 7,23) – »nicht mit vergänglichem Silber oder Gold..., sondern mit dem teuren Blut Christi« (1. Petr 1,18f.).

Zugleich ist Jesus auch das Passalamm, das die Deckung unter den göttlichen Gerichten bedeutet. Und dann ist Jesus auch bei uns auf dem Weg, ist gewissermaßen »die Wolkensäule des Tags und die Feuersäule des Nachts«. Er ist bei uns »alle Tage bis an der Welt Ende« (Mt 28,20b), bis an ihr Ziel. Das ist der Weg der Nachfolge und der Heiligung. Jesus führt uns durch den Tod hindurch; und er geleitet seine Gemeinde auch durch die letzte Krise der Menschheitsgeschichte, durch die Endzeit, hindurch.

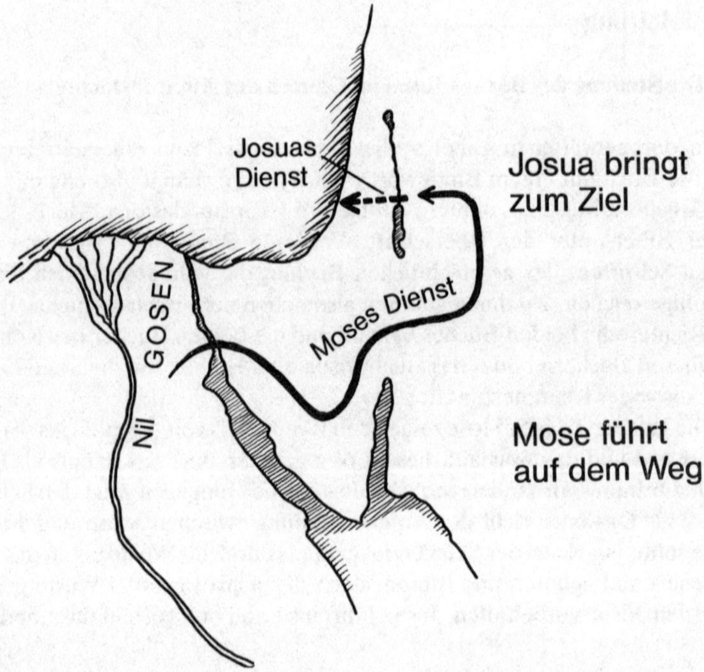

Abb. 34: Die Aufgabenteilung zwischen Mose und Josua

Andrerseits tut uns Jesus den »Josua-Dienst«: Er führt ans verheißene Ziel. Die Namen »Jesus« und »Josua« sind dieselben – nur die sprachliche Form ist zu verschiedenen Zeiten unterschiedlich. Dieser Name bedeutet, daß Gott hilft. Besonders der Hebräerbrief zeigt uns, daß Jesus größer als Aaron, Mose und Josua ist (Hebr 3–4). Jesus ist die einzigartige Hilfsaktion Gottes in Person, insofern er an das verheißene Ziel bringt. Josua konnte noch nicht zur eigentlichen Ruhe im Land bringen (Hebr 4,8). Deshalb ist noch »eine Ruhe [griech. *sabbatismós* – »Sabbatruhe«] vorhanden für das Volk Gottes« – d.h. diese Ruhe steht noch aus (Hebr 4,9). Jesus erst führt zum wahren Sabbat, zum endgültigen Ziel, wo dann ganzer Friede herrschen wird.

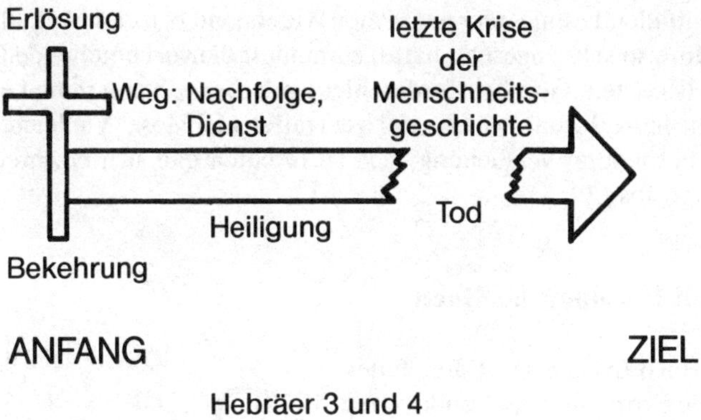

Abb. 35: Der doppelte Dienst Jesu als des großen Mose und des großen Josua (Hebr 3–4)

1.3 Josuas Leben

»Aus der Enge in die Weite führt der Heiland seine Leute«, haben die Väter des Glaubens gesagt. Entsprechendes ist auch bei Josua festzustellen. Es ist bemerkenswert, wenn man den Weg, den Josua persönlich genommen hat, genauer betrachtet und sieht, wie Gott an diesem Mann gearbeitet hat, wie er ihn von seinen anfänglichen bis zu seinen eigentlichen, selbständigen Aufgaben weitergeführt hat.

Josua hieß eigentlich »Hosea« (LÜ: »Hoschea«; 4. Mose 13,16). Das Wort »Josua« heißt »Ja(hwe) ist Erlösung, Rettung«. Josua war der treue Diener Moses, der ihn begleitet hat (2. Mose 24,13; 32,17; 33,11). Er diente Mose »von seiner Jugend an« und trat für Mose ein (4. Mose 11,28).

In dieser Zeit von Josuas Leben wird eine gewisse Selbstlosigkeit bei diesem Manne sichtbar. Er drängte sich nie in den Vordergrund, sondern stellte sich ganz in den Dienst der Sache, die Mose aufgetragen war. Gleichzeitig und bereits recht früh schon war Josua der Anführer des Volkes in der Amalekiter-Schlacht (2. Mose 17,9–14). Er war also keineswegs eine unselbständige Gestalt, die sich um Verantwortung drücken würde. Auch in der

Kundschafter-Geschichte spielt Josua zusammen mit Kaleb eine selbständige Rolle (4. Mose 14,6.30.38; 26,65), in der er sich bewährt. Mose soll Josua, »in dem der Geist ist«, als seinen Nachfolger einsetzen (4. Mose 27,18; 5. Mose 31,3). Er darf das Volk in das verheißene Land führen (5. Mose 1,38).

Josua »wurde erfüllt mit dem Geist der Weisheit« (5. Mose 34,9). Er erfuhr auffallend wenig oder gar keinen Widerstand von dem Volk, das doch zuvor Mose so sehr zugesetzt hatte, zumindest die vorhergehende Generation der Israeliten. Gott überfordert niemanden; er geht auf seine Leute ein. Vielleicht hätte Josua nicht so viel verkraftet wie Mose. Vielleicht war er auch in besonderer Versuchung, sich zu fürchten und sich erschrecken zu lassen (vgl. Jos 1,9).

2. Überblick über das Buch

Das Buch Josua umfaßt drei Teile:

1. Die Eroberung des Landes (Kap. 1–12)
2. Die Verteilung des Landes (Kap. 13–22)
3. Josuas Abschied und Tod (Kap. 23–24)

3. Zum Inhalt des Buches Josua

3.1 Eroberung des Landes und Einzug in dieses Land (Kap. 1–12)

Am Anfang von **Kapitel 1** steht die Aufforderung Gottes an Josua: *»...mach dich nun auf und zieh über den Jordan, du und dies ganze Volk, in das Land, das ich ihnen, den Israeliten, gegeben habe«* (1,2). Der Weg hinein in dieses Land war für Josua und das Volk ein ganz gewaltiger, aber auch schwermütiger Schritt.

Neben dieser eindeutigen Aufforderung steht dann immer wieder die Zusage und Ermahnung, Josua solle sich nicht fürchten, denn Gott sei bei ihm und mit ihm (1,6.7.9.18). Besonders bekannt ist Vers 9: *»Siehe, ich habe dir geboten, daß du getrost und unverzagt seist. Laß dir nicht grauen und entsetze dich nicht; denn der HERR, dein Gott, ist mit dir in allem, was du tun wirst.«* Die Zusage Gottes: »Ich bin mit dir« wurde in ähnlicher Weise auch Mose gegeben (2. Mose 3,12; 4,12.15; vgl. 2. Mose 18,19; zu Josua vgl. 5. Mose 31,23!).

Damit macht Gott nun für Josua und für Israel etwas ganz Wichtiges deutlich. Abraham war hinter ihnen zurückgeblieben; die Zeit Jakobs war vorbei, ebenso die Zeit Josephs. Und die Zeit des Mose und des Aaron war ebenso vergangen. Menschen bleiben zurück – aber der Herr sagt zur neuen Generation wie zu der vorausgehenden: »Ich will mit euch sein!«

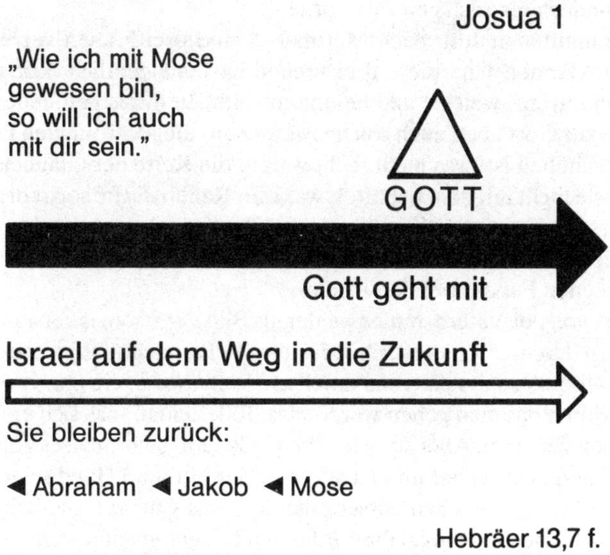

Abb. 36: Gott ist auch mit Josua und der neuen Generation

Das hat seine Entsprechung in dem Wort des Neuen Testaments, wo von den verstorbenen Lehrern die Rede ist (Hebr 13,7f.). Dieser Lehrer soll gedacht, von ihnen soll gelernt werden, aber sie leben nun nicht mehr, denn sie sind schon in die Ewigkeit genommen. Anders dagegen der Herr: »Jesus Christus gestern und heute und derselbe auch in Ewigkeit.« Er ist in jeder Generation neu da. Das ist die große Erfahrung der Gemeinde Jesu, daß der Herr in jeder Generation der Gegenwärtige ist.

In **Kapitel 2** finden wir die etwas eigenartig anmutende Geschichte von einem Erkundungsgang, den zwei Kundschafter in die Grenzfestung Jericho unternehmen, ehe Israel über den Jordan ins Land gezogen ist. Die Kundschafter haben bei einer heidnischen Frau namens Rahab Unterkunft bekommen, bei der Frau, die es später wagt, diese Männer über eine Mauer aus der Stadt hinauszulassen.

Das war mutig von dieser heidnischen Frau, die nicht einmal einen guten Ruf hatte, die aber etwas von dem Gott Israels geahnt hat und die einfach den Wunsch hatte, auch bei diesem Volk Israel dabeizusein. Und sie hat – so betont Jakobus (2,25) – nun nicht nur diese Ahnung gehabt, daß der Gott Israels der Stärkere ist, sondern sie hat im Vertrauen darauf dieses gewagte Stück bewerkstelligt und hat die Kundschafter über die Stadtmauer aus der Stadt gelassen; denn die beiden wären sonst wohl umgebracht worden. So ist diese Frau nachher auch gerettet worden.

Im Stammbaum Jesu nach Matthäus 1 sind drei Frauen verzeichnet – sonst nur Männer. Und diese drei Frauen hätten eigentlich dort gar nicht dabei sein dürfen, weil sie alle heidnisch sind. Zu ihnen gehört Rahab. Es fällt auf, daß Gott eben auch solche Menschen, die, obwohl vieles in ihrem Leben geschehen ist, was nicht recht war, in die Kette der Glaubenden einbaut und sie nicht mit dem behaftet, was war. Rahab durfte sogar die Stammmutter des davidischen Königshauses und damit auch Jesu werden.

In **Kapitel 3** ist nun das bemerkenswerte Geschehen beschrieben: Israel geht trockenen Fußes über den Jordan.

Das ist von den Vätern immer wieder als Bild *des* Stromes verstanden worden, der zu durchschreiten ist, ehe man das Ziel erreicht. Die Alten sprachen viel vom »Todesstrom«, den man durchschreiten müsse, ein letztes, schweres Dunkel, durch das man gehen werde, das Todesleiden, das sich ereigne, bevor man am Ziele sei. Aber so, wie Josua, wie Gott selbst dieses Volk ins verheißene Land geleitet hat und Israel unter der Hut und Hand seines Gottes stand, so dürfen diejenigen wissen, die an Jesus Christus glauben, daß sie auch durch das letzte Dunkel ihres irdischen Lebens geleitet werden.

Dieser Zug Israels aus der Wüste ins gelobte Land wurde auch immer wieder als Bild für die endzeitliche Anfechtung und Krise verstanden, durch die man hindurch müsse. Wie damals, so kann er auch in dieser letzten Not eine Durchhilfe schenken. »Treu ist er, der euch ruft; er wird's auch tun« (1. Thess 5,24).

Kapitel 6 beinhaltet die Geschichte von der Einnahme Jerichos, der mächtigen Grenzfestung mit einer ungeheuer starken Mauer (das haben auch Ausgrabungen gezeigt). Während sich die Gegner in Jericho sicher fühlen, sagt der Engel des HERRN zu Josua (der ihn in seiner Anfechtung anspricht): *»Sieh, ich habe Jericho … in deine Hand gegeben.«* Die Israeliten haben diese Stadt sichtbar noch nicht eingenommen – in Jericho sind andere die Herren! Doch Gott hat Jericho bereits in ihre Hand gegeben.

Einen Barscheck, den man entgegennimmt, behandelt man wie bares Geld, obwohl dieser nur ein Stück Papier ist. Man vertraut dem, der ihn ausgestellt hat. So gilt es auch die Verheißungen Gottes zu nehmen. »Siehe, ich habe dir gegeben« – die Gotteskindschaft, die ewige Herrlichkeit. Damit dürfen wir in der Vollmacht Seines Geistes rechnen! Wenn wir auch noch nichts sehen und doch glauben, so wollen wir Ihm doch das Vertrauen bewahren. Wir wollen mit der Erfüllung Seiner großen Verheißungen rechnen, ja das schon *haben* – wie einen sicheren Besitz.

Abb. 37: Der Sieg steht fest

Nun sollen die Israeliten um Jericho ziehen und mit ihren Posaunen eigentlich schon den Sieg blasen. Vielleicht standen die Bewohner Jerichos auf der Stadtmauer und haben nur gelacht: »*So* erobert man doch keine Stadt!« Sechs Tage je einmal und am siebten Tage siebenmal sollten die Israeliten um die Stadt ziehen und den Sieg blasen. Das heißt »mit dem Sieg Gottes rechnen«, der ihnen dann auch zukam.

So dürfen auch wir heute damit rechnen, daß Gott Befestigungen des Feindes einnimmt – sowohl Menschen, die für das Evangelium verschlossen sind wie die ganze feindbesetzte Welt überhaupt. Laßt auch uns mit dem Sieg Gottes rechnen – bis hin zu dem Wort: »Glaube an den Herrn Jesus, so wirst du und dein Haus errettet!« (Apg 16,31). Wir wollen Ihm glauben, wenn es heißt: »Es sind die Reiche der Welt unseres Herrn und seines Christus geworden, und er wird regieren von Ewigkeit zu Ewigkeit« (Offb 11,15), und: »In dem Namen Jesu sollen sich beugen aller Knie ..., und alle Zungen sollen bekennen, daß Jesus Christus der Herr ist« (Phil 2,10 f.). Damit gilt es zu rechnen, daß der entscheidende Sieg erfolgt ist. Das Kreuz ist in diese Erde eingepflanzt, und keine Macht der Welt kann es wieder beseitigen.

In Offenbarung 8 und 9, wo von den Posaunengerichten die Rede ist, finden wir einen deutlichen Anklang an Josua 6. Es werden die Posaunen gewissermaßen zum Zeichen dafür geblasen, daß die widergöttlichen

Mächte – der Antichrist mit seinem Anhang und mit dem, was hinter diesem steht: der Feind selbst und sein dämonischer Anhang – fallen und bald der Herr einziehen werde. Wie Josua in Jericho einzog, so sehen wir in Offenbarung 19,11 Jesus Christus auf dem weißen Pferd – das weiße Pferd war das Reittier des Triumphators, des Siegers – einziehen, im Vollzug seines Sieges, den er bereits erkämpft hatte.

So ist Josua 6 ein ganz großes Bild im Blick auf das künftige Geschehen. Das kleine Geschehen in der fernen Vergangenheit ist ein Bild für das große Geschehen, das sich möglicherweise in naher Zukunft im Blick auf diese Welt vollziehen wird. In diesem großen Geschehen wird sich erweisen und wird zutage treten, was Jesus sagt: »Mir ist gegeben alle Gewalt im Himmel und auf Erden« (Mt 28).

In **Kapitel 7** treffen wir auf eine sehr betrübliche Geschichte: die Geschichte von Achans Diebstahl. Achan hatte ja die Torheit begangen, daß er bei der Einnahme Jerichos einige Dinge geraubt hat. Das hat vor Gott so schwer gewogen, daß die Israeliten das Städtchen Ai nicht einnehmen konnten.

Josua war nach dieser Niederlage sehr entmutigt; denn wie sollte er das ganze Land erobern, wenn er schon an einer so kleinen Ortschaft scheiterte? Er betete und flehte zu Gott, und es wird ihm gezeigt, daß unter den Israeliten ein Bann ist: Zwischen Gott und seinem Volk ist eine Trübung eingetreten.

Das dadurch ausgelöste »Gewitter« des göttlichen Zorns entlud sich nicht so sehr über dem Volk, sondern über dem Einen, der dieses Unheil über das Volk gebracht hatte: Achan.

Was ist das so Schmerzliche an dieser Geschichte? Josua redet Achan väterlich zu, doch die ganze Wahrheit zu sagen. Und Achan gesteht in aller Offenheit ein, was er getan hatte und wo die Gegenstände versteckt waren – und dennoch mußte er sterben. Offenkundig mußte die Angelegenheit gesühnt werden, erst dann schien gewissermaßen wieder die Sonne über dem Volk – »der HERR ist Sonne und Schild« (Ps 84,12) –, denn Gott war wieder mit dem Volk.

Wie sieht das neutestamentlich aus? Dort hat sich Jesus, der »große Josua«, sozusagen neben Achan, den schuldigen Menschen, gestellt und gesagt: »Wenn schon gerichtet werden muß, dann will *ich* gerichtet werden. Wenn schon gestorben werden muß, dann will ich sterben. Wenn schon verurteilt werden muß, dann will ich verurteilt werden.« Über ihn ist stellvertretend das »Gewitter« des gerechten Gerichtes niedergegangen. Nun scheint auch die Sonne – aber nicht, weil Achan – also der sündige Mensch – starb, sondern weil ein anderer an seiner Statt für ihn gestorben ist. »Gott war in Christus und versöhnte die Welt mit sich selber und rechnete ihnen ihre Sünden nicht zu und hat unter uns aufgerichtet das Wort von der Versöh-

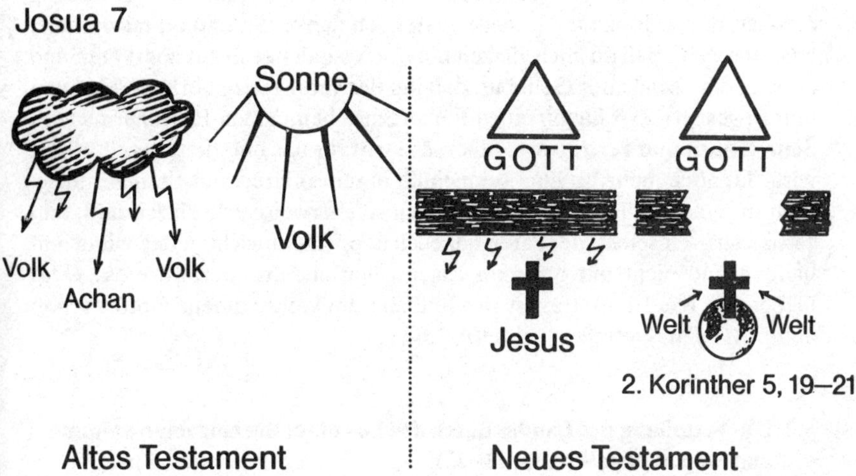

Abb. 38: Das Gericht der ewigen Gerechtigkeit muß sich entladen, ehe die Gnadensonne wieder scheinen kann

nung. So sind wir nun Botschafter an Christi Statt, denn Gott ermahnt durch uns; so bitten wir nun an Christi Statt: Laßt euch versöhnen mit Gott! Denn *er hat den, der von keiner Sünde wußte, für uns zur Sünde gemacht*, damit wir in ihm die Gerechtigkeit würden, die vor Gott gilt« (2. Kor 5,19–21). »Wer den Sohn hat, der hat das Leben; wer den Sohn Gottes nicht hat, der hat das Leben nicht« (1. Joh 5,12).

Das ist – neutestamentlich gesehen – die Antwort der Barmherzigkeit Gottes auf das leidvolle Geschick des schuldig gewordenen Achan: Für alle »Achans« – also für uns alle – gibt es diese große Möglichkeit, daß sich der »große Josua« neben uns stellt und stellvertretend dieses Gericht erleidet.

In den **Kapiteln 10 und 11** werden die beiden entscheidenden Kämpfe gezeigt: die Siege Josuas über eine Untergenossenschaft der südlichen (Kap. 10) und der nördlichen Stadtkönige. Das von Israel eingenommene Land war ja in eine Unzahl von Stadtstaaten aufgeteilt, deren Regenten sich bei Israels Einzug ins Land zu Bündnissen gegen dieses Volk zusammengeschlossen haben. In diesem Zusammenhang finden wir das Wort Josuas: *»Sonne, steh still zu Gibeon, und Mond, im Tal Ajalon!«* (10,12b), das schon manchem aus naturwissenschaftlichen Gründen Kopfzerbrechen bereitete. Bemerkenswert ist hier insbesondere der Satz in 10,14, wo es heißt: *»Es war kein Tag diesem gleich, weder vorher noch danach, daß der HERR so auf die Stimme eines Menschen hörte.«*

Auch hierbei muß wohl bedacht werden, daß Josua Vorausabbildung Jesu ist, der in Johannes 11 sagt: »Vater, ich danke dir, daß du mich erhört hast. Ich weiß, daß du mich allezeit hörst.« Jesus denkt so mit dem Vater, und er ist in dem Maße der Geliebte, daß ihn der Vater allezeit erhört. Und von ihm ist gesagt: »Wir haben einen Fürsprecher beim Vater. Er ist zur rechten Seite Gottes und vertritt uns.« Der also tritt für uns ein, der allezeit erhört wird. Ja, noch mehr: In ihm – eingehüllt in seine Gerechtigkeit, *auch* eingehüllt in seinen Willen – können wir auch solcherweise erhörlich beten, daß Jesus sagt: »Er selbst, der Vater, hat euch lieb.« Es ist wichtig, daß wir in ihm bleiben und nicht mit unserem Eigenwillen aus ihm heraustreten. »Das Gebet der Kinder Gottes ist die Teilhabe am Weltregiment Gottes schon heute« (F. Chr. Oetinger; vgl. Offb 1,6).

3.2 Die Verteilung des Landes durch das Los unter die einzelnen Stämme und Sippen Israels (Kap. 13–22)

Durch das Los wird das Land unter den einzelnen Stämmen und Sippen aufgeteilt (14,2). Daß solches durch das Los geschah, soll nicht heißen, daß ein Streit um das Land verhindert werden sollte. Es war in Israel vielmehr so: Das Land gehörte Gott, und das Volk bittet ihn um die rechte Zuteilung.

Die Stiftshütte findet nun vorläufig in Silo ihren Ort (18,1).

Über diesem gesamten Abschnitt des Josua-Buches steht zusammenfassend die Feststellung: *»Es war nichts dahingefallen von all dem guten Wort, das der HERR dem Hause Israel verkündigt hatte. Es war alles gekommen«* (21,45).

3.3 Josuas Abschied und Tod (Kap. 23–24)

Das Josua-Buch schließt mit den Kapiteln 23 und 24, in denen unter anderem der sog. »Landtag zu Sichem« eine Rolle spielt. Josua ruft hier die Führenden des Volkes zusammen – die Stammes-und Sippenhäupter – und fragt sie: »Wem wollt ihr jetzt dienen?« Er stellt sie noch einmal vor die Entscheidung; er »konfirmiert« sie (möchte man fast sagen), er befestigt sie. Er ruft sie auf, ganz auf die Seite Gottes zu treten und dort zu bleiben. *»Achtet ernstlich darauf um eurer selbst willen, daß ihr den HERRN, euren Gott, liebhabt«* (23,11). *»So tut nun von euch die fremden Götter, die unter euch sind, und neigt euer Herz zu dem HERRN, dem Gott Israels«* (24,23). Josua geht dabei selbst voran: *»Ich aber und mein Haus wollen dem HERRN dienen«* (24,15). Andrerseits räumt Josua ein: *»Ihr könnt dem HERRN nicht dienen…«* (24,19).

Dieser Widerspruch, daß das Volk dem HERRN dienen soll, dies aber nicht kann, während Josua es sich und seiner Sippe zutraut, ist wieder nur von daher verständlich, daß Josua ein Vorabbild Jesu ist. Unserem Herrn und seinem »Haus«, d.h. seiner Gemeinde (»ihr als lebendige Steine erbaut euch zum geistlichen Haus«, 1. Petr 2,5), ist dies möglich – durch diesen Herrn und beseelt mit seinem Geist. So werden die, die an diesen Herrn glauben – sündige Menschen, die auch nicht besser sind als andere – immer wieder dazu überwunden, daß sie doch Schritte des Gehorsams, des Dienstes und der Liebe im Geiste unseres Herrn tun. Er wird es schon mit denen, die zu ihm gehören, schaffen (Phil 1,6).

Das Buch Richter und das Buch Rut

1. Einleitung

Man weiß nicht genau, wie lange die Zeit dauerte, die das Richterbuch umfaßt. Es treten hier verschiedene Gestalten auf, die in Israel führend sind: die sog. »Richter«.

Wenn man deren Lebenszeiten alle zusammenzählt, so kommt man auf eine Summe von 410 Jahren. Unterdessen wird aber in 1. Könige 6,1 gesagt, daß die Zeit zwischen dem Auszug aus Ägypten und der Einweihung des Tempels 480 Jahre umfasse. Das bedeutet, daß die Richterzeit keine 410 Jahre gedauert haben kann, weil die Zahl der 480 Jahre ja auch die Zeit Moses und Josuas mitumfaßt wie auch die Zeit Samuels, Sauls und Davids. Es muß also so gewesen sein, daß diese Richter z.T. gleichzeitig lebten und wirkten, allerdings in verschiedenen Gebieten des Landes. (Man versteht ja durchaus bei einem Land von einiger Größe, daß da, ehe sich ein ganz einheitliches Volks- und Staatswesen bildete, Stämme oder Stammesgruppen eine gewisse Eigenentwicklung genommen haben, worauf das Richterbuch auch selbst immer wieder hinweist.) Daher verbleiben für die Richterzeit etwa 350 Jahre.

Das ist das mehr Äußere dieser Richterzeit. Was zeigt aber diese Zeit? Die Zeit der Richter ist eine besonders trübe Zeit, eine Zeit, die dem Leser wie kaum eine andere Zeit im Alten Testament eine Not machen kann, wenn man nämlich liest, was da alles an Bosheit geschehen ist. Es wird gesagt, woher das rührte: Israel wagte es nicht, sich vom Götzendienst der es umgebenden Völkerschaften frei- und reinzuhalten.

Vielleicht stand dahinter gar nicht nur ein gewisses Maß an Feigheit, sondern vielleicht ein wirtschaftliches Denken: Sie wollten diese Völkerschaften nicht vertreiben, sondern sie viel lieber in Frondienste nehmen, an ihnen also billige Arbeitskräfte haben. Das aber bedeutete eben doch auf längere Zeit, über einige Geschlechter hin eine Vermischung Israels mit anderen Völkerschaften und deren Religionen.

Es war die Gefahr, daß Israel seine heilsgeschichtliche Rolle verlor, daß es unter den anderen Völkern auf- und unterging, daß aber nicht nur dieses Volk dem Werk Gottes verlorenging, sondern auch dieses Volk als Werkzeug zu Gottes Heilsgeschichte mit der ganzen Welt.

Vieles sowohl in dieser Not- und Krisenzeit der Richter als auch später (etwa in der babylonischen Gefangenschaft), den ganzen Ernst Gottes, versteht man nur von daher: Es geht Gott um die ganze Welt, und dieses Israel muß fähig und bereit bleiben, seine heilsgeschichtliche Rolle zu übernehmen. Und dazu war nötig, daß Israel die Offenbarung Gottes – das, was er tat und tut – und sein Gebot – was er vom Menschen getan haben will – rein bewahrt.

Darum ging dieser ganze Kampf, und deshalb erfuhr dieses Volk auch immer wieder diese verhältnismäßig harte göttliche Züchtigung. Israel mußte einfach erleben: Wenn es sich von Gott abwendet, wendet er sich von diesem Volk ab. Genau dies finden wir im ersten Teil des Richterbuches (Ri 1,1–3,6). Man erkennt immer wieder diese Reihenfolge:

a) Gott beschenkt sein Volk, in erster Linie mit dem Land, aber auch mit dem Bund, mit seiner Gemeinschaft, die er gewährt.
b) Dieses Volk fällt von Gott ab, verläßt den Bund, betrübt Gott, läßt sich auf anderes ein.
c) Deshalb nimmt Gott dieses Volk in seine Zucht – durchaus in dem Sinne: »Wen der Herr lieb hat, den züchtigt er« (Hebr 12,6). Das sind diejenigen, mit denen er etwas Großes und Segensvolles vorhat.
d) Die Not, in die Israel dann kam, war immer eine doppelte: Das Volk wurde *an äußere Feinde preisgegeben* (wie z.B. an die Kanaaniter, an die Midianiter; später auch an die Philister); dazu wurde das Volk auch *in sich uneins* (es ist immer wieder von schweren Auseinandersetzungen zwischen den einzelnen Stämmen die Rede, bei denen ganze Stämme – wie etwa der Stamm Benjamin – fast vollständig ausgelöscht wurden).
e) Die Israeliten schreien zu Gott, tun zumindest eine gewisse Buße.
f) Gott erbarmt sich daraufhin wieder und schickt die Richtergestalten.

Das Wort »Richter« bezeichnet in erster Linie nicht solche Leute, die zu Gericht sitzen, sondern meint diejenigen, die dem Volk gegenüber seinen Feinden nach außen hin Recht schaffen und die auch innerhalb des Volkes wieder das Recht Gottes, die rechte Ordnung Gottes herstellen. Darauf wirken diese von Gott berufenen Gestalten hin.

Aber es zeigt sich immer wieder, daß die Israeliten nach dem Tod dieser Richter immer wieder von der Ordnung Gottes wichen. Dieser Vorgang, der sich mehrmals beobachten läßt, ist in dem Vers zusammengefaßt: *»Wenn aber der Richter gestorben war, so fielen sie wieder ab…«* (Ri 2,19). Bei manchen Richtern war es auch so, daß sie ihrerseits nicht klar auf der göttlichen

Linie blieben und selbst abfielen, wie später manche der Könige. Kurz gesagt: Gott hatte mit diesem Volk große Mühe.

Und so wird dann auch eigentlich diese ganze Not- und Krisenzeit, dieser ständige Abfall von Gott und die Feststellung in Richter 21,25 zu einem einzigen Schrei, daß doch Gott *die* gute Lösung geben und sich selber seines Volkes annehmen möge. Das führt zunächst auf die Zeit der Könige, zunächst über Samuel auf David; aber dahinter steht doch spürbar die Erwartung dieses Einen und Einzigartigen, von dem es in Hesekiel 34,11 heißt: »Ich will mich meiner Herde selbst annehmen«, wo Gott dann den Einen schickt, der gut und klar den Weg Gottes führt, der die Sünde ausräumt, abträgt (Jes 53). Er ist es, der den Geist bringt, wie es dann heißt: »Ich will meinen Geist in euch geben und will solche Leute aus euch machen, die in meinen Geboten wandeln und meine Rechte halten und danach tun« (Hes 36,27), die die Gebote also nicht nur wissen, sondern die auch die innere Kraft haben, den Willen Gottes zu tun.

Das ist also diese Stufenfolge – man möchte fast sagen: dieses Schema –, die sich durch das ganze Buch der Richter hindurchzieht und die ich in einer Grafik so darstelle:

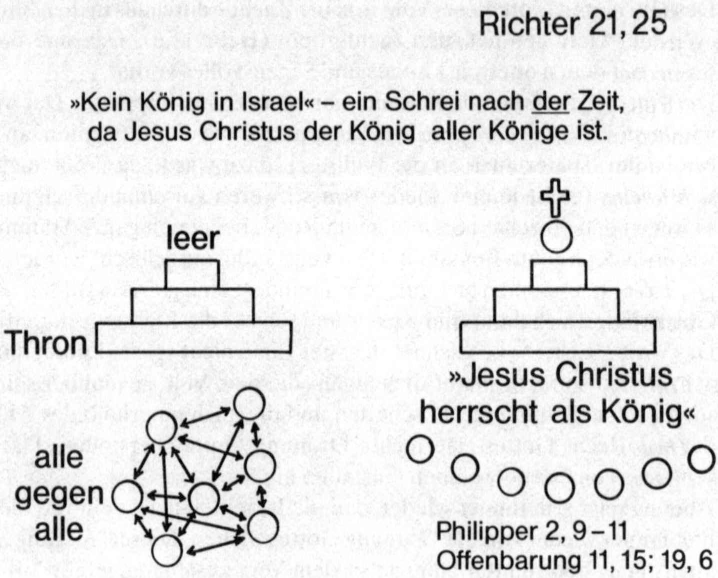

Abb. 39: Abfall des Volkes – Erbarmen Gottes

Gott antwortet auf den Abfall des Volkes immer wieder mit seinem Erbarmen, indem er diese Richtergestalten schickt.

In der linken Bildhäfte ist die Situation Israels in den Jahrhunderten der Richterzeit dargestellt: Der Thron ist leer, und jeder steht gegen jeden. Das Richterbuch schließt dementsprechend mit der Feststellung: *»Zu der Zeit war kein König in Israel; jeder tat, was ihn recht dünkte«*(21,25).

Obwohl also Gott immer wieder für eine gewisse Zeit diese Richter gesandt hatte, war die Richterzeit so etwas wie eine kaiserlose schreckliche Zeit (eine ähnliche Zeit gab es ja bei uns im Mittelalter). Es zeigt sich dabei: Keine Ordnung ist noch schlechter als eine schlechte Ordnung. Die Könige später haben z.T. auch eine Mißwirtschaft gehabt, aber die Zeit der Richter war eine noch trübere Zeit als die Zeit der Könige.

Dem gegenüber steht in der rechten Bildhälfte das Zielbild: Der Thron über der Welt ist durch den besetzt, der ans Kreuz ging (»Mir ist gegeben alle Gewalt im Himmel und auf Erden...«, Mt 28,18). Israel wartete letztlich natürlich nicht auf einen schlechten oder mangelhaften, sondern auf einen guten Herrscher.

Es laufen eigentlich von daher schon die Linien der Erwartung auf den zu, von dem es heißt: »Es sind die Reiche der Welt unseres Herrn und seines Christus geworden, und *er* wird regieren von Ewigkeit zu Ewigkeit« (Offb 11,15). Hier entsteht dann auch die gute Ordnung ohne die Ausbrüche, in denen jeder gegen jeden kämpft, sondern mit dem Band der Liebe: »Seid darauf bedacht, zu wahren die Einigkeit im Geist durch das Band des Friedens« (Eph 4,3). So wird Er Frieden schaffen in der Vorhut, in seiner Gemeinde, und dann auch unter den Völkern.

Das ist unsere große Hoffnung, daß dieses »Es ist vollbracht!« von Golgatha, dieser Sieg von Ostern diese Konsequenz haben und am Schluß das große Aufatmen erfolgen wird.

2. Überblick über das Buch

1. ***Einleitung***: Die Gründe der folgenden Entwicklungen und Ereignisse (1,1–3,6)

2. ***Hauptteil*** (die Einzelereignisse): Israels Abfall von seinem Gott – Israels Bedrückung durch seine Feinde – Israels Schrei zu Gott – Israels Rettung durch den/die Richter (3,7–16,31)

3. Zwei ***Anhänge***: Der Ursprung des Bilderdienstes von Dan; die große Krise, in die der Stamm Benjamin geraten ist (Kap. 17–21)

3. Zum Inhalt des Richterbuches

3.1 Der einleitende Teil (1,1–3,6)

Das oben genannte sechsfache Nacheinander (Einleitung, a–f), das für Israel in der Richterzeit kennzeichnend ist, wird in der Einleitung in das Richterbuch aufgezeigt.

3.2 Der Haupt- bzw. Mittelteil (3,7–16,31)

In diesem, dem umfangreichsten Teil des Richterbuches wird eine Reihe von Richtergestalten gezeigt.

3.2.1 Kleinere Richtergestalten (3,7–31)

In der Reihe der Richter treten zunächst einige kleinere Richtergestalten auf – zuerst *Otniël*, ein Verwandter Kalebs (3,7 ff.), unter dessen Führung sich das Volk aus der Knechtschaft eines mesopotamischen Königs befreit. Auf Otniël folgen die Richter *Ehud* (3,12–30) und *Schamgar* (3,31).

3.2.2 Der Kampf von Debora und Barak gegen die Kanaaniter (4,1–5,31)

In **Richter 4 und 5** wird der erste bedeutende Richter erwähnt, der aber kein Richter ist, sondern eine Richter*in: Debora. »Zu der Zeit war Richterin in Israel die Prophetin Debora«* steht auffallenderweise im Richterbuch (4,4).

Gott hat immer wieder auch Frauen berufen. Das war auch in Jesu Tagen so: Die ersten, die Jesus als den Auferstandenen gesehen, erkannt und bezeugt haben, waren Frauen; dennoch wurde keine Frau Apostel, sondern sie hatten ihren eigenen, andersgearteten Beitrag zu leisten.

Debora war auch keine »Jungfrau von Orléans«, wiewohl das Volk damals durch den Kanaaniterkönig Jabin und dessen Feldhauptmann Sisera hart bedrängt war (4,2). Debora hat nicht selbst den Kampf geführt, sondern hat dann im Auftrag Gottes einen Mann – Barak – damit betraut.

Aber sie war die unmittelbare Botin Gottes und die Initiatorin, die die Freiheit des Volkes im Auftrag Gottes wiederherstellte. Groß ist auch das Loblied, das sie sang: Sie dankt Gott, daß er Israel wieder freigemacht hat und daß *»das Volk dazu willig gewesen ist«* (5,2). Debora war dabei verheiratet (4,4), war also wohl Hausfrau und Mutter und hat dazu einen auffallend großen Auftrag gehabt.

Den Kampf, in den Debora und Barak das Volk Israel führten, will ich so verdeutlichen: Dieses Israel ist beinahe wie ein Weizenkorn zwischen Mühlsteinen. Die Kanaaniter sind ungeheuer erstarkt, und ausländische Krieger helfen mit. Sie wollen dieses Israel erdrücken und beseitigen und halten das Volk in seinem eigenen Land gefangen. Es muß sich auch erweisen, ob dieses Land Jahwe oder Baal gehört.

In dieser Krisensituation kommt es in der Ebene Jesreel – dort, wo der Berg Megiddo ist – zur Schlacht; und es heißt im Lied der Debora: *»Vom Himmel her kämpften die Sterne, von ihren Bahnen stritten sie wider Sisera«* (5,20). Sisera war der General, der Feldhauptmann der vereinigten kanaanitischen Heere, die Israel den Garaus machen wollten.

Dieses Geschehen, das in Richter 4 und 5 geschildert wird, ist insofern auch noch sehr bedeutend, als es für die Endgeschichte als Modell, als Vorausabbildung eine Rolle spielt. Denn genau dieses Bild ist in der Offenbarung des Johannes mit der Erwähnung der Schlacht von Harmagedon (Offb 16,16) aufgenommen. »Megiddo« und »Harmagedon« ist dasselbe Wort, nur daß »Harmagedon« eine spätere Sprachform ist.

Um was handelt es sich dabei? Damals war es so: Israel wurde in seinem eigenen Land von den Feinden Israels und Jahwes bedrängt, bedrückt; und dieses Volk sollte vernichtet werden.

Genau das ist ein Bild für das, was dann durch den Antichristen geschehen wird. In Offenbarung 16 wird geschildert, daß er ein riesengroßes Heer bei Harmagedon versammelt.

Das ist aber eigentlich kein Heer, das sich für eine irdische Schlacht rüstet, sondern eher eine gigantische Demonstration. Es werden die Völker der Welt dazugenommen (Offb 16,14), und der Euphrat vertrocknet (Offb 16,12). Es werden auch die unreinen Geister erwähnt, die es den Menschen eingeben, allen zu demonstrieren: ›Wir wollen nicht, daß dieser über uns herrsche.‹ Sie bedrängen die Christen, aber diese sind ein armer Haufen, dessentwegen ein solches Aufgebot gar nicht nötig wäre.

Das stellt also so etwas wie eine gewaltige Machtdemonstration gegen die Herrschaft Gottes dar. Anführer ist dabei letztlich ja nicht einmal der Antichrist, sondern der, der hinter ihm steht: der Feind selbst, der die Menschheit überhaupt hier, auf dieser Erde Gottes, die der Menschheit anvertraut war, bedrängt, gegeneinander hetzt und zerstört.

Was passiert dann? Die Schlacht von Harmagedon findet nach der Offenbarung des Johannes offenbar gar nicht statt, sondern es wird dann der Antichrist und sein Anhang »verhaftet« (so möchte ich das ausdrücken). Denn in Offenbarung 19 steht: »Das Tier wurde ergriffen und ... in den feurigen Pfuhl geworfen« (Offb 19,20). Der Feind wird also ergriffen und – so kann man sagen – in Sicherungsverwahrung genommen, bis ihm dann später der Prozeß gemacht wird.

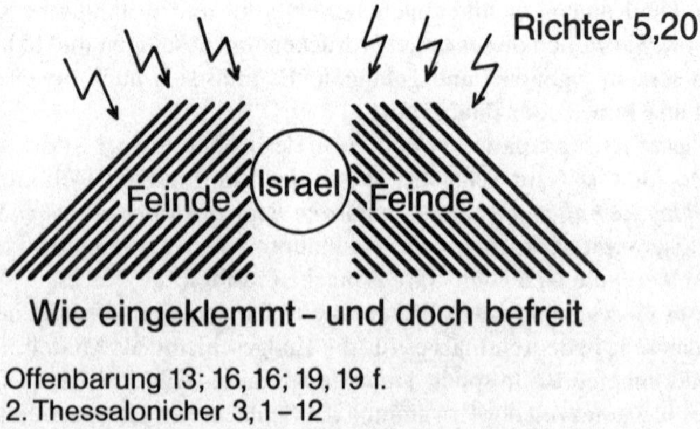

Abb. 40: »Vom Himmel her kämpften die Sterne … wider Sisera«

Das ist also der Vergleichspunkt. Die Schlacht, die Debora und Barak ausfochten, ist ein Modell dessen, was geschieht, wenn Christus wiederkommt, wenn der Herr seine Gemeinde herausholt, zu sich entrückt und er selbst den Feind ohne Anstrengung besiegt (»das Tier wurde ergriffen…«). In 2. Thessalonicher 2,8 ist das noch anders ausgedrückt: »Ihn [den Feind] wird der Herr Jesus umbringen mit dem Hauch seines Mundes…« Den Hauch, die Luft, die man ausatmet, braucht man zum Sprechen. Das heißt (wie Luther sagt): »Ein Wörtlein kann ihn fällen.« Wenn Jesus Christus ein Wort spricht, so ist es mit dem Feind aus.

Abbildung 40 zeigt die Lage Israels damals, die auch die Lage der Gemeinde Jesu der Endzeit sein wird (»wie eingeklemmt und doch befreit«); die genannten Bibelstellen beziehen sich auf den Antichristen (Offb 13; 16,16; 2. Thess 2,1–12) und Jesu Überwindung des Feindes (Offb 19,19f.).

3.2.3 Gideon und seine Söhne (6,1–9,57)

In **Richter 6 und 7** steht die Geschichte aus dem Richterbuch, die uns wohl am meisten bekannt ist: die Geschichte von *Gideon*.

Dieser Gideon ist ein namenloser Mann, der – wie schon andere vor ihm – unter dem Zustand Israels unsagbar leidet. Die Israeliten säen, und wenn die Ernte reif ist, kommen die Midianiter und nehmen sie ihnen weg, überspülen das Land wie eine Sturmflut (es wird das Bild vom Heuschreckenschwarm, der über das Land kommt, gebraucht; 6,3). Die Midianiter weiden mit ihren Herden alles ab; und was gewachsen ist, das laden sie auf ihre Kamele. Diese Vorgänge sind ganz anschaulich beschrieben (6,3 ff.).

Gideon will sich als Sohn seiner Sippe ein wenig von der Ernte heimlich *»in der Kelter bergen«* (6,11). Diese Tenne war nicht auf einem Berg, sondern im Tal, also von den Midianitern schlecht einzusehen. Dort hat Gideon Garben ausgedroschen und das Korn versteckt, damit die Menschen wenigstens ein bißchen zu essen hatten; er sah sich hierfür verantwortlich.

Bei dieser Tätigkeit *»erschien ihm der Engel des HERRN«* und beauftragte ihn: Er soll Israel befreien. Gideon fiel es ausgesprochen schwer, diesen Auftrag Jahwes zu übernehmen. Er konnte sich nicht vorstellen, wie er das tun sollte. Wer würde ihn, den unbekannten Mann, schon beachten? Darauf geschieht die Geschichte mit der *»abgeschorenen Wolle«* (Ri 6,36–40; frühere Revisionen der Lutherbibel haben stattdessen das Wort »Fell«), die Gideon auf der Tenne ausbreitet, um zweimal ein Zeichen von Gott zu erbitten: zum einen, daß überall Tau liege, nur auf der Wolle nicht; zum anderen, daß überall kein Tau liege, außer auf der Wolle.

Diese Bitte um ein göttliches Zeichen ist etwas Ungewöhnliches in der Bibel. Wir sollten unsrerseits vorsichtig sein, immer gleich Zeichen als Wegweisungen von Gott zu erbitten. In der Bibel ist das eine ausgesprochene Ausnahme, und der Auftrag an Gideon war sehr viel schwerer und seine Situation anfechtungsreicher, als es im allgemeinen für uns sein wird.

Diese Geschichte hat etwas Charakteristisches, das weithin unbekannt ist, das mir aber entscheidend wichtig zu sein scheint. Dem Gideon fällt erst verhältnismäßig spät auf, daß ja auch vor dem Gehöft seines Vaters ein Altar des Baal steht, an dem wahrscheinlich die Leute den Baal um Regen für die Felder und um Fruchtbarkeit für die Tiere gebeten und dazu ein Opfer gebracht haben (6,25 ff.). Nahe dabei stand ein Baum, der der Aschera gewidmet war (bei derartigen Bäumen feierten sie ihre kultischen Sommernachtsfeste mit sexuellen Ausschweifungen).

Gideon hat sich diesbezüglich nun nicht mit den Menschen beraten, die um ihn her lebten, sondern er zerbrach den Baalsaltar eines Nachts und hieb den angeblich heiligen Baum um. Die Leute – nicht die Kanaaniter, sondern die Israeliten! – waren so empört, daß sie Gideon töten wollten. Sie dachten, es käme das größte Unglück über sie, wenn der Altar nicht mehr steht und wenn der Baum gefällt ist.

Daher war es um so erstaunlicher, als Gideons Aufruf zum Kampf gegen die Midianiter bewirkte, daß ein Heer von über 30 000 Mann zusammenkam (vgl. 7,3). Diese Größe machte das Heer unüberschaubar, und es war vielleicht auch ein wenig verwegen, so viele Mitkämpfer zu haben. Aber Gideon sollte auch nicht so viele Leute in den Kampf führen, damit die Israeliten nicht hinterher, wenn sie frei geworden waren, dächten, sie hätten diesen Sieg dank ihrer zahlenmäßigen Überlegenheit errungen.

Im Neuen Testament ist das von Paulus so ausgedrückt: »...damit sich vor ihm kein Fleisch rühme...« (1. Kor 1,29). Das muß immer wieder deutlich sein. Und Jesus sagte zu seinen Jüngern: »Fürchte dich nicht, du *kleine* Herde! Denn es hat eurem Vater wohlgefallen, euch das Reich zu geben« (Lk 12,32).

Gideon fragte die Leute nur ganz kurz: *»Wer ängstlich und verzagt ist, der kehre um«* (7,3). Daraufhin gingen mehr als zwei Drittel der Männer nach Hause. Aber es blieben immer noch 10 000 bei Gideon. Da machte es Gideon zum Prüfstein, daß sie Wasser aus dem Bach trinken sollten. Wer sich dabei ein bißchen umständlich anstellte, kam auf die eine Seite, zu denen, die sich vom Kampf zurückziehen mußten; und wer ziemlich rasch trank (und dann schnell zum Gegner hindrängte), gehörte zu denjenigen, die mit Gideon in den Kampf ziehen sollten. Das waren nur 300 Mann – eine lächerlich kleine Anzahl!

Diese Geschichte hat auch wieder eine Besonderheit, die zeigt, wie Gott diesem Gideon auf eine eigenartige Weise eine Ermutigung zuteil werden ließ: Gideon ging ins Lager hinunter (das war persönliche Tapferkeit; er hat keinen anderen geschickt, aber einen Begleiter mitgenommen) und hat dort – da er sich ganz frei bewegen konnte – an einem Zelt gelauscht. In diesem Zelt ist einer aus dem Schlaf hochgefahren und hat einem anderen einen erschreckenden Traum erzählt: Es sei ein Gerstenbrotlaib den Berg hinuntergerollt und dabei immer größer geworden und sei auf das Zeltlager gefallen und habe ein Zelt umgeworfen. Der andere sagte interessanterweise: ›Was das bedeutet, weiß ich: Das ist Gideon, von dem wir gehört haben, daß er Leute sammeln will, um sein Volk zu befreien. Und das wird ihm gelingen!‹

Daran hat Gideon erkannt, daß die Midianiter schon Angst hatten (man möchte sagen: Gott hat diese Angst in sie gegeben). Das war für ihn eine große Ermutigung und ein Fingerzeig, daß er den Angriff wagen könne.

Er beorderte daraufhin seine Krieger, sie sollten ihre Verpflegung und die Posaunen mitnehmen, die damals bei jeder Kompanie waren, sowie *»leere Krüge mit Fackeln darin«* (7,16). Gideon verteilte die 300 Soldaten in drei Gruppen zu je 100 Mann um das Lager des Feindes. Sie warfen die Krüge auf Steine, schwenkten die Fackeln, so daß diese hell aufflammten, bliesen die Kriegsposaunen und riefen: *»Hier Schwert des HERRN und Gideons!«* (7,20). Sonst tat dieses kleine Heer eigentlich nichts.

Die schlafenden Midianiter sind aufgeschreckt und haben gedacht, der Gegner sei schon im Lager, ja in ihren Zelten; sie gingen sogar aufeinander los, bis sie dann die Flucht ergriffen. So war Israel befreit. Aber kein Israelit konnte sich auf die Brust klopfen, denn niemand konnte von sich sagen, er habe den Gegner geschlagen: »...damit sich vor ihm kein Fleisch rühme...«

Abb. 41: »Die Schwachheit Gottes ist stärker...«

So ist es immer wieder, wenn Gott seine Siege erkämpft: Er gebraucht menschliche Werkzeuge – doch wenn sich diese Menschen näher umsehen und nüchtern sind, müssen sie sich fragen: ›Was haben wir schon dazu beigetragen? Im Grunde genommen nichts!‹ In diesem Sinne hat Friedrich von Bodelschwingh im Alter von seinem Lebenswerk gesagt, er sei lediglich hinterhergegangen und habe gebremst – mehr habe er eigentlich nicht getan. Und Martin Luther hat gesagt, Gott habe ihn wie einen geblendeten Gaul geführt (dem man einen Sack vor die Augen bindet). Von großartiger Strategie keine Spur! »Die Schwachheit Gottes ist stärker, als die Menschen sind« (1. Kor 1,25b).

Die Gideonsgeschichte zeigt in ihrem weiteren Verlauf bedauerlicherweise, wie Gideon später selbst mehr oder weniger dem Götzendienst verfallen ist. Das setzt sich dann insbesondere bei seinem Sohn Abimelech fort (Ri 9); da war bei Israel gewissermaßen schon wieder »der Wurm drin«. So hat Gott seine Not nicht nur mit der Welt, sondern mit seinem Volk, weil sogar auch Menschen, die er als seine Werkzeuge gebraucht, später wieder abfallen können.

3.2.4 Simson, der entartete Gesalbte (13,1–16,31)

Auf Gideon und Abimelech folgt eine Anzahl von Richtern, die hier nicht besonders behandelt werden soll; von ihnen ist Jeftah der wichtigste (Ri 11,1–12,7).

Die bekannteste Gestalt ist sodann *Simson*, dessen Geschichte in **Richter 13–16** überliefert worden ist. Simson ist – wie Johannes der Täufer und wie Jesus – vor seiner Geburt durch einen Engel angekündigt worden (13,3ff.). Simson hätte große Bedeutung erlangen können, und er hat auch manches getan.

Zu seiner Zeit waren die Feinde des Landes weniger die kanaanitische Urbevölkerung und auch nicht so sehr die Midianiter (die Nachbarn im Süden und Südosten). Es traten vielmehr weit gefährlichere Gegner Israels auf: die Philister, die möglicherweise indogermanischer Abstammung waren und die waffenmäßig Israel überlegen waren. Sie waren die ersten im Bereich des Vorderen Orients, die nicht mehr Waffen aus Bronze hatten, sondern über solche Waffen verfügten, die aus Eisen gefertigt waren. Das war der Beginn der sog. Eisenzeit. Wollte man Eisen verarbeiten, so benötigte man ja eine höhere Erhitzung zum Schmelzen als zur Verarbeitung von Bronze; aber Schwerter aus Eisen waren auch sehr viel härter als Schwerter aus Bronze.

In der Auseinandersetzung mit diesem Gegner, der in bezug auf die Waffen überlegen war, sollte Simson für Israel die Hilfe sein. Simson konnte auch eine ganze Zeitlang Israel in diesem Kampf behilflich sein; und doch war es, als ob der Feind in seinem Leben den Schuh in der Tür habe. Schon Gideon hatte in seinem elterlichen Haus gemerkt: ›Der Feind lacht mich aus, wenn ich ihm erlaube, daß er bei mir und meiner eigenen Familie den Schuh in der Tür hat.‹ Simson hat es dem Feind geradezu zugelassen, daß er in seinem Leben Einfluß gewann.

Ich möchte das mit einem Bild ausdrücken, das in Jakobus 1 gebraucht wird. Dort wird dargestellt, wie es zur Sünde kommt. Wenn es dann heißt: »Ein jeder, der versucht wird, wird von seinen eigenen Begierden gereizt und gelockt« (Jak 1,14), so ist das Wort, das im Griechischen für »locken« steht, ein Wort, das für den Fischfang mit der Angel benutzt wird, wo man einem armen Fisch einen Köder vor die Augen hängt, der ihn lockt, so daß er ihn mitsamt dem Angelhaken schluckt und dann aus seinem Lebenselement, dem Wasser, herausgezogen wird.

Entsprechend macht es auch der Feind. Es sind ganz verschiedene Dinge, die er den Menschen vor Augen hält und die für sie verlockend sind. Für Davids Sohn Absalom war die Königskrone verlockend: Er wollte diese Königskrone schon tragen, als sein Vater David noch regierte. Das hat ihn fasziniert und hat ihn völlig durcheinandergebracht, und er hat – so möchte man sagen – den Verstand verloren: Er hat unsinnigerweise gegen seinen Vater losgeschlagen und das Volk geschwächt, statt daß er noch ein bißchen gewartet hätte. Für Judas war es ein Beutel voller Silberlinge, den ihm der Feind hingehalten hat. Im Jakobusbrief heißt es, der Feind verlocke den

Menschen mit der »je ihm eigenen Versuchung«. Der Teufel ist Psychologe genug um zu wissen, wo jemand anfällig ist.

Bei Simson war dieser Köder des Feindes eine philistäische Frau, eine Frau, auf die Simson hereinfiel. Sie war geradezu eine Spionin der Philister und hat regelmäßig Informationen an die Philister weitergegeben. Sie hat Simson den Philistern ausgeliefert – bis er in Gefangenschaft geriet, bis sie ihn geblendet haben. Das war Simsons schwacher Punkt; das war die Stelle, an der ihn der Feind geködert und ruiniert hat. Er endete dann in der Verzweiflung. Zuvor war er wieder erstarkt. Die Philister feierten ein Fest und führten dabei klugerweise den geblendeten Simson, den großen Gegner, vor. Er wurde zwischen die tragenden Säulen gebunden, und er hat dann die Säulen genommen und zum Einsturz gebracht. Das herabstürzende Dach hat ihn und die ganze Festversammlung erschlagen – ein schreckliches Ende!

Das ist die Geschichte dieses entarteten Gesalbten, von dem es heißt, er sei zunächst mit Gottes Geist ausgerüstet worden (13,25; 14,6), der aber dann davon abgewichen ist.

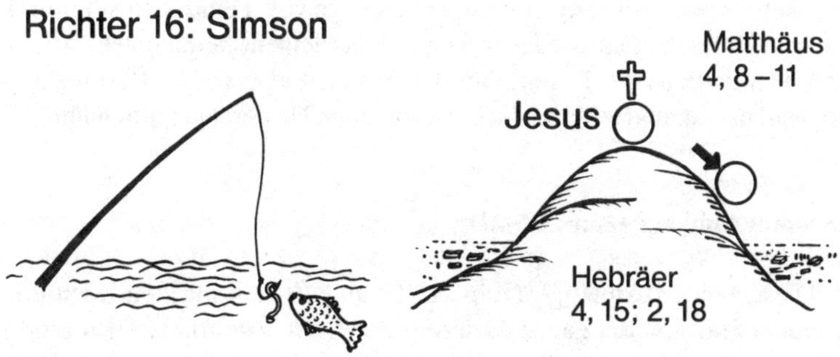

Abb. 42: Der entartete Gesalbte

In Abbildung 42 versuche ich, das Wesentliche der Simson-Geschichte grafisch darzustellen: Wie der Köder den Fisch, so »lockt« den Menschen seine eigene Versuchung. Das Gegenüber dazu ist Jesus, den ich auf dem Berg der Versuchung darstelle. »Darauf führte ihn der Teufel mit sich auf einen sehr hohen Berg und zeigte ihm alle Reiche der Welt…« (Mt 4,8). Doch Jesus ist nicht auf den Feind hereingefallen; er wies Satan von sich und floh vor ihm; er verließ den Berg (verdeutlicht mit dem Pfeil). Jesus ist Sieger geblieben. »…der versucht worden ist in allem (d.h. auf *jede*

Weise!) wie wir, doch ohne Sünde« (Hebr 4,15). Wir können uns vorstellen, daß der Teufel bei Jesu Versuchung allen nur möglichen Zauber hat spielen lassen und wie er es darauf angelegt hat, ihn von seinem Weg abzubringen.

Dazu gehört auch das schöne Wort: »Denn worin er selber gelitten hat und versucht worden ist, kann er helfen denen, die versucht werden« (Hebr 2,18). Das ist die erstaunliche Wirkung, daß unser Herr nicht auf sich verweist und sagt: ›Ich habe doch gezeigt, daß man nicht auf den Teufel hereinfallen muß!‹ Wenn wir uns ab und zu bewähren, dann bewirkt das bei uns oft Unbarmherzigkeit im Blick auf diejenigen, die sich nicht bewährt haben.

Die Kirchengeschichte zeigt viele Zeugnisse dieser Art: Nach Verfolgungszeiten war die Gemeinde Jesu meistens schrecklich zerrissen zwischen den Bekennern und denjenigen, die versagt hatten, weil die Bekenner auf sich verwiesen haben: »Ja, wir – aber ihr?« Bei Jesus ist das umgekehrt: Er hat nicht gesündigt, aber er hat mit uns Mitleid, gerade weil er die Macht der Versuchung kennt und weiß, wie man tatsächlich auf sie hereinfallen kann und welchen Kampf das gekostet hat, sich zu bewähren.

Unser Herr ist der Sieger – an ihn können wir uns in unseren Versuchungen halten. »Satan flieht, wenn er dich bei Jesus sieht.« Jesus kann sogar den »Angelhaken« wieder herausoperieren; er kann den vom Feind geangelten »Fisch« aus dem Todeselement wieder in sein Lebenselement hereinholen. Aber man muß dem großen Arzt folgen, ihm den Schaden klagen! Die Rettung ist jetzt möglich, nachdem der Feind die entscheidende Niederlage erlitten hat.

3.3 Zwei Anhänge (Kap. 17–21)

Diese beiden Anhänge (Kap. 17/18 und 19–21) machen noch einmal besonders notvoll die ganze Misere dieses Volkes deutlich. Dies zeigt sich zum einen an der Begründung eines Götzendienstes in Dan, zum anderen an einer Begebenheit, bei der der Stamm Benjamin fast aufgerieben wurde. Diese Anhänge gipfeln in dem Schrei nach einer übergeordneten Macht, die Ordnung schafft: *»Zu der Zeit war kein König in Israel; jeder tat, was ihn recht dünkte«* (21,25). Damit endet das Buch der Richter.

Diese Anhänge und der Schluß des Richterbuches erwecken aber auch den Schrei nach der grundlegenden Hilfe, nach der Wiederkunft unseres Herrn Jesus Christus. Es geht ja in der Welt so zu wie in der ›kaiserlosen schrecklichen Zeit‹ des Faustrechts, das immer Unrecht ist, wie es in Richter 21,25 zum Ausdruck kommt. Wann wird das große Aufatmen kommen, weil es heißen wird: »Es sind die Reiche der Welt unseres Herrn und seines Christus geworden, und er wird regieren von Ewigkeit zu Ewigkeit« (Offb 11,15; vgl. 19,6; Phil 2,9–11)? (Vgl. Abb. 39.)

3.4 Das Buch Rut

Rut ist eine Einzelgestalt aus dieser Zeit, die das Richterbuch schildert. Mitten in dieser Zeit bereitet Gott in der Stille durch das treue und selbstlose Mädchen Rut eine bessere Zukunft vor. Gott hat in diesem ungeordneten, immer wieder von ihm abfallenden Israel gewissermaßen eine Blume aufwachsen lassen, einen Menschen, der nichts so sehr wollte als Gott gehorsam sein (vgl. Abb 43).

Rut sagt das schöne Wort: *»Wo du hin gehst, da will ich auch hin gehen; wo du bleibst, da bleibe ich auch... Wo du stirbst, da sterbe ich auch, da will ich auch begraben werden«* (1,16a.17a). Das sagt sie aber nicht zu dem Geliebten, sondern ihrer Schwiegermutter, die der Rut in ihrem Elend schrecklich leidtut. Diese Frau hat nämlich ihren Mann und beide Söhne verloren, von denen einer der Mann der Rut war.

So wollte Rut ihre Schwiegermutter nicht allein ziehenlassen – und sie ging mit ihr in die Zukunftslosigkeit, denn sie hat ihr Volk verlassen (Rut war eine Moabiterin) und ging nach Israel, wo sie ja nicht heiraten konnte, da in Israel die Ehe mit Ausländern verboten war.

Rut hat sich dann ganz bewußt dem Glauben Israels angeschlossen; sie hat zu ihrer Schwiegermutter gesagt: *»Dein Volk ist mein Volk, und dein Gott ist mein Gott«* (1,16b). Es ist bewegend zu lesen, wie sie, um ihre Schwiegermutter zu versorgen, Ähren gelesen hat, auch auf dem Acker ihres späteren Mannes Boas, von dem sie freilich zu diesem Zeitpunkt noch keine Ahnung gehabt hat.

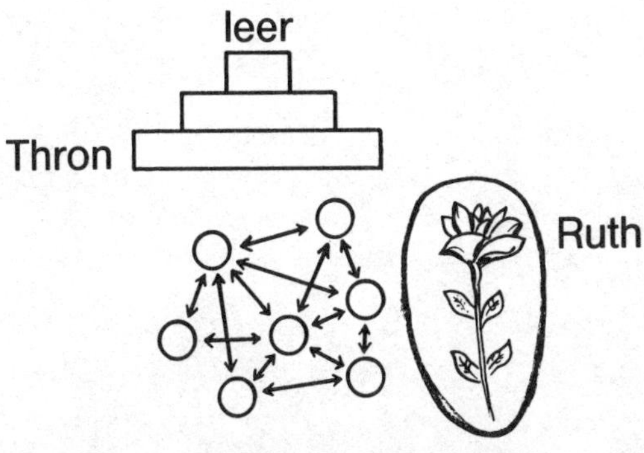

Abb. 43: In aller Stille läßt Gott etwas Erfreuliches aufwachsen

So unscheinbar dieses Leben der Rut beginnt, so führt es doch dazu, daß sie später Herrin geworden ist. Gerade so ist Rut nämlich die Stammutter des davidischen Königshauses geworden und gelangte daher auch in die

Ahnentafel Jesu (Mt 1,5). Etwas von dem hören wir auch aus den Worten Jesu: »Wer sein Leben erhalten will, der wird's verlieren; und wer sein Leben verliert um meinetwillen, der wird's finden« (Mt 16,25; Mk 8,35; Lk 9,24).

So ist Rut ein Bild für die Gemeinde Jesu: »Euer Leben ist verborgen mit Christus in Gott. Wenn aber Christus, euer Leben, sich offenbaren wird, dann werdet ihr auch offenbar werden mit ihm in Herrlichkeit« (Kol 3,3f.). Wer in der Unscheinbarkeit ausharrt, den gebraucht Gott.

Man könnte auch an das Wort eines Philosophen unseres Volkes denken, der kein Christ war: »Abseits vom Markt begibt sich alles Große.« Es war viel los in Israel, doch da hat sich dieses Einzelleben der Rut still entwickelt; sie hat sich bewährt und die große Zukunft Israels mit vorbereitet. Ihr Enkel David war dann der größte König, den Israel je gehabt hat und wurde als ein Modell, als eine Vorausabbildung Jesu Christi angesehen.

So treibt Gott auch in einer dunklen Zeit sein Werk, wenn auch nicht öffentlich. Selbst in einer dunklen Zeit zeigt Gott Spuren, wie er durch diese Zeit hindurchschreitet, Menschen mitnimmt und auf das Ziel zuführt. So zeichnen sich auch in der Geschichte von Rut bereits Konturen der großen Zukunft bis hin zum Ende ab.

Das erste Buch Samuel

1. Zum Ganzen des Buches

1.1 Samuel, die überragende Gestalt

Das erste Samuel-Buch zeigt – zumindest in seinem ersten Teil – hauptsächlich das Wirken Samuels, dieses herausragenden Mannes. Samuel hat auch eine Brückenfunktion: Er ist die letzte und bedeutendste unter den Richtergestalten und zugleich der Mann, durch den in Israel das Königtum eingesetzt worden ist. Samuel war im Auftrag Gottes gewissermaßen »Königsmacher«, der die beiden ersten Könige Israels berufen und geweiht hat. So zeigt das erste Samuel-Buch den Weg Israels zum Königtum.

1.2 Die zeitliche Einordnung

Ab der Zeit Samuels – d.h. ca. ab dem 11. Jahrhundert v. Chr. – sind wir hinsichtlich der Jahreszahlen etwas genauer in Kenntnis gesetzt als im Blick auf die vorangehende Zeit. So wissen wir – wenn auch die genauen Daten nicht ganz klar sind –, daß David um 1000 v. Chr. an der Regierung war und daß also Saul einige Jahre zuvor in Israel herrschte.

1.3 Das Königtum in Israel

Die Könige Israels waren nicht Könige wie die der Völker, die rings um Israel lebten, wiewohl die Israeliten sagen: »Wir wollen einen König haben wie die anderen Völker« (vgl. 8,5.20). Bei den anderen Königen im Vorderen Orient war es nämlich so, daß sie ihre Völker als ihr Privateigentum angesehen haben und dachten, damit willkürlich verfahren zu können. In Israel hat man immer darum gewußt, daß eigentlich Gott König ist, und daß vor ihm im Grunde genommen alle Israeliten gleich sind.

Dieses Bewußtsein hat Israel während der gesamten Königszeit behalten, und deshalb hat das Volk hie und da auch einmal einen König schlichtweg abberufen. Die Israeliten haben sich zum Beispiel von Rehabeam getrennt und Jerobeam eingesetzt – einfach aus dem Wissen heraus, daß eigentlich alle im Volk unter Gott stehen.

Das hat auch bedeutet, daß jeder König Israel nur so etwas wie ein »Vizekönig« war, ein Statthalter im Auftrage Gottes, und daß jeder der Könige Israels mit der je eigenen Antwort auf die Frage stand und fiel, ob er seine Herrschaft unter Gott ausübte, im Bewußtsein der Verantwortung vor Gott und im Gehorsam ihm gegenüber.

Das hat der alternde Samuel, als er Abschied nahm, mit Klarheit gesagt: »Möchtet ihr doch den HERRN fürchten und ihm dienen und seiner Stimme gehorchen und dem Munde des HERRN nicht ungehorsam sein, und möchtet ihr und euer König, der über euch herrscht, dem HERRN, eurem Gott, folgen! Werdet ihr aber der Stimme des HERRN nicht gehorchen, sondern seinem Munde ungehorsam sein, so wird die Hand des HERRN gegen euch sein wie gegen eure Väter« (12,14f.).

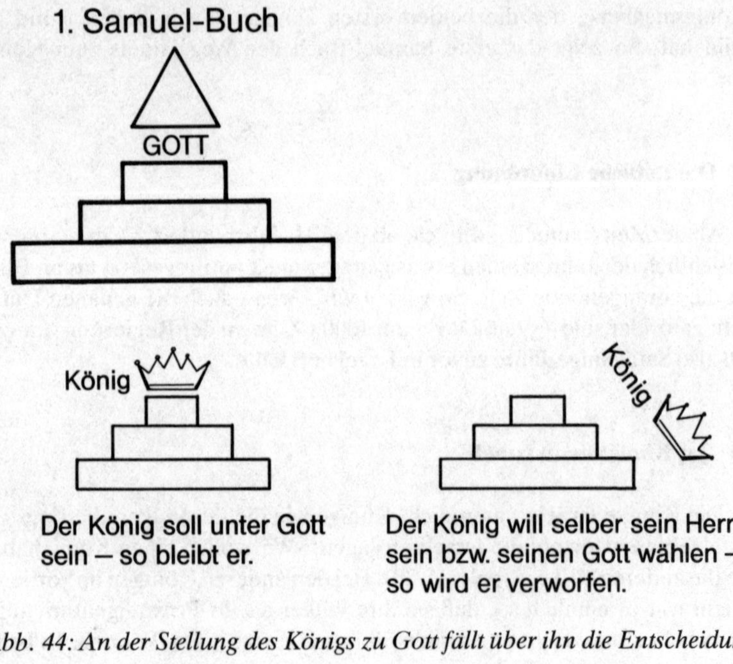

Abb. 44: An der Stellung des Königs zu Gott fällt über ihn die Entscheidung

Kennzeichnend ist, daß in dieser Welt der Sünde schon der erste der Könige Israels, wiewohl er gut begonnen hatte, ein Fehlschlag war. Auch im weiteren Verlauf der Geschichte des Königtums in Israel zeigte sich, daß die Stellung der Könige zu Gott darüber entschied, ob sie für ihr Volk Segen oder Unheil bedeuteten (s. Abb. 44).

Abbildung 44 veranschaulicht das, was das erste Samuel-Buch im Ganzen zum Ausdruck bringt. Gott ist auf dem Thron. Will der König Israels unter Gott König sein, so stimmt die Richtung. Wenn der König ohne Gott herrschen oder selbst seinen Gott wählen will (viele der Könige Israels wollten ja Baal und Aschera dienen, wie es die Nachbarvölker taten), so wird der König verworfen werden (vgl. 1. Sam 12).

Das ist nur *ein* Aspekt, ein Ausschnitt aus einem viel umfassenderen Zusammenhang. Das Königtum in Israel ist nur ein Modell dessen, was für die ganze Welt, was für den Menschen überhaupt gilt. Eigentlich ist nämlich der Mensch überhaupt als Statthalter Gottes für diese Erde eingesetzt: »...füllet die Erde und machet sie euch untertan und herrschet... Sehet da, ich habe euch gegeben...« (1. Mose 1,28f.). So spricht Gott nach dem Zeugnis des Schöpfungsberichts zum Menschen.

Daher gilt für den Menschen überhaupt: Wenn er unter Gott steht und bleibt, dann wird er gesegnet mit allem, was ihm unterstellt ist, also mit dem Ganzen der Natur. Dann ist alles im Lot. Trennt sich der Mensch aber von Gott, indem er ungehorsam wird, so gerät alles in Unordnung, mitsamt der ihm übergebenen Natur, angefangen bei den Tieren. Alles leidet darunter.

Das ist eine Grundordnung; und diesbezüglich wird alles auf dieser Erde erst dann gut werden, wenn der Mensch ganz unter Gott ist. Es wird ja so sein, daß der Sohn unter dem Vater die Welt regiert, und dann wird sie zur Ruhe kommen.

Es wird nicht Ruhe werden, bis deine Liebe siegt
und bis der Kreis der Erde zu deinen Füßen liegt.

2. Der Aufbau des Buches

Das erste Samuel-Buch ist deutlich in zwei Teile untergliedert:

1. Die Samuel-Geschichte (Kap. 1–12)
   Diese zwölf Kapitel schildern die ausgesprochen von Samuel geprägte Zeit, wobei freilich Samuels Leben noch nicht in Kapitel 12 endet. Das ist die Zeit, in der Samuel das Richteramt wahrnahm; sein Prophetenamt behielt er aber über diese Zeit hinaus bei.
2. Die Zeit Sauls (Kap. 13–31)

3. Zum Einzelnen

3.1 Die Samuel-Geschichte (Kap. 1–12)

3.1.1 Die Anfänge (Kap. 1–3)

Die **Kapitel 1–3** beinhalten die Vorbereitung der eigentlichen Geschichte Samuels, einschließlich seiner Jugend.

In 1. Samuel 1 begegnet uns die Geschichte von Hanna, der bittenden Frau, die kinderlos ist und die sehr darunter leidet. Immer wieder berichtet die Bibel von Frauen, die keine Kinder bekommen und die dann – manchmal auf ihre Bitte hin, auf jeden Fall aber durch Gottes Gnade – einen Sohn bekommen, der einen besonderen Auftrag empfängt. So erging es u.a. Abrahams Frau Sara (1. Mose 15ff.) und der Mutter Simsons (Ri 13), und so ereignete es sich zu Beginn des ersten Samuel-Buches bei Hanna, und dasselbe geschah auch im Neuen Testament bei Elisabeth, der Mutter Johannes' des Täufers.

Das erste Kapitel des ersten Samuel-Buches gehört also in eine Reihe von Geburtsgeschichten, die die Bibel überliefert. An Hanna wird so einmal mehr deutlich, daß derartiges nicht wie selbstverständlich geschieht, sondern daß das sozusagen ein Schaffen Gottes aus dem Nichts ist, durch das er seine Boten ruft. (Das geschieht freilich auch noch auf andere Weise als auf diese.)

Das ist immer ein Wunder der Gnade, der Berufung, der Wahl Gottes, wenn jemand ein Werkzeug Gottes sein darf. Und es ist gut, wenn der Mensch bei der Erkenntnis bleibt, daß das ein Wunder ist und daß er das, was er sein darf, nicht als Selbstverständlichkeit hinnimmt.

Der Priester Eli darf Hanna die Erhörung ihres Gebetes zusagen: *»Der Gott Israels wird dir die Bitte erfüllen, die du an ihn gerichtet hast«* (V. 17b). Hanna, die Mutter Samuels, tut das Besondere, daß sie ihren Sohn dann Gott verspricht. Freilich bleibt Samuel dennoch die eigene Entscheidung vorbehalten. Wir wissen ja, daß Simson auch Gott geweiht war und doch später ein erheblich anderes Leben geführt hat. (Man hat also auch schon zu der damaligen Zeit gewußt, daß man nicht einfach über einen Menschen verfügen kann.) Hanna tat also lediglich das, was sie ihrerseits dazu tun konnte, um ihren Sohn dem Herrn zu übergeben.–

Es ist gut, wenn wir auch die Kinder, die uns anvertraut worden sind, in unserem Gebet unserem Herrn übergeben, zur Verfügung stellen wollen.–

Als Hanna dann ihr Kind geboren hat, bringt sie ihren Sohn Gott, d.h. sie stellt ihn in den Dienst des Heiligtums, und er wird ein sog. »Gottgeweihter«. Elkana, Samuels Vater, ist damit einverstanden und geht auch mit zum Tempel; er respektiert das Gelübde seiner Frau (V. 23ff.).

Darauf folgt in 1. Samuel 2 ein großer Lobpreis, einer der großen Lobgesänge der Bibel: der Lobgesang der Hanna (2,1–10). In diesem »Psalm« der Hanna wird im Grunde genommen durchgehend das Wunder gepriesen, daß Gott gerade nach den Gedrückten, den Geringen, den Unscheinbaren greift, nach denen, die wissen, daß bei ihnen so etwas gar nicht naheliegt.

Dieser Lobgesang der Hanna ist ein Muster auch für den Lobgesang der Maria, die genau dasselbe empfindet (Lk 1,46–55): »Meine Seele erhebt den Herrn, und mein Geist freut sich Gottes, meines Heilandes« (Lk 1,46b.47). *»Der HERR tötet und macht lebendig, führt hinab zu den Toten und wieder herauf... Er hebt auf den Dürftigen aus dem Staub...«* (1. Sam 2,7f.). Dieses Wunder preist auch Maria, daß Gott nach dem armen, namenlosen Mädchen gegriffen hat und ausgerechnet sie zur Mutter des Gesalbten machte. Das ist die königliche Freiheit Gottes!

In 1. Samuel 3 lesen wir die Geschichte, wie der junge Samuel viermal in der Nacht von Gott gerufen wird. Dreimal eilt Samuel zu dem alten Eli: *»Siehe, hier bin ich! Du hast mich gerufen«* (V. 5.6.8). Daß Samuel sich so an Eli wendet, ist verwunderlich, da er ein schlechtes Vorbild hat, nämlich die Söhne des Eli (vgl. 1. Sam 2,12ff.!). Samuel hätte sich ja sagen können: ›Wenn nicht einmal die eigenen Söhne nach ihrem Vater fragen, dann brauche auch ich nicht nach Eli fragen!‹ Aber Samuel verhält sich korrekt, respektvoll und geht immer wieder zu dem alten Priester, bis ihm Eli die Anweisung gibt: *»Wenn du gerufen wirst, so sprich: Rede, HERR, denn dein Knecht hört«* (V. 9). Denn Eli ahnt, daß Samuel von einem anderen gerufen wird!

Was der junge Samuel erlebt – er denkt, er habe es mit Menschen zu tun, hat es aber in Wirklichkeit mit Gott zu tun –, das gilt für uns alle. Wir meinen, es mit Menschen zu tun zu haben – und haben es doch mit Gott zu tun!

Hier fiel übrigens bei diesem jungen Menschen eine Entscheidung. Nachher heißt es: *»Der HERR ließ keines von allen seinen Worten auf die Erde fallen«* (V. 19b). So ernst haben ihn seine Volksgenossen genommen, solch eine Autorität hat er gehabt! Dies hat ihm Gott geschenkt – auch als eine Antwort darauf, daß er seinerseits so gehört und gehorcht hat. Daher haben andere später auch auf ihn gehört und ihm gehorcht. Es fallen also schon in einem jungen Leben mehr solcher Entscheidungen als wir ahnen!

In Abbildung 45 ist das dargestellt. Die linke Bildhälfte zeigt: Samuel sieht Eli unter Gott, und er stellt sich unter Eli, auch wenn dieser ein schwacher und fehlerhafter Mann ist; und gerade so ist Samuel zugleich auch in der Unmittelbarkeit unter Gott. Daher erlebt er es später (so veranschaulicht die rechte Bildhälfte), daß er unter Gott ist und das Volk unter ihm.

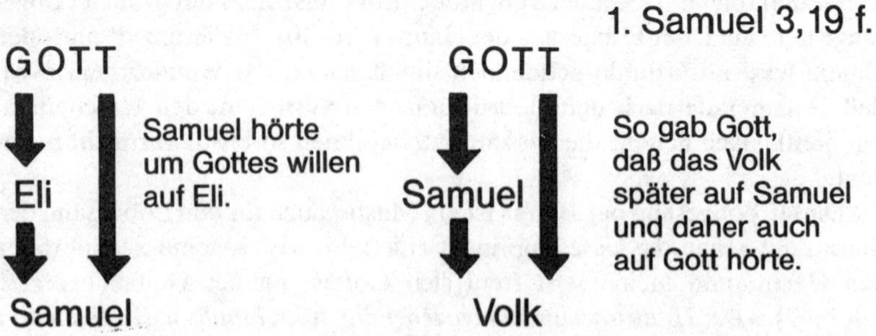

Abb. 45: Gott-geschenkte Autorität

Aber das Volk ist nicht Samuel hörig, sondern steht ebenfalls in der Gottunmittelbarkeit. Es heißt hier: *»Und ganz Israel von Dan bis Beerscheba erkannte, daß Samuel damit betraut war, Prophet des HERRN zu sein.«* In diesem Satz kommt zum Ausdruck, daß Samuel nicht selbstsicher seines Amtes waltete, sondern daß das Volk merkte, daß ihm in diesem Wort Samuels der Wille unseres Gottes begegnete und daß es im Grunde genommen nicht um Samuel, sondern um ihren Herrn und Gott ging.

Das war das Geheimnis der eigenartigen Autorität dieses eigentlich namenlosen Mannes, der sein Leben lang in einem kleinen Städtchen – in Rama – wohnen blieb und sich nicht irgendwo eine Art Regierungssitz einrichtete, der aber trotzdem jahrzehntelang dieses Volk aufs beste geführt hat.

3.1.2 Das Gericht über das Haus Eli – zugleich ein Gericht über Israel (Kap. 4–6)

Der zweite Teil innerhalb des ersten Hauptabschnitts **Kapitel 4–6** enthält eine Geschichte, in der der noch junge Samuel keine Rolle spielt und die das Gericht über das Haus Eli (Eli und seine Söhne) berichtet (4,12–22). Die Israeliten verlieren zunächst eine Schlacht gegen die Philister, in der die Israeliten als Garantie für den Sieg die Bundeslade mit sich führen (4,1 ff.). Welch törichter Gedanke war es, die Bundeslade sozusagen als Talisman, als Glücksbringer mit sich zu führen!

Wenn man den Text liest, so merkt man etwas von dem Erstaunen der Philister darüber. Diese Philister sind zunächst sehr erschrocken und haben sich um so mannhafter gewehrt und Israel besiegt (4,6–10). Die Bundeslade fiel in die Hand der Philister (4,11), aber sie hatten auch keine Freude damit.

Sie wollten die Lade zunächst als Siegestrophäe in den Tempel ihres Gottes Dagon stellen, um ihn damit zu ehren: »Du bist stärker als Jahwe!« Doch jeden Morgen liegt das Götterbild Dagons verstümmelt am Boden (5,1–5), und es kommen Plagen über die philistäischen Städte (5,6.9.11b.12).

So schicken die Philister die Bundeslade schließlich wieder zurück durch einige junge Kühe, die den Wagen ziehen, auf den die Lade gelegt worden war (6,1ff.). Aber in Israel gab es auch einige Bestürzung; dieses Volk mußte etwas davon merken, was an anderer Stelle in der Bibel so ausgedrückt ist: »Wer ist unter uns, der bei verzehrendem Feuer wohnen kann? Wer ist unter uns, der bei ewiger Glut wohnen kann?« (Jes 33,14b).

Es ist bewegend zu sehen, wie der alte Eli noch viel mehr als über den Tod seiner beiden Söhne darüber erschrickt, daß die Bundeslade aus Israel weg ist. Es ist für ihn schrecklich, daß die Bundeslade in fremde Hände gefallen ist, und über diesem Geschehen kommt der über 90jährige Mann zu Fall und stirbt (4,17f.). So schwach er vordem gewesen ist und so mangelhaft seine Amtsführung war, so gibt Eli doch der Züchtigung Gottes recht und sagt: *»Es ist der HERR; er tue, was ihm wohlgefällt«* (3,18).

Auch bei den Gestalten des Alten Testamentes ist es mir immer wieder ein Trost zu wissen, daß auch ihre Akten damit noch nicht geschlossen waren, daß sie starben. Gott wird einem jeden von ihnen gerecht geworden sein.

3.1.3 Samuels Richteramt (Kap. 7)

Inzwischen ist Samuel älter geworden; er hat die Fäden aufgenommen und das Volk geführt. In **1. Samuel 7** haben wir den Höhepunkt seiner Wirksamkeit vor uns. Hier zeigt sich, wie sich die Art und Weise, wie er seiner ihm von Gott befohlenen Aufgabe nachkam, segensvoll auswirkt: Samuel ruft Israel zur Buße auf, und die Israeliten lassen sich rufen. Sie tragen Leid im Blick auf alle ihre Götzen und entfernen diese, und Samuel regiert sie aufs beste.

Es gab bei den deutschen Kaisern im Mittelalter ein Verfahren, daß sie von Kaiserpfalz zu Kaiserpfalz (d.h. zu ihren Residenzen an verschiedenen Orten) zogen, um jeweils gegenwärtig zu sein, um Recht zu sprechen, um Kontroversen in Ordnung zu bringen usw. Es war in Anbetracht der damaligen Verkehrsverhältnisse und Möglichkeiten der Verständigung eine gute Weise des Regierens gewesen, nicht zu warten, bis die Leute zur Hauptresidenz kommen und nur von einer Zentrale aus das Land zu regieren (nach dem Satz: »Rußland ist groß, und der Zar ist weit«).

Auf ähnliche Weise ist auch Samuel umhergezogen und hat reihum wichtige, zentrale Ortschaften besucht und so das Volk geführt. Er *zog Jahr für Jahr umher und kam nach Bethel und Gilgal und Mizpa. Und wenn er Israel an allen diesen Orten gerichtet (d.h. rechtliche Auseinandersetzungen geklärt und zurechtgebracht) hatte, kam er wieder nach Rama – denn da war sein Haus –, und dort richtete er Israel«* (7,16f.).

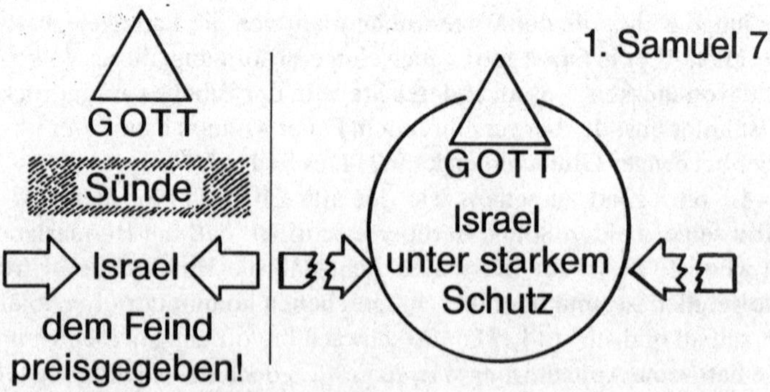

Abb. 46: Buße führt in die bergende Gemeinschaft Gottes

Die Lage Israels in dieser Zeit veranschaulicht Abbildung 46. Vorher – wir denken an 1. Samuel 4–6, die Geschichte mit der Bundeslade – war die Sünde zwischen Gott und Mensch, d.h. in erster Linie der Götzendienst, und Israel wurde von seinen Feinden angegriffen und war ihnen preisgegeben (linke Bildhälfte). Demgegenüber erlebte das Volk, nachdem es Buße getan hatte, den starken Schutz Gottes (rechte Bildhälfte).

Dieser Schutz wird in 1. Samuel 7 daran deutlich, daß Gott die Philister durch ein Gewitter erschreckt hat, so daß es eher ein Erschrecken der Philister angesichts eines Naturereignisses war, das sie zur Flucht trieb, als der Kampf der Israeliten (7,10). Auf jeden Fall spüren die Israeliten etwas von der Bergung, von dem starken Schutz (vgl. Sach 2,9: »Ich will, spricht der Herr, eine feurige Mauer rings um sie her sein und will mich herrlich darin erweisen«). Die Angriffe des Feindes sind von Gott durchgestrichen; sie kommen nicht zum Tragen.

Entscheidend ist hier – wie gesagt – die Bußbewegung. Aber eigenartig ist es zu sehen, daß, wenn so etwas vor sich geht und eine Erneuerung erfolgt, sofort der Feind mobil macht und seine Helfer hat. Merkwürdigerweise haben dann die Philister, die zuvor lange Zeit ruhig waren, losgeschlagen und die Israeliten bekämpft (7,7ff.). Aber Samuel – ansonsten nicht gerade ein Kriegsmann, sondern eher ein Mann des Friedens – hat die Abwehr geleitet, und die Israeliten konnten die Philister vertreiben, die sich daraufhin lange Zeit nicht mehr gegen Israel erhoben haben (7,13f.).

Samuel war für diesen Sieg sehr dankbar und hat den Stein »Eben-Eser« aufgerichtet: *»Bis hierher hat uns der HERR geholfen«* (7,12).

Jahrzehntelang hat Samuel Israel regiert.– Das war das Schöne in der Geschichte Israels: Es ging zwar immer wieder unruhig zu, aber Gott hat auch Verschnaufpausen gegeben, die Friedenszeiten, die befriedigenden, die guten Zeiten. Für eine solche Zeit Israels war Samuel ein hervorragendes Werkzeug Gottes.

3.1.4 Der Übergang zum Heiligtum (Kap. 8–12)

Die Kapitel 8–11 führen eine Episode aus Samuels Leben vor Augen, die ihn geschmerzt hat. Samuel wird alt und setzt seine Söhne als Richter, als seine Stellvertreter ein und muß erfahren, daß nicht nur die Söhne Elis, sondern auch seine eigenen Söhne nicht vorbildlich waren (8,1–3). Daraufhin *»versammelten sich alle Ältesten Israels und kamen nach Rama zu Samuel und sprachen zu ihm: Siehe, du bist alt geworden, und deine Söhne wandeln nicht in deinen Wegen«* (8,4f.). Samuel kann und will nicht widersprechen, sondern ließ das so stehen. Als Zweites kommt hinzu, daß diese Ältesten eine andere Lösung wollen: Sie verlangen einen König (8,5b).

Man muß dies verstehen. Die Führung des Volkes, die Gott durch die Richter bewerkstelligen ließ, erschien immer wieder als sporadisch. Manchmal war ein Richter da, dann wieder nicht. Obwohl es bei den Königen später nicht sehr viel anders war, haben doch die Israeliten das Königtum für etwas Stabiles gehalten und es sich als ein stabilisierendes Moment vorgestellt. Sie haben das bei den Völkern rings um Israel gesehen, wo durch die Dynastien, d.h. eine Herrscherfolge durch Abstammung, die Herrscherfrage geklärt war.

Man erkennt in **1. Samuel 8** eine gewisse Zwiespältigkeit in der Beurteilung des Königtums. Auf der einen Seite ist die Forderung nach einem König für Samuel schmerzlich. Samuel ist nicht nur seiner Söhne wegen besorgt, sondern weil er befürchtet, das Volk wolle nicht mehr so unmittelbar von Gott geführt sein wie bisher, und weil er auch kommen sieht, daß sich die Könige Israels rasch den orientalischen Fürsten der Nachbarstaaten anpassen werden. Gott pflichtet dem bei und sagt: *»...sie haben nicht dich, sondern mich verworfen...«* (8,7).

Samuel stellt auch dem Volk vor, was das Recht des Königs sein wird; er führt ihnen vor Augen, was damals (aber nicht nur damals!) Könige von ihren Untertanen verlangten, daß nämlich die jungen Männer zum Kriegsdienst gezwungen und die jungen Frauen als Mägde am königlichen Hof arbeiten werden: *»Das wird des Königs Recht sein, der über euch herrschen* *wird: Eure Söhne wird er nehmen für seinen Wagen und seine Gespanne, und daß sie vor seinem Wagen her laufen, und zu Hauptleuten über tausend und über fünfzig, und daß sie ihm seinen Acker bearbeiten und seine Ernte einsammeln, und daß sie seine Kriegswaffen machen und was zu seinen Wagen gehört. Eure Töchter aber wird er nehmen, daß sie Salben bereiten, kochen und backen. Eure besten Äcker und Weinberge und Ölgärten wird er nehmen und seinen Großen geben«* (8,11–14). Die Könige werden das Beste vom Land und von der Ernte der Untertanen nehmen (8,15–17).

Auf dies alles, was das Königtum mit sich bringen wird, weist Samuel die Israeliten nicht deshalb hin, weil er ihnen widersprechen wollte, sondern nur um sie darauf hinzuweisen, daß sie diese Konsequenzen mitbedenken müssen, wenn sie einen König verlangen.

Das Volk bleibt jedoch bei seinem Wunsch (8,19f.), und Gott hat in einem gewissen Sinn auch ein Ja zu diesem Königtum. Es soll nämlich eine Art Modell sein, wie Männer unter Gott das Volk Israel regieren sollen, wenn es recht ist, wie es z.B. (wenigstens zeitweise) David, Hiskia, Josia und andere Herrscher Israels taten.

Diejenigen unter den Königen in Israel, die auf eine erfreuliche Weise regierten, waren dünn gesät. Aber gerade sie sollten ein Hinweis auf den einen König unter Gott sein, auf den eigentlichen Gesalbten, den Messias, den Christus. Auch das sollte am Königtum Israels dargestellt werden. Aus diesem Grund sagt Gott dazu ein Ja, wenn auch jetzt die Zeit noch nicht reif war.

Ein unter Gott stehendes Königtum hätte eine hilfreiche Struktur sein können, aber es ist kennzeichnend, daß auch neue Strukturen letztlich nicht recht verbessern können, wenn es an den Menschen fehlt. In der sündigen Welt fehlt es eben immer wieder an Menschen selbst, und die besten Strukturen nützen nicht viel.

Es ist daher charakteristisch, daß schon der erste König Israels – Saul – ein Fehlschlag war, wiewohl er erfreulich angefangen hat. In **1. Samuel 9f.** geht es um Sauls Berufung zum ersten König Israels. Dabei fällt auf: Israel will zwar einen König wählen wie die Völker, tut es dann aber doch nicht wie die Völker. Vielmehr ergreift Gott die Initiative; er läßt zunächst durch Samuel den Saul salben.

Danach bestimmt das Volk Saul zum König, entsprechend der Vorbestimmung durch Gott. Die Israeliten akzeptieren mit ihrer Wahl damit den bereits von Gott Gewählten; sie wollen also doch nicht aus dem besonderen Status ausbrechen, daß sie ein Volk sind, das eigentlich Gott gehört und dessen eigentlicher König Gott ist. So haben sie doch den König von Gott.

Saul fing sein Amt gut an. Es wird in 10,27 die feine Begebenheit erzählt, wie Saul zunächst verspottet wird (etwa: ›Wie soll dieser Bauernjunge da, der Sohn eines Kis, König sein?‹) und dann *»aber tat, als hörte er's nicht«*. Es ist auch gut, manches nicht zu hören!

Dann fällt ein grausamer Gegner ins Land ein **(1. Sam 11)**, ein Ammoniterkönig, der allen Bewohnern einer Stadt das rechte Auge ausstechen will, um Israel zu schänden (11,2).

Saul ruft in dieser Lage zur Gegenwehr auf, und die Leute folgen diesem Ruf. Und Saul, der in der Kriegsführung völlig ungeübt war und zuvor nur hinter dem Pflug hergegangen ist und seines Vaters Eselinnen gesucht hat (1. Sam 9), bewährte sich sofort als der Anführer des Volkes. Alles staunte, wie rasch er in die Aufgabe hineingewachsen ist; und man sagte ihm, er soll sich doch jetzt an denen rächen, die ihn verhöhnt haben. Doch er erwidert: *»Was soll ich jemandem Böses tun an dem Tag, an dem uns Gott so geholfen hat!?«* (11,12f.). Saul verhält sich wiederum sehr großmütig. Um so schmerzlicher ist das, was dann folgt.

Mit **Kapitel 12** geht die Zeit Samuels zu Ende; in diesem Kapitel wird geschildert, wie Samuel ausdrücklich die Herrschaft als Richter Saul übergibt, der mit dem Kampf gegen die Ammoniter (Kap. 11) schon praktisch sein Amt angetreten hatte, wofür er vorher bereits bestimmt worden war.

Samuel übergibt zwar das Richteramt, behält aber das Prophetenamt: *»Es sei aber auch ferne von mir, mich an dem HERRN dadurch zu versündigen, daß ich davon abließe, für euch zu beten und euch zu lehren den guten und richtigen Weg!«* (12,23). Beides behält er bei: das Reden mit Gott und das Reden mit Menschen. (Das ist im übrigen eine gute Zusammenfassung dessen, was auch alte Menschen noch tun können!) Nicht davon ablassen zu beten – das hat den Vorrang. Es ist gut, zuerst mit Gott zu reden, bevor man vielleicht vorschnell drauflosredet. Aber das Lehren des guten und richtigen Weges darf dann auch nicht unterlassen werden.

3.2 Die Saulsgeschichte (Kap. 13–31)

3.2.1 Der Krieg mit den Philistern und den Amalekitern (Kap. 13–15)

Mit den **Kapiteln 13 und 14** beginnt eigentlich erst die Zeit Sauls. Sie ist – wie gesagt – deshalb so schmerzlich, weil Saul so gut angefangen hat. Er wirkt sogar sympathisch. Bei seiner Wahl war er so bescheiden, daß er, als die Wahl auf ihn fiel (was er wußte, weil er bereits im Verborgenen gesalbt worden war), sich versteckte, so daß man ihn erst suchen mußte.

Dieser sympathische Mann hat sich dann verhältnismäßig schnell – das wird schon in den Kapiteln 13 und 14 deutlich, ehe er eigentlich fiel –, schon als ein etwas eigenmächtiger, launischer, sich manchmal etwas ungut und zumindest auch ungeschickt verhaltender Mensch gezeigt (13,5ff.; 14,24ff.). Er setzte sich ein Denkmal, ein »Siegeszeichen« (15,12). Das hat Absalom dann auch getan (2. Sam 18,18; Luther übersetzt »Säule« – es ist dasselbe hebr. Wort wie 1. Sam 15,12). Sonst findet man das im Alten Testament nicht. Saul muß also etwas erheblich in den Kopf gestiegen sein.–

Wir wollen dankbar sein, wenn Gott uns immer wieder mit den Füßen auf dem Boden hält, indem wir eben auch mancher Schwierigkeit begegnen! Der Mann, der wie der König Saul aus dem Stamm Benjamin stammte und auch denselben Namen trug, nämlich Saulus Paulus, hat auch von der Gefahr gewußt, daß man gut anfangen und schlecht enden kann; und Paulus hat auch erkannt, warum er einiges aufgeladen bekommen hat: »...damit ich mich nicht überhebe, ist mir gegeben ein Pfahl ins Fleisch...« (2. Kor 12,7a). Das hat Paulus auch erfahren und hat das akzeptiert und hat nicht einmal mehr darum gebeten, daß es ihm genommen werde.

Wir werden wohl einmal in der Ewigkeit für Dinge danken, von denen wir's jetzt noch nicht denken, durch die wir davor bewahrt worden sind, aus der Bahn geworfen zu werden. Wenn man gewissermaßen zu flott fährt und zu sehr auf das Gaspedal drückt, dann kann es einen auch einmal aus der Bahn tragen, und deshalb baut uns Gott einige Bremsen ein. Das ist ganz heilsam. Etwas Derartiges hat der zweite Saul – nämlich Saulus Paulus – erfahren.–

In **Kapitel 15** wird berichtet, wie es zu Sauls Fall gekommen ist. Wenn wir diese Geschichte über Sauls Ungehorsam und Verwerfung lesen, so kommt bei uns die Frage auf: Ist denn das so schlimm gewesen, daß Saul irgendeinen Befehl nicht ausführte, dessen Sinn uns ohnehin nicht verständlich ist? Es ging um die Durchführung einer bestimmten Strafe an dem Volk der Amalekiter. Samuel hat auch diesbezüglich gefragt, und er wollte das zunächst einfach nicht akzeptieren (15,11b).

Man hat schon das Verhältnis zwischen Saul und Samuel mit dem Kampf von Kaiser und Papst im Mittelalter verglichen. Ich halte das aber für total abwegig, denn Samuel wollte Saul gerade nicht beherrschen und hat ihn gerade nicht als Rivalen angesehen. Er hat vielmehr unsagbar darunter gelitten, daß es mit dem ihm offenkundig ans Herz gewachsenen, ihm liebwerten und sympathischen Saul, seinem geistlichen Sohn (wie man sagen möchte), nicht gut ging. Nachdem Gott zu Samuel gesagt hatte: *»Es reut mich, daß ich Saul zum König gemacht habe; denn er hat sich von mir abgewandt und meine Befehle nicht erfüllt«*, heißt es nämlich: *»Darüber wurde Samuel zornig und schrie zu dem HERRN die ganze Nacht«* (15,11).

»Er hat sich von mir abgewandt« (wörtlich: »Er hat sich abgekehrt aus meiner Gefolgschaft«), sagt Gott über Saul. Das habe ich in der Zeichnung

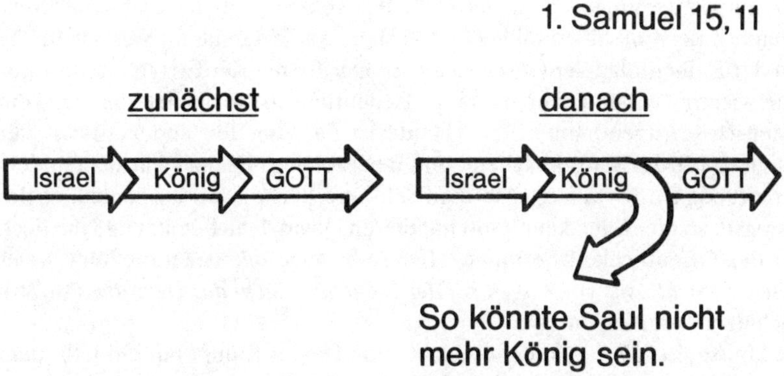

Abb. 47: »Saul hat sich von mir abgewandt«

so dargestellt: Gott geht voran; der König soll hinter Gott hergehen und das Volk wiederum hinter seinem König (linke Bildhälfte). So war es zunächst, und so stimmt die Richtung. Wenn nun der König ausbricht, wird das ganze Volk in die Irre geführt (rechte Bildhälfte).

So konnte um des Volkes Willen, wenn nicht das gesamte Heilswerk Gottes an Israel in Frage gestellt werden sollte, Saul nach seinem Abweichen von Gottes Weg nicht mehr König sein. *»Er hat sich von mir abgewandt«* – auch wenn das gar nicht so heftig in Erscheinung trat. Nach menschlichem Ermessen müßte man sagen, daß David später Schlimmeres getan hat!

Es ist aber im Vergleich zwischen Saul und David kennzeichnend, daß Saul antwortete (als Samuel ihm seine Sünde vorhielt): *»Ja, es ist ja wahr, daß ich das nicht recht gemacht habe. Ich habe gesündigt; aber ehre mich doch jetzt vor den Ältesten meines Volks…«* (15,30). Das Gesicht muß gewahrt werden!

Als später Nathan dem David dessen Sünde vorträgt, antwortet David: *»Ja, ich habe gesündigt vor dem HERRN«* (2. Sam 12,13). Hier steht kein »ja, aber…«! Es ist ein ganz erheblicher Unterschied, ob wir schlicht Gott recht geben oder nicht.

3.2.2 Salbung und Bestätigung des Nachfolgers (Kap. 16f.)

In **Kapitel 16** kommt zum Ausdruck, daß der alte Samuel über seinen jungen Freund Saul lange Zeit trauert (16,1a), bis ihm Gott sagt, er müsse nun einen Nachfolger für Saul salben (16,1b), was Samuel gar nicht so schnell tun wollte.

Es war der junge David, der Jüngste aus einem großen Geschwisterkreis, den Samuel nun salben sollte (16,4–13). Es war ja damals die Wertschätzung in der Reihenfolge der Geschwister so: Der Erste – der Erstgeborene – war am wichtigsten, und dann nahm die Bedeutung ab bis zum letzten, den kein Mensch ernstgenommen hat. (Heute ist das zum Teil anders; es ist der Jüngste oft das »Nesthäkchen« und der Liebling. Damals hat man anders empfunden.) So war es also eine seltsame Sache, daß ausgerechnet der Jüngste an die Reihe kam. Gott hat diesen David dann benützt und ihn auch in der Öffentlichkeit bestätigt. Hier steht auch der bekannte Vers: *»Der Mensch sieht, was vor Augen ist; der HERR aber sieht das Herz an«* (16,7b). Schätzen kann fehlen!

In **Kapitel 17** folgt die Geschichte von Davids Kampf mit Goliath, dem Philister. Man nimmt ja an, daß die Philister vielleicht Indogermanen waren, möglicherweise kamen sie von Kreta, um sich südwestlich von Israel an der Küste entlang anzusiedeln.

Man muß in dieser Auseinandersetzung einmal die Beweggründe des David beobachten, denn das ist hier das Eindrucksvolle. David hat Gott so lieb gehabt, daß er es einfach nicht mit anhören konnte, daß Goliath Gott und sein Volk so verhöhnte! David sagte sich: ›Wenn keiner sich zur Verfügung stellt, um dieser Verhöhnung entgegenzutreten, so will ich es in Gottes Namen tun, der ich der Ungeeignetste dazu bin und noch keine Waffe in der Hand gehabt habe und in keiner Rüstung gehen kann!‹ Er war ja noch gar nicht in dem entsprechenden Alter, um in den Krieg zu ziehen.

Die Liebe zum Herrn ist ein gutes Motiv, sich einzusetzen – nicht für den Kampf *gegen* Menschen (ein solcher Kampf ist uns im Neuen Testament nicht aufgetragen!), sondern dafür, daß Menschen gerettet werden und daß einmal durch die Danksagung vieler Gott gepriesen werde, daß da aus einem Höhnenden ein Dankender, ein Anbetender, ein Glaubender wird.

In diesem Kampf zwischen David und Goliath gibt es eine interessante Begebenheit. Damals war es üblich, daß man sich vor Zweikämpfen im Krieg zunächst außerordentlich heftig beschimpft. Dadurch haben sich die beiden Kontrahenten auf den bevorstehenden Kampf eingestimmt, und dann sind sie aufeinander losgegangen.

So verhielt sich Goliath auch; er hat geprahlt. Darauf hat sich David nicht eingelassen; er entgegnete nicht: »Du steckst in deiner Rüstung, aber ich werde dir gleich zeigen, was für einen interessanten Stecken ich habe. Du wirst gleich sehen, was ein gewandter Kleiner gegen einen so schwerfälligen Koloß wie dich ausrichtet! Ich will dir gleich einmal eins auswischen!« David sagte vielmehr: *»Du kommst zu mir* in *Schwert, Lanze und Spieß, ich aber komme zu dir* in dem *Namen des HERRN Zebaoth, des Gottes des Heeres Israels…«* (17,45). Die Alten hatten kein Wort für »Person«, sondern redeten vom »Namen«. David sagt also damit: »Du bist in deiner Rüstung, und darauf verläßt du dich; ich aber bin in Gott drin, und darauf verlasse ich mich.«

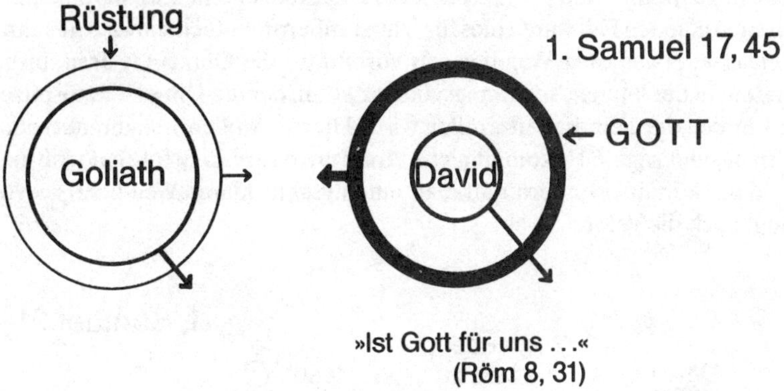

Abb. 48: »Ein feste Burg...«

Das zeigt Abbildung 48. Goliath ist links groß skizziert, David rechts klein; aber David hat Gott um sich – und damit eine stärkere »Rüstung« als Goliath. Daher wird es David geschenkt, das Volk zu befreien und auch die Bestätigung seiner Salbung zu empfangen, so daß er Popularität empfängt und seine spätere Berufung zum König vorbereitet ist.

3.2.3 Die lange Zeit des Glaubens (Kap. 18–30)

David muß nun erleben, daß Saul auf ihn sehr eifersüchtig und sein unversöhnlicher Feind war – obwohl David gar nichts gegen Saul unternommen hat (er ist kein Absalom gewesen); er hat vielmehr gewartet, bis seine Zeit gekommen ist, hat auch Saul zweimal verschont (Kap. 24; 26), obwohl er ihn hätte unschwer umbringen können (im Sinne einer Notwehr).

Die **Kapitel 18–20** zeigen, wie der junge David gleichzeitig eine große Stärkung und Erquickung durch die Freundschaft mit dem Kronprinzen Jonatan erhält, einem großartigen Mann, der sich im besten Sinne nobel verhalten hat. Jonatan hält David die Treue, tritt für ihn ein, ist aber auch seinem eigenen Vater gegenüber absolut loyal.

David und Jonatan müssen dann voneinander Abschied nehmen und tun dies mit dem Wort Davids: *»Geh hin mit Frieden! Für das, was wir beide geschworen haben im Namen des Herrn, dafür stehe der Herr zwischen mir und dir, zwischen meinen Nachkommen und deinen Nachkommen in Ewigkeit«* (20,42).

Die **Kapitel 21–30** handeln von der Flucht, zu der David durch Saul gezwungen war. David mußte dabei außer Landes gehen, und es sammeln sich einige Männer um ihn (22,1 ff.), die ihm oft eher eine Last als eine Hilfe waren. Auf jeden Fall waren dies für David außerordentlich schwierige Jahre.

Das ist etwas ganz Wichtiges als Vorbild für die Gemeinde Jesu, insbesondere in der letzten, spannungsvollen Zeit, in der die Dinge sich zuspitzen und in der die Feindschaft größer wird. Hierfür wollen uns die notvollen Jahre Davids sagen: Es kommt nicht darauf an, daß man Erfolg hat, daß man gut durchkommt, sondern daß man einen guten, klaren Weg geht. Davon hängt auch die Vollmacht ab.

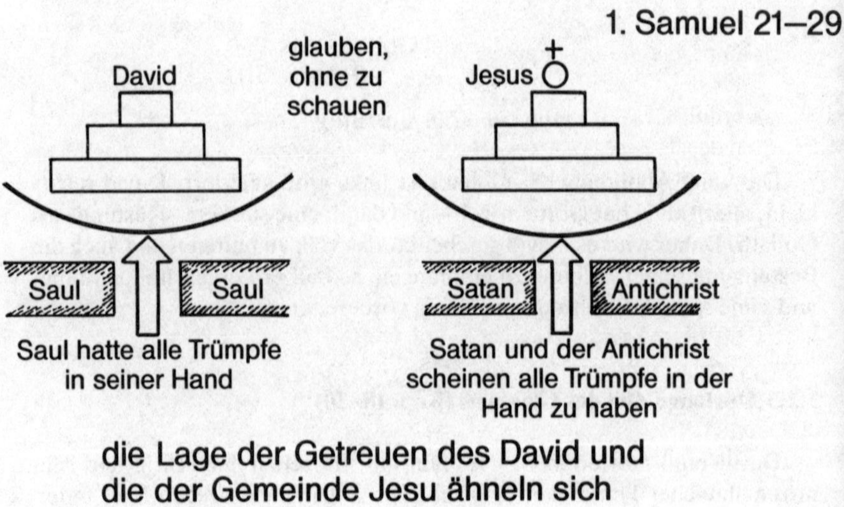

Abb. 49: Den Verheißungen Gottes mehr trauen als den eigenen Augen

Den Männern, die sich um David sammeln, geht es im Grunde genommen genauso wie der Gemeinde Jesu. Sie haben alles auf eine Karte gesetzt, auf David, und haben sich an ihn gehalten. Menschlich gesehen mußten sie sich sagen, daß David wohl niemals König werden würde; Saul hatte doch alle Trümpfe in der Hand, und David konnte sich nicht einmal innerhalb des Landes aufhalten.

Das war ein Leben im Elend, wie sich David mit diesen Männern jahrelang durchzuschlagen hatte. Sie hatten nichts als die Zusage, die Gott durch die Salbung Samuels gegeben hatte, daß David einmal König sein würde.

Ähnlich ist es oft für Christen heute. Sie sind eine verschwindend geringe Minderheit, z.B. in Rotchina, Indien und anderswo, aber auch allmählich bei uns. Es sieht doch so aus, als ob die Entwicklung der Zeit über den alten Glauben vollends hinwegrollen würde; das sei eine überwundene, erledigte Sache. Der »Fürst dieser Welt« und der Antichrist scheinen alle Trümpfe in der Hand zu haben. Die Gemeinde hat nichts als die Verheißungen Gottes durch und in Jesus Christus. »Fürchte dich nicht, du kleine Herde! Denn es hat eurem Vater wohlgefallen, euch das Reich zu geben« (Lk 12,32). Die Zukunft gehört unserem Herrn, und er gibt uns teil am Leiden und am Reich. Dabei bleiben!

Blumhardt d. Ä. hat gesagt: »Es ist uns geboten, auszuharren und bei den Verheißungen zu bleiben.« Uns ist auch geboten – so möchte ich ergänzen –, auf den guten Wegen zu bleiben. »Laßt uns laufen mit Geduld in dem Kampf, der uns bestimmt ist, und aufsehen zu Jesus, dem Anfänger und Vollender des Glaubens, der, obwohl er hätte Freude haben können, das Kreuz erduldete und die Schande gering achtete und sich gesetzt hat zur Rechten des Thrones Gottes« (Hebr 12,1b f.). »Sie folgen dem Lamm nach, wohin es geht« (Offb 14,4b). Unser Herr wird sich und die Seinen offenbar machen: »Wenn aber Christus, euer Leben, sich offenbaren wird, dann werdet ihr auch offenbar werden mit ihm in Herrlichkeit« (Kol 3,4).

3.2.4 Das Ende Sauls und seiner Söhne (Kap. 31)

Jonatan hielt in seiner selbstlosen Weise seinem Vater die Treue, obschon er kommen sah, was dann auch kam. Gott wird gewiß die uneigennützige Treue, die Jonatan seinem Vater Saul und dessen Nachfolger – David – gehalten hat, gnädig vergelten.

Das zweite Buch Samuel

1. Einleitung

Die Bedeutung des Königtums Davids im Zusammenhang der Bibel

Das zweite Samuel-Buch beschreibt die Zeit der Regierung Davids (1004–965 v. Chr.). Der zweite Teil des ersten Samuel-Buches beschrieb die Zeit, in der David noch nicht König war; die ersten Kapitel des zweiten Samuel-Buches beschreiben, wie er nun König wird.

Die Königsherrschaft Davids wird künftig immer wieder zum Maßstab, gewissermaßen zum »Ur-Meter« gemacht, an dem die späteren Könige Israels gemessen wurden. Es war ein besonderes Lob, wenn es von einem König hieß: »…wie (vormals) sein Vater David« (1. Kön 11,6.33; 15,11; 2. Kön 16,2; 18,3; 2. Chr 17,3; 28,1; 29,2). Auch und gerade im Neuen Testament ist David die Vorausabbildung des wahren Gesalbten: Jesus Christus.

Zugleich aber ist das Leben Davids von der Art, daß es über sich hinausweist und gerade eben das Kommen Jesu – sein erstes und sein zweites Kommen – als dringlich erscheinen läßt. Das ist das Wesen dieser Vorausabbildungen, daß sie immer wieder auch über sich hinausweisen, vor allem darin, daß auch ihre Unzulänglichkeit in Erscheinung tritt. Gerade Davids Leben macht ja überaus eindrucksvoll deutlich, wie nötig es ist, daß Sünde nicht nur übersehen, übergangen, sondern echt gesühnt wird; das weist auf das erste Kommen Jesu, das Sünde tilgt. Davids Schuld wird im zweiten Samuel-Buch in keiner Weise beschönigt.

Auch das zweite Kommen Jesu scheint gerade über dem Leben des David auf. Wenn man bei David auf viel Gewalttat und viel Ungerechtigkeit stößt, so wird man dadurch darauf hingewiesen, daß nicht genügt, was menschlich-relativ geschieht, sondern daß allein der wiederkommende Herr den wahren Frieden, weil die wahre Gerechtigkeit schafft. Darin erklingt bei David also der Ruf nach dem wahren Gesalbten.

Aber trotz der genannten Punkte hat David es einigermaßen durchgehalten, ein König unter Gott zu bleiben und seine Regierung dementsprechend zu führen, so daß deutlich wurde: Der eigentliche König Israels ist der lebendige Gott. Das eigentliche Königsein Gottes über Israel ist im Grunde genommen nie – selbst in Zeiten von Davids Verfehlung – über längere Zeit hin verdunkelt worden.

2. Der Aufbau des Buches

Die Gliederung des 2. Samuel-Buches ist klar ersichtlich:
1. David wird König (Kap. 1–5)
2. Die Zeit des eigentlichen geistlichen Durchbruchs (Kap. 6f.)
3. Die Zeit der äußeren Blüte (Kap. 8–10)
4. Die Geschichte von Davids Ehebruch und Mord und deren Folge, der Bußpredigt des Nathan (Kap. 11f.)
5. Die äußeren Folgen von Davids Übeltaten (Kap. 13–20)
6. Ein Anhang (Kap. 21–24)

3. Zum Einzelnen

3.1 David wird König (Kap. 1–5)

Kapitel 1 zeigt zunächst, wie die Nachricht vom Tod Sauls, Jonatans und anderer Söhne Sauls dem David überbracht wird (1,1–16). David triumphiert daraufhin nicht, sondern dichtet ein eindrucksvolles Trauerlied, das besonders Jonatan, diesen so überaus treuen Mann, besingt (1,17–27): *»Es ist mir leid um dich, mein lieber Bruder Jonatan…«* (V. 26a). Aber David trauert auch um Saul. Es ist ihm ein Schmerz, daß der erste Gesalbte Gottes über Israel so geendet hat. Das zeigt uns David (zumindest in dieser Phase) als einen lauteren Mann.

Das zeigt sich auch in der Folge. **Kapitel 2** beginnt damit, daß David König wird – zunächst nur über Juda, den einen Stamm, der allerdings verschiedenen Angaben gemäß der weitaus größte war, mit der Hauptstadt Hebron (2,1–11). Das war der südlichste Stamm Israels, aus dem David selbst stammte. Isch-Boschet, ein jüngerer Sohn Sauls, wird *»König über Israel«* (2,10). Die übrigen Stämme hießen damals schon »Israel« wie dann auch zur Zeit Rehabeams und Jerobeams, also nach der Reichsteilung. Der spätere verhängnisvolle Riß zwischen Nord- und Südreich tritt also hier schon in Erscheinung.

In diesen ersten Kapiteln des zweiten Samuel-Buches fällt auf, daß David es nach wie vor nicht forciert, über ganz Israel König zu werden, wiewohl ihm das verheißen ist. Er kann warten, bis die Zeit dafür reif ist. David hielt sich gewiß auch deshalb zurück, weil er auf den Wink Gottes wartete, sicher auch aus einer gewissen Klugheit heraus. Er will sich nicht mit dem übrigen Israel verfeinden – das kann man verstehen.

Als dann der Platz frei wurde, den Isch-Boschet eingenommen hatte, wird David auch vom übrigen Israel die Königskrone angetragen **(5,1–5)**. Er muß also um seine Herrschaft nicht kämpfen – weder um die über Juda, noch um die über das übrige Israel.

Dann eroberte David Jerusalem, das noch in der Hand der Jebusiter war **(5,6ff.)**. Diese hochgebaute Stadt, die schwer einzunehmen war, bestand schon; und David machte sie dann zur Reichshauptstadt – diese Stadt, die ja im Gebiet des Stammes Benjamin, nicht im Bereich des Stammes Judas lag.

Kennzeichnend für diese Zeit in Davids Leben ist es also, daß David eigenartigerweise seine Machtübernahme abwarten kann. Das zeigt uns David als einen Mann, der, obschon er sehr tatkräftig war und zu kämpfen wußte, auf den Wink Gottes gewartet hat.

3.2 Die Zeit des eigentlichen geistlichen Durchbruchs (Kap. 6f.)

Dieser Abschnitt stellt den eigentlich geistlich bedeutenden Teil der Regierungszeit Davids dar und ist der wichtigste Passus des gesamten zweiten Samuel-Buches.

Zunächst wird die Bundeslade nach Jerusalem überführt **(Kapitel 6)**. David läßt sie in die Hauptstadt holen – wohl veranlaßt durch den Gedanken, daß er in der Gegenwart Gottes die Regierung führen möchte. Das ist sein Entschluß. Als dann die Bundeslade in Jerusalem eintrifft, legt David sein Königsgewand ab, bekleidet sich mit dem Leinenrock eines Priesters und will nur ein priesterlicher Diener Gottes und so seines Volkes sein. Er opfert und segnet.

Das verdeutlicht Abbildung 50: Gott sitzt über Israel auf dem Thron. David sitzt auf dem kleinen, menschlichen Thron. Er ist als Priester Gott zugewandt; als Segnender und als Prophet, der von Gott her redet, ist er zum Volk hingekehrt.

In gewissem Sinn waren ja auch Davids Psalmen eine Art von prophetischem Dienst. Mit ihnen hat er das Volk zum Vertrauen auf Gott angeleitet: »Der HERR ist mein Hirte…«, aber auch zum Lob Gottes und zur Bitte an Gott, zum Flehen… Er hat das Volk unterwiesen, sich so an Gott zu wenden. David tat also von Gott her dem Volk einen prophetischen Dienst.

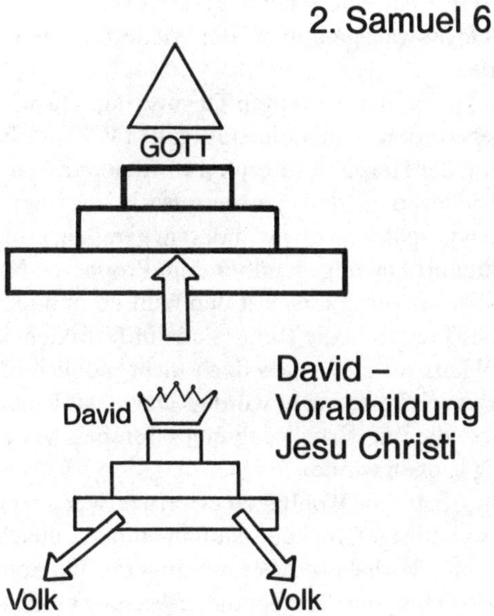

Abb. 50: Gott ist König – David ist König, Priester und Prophet unter Gott

Das andere, das David dem Volk gegenüber ausübte, war sein königliches Amt. Auch damit ist er Modell, Prototyp Jesu Christi, denn die Alten haben ja immer von dem dreifachen Amt Christi gesprochen: Jesus sei *Priester, Prophet* und *König*.

Als *Priester* ist Jesus nämlich der, der nach dem Hebräerbrief sich selbst geopfert hat, also Priester und Lamm war, und durch sein eigenes Blut ins himmlische Heiligtum eingegangen ist (vgl. Hebr 7,27; 9,14; 9,12). *Prophet* ist Jesus insofern, als er Gottes ewiges Wort an uns Menschen ist (Prophet zu sein heißt ja eigentlich, von Gott her zu reden). Und als »*König* der Könige« – so die Offenbarung des Johannes (17,14; 19,16) – wird sich Jesus noch erweisen. Auch insofern ist David in diesem Sinne Modell, Vorausabschattung Jesu – als König, Priester und Prophet.

Kennzeichnend für David ist seine Demut. Michal – seine Gattin, die stolze Königstochter Sauls, ganz die Tochter ihres Vaters – stellt David zur Rede und hält ihm vor, daß er sich so benommen und sich auf eine solche Weise mitgefreut habe, als die Bundeslade nach Jerusalem kam (6,20–23).

Die Überführung der Lade nach Jerusalem war ja ein Fest vor Gott, und die Gegenwart des Herrn ist Freude, ganz im Sinne des Philipperbriefes: »Freuet euch in dem Herrn allewege, und abermals sage ich: Freuet euch!«

Worüber? »Der Herr ist nahe!« heißt es dann (Phil 4,4f.). »Der Herr ist nahe« – als der Gegenwärtige und als der Wiederkommende –, und das ist Grund zur Freude.

So tadelt die Michal das Verhalten Davids; und David sagt dann: »Ich will noch geringer werden ... in meinen Augen« (V. 22) – eben vor Gott, im Wissen, daß er von der Herde weg berufen worden war. David will nicht den Fehler des Saul wiederholen, daß er etwa stolz wird und ihm die Sache in den Kopf steigt. (Er ist ja später an etwas anderem gefallen.)

In **Kapitel 7** äußert David gegenüber dem Propheten Nathan, gewissermaßen seinem »Seelsorger«, zunächst den Wunsch und die Absicht, einen Tempel zu erbauen. Jetzt, da die Bundeslade in Jerusalem sei und er selbst in einem festen Haus wohne, sei es doch nicht möglich, daß die Lade in einem Zelt sei; das sei Gottes nicht würdig. David hat dabei wohl auch den Gedanken gehabt, daß die Errichtung eines Tempels seine gesamte Wirksamkeit als König krönen würde.

Diese Absicht, Gott eine Wohltat zu erweisen, war also wohl nicht ganz ohne eine gewisse Selbstgefälligkeit. Nathan stimmt zunächst auch zu und hält das für ein gutes Vorhaben. Aber am anderen Tag kommt er auf eine neue Weisung Gottes hin, die die eigentliche Weisung Gottes in dieser Sache darstellt, noch einmal zu David und sagt ihm im Auftrag Gottes etwas anderes: *»Nicht du sollst mir ein Haus bauen, sondern ich baue dir ein Haus«* (gedacht ist an das davidische Königshaus, die davidische Dynastie), *»und zwar soll ein Nachfahre von dir ewig auf dem Thron sein«* (vgl. 7,5.12bf.). Das ist eine deutliche Verheißung auf Jesus Christus hin.

Was heißt das? Nicht David baut Gott ein Haus, sondern Gott baut David ein Haus. Nicht David ist sozusagen der Wohltäter Gottes, sondern Gott ist der Wohltäter des David.

Aber noch mehr: Es geht bei der Absicht, die in diesem wichtigen Kapitel ausgesprochen ist, um einen ganz bedeutsamen Ausblick in die Heilsgeschichte überhaupt. In Jesus ist ja der wahre Tempel da: »Er aber redete von dem Tempel seines Leibes« (Joh 2,21). *Hier* war Gott gegenwärtig! Der Tempel ist ja der Ort, an dem Gott gegenwärtig ist, die Stätte der Begegnung des Menschen mit Gott. In Jesus begegnet Gott den Menschen; in ihm können Menschen Gott begegnen.

Und es ist noch mehr gemeint: Zum »ewigen Haus« gehört nicht nur der *Sohn*, sondern dazu gehören auch die *Söhne* (wie es im griech. Neuen Testament heißt; vgl. Mt 5,45; Röm 9,26; Gal 3,26; 4,6 u.a.), d.h. alle Kinder Gottes, Männer und Frauen (»hier ist nicht Mann noch Frau; denn ihr seid allesamt einer in Christus Jesus«; Gal 3,28). Sie sind mit dem Erstgeborenen, dem Einziggeborenen Kinder Gottes, Haus Gottes, sind der Ort, an dem Gott gegenwärtig zu sein verheißt, an dem Gott mitten unter den Menschen zu Hause ist (»Ich will unter euch wohnen«, vgl. 2. Mose 29,45; 2. Kön 21,4; 2. Chr 33,7), und (umgekehrt) an dem der Mensch seinerseits bei Gott zu Hause sein kann und darf.

Das Unbehaust-Sein ist ja die Not des Menschen. Das hat Friedrich Nietzsche wohl empfunden, als er den »toten Gott« verkündigt und das erschütternde Gedicht verfaßt hat, in dem es immer wieder heißt: »Weh dem, der keine Heimat hat!« So wird der Mensch zum unbehausten Menschen, wenn er nicht mehr bei Gott zu Hause ist. Dagegen hat der Mensch dann eine Heimat, wenn er bei Gott zu Hause ist und wenn Gott unter den Menschen zu Hause ist: »Siehe da, die Hütte Gottes bei den Menschen!« (Offb 21,3). Diese Heimat hat der Mensch jetzt schon, in dieser Weltzeit, in der Gemeinde Jesu, in der Er gegenwärtig zu sein verheißt: »Der Tempel Gottes ist heilig; der seid ihr« (1. Kor 3,17b; s.a. Offb 21, 3).

Das ist die große heilsgeschichtliche Linie von 2. Samuel 7. Das, was Gott tut, hat absoluten Vorrang gegenüber dem Bau eines Tempelhäuschens durch einen israelitischen König. Diese heilsgeschichtliche Tat Gottes hat einen solch immensen Vorrang, daß sie an erster Stelle steht und dann zunächst lange nichts folgt: Erst in der darauffolgenden Generation – durch Salomo – wird der Tempel gebaut. Deshalb steht in 2. Samuel 7 dieses gewichtige Stopp, daß klar wird: Das, was *Gott* tut, *seine* Heilsgeschichte, die *er* macht, ist der Rang- und der Reihenfolge nach das so ungemein Wichtige, von dem auch rein zeitlich das, was der Mensch tut, einen eindeutigen Abstand haben muß.

Abb. 51: Der große Vorrang dessen, was Gott tut

Das habe ich in Abbildung 51 grafisch ähnlich dargestellt wie schon an anderer Stelle (vgl. Abb. 15): mit dem Bilde der Buchhaltung. Daran wird deutlich, in welchem Verhältnis das zueinander steht, was Gott und was der Mensch tut: Nicht der Mensch baut für Gott, sondern Gott baut dem Menschen zuerst ein Haus.

Damit will ich an jenes schöne Wort von Friedrich von Bodelschwingh erinnern, das dieser einem seiner Besucher gegenüber sagte. Der Besucher, ein Jugendfreund Bodelschwinghs aus Berlin, der mittlerweile Kommerzienrat geworden war, beglückwünschte Bodelschwingh zu seiner großartigen Aufbauarbeit in Bethel, die seiner Zeit voraus war. Dann aber äußerte er: »Ich kann nur eins nicht verstehen: daß du als moderner Mensch noch an den alten Dogmen hängst«. Darauf antwortete Friedrich von Bodelschwingh: »Nicht wahr, du bist doch Kaufmann? Du weißt doch, daß man nie nur auf der rechten Seite – bei den Ausgaben – buchen kann; man muß doch auch Einnahmen haben.« Der Besucher entgegnete: »Freilich weiß ich das. Aber was willst du mir damit in diesem Zusammenhang sagen?« – »Das, wozu du mir gratulierst, das sind für mich die Ausgaben. Es kostet mich ungeheuer viel Geld, das mit solchen Leuten und ohne einen geschenkten Etat zu machen und ganz auf gutwillige Spender angewiesen zu sein. Und das, was du ›die alten Dogmen‹ nennst, ist für mich der eine, ganz große Aktivposten: nämlich das, was Gott getan hat, tut und tun wird.«

Diese Gesetzmäßigkeit tritt bereits in 2. Samuel 7 ganz deutlich hervor, in dieser wichtigen Verheißung. Es geht hier nicht nur darum, daß der Nachfahre Davids sein Nachfolger werden und ihm auf den Thron folgen wird und daß eine davidische Dynastie entstehen werde, sondern vor allem um eben dies, daß Gott Heilsgeschichte macht und für seine unbehauste, heimatlos gewordene Menschheit (1. Mose 3: die Vertreibung aus dem Paradies) ein Haus baut, Heimat baut.

3.3 Die Zeit der äußeren Blüte (Kap. 8–10)

In den **Kapiteln 8–10** ist von äußeren Erfolgen die Rede. Zwar ist uns vom Neuen Testament her deutlich, wie wichtig es ist, »nicht zu sehen und doch zu glauben« (Joh 20,29). Aber es zeigt sich auch immer wieder jetzt, in unserer Zeit, daß »die Sünde der Leute Verderben ist« (Spr 14,34) und daß derjenige, der gehorsam Gottes Wege geht, auch äußerlich gesegnet wird (aber freilich nicht immer!). Das tritt im Alten Testament an mehreren Stellen klar hervor, weil hier die Vollendung noch nicht so deutlich im Blickfeld war; aber auch hier wird ja schon gesagt: »...einem solchen wird es *zuletzt* gut gehen« (Ps 37,37).

Auf jeden Fall liegt über David ein spürbarer Segen; das bezeugt z.B. 2. Samuel 8,6: *»...der HERR half David, wo er auch hinzog.«* So hätte es bei Saul auch sein können; vor dessen Fall wurde ja gesagt: »Tu, was dir vor die Hände kommt; denn Gott ist mit dir« (1. Sam 10,7b).

3.4 Die Geschichte von Davids Ehebruch und Mord und deren Folge, der Bußpredigt des Nathan (Kap. 11f.)

Mit 2. Samuel 11f. kommen wir zu jener schmerzlichen Geschichte, bei der man sich fragen kann: Wie kommt David dazu, das zu tun? Es ist erstaunlich, wie offen Gottes Wort diese Vorgänge schildert und damit anzeigt: Ja, *so* sind die Menschen, und *so* sind auch diejenigen, an denen Gott arbeitet, die er benützt, natürlicherweise immer noch! In der Bibel finden wir darum auch keine Heldensagen – nicht die Spur! –, sondern exemplarisches Handeln Gottes, eine beispielhafte Geschichte, die Gott mit Menschen macht.

Es war offenkundig das, daß es dem David gutging, daß er sich auf seinem Thron sicher fühlte und daß er auch nicht mehr mit seinen Männern in die Kämpfe zur Abwehr der Feinde zog, sondern zu Hause blieb. Die Geschichte beginnt in **Kapitel 11** mit dem Satz; *»Und es begab sich, daß David um den Abend aufstand von seinem Lager...«* (11,2a). Das war für den König, der noch in den besten Jahren war, reichlich spät. »Müßiggang ist aller Laster Anfang.«

Und dann geht die Geschichte ihren Gang: Sie beginnt mit dem bösen, ehebrecherischen Gedanken. Darauf folgt der Ehebruch mit Batseba; anschließend wollte David seine Tat vertuschen, was aber nicht gelang. Danach kam ihm dieser mörderische Gedanke, Uria, den Ehemann der Batseba, im Krieg an die vorderste Front zu stellen.

Das war ganz raffiniert: Durch David selbst geschah dieser Mord gar nicht, auch nicht durch Joab, seinen Feldherrn. Uria wurde vielmehr im Kampf an eine Stelle gestellt, an der es sehr gefährlich war, und man konnte sich ausrechnen, daß er bald fallen würde. Das war überhaupt nichts Auffallendes, und es schien kein Hahn danach zu krähen...

Bemerkenswerterweise kommt in diesem Kapitel der Name Gottes nicht vor – bis auf den Schlußsatz: *»Aber dem HERRN mißfiel die Tat, die David getan hatte«* (11,27b).

Das möchte ich so zeichnen: Das sind die unheimlichen Seiten – auch bei Glaubenden –, die ich in Abbildung 52 mit dem Bogen dargestellt habe, mit diesem Schleier über Davids Leben. Gott trat ihm einfach eine Zeitlang nicht in Erscheinung, war ihm nicht einmal in den Gedanken gegenwärtig. Gott war für David jetzt einfach Luft; er dachte gar nicht an Gott. Das sind

2. Samuel 11

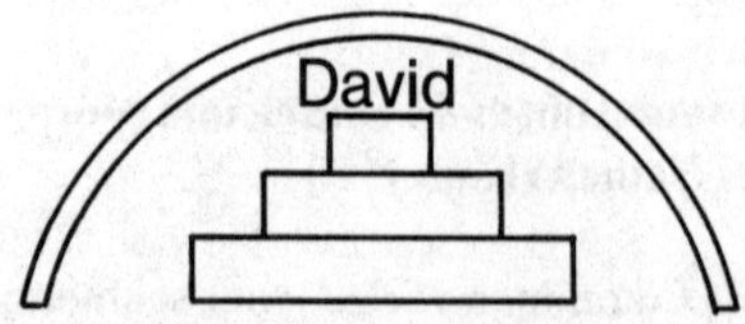

Abb. 52a: Der eigenmächtige Mensch, der Gott aus seinem Leben ausgeschlossen hat

die Zeiten, in denen auch Menschen, die im Glauben stehen, plötzlich Dinge tun können, die furchtbar sind: irgendjemanden übervorteilen, auf seinem Recht beharren wie jeder andere Mensch, sich mit anderen streiten, nicht vergeben... Das ist der eigenmächtige Mensch, in dessen Gesichtsfeld Gott nicht tritt.

Kennen wir das nicht auch? Da ist irgend etwas, das uns in Atem hält – eine Aufgabe, die uns regelrecht besitzt, ein Ärger, eine Sorge usw. –, und wir denken einfach eine Weile nicht an Gott, wir beten nicht, wir fragen nicht nach seinem Willen... Wenn man die Davidsgeschichten liest, so stellt man fest, daß David vorher immer wieder nach Gottes Willen gefragt hat. Doch jetzt war Funkstille: aus, Vorhang zu! Gott und sein Wille kommen überhaupt nicht mehr ins Blickfeld. Das ist offenkundig ein ganz furchtbarer Zustand im Leben Davids, den dieses Kapitel 11 zeigt, das unter den anderen Kapiteln des zweiten Samuel-Buches eigentlich wie ein Fremdkörper wirkt.

Kapitel 12 zeigt dann, wie Gott Nathan schickt, denselben Mann, der dem David in Kapitel 7 die wunderbare Verheißung gebracht hatte. Das war das Schmerzliche für diesen Propheten, daß er jetzt in dieser Sache zur Königsburg gehen muß. Das ist für Nathan kein leichter Schritt.

Diese Begegnung des Nathan mit David zeigt, daß Gott dem Nathan Weisheit gegeben hat. Es ist großartig, wie Nathan damit anfängt, daß er scheinbar eine ganz andere Geschichte erzählt: den Fall eines reichen Mannes, der einem Mann das einzige Schäfchen wegnimmt (12,1b–4).

Zunächst merkt der König David gar nicht, welche Rolle er spielt; er hat immer noch im Thronsessel gesessen und ist sich als Richter vorgekommen, der über Tod und Leben verfügt: *»Der Mann ist ein Kind des Todes, der das getan hat!«* (12,5b). Nathan beugt sich zu Davids Überraschung nicht diesem Urteil, sondern bleibt ganz aufrecht stehen, schaut den David durchdringend an, streckt die Hand aus und sagt: *»Du bist der Mann!«* Nathan hat ja dazu noch Schreckliches angekündigt: Aus Davids eigenem Hause würden Mord und Ehebruch kommen (12,10f.).

Nun stand das im Raum, und es war die Frage, wie David darauf reagierte. Er hatte drei Möglichkeiten:

a) Die erste wäre die gewesen, die Herodes wählte, als Johannes der Täufer zu ihm kam und sagte: »Es ist nicht recht...« Herodes hat ihn zunächst dadurch mundtot gemacht, daß er ihn einsperren ließ, und später erst recht dadurch, daß er ihn enthaupten ließ (Mt 14,1–12; Mk 6,14–29; Lk 3,19f.; 9,9).

b) Eine andere Möglichkeit wäre gewesen, sich wie Saul zu verhalten. Als Samuel ihm seine Sünde vorhielt, heißt es: »Ich habe gesündigt; *aber* ehre mich doch jetzt...« (1. Sam 15,30).

c) David machte es nicht so. Er sagt: *»Ich habe gesündigt gegen den Herrn«* (12,13a) – ohne jedes Wenn und Aber, ohne jegliche Beschönigung. Von dem, was Nathan dem David mit harten Worten vorgehalten hatte – dessen Ehebruch und Mord –, wird nichts beschönigt. David sagt ja dazu.

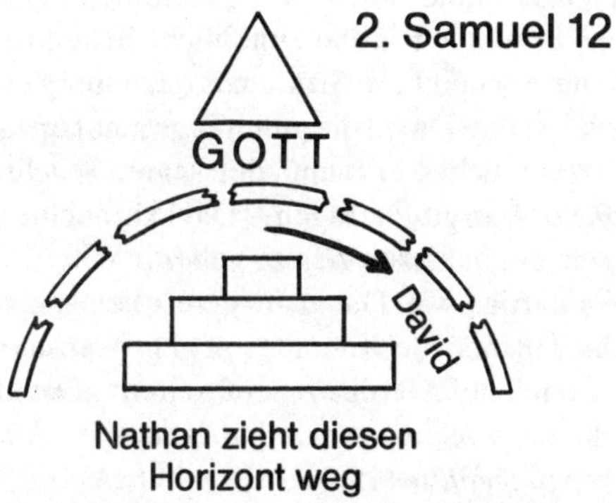

Abb. 52b: Nathan bricht Davids Horizont auf

Ich habe das so dargestellt, daß der Schleier über David von Nathan weggezogen wird. Nathan bricht diesen Horizont des David, daß Gott nicht in Erscheinung tritt, auf und schafft ihn weg; und nun sieht sich David vor Gott. Und was tut er? Zuvor saß er *auf* dem Thron – jetzt tritt er davon herunter. Er hat gebetet, nichts gegessen und getrunken; wir kennen ja auch Stellen aus seinen Psalmen, an denen das anklingt (Ps 22,16; 32,3 u.a.).

So demütigt sich David vor Gott. Das war die Weise, in der dieser Mann, der sich bereits im Sturz ins Bodenlose der Verwerfung befand, noch aufgefangen und gehalten werden konnte. Und dann durfte ihm Nathan die Vergebung verkündigen (12,13). Das kommt einem vor wie eine Vorauszahlung von dem, was unser Herr Jesus auf Golgatha erworben hat.

3.5 Die äußeren Folgen von Davids Übeltaten (Kap. 13–20)

In den Kapiteln 2. Samuel 13–20 ist es das Auffallende, daß genau das eintritt, was in Kapitel 12 als Gericht angekündigt war: Mord und Ehebruch, Ehebruch und Mord zugleich als Verhängnis hörte in Davids Familie nicht mehr auf. »Womit einer sündigt, damit wird er gestraft«, sagt ein Sprichwort. Das mußte David schmerzlich erleben. David ist nicht mehr zur Ruhe gekommen.

Das zeigt sich zunächst in den **Kapiteln 13f.** an Amnons Schandtat an Absaloms Schwester und dann – sehr ausführlich berichtet – an der bösen Geschichte mit Absalom **(2. Sam 15–20)**, der das Volk durch seinen unsinnigen und ungeduldigen Aufruhr in einen Bürgerkrieg stürzte (er hätte ja warten können, da er ohnehin Kronprinz war).

David blieb angesichts dessen getrost, weil er das Vergebungswort festhält: »So hat der Herr deine Sünde weggenommen« (12,13b). Er wußte, daß die Auswüchse in seiner Familie zum Nicht-Sehen-und-doch-Glauben gehören und daß diese scheinbare Strafe zur Erziehung durch Gott gehört. Es hatte sich ja gezeigt, daß David die guten Tage nicht ertragen konnte. Derjenige hat etwas Wesentliches erkannt, der sagte: »Nichts ist schwerer zu ertragen als eine Reihe von guten Tagen.« David brauchte auch ein Gewicht auf dem Rücken, um einen klaren Weg zu gehen.

Es berührt eigenartig, wie David in dem allem getrost und demütig bleibt. Wir lesen hier nichts von einem Groll gegen Absalom und gegen das Volk, das sich so schnell auf Absaloms Seite schlägt. David schickt die Priester, die mit ihm fliehen wollen, zurück und sagt: *»Hier bin ich. Gott mach's mit mir, wie es ihm wohlgefällt«* (15,26b).

Schimi, ein Verwandter Sauls, höhnt David und bewirft ihn von der Berghöhe herunter mit Erde, als dieser sich auf der Flucht befindet, und schreit: *»Du Bluthund, du ruchloser Mann!«* (16,5ff.). Dieser Vorwurf trifft für David nicht zu, denn er hatte ja das Haus Sauls geschont und ist nicht nach Art und Weise orientalischer Fürsten vorgegangen, die immer die vorausgehende Dynastie ausgerottet haben. Trotz dieses Unrechts durch Schimi hält David den Abischai, der den Schimi dafür bestrafen will, zurück und sagt: *»Laßt ihn ruhig fluchen, denn der Herr hat's ihm geboten«* (16,11b).

Als David später (nach seiner Wiedereinsetzung als König) erneut dem Schimi begegnete und seine Freunde sich nun an diesem Mann rächen wollen, hielt David sie zurück. Er wußte, wie sehr er vom Vergeben Gottes lebt; deshalb übte er auch Vergebung.

Was bedeutet das für uns? Wie ich aus der Seelsorge weiß, bewegt viele Christen die notvolle Frage, ob ihnen denn eigentlich vergeben sei, wo sie doch die Folgen vergangener Verschuldung zu tragen hätten (sei es im Blick auf die Gesundheit, sei es im Blick auf notvolle Verhältnisse, in denen sie zu leben haben). Die Frage ist, ob ich denn wissen darf, daß mir vergeben ist, wo es doch in meinen Lebensumständen ganz anders aussieht.

Dazu möchte ich sagen: Doch, es ist vergeben; aber die Vergebung ist auch etwas von dem Nicht-Sehen-und-doch-Glauben. Es ist auch die Strafe für die Verfehlung aufgehoben, aber das tritt nicht so in Erscheinung, daß die Folgen der Sünde genommen werden würden. Es ist dann erforderlich, dabei zu bleiben, was in Psalm 32 so gesagt ist: »Wohl dem, dem die Übertretungen *vergeben sind*, dem die Sünde *bedeckt ist*!« (Ps 32,1). Ja, mehr noch: Die Folge wird eigentlich verwandelt; sie bekommt veränderte, positive Vorzeichen. Das schmerzliche Geschehen ist also nicht mehr nach rückwärts gewandte Strafe, sondern nach vorwärts gewandte Erziehung. Die Vorzeichen sind umgekehrt.

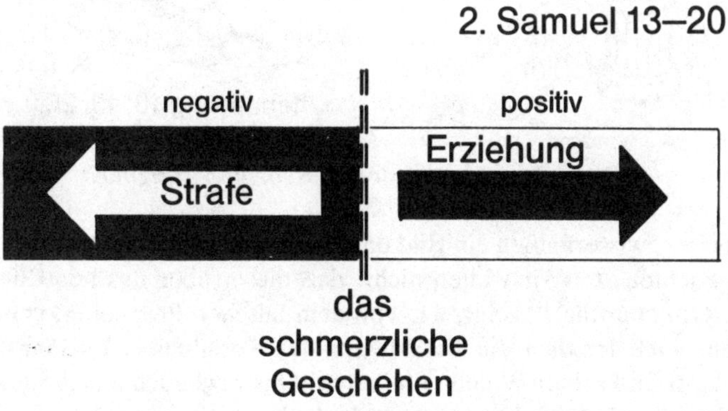

Abb. 53: Buße verwandelt die Bedeutung des Geschehens

Strafe wäre eigentlich nur das schmerzliche Sich-befassen-Müssen mit vergangener Schuld. Es ist nichts schrecklicher als das, wenn man heute das entgelten muß, was man gestern falsch gemacht hat. Die Strafe schaut immer rückwärts, bleibt deshalb etwas Negatives. Wenn man aber Vergebung empfangen hat, darf man wissen: Auch dann, wenn einem noch manches auferlegt ist, so hat das doch ein positives Vorzeichen.

Wie ein Vater seine Kinder in Liebe erzieht, so erzieht Gott auch durch solches. David ist ja auch in der Tat unter den Folgen seiner Sünde einen klareren, demütigeren Gang gegangen. Buße verwandelt also die Bedeutung des schmerzlichen Geschehens: Es bekommt positive Vorzeichen. Dann heißt es auch im Blick darauf, daß man solche Folgen zu tragen hat: »Denen, die Gott lieben, dienen alle Dinge zum Besten« (Röm 8,28).

Von dem stolzen Rebellen Absalom blieb nicht viel übrig. Interessanterweise werden nur zwei Dinge genannt, die übrigblieben: eine Säule, ein Denkmal, das er sich selbst gebaut hat (18,18), und ein Steinhaufen, unter dem er lag (18,17). Das war alles!

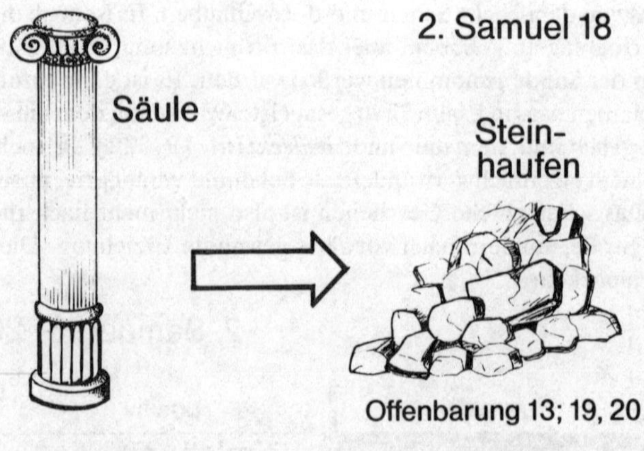

Abb. 54: Was von der stolzen Rebellion übrigblieb

Das ist gewissermaßen ein Bild dafür, daß alle Rebellion letztlich gegen Gott gerichtet ist: »Wir wollen nicht, daß dieser über uns herrsche« (Lk 19,14). Offenbarung 19 zeigt, wie von dem falschen Propheten, vom Antichristen, auch letztlich ein Scherbenhaufen übrigbleibt. Es lohnt nicht, gegen Gott und seinen Willen rebellieren! Das wird auch an Absalom, der besonders das vierte Gebot übertrat, deutlich.

3.6 Ein Anhang (Kap. 21–24)

Die Kapitel 21–24 des zweiten Samuel-Buches enthalten Nachträge, die ebenfalls zeigen, daß die Verworrenheit nicht aufhört, die seit Davids Übeltaten in seinem und im Leben seiner Familie – des Königshauses – Raum gewonnen hat. David wird bis zum Schluß seines Lebens in Atem gehalten.

Zuvor tritt noch einmal einer auf, der gegen David rebelliert; dieser wird allerdings niedergeschlagen (20,1–22). Zur Ruhe kommt David dadurch freilich auch nicht.

Trotz dieser mißlichen Umstände und inmitten der Nöte steht in **Kapitel 22** ein einziger Lobpreis Gottes durch David, obwohl ihm wohl gar nicht nach Loben zumute war (der Wortlaut dieses Kapitels stimmt übrigens fast wörtlich mit Psalm 18 überein). Der Grund des Dankens ist für David also nicht so sehr das, was er vor Augen hat (da hat ihn ja gewiß manches bedrängt), sondern das, was Gott verheißen hat, – denn damit hat er gerechnet. Das fängt an bei der Vergebung seiner Schuld und geht bis hin zu dem, daß Gott etwas Rechtes daraus macht und aus seiner – immer wieder auch mangelhaften Regierungszeit – einen Anfang und ein Modell der Heilsgeschichte durch den wahren Gesalbten macht.

Daher ist es auch für uns heute wichtig, daß wir nicht nur das zum Grund unseres Dankes machen, was wir vor Augen haben (da mögen wir manchmal nicht sehr viel Dankenswertes sehen), sondern auch und gerade das, was Gott verheißen hat! Was als Zusage Gottes für Zeit und Ewigkeit über unserem Leben steht, das ist unseres Dankes wert. Wir wollen mit diesen Versprechungen Gottes noch mehr rechnen als mit dem, was wir vor Augen haben. Wir vertrauen Gottes Zusage, als ob wir das Verheißene bereits empfangen hätten.

So verlief das Leben dieses Königs David nicht auf einer höheren Etage als unser Leben, sondern David war ein Mensch aus Fleisch und Blut, mit dem Gott viel Arbeit gehabt hat, aber mit dem Gott auch zu einem Ziel gekommen ist. Insofern ist uns dieser David auch nahe und macht uns deutlich, wie Gott an uns und durch uns arbeitet und es »herrlich hinausführen« (Jes 28,29) kann.

Das erste Buch der Könige

1. Einleitung in die beiden Bücher der Könige

a) Das erste und das zweite Buch der Könige bildeten ursprünglich wohl eine Einheit. Abgeschlossen wurden sie vermutlich durch einen prophetischen Mann in der Zeit der babylonischen Gefangenschaft.

Die Königsbücher wollen nicht eine durchgehende, chronologische »Geschichte der Könige Israels und Judas« geben, sondern sie stellen die Geschichte dieser Könige unter einem bestimmten prophetischen Aspekt und Durchblick dar: Was ist in einer guten, von Gott gegebenen Spur verlaufen? Und was führte andrerseits die meisten der Könige dazu, von dem Weg Gottes auszubrechen und ins Verderben zu gehen?

b) Gott hat ja mit Israel seine große Segensabsicht gehabt und hat sie noch; die Israeliten sollten sein auserwähltes Volk, Werkzeug seiner Heilsgeschichte, sein. Das haben wir an 1. Mose 12,3 b gesehen, und das wurde beim Bundesschluß am Sinai (2. Mose 19,6) erneut sichtbar. Und in 2. Samuel 7,13 ist David ein ewiges Königshaus an der Spitze Israels verheißen worden.

So geht ein spannungsvolles Ringen durch diese Jahrhunderte des israelitischen Königtums: ob denn dieses Volk seiner Erwählung und seinem Auftrag treu bleibt. Die Könige sollen im Auftrag Gottes das Volk dazu anleiten, seine heilsgeschichtliche Aufgabe in Gehorsam, Demut und Dankbarkeit zu erfüllen.

c) Das ist also ein Ringen sowohl um Könige wie auch um das Volk. Die beiden Königsbücher zeigen, daß die Untreue gegenüber Gott das Königshaus und das Volk in das Unglück der Spaltung und in die Friedlosigkeit brachte. Gott hat während dieser Zeit immer wieder besondere Boten gesandt, Propheten, die zu diesem Weg des Volkes von Gott her etwas auszurichten hatten. Und schließlich blieb nichts anderes mehr übrig (»wer nicht hören will, muß fühlen«), als Israel durch die ganz schwere Anfechtung der babylonischen Gefangenschaft zu führen nach einem Krieg, wobei sogar Jerusalem und das Heiligtum zerstört worden sind.

Aber das hat sein Gutes gewirkt. Israel, das unter den benachbarten heidnischen Völkern auf- und unterzugehen drohte, hat sich von da an eigentlich vom Götzendienst gelöst. Die nachexilischen Propheten, die Propheten nach der babylonischen Gefangenschaft, hatten damit kaum mehr zu kämpfen. So hat doch diese schwere und harte Schule etwas Gutes an diesem Volk gewirkt.

2. Der Aufbau des Buches

Das erste Buch der Könige besteht aus 22 Kapiteln, die sich – genau in der Mitte, nach elf Kapiteln – in zwei Teile gliedern lassen:
1. Die Geschichte Salomos (Kap. 1–11)
2. Die Spaltung des Landes und die Geschichte danach (Kap. 12–22)

3. Zum Einzelnen

3.1 Die Geschichte Salomos: 965–926 v. Chr. (Kap. 1–11)

Die erste Hälfte des ersten Buches der Könige beschreibt die Zeit des Königs Salomo, des dritten Königs in Israel. Der Name »Salomo« wurde im Deutschen zu »Friedrich« und heißt »der Friedensherrscher«. So hieß Salomo, und so war er auch. Er hat so wenig Kriege geführt wie kein anderer König Israels.

Salomo ist einer von denjenigen Männern in der Bibel, die gut anfingen und dann erheblich weniger gut endigten. Es ist auffallend, wie oft das in der Bibel vorkommt, selbst bei den ersten Königen Israels. Das bewahrt uns vor dem Irrtum, es werde mit dem Menschen von selber besser, wenn er älter wird. Davon ist in der Bibel keine Rede. Und so, wie Gott um dieses Israel gerungen hat, daß es – durch viele Schmerzen hindurch – seiner Erwählung treu bleiben sollte, so ringt unser Herr auch um uns, daß wir unserer Erwählung treu bleiben und auch dem Auftrag, den wir zu erfüllen haben.

Salomo wird zunächst zum König gesalbt – das zeigt **Kapitel 1**. Damit werden die Weichen gestellt, wenn auch noch einige kleine Wirren auftreten: Salomo und kein anderer wird der Nachfolger Davids. **Kapitel 2** wird der Tod Davids geschildert.

Kapitel 3 berichtet jene gute Geschichte im Blick auf das Leben des Salomo. Gott erscheint ihm und begegnet ihm; Gott läßt ihn eine Bitte aussprechen (V. 5), und Salomo bittet erstaunlicherweise nicht um Reichtum und um den Sieg über seine Feinde, sondern: *»Du wollest deinem Knecht* *ein gehorsames Herz [wörtlich: ›ein hörendes Herz‹] geben«* (V. 9). Salomo hatte erkannt, daß das, wenn er seinen Weg als Führer des Volkes Israel gehen soll, eine große und verantwortungsvolle Sache ist und daß es dabei entscheidend darauf ankommt, daß er den Willen Gottes erkennt und tut und somit weiß, wie er mit seinem Volk zu gehen hat.

Abb. 55: Offenheit für Gott und seine Weisung

Ich habe das *»hörende Herz«* mittels eines Rundfunkempfängers bildlich dargestellt, dessen Antenne ausgezogen und der darum »auf Empfang« ist.

Die Bedeutung dieses Auf-Empfang-Seins ist mir im Zweiten Weltkrieg klar geworden. Damals war ich längere Zeit vorgeschobener Beobachter bei der Artillerie und dann auch solch ein Gefechtsvorposten bei der Infanterie. Dabei war es ganz, ganz wichtig, daß man mit seinem Tornisterfunkgerät auf Empfang blieb, so daß man wußte, was zu erwarten war: Man durfte nicht vorpreschen, sonst wurde man von der Truppe abgeschnitten, und man durfte nicht zurückbleiben, sonst lief man vielleicht auf andere Weise ins Feuer. Auf jeden Fall war außerordentlich wichtig, auf Empfang zu bleiben.

Es gilt erst recht, dem großen Gott gegenüber auf Empfang zu bleiben. Wir sind gelegentlich von der Art, wie die Hausfrau am Morgen den Wetterbericht hört und dazu geschwind ihr Radio einschaltet, damit sie weiß, ob sie an diesem Tag die Wäsche zum Trocknen im Freien aufhängen kann. Aber im Blick auf unseren Herrn und Gott genügt es nicht, am Morgen eine kurze Zeit der Stille zu haben, sondern es ist wichtig, mit diesem Herrn in der Gebetsverbindung zu bleiben.

Dazu bedarf es nicht immer bereits formulierter Gebete, sondern es ist die Nähe zum Herrn, die einen erkennen läßt, ob man im Reden und im Handeln in seiner Spur bleibt oder irgendwie ausweicht. *»Du wollest deinem Knecht ein hörendes Herz geben.«* Das ist das Geheimnis aller immer wieder vollmächtigen Knechte und Mägde des Herrn gewesen. Das Geheimnis ihrer inneren Vollmacht war und ist diese Geistesleitung, dieses Auf-Empfang-Bleiben.

Das sehen wir auch bei dem Apostel Paulus, als er sich mit Timotheus auf seiner zweiten Missionsreise befand. Paulus machte sich so seine Pläne, aber der Geist Gottes ließ verschiedene Möglichkeiten nicht zu: »Sie zogen aber durch Phrygien und das Land Galatien, da ihnen vom heiligen Geist verwehrt wurde, das Wort zu predigen in der Provinz Asien. Als sie aber bis nach Mysien gekommen waren, versuchten sie, nach Bithynien zu reisen; doch der Geist Jesu ließ es ihnen nicht zu« (Apg 16,6f.). Paulus sollte in der Spur bleiben.

Erst recht gilt das für Jesus Christus, unseren Herrn, der nicht an einem Zeitpunkt, an dem er wollte, oder dann, als seine Mutter es erwartete, das Wasser zu Wein machte (Joh 2,1 ff.) und der nicht dann den Lazarus aus dem Tod erweckte, als dessen Schwestern es erwarteten (Joh 11). Er hatte vielmehr seinen ›Stundenplan‹ von seinem Vater, der ihm den Wink und den Einsatz gab, so wie ein Chorleiter den einzelnen Stimmen eines Chores das Zeichen zum Einsatz gibt. *»Du wollest deinem Knecht ein hörendes Herz geben.«* Das war ein guter Anfang des Salomo, und das wollen wir von ihm lernen.

In dem dritten Kapitel finden wir auch das bekannte Urteil Salomos (V. 16–28). In seiner Rechtsfindung erkennen wir, daß Salomo die echte Liebe herausfordert, die nicht an sich, sondern an das Kind denkt; daran war die wirkliche Mutter erkennbar.

Salomo hat sich dann wenig später an die Aufgabe des Tempelbaus gemacht. In **Kapitel 5** werden die Vorbereitungen dazu berichtet. Salomo schloß mit dem phönizischen König Hiram von Tyrus einen Vertrag, der Baufachleute betraf, die Salomo brauchte, und der auch die Lieferung von bestimmten Baumaterialien beinhaltete.

Israel hatte in beider Hinsicht nicht so ohne weiteres die Voraussetzung dafür, solch ein kunstvolles Bauwerk zu schaffen.

Kapitel 6 zeigt dann den eigentlichen Bau des Tempels. In diesem Kapitel ist interessant zu sehen, daß Gott von Anfang an klarstellt, wie es mit dem Gebäude sei. *»So sei es mit dem Hause, das du baust: Wirst du in meinen Satzungen wandeln und nach meinen Rechten tun und alle meine Gebote halten und in ihnen wandeln, so will ich mein Wort an dir wahrmachen, das ich deinem Vater David gegeben habe, und will wohnen unter Israel und will mein Volk Israel nicht verlassen«* (V. 12f.).

Die Sache mit dem Tempel war nie so verstanden worden, daß Gott automatisch – so, als ob er keine andere Wahl hätte – hier gegenwärtig sein müßte, als ob er hieran gebunden wäre und man über ihn verfügen könnte – so wie sich Israel später zur Zeit Jeremias tröstete, auch als es schon belagert war: »Hier ist des HERRN Tempel, hier ist des HERRN Tempel, hier ist des HERRN Tempel!« (Jer 7,4). Das ist so gemeint: ›Hier ist des HERRN Tempel – also kann uns überhaupt nichts passieren! Wo soll ihm sonst gedient werden, wenn nicht wir hier ihm dienen!?‹ Jeremia hat im siebten Kapitel seines Buches bei einem akuten Anlaß ausgerichtet, daß sich Israel diesbezüglich täuscht: »So spricht der HERR Zebaoth, der Gott Israels: Bessert euer Leben und euer Tun, *so* will ich bei euch wohnen an diesem Ort« (Jer 7,3).

Auch wir dürfen zwar wissen: »Ist Gott für uns, wer kann wider uns sein?« (Röm 8,31 b). Aber das ist nicht wie etwas, das man gewissermaßen in die eigene Tasche stecken könnte – ob wir Gott gehorchen oder nicht –, sondern diese Verheißungen sind immer zugleich auch Weisungen, uns an Ihn zu halten. »Bessert euer Leben und euer Tun, so will ich bei euch wohnen an diesem Ort.« Das kommt schon in Kapitel 6 während des Tempelbaus noch vor seiner Einweihung mit Klarheit zum Ausdruck.

In **Kapitel 8** wird dann die Tempeleinweihung geschildert. Wir sehen wieder Salomo noch in einer feinen Haltung des demütigen Gebets, mit der wunderbaren Formulierung der Kondeszendenz Gottes, seines Sich-Herabbeugens: *»Sollte Gott wirklich auf Erden wohnen? Siehe, der Himmel und aller Himmel Himmel können dich nicht fassen – wie sollte es dann dies Haus tun, das ich gebaut habe? Wende dich aber zum Gebet deines Knechts und zu seinem Flehen…«* (V. 27f.).

Hier ist klar ausgesprochen, was auch in den Psalmen wieder auftaucht (vgl. Ps 11,4; 33,13f.), daß das ein großes Wunder ist, daß der Gestalter und Verwalter des ganzen Kosmos sich so herabbeugt, sozusagen auf Menschenmaß geht! Im Tempel stand ja die Bundeslade, die eine Art Truhe war, in der sich dann die Zehn Gebote befanden, die aber eigentlich ein stilisierter Thronsitz war. Die beiden in Gold getriebenen Engelabbilder (Cherubim) waren fast so etwas wie eine Lehne, aber der Platz war leer: Gott ist unsichtbar. Das ist ein Thronsitz von etwa einem Meter Höhe der Sitzfläche; und das zeigt: Gott geht sozusagen auf Menschenmaß.

Das ist schon ein Hinweis für das, was im Stall zu Bethlehem geschehen ist, wo Gott erst recht sozusagen auf Menschenmaß gegangen ist: »In unser armes Fleisch und Blut verkleidet sich das ewig Gut.« Und das gilt auch erst recht für die neutestamentliche Gemeinde, wo der Tempel kein Haus aus Steinen mehr ist, sondern aus Menschen: »Und auch ihr als lebendige Steine erbaut euch zum geistlichen Hause und zur heiligen Priesterschaft, zu opfern geistliche Opfer, die Gott wohlgefällig sind durch Jesus Christus« (1. Petr 2,5). »Der Tempel Gottes ist heilig; der seid ihr« (1. Kor 3,17b).

Ja, es geht noch weiter. Jesus sagt: »Wer mich liebt, der wird mein Wort halten; und mein Vater wird ihn lieben, und wir werden zu ihm kommen und Wohnung bei ihm nehmen« (Joh 14,23). Er geht in uns ein als der Heilige Geist: »Wißt ihr nicht, daß euer Leib ein Tempel des heiligen Geistes ist, der in euch ist und den ihr von Gott habt, und daß ihr nicht euch selbst gehört?« (1. Kor 6,19).

Das ist eigentlich eine noch tiefere Erniedrigung als damals, als er sich im Stall von Bethlehem in die Krippe legt, daß er durch den Heiligen Geist so in uns eingeht, wie schon das Kindergebet sagt: »Ich bin klein, mein Herz mach rein. Soll niemand drin wohnen als Jesus allein.« Unsere Väter nannten das eine Kondeszendenz, ein Herabsteigen Gottes zu uns Menschen. Salomo hat erkannt, daß dieses Sich-Herabbeugen Gottes ein großes Wunder ist, und er hat das in seinem Gebet dann ausgesprochen: *»Aller Himmel Himmel können dich nicht fassen – wie sollte es dann dies Haus tun?«* (V. 27).

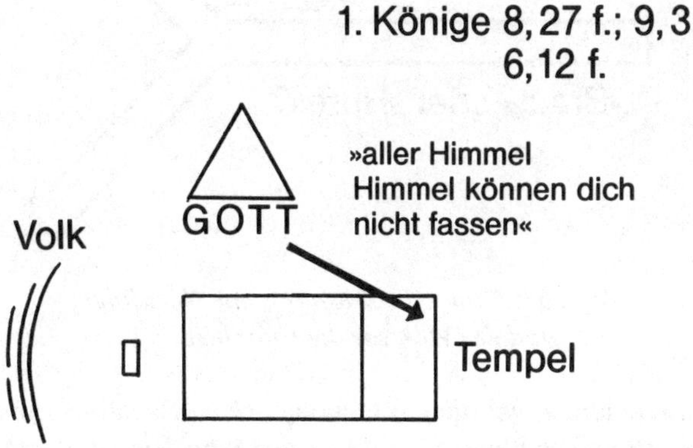

Abb. 56: Der große Gott verheißt, in dem kleinen menschlichen Haus gegenwärtig zu sein

Die Abbildung dazu zeigt, daß Gott in seiner strahlenden Größe verheißt, im Allerheiligsten des Tempels gegenwärtig zu sein. Vor dem Tempel befindet sich der Brandopferaltar, vor dem wiederum das Volk versammelt ist.

Dieses Gegenwärtigsein Gottes gilt – wie ich schon anhand von Stellen des Neuen Testamentes zeigte – erst recht für die Gemeinde Jesu, in deren Mitte er wohnt.

Kapitel 9 enthält einen klaren Ruf Gottes an Israel zur Entscheidung. Hier erscheint Gott dem Salomo noch einmal – wie schon in Kapitel 3 wieder in Gibeon, einem alten heiligen Ort – und stellt ihn noch einmal vor die Entscheidung. Die Krise scheint sich schon anzubahnen, und es wird Salomo noch einmal mit Klarheit gesagt: *»Wenn du vor mir wandelst, wie dein Vater David gewandelt ist«,* wenn also Salomo den Bund Gottes hält und Gott gehorcht, *»so will ich bestätigen den Thron deines Königtums über Israel ewiglich, wie ich deinem Vater David zugesagt habe: Es soll dir nicht fehlen an einem Mann auf dem Thron Israels. Werdet ihr euch aber von mir abwen-*

den…, so wird Israel ein Spott und Hohn sein unter allen Völkern. Und dies Haus wird eingerissen werden…« (V. 4ff.), der Tempel wird niedergerissen werden. Genau so ist es ja dann später gekommen; Gott redet mit Salomo hier sehr ernst.

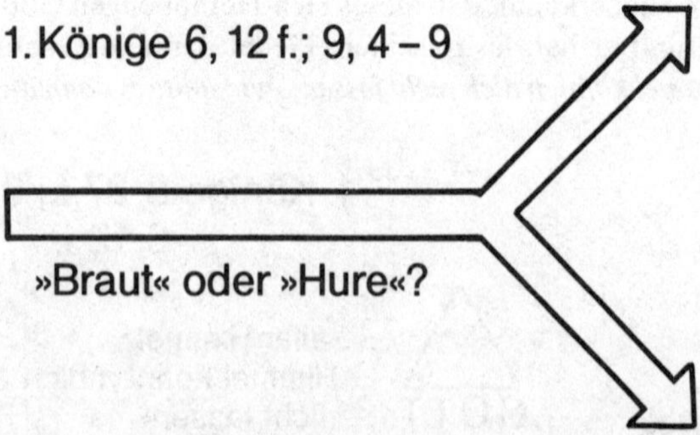

Abb. 57: Gott stellt Salomo, seine Nachfolger und das Volk vor die Entscheidung

Die Entscheidung, vor die Gott Salomo, seine Nachfolger und das Volk stellt, habe ich in Abbildung 57 mittels eines *Scheideweges* dargestellt. Die Stelle 1. Könige 6,12f. ist ein Wort Gottes aus der Zeit während des Tempelbaus; 9,4–9 beinhalten Gottes Wort, das er nach der Einweihung an Salomo gerichtet hat: *»Werdet ihr gehorchen, dann ist alles gut; werdet ihr abfallen, dann werdet ihr unter fremde Völker vertrieben werden, und dieses Haus – der Tempel – soll niedergerissen werden.«*

Dies ist ja immer auch ein Hinweis für die Entscheidung, in die die Gemeinde Jesu gestellt wird – mit diesem uns beunruhigenden, fast gespaltenen Bild von »Braut« und »Hure«, wie es in der Offenbarung des Johannes steht. »Braut« ist die Gemeinde, die ihrem Herrn einfach folgt; »Hure« bezeichnet eine Christenheit, die sich mit anderem einläßt, verbindet und vermischt und deshalb ihrem Herrn nicht gefällt. Das findet in diesen Worten Gottes an Salomo in 1. Könige 6,12f. und 9,4–9 eine gewisse Vorausdarstellung.

Aber die Krise bahnt sich bereits an, und das spitzt sich besonders zu in **Kapitel 11**. Salomo wird ein sehr prächtiger Herrscher, ein großmächtiger König. Wie schon David, so hat auch er die guten Tage nicht gut ertragen können. Er spannt sein Volk zu vielen Frondiensten und großen Abgaben ein. Er ist ein sehr baulustiger Mann gewesen: Nach dem Bau des Tempels kam eben anderes an die Reihe – insbesondere seine Paläste. Diese Frondienste haben die Menschen bitter gemacht.

Salomo hatte auch viele ausländische Frauen, denen er erlaubte, daß sie in seinem Land ihre Götter verehrten; und er hat sie bei ihren Gängen zu ihren Göttern auch begleitet usw. So ist allmählich ein Wirrwarr entstanden, und der Abfall bahnte sich an. Die Risse, die später für das Volk so verhängnisvoll werden sollten, haben sich am Ende von Salomos Regierungszeit bereits ganz deutlich gezeigt.

Auch mit dem Frieden ging es zu Ende; es heißt zweimal: *»Und der Herr erweckte Salomo einen Widersacher…«* (V. 14.23). Zweimal fand also eine Revolution gegen Salomo statt – vielleicht auch mit der Absicht, gewissermaßen noch einmal das rote Ampelsignal aufleuchten zu lassen: Salomo, kehre um!

Dabei hat Gott in einer Weise mit Salomo gesprochen, wie er es mit David nicht getan hatte. Dem aufmerksamen Bibelleser fällt auf, daß Gott mit David nicht eigentlich direkt gesprochen hat – wie mit den Propheten –; er hat mit David durch Propheten gesprochen, vor allem durch Nathan, den er zu ihm schickte, aber nicht unmittelbar. Dagegen heißt es viermal bei Salomo, daß der Herr mit ihm gesprochen habe (Kap. 3.6.8.9). Es treten hier keine Propheten auf, sondern Salomo hat selber die Gabe, Prophet zu sein. Und dennoch geht Salomo keinen klaren Weg und kann die guten Tage nicht ertragen. So endet dieses Leben eigentlich enttäuschend in Kapitel 11.

3.2 Die Spaltung des Landes und die Geschichte danach (926–852 v. Chr.; Kap. 12–22)

Die Kapitel 12–22 des ersten Buches der Könige betreffen die Könige, die auf Salomo folgten – mit all den schmerzlichen Turbulenzen und Erfahrungen, die sich daran knüpfen.

Salomos Sohn Rehabeam begeht in seinem Größenwahn eine große Ungeschicklichkeit, indem er die Fronlasten, die sein Vater Salomo auf das Volk gelegt hatte, unsinnigerweise erhöhte **(Kap. 12)**. Er hatte wohl von seinem Vater her die Vorstellung, das Volk gehöre eigentlich dem König. Das war nämlich die Vorstellung der orientalischen Gottkönige gewesen, die Völker seien ihr Privateigentum, über das sie verfügen und das sie einsetzen könnten wie sie wollten.

Damit, daß Rehabeam auch so dachte, hat er total vergessen, daß ja das Volk Gott gehörte und der König nur ein wenig Statthalter Gottes war. So hat Rehabeam hohe Forderungen gestellt, was die Israeliten alles für ihn tun müßten. Die Ältesten haben ihm gesagt, daß es so nicht gehe; er beriet sich zunächst mit älteren Ratgebern seines Vaters, die zu ihm sagten: ›Dein Vater hat schon reichlich viel verlangt. Es ist endlich an der Zeit, daß du hier etwas abbaust‹ (vgl. V. 4). Aber das hat ihm nicht gepaßt, und so hat er dann Jüngere gefragt, die ihm zu Gefallen sprachen und sagten: ›Den Älteren ist es nur zu wohl; du mußt noch härter verfahren, dann werden sie sich noch ducken‹ (vgl. V. 10f.).

Er hat seine Sache gesagt, und das Volk hat ihm dann eröffnet: *»Was haben wir für Teil an David oder Erbe am Sohn Isais? Auf zu deinen Hütten, Israel!«* (V. 16a). Sie wollten also nun ihre Ordnung selbst schaffen, nach der sie leben wollten.

So führte die Erschwernis der Fronlasten zur Spaltung des Reiches. Der übergroße Nordteil des Staates Israel, die zehn Stämme, machte sich unter Jerobeam selbständig. Der davidische König über das Südreich Juda (wozu die Gebiete Juda und halb Benjamin gehörten) war Rehabeam in der Hauptstadt Jerusalem – der andere König war nun Jerobeam (der erste König dieses Namens; es gibt noch einen anderen, späteren König, der auch so hieß und von dem im zweiten Buch der Könige die Rede ist), der das Nordreich Israel regierte. Allerdings ging beides nicht gut; von beiden heißt es, daß sie übeltaten (vgl. 2. Chr 12,14; 1. Kön 14,16).

Rehabeam hat nichts aus dieser Demütigung gelernt, im Gegenteil, er hat sofort einen Krieg gegen das Nordreich angefangen, das ja über ein viel größeres Gebiet verfügte als er. Und auch Jerobeam hat nichts gelernt, wiewohl er von Propheten beauftragt worden war. Er hat gleich zu Beginn seiner Regierungszeit einen politischen Schachzug durchgeführt, der aber gegen Gottes Willen war. Er sah es als bedenklich an, bei dem zu bleiben, was in 5. Mose angeordnet ist: daß nämlich Gott an *einem* Ort angebetet werden solle (nämlich in Jerusalem, wo der Tempel stand). Er hat gedacht, Jerusalem sei für sein Volk zu weit, um dorthin zu wallfahren, und sah es als menschenfreundlich an, es den Leuten bequemer zu machen.

In Wirklichkeit ging es ihm jedoch nicht um die Leute, sondern er hat gedacht: Wenn sie nach Jerusalem gehen, so suchen sie dort eines Tages nicht nur den Tempel, sondern auch den König! (vgl. 12,27). Und so hat er zwei Heiligtümer mit Götterbildern geschaffen (»goldenes Kalb«) – eines in Bethel im Süden seines Landes und das andere im Norden in Dan (vgl. 12,28f.). So wollte er es den Menschen ganz gemütlich machen und richtete eine Art von Staatsreligion ein. Das war nicht gut, daß er aus Gründen der politischen Zweckmäßigkeit das Gebot Gottes mißachtet hat; und so war in seinem Staatswesen von Beginn an bis zum Schluß gewissermaßen der Wurm drin.

In **Kapitel 13** finden wir die Gerichtsankündigung, die wegen dieses Ungehorsams erging.

Beide, Jerobeam (I.) und Rehabeam, mißfallen Gott **(Kap. 14)**, ebenso auch das Volk Juda (V. 22ff.). Beide Könige führen daraufhin ihr Leben lang einen Bruderkrieg.

Tabellarische Übersicht über die Könige Israels und Judas (926–852 v. Chr.)

Jerobeam (I.) (»der gesündigt hat«)	⚔	Rehabeam (»tat, was dem HERRN mißfiel«)
Nadab (»tat, was dem HERRN mißfiel«); ermordet		Abija (»wandelte in den Sünden seines Vaters«)
Bascha (»tat, was dem HERRN mißfiel«): neue Dynastie	⚔	Asa (»tat, was dem HERRN wohlgefiel«)
Ela (»Sünden«); ermordet		
Simri (»tat, was dem HERRN mißfiel«); Selbstmord; neue Dynastie		
Omri (»tat, was dem HERRN mißfiel«); neue Dynastie		
Ahab (»tat, was dem HERRN mißfiel«)		Joschafat (»tat, was dem HERRN wohlgefiel«)

In der obigen tabellarischen Übersicht sind die Könige Israels und Judas aufgelistet, die auf Salomo folgen und die nach der Reichsteilung im Nord- wie im Südreich auf den Thron gekommen sind. Die gekreuzten Klingen in der Abbildung bedeuten, daß die entsprechenden Könige gegeneinander Krieg geführt haben.

In dieser Übersicht wird erkennbar, welche Könige dem Herrn wohlgefallen haben und welche vom Verfasser der Königsbücher negativ beurteilt werden. Es findet ja am Schluß der Lebensbeschreibung dieser Könige jeweils eine Zensur statt: Entweder ein König *»tat, was dem HERRN wohlgefiel«*, oder *»was dem HERRN mißfiel«* (z.B. 1. Kön 15,11; 22,43; 2. Kön 12,3 u.a.). Die Könige, die »dem HERRN wohlgefielen«, waren im Vergleich zu den anderen freilich dünn gesät. Martin Luther hat einmal gesagt, ein rechter Christ sei ein seltener Vogel.

Entsprechendes galt für diese Könige Israels, die wir – wie aus der Tabelle deutlich wird – nur unter den Königen des Südreichs Juda finden: Auf *Rehabeam* (926–910 v. Chr.) folgte dort dessen Sohn *Abija* (910–908) auf den Thron, der wie sein Vater war und nichts dazugelernt hatte. *Asa* (908–868) war dagegen ein ordentlicher Mann; er hat etwas gelernt und gemerkt, daß das nichts ist, wenn man Gott widerstrebt **(15,1–24)**. Er wiederum hatte einen Sohn, *Joschafat* (868–851), der in einer besonderen Weise das Volk wieder zur Buße geführt hat. So hat das Südreich erheblich länger bestehen können als das Nordreich, obwohl es kleiner als das große Nordreich Israel war.

Im Nordreich Israel ging es wesentlich turbulenter als im Südreich zu: *Jerobeam I.* (926–907 v. Chr.) hatte einen Sohn *Nadab* (907–906); dieser hat eine solche Mißwirtschaft betrieben, daß er nach zweijähriger Regierungszeit umgebracht worden ist.

Einer seiner Offiziere hat dann die Macht an sich gerissen, ein Mann namens *Bascha* (906–883), der dadurch zum Gründer einer neuen Dynastie wurde, während in Jerusalem nach wie vor die Nachkommen Davids an der Macht waren **(15,25–16,7)**. *Ela* (883–882), der Sohn Baschas, wurde auch ermordet, und zwar durch seinen Hausvogt, *Simri* (882), der nach ihm Herrscher wurde. Dessen Regierungszeit betrug nur acht Tage.

Das Volk befand, daß er zum Regieren untauglich sei, und sie haben seinen Feldhauptmann, den General *Omri* (882–871), zum König gemacht **(16,8–28)**. Omri marschierte dann mit seiner Truppe auf die Stadt zu, in der sich Simri eingeschlossen hatte; und als Simri sah, daß die Übermacht so groß war, hat er die Burg angezündet und ist selber in den Flammen – so wollte er es offenkundig – mit umgekommen.

Der Sohn und Thronnachfolger von Omri ist einer der etwas bekannteren Könige, in dessen Zeit auch das Auftreten des Propheten Elia fällt: *Ahab* (871–852), der mit *Isebel* verheiratet war **(16,29–22,40)**.

Der Vater Isebels – so sagen außerbiblische Quellen – war ein phönizischer Priester, der Vertraute des Königs. Als dieser König alt und schwach war, hat Isebels Vater als sein Vertrauter eine Decke über ihn geworfen und ihn so ersticken lassen. Daraufhin hat er sich selbst zum König ausgerufen.

Daß auch Isebel wiederum Menschenleben nicht gerade schonen werde, war durch ihre familiäre Herkunft offenkundig. Sie kam ins Nordreich zu Ahab und hat dort eine Reform durchführen wollen. Sie hielt die Israeliten gewissermaßen für Hinterwäldler, während ihr Heimatland Phönizien Welthandel betreibe und kulturell hochstehend sei. Diese offenkundige Überlegenheit und der Reichtum Phöniziens sei auf die Überlegenheit der dort verehrten Götter zurückzuführen. Daher wollte Isebel das Land Israel reformieren und hat dadurch das Volk verführt und die wahren Propheten des lebendigen Gottes verfolgt.

Das war die Zeit des Propheten Elia (vgl. 1. Kön 18,13; 19,1 f.), dessen Auftreten und Wirken zeigt, daß Gott auch nach diesem Nordreich gegriffen hat – nach Israel, das ja eine traurig anmutende Aufeinanderfolge von Königen aufweist –, um es zurechtzubringen.

Mit **Kapitel 17** beginnt die Geschichte Elias. Elia kündigte zunächst Ahab das Gericht Gottes an: eine Zeit der Dürre (V. 1). Elia wurde in dieser Zeit von Gott bewahrt und ernährt – am Bach Krit und bei einer Witwe in Zarpat.

Die dreieinhalbjährige Zeit der Dürre ist nach der Offenbarung des Johannes ein Modell der letzten Anfechtungszeit unter dem großen »Ahab«, dem Antichristen, für die Gemeinde Jesu, in der sie auch versteckt, bewahrt und durchgebracht werden wird (Offb 12,6.14; 13,5).–

Elia ist aber, nachdem er während dieser drei Jahre versorgt wurde, nicht als Privatmann in Zarpat geblieben, sondern er ist dann, als der Wink Gottes da war, vor das Volk hingetreten und hat es vor die Entscheidung gestellt **(Kap. 18)**: *»Wie lange hinket ihr auf beiden Seiten? Ist der HERR Gott, so wandelt ihm nach, ist's aber Baal, so wandelt ihm nach«*(V. 21). So stand Elia vor dem Volk; und nachher, als das Volk sich auf die Seite Gottes ziehen ließ, hatte er auch wieder die Freiheit, und da wurde es ihm zugelassen, daß er nun für das Volk eintrat, auch im Blick auf den so notwendigen Regen. Zuvor sehen wir ihn auf dem Karmel vor dem Volk stehen, und hinterher sehen wir ihn im Gebet für das Volk vor Gott liegen. Zunächst *steht* er also vor dem Volk für Gott, und nachher *liegt* er vor Gott für das Volk (s. Abb. 58). Er war gewissermaßen ›vor den Menschen ein Adler, vor Gott ein Wurm.‹

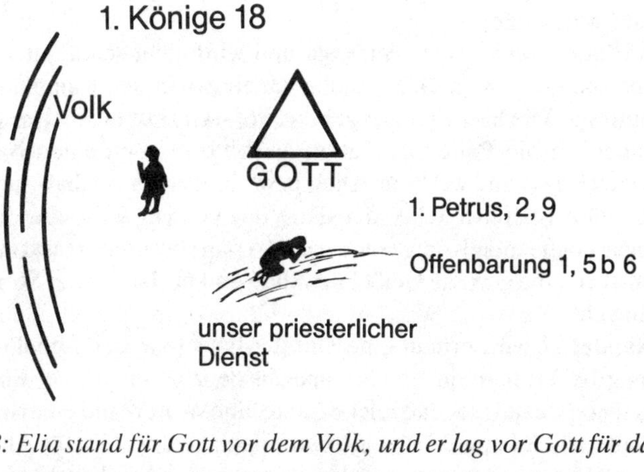

Abb. 58: Elia stand für Gott vor dem Volk, und er lag vor Gott für das Volk

Das ist auch ein Hinweis für unseren priesterlichen Dienst vor Gott. »...der uns liebt und uns erlöst hat von unsern Sünden mit seinem Blut und uns *zu Königen und Priestern gemacht* hat« (Offb 1,5b.6). »Ihr ... seid die königliche Priesterschaft, ... das Volk des Eigentums, daß ihr verkündigen sollt die Wohltaten dessen, der euch berufen hat von der Finsternis zu seinem wunderbaren Licht« (1. Petr 2,9).

In **Kapitel 19** ist dieser Elia auf der Flucht vor Isebel, und er ist offenkundig auch entmutigt, weil er merkt, daß die Menschen schon wieder zurückfallen. Er kommt dann, von Gott ernährt, versorgt und getröstet an den Sinai und sagt: *»Ich bin allein übriggeblieben« (V. 14b). »Israel hat deinen Bund verlassen«* und Gottes Gesetz zerbrochen (V. 10.14), sagt Elia gegenüber Gott am Sinai, wo ja das Gesetz gegeben worden war; er geht an diese Stelle, um Gott sein Leid zu klagen.

Gott hat ihn daraufhin in mancher Hinsicht korrigiert – wie er auch uns in unseren verzagten, vielleicht auch ein wenig stolzen Stunden korrigiert, wenn wir meinen, wir seien doch die einzigen... So korrigierte Gott Elia und sagt: *»Ich will übriglassen siebentausend in Israel, alle Knie, die sich nicht gebeugt haben vor Baal, und jeden Mund, der ihn nicht geküßt hat«* (V. 18). Elia war also nicht der einzige!

Sodann korrigierte ihn Gott in der Hinsicht, daß Elia zunächst einen Sturm, Wetter und Erdbeben hörte – das war so richtig nach der Art des Elia, der ja selber wie so ein Wirbelsturm war, als er vor dem Volk stand. Daran wird deutlich, daß Gott nicht im Sturm war, nicht im Wetter und nicht im Erdbeben; er kommt vielmehr im *»stillen, sanften Sausen«*. Jesus sagt dann: »Wißt ihr nicht, welches Geistes Kinder ihr seid?« (Lk 9,55), als die Jünger Feuer vom Himmel fallen lassen wollten, wie es Elia getan hatte. Ja, Gott ist anders: erbarmender!

Und Elia bekommt neue Aufträge und wird nicht schon jetzt entrückt (wie dann später; 2. Kön 2). Er muß noch einmal in den Kampf, wird aber neu beauftragt. Die Sache Gottes geht weiter – Gott ist nicht abgesetzt! Elia sollte zudem in die Politik eintreten; er sollte für sich einen Nachfolger bestimmen (Elisa) und auch für Ahab bzw. für das Haus Ahab einen Nachfolger berufen (nämlich Jehu, der dann das Gericht vollzieht). Und Elia sollte sogar noch einen König von Syrien (Aram) berufen, Hasal von Aram, der dann auch eine gewisse Geißel für Ahab und für Israel war. So griff Gott durch Elia ein.

In **Kapitel 21** wird erneut eine Untat Ahabs bzw. der Isebel berichtet. Der König Israels hatte ja eine Sommerresidenz in der Jesreel-Ebene. (Es war also schon damals so, daß reiche Leute eine Winter- und eine Sommerresidenz hatten.) Es befand sich eine Gartenanlage dort, die für Ahab inzwischen zu klein geworden war, und daran grenzte der Weinberg eines Mannes namens Nabot an. Ahab sprach Nabot an, als er an dessen Weinberg vorüberging, und sagte ihm, er würde ihm gerne den Weinberg abkaufen und dafür den normalen Preis bezahlen.

Doch Nabot war der Weinberg nicht feil. Das lag nicht nur an menschlich-natürlichen Gründen, etwa daß er diesen Weinberg als Familienbesitz erhalten wollte, sondern es war in Israel, da ja das Land dem Herrn gehörte, verboten, das Land einfach so frank und frei zu verkaufen (V. 3). (Es soll ja das Land entsprechend der Losverteilung aufgeteilt bleiben; vgl. 3. Mose

25,23; 4. Mose 26,55; 33,54; 34,13; 36,2 u.a.) Nabot – in seinem Gewissen gebunden – gab den Weinberg nicht heraus.

Ahab hätte sich wohl damit abgefunden, aber er wollte nun diesen Weinberg schon so sehr, daß er nach Hause ging, sich ins Bett legte und nichts aß – wie ein ungezogenes Kind. Da kam Isebel herein und sagte: *»Was ist's, daß dein Geist so voller Unmut ist und daß du nichts issest?«* (V. 5). Und Ahab klagte ihr sein Leid, wie er behandelt worden sei; und Isebel sagte: »Laß nur mich machen! *Ich werde dir den Weinberg Nabots verschaffen»* (V. 7b). Sie verlangte nur nach seiner Unterschrift, seinem Stempel (V. 8), damit sie dadurch die Sache erledigen könne. Sie setzte falsche Zeugen ein, die diesen Nabot völlig unberechtigt anklagen (V. 9f.).

Am nächsten Tag wurde Nabot in einem reinen Willkürakt hingerichtet. Nach dem Recht stand dem König das Vermögen eines hingerichteten Verbrechers zu, da es nicht dessen Angehörigen mehr zukam, sondern dem Staat bzw. dem Königshaus übereignet werden mußte. Und so ist Ahab sofort danach zum Gartenarchitekten gegangen, um seinen Garten neu einzuteilen, – und gerade, als er dabei war, stand Elia neben ihm. Es wurde Ahab sofort unheimlich, und er sagte: *»Hast du mich gefunden, mein Feind?«* Elia entgegnete ihm: *»Ja, ich habe dich gefunden, weil du dich verkauft hast, Unrecht zu tun vor dem Herrn«* (V. 20). Daß also Ahab die Isebel einfach hat gewähren lassen, ohne zu fragen, was sie vorhabe, fiel als Schuld auf ihn selbst zurück (vgl. V. 25).

So kam es dann: Wie die wilden Hunde, die das Blut von Nabot, dem unschuldigen Mann, geleckt haben, so sollen sie Ahabs und Isebels Blut lecken.

In den **Kapiteln 20 und 22** kommt noch etwas zur Sprache: das Verhältnis Ahabs zu Joschafat, diesem an sich prächtigen Herrscher in Jerusalem. Nachdem zwei Könige – Jerobeam (I.) und Bascha – einen Bruderkrieg zwischen Israel und Juda führten, ging es bei Ahab und Joschafat anders zu. Ahabs Tochter hat nämlich den Sohn Joschafats geheiratet. So kam es zu einer Bundesgenossenschaft, die zwar ganz schön aussah, aber letztlich ein falsches Miteinander, ein falsches »Gespann« war.

König Joschafat hat dann einen Staatsbesuch bei Ahab gemacht, und dieser hat ihn sofort mit dem Vorhaben überfallen, einen Krieg gegen die Syrer zu führen (»wir sind doch Brüder!«), an dem sich Joschafat beteiligen soll. Joschafat ist es gewohnt, zuerst den Herrn zu fragen; das tun sie auch, und nachdem sie manche oberflächliche Auskünfte bekamen, trat ein ernsthafter Prophet auf – Micha, der Sohn Jimlas –, der ein großes Unglück ankündigte (V. 17f.). Aber Ahab ließ diesen Propheten einsperren und sagte, Micha solle bei Wasser und Brot darben, bis die Könige siegreich heimkehren werden (V. 26f.).

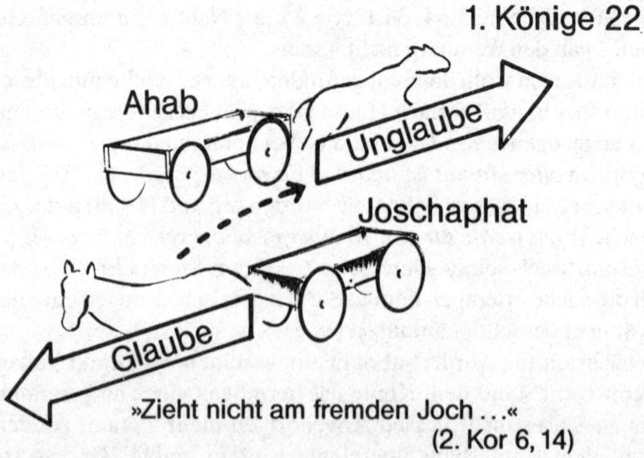

Abb. 59: Eine Bundesgenossenschaft zwischen Glaube und Unglaube geht nicht gut aus

Aber zu solch einer siegreichen Heimkehr kam es nicht: Ahab ist in der Schlacht gefallen. Zu Joschafat hatte Ahab gesagt, er solle seine königlichen Kleider anziehen, während sich Ahab selbst als einfacher Mann verkleidete, weil er sich dachte: ›Die Gegner gehen auf denjenigen los, der die königlichen Kleider trägt, und töten ihn im Kampf, während ich selbst davonkomme!‹ Darauf hat er es angelegt; aber Ahab ist dennoch gefallen. Man erkannte, daß Joschafat nicht Ahab sei; und so haben sie ihn ziehen lassen, aber er ist nur mit einem erheblich »blauen Auge« entkommen. Er hat sich das zur Warnung dienen lassen und hat mit Israel nicht mehr gemeinsame Sache gemacht.

Das ist ein ganz typisches Beispiel für den Satz: »Zieht nicht am fremden Joch mit den Ungläubigen« (2. Kor 6,14; vgl. Abb. 59). Die Richtungen, in die der gläubige Joschafat und der ungläubige Ahab ziehen, sind einander entgegengesetzt; und Ahab wollte Joschafat gewissermaßen mit an seinen Wagen spannen. Das will Gott nicht (das habe ich mit dem unterbrochenen Pfeil bildhaft dargestellt).

So bekommen wir in den Büchern der Könige manch interessanten Einblick in das Handeln Gottes in Gericht und Gnade. Im ganzen – das sei noch einmal festgestellt – geht es um dieses Ringen, daß doch Israel seiner Erwählung und seiner Aufgabe als Werkzeug der Heilsgeschichte treu bleibt. Das war eine Sache, die mit Schmerzen vor sich ging.

So geht es auch bei uns, die wir an Jesus Christus glauben, darum, daß wir unserer Erwählung treu bleiben und daß wir die Vollmacht für unsere

Aufgabe, Werkzeug Gottes auch zur Rettung anderer Menschen zu sein, behalten. Dabei läßt uns Gott nichts durchgehen; dabei nimmt er uns unter Umständen zu unserer Rettung und zur Rettung anderer in eine harte Schule, so wie das bei Israel der Fall gewesen war. Wir wollen uns auch nicht mit anderen »zusammenspannen« und uns mit dem vermischen lassen, was Gott nicht gefällt.

Das zweite Buch der Könige

1. Einleitung

Im zweiten Buch der Könige setzt sich das fort, was im ersten Buch der Könige begonnen hat. Trotz der (vorexilischen) Propheten und einiger frommer Könige im Südreich treiben beide Reiche, Israel und Juda, dem Gericht Gottes und der Katastrophe durch fremde Völker entgegen, weil sich das Volk im ganzen und auch in der Regel die Könige nichts sagen lassen.

Wie schon an anderer Stelle bemerkt, hatten Gottes Gerichte über Israel wegen Ungehorsams und Abfalls von seinem Gott, die schließlich mit der babylonischen Gefangenschaft, mit der Zerstörung des Tempels und mit der Einnahme Jerusalems über das Volk hereinbrachen, eine positive Wirkung. Unter den aus dem Land Deportierten, den ins Exil geführten Israeliten ist dann in Babylon eine junge Generation herangewachsen, zu der Hesekiel und Daniel gehörten, die etwas gelernt hat.

Daher sehen wir in der nachbabylonischen Zeit keinen Götzendienst in Israel mehr – wiewohl die Israeliten im Exil ja erst recht hätten dem Götzendienst anheimfallen können. Aber es gab Leute unter den Exilanten, die sogar in den feurigen Ofen gingen und in die Löwengrube, weil sie keinen Götzendienst üben wollten. So ernst hat es dann eine nachwachsende junge Generation genommen, und so hat Gott mit ihnen seine Heilsgeschichte fortgesetzt.

Erstaunlich an diesem ganzen Geschehen ist, daß noch so etwas dabei herauskommt. Ich will von dieser Geschichte zunächst Einzelzüge zeigen, einzelne Geschehnisse negativer und insbesondere auch positiver Art. Dann möchte ich die Geschichte jener Zeit anhand eines Verzeichnisses der Könige im Nord- und im Südreich im großen und ganzen zeigen. Daran anschließend folgt der Abschluß, das Ende – woraus aber doch wieder ein Segen erwuchs.

2. Einzelne Begebenheiten, die das zweite Könige-Buch erzählt

Zu Beginn – in **Kapitel 1** – steht gleich etwas Negatives. Ahasja, den Nachfolger Ahabs im Nordreich, hat ein Unglücksfall ereilt. Er ist von seinem Balkon herabgefallen (es heißt: *»durch das Gitter in seinem Obergemach«*) und hat sich schwere Verletzungen zugezogen. Ahasja hat nun nicht etwa den lebendigen Gott angerufen, auch nicht nach Elia geschickt, sondern einen Götzen der Philister befragen lassen und somit nach okkulten Machenschaften gegriffen, um seine Zukunft zu erfahren. Er wollte wissen, ob seine Verletzung zum Tode führen werde; bzw. er wollte eine Hilfe erlangen.

Das war vor Jahrtausenden so und ist heute kein bißchen anders, daß es nicht wenige Menschen gibt, die christlich erzogen worden sind – doch dann läßt man sich die Handlinien lesen, das Horoskop oder die Karten legen usw. Wir sehen an dieser Geschichte in 2. Könige 1, wie ernst Gott das nimmt, wenn man ihm den Abschied gibt, wenn man zum Gegner überläuft, wenn man anderswo Hilfe sucht. Damit beleidigt man Gott; und damit kommt man in das Fangnetz auch der hintergründigen dunklen Mächte. Nach dem Zeugnis der Heiligen Schrift gibt es eine lichte unsichtbare Wirklichkeit Gottes und seiner Engel und eine dunkle unsichtbare Welt des Feindes und der dämonischen Mächte – und man darf nicht überlaufen!

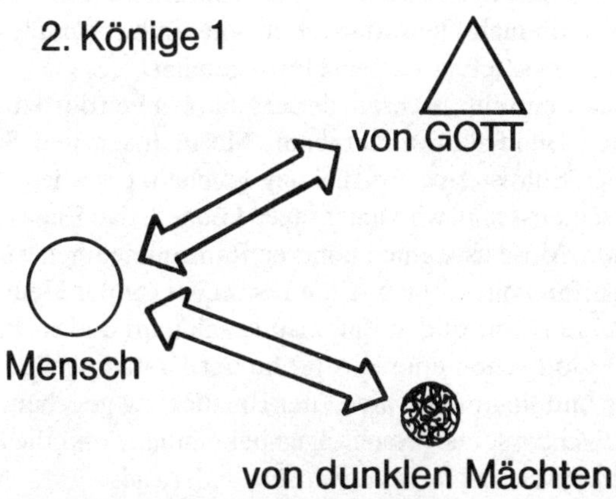

Abb. 60: Hilfe – von welcher Adresse?

Wenn jemand als Christ Hilfe sucht, so ist die Hauptsache nicht die Hilfe an sich; vielmehr ist zuerst zu fragen, *woher* die Hilfe kommt (vgl. Abb. 60).

So sollen auch wir in unserer Zeit nicht Auskunft über unsere Zukunft von seiten dunkler Mächte wollen – das wäre ein Überlaufen zum Feind, eine Verunehrung Gottes. Auch nehmen die dunklen Mächte den Menschen gefangen und präsentieren am Schluß eine böse Rechnung.

So ist auch in unserer Zeit Vorsicht geboten. Nicht, daß wir ängstlich sein müßten – Paulus sagt: »Die Götzen sind Nichtse« (vgl. 1. Kor 12,2) –; wir können uns an unseren Herrn wenden, und dann werden wir wieder davon frei. Aber wir dürfen auch nicht damit spielen und nicht bei einer falschen Adresse Hilfe suchen. Die Hauptsache ist also nicht, ob etwas hilft, sondern ich will wissen, woher diese Hilfe kommt und woher diese Informationen stammen. Erbittet und empfängt der Mensch Hilfe von Gott, oder wendet er sich an dunkle Mächte und bekommt dann etwas von ihnen?

In **Kapitel 2** folgt eine wunderbare Geschichte: nämlich eines der beiden Beispiele aus dem Alten Testament, die Vorausabbildungen dessen sind, was 1. Thessalonicher 4,14 von der Entrückung steht (vgl. auch 1. Kor 15). Da geht es dann nicht mehr durchs Sterben hindurch, sondern über den Tod hinweg unmittelbar dem Herrn entgegen, mit der gleichzeitigen Verwandlung in die Geistleiblichkeit. Außer Henoch (1. Mose 5) ist im Alten Testament die Entrückung Elias erzählt, dieses treuen und tapferen Mannes, der nun alt und müde geworden war und dem Gott es schenkte – wohl auch, um deutlicher zu machen, was Gott mit seiner Gemeinde einmal vorhaben wird –, daß er nicht durch des Todes Tor gehen muß.

Gott kann freilich auch durch den Tod hindurchführen. Aber es kommt die Stunde, da man nicht mehr durch den Tod hindurch muß, sondern über den Tod hinweg unmittelbar zu dem Herrn gelangt.

Das hat dieser einzelne Mensch, dieser Elia, erleben dürfen. Andere treue Leute im Alten Bund – etwa Abraham, Mose, Josua und Samuel – sind gestorben; aber Elia ist eine Entrückung geschenkt worden. Es ist Gottes Freiheit gewesen, und man wird nicht sagen können, daß Elia etwa gegenüber einem Abraham, Mose usw. einen höheren Rang einnehmen würde.

Der Normalfall im sonstigen Alten Testament (außer Henoch) wie auch für uns im jetzigen Äon ist der, daß man krank wird und stirbt. Doch dann und wann hat Gott schon eine Kostprobe der Krankenheilung, der Totenauferweckung und sogar – wie hier – der Entrückung gegeben.

Elia hat Elisa als seinen Nachfolger bekommen, und dieser führte das Werk des Elia weiter.

In den **Kapiteln 4–8** werden Wundertaten Elisas für einzelne wie auch für das Volk berichtet.

In **Kapitel 5** finden wir die Heilung des aramäischen Feldhauptmannes Naaman vom Aussatz, eine Geschichte, die ich wegen einer einzelnen Gestalt, die darin auftritt, besonders liebe. In diesem Kapitel wird nämlich

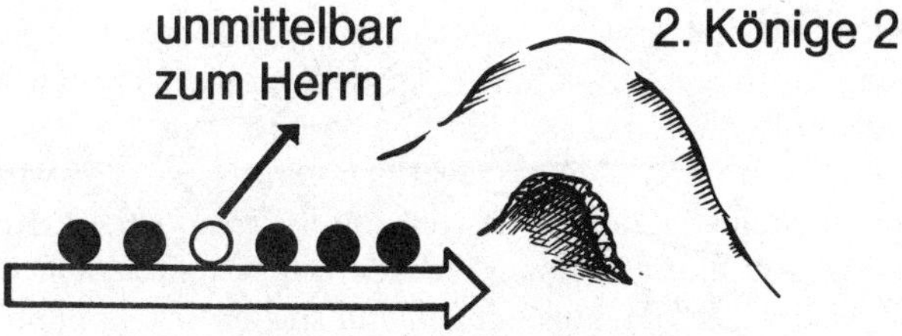

Abb. 61: Die Entrückung Elias

von einem israelitischen Mädchen erzählt, das von den Aramäern (d.h. den Syrern) aus Israel weggeführt worden war und das diese böse Tat mit Gutem vergolten hat (V. 2–4): Sie bot dem Naaman, der dieses Mädchen in sein Haus aufgenommen hatte, Hilfe im Blick auf seine Erkrankung (Aussatz) an. Dies tat das Mädchen, obwohl seine Zukunft zerstört war; sie hatte keine Aussicht, wieder nach Hause zu kommen. (Solches war im Altertum an der Tagesordnung, auch im alten Rom und anderswo. Man hat dann sein Leben eben als Sklave oder als Sklavin verbracht.)

Dieses Mädchen war nun interessanterweise nicht verbittert oder von Rachegedanken erfüllt, sondern es hat unter der Sorge gelitten, die im Hause Naaman eingekehrt war: daß nämlich ihr Chef Naaman an Aussatz erkrankte. Das war damals eine ähnlich unheilbare Krankheit, wie es heute die Krankheit Krebs ist. Diese unbekannte, namentlich nicht genannte Zeugin wies ihren Chef nun zu einem Weg der äußeren und inneren Hilfe, indem sie zu ihrer Chefin sagte: *»Ach, daß mein Herr wäre bei dem Propheten in Samaria! Der könnte ihn von seinem Aussatz befreien«* (V. 3). Mit *»Prophet«* meinte sie Elisa.

Dieses Mädchen war eine hervorragende Missionarin, ein Wegweiser zu einem großen Ziel. Naaman wurde auf diesem Wege gesund und – mehr noch – hat den Gott Israels angenommen. Sogar am Hof des aramäischen Königs wurde also jetzt der Gott Israels angebetet. So kann selbst ein kleiner, unscheinbarer Wegweiser einen großen, guten Weg zeigen.

Kapitel 6 zeigt eine Begebenheit von besonderer Art. Elisa hat sich ja – anders als Elia – zu den Königen Israels freundlich stellen dürfen, insbesondere zu Joram, der der Thronnachfolger seines Bruders Ahasja (s.o., zu Kap. 1) wurde, da Ahasja noch keinen Sohn hatte. Zudem hat Gott es mit diesem Volk durch Joram, wiewohl dieser auch nicht viel nach Gott gefragt hat, mit mahnendem Ernst und mahnender Freundlichkeit versucht, seinen Weg zu gehen. Elisa durfte darum oft der Schutz seines Volkes, auch seines Königs sein.

Abb. 62: Auch ein kleiner Wegweiser kann einen großen, guten Weg zeigen

Israel wurde dann von den Syrern, dem damaligen Dauergegner, überfallen, d.h. in einer Stadt belagert. Elisa war auch in der Stadt, und sie waren nur wenige dort, die sich verteidigen konnten. Israel schien verloren, und insbesondere der Begleiter Elisas hat sich gefürchtet. Elisa bat dann: *»Herr, öffne ihm die Augen, daß er sehe!«*(V. 17). Daraufhin sieht dieser Diener, daß sie von einem feurigen Heer umgeben sind, das Israel schützt. Und es ist ihnen dann tatsächlich auch in der sichtbaren Wirklichkeit nichts zugestoßen. Der unsichtbare Schutz ist stärker als der sichtbare Feind! *»Derer sind mehr, die bei uns sind, als derer, die bei ihnen sind!«* (V. 16).

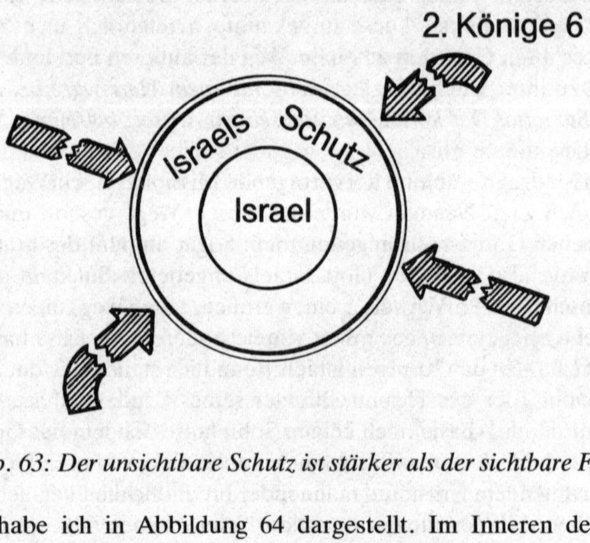

Abb. 63: Der unsichtbare Schutz ist stärker als der sichtbare Feind

Das habe ich in Abbildung 64 dargestellt. Im Inneren des Kreises befindet sich Israel, um dieses herum der starke Schutz Israels. Das Vordringen der Gegner ist mit Pfeilen angezeigt, die durchbrochen sind: Die Feinde werden abgewiesen, sie können Israel nichts anhaben.

Damit sind wir bei einer wichtigen Linie angelangt: Es ist eine unsichtbare Wirklichkeit, die nicht immer zu erkennen ist. Wir dürfen also mit dem starken Schutz Gottes rechnen.

Psalm 46 drückt das fein aus: Wiewohl die Völker toben und die Feinde übermächtig sind – »dennoch soll die Stadt Gottes fein lustig bleiben mit ihren Brünnlein, da die heiligen Wohnungen des Höchsten sind«, denn: was ist die Begründung? – »Gott ist bei ihr drinnen, darum wird sie fest bleiben« (Ps 46,5f.). Nach diesem Psalm hat Luther sein Lied »Ein feste Burg ist unser Gott« gedichtet, mit dem er sagt, daß wir in dieser Burg Gottes geborgen sind. Sacharja 2,9 steht das noch feiner ausgedrückt für das sehr schwache, sich in der nachexilischen Zeit versammelnde Volk: »Ich will, spricht der HERR, eine feurige Mauer rings um sie her sein und will mich herrlich darin erweisen.«

Verfolgen wir diese Linie in das Neue Testament, so ist festzustellen, daß wir dort stärker auf das Nicht-Sehen-und-doch-Glauben gestellt sind und deshalb mehr von der Hoffnung wissen wollen. Es müssen deshalb gewissermaßen die Rechnungen jetzt nicht aufgehen. Daher bezieht sich dieser starke Schutz Gottes im Neuen Testament vor allem auf das, was uns *innerlich* bedroht. So sagt Jesus: »Mein Vater, der mir sie [das sind die Schafe, die sich dem guten Hirten unterstellen] gegeben hat, ist größer als alles, und niemand kann sie aus des Vaters Hand reißen« (Joh 10, 29).

Paulus schreibt in Römer 8: »Ist Gott für uns, wer kann wider uns sein? ... Denn ich bin gewiß, daß weder Tod noch Leben, weder Engel noch Mächte noch Gewalten, weder Gegenwärtiges noch Zukünftiges, weder Hohes noch Tiefes noch eine andere Kreatur uns scheiden kann von der Liebe Gottes, die in Christus Jesus ist, unserm Herrn« (V. 31b. 38f.).

Besonders fein und wichtig ist hier die Stelle Offenbarung 13,8, die für die antichristliche Zeit gilt: »Und alle, die auf Erden wohnen, beten es an, deren Namen nicht vom Anfang der Welt an geschrieben stehen in dem Lebensbuch des Lammes, das geschlachtet ist.« Also diejenigen, die Jesus angenommen haben und die deshalb Gottes Kinder sind, sind damit in das Familienbuch Gottes eingetragen. So heißt es ja in Johannes 1: »Wie viele ihn aber aufnahmen, denen gab er Macht, Gottes Kinder zu werden«, und diese stehen dann im Lebensbuch, im Verzeichnis der Kinder Gottes. Sie beten den Antichristen nicht an, fallen nicht auf ihn herein. Sie haben gewissermaßen die Schutzimpfung, die sie davor im Innersten bewahrt, obschon es äußerlich auch ins Martyrium gehen kann.

3. Die Könige Israels und Judas (nach dem zweiten Könige-Buch; 852/868–722/587 v. Chr.)

Israel	**Juda**
Ahasja (»gottlos in seinem Tun«)	Joschafat (»tat, was dem HERRN wohlgefiel«)
Joram (»tat, was dem HERRN mißfiel«)	Joram, verheiratet mit Atalja, Ahabs Tochter (»tat, was dem HERRN mißfiel«)
	Ahasja (»war gottlos in seinem Tun«)
Jehu, neue Dynastie (mißfiel z.T.)	Königin Atalja (Jorams Witwe) (mißfiel; wurde getötet)
	Joasch (tat eine Zeitlang, »was dem HERRN wohlgefiel«)
Joahas (»tat, was dem HERRN mißfiel«)	
Joasch (»tat, was dem HERRN mißfiel«)	Amazja (tat teilweise, »was dem HERRN mißfiel«)
Jerobeam (II.) (»tat, was dem HERRN mißfiel«)	
	Asarja (Usjia) (tat einigermaßen, »was dem HERRN wohlgefiel«)
Secharja (»tat, was dem HERRN mißfiel«)	Jotam (tat einigermaßen, »was dem HERRN mißfiel«)
Schallum, neue Dynastie (mißfiel; wurde getötet)	
Menahem (»tat, was dem HERRN mißfiel«)	Ahas (»tat nicht, was dem HERRN wohlgefiel«; rief die Assyrer zu Hilfe)
Pekachja (»tat, was dem HERRN mißfiel«)	
Pekach, neue Dynastie (»tat, was dem HERRN mißfiel«)	
Hoschea, neue Dynastie (»tat, was dem HERRN mißfiel«)	
	Hiskia (»tat, was dem HERRN wohlgefiel«) **1. Reform**
722 Assyrische Gefangenschaft; »Samariter«-Mischvolk (Kap. 17)	Manasse (»tat, was dem HERRN mißfiel«, greulich)
	Amon (»tat, was dem HERRN mißfiel«; ermordet)
	Josia (»tat, was dem HERRN wohlgefiel«), **2. Reform;** fällt im Kampf gegen Ägypten
	Joahas (Sohn Josias) (»tat, was dem HERRN mißfiel«)
	Jojakim (Sohn Josias) (»tat, was dem HERRN mißfiel«)
	Jojachin (Sohn des Jojakim) (»tat, was dem HERRN mißfiel«)

Israel	**Juda**
	Zedekia (Sohn des Josia) (»tat, was dem HERRN mißfiel«)
	587 Jerusalem erobert, babylonische Gefangenschaft

Die obige tabellarische Übersicht über die Könige Israels und Judas veranschaulicht den Verlauf der Geschichte dieser beiden israelitischen Teilstaaten im großen und ganzen.

a) Mit dem *Nordreich Israel* – dem Reich aus zehn Stämmen – ging es schon ziemlich schnell bergab.

Nach *Ahasja* (852–851 v. Chr.; sein Unfall wurde schon erwähnt; siehe oben) kam dessen Bruder *Joram* (851–845) auf den Thron, der zweitälteste Sohn des Ahab. Dieser Joram war nicht ganz so übel wie sein Vater. Es heißt zwar von ihm auch: »Er tat, was dem HERRN mißfiel«, doch wird ergänzt: »...doch nicht so wie sein Vater und seine Mutter« (3,2a). Das ist dem Einfluß des Elisa zu verdanken, der offensichtlich auch bei Joram aus- und einging. Es fällt auf, wie sehr sich Gott um dieses Nordreich bemüht und Propheten dorthin gesandt hat (Elia, Elisa, später Amos, und andere).

Dann aber war es doch so weit, daß die Gerichtsreife eintrat. Und Gott hat einen neuen Mann dazu berufen: *Jehu* (845–818). Jehu war allerdings auch nicht einer, der viel nach Gott gefragt hat; er war eher so eine Art von Gerichtsvollzieher oder Scharfrichter. Er kam aus dem Gefolge des Joram und wurde dann König. Schon zu Beginn seiner Herrschaft hat er ziemlich reinen Tisch gemacht: Er hat Joram getötet und auch Ahasja von Juda töten lassen (Kap. 9). Dazu ließ er noch Isebel umbringen. Jehu tat dies zwar im Sinne der Gerichtsvollstreckung, doch nicht in der Demut, sondern eher schon als Rabauke. Diesen Eindruck gewinnt man aus den Berichten über ihn.

So war auch hier kein Segen Gottes dabei. Die mit Jehu an die Macht gekommene neue Dynastie konnte ihre Herrschaft einige Zeit halten. Jehus Nachfolger waren fähige Leute. Sowohl die Dynastien von Jerobeam I. und diejenige von Omri – zu der Ahab gehörte – waren längst passé.

So kam nun die Jehu-Linie an die Reihe, zu der unter anderem *Joahas* (818–802), *Joasch* (802–787) und *Jerobeam* (der zweite König dieses Namens; 787–747) gehörten. Jeróbeam (II.) war ein besonders fähiger Mann, der seinen Staat noch einmal gut gefestigt hat. Allerdings hat auch er nicht nach Gott gefragt. (Zu ihm wurde Amos mit seiner Gerichtsweissagung geschickt.) *Secharja* (747), der Sohn dieses Jerobeam, war ein gottloser

Mensch und dazu noch unfähig, um als König bestehen zu können. Er wurde umgebracht; es kam ein Mann namens *Schallum* (747) an die Herrschaft. Schallum war eine Art Hausdiener gewesen, dem es gelang, sich zum König zu machen. Auch er wurde schon nach wenigen Wochen ermordet.

Auf ihn folgte *Menahem* (746–737), der etwas tüchtiger war. Sein Sohn *Pekachja* (736–735) kam nach ihm an die Macht und wurde auch bald darauf umgebracht. Das war also eine ganz turbulente Zeit! Auch *Pekach* (734–733), der sich zum König aufgeworfen hat, war nur wenige Tage an der Macht.

Daraufhin wurde ein Mann namens *Hoschea* (732–724) eingesetzt. Dieser wollte noch einmal den Untergang des Nordreiches verhindern. Doch der Karren war schon so sehr verfahren und das Volk gerichtsreif: Im Jahre 722 v. Chr. wurde das Nordreich von den Assyrern eingenommen und das Volk in die Assyrische Gefangenschaft weggeführt.

Es ist immer wieder erschütternd, wenn man in der Geschichte oder auch an einem Menschenleben sieht, daß sich ein Volk bzw. ein Mensch auf einen absteigenden Weg begibt, wie ein Stein zu Tale rollt, und so der Gerichtsreife entgegengeht. Sind nicht auch wir Deutsche, ja vielleicht auch das ganze Abendland auf einem Weg, der der Gerichtsreife entgegengeht?

Ähnliches war damals mit Israel der Fall; und der ernste Elia, der freundliche Elisa und der mit Macht auftretende Amos konnten angesichts dieses Verfalls kaum etwas ausrichten. Sie konnten den Absturz Israels nicht verhindern. Das war schmerzlich. »Wer nicht hören will«, bei dem ist die Erziehungsarbeit Gottes vergeblich, und »der muß fühlen«.

Im Jahre 722 wurden also die zehn Stämme des Nordreichs nach Assur gefangen weggeführt. Man rätselt ja immer noch, ob diese zehn Stämme völlig verschwunden sind oder ob sie im Judentum außerhalb Israels, das ja später über die halbe Welt verstreut war, aufgegangen sind. Was ist aus diesen zehn Stämmen geworden? Wir sehen ja im Neuen Testament auch Menschen aus anderen Stämmen, wo nicht nur Juda und Benjamin genannt sind, sondern auch manche der nach Assur deportierten zehn Stämme (vgl. Lk 2,36; Offb 7,5–8 u.a.). So ganz verschwunden können sie also nicht sein. Aber dies war schon ein schweres Gericht für das Zehn-Stämme-Land.

b) Juda war ein kleineres, schwächeres Volk im Vergleich zu Israel; aber Juda blieb ca. 150 Jahre länger bestehen als das Nordreich. Das verdankt es insbesondere zwei prächtigen Königen: Hiskia und Josia.

Im Südreich Juda war zunächst *Joschafat* (868–851 v. Chr.) König, ein feiner Mann und Zeitgenosse des Ahab (siehe 1. Kön 22). Er hat allerdings den Fehler begangen, daß er sich mit Ahab einließ bis hin zu einer Heirat zweier Kinder der beiden: Joschafats Sohn hieß auch *Joram* (851–845) und wurde ebenfalls König (in Jerusalem); er hat Atalja geheiratet, eine Tochter des Ahab und der Isebel. (Sie hat offensichtlich in ihrer Person wesentliche Charakterzüge ihrer beiden Eltern in sich vereinigt, denn sie hat sich später sehr ungut verhalten.)

Joram ist schon bald gestorben. Ihm folgte *Ahasja* (845) auf den Thron, der gerade bei seinem Onkel Joram war, als Jehu losschlug (siehe oben, unter a). So kam auch Ahasja durch Jehu ums Leben.

Daraufhin hat *Atalja* (845–840) – die Königinmutter, die Witwe des Joram – alle aus dem Hause David umgebracht, die für sie greifbar waren (2. Kön 11,1), und hat sich zur Königin gemacht. Sie hat danach getrachtet, daß ihr niemand diesen Platz streitig machte. So konnte sie – als einzige Frau in der Geschichte Israels, die auf den Thron kam – immerhin etwa fünf Jahre an der Macht bleiben. Es war ihr gelungen, alle aus dem Hause Davids umzubringen, auch ihre eigenen Enkel, – bis auf einen, den die Priester im Tempel versteckt und aufgezogen haben, bis er sieben Jahre alt war: Joasch. Seiner Machtübernahme ging voraus, daß die Priester, Leviten und das übrige Volk losgeschlagen haben. Sie haben Atalja sowieso nicht gemocht, da sie eine Fremde und eine Tyrannin war. Sie wurde getötet.

Nach Atalja wurde also ihr siebenjähriger Enkel *Joasch* (840–801) zum König erhoben. Von ihm heißt es: *»Joasch tat, was recht war und dem Herrn wohlgefiel, solange ihn der Priester Jojada lehrte«* (12,3). Als Joasch volljährig war, hat er eine Mißwirtschaft betrieben und ist schließlich auch das Opfer einer Rebellion geworden.

Ähnlich erging es seinem Sohn und Thronnachfolger *Amazja* (801–773): Auch er hat recht gut begonnen und später unnötige Auseinandersetzungen gesucht. Er hat zu seinem Zeitgenossen, dem König von Israel, der auch Joasch hieß (und aus der Jehu-Dynastie kam), gesagt: *»Komm her, wir wollen uns miteinander messen!«* (14,8). Das war die Aufforderung, miteinander Krieg anzufangen. Joasch aber warnte ihn davor; Amazja sollte auch so seine Ehre haben (14,10). Amazja hatte nämlich zuvor die Edomiter besiegt, und das ist ihm in den Kopf gestiegen. Er schlug die Warnung des Joasch in den Wind, begann den Krieg und wurde geschlagen (14,11 ff.). Später wurde er dann auch von Verschwörern ermordet (14,19).

Nach ihm war ein Mann namens *Asarja* (773–735) König, der bei Jesaja *Usija* heißt (Jes 1,1; 6,1). Nach ihm kommt noch einmal ein einigermaßen ordentlicher Mann an die Macht: *Jotam* (757–742).

Auf Jotam folgte *Ahas* (742–726), mit dem sich Jesaja ziemlich auseinandersetzen mußte (Jes 7!). Ahas hat den Unsinn begangen, daß er gegen das Nordreich Israel, das ihn bedrängt hat, und gegen Syrien die viel stärkeren Assyrer herbeigerufen hat. Diese haben später das Nordreich zerstört. Das gesamte Unglück, das etliche Jahre nachher auch über Juda gekommen ist, hat Juda mit dem zu verdanken, daß Ahas so dumm war, gegen einen viel schwächeren Gegner einen ganz gefährlichen – die Assyrer – zu rufen, ihnen damit also einen Vorwand zu geben, hier einzugreifen. Das setzte die Lawine in Gang, die zum Untergang der beiden israelitischen Teilstaaten führen sollte.

Damit stellt sich die Frage, welche Politik denn das Südreich Juda betreiben sollte (davon ist vor allem in den Kapiteln 15 und 16 die Rede). Juda (mit der Hauptstadt Jerusalem) war ja sehr klein; das Nordreich war um einiges größer (vgl. Abb. 64). Welche Politik sollte Juda in dieser Situation pflegen?

Gott hat ja sein Volk Israel an einer (menschlich gesehen) äußerst ungünstigen Stelle angesiedelt, nämlich in einem Gebiet, das gewissermaßen einem zugigen Korridor gleicht: Südwestlich davon war die Großmacht Ägypten ansässig, die Weltmacht an dem großen Fluß Nil; nordöstlich war Assyrien bzw. später dann Babylon, zwei Großmächte, die einander ablösten; im Osten und im Süden lag die syrisch-arabische Wüste, und die Grenze im Westen war die Küste des Mittelmeeres. So lag Israel (bzw. Israel und Juda) zwischen Meer und Wüste und zwischen den Großmächten – in einem Gebiet, das für viele angrenzende Völker eine Durchgangszone darstellte. Um dieses Gebiet haben sich die Großmächte fortlaufend gestritten. Wenn zwei sich streiten, so lacht nicht unbedingt immer der Dritte – schon gar nicht, wenn er am Boden liegt und die anderen auf ihm herumtreten.

Nach der Reichsteilung war das Südreich Juda im Norden von Israel und Syrien begrenzt, die mit Juda eine Bundesgenossenschaft anstrebten, mittels derer sie sich gegen die andringenden Großmächte erwehren wollten.

Was sollte das kleine Juda also tun? Es gab in politischer Hinsicht drei gewöhnliche Möglichkeiten und eine vierte Möglichkeit, die nicht das Normale war:

a) Die eine Möglichkeit war es, sich an die Ägypter anzulehnen. Diese waren die natürlichen Gegner der jeweiligen Großmacht im Nordosten (Assyrien; Babylon).

b) Die zweite Möglichkeit war es, eine sog. »dritte Kraft« zu bilden. Die drei kleineren Staaten Syrien, Israel und Juda haben es auch eine Zeitlang versucht, gemeinsam gegen die Großmächte zusammenzuhalten und solch eine »dritte Kraft« zu bilden.

c) Die dritte Möglichkeit war es, sich mit den Assyrern zu verbünden, sich an die assyrische Großmacht anzulehnen und so den anderen gegenüber im Vorteil zu sein.

d) Die vierte und letzte Möglichkeit war es, für sich zu bleiben und seinem Gott zu vertrauen. Auf diesen Weg wollte der Prophet Jesaja den König Ahas führen: »Glaubt ihr nicht, so bleibt ihr nicht« (Jes 7,9). Juda sollte also seinem Gott vertrauen, dann werde ihm nichts passieren. Es sollte weder eine Politik der Anlehnung an Ägypten noch an Assur betreiben; es sollte

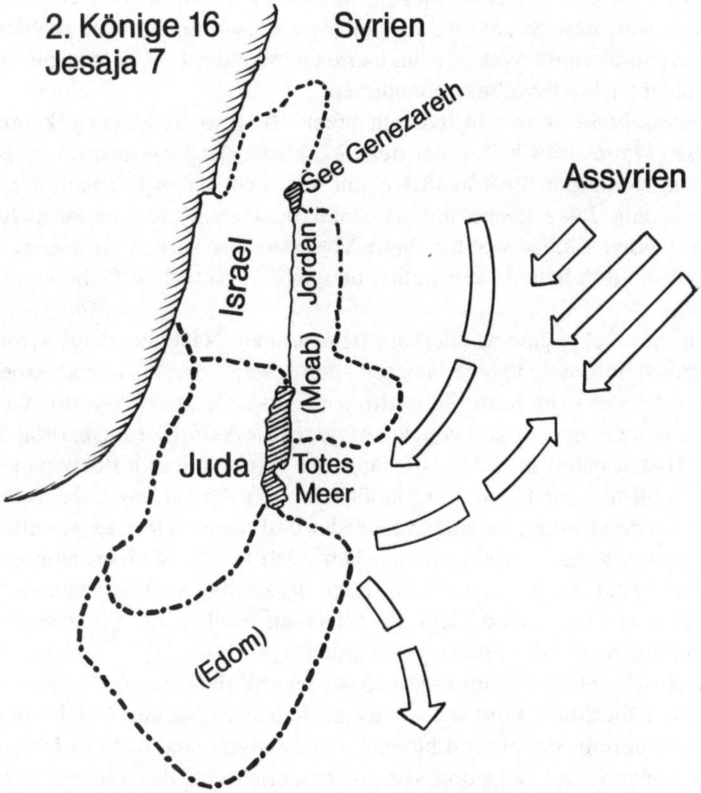

Abb. 64: Vertrauen auf Gott, nicht auf Menschen

auch keine Koalition mit Syrien und Israel bilden (diese wäre politisch zwar nützlich gewesen), die eine solche Koalition mit Juda gegen Assur erzwingen wollten (733 v. Chr.).

Das ist die Situation, die bei Jesaja 7 vorliegt: Syrien und Israel führen gegen Juda unter Ahas Krieg, um Ahas abzusetzen und einen anderen König einzusetzen, der mit ihnen dieses Bündnis eingehen würde, das Ahas bis jetzt ablehnte. Das sollte Juda aber nicht, weil das die Vermischung mit dem Heidentum der Syrer und dem Halbheidentum des Nordreiches bedeuten würde. Deshalb sollten sie für sich bleiben, um Träger der Heilsgeschichte bleiben zu können.

Ahas hat die riskanteste dieser Möglichkeiten gewählt, was politisch vielleicht ein kluger Schachzug war. Aber es hat sich schlecht ausgewirkt, sich sofort mit den Assyrern anzulegen, mit dieser aufstrebenden Großmacht. Einfach war diese Situation Judas nicht, wie es ohnehin nicht problemlos war, das auserwählte Volk zu sein. Denn Gott hat dieses Volk fortwährend in eine nicht leichte Erziehung genommen.

Inzwischen war aber in Juda ein neuer König an die Macht gekommen: *Hiskia* (725–697 v. Chr.), einer der Lichtblicke der Geschichte Israels unter dem Königtum (2. Kön 18ff.). Ihn wie auch seinen Urenkel, den späteren König Josia (siehe unten), kann man als Reformer bezeichnen: Diese beiden Könige wollten ihrem Volk den Weg zurück zu seinem Gott zeigen und ihm helfen, sein Leben neu an den göttlichen Geboten auszurichten.

Hiskia erlebte eine wunderbare Begebenheit: Nachdem die Assyrer das Nordreich und Syrien eingenommen hatten, stand das mächtige, grausame Assyrerheer etwa im Jahre 701 v. Chr. vor Jerusalem. Hiskia war in einer aussichtslosen Lage; er erhielt von den Assyrern die Aufforderung zur Kapitulation. Hiskia nahm nun den Brief mit der Kapitulationsaufforderung und ging damit aus der Königsburg hinüber in den Tempel, legte ihn vor dem Altar auf den Boden, kniete davor nieder und sagte: »Herr, es ist wahr: Ich kann nichts gegen diese Gegner machen. Aber vor dir ist nichts unmöglich« (vgl. 19,14ff.). Und wie er dann durch Jesaja die Auskunft bekam, daß der übermächtige Feind nicht einmal einen Pfeil in die Stadt schießen, geschweige denn in sie eindringen würde (19,32).

Wahrscheinlich stammt Psalm 46 aus jener Zeit, in dem es heißt: »Dennoch soll die Stadt Gottes fein lustig bleiben ..., denn Gott ist bei ihr drinnen, darum wird sie fest bleiben.« Die Assyrer sind nicht in Jerusalem eingedrungen; ihr Heer wurde von einem Gerichtsengel geschlagen (19,35); menschlich-vordergründig gesehen handelte es sich dabei vielleicht um eine Epidemie. Es zog auch ein Heer von Süden heran, mit dem sich der Syrerkönig Sanherib nicht anlegen konnte. So brach er dieses Unternehmen ab und wurde zu Hause dann von seinen eigenen Räten umgebracht, weil man ihn für einen untauglichen Mann hielt, da ihm sein Unternehmen so mißlungen war.

Hiskia, dieser prächtige Mann, hatte aber einen um so ungerateneren Sohn. Die grausamste Zeit im Alten Testament für alle Propheten Gottes war wohl nicht die Zeit, in der Ahab im Nordreich regierte, sondern die Zeit der Herrschaft von *Manasse* (696–642), des Sohnes des Hiskia. Es heißt, er habe viel unschuldiges Blut vergossen (21,16), insbesondere das der Propheten. (Es gibt außerbiblische Nachweise, die besagen, Manasse habe auch den Propheten Jesaja umbringen lassen.)

Manasses Sohn *Amon* (641–640) war nicht viel anders; er ist einem Anschlag zum Opfer gefallen.

Nach ihm kam *Josia* (639–609) schon im Knabenalter auf den Königsthron (22,1), ein Mann, der mindestens so gut wie Hiskia war, wenn nicht noch besser. Er wollte durch eine Reform das Steuer herumreißen: Er hat den Tempel renovieren lassen, in welchem vordem ein Götzendienst eingebrochen war; er hat das Gesetzbuch wiederentdeckt bzw. wiedergefunden, ist über dessen Ernst erschrocken und hat Buße getan (22,8ff.).

Es ist ihm dann eine Nachricht überbracht worden – auffallenderweise durch eine Prophetin, durch Hulda, die Frau des Kleiderhüters (22,14), also des Kammerunteroffiziers. Sie hat dem König den Spruch Gottes mitgeteilt, das Volk, die Stadt und das Königtum würden dem Gericht verfallen. Aber er selbst, Josia, werde Gnade finden und das Unglück nicht erleben (22, 16–20).

Die große Reform des Josia blieb trotz all seiner guten Worte und ungeachtet der Verpflichtung des Volkes durch ihn doch an der Oberfläche; es kam nicht zu einem wahren, inneren Wandel. Niemand hat es so ganz ernst gemeint – eben außer ihm, dem König Josia selbst. Der Prophet Jeremia, der in dieser Zeit auftrat, hat deshalb ungemindert seine Gerichtsbotschaft verkündigen müssen – an die Söhne Josias.

Josia ist im Krieg gefallen (23,29) und zählt zu den wenigen Königen dieses Landes, die in einem Verteidigungskrieg ums Leben gekommen sind. Pharao Necho von Ägypten wollte bei einem Feldzug, den er gegen die Assyrer führte, durch Juda hindurchziehen, Josia wollte sein Land davor schützen und ist so in der Schlacht für sein Land gefallen.

Josias ältester Sohn *Joahas* ist nach ihm König geworden (609 v. Chr.; 23,31f.); ihn hat aber Pharao Necho schon bald abgesetzt und als Kriegsgefangenen nach Ägypten mitgenommen, wo er gestorben ist (23,33.34b).

Pharao Necho nahm dann den zweitältesten Sohn des Josia, hat seinen Namen von Eljakim zu *Jojakim* (608–598) umgeändert (23,34a) und hat ihn zum König eingesetzt. Jojakim war also König »von Ägyptens Gnaden« und daher dieser Großmacht unterworfen. Jojakim war einer von den schlimmsten unter den letzten Königen Judas; er hat Jeremia ziemlich zugesetzt und ihn verfolgt (vgl. Jer 26,20–24; 36,1–32).

Inzwischen hat Nebukadnezar in Babylon die Macht übernommen, ein fähiger Mann, der nicht so grausam wie die assyrischen Herrscher verfuhr. Er hat den Pharao Necho geschlagen und ihm dessen gesamtes Gebiet abgenommen, und auf einmal fand sich Jojakim unter der Herrschaft der Babylonier wieder und war drei Jahre lang Nebukadnezar untertan (24,1ff.). Jojakim hat dann gegen den starken Nebukadnezar revoltiert, was letztlich unsinnig war. Jerusalem ist von Truppen belagert worden – während dieser Belagerung starb Jojakim –, und Nebukadnezar hat diese Stadt durch einen Handstreich eingenommen und den Nachfolger des Jojakim, dessen Sohn

Jojachin (598), gefangengenommen und nach Babylon weggeführt (24, 2–16). Dazu nahm er noch einen Teil der Bevölkerung Judas mit, gewissermaßen als Geiseln, unter ihnen der junge Hesekiel und der junge Daniel (beide aus vornehmen Familien). Eine ganze Anzahl von Israeliten mußte also schon nach Babylon ins Exil gehen, bevor mit der Eroberung Jerusalems im Jahre 587 v. Chr. die Zeit des Staates Judas beendet wurde und die eigentliche Zeit der babylonischen Gefangenschaft begann.

Nebukadnezar setzte an seiner Stelle *Zedekia* (597–587) zum König ein; dieser war der letzte der Könige Israels (24,17 ff.). Zedekia war ein unguter, aber auch ein etwas schwacher Mann. Auch dieser König, der eigentlich ein Statthalter Nebukadnezars war, hat den Unsinn begangen und gegen Nebukadnezar losgeschlagen, der ja zu dieser Zeit auf der Höhe seiner Macht war (25,1). Zedekia war zu dieser Revolte wohl auch durch die Stammes- und Sippenoberhäupter gedrängt worden.

Nebukadnezar antwortete darauf so, daß er Jerusalem in den Jahren 588 und 587 v. Chr. eineinhalb Jahre lang belagerte (25,2 ff.).

Man muß sich vorstellen, welches Elend das für die Einwohner Jerusalems mit sich brachte (vgl. 25,3)!

Der Prophet Jeremia hat in dieser Zeit zur Buße aufgerufen (Jer 7) und immer wieder dazu aufgefordert, daß sich Juda Nebukadnezar unterwerfen und diesem babylonischen König, den Gott als sein Werkzeug benutzte, treu bleiben sollte. Doch man hat ihn als Miesmacher verschrien und Durchhalteparolen ausgegeben (vgl. Jer 27–29). Und als es nicht mehr anders ging, haben König Zedekia und andere Oberhäupter die Stadt heimlich verlassen und sich auf und davon gemacht. Das Volk blieb seinem Schicksal überlassen. Die Fliehenden wurden aber eingeholt, und sie sind dann auch von dem Gericht ereilt worden (25,5).

So brach das ganze Gericht Gottes über Juda herein: Die Stadt Jerusalem wurde erobert und eingenommen, der Tempel zerstört und die Bevölkerung ins babylonische Exil weggeführt.

Aber dieses Ende Judas war nicht das Letzte. Jesaja gebrauchte schon 100 Jahre früher das Bild von dem Baumstumpf, aus dem ein neuer Trieb sproßt (Jes 6,13), und hat damit zum Ausdruck gebracht, wie es mit Israel kommen werde: Israel werde sein wie der Stumpf eines abgehauenen Baumes. Aber dieser Baumstumpf werde wieder ausschlagen; und schließlich werde aus der »Wurzel Isais« der neue Sproß kommen.

Kurz gesagt: Gott hat seine Heilsgeschichte mit seinem Volk fortgesetzt. Er bereitete im Verborgenen die Erneuerung dieses Volkes vor, vor allem durch die mit ins Exil geführten späteren Propheten. Dies war eine schwere Erziehung – nach dem Motto: Wer nicht hören will, muß fühlen! –, und dennoch hatte Gott dabei eine positive Absicht. Was ist doch zum Beispiel

2. Könige 25,27–30
Jesaja 6,13

Abb. 65: Das Gericht war nicht das Letzte

Daniel in dieser harten Schule für ein Mann geworden, von dem man soviel lernen kann! Das ersehen wir aus diesen Geschichten.

Das erste Buch der Chronik

1. Einleitung

Die beiden Chronik-Bücher sind ein Werk, das noch einmal dieselbe Geschichte erzählt, die in den beiden Samuel-Büchern und den beiden Könige-Büchern steht. Diese uns aus den vorangehenden Kapiteln bekannte Geschichte ist in den Chronik-Büchern allerdings einerseits um einiges gekürzt, andrerseits aber auch erweitert worden. Man könnte deshalb auf den ersten Blick meinen (was viele ja auch tun), das sei eine nicht unbedingt notwendige Dublette, eine Doppelung, eine Wiederholung. Die Chronik-Bücher sind vermutlich erst einige Zeit später entstanden als die Samuel- und die Könige-Bücher, wohl gleichzeitig wie die Bücher Nehemia und Esra (also nach der babylonischen Gefangenschaft).

Wenn man diese Bücher nicht vorschnell als eine Wiederholung eines bereits bekannten Stoffes ansieht und sie näher betrachtet, dann tritt ein wesentlicher Aspekt stark in den Vordergrund und man stellt fest: Hier hat wohl ein prophetischer Mann geschrieben, der den Auftrag hatte, die Geschichte unter einem ganz bestimmten und beherrschenden Gesichtspunkt noch einmal zu erzählen. Er möchte diese Geschichte mit einer gewissen Einseitigkeit in erster Linie von den göttlichen Maßstäben her zeigen. Unter diesem Gesichtspunkt betrachtet werden die beiden Chronik-Bücher sehr interessant. Dieser eine wesentliche Aspekt, den die Chronik-Bücher herausstellen, betrifft eine Grundfrage der Geschichte Gottes mit uns Menschen. Vieles andere tritt demgegenüber zurück (etwa Berichte über Kriege), und eins tritt in den Vordergrund, das ich mit einem bekannten Liedvers ausdrücken möchte:

Ewigkeit, in die Zeit
leuchte hell herein,
daß uns werde klein das Kleine
und das Große groß erscheine.

Die Sinnerfüllung des Menschen ist – nach der gesamten Bibel – der sein Leben umfassende Gottesdienst. Mit dem Wort »Gottesdienst« meine ich hier und im folgenden also nicht lediglich eine kirchliche Veranstaltung am Sonntagvormittag (obwohl diese dazugehört), sondern das, was Paulus im Kolosserbrief so ausdrückt: »Alles, was ihr tut, das tut von Herzen als dem Herrn und nicht den Menschen« (Kol 3,23). Zu diesem das ganze Leben umfassenden Gottesdienst hat Gott den Menschen geschaffen, und so allein ist sein Leben heil und im Lot und sinnvoll.

Wir merken, daß wir mit diesem biblischen Grundanliegen, das in den Chronik-Büchern besonders hervortritt, bei Fragen unserer Zeit sind. Es wird immer deutlicher, daß sich z.B. junge Menschen oft deshalb so rätselhaft verhalten – worüber ältere Menschen manchmal den Kopf schütteln –, weil sie an der Frage nach dem Lebenssinn verzweifeln. Nur Karriere zu machen und das Wirtschaftswachstum zu fördern als Lebenssinn ist vielen jungen Menschen zu wenig. Auch die Weltrevolution als Lebensziel und Lebenssinn hat ihre Attraktion unter jungen Menschen verloren. Viele sind daran verzweifelt, als sie feststellten, daß ihre Hoffnungen auf eine grundlegende Veränderung dieser Welt durch Revolutionen zerbrochen sind.

In dieser Lage, in der Skepsis bis hin zur Verzweiflung unter der Jugend um sich greift, ist es sehr wichtig, diese Botschaft der Chronik-Bücher, ja der ganzen Bibel den jungen Menschen zu Gehör zu bringen, so daß sie das verstehen und aufnehmen können: Sinnerfüllung des menschlichen Lebens ist der Gottesdienst.

2. Die Gliederung des ersten Chronik-Buches

Die Gliederung des ersten Chronik-Buches ist recht einfach; dieses Buch besteht aus drei Teilen:

1. *Stammtafeln und Geschlechtsregister (Kap. 1–9)*
   Die Zeit von Adam bis Abraham und nach Abraham (Kap. 1)
   Das Geschlecht Juda (Kap. 2)
   David und seine Nachkommenschaft bis zur Zeit der babylonischen Gefangenschaft (Kap. 3)
   Die Geschlechter der übrigen Stämme Israels, insbesondere des Stammes der Leviten und der levitischen Sängerfamilien (Kap. 4–9)

2. *Die Königsherrschaft des David (Kap. 10–20)*
   Saul versagt (Kap. 10)
   David wird König über ganz Israel und erobert Jerusalem (Kap. 11)

Die Getreuen Davids; viele treten auf seine Seite, auch einige seiner ehemaligen Gegner (Kap. 12f.)
Davids Söhne und Siege (Kap. 14)
Die Bundeslade wird nach Jerusalem überführt; Dankesfeier mit Segnung des Volkes und einem Festmahl für alle, abschließend mit einem Danklied Davids (Kap. 13.15.16)
Die Verheißung für Davids Haus (Kap. 17 vgl. 2. Sam 7)
Die Kriegsbeute wird zur Gabe für den Tempel bestimmt (Kap. 18)

3. *Die Vorbereitung des Tempelbaus durch David (Kap. 21–29)*
Der Ort des Tempels (Kap. 21)
David beauftragt Salomo mit dem Tempelbau (Kap. 22)
Einteilung und Dienst der Leviten (Kap. 23f.)
Einteilung der Sänger (Kap. 25)
Bestellung der Torhüter usw. (Kap. 26)
Die führenden Männer Israels – der Stämme, des Heeres und der Verwaltung (Kap. 27)
David stellt dem Volk Salomo als seinen Nachfolger vor und übergibt Salomo den Bauplan für den Tempel (Kap. 28)
Reiche Beisteuer zum Tempelbau. Salomo wird König. David stirbt. Der Thron Israels heißt »Thron des HERRN« (Kap. 29)

3. Das Anliegen der Chronik-Bücher

Schon der Aufbau des ersten Chronik-Buches deutet an, was in diesem Buch (ähnlich wie im zweiten Chronik-Buch) dominiert. Es wird – wie gesagt – eine einzige Linie mit großer Einseitigkeit aufgezeigt: Es geht um den *Gottesdienst Israels*. Der Grundtenor dieses Buches bringt zum Ausdruck, daß Israel im Grunde genommen zum Gottesdienst bestimmt ist.

Man hat schon angenommen, daß ein Priester oder einer der vielen Sänger (Kap. 25) dieses Buch verfaßt hat. Zu diesen Sängern gehörten zum Beispiel Asaf und eine Familie Korach, deren Namen am Beginn einiger Psalmen stehen (Asaf: 50,1; 73,1; 75,1; 76,1 u.a.; Korach: 42,1; 44,1; 45,1; 46,1; 47,1 u.a.).

Diesen wesentlichen Aspekt des ersten Chronik-Buches will ich in vier Punkten entfalten:

3.1 Der Gottesdienst – das Ziel der Heilsgeschichte

Eigentlich zielt die gesamte Heilsgeschichte auf die Wiederherstellung des Gottesdienstes, insbesondere auf den Lobpreis Gottes. Diese Wiederherstellung von Gottesdienst und Lobpreis bedeutet Sinnerfüllung für den Menschen, und das sehen wir in der Schrift auf eine dreifache Weise, nämlich dort,

a) wo der Spalt zwischen Zeit und Ewigkeit nur ein wenig aufgeht und sich der Vorhang zwischen uns und der unsichtbaren Welt auch nur ein wenig öffnet. Das ist zum Beispiel bei der Berufung des Jesaja (Jes 6) und in Offenbarung 4f. der Fall (vgl. auch Hes 1–3). Immer bekommt dabei derjenige, der diesen Durchblick hat (Jesaja, Johannes usw.), einen Einblick davon, daß die Ewigkeit von einem großen, gewaltigen Gottesdienst erfüllt ist. »Heilig, heilig, heilig ist der HERR Zebaoth…« (Jes 6,3).

b) Immer dort, wo ein Blick auf die Vollendung gewährt wird, auf das Ziel aller Dinge, auf die Neuschöpfung von Himmel und Erde, wird der große, wunderbare Gottesdienst sichtbar: »Seine Knechte werden ihm dienen und sein Angesicht sehen, und sein Name wird an ihren Stirnen sein« (Offb 22,3b–4; vgl. auch Jes 45,23f.; Phil 2,10f.; Offb 5; 21).

c) Nach dem Neuen Testament ist jetzt schon der wahre Gottesdienst in der *Gemeinde* Jesu ermöglicht (Röm 12,1ff.).

Weil am Ziel der Wege Gottes dieser große Gottesdienst stehen wird, ist die Heilsgeschichte nichts anderes als die Wiederherstellung, die Heilung des Gottesdienstes, die Entstörung des »Kreislaufs« zwischen Gott und Mensch.

Zu Abbildung 66: Ehe ein Arzt die Therapie bestimmt, muß er eine Diagnose stellen. Dementsprechend habe ich diese Abbildung aufgebaut.

a) Zunächst erfolgt die »Diagnose«: Der Mensch ist an der Sünde »erkrankt«, und diese Ur-Sünde ist die Störung des Kreislaufs zwischen Gott und Mensch. Das heißt konkret: Gott schenkt – doch der Mensch dankt nicht. Gott gibt – doch der Mensch gibt sich ihm nicht hin. Gott übernimmt die Führung und stellt unter seinen Schutz – doch der Mensch vertraut Gott nicht. So wandelt der Mensch in der Finsternis. (Das veranschaulicht der rechte, durchbrochene Pfeil dieses Kreislaufs.)

b) Die Wiederherstellung des Kreislaufs geht nun so vor sich: Das Alte Testament stellt gewissermaßen den Auftakt zu dieser Heilung dar. Aber im Vollsinn heil ist dieser Kreislauf erst im Leben Jesu: Der Vater schenkt – der Sohn dankt; der Vater gibt – der Sohn gibt sich ihm hin, und zwar nicht nur in Ewigkeit und von Ewigkeit her, sondern gerade da, wo Jesus in die Menschenwelt eintrat und der neue Adam, der neue Mensch (Röm 5,12ff.) geworden ist.

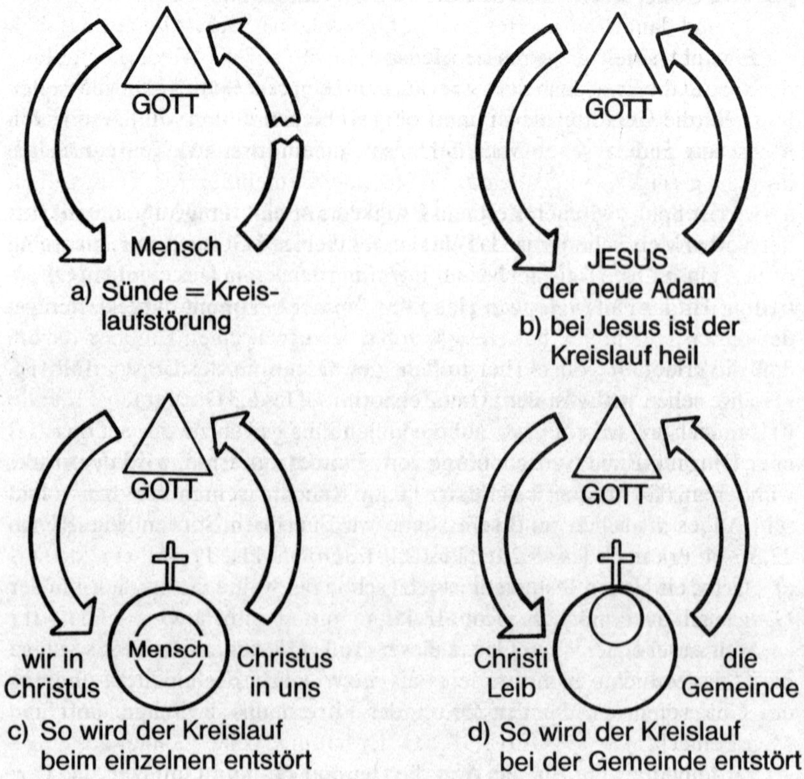

Abb. 66: Ziel der Heilsgeschichte ist die Wiederherstellung des wahren Gottesdienstes

c) Nun bezieht Jesus Menschen in diesen heilen Kreislauf ein und bewegt sie vom Innersten her. So wird der Kreislauf beim einzelnen entstört. Jesus sagt: »Bleibt in mir und ich in euch. Wie die Rebe keine Frucht bringen kann aus sich selbst, wenn sie nicht am Weinstock bleibt, so auch ihr nicht, wenn ihr nicht in mir bleibt… Denn ohne mich könnt ihr nichts tun« (Joh 15,4f.).

So werden wir vom Innersten her den Weg zu diesem Gottesdienst, zur wahren Erfüllung der Gebote Jesu finden: wir in Christus und Christus in uns, wir in seiner Gemeinschaft und im Umgang mit ihm, daß wir ihm als dem Heiligen Geist in uns Raum geben. Das ist schon im Alten Testament angekündigt: »Ich will mein Gesetz in ihr Herz geben und in ihren Sinn schreiben« (Jer 31,33b), »ich will meinen Geist in euch geben und will solche

Leute aus euch machen, die in meinen Geboten wandeln und meine Rechte halten und danach tun« (Hes 36,27). Das ist keine Sache, die nur auf dem Papier steht, sondern die ins Leben geht.

d) Gilt die Entstörung des Kreislaufs für den einzelnen, dann gilt sie erst recht für die Gemeinde, beim neutestamentlichen Gottesvolk. Jesus Christus ist das Haupt seiner Gemeinde, die Gemeinde ist sein Leib; er hat als Werkzeug seines Gottesdienstes nun seine Gemeinde. Wie er in seinen Erdentagen für seinen Gottesdienst, für seine Arbeit für Gott und von Gott her an den Menschen durch das Wirken des Heiligen Geistes einen menschlichen Leib hatte, so hat er seit Pfingsten wieder einen Menschenleib als Instrument – einen Leib aus Menschen –, durch Wirkung seines Heiligen Geistes.

Im Verlauf der Wiederherstellung des Gottesdienstes in der Heilsgeschichte sehen wir schon im Alten Testament, daß der Gottesdienst Freude ist, was sich vor allem in den Liedern niederschlägt. Das zieht sich durch das erste Chronik-Buch (vgl. auch Apg 2; 4; Phil 4,4f. u.a.), und sein Verfasser will zeigen, daß das der Nerv dessen ist, was Gott mit seinem Volk tun wollte. So heißt es ja auch beim Bundesschluß am Sinai: »Ihr sollt mir ein Königreich von Priestern und ein heiliges Volk sein« (2. Mose 19,6a), ein Volk aus Priestern, ein Volk im Gottesdienst.

Das gilt auch und erst recht für die neutestamentliche Gemeinde: »Ihr seid das auserwählte Geschlecht, die königliche Priesterschaft, das heilige Volk, das Volk des Eigentums...« (1. Petr 2,9). »...der uns liebt und uns erlöst hat von unsern Sünden mit seinem Blut und uns zu Königen und Priestern gemacht hat...« (Offb 1,5b.6a). Er hat uns, seine Gemeinde, eingesetzt, stellvertretend für die Welt ihm zu dienen, und Gott will die Welt wieder gnädig ansehen, wenn sich um Jesus eine Schar sammelt, die in seinem Dienst steht. Das heißt für uns ganz praktisch, daß wir unser Leben Tag für Tag unter diesem Horizont und in diesem Licht sehen. So sagt schon das Alte Testament: »Euer Herz sei ungeteilt bei dem HERRN, unserm Gott...« (1. Kön 8,61). Gott sagte zu Abraham, was auch uns gilt: »Ich bin der allmächtige Gott; wandle vor mir und sei fromm« (1. Mose 17,1).

Jeder einzelne Christ ist also dazu berufen und in seinem Gewissen dazu anzuhalten, in diesem Gottesdienst zu stehen, der sein Leben umfaßt. Das hat ja die wunderbare Folge, daß solche Christen nicht »umschulen« müssen, wenn sie in die Ewigkeit eintreten. Manche Berufe sterben ja wegen der technischen und wirtschaftlichen Weiterentwicklung aus, und die Menschen, die diese Berufe ausgeübt hatten, müssen sich umschulen lassen (etwa für die Datenverarbeitung), auch wenn sie schon älter sind und ihnen das schwerfällt. So wird es wohl manches geben, was wir in der Ewigkeit nicht mehr tun werden. Aber das Leben im Gottesdienst wird weitergehen.

Der Himmel hat also eigentlich schon begonnen – wenn auch nicht so, daß uns die Unannehmlichkeiten dieses Lebens abgenommen werden würden, aber in dem Sinn, wie August Hermann Francke es sagte:

Wohlan, was heißen Stund und Zeit?
Ich bin schon in der Ewigkeit,
weil ich in Jesus lebe.

Paulus sagt das so: »Unser Bürgerrecht ist im Himmel« (Phil 3,20 a).

3.2 Der Tempel als Ort des Gottesdienstes

Das erste Chronik-Buch zielt auf den Bau des Tempels, in dem Gott wohnt (29,1). Daher geht es in diesem Buch darum, daß der *Ort* vorbereitet wird, an dem der Gottesdienst stattfinden wird (Kap. 18; 21–29 u.a.). Im Tempel begegnet Gott dem Menschen – nirgends sonst –, und hier dürfen Menschen dem lebendigen Gott begegnen. Der Gott Israels ist Israels Schutz (vgl. Ps 46). David suchte mit seiner Regierung die Gegenwart Gottes – deshalb ließ er die Bundeslade nach Jerusalem überführen (Kap. 13; 15).

Im Neuen Testament ist der Tempel die Gemeinde Jesu (1. Kor 3,16 ff.; 1. Petr 2,5). In der Vollendung ist das ganze Volk Gottes, das »neue Jerusalem«, der Ort der offenbarten Gegenwart Gottes (Offb 21,3).

Die Frage des Tempelbaus bekommt im ersten Chronik-Buch eine so beherrschende Rolle, daß man sich unwillkürlich fragt: War das denn eigentlich die Hauptaufgabe Davids? Wenn man freilich die Zeit des Königtums Davids betrachtet, so war die Vorbereitung des Tempelbaus sicher nur ein recht kleiner Ausschnitt daraus. Doch hier wird mit göttlichen Maßstäben gemessen, und daran wird ersichtlich, daß diese Vorbereitungen des Tempelbaus durch David außerordentlich wichtig waren.

An Abbildung 67 ist zu ersehen, in welchem Verhältnis der alttestamentliche Tempel (links: Allerheiligstes, Heiligtum und Brandopferaltar), der neutestamentliche »Tempel« und das Heiligtum Gottes in der Vollendung zueinander stehen und wie eines die Fortsetzung des vorigen – freilich in einer Vergrößerung – darstellt.

Im Neuen Testament ist die Gemeinde Jesu der Tempel (1. Kor 3), und er, Jesus Christus, ist mitten in seiner Gemeinde (siehe Mt 18,20). Das müssen wir als seine Gemeinde heute uns immer wieder neu vergegenwärtigen: »Wo zwei oder drei versammelt sind in meinem Namen, da bin ich mitten unter ihnen.« Wir dürfen deshalb bei der Gemeinde Jesu nicht so sehr auf die Menschen sehen, sondern über sie hinaus- und hinaufblicken auf den

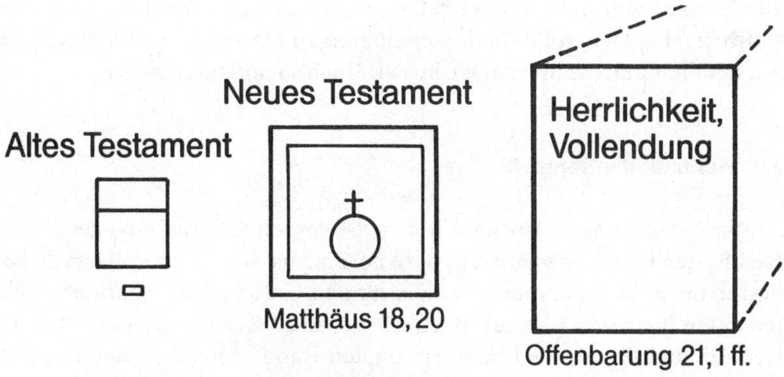

Abb. 67: Der Tempel – der Ort des Gottesdienstes

Herrn selbst. »Gott ist gegenwärtig«, sang Gerhard Tersteegen. Damit wollen wir rechnen, und daran wollen wir uns halten.

Von Johann Christoph Blumhardt wird berichtet, daß er einmal ein Gespräch mit Theologiestudenten geführt hat, die eine wissenschaftliche Arbeit über das Thema »De Christo« (»Über Christus«) vorzubereiten hatten. Wie sie darüber diskutierten, sagte Blumhardt plötzlich: »Man redet doch nicht *über* einen Anwesenden, sondern man redet *mit* ihm!« So kann und darf das Reden über den anwesenden Herrn immer wieder zum Reden mit ihm werden.

Der Zustand der Vollendung ist in Abbildung 67 (rechte Bildhälfte) wieder durch das Allerheiligste dargestellt, das ja würfelförmig war. In Offenbarung 21 wird uns kein dunkler »Würfel« gezeigt (wie im Allerheiligsten des israelitischen Tempels), sondern ein riesenhafter Lichtpalast – mit einer Kantenlänge von 1500 Kilometern (wenn man die Maße von Offb 21,16 umrechnet). Solche enormen Maße sind dort genannt! Es kommt zum Ausdruck, daß dieses Heiligtum, das jetzt gebaut wird (die Gemeinde; vgl. 1. Petr 2,5), dann riesige Ausmaße bekommen wird: ein Volk aus allen Völkern und Nationen.

Ich bin der Überzeugung, daß dort wieder ein Haus aus Menschen entsteht (»lebendige Steine«; 1. Petr 2,5), kein Haus aus Steinen, aus Gold oder aus sonst irgendetwas. Vielmehr wird der Glaube, der durch das Feuer bewährt ist (1. Petr 1,7), mit den goldenen Gassen usw. (Offb 21,16ff.) gemeint. Die »lebendigen Steine« sind geläuterte Menschen, die in dieses große Volk Gottes eingefügt sind; und Gott ist mitten unter ihnen – und es gibt keinen Tempel mehr (Offb 21,22). Es ist also nichts mehr da, das nur ein Hinweis auf die Gegenwart Gottes sein kann, sondern seine Gegenwart ist offenbar: Er ist verherrlicht, es ist am Tag, es ist enthüllt. »Siehe da, die Hütte Gottes bei den Menschen! Und er wird bei ihnen wohnen, und sie werden sein Volk sein, und er selbst, Gott mit ihnen, wird ihr Gott sein« (Offb 21,3f.). Die große Wiedervereinigung ist erfolgt! So endet diese Linie mit dem Tempel, die im ersten Chronik-Buch so dominierend ist.

3.3 Wer baut den Tempel?

Nach den Chronik-Büchern war es die vornehmste Aufgabe der *Könige* Israels, den Tempel vorzubereiten, zu bauen, zu erhalten und zu unterhalten und so die äußeren Voraussetzungen für den Gottesdienst schaffen. Dahinter treten im ersten Chronik-Buch all die vielen Kriege, der Bau von Palästen, die Politik, die sie betreiben, an den Rand gegenüber diesem einen: der Vorbereitung des Tempelbaus. Nach dem, was die Könige im Blick auf den Tempel leisten, werden sie beurteilt.

Die Vorbereitung des Tempelbaus erscheint im ersten Chronik-Buch als das Wichtigste und als Krönung von Davids Wirksamkeit. Daran wird der hinausweisende Charakter dieses Buches erkennbar: Es verweist auf unseren Herrn Jesus Christus, der schließlich den wahren Tempel baut, seine Gemeinde, und sie zur Vollendung führt, um sie dann dem Vater vorzustellen.

Dabei wird aber auch deutlich, daß David, dieser größte König Israels, den Tempel selbst nicht bauen darf. Das bedeutete, daß dieser David nur der Vorläufer eines anderen ist. Es ist von großer Bedeutung, daß nicht nur Davids Sohn dann erst den Tempel bauen durfte, sondern daß David als dem größten König Israels der Tempelbau nicht erlaubt wurde. Denn das ist im Grunde genommen auch ein Hinweis darauf, daß das gesamte Alte Testament letztlich nur eine Vorbereitung ist auf das, was dann im Neuen Testament geschieht; und David, der Größte der Könige Israels, ist nur ein Modell und ein vorausgeworfener Schatten des eigentlichen Gesalbten, des Messias' Jesus, der den eigentlichen Ort schafft, an dem Gott und Mensch einander begegnen, und der den Tempel – seine Gemeinde – baut.

Auch die Krieger, die in diesem Zusammenhang aufgeführt werden, die »Getreuen Davids«, wirken im Grunde genommen dabei mit, daß in Israel für den Tempel und den Gottesdienst Raum geschaffen wird. So sind auch alle »Mitarbeiter Gottes« im Neuen Testament Menschen, die an der Sammlung und am Bau der Gemeinde mitwirken und zu ihrem Gottesdienst beitragen. Auch die Kämpfe der »Getreuen Davids« haben also dieses Ziel – wie es im Neuen Testament die Kämpfe der Apostel und aller Boten Jesu haben –, Menschen zu retten, zu befreien und zum Gottesdienst in Zeit und Ewigkeit anzuleiten.

Saul und das Zehn-Stämme-Gebiet – das Nordreich Israel nach der Reichsteilung – mit seinen Königen werden nur ganz kurz erwähnt.

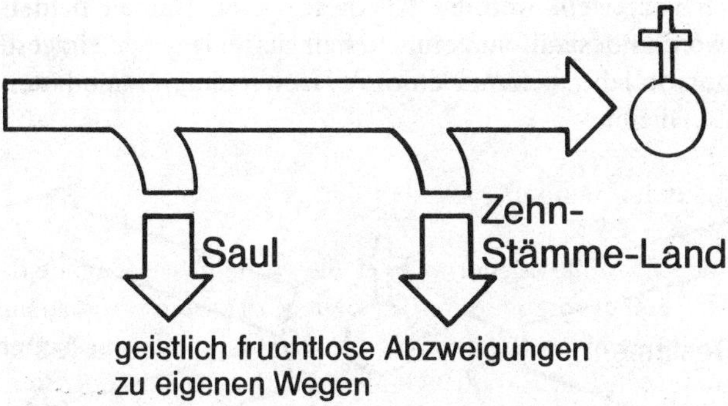

Abb. 68: Der Tempelbau – die vornehmste Aufgabe der Könige Israels

Sie stellen einen Fehlweg dar (vgl. Abb. 68), und sie trugen zum neu zu bauenden Tempel und zum künftigen Gottesdienst nichts bei und blieben nicht in der Linie, die zu dem großen Gottesdienst in der Erfüllung führt. Gerhard Tersteegen sagt derartiges in einem Lied so:

Die Zeit ist wie verschenket
da man nicht dein gedenket.

3.4 Wer übt den Gottesdienst aus?

Es war – besonders in den Stammbäumen – vom Stamm Levi die Rede, dem Stamm, der unter den Stämmen Israels für den Gottesdienst zuständig war. Aber da der König David, der aus Juda, einem anderen Stamm, kam, den priesterlichen Dienst tun darf und sein königliches Gewand ab- und einen leinenen Rock anlegte, als die Bundeslade kam, und so mit den Priestern Dienst tat, wird deutlich, daß nicht nur die Leviten, sondern *ganz Israel* in den Gottesdienst einbezogen ist. Es wird ja auch beim Bundesschluß von ganz Israel als einem priesterlichen Volk gesprochen (2. Mose 19,6b). Das weist auch auf Israels Stellung innerhalb der ganzen Welt hin. Der Priester steht ja an seiner Stelle für andere. Israel sollte stellvertretend für die Welt vor Gott Dienst tun und deshalb der ganzen Welt von Gott her Hilfe sein.

Das ist, wie ich meine, der Grund für die vielen Namen, die in den Stammbäumen des ersten Chronik-Buches vorkommen, wobei der priesterliche Stamm Levi (als der Stamm, der den Gottesdienst ausübt) und der Stamm Juda (als der Stamm, der für den Tempelbau zuständig ist) besonders ausführlich vorgestellt werden. All diese vielen Namen in den Stammbäumen werden deshalb aufgeführt, weil derjenige, der Gottesdienst tut und so vor Gott lebt, nicht namenlos ist. Er hat einen Namen, der vor Gott unvergessen bleibt.

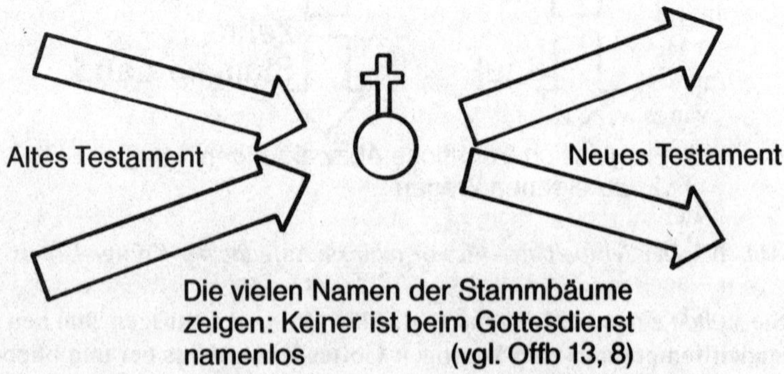

Abb. 69: Die Namen derer, die den Gottesdienst ausüben – die Namen der Stammbäume

Das ist die alttestamentliche Parallele zu dem, was dann im Neuen Testament vom »Lebensbuch des Lammes« steht (Offb 13,8; 21,27). Es ist das neutestamentliche Volk Gottes, das durch den Heiligen Geist Gott dient. Wer im Gottesdienst steht, ist nicht namenlos, ist nicht Masse, ist nicht bloß einer unter Milliarden von Menschen. Die Bibel sagt, daß Gott die Seinen mit Namen kennt, die an ihn glauben (zum Beispiel bei Mose: 2. Mose 33,12.17; vgl. Jes 65,15). »Ich habe dich bei deinem Namen gerufen; du bist mein!« (Jes 43,1). Und wer sich von Gott zum Gottesdienst rufen läßt, ist bei Gott unvergessen und unverloren.

Von denen, die den Gottesdienst ausüben, sind insbesondere die 24 Chöre ausführlich genannt, die Chöre, die einander im Gottesdienst ablösten und die zum Teil darin auch gemeinsam musizierten (vgl. dazu vor allem Kap. 25, aber auch andere Stellen von 1. Chr). Dies ist geradezu ein Gesang zu Gottes Ehre, der nicht als eine Kunstausübung verstanden wurde und der auch nicht zur Verschönerung des Gottesdienstes diente (wenn auch Ps 27,4 von den »schönen Gottesdiensten« die Rede ist). Das Lied ist in erster Linie Antwort des Menschen auf Gottes große Wohltat, wie Luther es sagte: »...und wir Antwort geben in Lied und Gebet.«

Es war für Luther deshalb sehr wichtig, auch Lieder zu schreiben. Er hat ja damit angefangen, evangelische Choräle zu dichten. Dazu gehörten sowohl Neuschöpfungen (wie etwa »Nun freut euch, liebe Christen gmein«)

wie auch Übersetzungen von altkirchlichen und mittelalterlichen Gesängen, die ursprünglich in Lateinisch verfaßt worden waren (zum Beispiel »Komm heiliger Geist, Herre Gott«) und von denen mitunter nur ein Vers vorlag, den Luther um zusätzliche Strophen erweiterte. Er wollte der Gemeinde, dem Volk Gottes eine Antwort auf die großen Taten Gottes, auf das, was Gott für uns tut, in den Mund legen. »Ein neues Lied, wir gehen an, das walt Gott, unser Herr« – das war Luthers erstes Gedicht überhaupt seit Beginn der Reformation, in dem er zwei junge Männer, die in Köln den Märtyrertod für ihren evangelischen Glauben gestorben sind, besingt.

Wir hören in 1. Mose 18 und 19 – der Geschichte von Sodom und Gomorra –, wie wichtig es ist, daß eine Minorität mitten in einer Welt des Geschreis, der Sünde das neue Lied hat, das Lied zu Gottes Lob, das Lied, das Ihn ehrt. Daß das vorhanden ist, bedeutet – wie wir aus diesem Bibeltext erkennen – auch für die Welt sehr viel. So wollen auch wir dieses Lied zu Gottes Lob bewußt haben und üben. Diese Antwort auf die großen, guten Taten Gottes ist auch eine spontane Antwort, die nicht unbedingt kunstvoll sein muß, aber die Gott lobt – vielleicht auch mit eigenen Worten. Das Singen zu Gottes Lob mit übernommenen oder eigenen Worten, mit Psalmen und lieblichen Liedern, ist eine Weise, wie man in Lob und Dank, in Bitte und Fürbitte, in Buße und Glauben mit Gott reden und sein Herz ausschütten kann.

Was hört Gott von uns? Hört er stellvertretend das »neue Lied«, oder hört er auch Geschrei der Sünde, nämlich so wie von der Welt?

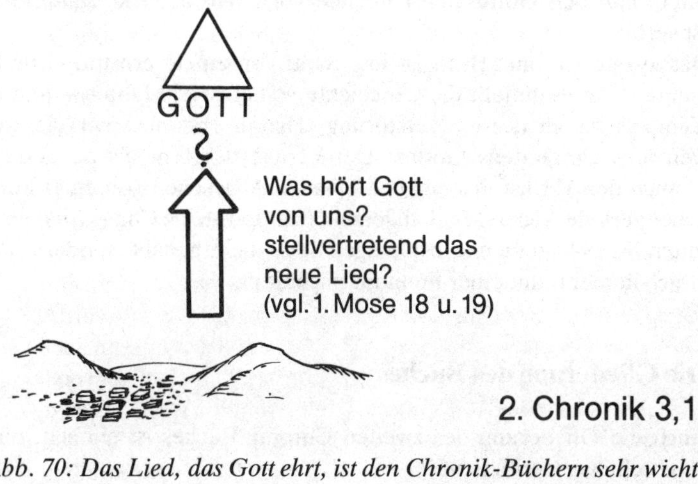

Abb. 70: Das Lied, das Gott ehrt, ist den Chronik-Büchern sehr wichtig

Das zweite Buch der Chronik

1. Einleitung

Das zweite Chronik-Buch führt die Linie fort, die wir vom ersten Chronik-Buch kennen: In der Mitte steht wieder der Gottesdienst.

a) Es ist Sinn, Ziel und Zweck des Menschenlebens, im Gottesdienst zu stehen.

b) Der Tempel ist der Ort des Gottesdienstes; und die Geschichte Israels ist in einem gewissen Sinne die Geschichte des Tempels.

c) Darum wird von denen berichtet, die den Tempel bauen und bewahren sollen: die Könige; es wird um die Könige gerungen.

d) Sodann geht es um die, die den Gottesdienst ausüben sollen: Dies ist das ganze Volk. Es zeigt sich hier ein Ringen um das dem Gottesdienst verpflichtete und den Gottesdienst übende Volk, daß es nicht dem Götzendienst verfällt.

Das zweite Chronik-Buch ist insgesamt von einem ernsten Grundton bestimmt, denn es umfaßt die Geschichte von etwa 350 Jahren – vom Bau des Tempels bis zu dessen Zerstörung. Hieran erkennen wir die ganze Schwere des Eingreifens Gottes. Der Verlust des Tempels bedeutet für Israel auch den Verlust des eigenen Staates. Abgesehen von einer kurzen Zwischenperiode – der Makkabäerzeit (ca. 150–63 v. Chr.) – haben die Israeliten bis 1948 keinen selbständigen Staat mehr gehabt, sondern waren eigentlich immer unter einer Fremdherrschaft.

2. Die Gliederung des Buches

Auch die Gliederung des zweiten Chronik-Buches ist einfach; dieses Buch besteht aus zwei Teilen:

1. Salomos Tempelbau (Kap. 1–9)
2. Judas Könige bis zur Zerstörung des Tempels (Kap. 10–36)

3. Zum Inhalt des Buches

3.1 Salomos Tempelbau (Kap. 1–9)

Dieser Eingangsteil ist der kürzere der beiden Teile des zweiten Chronik-Buches. Darin wird die Zeit des Königtums des Tempelbauers Salomo beschrieben. Vieles, was im ersten Könige-Buch überliefert ist, ist hier weggelassen, weil letztlich nur das Eine interessiert: daß nämlich Salomo mit dem Tempel den Ort geschaffen hat, an dem Gott seinem Volk begegnet und wo es seinem Gott begegnen darf.

So spiegelt das zweite Chronik-Buch ein Stück Tempel- und Gottesdienstgeschichte wider. In diesem Buch ist im Vergleich zum ersten Könige-Buch ein mangelndes Interesse an politischen Angelegenheiten erkennbar. Aber zu dem, was den Gottesdienst, seinen Ort und seine Ordnung betrifft, wird hier einiges ergänzt. So enthält das zweite Chronik-Buch manches Sondergut, von dem ich zwei Beispiele nenne:

a) *»Und Salomo fing an, das Haus des* H*ERRN zu bauen in Jerusalem auf dem Berge Morija…«* (3,1). Der Tempel wurde also auf dem *»Berg Morija«* erbaut. Morija ist das Land, in dem Abraham seinen Sohn Isaak opfern sollte (1. Mose 22,2). Damit ist wohl die ganze weite Anhöhe gemeint, auf der Jerusalem, der Tempel, die Königsburg, der Zion usw. liegen. Der Name »Morija« dürfte ein Sammelbegriff für diese gesamte Erhebung sein.

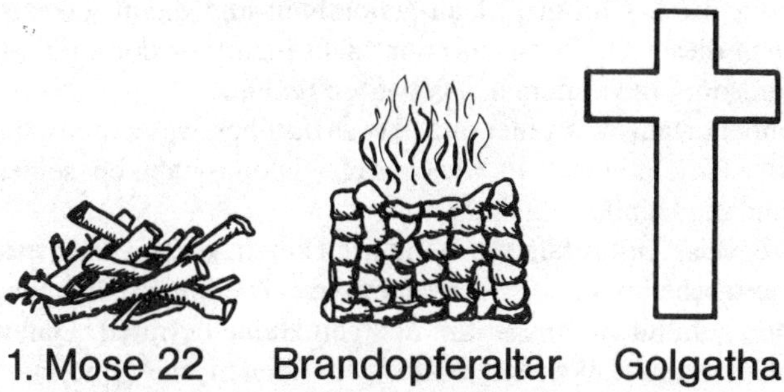

Abb. 71: Der Tempel auf dem Berg Morija – eine biblische Linie

Das ist auch wieder von großer, grundsätzlicher Bedeutung. Es sollte ein *Sohn* geopfert werden. Es wurde Abraham erlassen, seinen Sohn zu opfern; es wurde stellvertretend das Opfer eines Widders, der in den Dornen hing, als Tieropfer zugelassen. Man könnte sagen: Der gesamte israelitische Opferdienst auf dem Brandopferaltar (vor der Stiftshütte und vor dem Tempel) ist eigentlich dieses Ersatzopfer, dieser Widder. Das Opfer von Tieren (Lämmer, Böcke, Farren usw.) ist ein Ersatzopfer all die Jahre hindurch, bis dann *doch* der Sohn geopfert wurde: auf Golgatha.

Das ist ja diese große Klammer von 1. Mose 22 bis zum Kreuzesgeschehen. Paulus bringt es auf den Nenner: »Der auch seinen eigenen Sohn nicht verschont hat, sondern hat ihn für uns alle dahingegeben – wie sollte er uns mit ihm nicht alles schenken?« (Röm 8,32). In 1. Mose 22 war es das Opfer, das ein menschlicher Vater im Blick auf seinen Sohn für Gott erbringen sollte und das im Letzten dann doch nicht verlangt worden ist. In Römer 8,32 ist die Rede vom Opfer Gottes, des Vaters, der seinen Sohn für uns Menschen dahingibt. Zwischen beiden fand in Israel das Ersatztieropfer statt.

Das ist eine bemerkenswerte biblische Linie, die damit anfing, daß im zweiten Chronik-Buch dieser Ort Morija erwähnt ist.

b) *»Und als Salomo sein Gebet vollendet hatte, fiel Feuer vom Himmel und verzehrte das Brandopfer und die Schlachtopfer, und die Herrlichkeit des HERRN erfüllte das Haus…«* (7,1). Es fiel also das Feuer Gottes auf das Opfer, das auf dem Altar lag.

Im 3. Mose-Buch wird gezeigt, daß, als Aaron zum erstenmal das Opfer darbrachte und betete, das Feuer Gottes auf das Opfer fiel und es verzehrte (3. Mose 9,24; 10,2). Der Mensch bringt das Opfer dar und bittet Gott um gnädige Annahme; dann entzündet es Gott durch das heilige Feuer als Zeichen dafür, daß er es annimmt und daß es wirksam wird, auch für andere.

Das wird in 2. Chronik 7,1 aufgenommen und damit angezeigt: Gott nimmt auch dieses Opfer an, das nun nicht mehr vor der alten Stiftshütte stattfindet, sondern vor dem neu gebauten Tempel.

Nebenbei erfahren wir hier auch etwas darüber, was damals die Gebetshaltung der Israeliten war. Es wird gesagt, Salomo habe bei seinem Gebet gekniet und die Hände aufgehoben.

Unsere Weise, mit gefalteten Händen zu beten, kommt eigentlich aus der heidnischen, schwäbisch-alemannischen Zeit: Die Menschen haben damals ihre Hände gefaltet, wenn sie ihre heiligen Haine betraten. Damit zeigten sie dem Götzen an: »Wir sind deine Gebundenen; wir gehören dir.« Das Falten der Hände war ein Zeichen des Gefesseltseins. Als dann später das Evangelium dorthin kam, dachte man, daß das keine schlechte Haltung sei, so vor Gott zu stehen, daß man anzeigt: »Wir gehören dir.« (Das kommt auch bei Paulus zum Ausdruck, wenn er sich als »Leibeigener Jesu Christi« [vgl. Gal 1,10; Kol 4,12] bezeichnet.) Daher wurde diese Gebetshaltung beibehalten, aber sie ist nicht die einzig mögliche. Das Erheben der Hände, die offene, leere Hand, zu Gott erhoben, ist auch eine gute Geste des Gebets.

Auf das Gebet Salomos hin fiel also das Feuer Gottes auf das bereitgelegte Opfertier und entzündete es.

Die Linie zum Neuen Testament ist wieder deutlich: Dort wird gesagt, daß wir auch unser Leben Gott zum Opfer bringen sollen. Die Kardinalstelle dafür ist Römer 12,1. Nachdem Paulus in den vorangehenden Kapiteln des Römerbriefes das gesamte Heilshandeln Gottes aufgezeigt hatte, zieht er die praktische Folgerung daraus: Er geht vom Indikativ zum Imperativ über, von der Form des Berichtes dessen, was Gott getan hat, zur Weisung, was wir daraufhin zu tun haben. Diese Weisung beginnt er mit dem großen Wort: »...daß ihr eure Leiber hingebt als ein Opfer, das da lebendig, heilig und Gott wohlgefällig ist« (Röm 12,1b).

Abb. 72: Das heilige Feuer (der Heilige Geist), das das Opfer entzündet

Während im Alten Testament Feuer auf das Opfer fiel, so daß es sterben mußte, ist bei Paulus das Opfer also »lebendig«, weil dahinter das Kreuz von Golgatha steht, das Kreuz dessen, der sich geopfert hat (siehe Abb. 72). Wo der sündige Mensch opferte, wo er also seinem Gott begegnete, bedeutete das die Begegnung mit der heiligen Glut – so daß der Mensch stirbt. Jetzt, seit Golgatha, ist die neue Weise des Opfers möglich, daß man nämlich Gott sein Leben zum Opfer bringt und es ihm zum »lebendigem Opfer« hingibt.

Und dabei geschieht es, daß dieses Gott hingegebene Leben mit dem heiligen Feuer entzündet wird – nämlich durch seinen Heiligen Geist. Jesus sagt ja, er sei »gekommen, ein Feuer anzuzünden auf Erden« (Lk 12,49) – das Feuer der Liebe und Hingabe für Gott, zu dem der Mensch durch Gottes Geist befähigt wird. Dieses Feuer darf auf diejenigen übergreifen, die Ihm ihr Leben hingeben. So sagt Johannes der Täufer: »Ich taufe euch mit Wasser zur Buße; der aber nach mir kommt, ist stärker als ich, und ich bin nicht wert, ihm die Schuhe zu tragen; der wird euch mit dem heiligen Geist und mit Feuer taufen« (Mt 3,11).

Hier wird das angekündigt, was nach Jesu Kreuz und Auferstehung und nach seinem Hingang zum Vater erfüllt wird (siehe die Pfingstgeschichte, in der auch vom Feuer die Rede ist [Apg 2,3]). Und Paulus mahnt die Gemeinde in Rom, sie möge »brennend sein im Geist« (Röm 12,11). Dazu kann man also anweisen! Damit ist gemeint: Gebt euer Leben Gott hin! Stellt es ihm zur Verfügung! Bittet ihn um Reinigung! Bittet ihn, daß er es mit seinem heiligen Feuer anzünde, d.h. daß sein Geist das Leben ergreife.

Das geschieht mit und unter dem Wort. Jesus sagt: »Die Worte, die ich zu euch geredet habe, die sind Geist und sind Leben« (Joh 6,63). Unser Herr gibt uns seinen Geist dann, wenn wir ihm auf sein Wort hin unser Leben zur Verfügung stellen, d.h. wenn wir glauben. »In ihm seid ihr, als ihr gläubig wurdet, versiegelt worden mit dem heiligen Geist« (Eph 1,13b). Ob wir dabei etwas Besonderes fühlen oder erleben oder ob das nicht der Fall ist, wir dürfen auf jeden Fall wissen, daß Gottes Geist da ist. Wir dürfen aber diesen Geist nicht wieder dämpfen, indem wir uns einem anderen Geist öffnen.

3.2 Judas Könige bis zur Zerstörung des Tempels (Kap. 10–36)[1]

Nun war also der Tempel erbaut – doch die Katastrophe nahm ihren Lauf: Das Land wurde in ein Nord- und in ein Südreich aufgeteilt, und die gottesdienstliche Gemeinde wurde geteilt. Und damit war gewissermaßen schon der Wurm drin.

Das zweite Chronik-Buch berichtet nur die Entwicklung im Südreich, weil dort der Tempel war und sich dort die gottesdienstliche Gemeinde befand, die sich über die Babylonische Gefangenschaft hinaus fortsetzte. Das zweite Chronik-Buch, das ja etwas später als die beiden Könige-Bücher geschrieben worden ist, kommt noch auf die Zeit nach der babylonischen Gefangenschaft zu sprechen (36,22f.) und zeigt damit an, daß der Untergang im Exil nicht das Letzte ist.

Die Vielfalt der im zweiten Chronik-Buch enthaltenen Darstellung der Zeit der Könige Judas bis zum Beginn des Exils kann verwirrend wirken. Im zweiten Chronik-Buch ist im Grunde genommen all das zusammengefaßt, was in den beiden Büchern der Könige steht, nur daß das hier etwas gerafft ist.

[1] Die Angaben zur Regierungszeit der Könige finden sich in den Kapiteln über die beiden Bücher der Könige.

Auf die strikte Konzentrierung auf Tempel und Gottesdienst in den beiden Büchern der Chronik wurde bereits mehrmals hingewiesen. Diese Einseitigkeit in der Darstellung eines Teils der gesamten Geschichte Israels ist der Grund dafür, daß in den beiden Büchern der Chronik zum Beispiel die spätere Fehlentwicklung Salomos völlig in den Hintergrund tritt. Aus Salomos gesamter Wirkungszeit ist den Chronik-Büchern das wichtig, was mit dem Bau des Tempels in Jerusalem und mit dem Gottesdienst zusammenhängt (vgl. Kap. 1–9).

Doch an der Gestalt *Salomos* wird auch etwas sichtbar, was im Königtum Israels (und auch Judas) immer wieder zu sehen ist: Viele Könige fingen erheblich besser an, als sie endeten. Das weist auf die Möglichkeit eines Entwicklungsganges in einem Leben hin, vor dem Paulus mit einem Wort warnt: »Darum, wer meint, er stehe, mag zusehen, daß er nicht falle« (1. Kor 10,12).

Über Salomos Sohn *Rehabeam* **(Kap. 10–12)** wird etwas Interessantes berichtet, das den Bericht über Rehabeam im ersten Könige-Buch ergänzt. Das Südreich Juda, in dem ja das reguläre Königshaus ganz Israels auf dem Thron war, hatte zunächst die Absicht, die Reichsteilung gewaltsam aufzuheben, wiewohl die Bevölkerung Judas weniger Menschen umfaßte als die Bevölkerung Israels. Sie wollten einen Krieg um die Wiedervereinigung wagen. (Ein ähnliches Bemühen um Wiedervereinigung ist uns ja aus unserer neueren deutschen Geschichte gut bekannt.)

Da trat ein Prophet auf und sagte: *»So spricht der Herr: Das ist von mir geschehen!«* (11,4). Die Reichsteilung wurde also von Gott über sein Volk verhängt, und Judas Bemühen um Wiedervereinigung ist deshalb nutzlos. Und nun war es erfreulich, daß Rehabeam, wiewohl schon Zehntausende von Männern zum Kampf aufgeboten und ausgerüstet worden waren und losziehen wollten, Gott gehorchte und die Sache abblasen ließ.

Das ist eine im Ganzen der Heiligen Schrift interessante und recht bemerkenswerte Stelle, die zum Ausdruck bringt, daß die Menschen in Juda nicht nur nach den abgefallenen zehn Stämmen sehen und auf Rehabeam ärgerlich sein sollten. Denn Rehabeam war ja früher ein Angestellter Salomos gewesen, und Salomo hat aus ihm gewissermaßen etwas gemacht und ihm diese Karriere ermöglicht. Es ist verständlich, daß die Menschen in Juda über den schmählichen Undank des Rehabeam wütend waren. Aber es wird ihnen hier gesagt, daß sie nicht bloß den Menschen – Rehabeam – ansehen und mit ihren Blicken und Gedanken an diesem Manne hängenbleiben sollten, der – vordergründig gesehen – die Reichsteilung verschuldet hatte. Sie sollten vielmehr damit rechnen, daß sie in die Erziehung Gottes genommen sind.

Damit wird nicht gutgeheißen, was Rehabeam getan hatte, und es wird auch nicht gesagt, die Menschen in Juda sollten sich für immer damit abfinden. Aber in dem, daß ihnen das begegnet, geht es letztlich um die Frage: Was will Gott damit sagen? Will er Juda damit in seine Zucht nehmen? Es heißt dann später, Juda habe zwar gesündigt, aber Gott habe auch *»noch manches Gute«* (12,12) in Juda gefunden. Das hat dann die Langmut und Geduld Gottes im Blick auf Juda verlängert, daß sich die Menschen dort etwas haben sagen lassen.

Ähnliches gilt auch für uns heute. Wenn uns Unrecht oder dergleichen geschieht, sollten wir nicht auf Menschen ärgerlich sein, die uns das Leben schwermachen, also nicht nur auf diese Menschen schauen und an ihnen in Gedanken hängenbleiben. Rechnen wir doch vielmehr damit, daß wir dann in die Erziehung Gottes genommen sind! Was andere tun, wird dadurch nicht bejaht oder gebilligt. Aber wir sollten die Fragerichtung ändern und fragen: Geht es hier vielleicht um mich – viel mehr als um die anderen? Was will mir Gott mit dieser Unannehmlichkeit sagen? Will er mich dadurch in seine Zucht nehmen? Das sind wichtige Weichenstellungen auch in unserem Leben und Denken.

In 11,13–17 ist erwähnt, daß einige Priester und Leviten wegen des Götzendienstes aus Israel nach Juda auswandern. Treue Leute verlassen also ihre Heimat, um Gott zu dienen! Sie verlassen das gleichgültig gewordene, entartete, götzendienerische eigentliche Gottesvolk, das Zehn-Stämme-Land.–

Hier erkennen wir einen Vorgang, der dann für die neutestamentliche Gemeinde geradezu kennzeichnend ist.

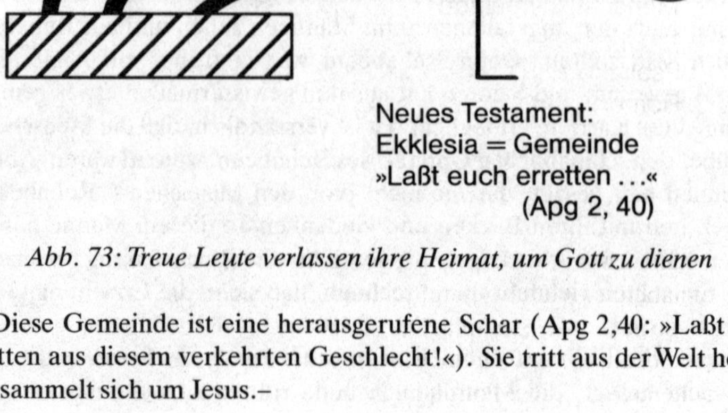

Abb. 73: Treue Leute verlassen ihre Heimat, um Gott zu dienen

Diese Gemeinde ist eine herausgerufene Schar (Apg 2,40: »Laßt euch erretten aus diesem verkehrten Geschlecht!«). Sie tritt aus der Welt heraus und sammelt sich um Jesus.–

So kam es also nicht zu einem Krieg zwischen Juda und Israel. Später – unter *Abija* – fanden dann doch Kämpfe statt; das war jedoch von seiten Judas eher ein Abwehrkrieg **(Kap. 13)**.

Asa, der Sohn Abijas **(Kap. 14–16)**, begann sein Königtum ausgesprochen gut – nämlich mit einer Tempelreform und Reinigung des Gottesdienstes (14,1ff.) – und machte sogar große Erfahrungen mit Gott, als er im Kampf gegen das große Heer der Kuschiter mit seinem Land wunderbar bewahrt und ihm der Sieg geschenkt wurde (V. 8ff.). Gott will seine gottesdienstliche Gemeinde erhalten. Solange es nicht selber abfällt, können auch die Pforten der Hölle sein Volk nicht überwältigen (wie die neutestamentliche Gemeinde; Mt 16,18).

Der König Asa hatte mehrfach Begegnungen mit Propheten. Zunächst stellt ihn der Prophet Asarja in die Entscheidung: *»Der HERR ist mit euch, weil ihr mit ihm seid; und wenn ihr ihn sucht, wird er sich von euch finden lassen. Werdet ihr ihn aber verlassen, so wird er euch auch verlassen... Seid getrost und laßt eure Hände nicht sinken; denn euer Werk hat seinen Lohn«* (15,2.7). Es geht um die Entscheidung, ob Asa mit Gott eine Erneuerung durchführen will. Dabei macht Asarja deutlich: Wer Gott verläßt, wird verlassen. Wer sich aber von Gott rufen, in Dienst nehmen und beauftragen läßt, empfängt Trost und Freude (V. 12–15).

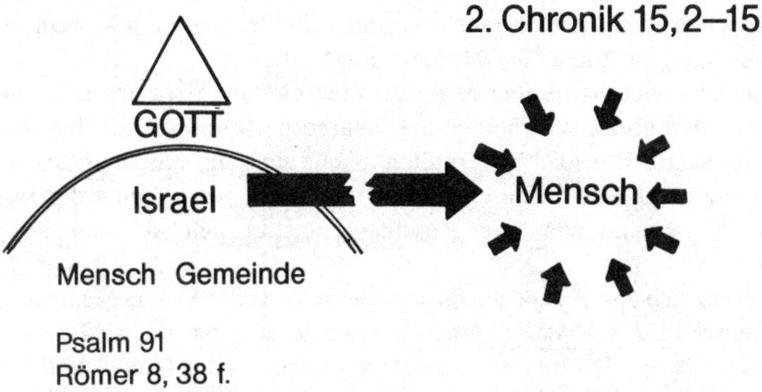

Abb. 74: Bei Gott Geborgenheit und Freude – fern von ihm dem Feind preisgegeben

Das habe ich in Abbildung 74 dargestellt. Asa genügte es nicht, Gott zur Hilfe zu haben; er wollte vielmehr andere Sicherungen.

Das – so ist an Asa exemplarisch zu erkennen – ist gefährlich. Gott allein ist Judas Schutz – alles andere gibt dieses Volk an die Feinde preis, auch wenn eine noch so kluge Politik getrieben wird. Israel, die Gemeinde Jesu, der einzelne Mensch dürfen unter Gottes Schutz stehen und geborgen sein (Ps 91,1 f.). Wer dagegen aus diesem Schutz heraustritt, ist schutzlos preisgegeben.–

Das gilt insbesondere für das geistliche Leben: »Nirgends als bei dir allein kann ich recht bewahret sein.« Alle menschliche Standhaftigkeit gegen das Böse ist schwach und unzuverlässig – allein bei Ihm sind wir geborgen und gewiß und fallen nicht auf den Feind herein.–

Dann wird Asa von einem weiteren Propheten, dem Seher Hanani, noch ein wichtiges, feines Wort gesagt: *»Des HERRN Augen schauen alle Lande, daß er stärke, die mit ganzem Herzen bei ihm sind«* (16,9). Und obschon das Asa gesagt wurde, war er nicht von dieser Art *(»die mit ganzem Herzen bei ihm sind«)*, sondern er ist vielleicht irgendwie ängstlich geworden.

Man kann wie Petrus, als er über den See ging, auf die Wellen sehen und meinen, Gottes Schutz reiche nicht aus. So hat auch Asa gedacht, und er wollte ein zusätzliches Bündnis mit den Syrern eingehen. Diese diplomatischen Beziehungen brachten zumeist den Götzendienst mit sich (deshalb haben die Propheten immer wieder vor solchen Bündnissen gewarnt). Als dann ein Prophet kam und dies Asa vorgehalten hat, hat sich dieser nicht darunter gebeugt, sondern diesen Mann einsperren lassen.

Das war überhaupt eine gefährliche Entwicklung, die mit zum Gericht beitrug, daß wir nämlich von Asa bis hin zu Jojakim und Zedekia mehr und mehr sehen, daß die Könige Judas gegen die Propheten gewaltsam vorgegangen sind, die ihnen die Wahrheit gesagt haben.–

Dies ist auch heute immer wieder eine Gefahr: Wird uns eine unangenehme, aber nötige Wahrheit gesagt, so ärgern wir uns über denjenigen, der uns das sagte. Ein solches Verhalten macht ein Volk, ein Königshaus oder auch einen einzelnen Menschen gerichtsreif und beschleunigt den Weg ins Verderben, wenn man dagegenschlägt, anstatt sich so etwas sagen zu lassen.–

So hat sich also Asa gegen dieses schöne Wort des Sehers gesperrt.

Sein Sohn *Joschafat* hat daraus etwas gelernt. Über ihn wird ausführlich berichtet **(Kap. 17–20)**, da er zu denen gehörte, die Tempel und Gottesdienst reinigen ließen (17,6: *»Als er in den Wegen des HERRN noch mutiger wurde, entfernte er wieder die Opferhöhen und die Ascherabilder aus Juda«*). Über das hinaus, was das erste Könige-Buch über ihn berichtet, finden wir im zweiten Chronik-Buch weiteres über ihn, das sehr bemerkenswert und wichtig ist. Dieser Joschafat war ein Mann, der auch das Regieren verstanden hat. Es hat ihm nicht genügt, im Tempel und in Jerusalem Ordnung zu schaffen, sondern er hat eine Kommission eingesetzt, gewissermaßen ein Visitationsteam (17,7–9). Zu dieser Kommission gehörten Verwaltungsleute und Priester, die durch das Land gereist sind, nach dem Rechten gesehen und für Gerechtigkeit gesorgt haben. Sie haben auch darauf geachtet, daß der Götzendienst abgeschafft worden ist.

So war Joschafat ein guter und tüchtiger Mann. Er hat – das wird ausdrücklich berichtet – auch ständige Gerichte eingesetzt (19,4ff.). Daran hatte es in Israel gefehlt, denn der König war eigentlich allein Richter, und er war ja unter Umständen weit entfernt, wenn Fragen rechtlicher Art hätten geklärt werden sollen. So hat Joschafat in einzelnen Bereichen in bestimmten Städten und für bestimmte Regionen Gerichte eingesetzt, wozu ein oberstes Gericht in Jerusalem gehörte.

Seinen Richtern hat Joschafat ausdrücklich die Anweisung gegeben: *»Seht zu, was ihr tut! Denn ihr haltet Gericht nicht im Namen von Menschen, sondern im Namen des HERRN, und er ist bei euch, wenn ihr Recht sprecht«* (19,6). Wenn die Richter Recht sprechen, so tun sie das vor Gott! Das Recht Israels ist also nicht lediglich das Recht dieses Staates und auch nicht in das Belieben und die Willkür der Richter gestellt, sondern ist das Recht Gottes, und vor ihm ist *»weder Ansehen der Person noch Annehmen von Geschenken«* (V. 7). Joschafat warnt also seine Richter auch vor jeglicher Parteilichkeit und Bestechlichkeit.

Die Umverteilung der Rechtsprechung durch Joschafat auf viele Schultern entspricht einem Vorgang, über den in 2. Mose 18 berichtet wird. Schon Mose verwirklichte erstmals eine solche Umverteilung, auch auf den Rat seines Schwiegervaters Jitro hin. Später jedoch wurde dies vernachlässigt. Wenn in der gottesdienstlichen Gemeinde Eintracht und Harmonie sein soll, so daß sie recht den Gottesdienst zu Gottes Lob ausüben kann, dann muß auch das Zusammenleben in einer solchen Weise geordnet werden, daß jedem einzelnen sein Recht zugesprochen wird. Keiner soll sich über den anderen erheben, und alle sollen sich vor Gott stehend wissen. Das war das große Anliegen des Joschafat.

Joschafat war weniger ein Kriegsmann, obwohl er auch Verteidigungskriege führen mußte und das auf sich genommen hat. Aber es waren meist solche Kriege, in denen nicht eigentlich er gekämpft hat, sondern Gott führte diese Kriege für ihn: *»Nicht ihr kämpft, sondern Gott«* (20,15). So wird in Kapitel 20 ausführlich erzählt, wie das Südreich Juda wieder einmal einer großen Übermacht gegenübersteht, die von Osten her über den Jordan kommt und das Land bedroht. Da ruft Joschafat seine Leute zusammen; und so, wie ihm zuvor von einem Propheten Mut gemacht worden war (V. 14–17), machte auch er dem Volk Mut (V. 20).

Während dieses Feldzugs ist eine Erweckung entstanden; und das Auffallende daran war, daß sie, als der Feind mit ungebrochener Macht anstürmte, bereits anfingen, Gott zu loben. Das ist eine der Stellen der Bibel, wo Menschen schon vor der erfahrenen Hilfe Gott loben, weil sie ein solches

Zutrauen zu Gott haben, daß sie wissen: Wenn sie ihn bitten, wird er das nicht unbeantwortet lassen.

Die Gegner – Ammoniter und Moabiter – drangen hintereinander herzu; sie waren uneins und stritten, denn sie hatten schon Beute gemacht und hofften, demnächst noch mehr Beute zu machen. Das hat sie wohl entzweit (V. 23).

Daher war es für Juda ein leichtes, diesen Gegner vollends zu besiegen. Sodann steht da: *»Sie kamen zusammen im Lobetal, denn dort lobten sie den Herrn* (V. 26). Sie haben sich also nicht verhalten wie Saul, der sich nach einem errungenen Sieg ein Denkmal setzen ließ; sondern auch der errungene Sieg hat ausschließlich zur Ehrung Gottes geführt.

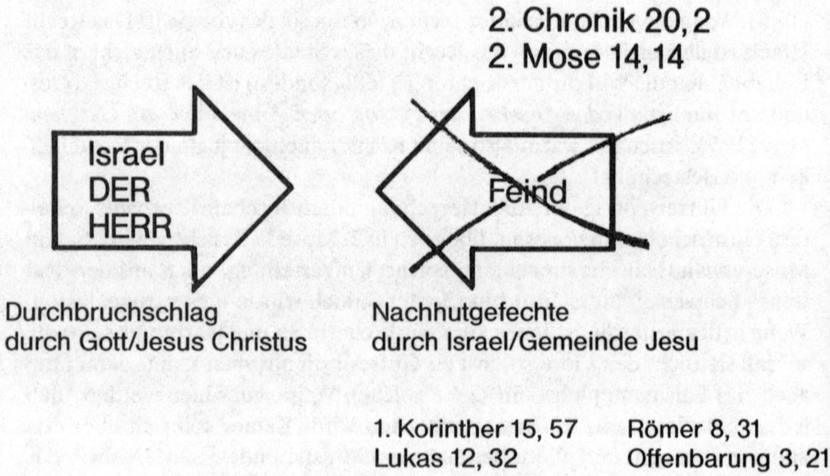

Abb. 75: Die einzige Möglichkeit von Sieg und Bewahrung Israels bzw. der Gemeinde Jesu in einer ungünstigen Lage

Daran wird erkennbar, daß das Loben und Sich-an-der-Gegenwart-des-Herrn-freuen die einzige Möglichkeit darstellt, in einer ungünstigen Lage zu siegen und bewahrt zu werden. Der entscheidende Durchbruch und Sieg ist eine Tat Gottes – Israel hat es nur mit Nachhutgefechten zu tun, die den eigentlichen Ausgang des Kampfes nicht beeinflussen. Der Herr ist vornan, und sie halten sich nur an ihn, schmiegen sich an ihn und decken sich hinter ihm. Und so werden die Feinde vertrieben. Das hat Israel schon unter Mose am Schilfmeer erfahren, als es vor den Ägyptern floh (2. Mose 14,14).

Das ist im Neuen Testament genauso. Unser Herr hat eigentlich den Sieg in Gethsemane und auf Golgatha erfochten: »Es ist vollbracht!« Er hat die Durchbruchsschlacht geführt und den Feind entrechtet. Indem wir uns an ihn halten, uns an ihn schmiegen, gibt er uns teil an seinem Sieg. »Gott sei Dank, der uns den Sieg gibt durch unsern Herrn Jesus Christus!« (1. Kor 15,57). Halten wir uns an Jesus Christus, so fahren wir sozusagen in der Spur seines Sieges und haben auch Sieg über Sünde und Satan, über Verzagtheit, Verzweiflung und Versuchung zum Leichtsinn.

So war König Joschafat ein Lichtblick in dieser Entwicklung der Geschichte Israels – allerdings mit einer Einschränkung, die aber von ihm so vielleicht gar nicht erkannt werden konnte. Er tat einen gewissen Fehlgriff, als er seinen Sohn Joram mit der Tochter Ahabs, des Königs in Israel, vermählte (siehe die Auslegung zu 1. Könige 20ff.). Dadurch hat er wohl die langwierigen Streitigkeiten zwischen Nord- und Südreich beenden wollen, denn er war ein Mann des Friedens und an dieser Stelle vielleicht zu sehr auf einen Ausgleich bedacht. So hat er sich ans »fremde Joch mit den Ungläubigen« (2. Kor 6,14) spannen lassen (vgl. Abb. 59) und damit eine ganz verhängnisvolle Entwicklung eingeleitet.

Auf Joschafat folgte sein Sohn *Joram* (so hieß ja auch Ahabs Sohn, der im Nordreich regierte) auf den Thron. Dessen Frau war Atalja, die Tochter Ahabs und Isebels und ganz aus deren »Holz« **(Kap. 21)**. Hier erfahren wir von einem schrecklichen Greuel: Joram hat nach dem Tod seines Vaters alle seine Verwandten – seine Brüder – umbringen lassen, damit er gewiß unangefochten König bleiben könne (V. 4). Das war ganz nach der Art Isebels (ähnlich brutal ist ja ihr Vater in Phönizien vorgegangen; vgl. zu 1. Kön 16,29–22,40).

Joram kam schon bald ums Leben, und *Ahasja* wurde sein Nachfolger **(Kap. 22,1–9)**, der dem Gericht im Nordreich mit zum Opfer gefallen ist, das Jehu dort vollzog (V. 8f.; vgl. 2. Kön 9). Dann übernahm *Atalja* – die eine Tochter des Ahab, Mutter des Ahasja und Frau des Joram war – die Herrschaft und hat sogar ihre eigenen Kinder umgebracht (vgl. 2. Kön 11) – eben in dem Bestreben, daß sie allein Königin sein könne **(22,10ff.)**.

Das war also eine ganz harte Zeit; und dieses zu enge Zusammengehen Judas mit dem Nordreich Israel hat sich furchtbar ausgewirkt.

Joasch **(22,11–24,25)**, ein Sohn des Ahasja und Enkel der Atalja, war als kleiner Junge von Priestern im Tempel versteckt (22,11ff.). Er wurde im Alter von sieben Jahren zum König ausgerufen (freilich unter der Vormundschaft des Priesters Jojada), und diese Sache ging gut, solange der Priester gelebt hat (24,2; vgl. 2. Kön 12,3).

Als der Priester Jojada starb, hat Joasch auf Drängen der Sippenoberhäupter den Götzendienst zugelassen und eingeführt (24,17f.). (Das deutet auf den schlechten Zustand des ganzen Volkes hin.) Als daraufhin der Prophet Secharja, der Sohn des Priesters Jojada, Joasch den Götzenkult vorhielt und sagte, daß das schlecht sei und ins Verderben führen werde (V. 20), hat Joasch diesen Mann vom Volk steinigen lassen (V. 21). Die Undankbarkeit gegenüber dem Vater Secharjas – dem Priester Jojada (siehe oben) – wirkt noch erschwerend (vgl. Lk 23,34). Joasch selbst hat dann außenpolitische Niederlagen erlitten; er wurde von seinen eigenen Leute ermordet – sie bringen das Gericht Gottes über ihn (V. 24f.) – und ist so in den Wirren umgekommen (V. 25), die in seinem Reich ausgebrochen waren.

Hier erkennen wir also: Wenn ein Stein erst einmal zu Tale rollt, dann ist er kaum noch aufzuhalten. So hat Joasch zum immer mehr zunehmenden Absturz und zur Gerichtsreife seines Volkes seinen Beitrag geleistet.

Ähnlich verhielt es sich mit *Amazja* **(Kap. 25)**. Er organisierte das militärische Aufgebot neu (V. 5) und warb Soldaten aus Israel an (V. 6). Das aber wird ihm von einem Propheten, einem *»Mann Gottes«*, vorgehalten (V. 7f.). Denn Amazja soll keine falschen Bündnisse schließen und auf die eigene Stärke bauen, denn *»bei Gott steht die Kraft zu helfen und fallen zu lassen… Es steht beim HERRN, dir mehr zu geben als dies«* (V. 8b.9b).

Auch Amazja hat sich dem Götzendienst zugewandt und auf Propheten, die zu ihm im Namen Gottes redeten, nicht gehört, sondern ihre Warnungen in den Wind geschlagen (25,7–9.15–16). »Hat man dich zu des Königs Ratgeber gemacht?« entgegnete er einem Propheten, der ihn vor dem Götzendienst warnte.

Das war eine neue Art und Weise, mit Propheten umzugehen. So hat sich David nicht verhalten, als Nathan ihm seine Sünde vorhielt – ganz im Gegenteil (2. Sam 12)! Daß die Könige die Weisungen der Propheten mißachten und sogar gegen die Propheten vorgehen – das ist die Linie, die wir später bei Herodes sehen, der Johannes den Täufer gefangennehmen und sogar enthaupten ließ (Mt 14,1–11; Mk 6,14–29; Lk 3,19f.).

Usija **(Kap. 26)** war ein einigermaßen ordentlicher Herrscher, obwohl das oben Gesagte in gewissem Sinne auch für ihn galt. Usija wurde vom Aussatz befallen und bekam deshalb in seinem Kronprinzen einen Stellvertreter, der noch zu Usijas Lebzeiten das Königsamt kommissarisch übernommen hat.

Vor allem war es dann *Jotam* **(Kap. 27)**, der sich erfreulich verhielt: *»So wurde Jotam mächtig; denn er wandelte recht vor dem Herrn, seinem Gott«* (V. 6). Im Alten Testament beantwortet Gott das Verhalten von Menschen schon in *diesem* Leben. Allerdings ist bei der Beschreibung von Jotams Regentschaft hinzugefügt: *»Das Volk aber handelte noch immer böse«* (27,2b), indem es nämlich den Gottesdienst durch Vermischung mit dem Götzendienst verdarb. Darin liegt die Wurzel des Untergangs des Südreichs Juda. Und hierin wirkte sich das Verhalten von Jotams Vorgängern aus: Die Könige an der Spitze des Volkes haben dem Götzendienst Vorschub geleistet, und das Volk hat den Götzendienst übernommen und verbreitet; daher konnte auch ein einzelner König, der dies ablehnte, den Götzendienst nicht einfach mehr ausmerzen.–

So ist auch der Unglaube in unserem Volk seit etwa 200 Jahren stark von den Gebildeten ausgegangen und hat die vielen Menschen ergriffen.–

So ist in Juda damals keine Buße und geistliche Erneuerung von »unten« und »oben« zugleich erfolgt.

Eines der traurigsten Kapitel dieser Epoche war die Herrschaft des *Ahas* **(Kap. 28)**, zu dessen Zeit der Prophet Jesaja auftrat. Ahas hat sich so sehr dem Götzendienst verschrieben, daß er sogar seine eigenen Söhne dem Moloch geopfert hat (V. 3). Das ganze Volk verließ Gott und kam deshalb in eine schwere Niederlage (V. 6). Gottes Werkzeug dabei ist Israel, das durch Prophetenmund vor Grausamkeit gewarnt wird (V. 9–15). Hier zeigt sich, daß Gott wahrhaftige Humanität will – im Sinne einer Bewahrung des den Gottesdienst ausübenden Volkes.

Ahas kam in seiner Regierungszeit in große Bedrängnis; aber statt daß er Gott vertraute, verließ er sich auf seine Bündnispolitik – ungeachtet dessen, was der Prophet Jesaja zu ihm sagte: »Glaubt ihr nicht, so bleibt ihr nicht« (Jes 7,9). Ahas hat zwar einen Mann wie Jesaja zur Seite gehabt, doch er hat sich von ihm nichts sagen lassen. Daher hat Ahas außen- und innenpolitisch schwerwiegende Fehler gemacht. Er suchte Hilfe bei dem gefährlichsten Feind seines Volkes – Assur – (V. 16ff.) und bei den heidnischen Göttern (V. 22ff.; vgl. dazu die diesbezüglichen Ausführungen im Kapitel über das zweite Buch der Könige).

Um so besser war sein Nachfolger *Hiskia* **(Kap. 29–32)**, von dem es heißt, daß »er dem HERRN anhing und nicht von ihm abwich« (2. Kön 18,6a). Man merkt so richtig die Freude des prophetischen Mannes, der das zweite Chronik-Buch verfaßte, dieses prächtige Leben beschreiben zu können. Hiskia knüpfte an das an, was Joschafat begonnen hatte, und erneuerte das Volk »an Haupt und Gliedern«. Er reinigte den Tempel vom Götzendienst (29,3ff.) und drang auf eine neue, völlige Hingabe der Priester und Leviten an den ihnen anvertrauten Dienst. Der Tempel wurde neu eingeweiht (V. 20ff.). Hiskia führte das Passafest wieder ein (Kap. 30). Er schaffte auch außerhalb Jerusalems den Götzendienst ab (31,1). Die Versorgung der Priester und Leviten ordnete er neu (31,2ff.). In der Konfrontation mit dem Heer der Assyrer unter Sanherib wurde Hiskia wunderbar bewahrt (Kap. 32).

Schlimm war *Manasse* **(33,1–20**; vgl. 2. Kön 21,1–18 und die Ausführungen dazu im Kapitel über das zweite Könige-Buch). Dieser Herrscher führte aus politischen Gründen den Götzendienst ein. Er wollte sich nämlich mit den Assyrern verbünden und hat deshalb aus lauter Gefälligkeit auch ihre Kulte übernommen. Diejenigen, die sich gegen seine Taktik wandten, hat er verfolgt. Er hat sich auch wieder vor allem an den Propheten vergriffen. Außerbiblische Nachrichten sagen, daß er den Propheten Jesaja getötet habe.

Was wir aus dem zweiten Könige-Buch nicht erfahren, davon bekommen wir in 2. Chronik Kenntnis: Manasse habe sich dann doch in einen Kampf mit der aufstrebenden Großmacht Assur verwickelt, sei in Gefangenschaft geraten, habe sich in der Gefangenschaft gedemütigt und habe Buße getan (33,11 ff.). Daher habe er wieder ins Land zurückkehren dürfen. (Wir kennen hierzu auch die letzte Schrift der Apokryphen »Das Gebet Manasses«, ein »Tränenlied«, das ein Bußgebet Manasses ist, das aus der Zeit seiner Gefangenschaft aufbewahrt blieb.)

Manasses Sohn *Amon* **(33,21–25)** war wie sein Vater, nur in *einem* nicht: Die Buße fehlte.

Wie auf einen Ahas ein Hiskia folgte, so folgte auf Manasse und Amon *Josia* **(Kap. 34f.)**. Drei Könige stehen gewissermaßen in *einer* Linie: Joschafat – Hiskia – Josia. Josia ist die letzte herausragende Herrschergestalt Judas. Er führte eine Reform von Tempel und Gottesdienst durch; auch bei ihm wird betont, daß das Volk seinen ernsthaften Reformen und seiner Buße nicht folgte, daß es sich dabei nicht beteiligte. Josia starb bei der Verteidigung seines Landes gegen Pharao Necho (vgl. zu Josia 2. Kön 22f. und die Ausführungen dazu im Kapitel über das zweite Könige-Buch).

Das Ende und den Untergang Judas habe ich bereits an anderer Stelle beschrieben (vgl. 2. Kön 23–25; siehe die Ausführungen im Kapitel über das zweite Könige-Buch). Die Söhne Josias – *Jojakim* und *Zedekia* – waren Könige; zwischen beiden regierte Josias Enkel *Jojachin* **(Kap. 36)**. Sie wurden in die Wirren des Kampfes zwischen Babylon und Ägypten hineingerissen. Derjenige, der es am schlimmsten trieb, war Jojakim, der so stark gegen den Propheten Jeremia vorging.

Diese letzten Könige Judas wie auch das Volk haben durch Josias Reform nichts gelernt (V. 13f.). *»Und der HERR, der Gott ihrer Väter, ließ immer wieder gegen sie reden durch seine Boten; denn er hatte Mitleid mit seinem Volk und seiner Wohnung. Aber sie verspotteten die Boten Gottes und verachteten seine Worte und verhöhnten seine Propheten, bis der Grimm des HERRN über sein Volk wuchs und es kein Vergeben mehr gab«* (V. 15f.).

Am Schluß des zweiten Chronik-Buches ist schön und interessant, daß hier ausführlicher als am Schluß des zweiten Könige-Buches zum Ausdruck gebracht wird, daß es mit dem Volk Israel weitergeht. Gott macht mit seinem Volk weiter – über das reinigende Gericht der babylonischen Gefangenschaft hinweg (V. 20–23). Danach scheint um so klarer wieder die Sonne der göttlichen Wahrheit!

Blumhardt hat gesagt, Gottes Richten sei letztlich kein *Hin*richten, sondern ein *Her*richten. Gott hat mit seinem Gericht eine positive Absicht! So schwer dieses Gericht über Israel war, so sollte es doch Israel nicht in den Untergang führen, sondern wieder zurechtbringen. Israel sollte zu dem Volk werden, aus dem der Gesalbte – Jesus Christus – kommen konnte.

Das Buch Esra

Das Buch Esra zeigt *die Wiederaufnahme des Gottesdienstes* durch Israel und *das Ringen um die Reinerhaltung des Gottesdienstes*. Man nimmt an, daß einerseits die beiden Chronik-Bücher und andrerseits die Bücher Esra und Nehemia ursprünglich eine Einheit bildeten. In all diesen Büchern steht das Ringen um die Wiederaufnahme des eigentlichen Berufes des Gottesvolks im Vordergrund, also das Ringen darum, im Gottesdienst zu stehen.

Um das Esra-Buch auszulegen, muß zuvor der Geschichtsverlauf etwas ausführlicher dargestellt werden, in den dieses Buch gehört.

Ein Stück Zeittafel der Geschichte Israels jener Zeit soll mit einigen Jahreszahlen den chronologischen Rahmen anzeigen:

587 v. Chr.	Eroberung Jerusalems durch Nebukadnezar von Babylon
538 v. Chr.	Erlaubnis zur Heimkehr durch Cyrus (Persien)
520 v. Chr.	Serubbabel, Jeschua, Haggai, Sacharja
445 v. Chr.	Nehemia
458 v. Chr.	Esra

1. Einleitung: Der historische Horizont des Buches Esra

1.1 Der Untergang Jerusalems und des Tempels und der Weg ins Exil

Im Jahre **587 v. Chr.** ist die ungeheuerliche Katastrophe über Israel hereingebrochen, daß durch Nebukadnezar aus Babylon Jerusalem erobert und der Tempel zerstört wurde. So erlosch also der Gottesdienst, insbesondere der Opferdienst für Gott. Das war für Israel eine unsagbar schlimme Angelegenheit. Das wird insbesondere an den Klageliedern Jeremias deutlich: »Wasserbäche rinnen aus meinen Augen über den Jammer der Tochter meines Volks. Meine Augen fließen und können's nicht lassen, und es ist kein

Aufhören da, bis der Herr vom Himmel herabschaut und darein sieht« (Klgl 3,48–50). Der Zusammenbruch Israels war ja nicht nur ein politischer, sondern auch und vor allem ein geistlicher Zusammenbruch. Viele meinten, nun sei einfach Schluß.

Doch dann hat dieses Volk das Wunder erlebt, daß Gott auch und gerade diese Notzeit zum Besten hat dienen lassen.

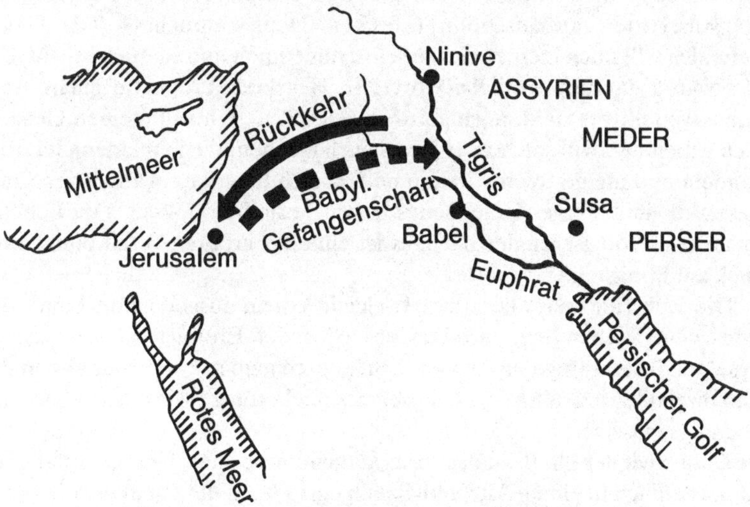

Abb. 76: Änderungen in der Politik

In der Landkartenskizze (Abb. 76) zeigt der durchbrochene Pfeil, daß das Volk Israel dorthin zurückgeführt wurde, woher es eigentlich gerufen worden war, nämlich zur Zeit Abrahams, den Gott ja aus Ur in Chaldäa gerufen hat (1. Mose 11,27–12,3). Es war gewissermaßen die Angst dieser Menschen, daß die Berufung wieder rückgängig gemacht werde und sie wieder dorthin verpflanzt würden, woher sie gekommen waren. Das würde bedeuten, daß die Heilsgeschichte annulliert wird.

Diese Not hat Segen gewirkt. Es sind eigentlich drei solcher Schübe gewesen, mit denen gefangene Israeliten deportiert wurden: zunächst etwa um 604 v. Chr., sodann im Jahre 597 v. Chr. und zuletzt im Jahr 587 v. Chr. Nebukadnezar hat also im Grunde genommen große Geduld gehabt und wollte keine so harten Maßnahmen ergreifen. Doch der immer wieder neue Abfall des von ihm besetzten Israel hat ihn – so möchte man sagen – politisch genötigt, hier endlich einmal reinen Tisch zu machen, indem er die Stadt Jerusalem eroberte und einnahm.

Unter den vor dem Jahre 587 weggeführten Israeliten waren vor allem jüngere Männer aus vornehmen Familien. In dieser kleinen, eigentlich hoffnungslosen Schar hat sich im Exil eine Erneuerung vollzogen, und zwar ein Durchbruch nach vorne in der Heilsgeschichte in einer kaum auszudenkenden Weise.

a) Zu diesen Exilanten gehörte auch *Hesekiel*, bei dem alle diese gewaltigen Gedanken, auf denen die Verkündigung Jesu dann aufbaute, den Durchbruch erhalten haben. Bei ihm ist zum Beispiel erstmals das gewaltige Bild vom Hirten ganz ausgeführt (Hes 34): »Denn so spricht Gott der HERR: Siehe, ich will mich meiner Herde selbst annehmen und sie suchen« (V. 11). Was waren das für tröstliche Worte! In Hesekiels Prophetie glich Israel einem weiten Totenfeld, auch geistlich (Hes 37). »Ich will meinen Geist in euch geben und will solche Leute aus euch machen, die in meinen Geboten wandeln und meine Rechte halten und danach tun«, lautet einer der Sätze Hesekiels, in denen er Israel neues Leben verheißt (36,26f.). Der Lebenshauch von Gott ist wieder da! Das ist eine der größten Verheißungen im Blick auf Pfingsten.

Die Welt (und vor allem Israel) gleicht einem ausgedörrten Land, die Menschen gleichen dem nach Wasser lechzenden Erdreich. Und da schaut Hesekiel die gewaltige Vision von dem aufbrechenden Quell, der sich in die Welt ergießt; und alles, was dieser Strom berührt, wird fruchtbar und lebendig (Hes 47).

Das ist wieder ein Bild, das Jesus aufgenommen hat. Und zwar hat er es wahrscheinlich in einem Augenblick aufgegriffen, in dem man in der gottesdienstlichen Ordnung und Symbolhandlung Israels dieses Bild besonders gut gekannt hat, nämlich beim Laubhüttenfest: »Wen da dürstet, der komme zu mir und trinke!« (Joh 7,37; vgl. auch: »Wer von dem Wasser trinken wird, das ich ihm gebe, den wird in Ewigkeit nicht dürsten, sondern das Wasser, das ich ihm geben werde, das wird in ihm eine Quelle des Wassers werden, das in das ewige Leben quillt«, Joh 4,14).

Hesekiel war ganz gewiß kein einzelner, einsamer Mann. Denn wir ersehen aus seinem Buch, daß er von einer Schar von Israeliten umgeben war, die sich nach einer Erneuerung sehnte und die eigentlich diese Erneuerung bereits lebte.

b) Der andere Strang dieser Entwicklung war *Daniel* und seine Freunde. Während Jeremia in Jerusalem bei den dort Verbliebenen, bei der großen Mehrheit, bei den Vätern jener jungen Menschen, die ins Exil fortgeführt worden waren, unablässig gegen den Götzendienst zu kämpfen hatte, haben die Söhne dieser Leute sogar die größeren Opfer auf sich genommen, um einzig und allein ihrem Gott und Herrn treu zu bleiben.

Das geschah zunächst in einer mehr äußerlichen Art und Weise, bei der es freilich bereits um viel ging: Sie aßen keine Speise, die ihnen die jüdischen

Reinheitsgesetze untersagten (Dan 1). Es waren mit Daniel vier junge Männer, die so zusammenhielten und es wagten, sich einer Anpassung zu widersetzen. Sie wurden dann in einen Ofen gesteckt (Dan 3), in dem sie deshalb verbrannt werden sollten, weil sie sich nicht geistlich und religiös gleichschalten ließen. Oder denken wir an Daniel in der Löwengrube (Dan 6)!

Was ist das doch für ein neuer Geist unter diesen Menschen gewesen – so sehr, daß wir eigentlich in der babylonischen Gefangenschaft und in der Zeit danach nichts mehr vom Kampf gegen den Götzendienst in Israel sehen! Es fand zwar ein Ringen gegen das Aufkommen von Lauheit und Verzagtheit statt, doch keine Auseinandersetzung mehr mit dem Götzendienst.–

Das kann für uns heute das bedeuten, daß wir Zeiten erleben, die äußerst notvoll sind, Zeiten, in denen wir meinen, von Not und Sorge fast erdrückt zu werden. Diese Gelegenheiten aber sind Gottes besondere Gelegenheiten, durch die er seine Leute fördert.–

Dadurch kam es zur entscheidenden Wende in Israel. Wie stand doch dieser Daniel da, und welchen Ausblick für die großen Ziele Gottes hat dieser Mann doch bekommen! Er hat auf den Geschichtsverlauf hinausgeblickt – bis hin zu dem dunklen Vorletzten und zu dem letzten, großen Ziel (Dan 12), einschließlich dem, was dann Jesus aufnahm (von Jesu Wiederkunft und vom Anbruch jenes großen Tages). »Wenn die Zerstreuung des heiligen Volks ein Ende hat, soll dies alles geschehen« (12,7b).

Das war bereits nach der Rückkehr Israels ins verheißene Land. Daniel hatte seinen Platz an den Fürstenhöfen des Exils und hat sicherlich an der Ermöglichung dieser Rückkehr mitgewirkt. (Die Heimkehr nach der babylonischen Gefangenschaft kann hier nicht mehr gemeint sein; dies muß vielmehr der Ausblick weit hinaus zum großen Ziel Gottes sein, zu einem Ziel, dessen vorbereitende Verwirklichung wir in unserem 20. Jahrhundert erkennen.)

Jesus hat neben den Psalmen kein alttestamentliches Buch so häufig zitiert wie das Daniel-Buch, einschließlich des Ausblicks, den dieses Buch enthält. »Sie (die Juden) werden ... gefangen weggeführt unter alle Völker, und Jerusalem wird zertreten werden von den Heiden, bis die Zeiten der Heiden erfüllt sind« (Lk 21,24). Jesus kündigt hier das Ende der Zerstreuung Israels und des Zertreten-Seins Jerusalems an: Das ist dann, wenn die Vollzahl Gottes vorhanden ist, wenn das Stundenglas Gottes voll ist. Wenn Gott die Sache Israels neu aufnehmen wird, dann schließt er die Weltgeschichte ab. So weit hat Daniel schon geblickt.

Gerade diesen Menschen, die sich in dieser großen Not- und Anfechtungszeit, die zukunftslos zu sein schien, bewährt haben, wurde der Einblick in die große Zukunft Gottes gewährt. Das ist das Erstaunliche dieser Zeit.

1.2 Die weltpolitische Wende im Vorderen Orient der Antike

Was mit den Begebenheiten um Daniel in Zusammenhang stand, war eine politische Veränderung. Es überwältigt einen ja geradezu, wenn man die Geschichte jener Jahrhunderte überblickt, wie sie zum Beispiel von Daniel in den immer wieder auftretenden Tiergestalten gesehen wird, in denen er den fortwährenden Wechsel der Weltreiche darstellt (Dan 7).

Es waren zunächst *Ägypten* und das *alte Babylon*, die durch eine Krise gingen. Nach Babylon kam *Assyrien* zum Zuge (das damals das Nordreich Israel »weggespült« hat); Assyrien wurde von den *(Neu-) Babyloniern* überwunden (beide gehörten zur semitischen Völkerfamilie). Der große Nebukadnezar hat auch die Ägypter (unter Pharao Necho) geschlagen und Ninive eingenommen. Nebukadnezar und seine Nachfahren haben ziemlich lange dominiert und ihre Macht in Babylon erhalten.

Nebukadnezar verfolgte im Blick auf die Völkerschaften, die er sich unterworfen hat, eine bestimmte Politik. Ihm schwebte – ähnlich wie später Alexander dem Großen – eine Art Reichseinheitskultur und -bevölkerung vor. Deshalb hat Nebukadnezar gerade die Völker, die am Rand seines ausgedehnten Reiches wohnten, in die Mitte hereinnehmen wollen. Wiewohl er diese Völker gefangengenommen hat, wollte er sie aus ihrer Heimat fortführen, um sie mehr zu Bürgern seines Reiches zu machen und in sein Reich zu integrieren.

Nebukadnezar hat ja im übrigen begabten jungen Leuten aus den unterworfenen Völkern erstaunliche Chancen gegeben, auch den jungen israelitischen Geiseln, die mit Söhnen des babylonischen Volkes erzogen wurden (Dan 1). Er hat also die unterworfene Jugend der eigenen Jugend gleichgestellt. Nebukadnezar hoffte nämlich, diese jungen Leute aus der Führungsschicht der unterworfenen Völker würden dadurch probabylonisch eingestellt sein und dann, wenn sie Führungspositionen in ihren Völkern übernähmen, loyal und treu zu ihm stehen. Das war eine kluge Politik!

Nebukadnezar ging so weit, daß er für sein Weltreich eine Einheitsreligion suchte (das steht sicher hinter Dan 3: das Bildnis des Bel). Das war aber der Punkt, an dem ein schwerer Konflikt aufbrach. Nebukadnezar hatte es zwar gut gemeint und wollte den unterworfenen Völkern eine Chance geben; aber darin konnte Israel mit seinem Gott, mit seinem heilsgeschichtlichen Auftrag und mit seinem Auftrag zum Gottesdienst einfach nicht übereinstimmen. Es paßte nicht in eine solche Einheitsreligion, sondern litt darunter. Das war der gesamte Konflikt, der sich in den Büchern von Hesekiel und Daniel usw. zeigt.

Die Macht und Herrschaft der Babylonier war im Laufe der Jahrzehnte allmählich verfallen, und es kamen die *Perser* an die Macht, die zur arischen

Völkerfamilie gehörten. Sie waren von noch weiter östlich aus ihrer bedeutendsten Stadt Susa herangezogen. Und so, wie einst Nebukadnezar gewissermaßen in einem Sturm alles erobert und eingenommen hat, so hat 50 Jahre später der Perser Cyrus (Kores) in einem mächtigen Ansturm zunächst die Meder (einen mit den Persern verwandten Stamm) mit sich vereinigt und war dann in Richtung Babel vorgestoßen. Er konnte das ganze babylonische Großreich einnehmen und hat sogar die Eroberung Ägyptens vorbereitet (eingenommen haben es später seine Nachfolger).

Cyrus verfolgte eine ganz andere Politik als Nebukadnezar und dessen Nachfolger. Cyrus hat wahrscheinlich aus deren Erfahrung erkannt, daß sich eine Politik, die auf ein einheitliches Weltreich zielt, nicht durchführen läßt. Er ging ganz anders vor und wollte alle integrierten Völker wieder an ihre angestammten Wohnsitze zurückführen lassen, wo sie auch wieder ihren angestammten Glauben, ihre frühere Religion, annehmen sollten. Jedes Volk sollte eigenständig seiner Kultur leben dürfen. Seine Vorstellung war, daß diese Völkerschaften nur dann gesunde Bausteine seines Großreichs seien, wenn sie kulturell möglichst eigenständig waren.

Das war eine Rechnung, die durchaus aufgegangen ist: Das persische Reich hatte wesentlich länger Bestand als das sog. Neubabylonische Reich des Nebukadnezar. (Das persische Großreich währte etwa von 538 v. Chr. bis zu Alexanders d. Gr. Sieg bei Issus, 333 v. Chr.) Denn diese Völker, denen er ihre Heimat zurückgab, waren dem Cyrus sehr dankbar, daß er ihnen die Möglichkeit gab, wieder sie selbst zu sein.

In diesem Zusammenhang ist auch die Wende in der Geschichte Israels zu sehen: Im Jahre **538 v. Chr.** erhielten die Israeliten von Cyrus die Erlaubnis, ja sogar die Weisung, wieder in ihr Land zurückzukehren und den Tempel wieder aufzubauen. Cyrus und seine Leute hatten wohl auch die Vorstellung, daß sich die Gottheiten der Völker, die unterworfen worden waren und deren Gottesdienst dadurch ausgelöscht war, an ihm, an seinem Reich und an seinen Kindern rächen könnten. Daher war Cyrus daran interessiert, daß gerade auch der Tempel Israels wieder erbaut wurde.

Nebenbei bemerkt: Bei Jeremia steht, es seien 70 Jahre Gefangenschaft (Jer 29,10), aber wir sehen, daß es nur etwa 50 Jahre sind. Das hängt damit zusammen, daß die früheren Schübe der Gefangenschaft (etwa ab dem Jahre 606 v. Chr. an) etwa 20 Jahre früher als das Exil begannen. Also traf die Zahl bei Jeremia, die ihm als Gerichtszeit genannt worden war, zu; nur das Gros der Verschleppten war 50 Jahre im Exil.

An dieser Stelle setzt Esras Geschichtserzählung ein, wiewohl Esra selbst fast 100 Jahre später lebte und wirkte. Die Kapitel 1–3 des Esra-Buches erzählen von eben dieser Heimkehr Israels ins Land.

2. Die Gliederung des Buches

Das Buch Esra untergliedert sich in zwei Hauptteile:

1. Die Rückkehr eines Teiles der Juden unter Serubbabel und Jeschua; der Tempelbau (538 v. Chr.; Kap. 1–6)
2. Die Rückkehr des Schriftgelehrten Esra aus Babel (458 v. Chr.; Kap. 7–10)

3. Zum Einzelnen

3.1 Die Rückkehr eines Teiles der Juden unter Serubbabel und Jeschua; der Tempelbau (538 v. Chr.; Kap. 1–6)

Cyrus gibt den Juden die Erlaubnis zur Rückkehr in ihr Heimatland, damit sie den Tempel bauen: *»Der HERR, der Gott des Himmels, ... hat mir befohlen, ihm ein Haus zu bauen«* (V. 2). **Kapitel 1** beginnt daher mit der Aussage, Gott habe den Geist des Cyrus erweckt (V. 1a). Das hat Cyrus sicher so nicht erkannt; aber Israel hat gemerkt, daß Cyrus ein Werkzeug Gottes zur Wiederherstellung Israels und seines Gottesdienstes ist.

Die Obersten Judas und Benjamins, die Priester und Leviten, werden von Gott erweckt, nach Palästina hinaufzuziehen: *»Da machten sich auf alle Häupter der Sippen aus Juda und Benjamin und die Priester und Leviten, alle, deren Geist Gott erweckt hatte«* (V. 5). Diese Rückkehr in das 587 v. Chr. durch den Krieg verwüstete Heimatland war ein Opfer, denn es bedeutete, daß die Heimkehrer ihre im Exil gewonnene gute Existenz verließen (vgl. unten, zu Kap. 2). Aber sie nehmen das um der Erneuerung des Gottesdienstes willen auf sich.

Den Heimkehrern wurden alle Gerätschaften mitgegeben, die sie für den Gottesdienst brauchten (V. 7).

Kapitel 2 beinhaltet eine Aufzählung all derer, die nach Palästina zurückkehrten, wobei sogar die Zahl der Angehörigen jeder Sippe und die Gesamtzahl aller Heimkehrer genannt wird: Es waren etwas mehr als 42 000 (V. 64). Diese Heimkehrenden nehmen es mit dem Gesetz sehr genau; sie wollen nicht noch einmal dem Gericht Gottes verfallen (V. 62f.).

Das sind keineswegs alle Juden gewesen, die im Exil lebten, – so wenig heute alle Juden, die außerhalb Israels leben, nach Palästina emigrieren und auch nicht ohne weiteres dorthin gehen könnten.

So war das damals auch eine Auswahl, die bewußt ein gewisses Opfer auf sich nahm. Denn die Juden haben – und daran war auch Nebukadnezar beteiligt – durchaus eine Lebensmöglichkeit in Babylon gehabt. Das Land war fruchtbar – es war ihnen kein schlechter Ackerboden zugewiesen worden –, und insbesondere haben die Juden damals eine Begabung entdeckt, die sie später (und bis heute) lebten: Sie begannen, Handel zu treiben. So konnten sie gut in Babylon leben, und diejenigen, die nach Israel zurückkehrten, nahmen damit ein ausgesprochenes Opfer auf sich. *Sie kehrten zurück, um den Gottesdienst Israels wieder aufzunehmen.*

Dabei geschah etwas, was wir aus unserer heutigen Zeit kennen. Die amerikanischen Juden unterstützen den Staat Israel mit sehr hohen Geldbeträgen, weil sie gewissermaßen diejenigen stellvertretend am Werk sehen, die diesen Staat gegründet haben und die ihn aufrechterhalten. So haben auch damals – das wissen wir vor allem aus den Büchern der nachexilischen Propheten – Israeliten im Exil Mittel aufgebracht und diejenigen unterstützt, die nach Jerusalem zurückkehrten. Denn es war – das sehen wir insbesondere aus dem Buch des Propheten Haggai, aber auch bei Maleachi und Sacharja – ein äußerst bescheidener und aufopferungsvoller Anfang.

Daß es um den Gottesdienst ging wird auch daran deutlich, daß unverhältnismäßig viele Priester heimgekehrt sind, um eben diesen Gottesdienst auszuüben. Und sie waren als Nachfahren Aarons im Grunde genommen allein dazu berechtigt, den priesterlichen Dienst zu übernehmen. Überhaupt haben diese Heimkehrer fast ein wenig ängstlich darauf geachtet, daß sie doch nur dem Gesetz Genüge tun und ja dem Gesetz ganz gehorsam würden, damit nicht wieder das Gericht Gottes über sie komme. Sie wollten lieber große Schwierigkeiten von seiten der Menschen in Kauf nehmen, als daß Gott sich wieder gegen sie wende. Dieses Volk hatte eben eine so tief wirkende Erfahrung gemacht, die es auf keinen Fall wieder vergessen wollte.

In **Kapitel 3** wird von den Anfängen des Gottesdienstes berichtet, davon, wie die Zurückgekehrten den Gottesdienst neu aufnahmen (V. 4.6). Das erste, was sie taten (wohl noch ehe sie Häuser für sich selbst bauten), war, daß sie wenigstens den Brandopferaltar wieder errichteten und den regelmäßigen Opferdienst begannen. Das war sicher für diese arme Schar nicht leicht zu bewerkstelligen (etwa auch, sich die Opfertiere zu beschaffen). Aber sie wollten ein Volk im Gottesdienst sein und unternahmen alles, was hierfür dienlich war.

Im selben Kapitel wird dann die Grundsteinlegung beschrieben, die mit einem Fest verbunden wurde (V. 8–13), sowie der Anfang der Arbeiten am neuen Tempel. Sie jauchzten vor Freude darüber, daß sie nun wieder im Auftrag Gottes stehen dürfen (V. 11.12b). Es hat sich allerdings unter diese Freude auch die Klage gemischt – die Klage der Alten nämlich, die noch den Salomonischen Tempel gesehen hatten (V. 12a), der aus Marmor, Gold, Eben- und Zedernholz gebaut war. Nun entstand ein Bau, der im Vergleich mit jenem früheren Tempel armselig aussah: ein Häuschen aus Feldsteinen und einfachem Bauholz, wie man es eben auftreiben konnte.

Doch das Volk blieb bei der Freude (V. 13). Daß Gott für sie ist, ist der Grund dafür. Und da hinein traf die große Botschaft des Propheten Haggai, der ihnen sagte, daß es gerade dieser Tempel sein würde, mit dem noch viel Gewaltigeres geschehen werde als mit dem Tempel Salomos: »Es soll die Herrlichkeit dieses neuen Hauses größer werden, als die des ersten gewesen ist, spricht der HERR Zebaoth; und ich will Frieden geben an dieser Stätte, spricht der HERR Zebaoth« (Hag 2,9).

Bei Haggai steht im Blick auf diesen Tempel auch das Wort: »Da sollen dann kommen aller Völker Kostbarkeiten, und ich will dies Haus voll Herrlichkeit machen, spricht der HERR Zebaoth (Hag 2,7). Das ist eine Verheißung auf den, der acht Tage nach seiner Geburt zur Beschneidung in den Tempel gebracht wurde und der später dort wirkte (vgl. Joh 7,37) und durch den dann an dieser Stätte der Geist Gottes gegeben wurde. Damit war die Quelle entsprungen, das Wasser des Lebens war da. Von diesem Ort des Geistempfangs ging dann auch die Völkermission aus, die bis auf den heutigen Tag fortdauert.

Nach diesen Anfängen des Gottesdienstes kam es wegen eines ganz seltsamen Anlasses zu einer großen Schwierigkeit und Krise **(Kap. 4)**. Die Freude des Volkes wurde von einer eigenartigen Seite aus erheblich gedämpft: von seiten der im früheren Nordreich Israel, dem ehemaligen Zehn-Stämme-Land, ansässigen Samariter.

Die Juden, die unter Cyrus aus dem Exil in ihr Land zurückkehrten, fanden im früheren Zehn-Stämme-Land eine Mischbevölkerung vor. Diese Mischbevölkerung war dadurch zustandegekommen, daß neben den Israeliten, die nicht ins assyrische Exil mitgegangen waren, dort Assyrer angesiedelt worden waren. Die Israeliten und die assyrischen Neuansiedler haben untereinander geheiratet und haben auch ihre Religion, ihren Glauben, vermischt. Weil Samaria die Hauptstadt dieses Landes war, hat man diese Mischbevölkerung »Samaritaner« oder (das ist geläufiger) »Samariter« genannt.

Diese Samariter sind wohlmeinend auf die Heimkehrer zugegangen und haben gesagt: *»Wir wollen mit euch bauen«* (V. 2). Sie wollten sich am Tempelbau beteiligen, und die Heimkehrer hätten diese helfenden Hände gut gebrauchen können. Die Samariter sagten auch, sie hätten doch bisher auch schon Jahwe geopfert und gedient (V. 2b). Sie haben dabei nicht so ausdrücklich erwähnt, daß sie außerdem einigen anderen Gottheiten auch dienten.

Doch die Heimkehrer reagierten eigenartig spröde. Weil sie sich bemühten, nicht wieder in alte Fehler zu verfallen, indem sie sich mit dem heidnischen bzw. halbheidnischen Wesen vermischten, wiesen sie ein Zusammengehen mit der Mischbevölkerung beim Tempelbau ab. Sie sagten: *»Es ziemt* *sich nicht, daß ihr und wir miteinander das Haus unseres Gottes bauen, sondern wir allein wollen bauen...«* (V. 3). Sie wußten, wie gefährlich es ist, in Fragen des Glaubens und des Gottesdienstes Vermischungen einzugehen. Aber sie haben auch erlebt, welchem Unverständnis diejenigen begegnen, die um der Reinerhaltung der Wahrheit willen solche Vermischungen ablehnen.

Die Heimkehrer wurden aus diesem Grunde von den Samaritern angefeindet und bei der persischen Zentralregierung verklagt (vgl. Abb. 77).

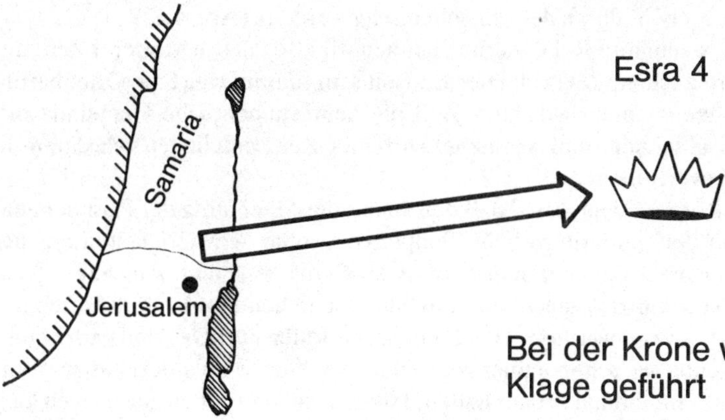

Abb. 77: Gegen ein falsches Zusammengehen

Wenn die Umwelt der neutestamentlichen Gemeinde zu relativierender Toleranz und zum Synkretismus (d.h. Religionsvermischung) neigt, so erfährt auch diese Gemeinde viel Anfechtung.

So war es in der ersten Christenheit in Rom. Rom hätte nicht daran gedacht, die Christen zu verfolgen, wenn diese das große Programm des religiösen Pluralismus mitgemacht hätten. Rom hatte ja gar keine andere Wahl, als in diesem riesengroßen Reich viele Religionen nebeneinander zu dulden. Man tat alles in einen großen »Mixer« (griech. *krataer*– »Mischkessel, Mischkrug« –, woraus das Wort »Synkretismus« gebildet wurde); und die Christenheit hat 200 Jahre Verfolgung auf sich genommen, um dem zu widerstehen.

Etwas Entsprechendes kennen wir auch heute. Wenn man sagen würde, daß eigentlich die Moslems dasselbe wie die Christen wollten und daß Allah letztlich derselbe Gott wie der Gott der Bibel sei, daß die Moslems eben auf ihre und wir auf unsere Weise anbeten usw., so entspräche das einer heute weitverbreiteten Relativierung der biblischen Botschaft (als sei sie eine unter anderen) und einer Vermischung der einen Glaubensweise mit der anderen. Dies ist das, was man schon immer als Synkretismus bezeichnet hat.

Wir ahnen kaum, in welchem Kampf heute indische Christen stehen, die dem widerstreben (aber nicht alle Christen in Indien widerstreben dem), was ein großer, gelehrter Brahmane so sagte: »Wir sind ganz mit euch Christen einig, wenn ihr *ein* Wort ändert. Wenn ihr nicht sagt: ›Jesus Christus ist *der* Weg‹, sondern: ›Jesus Christus ist *ein* Weg‹«. Auch dort müssen diejenigen, die dem Evangelium treu bleiben, ebenso einfältig und eindeutig bei dieser Wahrheit bleiben: »Ich bin der Weg…« (Joh 14,6), und: »In keinem andern ist das Heil, auch ist kein andrer Name unter dem Himmel den Menschen gegeben, durch den wir sollen selig werden« (Apg 4,12).

Diese religiöse Relativierung kennen wir also auch aus unserer Zeit; und das wird auch ein Merkmal der Endzeit sein (darauf weist die Offenbarung des Johannes mehrfach hin). Weil die neutestamentliche Gemeinde dies ebenso ablehnen muß wie Israel zu seiner Zeit, entzündet sich daran die Christenverfolgung.–

Nun war es damals so, daß den Juden die Ablehnung der Zusammenarbeit mit den Samaritern beim Tempelbau größte Schwierigkeiten brachte. Die Samariter haben nämlich sofort zu Cyrus geschickt, Anwälte (»Sachwalter«) beauftragt, also Leute, die am persischen Hof Einfluß hatten und die dort etwa so warnten: »Paßt mit diesen Juden auf! Das sind ganz gefährliche Leute, die schon immer gegen die Großkönige revoltiert haben. Wenn sie ihre Stadt einmal gebaut haben, fallen sie ab und gehen gegen euch los.« (Dies hatten die Juden ja auch getan, etwa zur Zeit des Nebukadnezar.)

So ist der Tempelbau zunächst ins Stocken geraten (V. 5), und es fand eine schmerzliche Auseinandersetzung statt (V. 6ff.).

In der Folge (Kap. 5–7) fällt auf, wie sehr es um die Gunst des Großkönigs – Cyrus' und seiner Nachfolger – ging. Die Wohlgesonnenheit der Weltmacht brachte die gottesdienstliche Gemeinde in die Gefahr, sich von ihr abhängig zu machen. Die Israeliten erfuhren durch die persischen Machthaber die Hilfe Gottes; das hätte dazu führen können, daß der persische Großkönig in den Augen der Gemeinde in den Rang eines Stellvertreters Gottes erhoben, ja an die Stelle Gottes gerückt wird. Nur einmal ist davon die Rede, der HERR habe den König bewegt (6,22).

Abbildung 78 zeigt bildhaft, wie das Dreiecksverhältnis zwischen Gott, Israel und der Weltmacht geordnet sein sollte. In der linken Bildhäfte ist die Weltmacht dargestellt; ihr – in Gestalt des Cyrus – hat Gott die Weisung ins Herz gegeben, daß sie für Israel etwas tat. Aber daraus entstand die Gefahr, daß diese kleine menschliche Krone der Weltmacht zwischen Israel und Gott tritt. Das ist aber nicht zulässig.–

In diesem Zusammenhang ist auf eine große, grundsätzliche Frage der Geschichte Israels und der Kirchengeschichte hinzuweisen: Die Zeiten, in denen die Weltmacht gegen das Volk Gottes steht, sind sicherlich schwierig

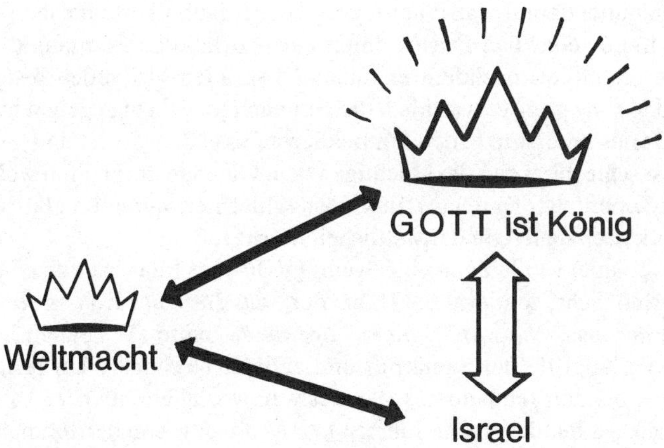

Abb. 78: Die Weltmacht ist Wohltäterin, hat aber nicht göttlichen Rang

(etwa bei Nebukadnezar und den Juden, die aus ihrem Land deportiert wurden). Aber mehr noch sind die Zeiten, in denen es leichter ist, die Botschaft rein zu erhalten und sich zu bewähren, schwierig zu bewältigen. Der »Gegenwind«, der dem Volk Gottes ins Gesicht bläst, ist merkwürdigerweise eine ganz gesunde Sache. Derart »stürmische« Epochen waren oft Zeiten, in denen die Christenheit eher wieder gesundet und auf einen festen Grund gekommen ist.

In anderen Zeiten, wie sie Israel damals erstmalig in der Perserzeit kennenlernte, in denen die Weltmacht das Volk Gottes unterstützte und privilegierte (Cyrus hatte ja angeordnet, daß die Priester, die am Tempel dienten, keine Steuern zu bezahlen hätten, und dafür die Möglichkeit, Gesetze zu erlassen und eigene Richter zu haben), bargen ihre Gefahren in sich.

Das hat die Christenheit, seit Konstantin im vierten Jahrhundert n. Chr. das Christentum zur Staatsreligion machte, bis in unser Jahrhundert erfahren. Dadurch bekamen die Beziehungen zwischen politischer Macht und Kirche, der Besitzstand (in rechtlicher Hinsicht) und die Privilegien (Begünstigungen und Vorrechte) einen zu hohen Rang, da das Volk Gottes zu sehr darauf vertraute. Der Kampf ging dann zu sehr darum, daß man diese Privilegien behält, als um die Wahrheit des Wortes Gottes.

In **Kapitel 5** ist die Wiederaufnahme des Tempelbaus zur Zeit Haggais und Sacharjas (520 v. Chr.) berichtet. Diese beiden Propheten stärkten die Bauleute (V. 1; Hag 1 f.). Hier wird auch geschildert, wie eine Gesandtschaft von *»jenseits des Euphrat«* die Erlaubnis zum Tempelbau überprüfte und einen

Bericht darüber an König Darius schickte (V. 3ff.). Die Juden verwiesen demgegenüber darauf, daß ihnen Cyrus diese Erlaubnis erteilt hatte (V. 13).

Kapitel 6 zeigt, daß Darius durch einen Erlaß den Fortgang des Tempelbaus gestattete, nachdem er anhand von alten Urkunden festgestellt hatte, daß Cyrus einst tatsächlich die Genehmigung dazu gegeben hatte (V. 1–5). Darius unterstützte den Tempeldienst (V. 9f.).

Es ist schlecht, wenn die Mächtigen dem Glauben nachhelfen wollen (V. 11; siehe oben; vgl. Dan 3; 6), und noch schlechter, wenn das gottesdienstliche Volk nach dem Arm der weltlichen Macht ruft.

Der Tempel wurde dann eingeweiht (V. 16), aber das hat keine Fürstengunst ermöglicht, sondern der Herr, der *»das Herz des Königs von Assur [das ist der persische König] ihnen zugewandt«* hatte (V. 22). So hat also wegen der Angriffe der Samariter und anderer Nachbarvölker sehr lange gedauert, bis der Tempelbau vollendet war; vor allem aber lag es an der Klage, die sie bei der Krone führten (vgl. Abb. 77), daß der Tempelbau so lange hinausgezögert wurde.

3.2 Die Rückkehr des Schriftgelehrten Esra aus Babel (458 v. Chr.; Kap. 7–10)

In der Zeit des Tempelbaus und danach war Serubbabel – einer aus dem Hause Davids – Statthalter, und ein Priester Jeschua war Hohepriester; die Propheten Haggai und Sacharja und wenig später Maleachi waren die Boten Gottes, die in dieser Zeit auftraten und sprachen.

Esra selbst, der dies alles aufgeschrieben hat, wirkte erst ab dem Jahre 458 v. Chr., etwa 60 Jahre, nachdem der Tempel erbaut worden war. Esra ist noch in Babylon geboren und war zunächst dort tätig.

Esra stammte aus Kreisen des Auslandsjudentums, in denen sich mittlerweile eine neue Form des Gottesdienstes herausgebildet hat, nämlich ein Wortgottesdienst ohne Opfer, bei dem sie das Gesetz und die vorexilischen Propheten lasen und auslegten und beteten. Ihre Bethäuser hat man später, in der griechischen Epoche, »Synagogen« genannt. Synagoge ist ein griechisches Wort und heißt »Versammlungsort«. Die Synagogenordnung ist also bei den Gemeinden des Auslandsjudentums in Babylon entstanden.

Aus diesen Kreisen, die den Gottesdienst umgestalteten, stammte also Esra. Als er erfahren hat, daß die Dinge in Jerusalem nicht zum besten standen, erkannte er den Auftrag, nach Jerusalem zurückzukehren. Er hat dabei auch Begleiter mitgenommen und den Juden in Palästina Geldmittel mitgebracht. Durch ihn kam es zu einer erneuten Reinigung der gottesdienstlichen Gemeinde und des Gottesdienstes. Diese Reinigung kommt uns recht hart vor und ist insofern typisch alttestamentlich, weil sie eben damals den Geist Gottes noch nicht hatten und die äußeren Maßnahmen rein erhalten mußten.

In **Kapitel 7** wird die Geschichte Esras berichtet. Er wird hier als erster im Alten Testament als »Schriftgelehrter« bezeichnet. Er und seine Begleiter waren ein neuer Heimkehrerschub, der für die jüdische Gemeinde in Palästina einen mächtigen Ansporn bedeutete (V. 10). Wieder erfolgt hier eine Aufforderung des persischen Königs, den Gottesdienst auszuüben, *»damit nicht der Zorn über das Reich des Königs und seiner Söhne komme« (V. 23b).*

Das **Kapitel 8** schildert – anschließend an ein Verzeichnis all derer, die mit Esra ins Land zurückgekehrt waren (V. 1–14), die Vorbereitungen Esras für die Reise nach Jerusalem (V. 15ff.). Es fällt daran besonders auf, daß Beten und Fasten ausdrücklich dazugehören (V. 21).

Esra hat bald nach seiner Ankunft in Jerusalem (8,31–36) mit Schrecken festgestellt, daß die Heimkehrergemeinde sich mit den umgebenden Völkerschaften vermischt hat **(Kap. 9–10)**, vor allem dadurch, daß sehr viele israelitische Männer Ausländerinnen (teils von den Samaritern, teils von den angrenzenden Völkern) geheiratet hatten (V. 2). Diese Tatsache bedeutete eine besondere Gefahr, und Esra sieht darin einen sehr bedrohlichen erneuten Abfall. Denn das brachte wieder eine Religionsvermischung mit sich, auch dadurch, daß die Kinder weitgehend von ihren Müttern erzogen wurden. Daher sprach Esra ein Bußgebet (V. 5ff.) und wirkte dem entgegen; er verlangte in harten Auseinandersetzungen, daß diese Frauen entlassen und heimgeschickt würden, daß also die Ehen sozusagen geschieden würden – um der Reinerhaltung Israels und seines Gottesdienstes willen.

Kapitel 10 macht deutlich, daß die Rücksicht auf das Ganze des Volkes und auf seinen Gottesdienst den Vorrang vor der Beachtung des einzelnen bekommt. Die Mischehen werden aufgelöst.

Im Alten Testament war ja die Auflösung der Ehe noch ausführbar, denn hier war der Geist Gottes noch nicht gegeben. Beim natürlichen Menschen ist es eben so. Hier ließ man entweder aller Zuchtlosigkeit Tür und Tor offen (aus lauter Rücksicht auf die, die sie dementsprechend lebten), oder man mußte – wie in Israel – um der Reinhaltung des Volkes willen den Ehebruch bestrafen (durch Steinigung; vgl. Joh 8,1–11). Das ist die dauernde Auseinandersetzung, auch in unserem Strafrecht: Läßt man gewisse Vorgänge einfach zu, ohne dagegen vorzugehen, dann geht das Volk zugrunde; scheidet man das Böse, Zerstörerische aus, dann erscheint das als schrecklich hart.

Jesus weist im Umgang mit der Ehebrecherin in Johannes 8 einen anderen Weg. Er sagt zu dieser Frau: »Ich verdamme dich nicht; geh hin und sündige hinfort nicht mehr« (V. 11). Jesus vergibt und gibt die Kraft zum neuen Weg!

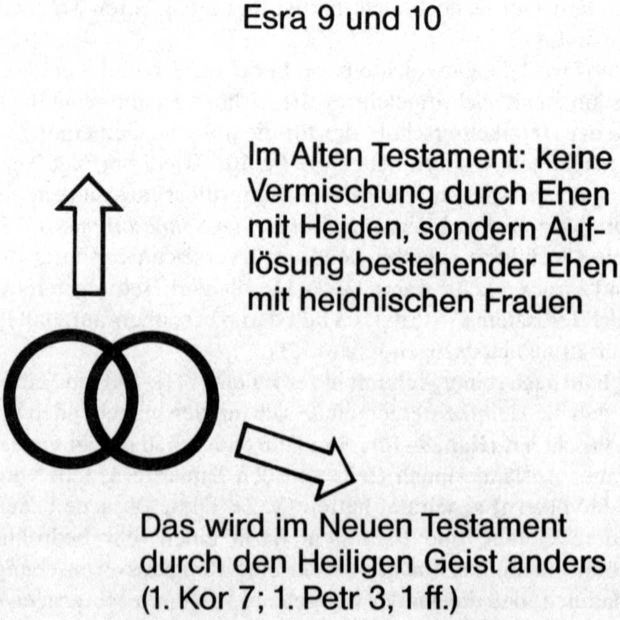

Abb. 79: »Wer Weib oder Kind mehr liebt...«

Weil das die Christen wußten, konnten Paulus und Petrus etwas anderes schreiben als das, was nach dem Strafrecht Israels damals üblich war. Die neue Weise ist die, daß diejenigen, die im Glauben sind, auch in der Not einer solchen Ehe gehalten werden, in der die beiden Ehegatten nicht durch einen gemeinsamen Glauben verbunden sind. Hier ermöglicht der Geistempfang die Standhaftigkeit und das Zeugnis der Ehe, die bestehen bleibt (1. Kor 7; 1. Petr 3,1 ff.). Denn Jesus kann in einer solchen Ehe hindurchbringen und kann auch den glaubenden Ehegatten für den anderen Partner zum Zeugen werden lassen. Hier wird also Gott und seinem Wort wie auch der inneren Vollmacht der Glaubenden sehr viel zugemutet und auf die Kraft Gottes und seines Geistes vertraut.

So ist also festzustellen, daß in dieser Hinsicht ein Unterschied zwischen Altem und Neuem Testament besteht. Was aber bei Esra zu erkennen ist, das ist auch für die neutestamentliche Gemeinde wichtig und von Bedeutung, nämlich dieser Ernst im Ringen darum, daß der Gottesdienst geschieht und daß die gottesdienstliche Gemeinde – das Volk Gottes – bei diesem Gottesdienst erhalten wird und daß dafür Opfer gebracht werden.

Das Buch Nehemia

1. Einleitung

Nehemia war Zeitgenosse Esras und bildete mit ihm eine Art »Gespann«. Für eine gewisse Zeit war Esra der geistliche und Nehemia der politische Führer des Volkes.

Während Esra zu den Heimkehrern gehörte, war Nehemia ein sog. Auslands- oder Diasporajude, also ein Jude, der außerhalb Israels geboren und aufgewachsen war. Nehemia war einer von denen, dessen Vorfahren nicht nach Palästina zurückgekehrt sind, als Maleachi, Haggai, Serubbabel und Jeschua nach der babylonischen Gefangenschaft ins Land ihrer Väter heimkehrten.

Aber Gott hat seine Weisheit, wie er Arbeiter in seine Ernte sendet; und er hat immer wieder seiner Gemeinde im Laufe der Jahrhunderte Männer und Frauen gegeben, die sie auf die gute Bahn brachten und sie förderten. Einer von ihnen war Nehemia. Er lebte 12 Jahre in Jerusalem (445–433 v. Chr.), zur Zeit des persischen Großkönigs Artaxerxes.

Woher kam Nehemia? Und wie kam er dazu, sich seines Volkes anzunehmen? Was wollte er?

Nehemia hat es – wie so manche, auch Daniel lange Zeit vor ihm (150 Jahre vorher) – im Exil zu etwas gebracht und ist zu einer hohen politischen Stellung gekommen: Er hatte in der persischen Hauptstadt Susa das Amt eines Mundschenks am königlichen Hof inne. Das darf man sich nicht so vorstellen, als wäre er einfach für die Getränke des Königs zuständig gewesen. Vielmehr kamen die Aufgaben eines Mundschenks damals denen eines Außenministers oder sonst eines Ministers gleich. Das waren also Leute aus dem engsten Umkreis des Königs. So weit hat es Nehemia gebracht! Er hätte gut in Susa bleiben und dort eine sehr ansehnliche Stellung einnehmen können.

Aber er war einer von denen, die Gott ergriffen und als Werkzeug an seinem Volk benützt hat mit dem Ziel, daß die Heilsgeschichte fortgesetzt wurde.–

Man findet in der Geschichte der neutestamentlichen Gemeinde Jesu einen Augustinus, einen Martin Luther, einen Philipp Jakob Spener usw. Das sind alles Menschen, die Gott zu seiner Zeit gesandt hat, um die Sache seines Reiches fortzusetzen, ähnlich wie Nehemia.–

Es bestanden rege Verbindungen zwischen den zahlreichen Diasporajuden, die seit der babylonischen Gefangenschaft nicht mehr zu Hause waren. Diese Auslandsjuden, die es zum Teil zu etwas gebracht hatten, haben die arme Gemeinde in der Heimat unterstützt, die Gemeinde in Jerusalem, die dort wieder den alten Gottesdienst aufgenommen hatte und die deshalb in ihr Heimatland zurückgekehrt war (vgl. zu Esr 2). Die Diasporajuden sahen die Heimkehrer als solche an, die auch stellvertretend für sie ins Land der Väter zurückgekehrt waren.

Durch die vielfachen Verbindungen hat auch Nehemia von dem üblen Zustand in Jerusalem erfahren (vielleicht durch Freunde oder Verwandte).

Denn es trat eine Zeit der Krise, der Armut, der politischen Bedrängnis für Jerusalem ein; die Stadtmauern, die sie so mühsam aufgebaut hatten, waren teilweise zerstört worden. Seit jener Zeit (vgl. zu Esr 4) rumorte es fortwährend zwischen den Samaritern und den in Jerusalem ansässigen Heimkehrern bzw. ihren Nachfahren. Das waren die Hauptgegner in einem jahrzehntelangen Zwist, wiewohl beide – Samariter und Juden – im Raum des persischen Großreiches lebten und gemeinsam *eine* Provinz bildeten, deren Hauptstadt Samaria war. Auch Jerusalem gehörte also zunächst zu dieser Provinz, deren persischer Statthalter in Samaria residierte, jenem nördlich gelegenen und damals wohl stärker besiedelten Gebiet.

Das war für die Jerusalemer ein schwer zu ertragender Zustand; sie waren ziemlich rechtlos ausgeliefert. Es kam dann auch zu einer inneren Krise: Die Leute waren geistlich nicht mehr so klar ausgerichtet wie die Heimkehrergemeinde 140 oder 150 Jahre zuvor.

Der weitere Weg Nehemias von Susa nach Jerusalem und sein Wirken dort soll bei der Auslegung der einzelnen Kapitel des Nehemia-Buches dargelegt werden.

2. Der Aufbau des Buches

1. Der Bau der Stadtmauern Jerusalems durch Nehemia (Kap. 1–7)
2. Von der Wiederherstellung des Gottesdienstes durch Esra (Kap. 8–10)
3. Fortsetzung des Berichtes von Nehemia aus seiner ersten Tätigkeit (11–13,3) und von seiner zweiten Tätigkeit (13,4–31)

3. Zum Einzelnen

3.1 Der Bau der Stadtmauer Jerusalems durch Nehemia (Kap. 1–7)

Nehemia war, als er vom schlechten Zustand Jerusalems Nachricht bekam, sehr erschüttert **(Kap. 1)**. Er hatte eine große Liebe zu Israel und Jerusalem und zum Tempel, die aus der Liebe zu Jahwe, dem alten Bundesgott, heraus entsprang.

Das erste, was man von Nehemia erfährt, ist dies, daß er Buße tat – über die Sünde Israels aus der Zeit vor der babylonischen Gefangenschaft, aus der Zeit im Exil und danach. Daraus, daß Gott das Volk immer wieder so züchtigte, es in solche Krisen führte, schloß Nehemia, daß sich Israel gegen Gott versündigt haben mußte. Kapitel 1 enthält ein ähnliches Bußgebet wie jenes bekannte Bußgebet, das 120 Jahre früher Daniel gesprochen hatte (Dan 9). *»Wir haben übel an dir getan, daß wir nicht gehalten haben die Gebote, Befehle und Rechte, die du geboten hast deinem Knecht Mose«* (V. 7).

Kapitel 2 führt aus, daß Nehemia sich an den König Artaxerxes wandte und um Urlaub bat. Das ist ein ziemlich langer »Urlaub« geworden – 12 Jahre. Nehemia hat vom König diesen Urlaub bekommen. Er sagt das in einem eigenen Bericht so, daß das Herz des Königs gewendet worden sei, *»weil die gnädige Hand meines Gottes über mir war«* (V. 8b). Nehemia wußte, daß in dieser Entscheidung des Artaxerxes sein Herr und Gott am Werk war und Er ihn in diesem Dienst haben wollte.

Sein Abschied von Susa bedeutete für Nehemia freilich ein Opfer, aber er hat diesen Dienst übernommen und war geschickt genug zu erreichen, daß er ein politisches Mandat bekam. Nehemia war ein kluger Mann, der genau auf das Richtige zuging: Er hat beim König erwirkt, daß der südliche Landesteil der Provinz Samaria vom nördlichen Bereich losgelöst und zu einer eigenständigen Provinz Juda/Jerusalem mit der Hauptstadt Jerusalem wurde. So hatte er eine eigene Zuständigkeit. Das hat natürlich erst recht den Groll der Samariter verstärkt, daß der Südteil der Provinz eine eigene Größe wurde.

Im selben Kapitel wird noch berichtet, wie Nehemia nach Jerusalem reiste und zunächst nachts und heimlich die Stadtmauer besichtigte, weil er sieht, wie die Stadt und das Heiligtum schutzlos preisgegeben sind und räuberische Haufen und andere, die den Gottesdienst stören wollen, recht einfach in diese Stadt eindringen und ihr Ziel erreichen können (V. 11 ff.).

Nehemia wollte nicht sofort sagen, was der Auftrag Gottes für ihn war: *»Ich hatte keinem Menschen gesagt, was mir mein Gott eingegeben hatte, für Jerusalem zu tun«* (V. 12). Er hat aber dann seine Arbeit begonnen und zunächst manches geordnet. Der persische Statthalter von Samaria, Sanballat, arbeitete mit Verdächtigungen gegen Nehemia, indem er die vorgesehenen Aufbauarbeiten als einen geplanten Abfall vom persischen Großkönig mißdeutete (V. 19).

Kapitel 3 erzählt, wie sie dann die Mauer gebaut haben. Sie haben sie offenkundig entsprechend dem alten Umfang errichtet, so daß Jerusalem so groß war wie zu seiner bevölkerungsreichsten Zeit. Es heißt nämlich: »Die Stadt ... war weit und groß, aber wenig Volk darinnen, und Häuser waren noch nicht wieder gebaut« (7,4).

Man kann sich vorstellen, welch enorme Arbeit es unter dieser Voraussetzung war, eine solche antike Stadtmauer wieder aufzubauen. Aber nicht nur, daß es wenige waren, die beim Bau mitarbeiten konnten, erschwerte den Mauerbau; dazu war diese Mauer ja etwa haushoch und hatte eine solche Stärke, daß man auf ihr gehen, vielleicht sogar fahren konnte. An einem solchen Bauwerk hatten Generationen zu arbeiten.

Nehemia ging so vor, daß er den verschiedenen Sippen wohl auch der Landbevölkerung (die sich im Kriegsfall in die Stadt flüchten und dort Bergung suchen konnte) jeweils einen bestimmten Abschnitt der zu bauenden Mauer zuteilte. Es heißt immer wieder: »Sie bauten... Neben ihnen bauten... Und daneben baute...« usw. Nehemia hatte also den gesamten Mauerbau offenkundig gut organisiert.

In **Kapitel 4** wird von den großen Schwierigkeiten berichtet, die die Samariter während des Mauerbaus machten – allen voran der Statthalter in Samaria, der nicht aus Persien gekommen, sondern einer von den Samaritern war. Dieser Statthalter hat Nehemia verdächtigt, dieser wolle seine Stadt befestigen, um sich dann von Persien loszusagen und also eine Revolution zu beginnen. Diese Unterstellung war für Nehemia etwas vom Schlimmsten, das es für ihn überhaupt geben konnte. Daher hat er sich entschieden dem entgegengestellt.

Nehemia traf Maßnahmen zum Schutz des Mauerbaus. In diesem Zusammenhang steht eine Formulierung, die für das ganze Buch kennzeichnend ist: *»Wir aber beteten zu unserm Gott* und *stellten gegen sie Tag und Nacht Wachen auf zum Schutz vor ihnen«* (V. 3). Das *Ora et labora* (»Bete und arbeite!«), das Bitten um den Schutz Gottes und das Tun des Sachgemäßen und Notwendigen gehörten für Nehemia also in echter Nüchternheit zusammen.

Wie Nehemia und die Juden die Aufbauarbeit verrichteten, dazu heißt es: *»Mit der einen Hand taten sie die Arbeit, und mit der andern hielten sie die Waffe« (V. 11). Das war also Aufbau und Abwehr in einem!*

In **Kapitel 5** wird deutlich, daß Nehemia nicht nur nach außen abwehren und schützen will, sondern auch im Inneren neu ordnen. Er trifft soziale

Ungerechtigkeit innerhalb des Volkes Gottes an: Es gab wohlhabende Leute, die Geld verliehen haben, und es gab arme Leute, die sich bei den Reichen Geld leihen mußten, um ihre Häuschen für ihre Familie bauen und erhalten zu können, um vielleicht ihre Felder ein wenig erweitern zu können usw. Die Reichen haben Wucherzinsen verlangt, die die Armen gar nicht aufbringen, die sie nicht erwirtschaften konnten. Und so haben die Reichen den Armen ihr Hab und Gut wieder weggenommen und haben insbesondere auch nicht nur in ihre Grundstücke vollstreckt, sondern – wie es damals üblich war – in die Person: Die Schuldner wurden also zu Leibeigenen der Reichen. Die Armen sind natürlich bitter geworden dadurch, daß man sie so um ihren Besitz gebracht hat.

Innerhalb des Volkes Gottes waren also die einen die Herren, die anderen die Leibeigenen. Das bedeutete natürlich eine unsägliche Störung der inneren Einheit und Gemeinschaft. Im Volke Gottes war nämlich eine Gleichstellung aus sozialen Gründen (nicht aus Gründen menschlicher Revolution!) geboten.

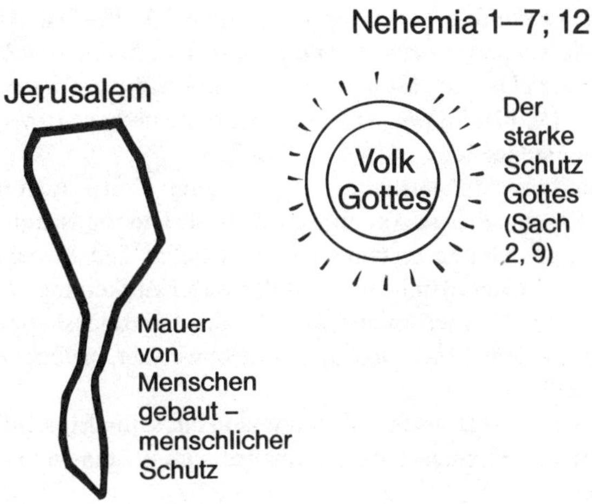

Abb. 80: Soziale Gleichstellung aus geistlichen Gründen

Wenn es so ist im Volk Gottes, daß die einen die anderen unterjochen, dann ist etwas nicht gesund (Abb. 80, linke Bildhälfte). Denn es sind ja alle Kinder des einen Gottes und Glieder des einen Gottesvolkes und deshalb im Grunde genommen nebeneinander geordnet (rechte Bildhälfte).

Neutestamentlich gesprochen heißt das: Nicht herrschen (»niederhalten« – wörtlich: »von oben herab«, Mt 20,25), wie es »die Herrscher der

Völker« tun. »...nicht als Herren über die Gemeinde, sondern als Vorbilder der Herde«, so sagt Petrus den Ältesten (1. Petr 5,3). Was soll denn die Herde tun? Sie soll hinter dem guten Hirten hergehen; und die Ältesten sollen darin vorbildlich sein, daß sie in der Nachfolge des guten Hirten besonders treu und sorgfältig sind. »Einer ist euer Meister; ihr aber seid alle Brüder« (Mt 23,8). Im Grunde genommen stehen also in der Gemeinde Jesu alle nebeneinander, nicht übereinander, und einer ist über ihnen: der Herr.

Nehemia trat für das Recht der armen Glieder des Volkes gegen die Reichen ein. Der Statthalter hat wohl mit seinen politischen Möglichkeiten durchgesetzt, daß alle diejenigen freigelassen wurden, die versklavt waren, daß auch die Schulden erlassen wurden und jeder Familie soviel zugeteilt wurde, daß sie leben konnte.

Das war freilich eine gehörige Forderung, auf diese Weise mit dem Volk neu anzufangen. Nehemia tat dies mit dem Hinweis auf das alte Erlaßjahr (vgl. 3. Mose 25): Nach 49 Jahren (»sieben Sabbatjahre, siebenmal sieben Jahre«, 3. Mose 25,8) sollten die ursprünglichen Besitzverhältnisse wiederhergestellt werden. Nehemia hat dies erreicht; besonders hilfreich war dabei, daß er selbst mit gutem Beispiel voranging (V. 14–19). *»Und von der Zeit an, als mir befohlen wurde Statthalter zu sein im Lande Juda ..., das sind zwölf Jahre, verzichtete ich für mich und meine Brüder auf meine Einkünfte als Statthalter«* (V. 14). So war Nehemias Wort, seine Erwartung, seine Forderung viel überzeugender.

Die Hofhaltung der Statthalter war ja in jener Zeit – auch noch in der Römerzeit – für eine Provinz oft eine große Last. Die römischen Statthalter auch der Zeit des Neuen Testamentes (z.B. Felix) haben mehr Aufwand getrieben als mancher König! Wer mußte dafür aufkommen? Die finanziellen Mittel dafür kamen natürlich nicht aus der Reichshauptstadt, sondern mußten von dem Land selbst aufgebracht werden, in dem der jeweilige Statthalter residierte.

Nehemia verzichtete also zwölf Jahre lang auf seine Einkünfte, die ihm als Statthalter zugestanden hätten. Das war ihm als einem vermögenden Mann möglich.

Man hat schon die Ansicht geäußert, Nehemia habe seine eigenen guten Taten etwas ausführlich aufgezählt. Das mag sein. Ähnliches meint man auch bei Paulus zu finden (im zweiten Brief an die Korinther und anderswo). Paulus hat gewußt, warum er auf sein eigenes Beispiel verwiesen hat. Denn in einer Welt der Eigensucht, in die ja auch zur Zeit des Paulus das Evangelium eintrat, mußte er auch einmal ein Exempel statuieren und so zeigen, wie das Leben eines durch Jesus geführten Menschen aussehen kann und muß. Solch ein Mensch wird nämlich nicht den anderen Menschen zur Last, sondern er bringt Opfer in der Nachfolge seines Herrn, der, »obwohl er reich ist, doch arm wurde um euretwillen, damit ihr durch seine Armut reich würdet« (2. Kor 8,9). Das hat Paulus auszusprechen gewagt und gesagt: »Folgt meinem Beispiel!« (1. Kor 4,16; 11,1). Er verhielt sich dabei wie ein Lehrer, der nicht nur reden darf, und wie ein Handwerker, der nicht nur zeigen darf, wie man eine Arbeit ausführt. Der beste Lehrer ist der, der seinen Worten das eigene Beispiel folgen läßt und das Gesagte dem Schüler selbst vormacht, denn sonst lernt es dieser nicht. Ebenso hat es Nehemia gemacht; und das war gut und recht, daß er dazu etwas sagte.

In **Kapitel 6** ist von neuen Schwierigkeiten die Rede. Sanballat, der Statthalter von Samaria, hat wiederholt den Statthalter von Jerusalem – Nehemia – eingeladen, aber Nehemia, der mit seinen Bauarbeiten beschäftigt war, ist nicht hingegangen. Er befürchtete, daß Sanballat ihm eine Falle stellte. Es traten sodann angebliche Propheten auf, vermutlich Leute, die dafür bezahlt wurden, daß sie Nehemia so zu beeinflussen suchten, daß er seine Arbeit aufgeben und fliehen würde. Aber Nehemia hat getrost gesagt: *»Sollte ein Mann wie ich fliehen?«* (V. 11). Ein Mann wie er bleibt auf seinem Posten und fürchtet sich nicht. So hat Nehemia die Arbeit bis zur Vollendung fortgesetzt, daß letztlich festgestellt wird: *»Und als alle Feinde das hörten, fürchteten sich alle Völker, die um uns her wohnten, und der Mut entfiel ihnen; denn sie merkten, daß dies Werk von Gott war«* (V. 16).

In **Kapitel 7** wird berichtet. *»Als wir nun die Mauer gebaut hatten, hängte ich die Türen ein...«* (V. 1a). Nun war die Stadt gesichert und nicht mehr schutzlos preisgegeben.

Anschließend werden noch einmal die Sippen aufgeführt, die in Jerusalem ansässig waren (V. 4–65); am Schluß dieses Kapitels sind die Opfer erwähnt, die für den Tempelbau gegeben worden sind (V. 69–72).

3.1.1 Die von Menschen gebaute Mauer, die Bewahrung, der Schutz Gottes und die Haushalterschaft von Menschen im Ganzen der Bibel (Längsschnitt)

Im gesamten Buch Nehemia nimmt die **Schilderung des Baus der Jerusalemer Stadtmauer** einen auffallend großen Raum ein (Kap 1–7; 12). Ist denn diese Mauer ein solch wichtiges Bauwerk?

Bei der Stadtmauer ging es einerseits um den Schutz der Stadt und damit auch der Bevölkerung im Ganzen (denn im Kriegsfall flüchteten die Menschen in die Stadt und waren dort geborgen). Mit der Stadtmauer wurde auch deutlich gemacht: ›Wir grenzen uns als Gottesvolk ab. Keine Vermischung!‹ Diese Kapitel über den Mauerbau sind immer wieder mit Abschnitten durchsetzt, die zeigen, wie sich die Juden von den anderen Völkern absondern – weder aus Stolz noch aus Borniertheit, noch, um sich ins Schneckenhaus zurückzuziehen, sondern weil sie wissen, daß sie es allein auf diese Weise gemeinsam durchhalten können, das Volk des Gottesdienstes zu sein.

Sie wußten, daß die Abgrenzung nicht alles ist, sondern daß in erster Linie der Aufbau nötig ist. Das wird an 4,11 besonders deutlich, wo davon die Rede ist, daß sie mit der einen Hand bauten und mit der anderen die Waffe führten.–

Ich glaube, daß das auch in der Gemeinde Jesu heute dringend erforderlich ist, daß *beides* geschieht: der Aufbau (gewissermaßen mit der »rechten Hand«) und eine gewisse Abwehr und Abgrenzung (sozusagen mit der »linken Hand«). Ich habe den Eindruck, daß manche Pietisten und Evangelikale unter uns nur aufbauen (evangelisieren usw.) wollen und dabei die notwendige Abwehr versäumen. Aber in einer Welt, in der der Feind losgelassen ist und in der endzeitliche Entwicklungen im Gang sind, muß man auch abwehren! Andrerseits kenne ich aber auch Kreise, die nur abwehren wollen, – und das ist auch nicht in Ordnung. Es muß immer das Werk sozusagen in der »rechten Hand« sein, daß man zu Jesus einlädt und Gemeinde erbaut (also die positive Arbeit tut).

Im Bild ausgedrückt: Dadurch, daß man einen Gartenzaun errichtet, kann man noch lange keinen Salat ernten. Man muß auch säen, wenn man ernten will. (Damit meine ich das zu Jesus einladende Wort.) Allerdings bedarf es auch des Gartenzaunes, damit nicht die Hühner des Nachbarn den jungen Salat abfressen.

Beides, Aufbau und Abwehr, ist unerläßlich, und wir bedürfen heute der rechten Akzentverteilung und müssen auf diese achten.–

Abbildung 81 zeigt in der linken Bildhälfte eine Skizze der Stadt Jerusalem in ihrem alten Umfang, die von Menschen gebaute Stadt. Im Grunde genommen ist es aber so, daß Gott eine »feurige Mauer« um sein Volk sein will (rechte Bildhälfte). Dadurch ist aber die Treue der Haushalterschaft nicht ausgeschlossen!

Es ist geradezu ein Kennzeichen dieser Zeit der Geschichte Israels, daß auf der einen Seite das Vertrauen zu Gott steht, der eigentlich Israels starker Schutz ist: »Ich will, spricht der HERR, eine feurige Mauer rings um sie her sein und will mich herrlich darin erweisen« (Sach 2,9; vgl. Ps 125,2). *Gott* ist der starke Schutz – und trotzdem war den Juden aufgetragen, auch darin treue Haushalter zu sein, daß sie das Ihre taten, daß das Volk Gottes äußerlich und innerlich bewahrt bleibt und unter Schutz steht, daß die Stadtmauer gebaut und daß Wachen aufgestellt wurden.

Dasselbe sehen wir auch im Neuen Testament. Dort wird einerseits gesagt: »Die Pforten der Hölle sollen sie nicht überwältigen« (Mt 16,18).

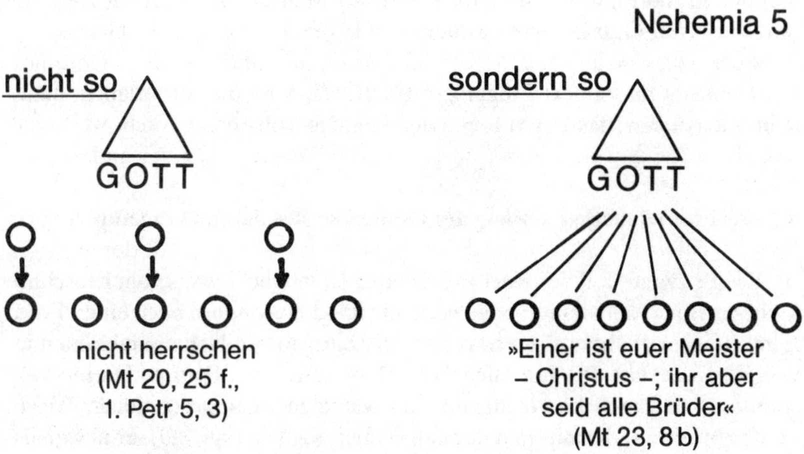

Abb. 81: Vertrauen auf Gottes Schutz für sein Volk und treue Haushalterschaft gehören zusammen

Darin liegt eine große Unbesorgtheit, daß die Sache des Herrn nicht untergeht und daß *er* das letzte Wort hat. So heißt es auch: »Niemand kann sie aus des Vaters Hand reißen« (Joh 10,28f.); und: »Ist Gott für uns, wer kann wider uns sein?« (Röm 8,31b). Auf der anderen Seite wird aber auch zur Wachsamkeit aufgerufen. »So habt nun acht auf euch selbst und auf die ganze Herde«, ermahnt Paulus die Ältesten in Ephesus (Apg 20,28a). In diesen Zusammenhang gehört auch das Wort von Johannes: »Prüft die Geister, ob sie von Gott sind« (1. Joh 4,1).

Auf der einen Seite müssen Christen also nicht von einer schrecklichen Ängstlichkeit befallen sein, ob denn die Gemeinde Jesu und das Evangelium eines Tages von der Bildfläche verschwinden und alles in ein falsches Fahrwasser gerät. Es ist also falsch zu meinen, mit mir bzw. mit uns ginge die Sache des Evangeliums unter. Also keine falsche Ängstlichkeit! Abzulehnen ist aber andrerseits auch eine großherzige Sorglosigkeit, als ob das Evangelium fortdauern werde und daß der Kampf um die Wahrheit des Evangeliums unnötig sei. Wer sich dafür einsetze, habe kein rechtes Vertrauen und keinen wahren Glauben.

Am Neuen Testament können wir erkennen, daß durchgehend z.B. Paulus (etwa im Galaterbrief), Johannes und andere dafür eintreten, daß man notfalls auch für die Wahrheit des Evangeliums gegen eine Verzeichnung des Evangeliums kämpfen muß. Die Gemeinde Jesu kann also nicht in naiver Sorglosigkeit für *alles* offen sein; der Feind ist ja noch nicht gebunden. Aber mit dem Willen zur Rettung muß sie für *alle* offen sein, die durch Jesus zu Gott kommen wollen.

Auch das neue Jerusalem hat Mauern, und »nichts Unreines (Gemeines)« findet dort Eingang (Offb 21,27). Aber die Tore können dann weit offenstehen; das Urteil gegen den Feind ist vollstreckt.

3.2 Von der Wiederherstellung des Gottesdienstes durch Esra (Kap. 8–10)

Dieser zweite Teil des Buches Nehemia ist möglicherweise ein Einschub in dieses Buch, der weniger von Nehemia handelt, sondern noch einmal von Esra, dem möglicherweise etwas älteren Zeitgenossen Nehemias. Nehemia traf ja, als er von Persien nach Jerusalem kam, dort Esra an. Beide verstanden sich gleich hervorragend und waren in besonderer, feiner Weise »Jochgenossen«, die miteinander den »Wagen« zogen (vgl. 8,9). Esra war als Hoherpriester und Schriftgelehrter der geistliche Führer, und Nehemia als Statthalter war das politische Oberhaupt. Wenn in den Kapiteln 8–10 überwiegend von Esra die Rede ist, so ist doch Nehemia bei all dem, was hier berichtet ist, deutlich beteiligt.

Nachdem also die Stadtmauer errichtet worden war, haben Esra und Nehemia mit dem innerlichen Aufbau des Volkes begonnen: Sie lehrten das Volk das Wort Gottes **(Kap. 8)**. Es ist hier vom »Gesetz« die Rede; aber damit ist nach jüdischem Sprachgebrauch einfach das Alte Testament gemeint, soweit es damals vorlag. Zum »Gesetz« gehörten alle fünf Bücher Mose und die sogenannten Vorderen Propheten. Jesus faßt ja das ganze Alte Testament zusammen mit der Bezeichnung »das Gesetz und die Propheten« (vgl. Mt 5,17; 7,12; 11,13 usw.). »Hören sie Mose (= das Gesetz) und die Propheten nicht, so werden sie sich auch nicht überzeugen lassen, wenn jemand von den Toten auferstünde«, heißt es im Gleichnis vom reichen Mann und armen Lazarus (Lk 16,31). So wird also bei Esra und Nehemia von Abraham usw., von Mose, von den Zehn Geboten und von den weiteren Vorschriften der Thora gesprochen.

Mit diesem Kapitel klingt etwas Hochinteressantes an, was bis heute seine unmittelbare Auswirkung hat. Erstmals sehen wir hier, daß in Jerusalem (wohl auf dem Tempelplatz) eine Art Tribüne aufgebaut wird (eine »hölzerne Kanzel«, V. 4), die unter freiem Himmel stand. Auf dieser *»hölzernen Kanzel«* hat Esra täglich eine Stunde lang (an Sabbaten wohl auch länger) »das Gesetz« vorgelesen und ausgelegt. Dann wurde gebetet, auch vom Volk, mit zur Erde geneigtem Angesicht und mit erhobenen Händen, also mit der Geste des vor Gott Bittenden. Das war etwas Neues in Israel:

Kannte man vorher nur den Opfergottesdienst im Tempel, so begann nun das, daß man Gottes Wort vorgelesen, ausgelegt und anschließend gebetet hat.

Das war der Beginn des sogenannten *Synagogengottesdienstes* in Israel, der – wie wir aus Jesu Mund wissen – seine Mängel hatte, der aber doch auch das Volk in einer guten Weise erzogen hat. Jesus hat daher auf sehr viel Kenntnis Moses und der Propheten zurückgreifen können! Das war ganz erstaunlich, was die Leute davon wußten, wenn man nur einen ganz kleinen Ausschnitt daraus zitierte. (Man muß bedenken, daß damals die meisten Menschen kein Buch zur Hand hatten!) Das rührte von der regelmäßigen Lesung des Gesetzes und dessen Auslegung her. Es trug entscheidend dazu bei, daß die Leute die Schriften des Alten Testaments kannten und verstehen konnten.–

Dieser *Synagogengottesdienst* ist in der frühen Christenheit ein Vorbild des Gemeindegottesdienstes geworden. Schon im Judentum war es nicht so, daß ein einzelner sprach, weswegen es ab und zu »wie in einer Judenschule« zuging: Es sprachen einige durcheinander. Das wird auch an der frühen Christenheit deutlich (etwa in 1. Kor 12 und 14). Auch hier hat in der Regel nicht ein einzelner das Wort geführt (wenn wir auch von Paulus, Petrus usw. von langen Predigten wissen, die sie gehalten haben).–

So begann diese neue Form des Gottesdienstes bei Esra. Auch die Antwort darauf ist sehr bemerkenswert: nämlich eine große Freude des Volkes. Sie haben sich gefreut, und es wurde zu einem richtigen Fest. Sie haben sogar miteinander gegessen und getrunken und davon ausgeteilt, so daß jeder etwas bekam (V. 12). Und wieder ging Nehemia mit gutem Beispiel voran.

Es ist also eine Freude, Gottes Wort zu hören. Daran sollten wir auch beim Abendmahl denken, daß es kein Leichenbegängnis, sondern eine sehr frohe Feier ist.

Das wird in einem Wort des Esra zusammengefaßt: *»Seid nicht bekümmert; denn die Freude am HERRN ist eure Stärke«* (V. 10).

Die Juden haben dann auch erstmals »seit der Zeit Josuas« das Laubhüttenfest wieder gefeiert, dieses ausgesprochen fröhliche Ernte- und Herbstdankfest Israels (V. 17).

Man hat bei manchen Stellen in den Büchern von Esra und Nehemia den Eindruck eines großen Ernstes; aber Esra und Nehemia haben das Volk auch dazu angeleitet und es ihm ermöglicht, daß es eine Freude ist, Gottes Volk zu sein und das Wort Gottes zu haben.

In **Kapitel 9** ist von einer weiteren wichtigen Angelegenheit die Rede. Über dem Vorlesen des Gesetzes ist dem Volk auch der große Ernst dessen bewußt geworden, was Gott gebietet, und daß man es nicht auf die leichte Schulter nehmen kann, wenn man sich über Gottes Wort hinwegsetzt.

Dieses Volk wurde also von einer großen Bußbewegung ergriffen. Dies mag gegen Ende der Wirksamkeit des Nehemia gewesen sein (ca. 435–33 v. Chr.). Zum erstenmal seit der Zerstörung des Tempels 150 Jahre zuvor tut jetzt das ganze Volk Buße! Vorher (in Dan 1 und Neh 1) waren es einzelne, die Buße taten; erst in diesem neunten Kapitel des Nehemia-Buches kommt es zu einer Bußbewegung im Volk.

Es wird hier ausführlich dargestellt, wie den Juden bewußt wurde, daß Gott sie zu seinem Volk eingesetzt und ihnen sein Gebot gegeben hat, das sie wiederholt mißachtet hatten. Als Hauptsünde erschien hier die Vermischung mit den anderen Völkern und ihren Religionen (V. 2). Mitten in dieser Darstellung der Geschichte des Volkes heißt es: *»Aber unsere Väter wurden stolz und halsstarrig, so daß sie deinen Geboten nicht gehorchten«* (V. 16). Immer dann, wenn es ihnen einigermaßen gutging, haben sie Gottes Gebot verlassen: *»Sie waren stolz und gehorchten deinen Geboten nicht und sündigten an deinen Rechten, durch die der Mensch lebt, wenn er sie tut, und kehrten dir den Rücken zu…«* (V. 29). Daraufhin hat Gott sie in seine Zucht genommen – und er tut mit seinem Richten recht: *»Nun, unser Gott, du großer Gott, du Mächtiger und Furchtbarer... Du bist gerecht in allem, was du über uns gebracht hast; denn du hast recht getan, wir aber sind gottlos gewesen«* (V. 32f.). Daraufhin, so heißt es immer wieder, hat Gott sich seines Volkes neu angenommen: *»Aber du, mein Gott, warst... barmherzig…«* (vgl. V. 17) bzw. *»nach deiner großen Barmherzigkeit«* (vgl. V. 19.27.28.31). Das haben sie in dieser Bußbewegung alle miteinander verstanden und erfaßt. Und so, wie Nehemia gerade dadurch, daß es bei ihm mit der Buße begonnen hat, dazu bevollmächtigt wurde, diese Aufbauarbeit zu leisten, so war nun der Weg frei, daß Gott durch dieses Volk seine Heilsgeschichte fortgesetzt hat bis zu den Tagen Jesu und der Apostel.

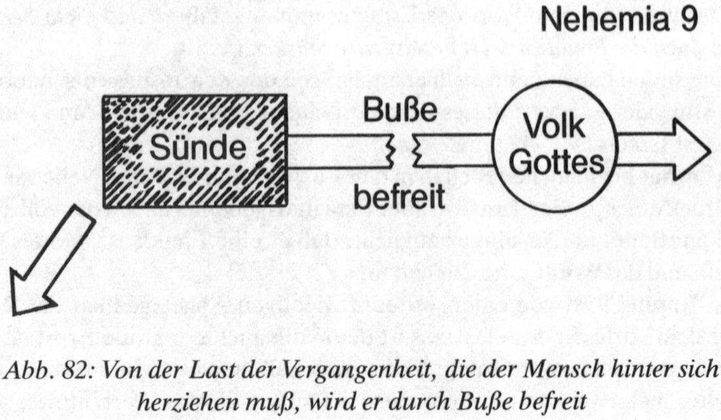

Abb. 82: Von der Last der Vergangenheit, die der Mensch hinter sich herziehen muß, wird er durch Buße befreit

Abbildung 82 veranschaulicht, wie das Volk Gottes, das sich auf dem Weg befindet, eine Riesenlast schon von den Vätern her mit sich schleppt: die Sünde. Aber die Buße kappt dieses Tau, das diese Last bei dem Volk Gottes festhält. Die Last stürzt ab, und sie sind sie los.

Buße befreit von der Last! Das hat dieses Volk der Juden damals erfahren, und das kann die neutestamentliche Gemeinde erst recht erfahren. Denn »das Blut Jesu macht uns rein von aller Sünde« (1. Joh 1,7b). Das Eingeständnis des Versagens und der Schuld in der Vergangenheit muß aber über die Lippen gebracht werden; und es ist schön, wenn das gemeinsam und aus ganzem Herzen geschieht.

In **Kapitel 10** erfolgt eine Neuverpflichtung des Volkes – bis hin zu dem, daß die Sippenoberhäupter eine Urkunde *»versiegeln und unterschreiben«* (V. 1), daß sie fortan dem Gebot, dem Gesetz Gottes untertan sein wollen, und einen heiligen Eid leisten. Danach sollten auch die übrigen aus dem Volk dieser Unterschriftsleistung unter die Urkunde beitreten und ebenfalls einen Eid leisten, daß sie dem Gebot Gottes gehorsam sein wollen (V. 29f.). Dieser neue Entschluß, ganz Gott zu gehören, war ein ebenso großer Fortschritt wie die Buße in Kapitel 9.

Mit Kapitel 10 endet der Einschub, in dem Esra die Hauptfigur ist.

3.3 Fortsetzung des Berichtes von Nehemia aus seiner ersten Tätigkeit (11–13,3) und von seiner zweiten Tätigkeit (13,4–31)

Kapitel 11 knüpft an Kapitel 7 an; hier geht es mit Nehemia weiter. Es werden die Einwohner Jerusalems und der Landgemeinden aufgezählt: Die Führenden sollen in Jerusalem wohnen und dazu von den übrigen jeder Zehnte, der durchs Los bestimmt wird (V. 1).

In **Kapitel 12** wird – nach einer Liste von Priestern und Leviten (V. 1–26) – von einem großen Fest zur Einweihung der Stadtmauer berichtet, dieser Bergungsmöglichkeit, die Gott dem Volk geschenkt hat und die unter seiner Bewahrung gebaut werden konnte. Dieses frohe Fest wird von zwei *»Dankchören«* (V. 31ff.) mitgestaltet, die über die Stadtmauer gingen und denen viele Leute folgten, die einen *»zur Rechten«* (V. 31), die anderen *»zur Linken«* (V. 38). Sie gingen also in zwei verschiedene Richtungen. Dieser Tag ist große Freude für Jerusalem (V. 43).

In **Kapitel 13** wird zunächst berichtet, daß die Fremden aus dem Volk Gottes ausgeschieden werden (V. 1–3). Nehemia beseitigte neu entstandene Mißstände im Tempel. Diese waren in der Zeit seiner Abwesenheit (er war irgendwann wieder einige Zeit im persischen Susa gewesen, V. 6) erneut eingerissen (V. 4–14).

In diesem Kapitel wird eine Grenze im Wirken des Schriftgelehrtentums von Esra und Nehemia (der ja ein politischer Amtsträger war) sichtbar, daß man nämlich zu viel äußere Gewalt anwendete, um dem Gebot Gottes Folge zu leisten.

Das betraf insbesondere das Sabbatgebot (V. 15–22). Nehemia rief zur treuen Beobachtung dieses Gebotes auf und sagte im Blick auf das Handeltreiben am Sabbat: *»Werdet ihr das noch einmal tun, so werde ich Hand an euch legen«* (V. 21 b). Das war bereits die Art und Weise, in der die Schriftgelehrten und Pharisäer in den Tagen Jesu vorgingen. Und auch dort, wo die Juden ausländische Frauen heirateten oder ihren Söhnen gaben, heißt es: *»Und ich schalt sie und fluchte ihnen und schlug einige Männer und packte sie bei den Haaren und beschwor sie bei Gott...«* (V. 25).

So bleibt also trotz aller Bemühungen Nehemias vieles im Äußerlichen und Formalen stecken. Warum? Der Geist war noch nicht gegeben. Hier ist schon etwas von dem lieblosen Eifer der Pharisäer und der Schriftgelehrten zu erkennen; das nimmt hier seinen Anfang. Die Pharisäer haben es mit ihren Maßnahmen freilich gut gemeint; wenn aber nicht Gottes Geist eine Erneuerung des Menschen bewirkt, ist und bleibt der Mensch eben der alte, und man kann ihn bloß von außen her mit Forderungen zu bewegen versuchen. Aber durch Zwang und Gewalt wird der Mensch nicht wirklich verändert; und »das Gesetz richtet nur Zorn an« (Röm 4,15). Mehr konnten die Schriftgelehrten und Pharisäer nicht ausführen – und sie wollten doch ein reines Gottesvolk mit einem reinen Gottesdienst schaffen! (Man muß das also auch in seiner Berechtigung sehen und respektieren.)

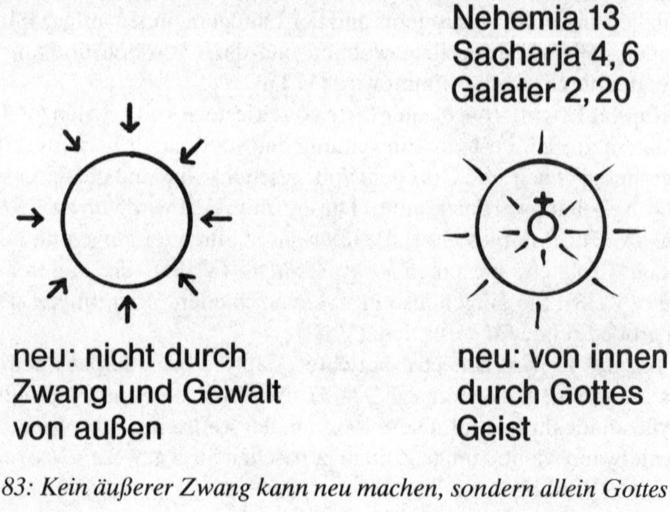

Abb. 83: Kein äußerer Zwang kann neu machen, sondern allein Gottes Geist

Erst dadurch, daß Jesus zum Vater hingegangen ist, wurde die neue Möglichkeit eröffnet, die bereits im Alten Testament angekündigt worden ist: »Ich will mein Gesetz in ihr Herz geben und in ihren Sinn schreiben« (Jer 31,33b); »ich will solche Leute aus euch machen, die in meinen Geboten wandeln und meine Rechte halten und danach tun« (Hes 36,27). Solches ist auch in Sacharja 4,6 angekündigt, bei einem Mann, der etwa 80 Jahre vor Nehemia lebte und wirkte: »Es soll nicht durch Heer oder Kraft [also auch nicht durch Zwang und äußere Gewalt], sondern durch meinen Geist geschehen, spricht der HERR Zebaoth.« Nicht durch äußeren Zwang, sondern durch Wirkung des Geistes Gottes entsteht neues Leben (vgl. Abb. 83).

Im Neuen Testament sehen wir, wie das durch den Heiligen Geist, durch den »Christus in uns« verwirklicht wird (Gal 2,20).

Das Buch Nehemia ist möglicherweise die zuletzt abgefaßte Schrift des Alten Testaments, und darin sind – wie gezeigt – das Verständnis des Gesetzes und die Art seiner Durchsetzung zu finden, die dann bei den Schriftgelehrten und Pharisäern zur Zeit Jesu anzutreffen sind. Das Buch Nehemia entläßt uns mit der großen Erwartung des neuschaffenden, den Menschen umwandelnden Geistes Gottes, zu dessen Sendung es durch das Opfer des menschgewordenen Gottessohnes und seinen Hingang zum Vater kam.

Das Buch Ester

1. Einleitung

Die Geschichte von Ester fällt insofern in der Bibel auf, als das Buch Ester das einzige Buch der Bibel ist, in dem der Name Gottes überhaupt nicht genannt wird: Dieses Buch zeigt eine Geschichte, die sich nur unter Menschen abzuspielen scheint (vgl. 3.2). Es ist ein sehr auffälliger Sachverhalt, daß in allen zehn Kapiteln dieses Buches von Gott nicht mit ausdrücklichen Worten die Rede ist. Auch das Gebet kommt als solches darin nicht vor, obwohl gefastet wird (vgl. 4,3.16; 9,31).

Man hat sich darüber schon oft Gedanken gemacht und ist inzwischen der Meinung, es hänge damit zusammen, daß das Ester-Buch jedes Jahr am Purimfest vorgelesen worden war. Weil das Purimfest ein Fest war, bei dem die Juden etwas ausgelassen waren, hätten die Schriftgelehrten die Sorge gehabt, daß der Name Gottes, wenn er dabei gebraucht werde, verunehrt würde. (Man weiß ja, wie sehr die Juden den Namen Gottes respektiert und heilig gehalten haben; sie nahmen ihn nicht so oft und unbedacht in den Mund – bis hin zu belanglosen Redensarten –, wie wir das aus unserer Zeit kennen.)

Ester lebte etwas früher als Nehemia, nämlich zur Zeit des persischen Königs Ahasveros, der in der griechischen Geschichtsschreibung Xerxes heißt (485–465 v. Chr., er ist also ein Vorgänger des Königs Artaxerxes des Buches Nehemia). Xerxes war ein maßloser und wohl auch launischer Mann, der vielleicht ohne ausreichende Vorbereitung einen politischen Fehltritt getan hat, der für ihn verhängnisvoll war: Nachdem er ein Großreich regiert hatte, das vom Indus bis nach Kleinasien und Ägypten (»vom Indus bis zum Nil«, 1,1) reichte, wollte er auch nach Europa greifen und traf dabei auf das kleine tapfere Volk der Griechen. 300 Spartaner hielten sein riesiges Heer bei Thermopylä auf und schwächten es, und seine Flotte wurde bei Salamis geschlagen.

Im Buche Ester erfahren wir manch anderes aus dem Leben dieses Herrschers.

2. Zum Einzelnen

In **Kapitel 1** erfahren wir, wie König Ahasveros bzw. Xerxes seine Gattin wegen einer Kleinigkeit verstößt. Diese Königin hatte vielleicht einen Dickkopf; sie hatte ihre eigene Hofhaltung. Ihr Mann war angetrunken (*»guter Dinge vom Wein«*, V. 10) und wollte seine Frau kommen lassen, um sie wohl vorzuführen. Sie ist aber nicht gekommen, und danach wurde sie abgesetzt (vgl. V. 19). Damit wollte man ein Exempel statuieren, das zeigen sollte, daß der Mann der Herr im Hause sei (vgl. V. 20).

Es wird daran deutlich, daß auch in der indogermanischen Welt, in der die Frau zunächst rechtlich besser gestellt war als im semitisch-vorderasiatischen Raum, allmählich um ihr Recht kam und mehr und mehr zu einer Sklavin wurde, während der Mann immer mehr ihr Herr wurde.

Der ungute Ehezwist zwischen Ahasveros und seiner Frau bereitete allerdings etwas vor, was zur Bewahrung Israels geschah. Man kann das mit der Josefsgeschichte vergleichen, die aufzeigt, daß Josef in Ägypten erhöht wurde mit dem Ziel, daß er später seinem Volk zur Rettung wurde. Ähnlich verhielt es sich mit Ester. Den Juden drohte nämlich unter Xerxes erstmals ein »Pogrom« (in der vollen Bedeutung dieses Wortes), und die zur Königin aufgestiegene Ester konnte ihrem Volk in dieser Lage einen ähnlichen Dienst wie den tun, den einst Josef seinem Volk in Ägypten getan hatte.

In **Kapitel 2** ist dann erzählt, wie Ester, eine Frau aus dem unterworfenen Judenvolk, Königin wurde. Sie hatte nicht gesagt, daß sie von den Juden sei (V. 10.20). Ester war verwaist – beide Eltern waren tot –, und ihr Onkel Mordechai, der zugleich ihr Pflegevater war (V. 7) und am Hof des Königs in Susa Zugang hatte, hatte ihr geraten, ihre jüdische Herkunft zu verschweigen. Der Name »Ester« ist kein jüdisch-semitischer Name, sondern ein Name aus dem Indogermanischen und heißt »Stern« (griech. *astaer*). Dieser Name wurde von Ester erst nachträglich angenommen; ursprünglich hieß sie »Hadassa« (V. 7).

Nun aber kam es doch zur Krise, speziell eben wegen der jüdischen Abstammung der Familie **(Kap. 3)**. Freilich kam nicht Ester selbst in diesen Konflikt, aber ihr Onkel Mordechai. So vorsichtig und umsichtig sich Mordechai auch verhielt, so beachtete er doch das erste Gebot. Am persischen Hof war ein Emporkömmling zum zweiten Mann im Staat geworden (unter dem König), ein Mann namens Haman (V. 1). Er war maßlos in den Ansprüchen, die er stellte; er verlangte, daß man ihm göttliche Ehre gebe und vor ihm auf die Knie gehe. Dies ordnete der König so an (V. 2a).

Im Hebräischen gibt es zwei Worte für den Kniefall: Das eine Wort meint den Kniefall vor dem Herrscher, der nach höfischer Sitte üblich war, eine Ehrenbezeugung, die man in Israel nicht so empfand, als würde sie mit dem ersten Gebot in Konflikt bringen. Ein anderer Ausdruck für den Kniefall war viel gewichtiger und meint das Niederfallen, das der Mensch allein dem einen großen Gott schuldig war. Im dritten Kapitel des Ester-Buches steht für den Kniefall, den Haman verlangte der Ausdruck der Ehrung für Gott.

Mordechai kam dem Verlangen Hamans aber nicht nach; er fiel nicht vor ihm auf die Knie, sondern blieb stehen (V. 2b). Er verhielt sich also ähnlich wie die drei Freunde Daniels, die lieber in den Feuerofen gingen, statt ihrem Gott untreu zu werden. Mordechai beugte sich vor Haman nicht – weder aus Trotz noch aus nationalem Stolz, sondern um des ersten Gebotes willen.

Dieses Verhalten Mordechais hatte – wie Kapitel 3 zeigt – eine schwerwiegende Auswirkung: Haman, der maßlose Mann, begnügte sich nicht damit, Mordechai zu töten (das wäre für ihn ein Kleines gewesen), sondern er hat gegen das ganze jüdische Volk vorgehen und es ausrotten wollen (V. 6), da es seinen eigenen Wünschen schlichtweg im Wege war. So verklagte er dieses Volk vor dem König und sagte: *»Es gibt ein Volk, zerstreut und abgesondert unter allen Völkern in allen Ländern deines Königreichs, und ihr Gesetz ist anders als das aller Völker, und sie tun nicht nach des Königs Gesetzen«* (V. 8). Es ging eben doch darum, daß die Juden um die biblische Regel wußten: »Man muß Gott mehr gehorchen als den Menschen« (Apg 5,29b).

Der König hat Haman unbedachterweise seine Vollmacht gegeben, indem er den eigenen Siegelring von der Hand nahm und ihn dem Haman ansteckte. Das bedeutete damals die Generalvollmacht: Haman konnte mit des Königs Monogramm und Wappen siegeln und somit alle Vollmacht ausüben, die der König innehatte. Mit diesem königlichen Siegel legitimierte Haman den Mordbefehl, der im gesamten Reich überallhin versandt werden sollte (V. 10). Haman ordnete dabei an, daß im ganzen Gebiet des persischen Reiches an einem Tag, der durch das Los zu bestimmen sei, alle Juden umgebracht werden sollten (V. 7.13). (»Los« heißt auf Hebräisch *pur* [V. 7], und aus diesem Wort wurde später das Wort *Purim*fest gebildet.) Haman war der erste, dem es um die »Endlösung« ging (wie das schlimme Wort und Vorhaben Hitlers im Zweiten Weltkrieg hieß).

Das war eine äußerst gefährliche Sache, noch dazu, wenn man berücksichtigt, daß es damals so war, daß persisches Recht nicht geändert und nicht wieder aufgehoben werden durfte (das ist in der Danielgeschichte, Kapitel 6 zu erkennen). Das hing mit der Vorstellung zusammen, daß der König eigentlich ein Gott sei, sich daher nicht irren könne und sich selber treu bleiben müsse und daher seine Anordnungen und Gesetze nicht verändert werden dürften. So war die Lage der Juden sehr bedrohlich, wenn auch die Bevölkerung die Anordnung Hamans nicht guthieß: *»Die Stadt Susa war bestürzt«* (V. 15).

In **Kapitel 4** ist ausgeführt, wie Mordechai sich vorwagte und Ester, die im königlichen Frauenhaus war und die zunächst von dieser Sache nichts erfahren hatte, eine Nachricht darüber zuspielte, wie es derzeit stand (vgl. V. 7f.). Er bat sie, daß sie beim König *»Fürbitte tue für ihr Volk«* (V. 8b). Ester lehnte das zunächst ab und meinte, der König habe sie schon seit langem nicht mehr empfangen; auch sie dürfe nicht vor dem König erscheinen, ohne gerufen zu sein, denn das bedeute normalerweise den Tod (V. 11).

Daraufhin schrieb ihr Mordechai ein zweites Mal und fragte sie, ob sie nicht um dieses Geschehens willen zu der königlichen Stellung und Ehre gekommen sei: *»Wer weiß, ob du nicht gerade um dieser Zeit willen zur königlichen Würde gekommen bist?«* (V. 14b). Zwar berief sich Mordechai hier nicht auf Gottes Namen, Vorsehung und Führung, und doch ist dies offenkundig mit diesem Satz gemeint. Mordechai gab Ester damit zu verstehen, daß sie nicht darum Königin geworden sei, damit sie ein schönes Leben habe, sondern darum, daß sie das Volk Gottes, Israel, vor dem Untergang bewahre.

So entschloß sich diese Frau, zum König hineinzugehen, ohne gerufen worden zu sein, und sie sprach in diesem Zusammenhang das wichtigste Wort des gesamten Ester-Buches: *»Komme ich um, so komme ich um«* (V. 16). Ester faßte diesen Entschluß ohne Rücksicht darauf, was mit ihr geschehen werde. Sie fastete drei Tage lang, ebenso wie Mordechai und seine Leute (gemeint ist damit wohl die Konzentration auf das Gebet).

Dann kleidete sich Ester festlich an **(Kap. 5)** und erschien im Innenhof der Königsburg, nicht im Thronsaal (V. 1; aber der Thronsaal hat eine offene Seite zu diesem Innenhof hin). So stand sie in der Ferne und wartete ab, wie der König reagieren würde, wenn sie erscheint. Wenn er sein Zepter aufrecht hielt, dann bedeutete das für sie, daß die Wachmannschaft sie töten würde. Wenn er ihr das Zepter zuneigt, dann bedeutete das, daß Ester gnädig angenommen ist. Das Letztere geschah (V. 2), und so hat Ester ihre Sache vorbringen können (V. 3–8).

Haman wußte noch nichts von der verwandtschaftlichen Beziehung zwischen Ester und Mordechai, an dem sich ja der ganze Widerstand entzündet hatte. Aber er spürte offenkundig, daß ihm von jener Seite etwas drohte (V. 9ff.), und er wollte noch vor dem vorgesehenen Termin gegen Mordechai vorgehen und baute in seinem eigenen Garten einen besonders hohen Galgen auf, um Mordechai daran weithin sichtbar aufzuhängen (V. 14). Es heißt, der Galgen, den Haman bauen ließ, sei *»fünfzig Ellen hoch«* gewesen. Den Triumph über diesen Mann, der ihm so querlag, wollte Haman sich nicht entgehen lassen.

In **Kapitel 6** wird dargelegt, daß Haman die Ehre für sich selbst suchte. Das aber ging fehl. Er mußte stattdessen Mordechai ehren, weil dieser einen gegen den König geplanten Anschlag aufdeckte (vgl. 2,19–23).

In **Kapitel 7** bringt Ester ihre große Bitte vor, daß sie und das ganze Judenvolk am Leben bleiben sollten (V. 3f.). Sie stellte dies sehr klug an, indem sie den König mit Haman zum Essen einlud (V. 1). Dann brachte sie ihr Anliegen vor: daß es ihr um den Befehl gegen die Juden ging. Damit offenbarte sie auch, daß sie zu diesem Volk gehört. Sie brachte sich damit noch einmal in Gefahr, aber der König neigte sich ihr zu; und Haman wurde an jenem Galgen, *»den er für Mordechai aufgerichtet hatte«*, nun selbst hingerichtet (V. 10).

In **Kapitel 8** wird geschildert, wie die Königin Ester den König bat, er möge doch das Gesetz aufheben, das die Juden vernichten soll (V. 5f.). Aber der König erwiderte, daß das nicht möglich sei (V. 8). Das ist eine Spannung, die dem Bibelleser nicht sofort auffällt. Der König unterzeichnete dann ein neues Gesetz, in dem den Juden das Recht zugesprochen wurde, sich gegen die Angreifer *verteidigen* und den Besitz der Feinde an sich nehmen zu dürfen (V. 11). *»Für die Juden aber war Licht und Freude und Wonne und Ehre gekommen«* (V. 16), und *»viele aus den Völkern im Lande wurden Juden«* (V. 17). Über diese Völker war nämlich ein Schrecken vor diesen Juden gekommen (V. 17); auf jeden Fall geschah den Juden nichts, im Gegenteil.

Es tritt daraufhin wieder Alttestamentliches in Erscheinung **(Kap. 9)**: Die Juden verteidigten sich an dem seinerzeit durchs Los *(pur)* für ihre Vernichtung bestimmten Tag (3,7) und rächten sich an ihren Feinden. Es war ihnen erlaubt worden, den Besitz ihrer Gegner an sich zu nehmen (siehe oben). Doch es heißt hier dreimal: *»Aber an die Güter legten sie ihre Hände nicht«* (V. 10.15.16). Die Juden wollten damit deutlich machen, daß sie ausschließlich aus Notwehr gegen ihre Feinde vorgingen, womit keineswegs die Absicht verbunden war, sich zu bereichern.

Dadurch entstand das Purimfest (V. 17–32). Den Tag nach ihrem Sieg über die Feinde machten die Juden *»zum Tage des Festmahls«* (V. 17), und sie *»nahmen es an als Brauch, was sie angefangen hatten zu tun«* (V. 23). Die Juden beschlossen, *»daß diese Tage nicht zu vergessen, sondern zu halten seien bei Kindeskindern bei allen Geschlechtern«* (V. 28). Königin Ester bestätigte das Purimfest in einem nochmaligen Schreiben (V. 29). So war dieses Bewahrtwerden der Juden vor ihren Feinden die Veranlassung dafür, daß in Israel das Purimfest als dauernde Ordnung jährlich gefeiert wurde (V. 28).

Mordechai bekam dann dieselbe Stellung im Reich, die zuvor Haman eingenommen hatte **(Kap. 10)**. Er wurde eine Art Kanzler des Xerxes und hatte damit eine Stellung, die der des Josef in Ägypten gleicht.

3. Die geistliche Bedeutung des Buches Ester

3.1 Das Gleichnis von der bittenden Witwe (Lk 18,1–8)

Die gesamten zehn Kapitel des Buches Ester sind vergleichbar dem Gleichnis von der bittenden Witwe (Lk 18,1–8).

Das Wesen eines jeden Gleichnisses ist es, daß es aus einer Bildhälfte und aus einer Sachhälfte besteht. Jesus redet in seinen Gleichnissen anfänglich von etwas anderem als von dem, was er eigentlich – der Sache nach – sagen will.

So erzählt Jesus im Gleichnis von der bittenden Witwe zunächst eine Vergleichsgeschichte, indem er ein *Bild* gebraucht, das zeigt, wie ein Mensch um etwas gebeten wurde. Eine schutzlose Frau wird von einem mächtigen Gegner bedrängt, bei dem sie vielleicht Schulden hatte machen müssen und der nun möglicherweise Wucherzinsen verlangt (die ja in Israel an sich nicht zulässig waren). Als einziger Ausweg bleibt ihr die Anrufung des Herrn und Richters der Stadt, eines Mannes, der zugleich Richter und Regent der Stadt ist. Dieser Mann ist total ungefällig und skrupel- und gewissenlos. Ihn bittet sie: »Schaffe mir Recht gegen meinen Widersacher!« Er lehnt es zunächst ab, ihr zu helfen. Aber diese Witwe ist hartnäckig, und so hilft ihr der Richter schließlich doch – nicht aus Erbarmen mit dieser armen Frau, nicht aus Menschenfreundlichkeit, auch nicht aus Gerechtigkeitsgefühl und aufgrund seiner Verantwortung, sondern um sie loszuwerden.

Nach dieser Geschichte kommt Jesus auf die *Sache* zu sprechen, die mit dem Bild gemeint ist. Dabei zieht er den Schluß vom Schlechteren zum Besseren, zum vollendet Guten: »Sollte Gott nicht auch Recht schaffen seinen Auserwählten, die zu ihm Tag und Nacht rufen, und sollte er's bei ihnen lange hinziehen? Ich sage euch: Er wird ihnen Recht schaffen in Kürze« (V. 7.8a). Damit bringt Jesus zum Ausdruck: So, wie der skrupellose Richter, und noch viel mehr als dieser hört und erhört Gott.

Dieses Gleichnis erzählt Jesus, um damit zu sagen, daß man »allezeit beten und nicht nachlassen« soll (V. 1). Aber dieses Gleichnis ist zugleich und vor allem eine Bitte in bestimmter Richtung: Es geht nämlich vorher und im Gesamtzusammenhang um die Wiederkunft Jesu und um das endzeitliche Leiden seiner Gemeinde (v.a. in Lk 17). Damit wird deutlich, daß mit der bittenden Witwe die Gemeinde Jesu in der endzeitlichen, antichristlichen Anfechtung gemeint ist. Der Widersacher der Witwe ist der menschliche Feind, der Antichrist, der bis aufs Äußerste bedrängt; die Gemeinde wende sich in dieser Situation an Gott und rufe ihn an. Jesus verheißt eine Abkürzung der Zeit: »Er wird ihnen Recht schaffen in Kürze.«

Die entscheidende Aussage des Gleichnisses von der bittenden Witwe ist auch das Thema des Buches Ester: *Flehentliche Bitte verwandelt die Lage.*

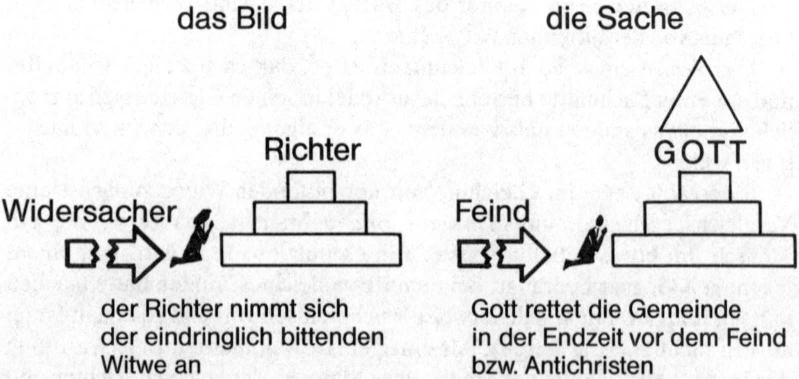

Abb. 84: Zum Vergleich – das Gleichnis von der bittenden Witwe (Lk 18,1–8)

In Abbildung 84 ist das so dargestellt, daß zunächst das *Bild* und dann die Sache gezeigt wird. Durch das Eingreifen des Richters wird die bittende Witwe den sie hart bedrängenden Widersacher los – sein Angriff wird zunichte gemacht. Die damit gemeinte *Sache* ist das andere: Durch das Eingreifen Gottes wird die betende Gemeinde den sie hart bedrängenden Widersacher (den Feind, den Satan, den Antichristen) los – sein Angriff wird zunichte gemacht. So rettet Gott die Gemeinde in der Endzeit vor dem Feind und vor dem Antichristen (vgl. Lk 12,32).

3.2 Das Geschehen zwischen Mensch und Mensch als Gleichnis für das Geschehen zwischen Gott und Mensch

Ähnlich wie das Gleichnis in Lukas 18,1–8 ist die Geschichte um Ester zunächst das Bild eines Geschehens unter Menschen (vgl. Abb. 85, linke Bildhälfte). Ester trat angesichts der großen Bedrängnis, die den Juden drohte (in Abb. 85 dargestellt mit der Grube), vor den persischen König. Wer stürzt wen in die Grube: der Feind Israel oder Israel den Feind? Nachdem zunächst der Feind in Richtung auf Israel vorging, wendete sich dann das Blatt: Der Feind steht vor der Grube, und hinter ihm ist Israel. »Wer andern eine Grube gräbt, fällt selbst hinein.«

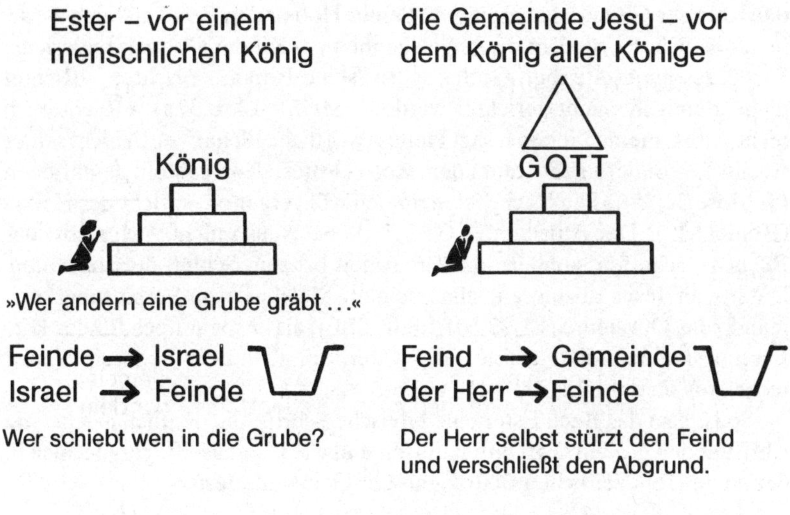

Abb. 85: Der Mensch steht vor einem König

Soweit die Geschichte von Ester, in der Gott nicht ausdrücklich genannt ist (siehe oben, 1.). Freilich sind das dreitägige Fasten von Mordechai und den Seinen wie auch von Ester (4,16), der Opfergang Esters (»Komme ich um, so komme ich um«, 4,16) und die Erkenntnis der Führung (4,14b) nur von Gott her verstehbar, obwohl sich alles – vordergründig gesehen – nur unter Menschen abspielte.

Das ist, ähnlich wie die Geschichte von der bittenden Witwe in Jesu Gleichnis, ein Bild für das, wie es um die Gemeinde Jesu steht – um die Gemeinde Jesu vor dem König aller Könige (vgl. Abb. 85, rechte Bildhälfte). So ist diese Geschichte mittelbar eine Darstellung dessen, wie Gott sich bitten läßt und sich erbitten lassen wird – gerade von seiner Gemeinde, auch in endzeitlicher Anfechtung.

Die Gemeinde Jesu fleht nämlich nicht vor einem launischen Xerxes, sondern vor dem grundgütigen Gott: »Rette mich von meinem Widersacher!« Auch die Gemeinde Jesu steht in dieser Bedrängnis vor einer Grube, einem Abgrund, in den der Feind sie hineinschieben und vernichten will (das wird ganz besonders an Offb 13 deutlich). Der Feind wird aber durch den wiederkommenden Herrn selbst beseitigt, indem der Feind in den Abgrund gestürzt und dort »verschlossen« wird (Offb 20,3).

Dieser Sieg über den Feind geschieht aber im Unterschied zum Alten Testament nicht durch die Gemeinde selbst (im AT durch Israel), sondern der Herr der Gemeinde beseitigt in Seiner Hoheit den Feind auf eine Weise, in der Er will. Es ist nicht die Angelegenheit der Kinder Gottes, sondern die Sache des majestätischen Gottes selbst, seine Feinde zu richten. »Richtet nicht, damit ihr nicht gerichtet werdet« (Mt 7,1; Lk 6,37a). »Rächt euch nicht selbst, meine Lieben«. sagt Paulus (wörtlich: »Schafft euch nicht selber Recht«), »sondern gebt Raum dem Zorn Gottes; denn es steht geschrieben (5. Mose 32,35): ›Die Rache ist mein; ich will vergelten, spricht der Herr‹« (Röm 12,19). Der Auftrag der Gemeinde ist es also nicht, sich selbst das Recht zu schaffen, sondern das Erbarmen bis zum Schluß durchzuhalten. Das ist an Jesus abzulesen: als er einem Malchus vom Verhaftungskommando das Ohr heilte (Lk 22,50f.; Joh 18,10), als er sogar noch für das Hinrichtungskommando Fürbitte tat (»Vater, vergib ihnen; denn sie wissen nicht, was sie tun«, Lk 23,34a).

So ist also das Buch Ester eine biblische Schrift, die deutlich macht, wie Christen den großen Gott bitten dürfen und wie Er eingreift, gerade auch in der letzten, endzeitlichen Bedrängnis der Gemeinde Jesu.

3.3 Die Machtfrage

Es geht im Buche Ester auch um die Herrschaft, um die Weltherrschaft. Zunächst übt Haman diese Herrschaft aus – der Vernichter, der Widersacher, der große Gegenspieler von Mordechai, Ester und den Juden. Ihm ist die Macht gegeben, ihm ist der Sieg überreicht.

Das erinnert stark daran, wie es um den Antichristen steht (Offb 13,2b: »Der Drache gab ihm seine Kraft und seinen Thron und große Macht«). Wie der Christus des Satan ist Haman einer, der radikal auf die »Endlösung« zugeht und das Volk Gottes ausradieren will und auf diese Weise ein Werkzeug des Feindes ist. So wird es auch in der Endphase der Weltgeschichte aussehen, in diesem letzten, schweren Dunkel, bevor der Tag Jesu Christi offenbar wird: Der Feind, der »Fürst dieser Welt«, scheint allein maßgebend zu sein; und unter ihm wirkt als sein menschliches Werkzeug der Antichrist (vgl. Mt 4,1; siehe Abb. 86, linke Bildhälfte). So können sie – zugelassen unter Gott – gegen das Volk Gottes wüten (Mt 24,9; Offb 13,7).

Demgegenüber wird das durch den wiederkommenden Herrn durchkreuzt (Offb 19–20; 2. Thess 2), der den Feind beseitigt: Er wird ihn »umbringen mit dem Hauch seines Mundes« (2. Thess 2,8). Der, der Gottes Volk vernichten wollte, wird selbst gerichtet und seine Macht vernichtet. Stattdessen wird Gott, wird Christus – der »König der Könige« – die Macht

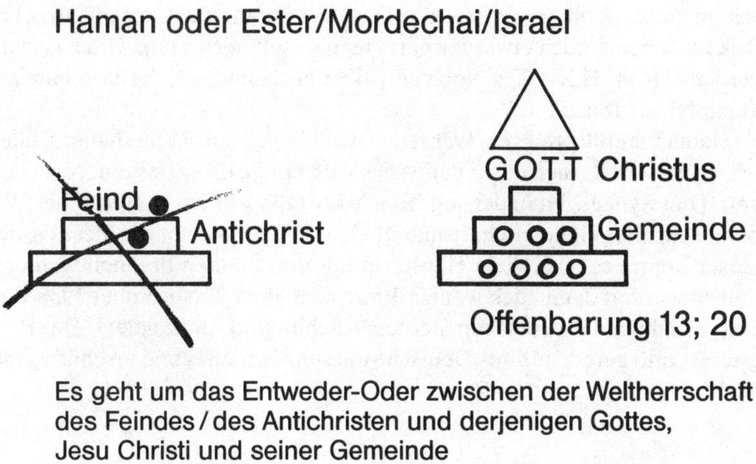

Abb. 86: Die Frage, wer die Weltherrschaft ausübt

ergreifen und auf dem Thron sein, und er gibt seiner Gemeinde daran Anteil, wie einst am Leiden, so jetzt am Reich (Offb 19,15; 20,4; 22,5). Sie wird mit ihm regieren: »Ich will geben, mit mir auf meinem Thron zu sitzen« (Offb 3,21; siehe Abb. 86, rechte Bildhälfte). Am Ende der Geschichte, wenn Gott die Weltgeschichte abschließt und der große Menschensohn erscheint, dann »wird das Reich und die Macht und die Gewalt über die Königreiche unter dem ganzen Himmel *dem Volk der Heiligen des Höchsten gegeben werden«* (Dan 7,27; vgl. Lk 12,32).

So ist diese Geschichte des Haman einerseits, der sich zum Gegner der Juden macht, ein Bild für die letzte, antichristliche Zeit, und die Mitherrschaft Mordechais, Esters und Israels andrerseits ein Bild dessen, wie Gott einmal den Sieg offenbaren und auch seiner Gemeinde »an der Bedrängnis und am Reich« (Offb 1,9) Anteil geben und sie also zum Mitregenten machen wird. Friedrich Christoph Oetinger sagte, daß die Fürbitte der Kinder Gottes jetzt schon ihre verfrühte Teilhabe am Weltregiment Gottes sei.

3.4 Die Bedrohung für Israel

Das Buch Ester hat eine Botschaft, die insbesondere Israel betrifft. Der Feind will Israel als Werkzeug der Heilsgeschichte Gottes vernichten – vom Pharao über Haman bis hin zu Hitler und Saddam Hussein. Das ist aber das

Eigenartige an Israel, daß es noch niemandem gut bekommen ist, wenn er sich an diesem Volk vergriffen hat. Das liegt daran, daß Gott mit Israel als Volk auch heute noch etwas vorhat: Denn es soll noch »ganz Israel gerettet werden« (Röm 11,25–27). Noch gilt: »Wer euch antastet, der tastet meinen Augapfel an« (Sach 2,12).

Haman mußte erfahren: Wer Israel den Galgen aufrichtet, hängt schließlich selbst daran! Auch unser deutsches Volk mußte dies erfahren. Nach dem Brand der Synagogen in der sog. Reichskristallnacht am 9. November 1938 meinte ein alter Gemeinschaftsmann: »Ich fürchte, daß so, wie diese Gotteshäuser brennen, noch viele Häuser in unseren Städten brennen werden.« Und so wurden dann auch wenige Jahre nach dem 9. November 1938 viele andere Gebäude in deutschen Städten in Schutt und Asche gelegt. Das Buch Ester ist also gerade für uns Deutsche ein sehr aktuelles und erschütterndes Buch.

Das Buch Hiob

1. Einleitung

1.1 Das Thema des Buches Hiob

Das Buch Hiob behandelt durchgehend das Thema, das eine der großen Fragen der Menschheit ist: *die Frage nach dem Sinn des Leides.* Zwar sind die Reden der Freunde Hiobs oft so ausführlich, auch so schön in ihrer Sprache der Beschreibung der Natur, der Wirksamkeit Gottes, daß man gelegentlich ein wenig das Thema dieses Buches aus dem Blick verliert. Aber im Grunde genommen prägt die Frage nach dem Sinn des Leides durchgehend das Buch Hiob.

Was es um das Leid ist, das wird am Beispiel dieses Mannes namens Hiob dargestellt. Von Hiob wissen wir ansonsten nicht viel. Es ist unbekannt, wann er gelebt hat – war das vor oder nach der babylonischen Gefangenschaft? – und wo das Land Uz ist, aus dem er stammte und in dem er lebte. Das muß wohl ein Land gewesen sein, das östlich des Jordan lag, am Rande der syrisch-arabischen Wüste (1,3), wo auch seine Herden weideten. Es ist auch nicht bekannt, ob Hiob aus Israel oder aus einem anderen Volk stammte. Sein Name läßt eher letzteres vermuten.

Aber diese geschichtlichen und geographischen Fragen sind nicht so wichtig wie die Frage nach dem, was dieses Buch über das so wesentliche Problem sagt, über diese urmenschliche Frage: Hat das Leid überhaupt einen Sinn? Wenn ja, welchen?

1.2 Die Antwort der Bibel auf die Frage nach dem Sinn des Leides

Die Heilige Schrift hebt zur Frage nach dem Sinn des Leides insbesondere viererlei hervor:

a) Leid als Strafe für das Böse

Das Leiden kann eine Züchtigung Gottes sein, eine Strafe, die aufgrund geschehener Untaten erfolgt, aufgrund des Bösen, das ein Mensch verübt hat. Das zeigt die Geschichte des alttestamentlichen Israels an vielen Stellen (z.B. in den Samuels-, Könige- und Chronik-Büchern). Jeremia drückt das so aus: »Das alles hast du dir doch selbst bereitet, weil du den HERRN, deinen Gott, verläßt, so oft er dich den rechten Weg leiten will« (Jer 2,17). Das kennt auch das Neue Testament – bis hin zu der Feststellung, daß der Tod »der Sünde Sold« ist (Röm 6,23).

Der Fehler der Freunde Hiobs (Näheres dazu siehe unten) war der, daß sie meinten, *alles*, was einem an Unheil widerfahre, sei Folge der Sünde. Wenn jemanden eine besondere Not trifft, so sei es – meinten sie – ein Beweis dafür, daß er etwas besonders Böses getan habe. Das sagt aber das Ganze der biblischen Botschaft nicht; es kann sich dabei auch um andere Anlässe, Gründe und Ursachen des Leides handeln.

b) Das Leid soll vom vorhandenen Bösen lösen

Gott will mit manchem Leiden den Menschen vom Bösen lösen, ihn also erziehen. Das ist positiver als der Strafeffekt (siehe a). Der Mensch muß dabei nicht nur das gewissermaßen büßen, was er in der Vergangenheit getan hat, sondern Gott hat eine positive Absicht, denn er will ihn vom Bösen lösen.

Blumhardt sagte, daß das Gericht Gottes kein *Hin*richten, sondern ein *Her*richten sei, mit dem Gott im Grunde genommen immer positive Ziele verfolge.

Typisches Beispiel dafür ist in der Bibel etwa Jakob. Seine gesamte Lebensgeschichte war eine einzige Erziehungsarbeit Gottes an ihm (siehe dazu die Ausführungen über Jakob im Kapitel »Das erste Buch Mose«). Gott wollte Jakob von dem Gedanken lösen, Lieblinge zu haben. Seine Frau Rahel und ihre Söhne, die Jakob bevorzugte, wurden ihm (mindestens vorläufig) genommen, um ihn vom Bösen zu lösen.

Dieser Gesichtspunkt des Lösens vom Bösen lag auch einigermaßen im Gesichtsfeld der Überlegungen der drei Freunde Hiobs.

c) Gott will vor dem Bösen bewahren

Gott will mit dem Leiden den Menschen vor dem Bösen bewahren. Das ist der Fall, wenn bei einem Menschen dieses Böse noch nicht vorhanden ist, ihn aber bedroht und ihm zur Versuchung werden könnte. Gott will ihn vor diesem drohenden Bösen bewahren, zum Teil durch die Lasten, die er ihm auferlegt.

Das kennen auch Christen aus der Erziehungsarbeit Gottes an ihnen. Gott belastet sie gewissermaßen mit »Gewichten«, damit es ihnen nicht zu wohl wird, damit sie nicht dahin kommen, zu meinen, sie bräuchten Gott nicht mehr.

In der Heiligen Schrift ist solches beim König David zu sehen, der, nachdem er gefallen war (1. Sam 11) und nachdem das vergeben war (1. Sam 12), trotzdem die schweren »Gewichte« auf sich fühlte (etwa das Geschehen um seinen Sohn Absalom). Offenkundig hätte es David schlecht ertragen, wenn es ihm in jeder Hinsicht gutgegangen wäre. Er brauchte also seine Belastungen, und dies war für ihn heilsam.

Im Hiob-Buch ist das in den Reden des vierten, später hinzugekommenen Freundes Elihu (Kap. 32 ff.) abzulesen. Elihu stellte auch die Überlegung an, daß das Böse nicht eine Strafe für etwas schon Geschehenes und auch nicht nur das Lösen von vorhandenem Bösen sein müsse, sondern daß es auch Bewahrung vor drohendem Bösen sein könnte. Er meinte daher, daß Hiob für sein Leiden dankbar sein müsse, weil Gott ihn damit doch auf diese Weise in seinen heiligen und heilsamen Schranken halte.

d) Gott will das vorhandene Gute bewahren

Dieser vierte Gesichtspunkt ist die Erkenntnis, die im Ganzen der Bibel, in der Heilsgeschichte, in der Erziehung Gottes an Israel reift und dann im Hiob-Buch zum Durchbruch kommt. Leid muß nicht Lösung vom Bösen sein, muß auch kein Bewahren vor drohendem Bösen sein, sondern es kann auch die Bewährung eines vorhandenen Guten sein. Es wird noch unten dargelegt, daß und wie dieser Gesichtspunkt des Leidens der Sinn der Plagen ist, die über Hiob kommen.

Dies liegt nicht im Gesichtsfeld, nicht im Gesichtskreis der Überlegungen der Freunde Hiobs: Es muß gar nichts besonderes Böses vorhanden sein. Im Gegenteil: Es kann Gutes da sein, und dieses Gute muß bewährt werden, muß sich als echt erweisen und gerade durch die Belastungen erstarken und vertieft werden.

Dieser Gesichtspunkt klang allerdings schon früher in der Bibel an: im 5. Mose-Buch im Blick auf Israel. Dort heißt es: »Gedenke des ganzen Weges, den dich der Herr, dein Gott, geleitet hat diese vierzig Jahre in der Wüste, auf daß er dich demütigte und *versuchte [d.h. prüfte], damit kundwürde, was in deinem Herzen wäre*, ob du seine Gebote halten würdest oder nicht« (5. Mose 8,2). Mit diesen Worten wird die ganze Geschichte des Wüstenzuges zusammenfassend gedeutet: Die Zeit des Wüstenzuges war für Israel auch eine Zeit der Prüfung, eine Bewährungsprobe.

»Ohne Anfechtung solltest du nicht sein, auf daß du bewährt würdest.« Dieses feine Wort steht am Schluß des apokryphen Buches Tobias (12,13). Tobias wird ja am Schluß des Buches seine große Belastung abgenommen, und seine Gebete werden erhört. Dann wird im Blick auf das, was er alles hat erleiden müssen, das oben zitierte deutende Wort gesagt. Damit kommt zum Ausdruck, daß es in dem allem, was Tobias hatte durchstehen müssen, letztlich um die Bewährung ging.

Diese Erkenntnis wird erstmals im Hiob-Buch mit ganzer Klarheit und im Blick auf die ganze Heilige Schrift herausgestellt. Später, im Neuen Testament, spielt die Erkenntnis eine große Rolle, daß es durch Leiden zur Herrlichkeit geht. Jesus sagt: »Will mir jemand nachfolgen, der ... nehme sein Kreuz auf sich« (Mt 16,24; Mk 8,34). Jakobus schreibt: »Erachtet es für lauter Freude, wenn ihr in mancherlei Prüfungen geratet« (Jak 1,2), – denn dadurch werdet ihr ja gefördert! »Jedes Leiden aber, wenn es da ist, scheint uns nicht Freude, sondern eitel Traurigkeit zu sein; danach aber bringt es als Frucht denen, die dadurch geübt sind, Frieden und Gerechtigkeit«, heißt es im Hebräerbrief (12,11). Und Jakobus faßt das in einer Seligpreisung zusammen: »Selig ist der Mann, der die Anfechtung erduldet; denn nachdem er bewährt ist, wird er die Krone des Lebens empfangen, die Gott verheißen hat denen, die ihn lieb haben« (Jak 1,12). Das ist also für das Neue Testament geradezu der wichtigste Aspekt des Leidens, daß das vorhandene Gute durch die Bewährung gehen muß. Gott will durch Leiden weiterführen, so wie junge Menschen in der Schule und im Beruf durch Prüfungen und Examina gehen müssen, um dadurch weiterzukommen und etwas zu werden.

1.3 Ein Überblick über das gesamte Buch Hiob

Das Hiob-Buch beginnt mit zwei Kapiteln, deren Geschehnisse sich gewissermaßen auf zwei Bühnen bewegen: in der Welt Gottes und im Leben Hiobs. Den Hauptteil des Hiob-Buches machen allerdings keine Geschehnisse aus, sondern Gespräche füllen dieses große Buch, das 42 Kapitel umfaßt. Die Kapitel 3 bis 42 sind so aufgebaut:

1. Die Gespräche mit den drei Freunden (Kap. 3–31)
2. Elihu, der vierte, jüngste Gesprächspartner (Kap. 32–37)
3. Gott greift selbst ein (Kap. 38–42)

2. Zu Aufbau und Inhalt des Buches

2.1 Wie ein Spiel auf zwei Bühnen (Kap. 1–2)

Die **Kapitel 1 und 2** beinhalten die Rahmenhandlung des gesamten Hiob-Buches.

Es beginnt wie bei einem Spiel auf zwei Bühnen, wie es in der Schauspielkunst ab und zu praktiziert wird.

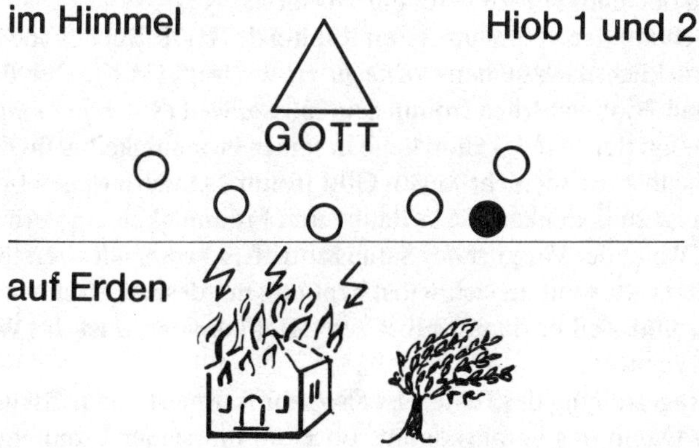

Abb. 87: Wie ein Spiel auf zwei Bühnen

Die eine der beiden »Bühnen«, der beiden Sichtweisen von Hiob 1 ist die Lebenswelt des Hiob (V. 1–5), mit der das Hiob-Buch anfängt. Hiob wird als Mann vorgestellt, der gut ist und es gut hat. Das ist an sich ein normaler Zusammenhang, und so wird es in der Ewigkeit sein: Gut sein und es gut haben gehören normalerweise zusammen. Hiob ist reich, hat eine große Familie (sieben Söhne, drei Töchter); er genießt hohes Ansehen, und sein Rat gilt viel.

Dann wechselt die »Bühne«, und was nun erscheint, ist die Welt Gottes (V. 6–12). Da wird Gott sichtbar, umgeben von seinen Thronengeln, den Engelfürsten, die hier »Gottessöhne« genannt werden (V. 6). Das sind keine Menschen, sondern starke Engel, die um Gott wie eine Ratsversammlung versammelt sind.

In diese Versammlung mischt sich der Satan (V. 6), der ja ursprünglich auch ein Engelfürst war. Er hat im Alten Testament noch Zutritt zu Gott; er kann verklagen, kann in Zweifel ziehen.

Erst in der Folge der Tat Jesu von Golgatha ist der Feind entrechtet. Offenbarung 12,10 steht, daß der Verkläger verworfen sei; er sei aus dem Himmel auf die Erde geworfen. Mit dem Wiederkommen Jesu fällt er noch eine Stufe tiefer: Er wird in den Abgrund verschlossen (Offb 20,3). Und dann, nachdem er noch einmal losgelassen sein wird, kommt er in den »Pfuhl von Feuer und Schwefel« (Offb 20,10) oder – wie Jesus sagt – »in das ewige Feuer, das bereitet ist dem Teufel und seinen Engeln« (Mt 25,41).

Der Teufel ist also im Alten Testament noch nicht in der Hölle. Er *war* im Himmel, er *ist* auf der Erde, und er *kommt* in die Verdammnis (während des Tausendjährigen Friedensreiches kommt er vorläufig in den »Abgrund« und danach an den endgültigen Verdammungsort).

So erscheint der Teufel im ersten Kapitel des Hiob-Buches vor Gott, der ihn ausdrücklich nach seinem *»Knecht Hiob«* fragt (V. 8). Der Feind entgegnet, daß Hiob natürlich fromm sein müsse, weil es sich ja lohnt (V. 9f.). Aber – so sagt der Teufel – Hiob liebe in seiner Frömmigkeit nicht Gott, sondern sich selbst. Er sei nicht wegen Gott fromm, sondern wegen sich.

Dabei ist zu bedenken, daß Glaube und Frömmigkeit ein Verhältnis der Liebe ist. Wenn der Vorwurf des Satans zutrifft, so wäre alles zerstört: Wenn Hiob nicht Gott, sondern sich selbst liebt und nur deshalb fromm ist, weil es sich lohnt und weil er damit selbst zum Ziel kommt, so ist das Wesen des Glaubens zerstört.

Die Fragestellung des Teufels ist also sehr raffiniert und trifft auch jeden Christen. Damit das herauskommt, ob Hiob mit seiner Frömmigkeit sich selbst oder Gott meint, ob er mit seinem gehorsamen Leben sich oder Gott liebt, wird vorübergehend der Zusammenhang zwischen Gut-Sein und Esgut-Haben gelöst. Wenn Hiob, obschon er gut ist, es nicht gut hat, dann wird sich erweisen, ob er in seiner Frömmigkeit Gott meinte oder sich und sein Glück.

Abbildung 88 veranschaulicht das so: Zunächst hängt Hiob an Gott, und Gott ist sein Glück; dieses Verhältnis ist insgesamt heil (links in Abb. 88). Dann wird dem Hiob sein Glück genommen, und das führt zu der Frage, wie es nun um dieses Verhältnis bestellt ist. Kommt es zwischen Gott und Hiob zum Bruch, weil Hiob mehr an seinem Glück hängt als an Gott? Dann wäre Hiobs Glaube unecht gewesen, und Hiob wäre mitsamt seinem Glück ins Bodenlose abgestürzt; das wäre sein Sündenfall gewesen (Abb. 88, Mitte). Oder aber ist es so, daß Hiob Gott lieber ist als sein Glück und er an Gott bleibt und lieber sein Glück fahrenläßt (rechts in Abb. 88).

Die Bewährungsprobe Hiobs sei an einer Geschichte veranschaulicht: Im Jahr 1930 hat in meiner Heimat, an der Schwäbischen Alb, die Segelfliegerei ihren Anfang genommen. Damals hat bald eine Gruppe von jungen Menschen ein kleines Segelflugzeug gebastelt. Bei den Flügen ist dann aber einer von ihnen tödlich verunglückt, weil der Flugapparat in etwa 100 Meter Höhe in einer Sturmböe auseinandergebrochen und wie ein Stein heruntergefallen ist.

Von diesem Vorfall an sind die Jugendlichen ziemlich vorsichtig geworden und haben sorgfältiger gebastelt. Sie sind so vorgegangen, daß sie immer dann, wenn sie etwas aneinander geleimt hatten, dies an der Decke ihres Raumes aufgehängt und daran das Gewicht einer Dezimalwaage befe-

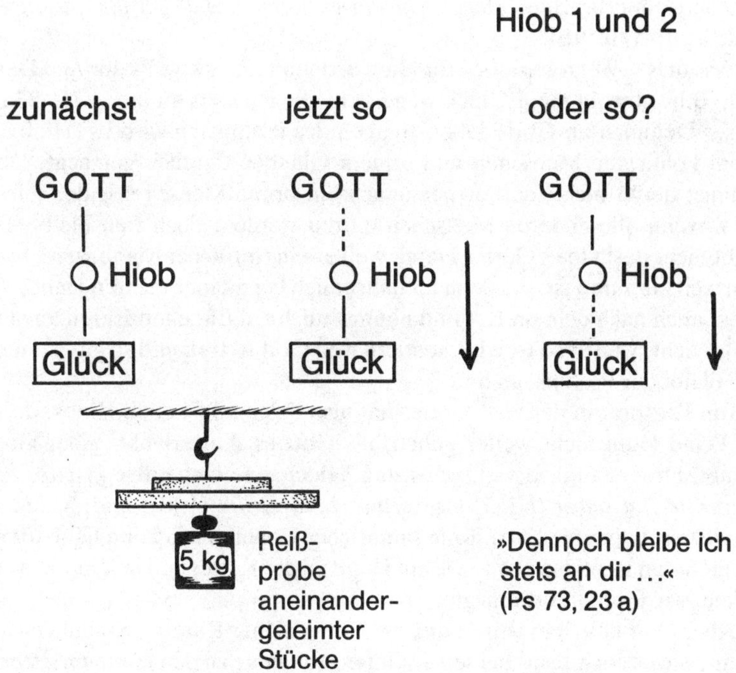

Abb. 88: Hängt Hiob mehr am Glück oder an Gott?

stigt haben. Dies ließen sie über Nacht hängen. Wenn am anderen Morgen angeleimte Stück nicht wieder abgegangen war, so wußte man, daß der Leim durchgehend gezogen hatte. War das nicht der Fall, so war das angeleimte Stück samt dem Gewicht am Boden. Auf diese Weise haben diese jungen Menschen Stück um Stück durchgeprüft, um sicher zu sein, daß es hielt. Das war eine Art Wegreißprobe (Abb. 88, unten).

Entsprechend war es mit Hiob. Er kam in eine »Wegreißprobe«, in der Gott prüfte, ob und wie stark Hiob an ihm »klebte«. Wie sah das aus?

Es kam eine *Hiobs*botschaft nach der anderen: Die Viehherden werden geraubt (V. 14f.), Tausende von Schafen werden von einem Unwetter getroffen (V. 16), die Kamelkarawanen werden geraubt und die Kameltreiber getötet (V. 17). Dann kommt es noch schlimmer: Der älteste von Hiobs Söhnen lud seine Brüder und Schwestern ein, sie veranstalteten ein nettes Fest – und dann kam ein Sturm, ein Unwetter, und das Haus stürzte ein und »fiel auf die jungen Leute, daß sie starben« (V. 18f.; vgl. Abb. 87). Bei all diesen Geschehnissen blieb jeweils einer übrig, der Hiob die »Hiobsbotschaft« überbrachte: *»Ich allein bin entronnen, daß ich dir's ansagte«* (V. 15b.16b.17b.19b).

Was diese »Wegreißprobe« für Hiob bedeutete, das sagt Psalm 73: »Dennoch [d.h. obwohl mein Glück weg ist] bleibe ich stets an dir...« (V. 23a). Dieses Dennoch-an-Gott-kleben-Bleiben des Psalmisten wird bei Hiob an einem konkreten Menschen und seinem Glauben deutlich gemacht. Der Psalmist denkt nicht, daß er persönlich ein prima Mensch sei, der selbst dann, wenn alle anderen Menschen untreu werden, doch treu bleibt. Er bleibt nicht deshalb in Gottes Hand, weil er ein trefflicher Mann wäre, sondern weil *Gott* treu ist: »...denn *du* hältst mich bei meiner rechten Hand, *du* leitest mich nach deinem Rat und nimmst mich am Ende mit Ehren an« (V. 23b). Nicht, weil er so treu ist, sondern weil Gott so treu und so gut ist, deshalb bleibt der Psalmist an ihm.

Ein Thronrat in der Welt Gottes hat also Folgen im Leben Hiobs, doch der Feind kann nicht weiter gehen, als Gott es ihm erlaubt. Aber Gott erlaubt ihm erstaunlich viel, weist ihm jedoch eine eindeutige Grenze zu: *»...nur an ihn selbst [Hiob] lege deine Hand nicht«* (1,12), und: *»...doch schone sein Leben!«* (2,6b). Kein satanischer Ungehorsam kann Hiob töten lassen! Satan ist nur so etwas wie ein Hund an der Kette, und er kann so weit wirken, wie Gott ihm Raum gibt.

Aber Gott läßt dem Feind zur Bewährung Seiner Kinder erstaunlich viel Raum, wie es auch Jesus bei seiner Gefangennahme zu den Hohenpriestern und Hauptleuten des Tempels sagt: »Dies ist eure Stunde und die Macht der Finsternis« (Lk 22,53). Da konnte der Feind auf Jesus losgehen und sehr viel gegen ihn ausrichten.

Für Hiob folgt dem ersten noch ein zweiter Gang des Leidens, ein erneuter Angriff des Satans. Der Satan meint, solange jemandem nichts wehtut, solange verkraftet er seine Schläge allemal. Daher kommt über Hiob dann die schwere Krankheit *»mit bösen Geschwüren von der Fußsohle bis zum Scheitel«* (V. 7b), die ihm so große Schmerzen bereitet, daß er sie fast nicht aushalten kann.

Was sagt dieser Mann zu dem allem? Es sind zwei feine Worte: »Der HERR hat's gegeben, der HERR hat's genommen; der Name des HERRN sei gelobt!« (1,21). Ihm wird dann *der* Mensch, der ihm am nächsten steht – seine eigene Frau –, zur Gefahr. Das Gefährliche daran ist es, daß sicherlich diese Stimme in Hiob selbst erklingt und in seiner Frau einen gefährlichen Bundesgenossen findet: *»Sage Gott ab und stirb!«* (2,9b). Hiob antwortet ihr, daß Gott das eine wie auch das andere geben kann und darf: »Haben wir Gutes empfangen von Gott und sollten das Böse nicht auch annehmen?« (2,10a). Dann heißt es: »In diesem allen versündigte sich Hiob nicht mit seinen Lippen« (2,10b).

2.2 Die Gespräche mit den drei Freunden (Kap. 3–31)

Hiob wurde zunächst von drei Freunden aufgesucht: von Elifas, Bildad und Zofar. Diese Freunde kamen zu Hiob, *»um ihn zu beklagen und zu trösten«* (2,11b). Hiobs Freunde meinten, daß mit Hiob etwas nicht stimmen könne, denn sonst würde es ihm nicht so ungewöhnlich schlecht gehen. Es könne gar nicht anders sein, als daß Hiob »Dreck am Stecken« habe. Daher wollen ihn die Freunde bewegen, wegen dieser besonderen Sünde Buße zu tun. Hiob versichert ihnen aber, daß er zwar auch ein fehlsamer Mensch sei, daß er aber in seinem Leben nichts erkennen könne, was im Vergleich zu anderem so außergewöhnlich wäre, daß ihn deshalb ein so ausnehmendes Unglück hätte treffen müssen.

Diese Freunde wie auch Hiob wissen nichts von dem, was der Feind vorbrachte: daß es beim Leiden Hiobs um eine Echtheitsprobe ging. Daher kann man verstehen, daß Hiob manchmal ganz außer sich war; denn er hat überhaupt nicht verstanden, was ihm widerfahren ist.

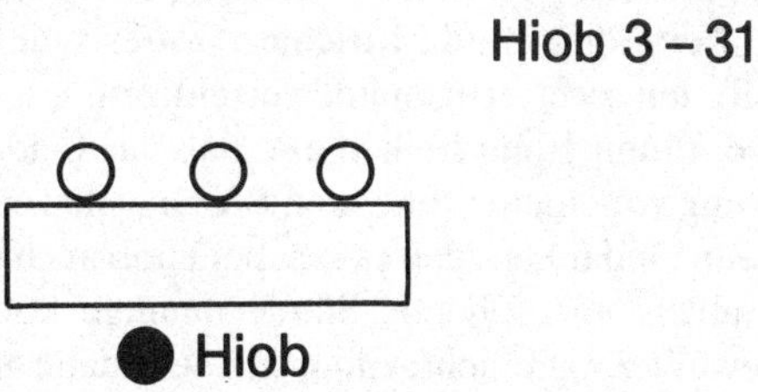

Abb. 89: Die Freunde Hiobs wollen über ihn zu Gericht sitzen

Was die drei Freunde Elifas, Bildad und Zofar tun, verdeutlicht Abbildung 89: Sie sitzen gewissermaßen über Hiob zu Gericht, machen ihn zum Angeklagten und stellen ihn so hin, als ob er ein besonderer Sünder wäre. Hinter einem solchen Schicksal – so dachten sie –, muß doch eine besonders große Schuld stehen. Die Freunde Hiobs meinten es freilich gut mit ihm und dachten, das müsse so sein und ihm könne nur die echte Buße helfen. So allein würde der Weg frei werden. Hiob entgegnet, daß er wahrhaftig kein Eingeständnis von Schuld in dem von seinen Freunden erwarteten Sinn machen könne. Er vermag das einfach nicht so zu sehen wie seine Freunde.

Das Gespräch Hiobs mit seinen Freunden nimmt im Hiob-Buch einen breiten Raum ein; es umfaßt die Kapitel 3 (bzw. 4) bis 31. Jeder von den dreien hält mehrere ausführliche Reden, auf die Hiob immer wieder antwortet. Diese Reden sind sprachlich großartig formuliert, bilderreich und in einer dichterischen Form gehalten. Es bedeutet aber nicht, daß dies erdichtet worden sei. Dies ist vielmehr ein wirkliches Geschehen – davon geht ja auch der Jakobusbrief aus (Jak 5,11).

Dieser große Abschnitt des Hiob-Buches mit dem Gespräch Hiobs mit seinen Freunden läßt sich so untergliedern:

a) Erste Runde von Gesprächen (Kap. 3–11)
b) Zweite Runde von Gesprächen (Kap. 12–20)
c) Dritte Runde von Gesprächen (Kap. 21–27)
d) Rückblick und Ausblick: die Lehre des Gesprächs (Kap. 28)
e) Ein Selbstgespräch Hiobs (Kap. 29–31)

2.3 Elihu, der vierte, jüngste Gesprächspartner (Kap. 32–37)

Es kam dann noch Elihu, ein junger Freund, zum Gespräch hinzu und schwieg zunächst lange Zeit, weil er die Älteren reden lassen wollte (32,4). Dann beginnt er aber sehr selbstbewußt und meint, daß das alles nichts sei, was die anderen vorgebracht hatten (32,5f.). Elihu will gewissermaßen Anwalt, Verteidiger und Mitrichter Gottes sein und Gott gegen Hiob und dessen Reden rechtfertigen und verteidigen.

Dabei räumt Elihu freilich ein, daß das Leiden Hiobs auch nur um der Bewahrung vor einem drohenden Bösen willen eingetroffen sein könnte. Er äußert den Gedanken, daß es sich bei Hiob auch um eine noch nicht geschehende, aber ihm drohende Sünde handeln könnte. Doch das wird sehr selbstbewußt vorgebracht; Elihu tritt sehr nahe an Gott heran.

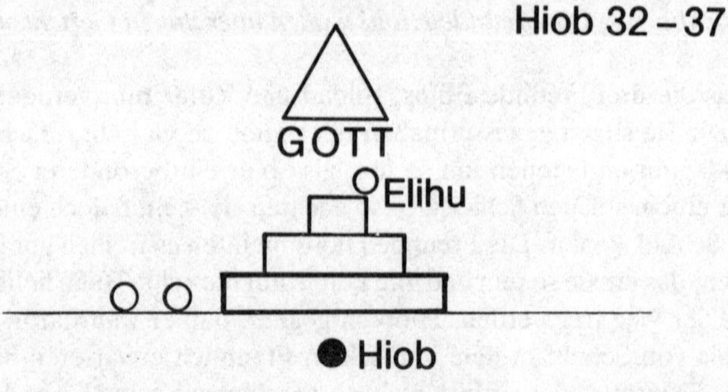

Abb. 90: Elihu will Gott gegen Hiob helfen, will Anwalt und Richterkollege Gottes sein

Abbildung 90 zeigt, wie sich Elihu seinen eigenen Platz vorgestellt hat: Gott ist auf dem Thron, und er, Elihu, ist als Anwalt Gottes direkt unter

Gott; die drei Freunde sind in Elihus Auffassung dagegen deutlich untergeordnet, und Hiob steht als einzelner vor Gottes Gericht.

2.4 Gott greift selbst ein (Kap. 38–42)

Die Kapitel 38–42 enthalten die Reden Gottes selbst, auf die Hiob jeweils kurz antwortet.

Gott weist Hiob zunächst zurecht und stellt ihm seine Größe vor Augen (Kap. 38f.). Hiob demütigt sich, schon einfach um dessentwillen, daß er als kleiner Mensch so geredet habe: *»Ich will meine Hand auf meinen Mund legen«* (40,1–5).

Darauf folgt eine zweite Rede Gottes, *»aus dem Wettersturm«* (40,6–41,26), in der Gott vor allem seine Heiligkeit betont. Hiob erkennt dann vor Gott Schuld an – insbesondere die Schuld, daß er so anklagend gegen Gott aufgetreten sei (42,1–6). Hiob erkennt also vor allem in dem Geschehen seiner Reden selbst seine Sünde und tut Buße vor Gott.

Gott bekennt sich anschließend in seiner Barmherzigkeit zu Hiob (42,7ff.), was ja dann auch im Jakobusbrief steht: »Von der Geduld Hiobs habt ihr gehört und habt gesehen, zu welchem Ende es der Herr geführt hat; denn der Herr ist barmherzig und ein Erbarmer« (5,11; vgl. Hiob 42,10–16). Gott weist sodann die Freunde Hiobs zurecht (42,7–9). Hiob darf für seine Freunde in der Fürbitte eintreten (42,10); der so im Leiden Bewährte darf priesterlichen Dienst tun (vgl. Abb. 91: Gott, Hiob und die vier Freunde, für die Hiob eintritt und denen Gott um Hiobs willen auch gnädig ist).

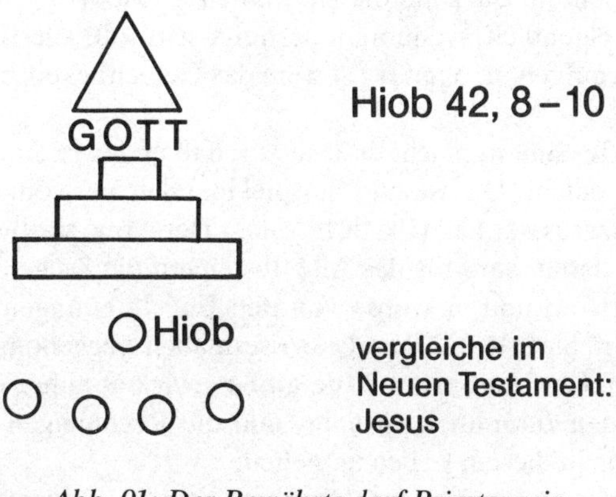

Abb. 91: Der Bewährte darf Priester sein

Der Bewährte darf also Priester sein und Fürbitte tun. – Das gilt ja in weit größerem Ausmaß für Jesus selbst, der in keinem Stück gegen Gott gehadert hat.

Das Hiob-Buch endet damit, daß Gott dem Hiob in diesem Leben seinen früheren Reichtum zurückgibt, ja ihn sogar verdoppelt (42,10b). Hiob hat dann auch wieder Kinder.

Es ist kennzeichnend für das Alte Testament, in dem die Hoffnung über den Tod hinaus noch kaum ins Gesichtsfeld tritt, daß die Hoffnung gewissermaßen in *dieses* Leben hereinprojiziert werden mußte. Daher hat Hiob seinen Besitz wiederbekommen.

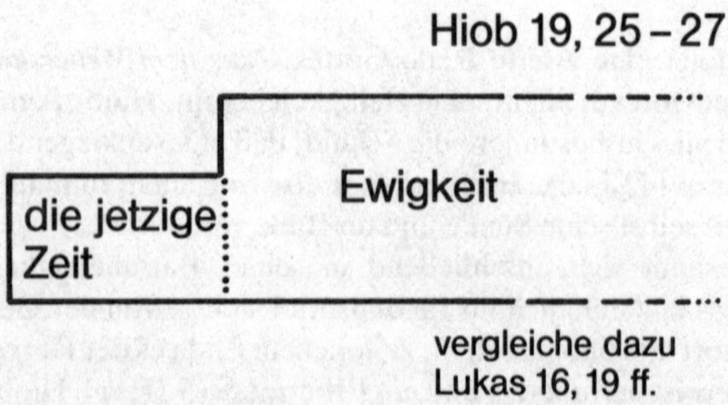

Abb. 92: Nach dem Neuen Testament müssen nicht alle Rechnungen in diesem Leben aufgehen

Damit stellt sich die Frage nach dem Unterschied zwischen Altem und Neuem Testament im Blick auf die *Hoffnung* (vgl. Abb. 92). Im Alten Testament müssen eigentlich, wenn man beruhigt sein soll, alle Rechnungen in diesem Leben aufgehen, denn sonst wäre das Gerechtigkeitsempfinden verletzt.

Im Neuen Testament macht es Jesus so, daß er gewissermaßen den Vorhang beiseite schiebt. Das ist zum Beispiel im Gleichnis vom reichen Mann und armen Lazarus der Fall (Lk 16,19–31). »Der Arme starb«, heißt es hier (V. 22) – und damit wäre für das Alte Testament die Sache erledigt. Jesus aber fährt fort: »...und er wurde von den Engeln getragen in Abrahams Schoß.« Es wird hier also die Wand gewissermaßen weggenommen, der Vorhang aufgeschoben, und es wird die große Ewigkeit aufgezeigt. Zeit und Ewigkeit werden zusammengeschaut, und die Rechnungen müssen nicht mehr alle schon in diesem Leben aufgehen.

Diese Hoffnung leuchtet bei Hiob nur einmal ein wenig auf – in der größten Bedrängnis, im tiefsten Dunkel: »Ich weiß, daß mein Erlöser lebt... Ich selbst werde ihn sehen, meine Augen werden ihn schauen und kein Fremder« (Hiob 19,25a.27a). Das ist ein wunderbares Wort von der Gottesschau. »Selig sind, die reinen Herzens sind; denn sie werden Gott schauen« (Mt 5,8). Der Bewährte darf Gott schauen, wie auch Johann Albrecht Bengel sagt:

...daß ich nach ausgestandner Prob'
in vollem Licht zu Gottes Lob
die Gottesschau erlange.

Das ist die Gottesschau, die so wunderbar verwandelt. »Wir werden ihm gleich sein; denn wir werden ihn sehen, wie er ist« (1. Joh 3,2).

So weist also das Hiob-Buch, so großartig und wichtig seine Aussagen schon sind, über Hiob zu Jesus hinaus, der sich *ganz* bewährt und nicht gehadert hat und der so als der Bewährte erst recht der Priester geworden ist. Damit weist dieses Buch über sich hinaus und zeigt auch auf die Zeit, in der alles ganz an den Tag kommen wird: »Ich lebe, und ihr sollt auch leben« (Joh 14,19). »Wer überwindet, dem will ich geben, mit mir auf meinem Thron zu sitzen...« (Offb 3,21a). »Wer überwindet, der wird es alles ererben« (Offb 21,7).

Der Psalter

1. Einleitung

Die Psalmen waren das Gesangbuch bzw. das Gebetbuch Israels. Sie werden im Neuen Testament mehr als jedes andere Buch des Alten Testaments zitiert. Jesus selbst hat oft Psalmen zitiert und auch noch am Kreuz mit Worten der Psalmen gebetet (Mt 27,46b und Mk 15,34b = Ps 22,2; Lk 23,46b = Ps 31,6; Joh 19,28b = Ps 22,16). So lebte auch die neutestamentliche Gemeinde in den Psalmen und ihren Formulierungen. Wenn Gott angerufen wurde, wenn ihm gedankt wurde, wenn man sich vor ihm gebeugt und wenn man sich zu ihm bekannt hat, dann tat man das oft mit Worten der Psalmen.

1.1 Die Eigenart der Psalmen

Was sind die Psalmen? »Psalm« heißt eigentlich ein Lied, das von einem Saiteninstrument begleitet wurde. Die Psalmen sind gewissermaßen eine Antwort auf etwas, was Gott getan hat bzw. zumindest eine Antwort auf die Einladung: »Liebe Leute, schüttet euer Herz vor ihm (vor Gott) aus« (Ps 62,9; vgl. Klgl 2,19). Die Psalmen sind also nicht ein Reden und Handeln Gottes, sondern die Antwort des Menschen auf dieses Reden und Handeln.

Dadurch sind die Psalmen insgesamt charakterisiert, daß Gott zuerst redet und handelt, woraufhin der Mensch mit seinem Gebet antwortet (siehe unten, 1.6).

Es fällt an den Psalmen geradezu auf, daß das Beten dort auffallend oft mit dem Wort »schreien« bezeichnet wird (z.B. 5,3; 17,1; 18,7; 22,2; 28,2; 34,16.18; 38,9; 39,13; 40,2; 42,2; 61,2; 77,2; 88,2.3.14; 102,2; 142,2.6; 145,19). Bei uns heute ist das Beten so ruhig, gemessen und gelassen, und es kommt einem oft so vor, als ob es auch ohne das Beten ginge. Im Alten Testament ist das Beten sehr oft ein Rufen, ein Schreien. Diese Beter der Psalmen wenden sich häufig mit aller Dringlichkeit an Gott, mit allen ihren Anliegen; es ist geradezu ein »Ausschütten des Herzens vor Gott« (siehe oben), so daß der Psalmist sein ganzes Leben vor Gott bringt.

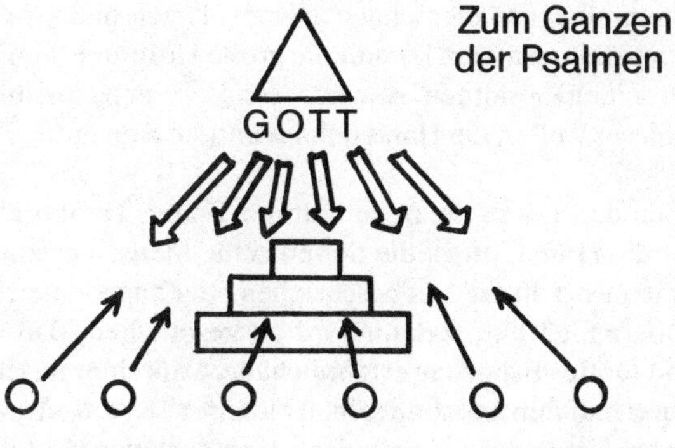

Abb. 93: Gott redet und handelt – der Mensch antwortet

1.2 Welche Arten von Psalmen gibt es?

a) Die weitaus meisten Psalmen sind **Klagepsalmen**. Die Beter dieser Psalmen klagten in Krankheit, Todesangst, bei Verfolgung und in Bedrängnis durch mächtige Gegner, bei Anfechtung, angesichts des Überhandnehmens der Gottlosen (z.B. Ps 12) und des Schwindens der Heiligen (12,2) und unter der Sündenlast *(Bußpsalmen)*.

Die Mehrzahl der Psalmen sind also Worte angefochtener Menschen. Nicht gerade deshalb greifen wohl so viele Christen nach den Psalmen, weil es auch unter ihnen viele Angefochtene gibt und ihnen diese Worte wie aus dem eigenen Herzen gesprochen sind.

In fast all diesen Klagepsalmen ringt sich aber der Beter zum Vertrauen auf Gott durch, zum Harren, zu einem vertrauensvollen Warten auf die Hilfe Gottes, zum Vertrauen in Gottes Zusagen. Das Motto der Klagepsalmen könnte man daher mit Psalm 25,3 so formulieren: »Keiner wird zuschanden, der auf dich harret.«

b) Unter den Psalmen finden sich auch die sog. Hymnen, die **Lobpsalmen**, die Gottes Walten in der Natur rühmen (z.B. Ps 8; 19; 29; 104) und Gottes Walten in seiner Heilsgeschichte, wie er Israel von dessen mächtigen Feinden befreit und das Volk aus Ägypten geführt hat. Dieser Lobpreis ist daher Echo auf die gnädige Offenbarung Gottes, Bekenntnis zu Gott und immer auch Einladung, sich Gott zu unterwerfen, ihn miteinander zu preisen und Verkündigung von Gottes Heilstaten.

Zu den Lobpsalmen gehören auch die sog. *Königspsalmen*, die – vordergründig gesehen – den König Israels preisen, aber messianische Züge tragen, die immer über den menschlichen König Israels hinausweisen (z.B. Ps 2; 110). In den Königspsalmen kommt die große Hoffnung zum Ausdruck, daß Gott durch seinen Gesalbten, seinen Messias, seinen Christus, seinen Sohn die Sache dieser Welt in die Hand nehme und sie zum guten Ziele führe.

c) Neben den Lobpsalmen enthält der Psalter **Dankpsalmen**. In ihnen geht es um die Hilfe Gottes, die der einzelne Mensch erfahren hat. In den Dankpsalmen wird oft die Not beschrieben oder angedeutet, in welcher sich der Beter befunden hat; sodann wird ausgesprochen, daß er zum HERRN gerufen und Gottes Erhörung erfahren habe: »Als einer im Elend rief, hörte der HERR und half ihm aus allen seinen Nöten« (34,7). Meist wird am Schluß dieser Dankpsalmen dazu eingeladen, doch auch vor Gott das Herz auszuschütten.

d) Neben die genannten Gruppen von Psalmen, die die wichtigsten Kategorien sind (a–c), treten **Weisheitslieder** und **Lehrgedichte** (z.B. Ps 37; 73). Diese Psalmen sollen den Menschen anleiten, einen falschen Weg zu vermeiden und den richtigen zu gehen. Sie bringen zum Ausdruck, daß und wie Angefochtenen zurechtgeholfen wird.

1.3 Verfasser und Entstehungszeit

Von wem wurden die Psalmen verfaßt? 75 Psalmen sind mit den Worten: »Ein Psalm Davids« überschrieben. Ein Psalm ist überschrieben mit: »Ein Gebet des Mose, des Mannes Gottes« (Ps 90). Es hat also schon ziemlich früh in der Geschichte Israels die Psalmendichtung gegeben. Dann finden sich unter den Psalmen Lieder von Sängern oder Gesangsmeistern, insbesondere aus der Zeit Davids (die Psalmen Asafs, Ps 50; 73–83; die Psalmen der »Söhne Korach«, Ps 42–49.84.85.87.88). Zwei weitere, unbekanntere Sänger haben je einen Psalm verfaßt, in dem der Verfasser genannt ist. 49 Psalmen haben keine Verfasserangabe.

Manche Ausleger sind der Meinung – was vielleicht nicht in jedem Fall ganz von der Hand zu weisen ist –, daß die Psalmen Davids nicht unbedingt alle von David selbst gedichtet sein müssen, sondern daß manche davon David gewidmet und deshalb auch als zu David gehörig betrachtet worden seien. Allerdings ist demgegenüber bedenken, daß Jesus ausdrücklich davon

David gewidmet und deshalb auch als zu David gehörig betrachtet worden seien. Allerdings ist demgegenüber zu bedenken, daß Jesus ausdrücklich davon ausgeht, der messianische Psalm 110 sei tatsächlich von David verfaßt worden: »Wie kann ihn (Christus) dann David durch den Geist Herr nennen...« (Mt 22,43).

Die Psalmen sind über eine Zeit von etwa 1000 Jahren hinweg entstanden: von der Zeit des Mose (etwa 1400 v. Chr.) bis in die Zeit nach der babylonischen Gefangenschaft (ca. 400 v. Chr.). Aber es gab bei den Psalmen eine Zeit der besonderen Blüte, in der sehr viele entstanden sind. Das war die Zeit des Königs David und der auf ihn folgenden Generationen.

1.4 Der Vortrag der Psalmen

Wie wurden die Psalmen verwendet und vorgetragen? Es waren sicher vor allem gottesdienstliche Lieder. Die 150 Psalmen waren das Gesangbuch des alttestamentlichen Gottesvolkes. Sie wurden auch außerhalb der Tempelgottesdienste verwendet, wahrscheinlich in häuslichen Andachten. Psalm 31, den Jesus am Kreuz betete (»Vater, ich befehle meinen Geist in deine Hände!«, Lk 23,46), war – das sagen außerbiblische Quellen – ein Abendgebet, das vielfach in den Häusern gebetet worden ist, auch beim Zubettbringen der Kinder: »In deine Hände befehle ich meinen Geist; du hast mich erlöst, HERR, du treuer Gott« – nämlich erlöst von Angst (Ps 31,6).

Die Psalmen wurden neben dem Tempelgottesdienst und in den Häusern der Familien auch bei Wallfahrtswanderungen gebraucht, wenn z.B. die Leute von Galiläa oder von noch weiter her anläßlich der großen Feste auf Jerusalem zugewandert sind (so etwa die ausdrücklich so genannten »Wallfahrtslieder«, Ps 120–134). Dabei haben sie unterwegs Psalmen gesungen, etwa: »Ich hebe meine Augen auf zu den Bergen. Woher kommt mir Hilfe?« (121,1). Die Pilger schauten also während ihrer Wallfahrt rein äußerlich hinauf zu dem sehr viel höher gelegenen Jerusalem, wo der Tempel auf dem Zionsberg der Ort war, von dem Gott verheißen hatte, gegenwärtig zu sein. Der Psalm fährt fort: »Meine Hilfe kommt vom HERRN, der Himmel und Erde gemacht hat« (V. 2) und der gnädig hier gegenwärtig zu sein verhieß.

Wie wurden die Psalmen gesungen? Hierüber weiß man kaum etwas. Möglicherweise waren es öfters Wechselchöre, die Psalmen vortrugen. Die israelitische Dichtung war nicht wie die deutsche. Während im Deutschen die letzten Silben einer Verszeile ähnlich klingen und sie einen Reim darstellt, so war es in Israel üblich, daß je zwei aufeinanderfolgende Verszeilen in gehobener Sprache einen ähnlichen Sinn bekamen. Ein in einem Satz ausgeführter Gedanke wurde also in einem zweiten, nachfolgenden Satz abgewandelt wiederholt. Dies legt den Gedanken nahe, daß zwei Wechselchöre diese Doppelzeilen im Wechselgesang sprachen. Inwiefern das die gottesdienstliche Gemeinde war oder eher levitische Sängerchöre, das entzieht sich unserer Kenntnis.

Mitunter enthält ein Psalm die Angabe, nach welcher Melodie er gesungen werden soll. So wird beispielsweise in Psalm 9,1 angegeben: »Ein Psalm Davids, vorzusingen, nach der Weise ›Schöne Jugend‹«. Dieser Psalm sollte also nach der Melodie eines damals bekannten Liedes intoniert werden. Psalmen sollten also des öfteren nach Melodien von damals bekannten Volksliedern gesungen werden, wie man etwa auch in der Reformationszeit als Melodien für Choräle die Singweisen guter Volkslieder benützt hat. So konnte ein Lied damals also zunächst einen weltlichen Sinn haben und dann gewissermaßen durch die Verbindung der Melodie mit einem geistlichen Text zu einem geistlichen Lied werden.

Die Bedeutung des Wortes »Sela«, das häufig am Ende von Verszeilen der Psalmen steht, ist nicht ganz geklärt. Wahrscheinlich war es das Zeichen dafür, daß hier ein Zwischenspiel der Instrumente eingefügt worden ist, währenddem die Chöre schwiegen. Zwischenspiele dienten wohl der Vertiefung, der Besinnung und dem Unterstreichen des zuvor Gesagten. So steht das Wort »Sela« häufig nach einem Kernsatz, auf den das Vorhergehende hingeführt hat und mit dem ein Teil des Psalms einen gewissen Abschluß fand. Danach folgte also so etwas wie eine neue Strophe, wobei die einzelnen Strophen nicht immer eine einheitliche Anzahl von Verszeilen umfaßten.

1.5 Die Entstehung der Psalmenzusammenstellung im Psalter

Der Psalter stellt eine Zusammenstellung von 150 Psalmen dar und ist in fünf Bücher eingeteilt:

Psalm	1– 41	erstes Buch
Psalm	42– 72	zweites Buch
Psalm	73– 89	drittes Buch
Psalm	90–106	viertes Buch
Psalm	107–150	fünftes Buch

Man hat nachzuweisen versucht, daß die Fünfzahl der Bücher der Psalmen der Fünfzahl der Bücher Moses entsprechen und daß die Psalmen demgemäß zusammengestellt worden sind. Das erste Buch der Psalmen entspräche demzufolge dem ersten Buch Mose und enthalte Gebete aus Davids späteren Jahren, wie das erste Buch Mose die Patriarchenzeit behandle. Das zweite Buch der Psalmen beinhalte Gebete aus Davids Jugend und Kampf gegen Saul, wie 2. Mose Israels Kampf gegen Ägypten und die Zeit in der Wüste schildern würde. Das dritte Buch der Psalmen würde deshalb parallel zu 3. Mose stehen, weil hier viele gottesdienstliche Lieder (Lobpreis des Gottesdienstes und der Gegenwart Gottes im Tempelgottesdienst) enthalten seien und da das dritte Buch Mose gottesdienstliche Anordnungen enthält. Das vierte Buch der Psalmen bestünde aus Sieges- und Dankliedern, während das vierte Buch Mose die siegesfrohe Wanderung bis an Israels Grenze darlegen würde. Das fünfte Buch des Psalters würde wie 5. Mose Fest- und Wallfahrtslieder, Predigt und Lob Gottes enthalten.- Dieser Nachweis von Entsprechungen zwischen den fünf Büchern des Psalters und denen von Mose hat schon manches für sich, ist aber wohl auch etwas gezwungen.

Wie ist es zur Sammlung der einzelnen Psalmen zu dem Buch des Psalters gekommen? Die Zeit der Entstehung und Sammlung der Psalmen läßt sich zumindest teilweise an den Psalmen selbst ablesen, und man spürt den einzelnen Psalmen ab, wie lebensvoll der Entstehungshintergrund gewesen ist.

Das Volk Israel war ein priesterliches Volk, also ein Volk in der Anbetung, im Dienst Gottes, stellvertretend für die Welt. »Ihr sollt mir ein Königreich von Priestern und ein heiliges Volk sein« (2. Mose 19,6). Daher war das ganze Volk dazu aufgerufen, miteinander Gott zu dienen. Das haben sie miteinander auch dadurch getan, daß sie Psalmen dichteten.

Auch Frauen haben gedichtet. So verfaßte zum Beispiel Miriam, die Schwester des Mose, eines der ältesten Lieder in der Bibel, nämlich den Dankhymnus, der nach dem Durchzug durch das Rote Meer gesungen worden ist (2. Mose 15). Auch Debora dichtete ein Lied. Sie war eine Frau, die von Gott her zu ihrem Volk redete und Israel als Prophetin zum Kampf gegen starke Feinde aufrief, die Israel in seinem eigenen Land unterjochten. Nach dem Sieg stimmte sie ein Loblied an (Ri 5). Ganz besonders hat sie dafür gedankt, daß Gott Israel tüchtig gemacht, ihm Mut gegeben hat und daß dieses Volk willig gewesen ist, im Vertrauen auf Gott die Feinde zu vertreiben (Ri 5,2).

Mehrere Psalmen wurden bei der Einweihung des Tempels gedichtet. Danach wurden diese Lieder nicht weggeworfen und vergessen, sondern im Tempel gesammelt. Offenkundig war es aber so, daß nicht nur die Priester und die Schriftgelehrten, sondern generell jeder Israelit im Tempelgottesdienst (und später dann im Gottesdienst der Synagogen) einen Beitrag leisten konnte.

So konnte bei einer solchen Gelegenheit jemand etwa einen Lobpreis anstimmen, in dem er besang, wie er in Not geraten ist, wie Gott ihm auf seine Bitte hindurchgeholfen hat und in dem er dazu einlud, daß andere auch Vertrauen zum Herrn schöpfen und ihm folgen. Es konnte aber auch sein, daß jemand darüber sang, wie er gesündigt, wie er sich darüber gebeugt hat und wie Gott ihm vergeben hat, so daß er nun die Leute im Gottesdienst warnen konnte: »Ich will die Übertreter deine Wege lehren, daß sich die Sünder zu dir bekehren« (51,15).

Offensichtlich wurden auch von namenlosen Menschen Lieder im Gottesdienst vorgetragen, und danach wurden diese Lieder wohl dem Archiv im Tempel eingfügt; und so kam es zu der Psalmensammlung, die also von der Zeit Moses bis in die Zeit nach dem babylonischen Exil reichte (worauf etwa Ps 126 schließen läßt, in dem von dieser Gefangenschaft die Rede ist).

Israel hat die Psalmen gesammelt und aufbewahrt; und es ist immer wieder so gewesen, daß später lebende Israeliten von Psalmen den Eindruck hatten, daß sie genau der Ausdruck ihrer Empfindungen waren. Daneben standen sicher auch spontane Gebete, die nicht vorformuliert waren. Das ist ja der Reichtum auch der Gemeinde Jesu, daß sie immer mit ganz neuen Worten – wie es ihr ums Herz ist – mit Gott reden darf wie Kinder zum Vater: spontan, mit Worten, die der jeweiligen Situation entstammen. Darüber hinaus hatte aber auch das seinen Platz, daß die Gemeinde Gottes in ihrer Gegenwart aus den Erfahrungen anderer schöpfen darf und kann und sich durch das Loben, Bitten und Buße-Tun derer, die im Glauben vorangegangen sind, dazu anleiten läßt, Gott gegenüber die rechten Worte zu finden. Dazu ist das Buch der Psalmen eine unerschöpfliche Quelle.

So hat Israel in den Psalmen gelebt in einer Zeit, in der Abschriften des gesamten Alten Testamentes nicht zur Verfügung standen. Aber durch das Hören der Psalmen in Synagogengottesdiensten kannten die Leute weite Teile des Psalters auswendig – das merkt man auch daran, wie die Apostel im Neuen Testament Psalmen zitieren. Sowohl Israel wie auch die neutestamentliche Gemeinde lebte also in den Psalmen.

Mit dem Durchbruch der Reformation im 16. Jahrhundert wurde auch die Antwort auf die großen Wohltaten Gottes gesucht; der Mensch suchte nach einem Ausdruck seines Bekenntnisses und seines Dankes gegenüber Gott. Daher hat Luther 1524/25, als er sein Buch »Die deutsche Messe« schrieb, dazu aufgerufen, evangelische (also dem Evangelium gemäße) Choräle zu dichten. Er hat selbst damit angefangen und hat einer ganzen Anzahl seiner Lieder Psalmen zugrunde gelegt (etwa Ps 46 dem Lied »Ein feste Burg ist unser Gott«). Seitdem ist das evangelische Liedgut von den Psalmen durchdrungen.

So nimmt dieses Buch der Psalmen in der Geschichte Israels und der Christen einen enorm wichtigen Platz ein, und es ist wichtig, dieses Buch zu kennen.

1.6 Inwiefern sind die Psalmen Gottes Wort?

Die Psalmen sind die menschliche Antwort auf Gottes Wort und Tat. Nach Luther geschieht es im Gottesdienst, daß Gott mit uns durch sein Wort redet und wir ihm in Lied und Gebet antworten. Wie können die Psalmen dann *Gottes Wort* sein, wenn sie gerade dadurch gekennzeichnet sind, daß sie *Antwort des Menschen* auf das sind, was Gott gesagt und getan hat?

Die Antwort auf diese Frage gibt das Neue Testament: Dort wird auf die Wirklichkeit des Heiligen Geistes verwiesen, mit dessen Wirksamkeit zu rechnen ist. So sagt Jesus, ehe er ein Wort aus Psalm 110 im Blick auf David zitiert: »Wie kann ihn dann David *durch den Geist* Herr nennen...?« (Mt 22,43). Petrus sagt über die Väter des Alten Testaments: »...getrieben *von dem heiligen Geist* haben Menschen im Namen Gottes geredet« (2. Petr 1,21), und so sei alle Schrift entstanden. Daß Gottes Geist an der Entstehung der ganzen Heiligen Schrift mitwirkte, das nennt man Inspiration. Davon redet auch Paulus, wenn er sagt: »Alle Schrift, von Gott eingegeben (durchhaucht von Gottes Geist), ist nütze zur Lehre...« (2. Tim 3,16).

Also können die Psalmen, die ja menschliche Antwort sind, als Gottes Wort angenommen werden. Sie sind nicht Wort Gottes an uns, sondern Antwort des Menschen an Gott, eine Antwort freilich, die – wie das übrige Schrifttum der Bibel – von Gottes Geist inspiriert ist.

Allerdings ist die heilsgeschichtliche Entwicklungsstufe im Neuen Testament eine andere als die der Psalmen. Inzwischen ist ja die Barmherzigkeit Gottes in Jesus Christus, dem gekreuzigten und auferstandenen Herrn, erschienen und die Sünde getragen. Daher sieht im Lichte des Neuen Testamentes manches im Alten Testament, auch im Psalter, anders aus, etwa im Blick auf die *Rachepsalmen* (in denen es freilich nicht einfach um Rache, sondern letztlich darum geht, daß Gott doch zu seinem Recht kommt). Daß diesen alttestamentlichen Betern deshalb das Herz schlug und daß es ihnen blutete, wenn Gottes Recht mit Füßen getreten wird, war in Ordnung. Nur die Art und Weise, *wie* Gott zu seinem Recht kommt, *wie* er dabei vorgeht, das haben die Beter der Rachepsalmen noch nicht erkennen und nicht wissen können. Seitdem »wir mit Gott versöhnt worden sind durch den Tod seines Sohnes, als wir noch Feinde waren« (Röm 5,10), wissen wir, daß Gott nicht etwa den Sünder zusammenschlägt und zwingt, sondern daß er ihm von innen her das Herz abgewinnen will. Er hat uns geliebt, »als wir noch Feinde waren!« Die Rebellion gegen Gott wird nicht durch Härte und Zwang, sondern durch seine Liebe überwunden. So korrigiert Jesus selbst das, was ein Elia tat; und als die Jünger es dem Elia nachmachen wollten, fragt Jesus sie: »Wißt ihr nicht, welches Geistes Kinder *ihr* seid?« (Lk 9,55).

Es ist also geboten, die Psalmen im Licht des Neuen Testaments zu lesen.

2. Einzelne Psalmen

Psalm 1 ist ein Psalm, der zu den Weisheitsliedern gehört. Das Thema dieses Psalms ist *der rechte Weg. »Wohl dem, der nicht wandelt im Rat der Gottlosen noch tritt auf den Weg der Sünder noch sitzt, wo die Spötter sitzen…«* (V. 1). In diesem Psalm wird dazu aufgefordert, den rechten Weg zu gehen; und es wird demjenigen der Segen verheißen, der *»Lust hat am Gesetz des HERRN«* (V. 2a). Der Psalmist sagt, wie es mit denen endet, die den falschen Weg gehen (V. 4.5.6b), und mit denen, die den rechten Weg gehen: *»Der HERR kennt den Weg der Gerechten…«* (V. 6a). So weist dieser Psalm darauf hin, daß der Mensch in die Entscheidung gestellt ist: »Ich habe euch Leben und Tod, Segen und Fluch vorgelegt…« (5. Mose 30,19; vgl. Abb. 94).

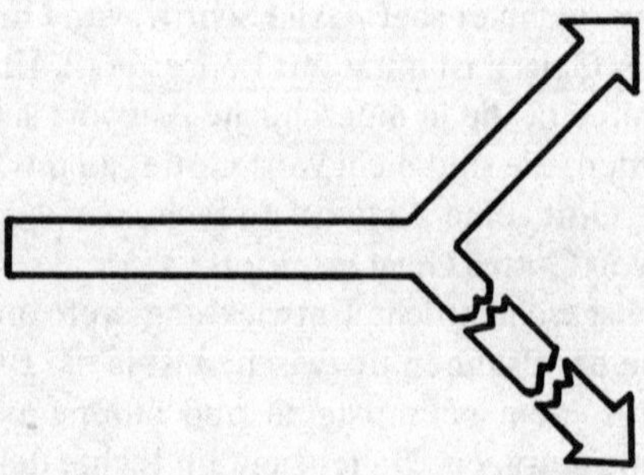

Abb. 94: Der rechte Weg

Psalm 2 ist von ganz anderer Art als Psalm 1. Im zweiten Psalm geht es um *den vergeblichen Aufruhr* gegen Gott. Es werden diejenigen beschrieben, die sich gegen Gott aufbäumen wollen. Aber wie will ein Mensch gegen Gott etwas ausrichten? *»Warum toben die Heiden (d.h. die Völker)…? Die Herren halten Rat miteinander wider den HERRN und seinen Gesalbten«* (V. 1a.2b) und nehmen sich vor, was letztlich doch vergeblich ist. *»Aber der im Himmel wohnt, lacht ihrer, und der Herr spottet ihrer«* (V. 4). Sie kommen nicht zum Zug, sondern Gott tut vielmehr das, daß er zu seinem Sohn sagt: ›Ich habe meinen König eingesetzt‹… ›Du bist mein Sohn, heute habe ich dich gezeugt…‹ (V. 6ff.).

Seinem Sohn hat Gott das Reich, die Herrschaft übergeben – und das ist für Christen Grund zur Freude, daß sie wissen: Gott behält das letzte Wort! Das soll nicht zum Übermut, sondern zur ehrfurchtsvollen Freude führen.

An der Weihnachts- und an der Ostergeschichte ist abzulesen, daß die große, befreiende Freude zugleich eine ehrfürchtige Freude ist, nicht aber eine Freude der Selbstverständlichkeit gegenüber dem großen Gott.

Das Thema von Psalm 2 ist in Abbildung 95 dargestellt. Gott und sein Sohn sitzen auf dem Thron, und die Völker wollen sich erheben und branden vergeblich an an seinen Thron.

Letztlich gilt das Wort: »*...der im Himmel wohnt, lacht ihrer, und der Herr spottet ihrer« ...«* für den Antichristen und für den Feind selbst. Der bekannte Prediger Walter Lüthi sprach in bezug auf dieses Wort vom Humor Gottes, von der göttlichen Überlegenheit.

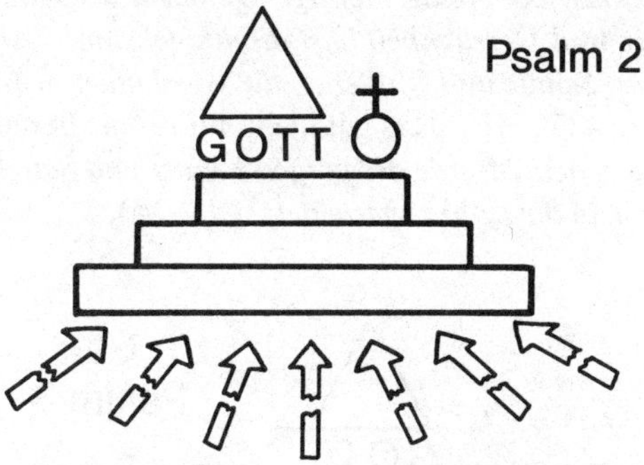

Abb. 95: Vergeblicher Aufruhr

Hatte Psalm 2 einen enorm großen Horizont, so kommen die **Psalmen 3 und 4** wieder auf die Gegenwart zu sprechen. In beiden Psalmen geht es um den *Schutz Gottes*, also darum, daß sich die Glaubenden, selbst wenn sie schwache und ohnmächtige Menschen sind, dennoch geborgen fühlen können. *»Erkennet doch, daß der HERR seine Heiligen wunderbar führt«* (4,4).

In dieser Geborgenheit kann man auch ruhig schlafen. Dadurch ist ein Grund jener Unruhe genommen, die beim Schlaf auftritt, und eine Hilfe zum guten Schlaf: *»Ich liege und schlafe ganz mit Frieden; denn allein du, HERR, hilfst mir, daß ich sicher wohne«* (4,9). Ein anderer Psalm redet aber auch vom Wachen: »Wenn ich mich zu Bette lege, so denke ich an dich, wenn ich wach liege, sinne ich über dich nach« (Ps 63,7).

In **Psalm 8** wird offenkundig erstmalig mit Bewußtsein das empfunden, was heute so stark wahrgenommen wird: *die Größe des Kosmos und demgegenüber die Kleinheit des Menschen.* Wie ist denn das zusammenzubringen, daß Gott sich einerseits um den großen Kosmos kümmert und andrerseits auch um den einzelnen kleinen Menschen, den er ernst nimmt?

Psalm 8 ist wohl ein Lied, das einer gedichtet hat, der im Tempel Nachtdienst hatte. Im Tempel gab es ja Wachen, die das Tempelgebäude schützen und das Licht dort unterhalten sollten. Einem von diesen Tempelwächtern ist in solch einer Nacht im Umgang mit Gott dieser Psalm zugeflossen. *»Herr, unser Herrscher, wie herrlich ist dein Name in allen Landen…«* (V. 2a). Dann geht der Blick zum nächtlichen Firmament: *»Wenn ich sehe den Himmel, deiner Finger Werk, den Mond und die Sterne, die du bereitet hast…«* (V. 4). Demgegenüber kommt sich der Beter unter dieser Riesenkuppel des nächtlichen wolkenlosen Himmels so klein vor: *»Was ist der Mensch, daß du seiner gedenkst, und des Menschen Kind, daß du dich seiner annimmst? Du hast ihn wenig niedriger gemacht als Gott (also zu Gottes Kind), mit Ehre und Herrlichkeit hast du ihn gekrönt… Alles hast du unter seine Füße getan: Schafe und Rinder…, die Vögel unter dem Himmel und die Fische im Meer…«* (V. 5ff.). Das gilt nicht nur für die herausragenden Menschen: Sogar *»aus dem Munde der jungen Kinder und Säuglinge hast du eine Macht (d.h. hast du dir Lob) zugerichtet…«* (V. 3a).

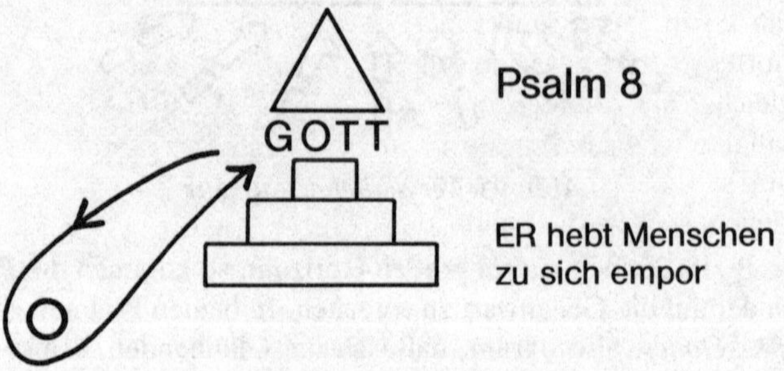

Abb. 96: Hoheit und Nähe Gottes

So groß und so nah ist Gott, daß er sich zum Menschen herabbeugt und ihn zu sich emporhebt (Abb. 96).

Psalm 12 ist ein Klagelied, in dem der Beter beklagt, daß die Heiligen, die Gläubigen immer weniger werden (V. 2). Dann aber spricht Gott: *»Weil die Elenden Gewalt leiden und die Armen seufzen, will ich jetzt aufstehen…, ich will Hilfe schaffen dem, der sich danach sehnt«* (V. 6f.). Gott nimmt sich seiner Sache an!

Für Luther war dieser Psalm sehr wichtig, und er hat ihn in dem Lied »Ach Gott vom Himmel sieh darein« neu gedichtet (EKG 177). Luther hat diesen Psalm zu seiner Zeit so verstanden, daß das Evangelium unter vielen kirchlichen Mißständen verschüttet lag:

Ach Gott vom Himmel sieh darein
und laß dich des erbarmen:
wie wenig sind der Heilgen dein,
verlassen sind wir Armen!
Dein Wort läßt man nicht haben wahr,
der Glaub ist auch verloschen gar
bei allen Menschenkindern.
(Strophe 1)

Sie lehren eitel falsche List,
was eigen Witz erfindet;
ihr Herz nicht *eines* Sinnes ist
in Gottes Wort gegründet...
(Strophe 2)

Doch nun hat Gott eingegriffen und sein Wort wieder bloßgelegt:

Das Silber, durchs Feur siebenmal
bewährt, wird lauter funden;
an Gottes Wort man warten soll
desgleichen alle Stunden.
Es will durchs Kreuz bewähret sein;
da wird sein Kraft erkannt und Schein
und leucht stark in die Lande.
(Strophe 5)

Psalm 16 ist eine der wenigen Stellen, an denen im Alten Testament bereits die *Hoffnung über den Tod hinaus* auftaucht. Ist mit dem Menschen, den Gott so zu sich heraufhebt (vgl. Ps 8), im Tode Schluß? In Psalm 16 steht ein Wort, das sicher für Jesus hilfreich gewesen ist und das dann auch nach Ostern von Petrus zitiert worden ist: *»Du wirst mich nicht dem Tode überlassen und nicht zugeben, daß dein Heiliger die Grube sehe«* (V. 10, vgl. Apg 2,27.31; 13,35). Neutestamentlich gesprochen heißt das: »Denn ich bin gewiß, daß weder Tod noch Leben, weder Engel noch Mächte noch Gewalten, weder Gegenwärtiges noch Zukünftiges, weder Hohes noch Tiefes noch eine andere Kreatur uns scheiden kann von der Liebe Gottes, die in Christus Jesus ist, unserm Herrn« (Röm 8,38f.). Auch wenn es auf den Friedhof geht, wenn der Sarg ins Grab versenkt wird, ist der Mensch doch noch von der Güte Gottes umfangen, die ihn heraufhebt.

In Psalm 16 stehen auch die feinen Worte: *»Das Los ist mir gefallen auf liebliches Land...«* (V. 6a). Dieses liebliche Los ist kein Lotteriegewinn, sondern lautet: *»Der Herr ist mein Gut und mein Teil«* (V. 5a). Das ist der »Gewinn« dieses Psalmisten, daß dieser Gott zu ihm gehört und er zu Gott gehören darf! Das rühmt er.

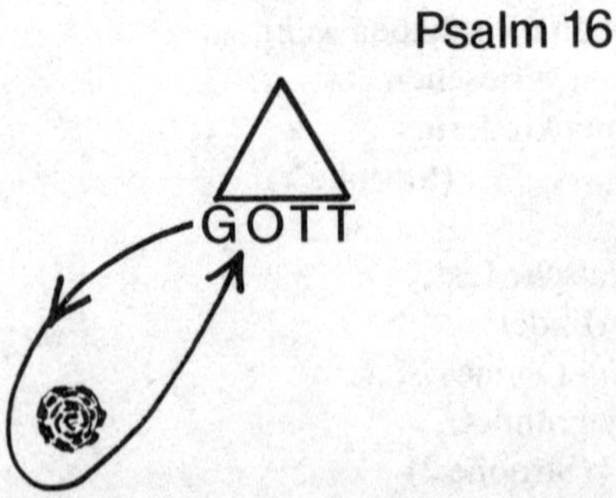

Abb. 97: Auch im Tod nicht hoffnungslos

Psalm 17 bringt die Hoffnung über den Tod hinaus am Schluß ebenfalls zum Ausdruck.

Dieser Gedanke kommt übrigens auch bei Johann Albrecht Bengel vor, der am Schluß seines schönen Liedes »Du Wort des Vaters, rede du« sagt (EKG Württ. 499, Strophe 10):

…bis ich nach ausgestandner Prob
in vollem Licht zu Gottes Lob
die Gottesschau erlange.

Diese Hoffnung über den Tod hinaus wird im Alten Testament nur wie ein ferner Glanz gesehen und ist in Psalm 17 so ausgesprochen: *»Ich aber will schauen dein Antlitz in Gerechtigkeit; ich will satt werden, wenn ich erwache, an deinem Bilde«* (V. 15b). In diesem Wunsch gipfelt dieser Psalm.

Psalm 18 zeigt den Menschen in der ganzen Angefochtenheit seiner wechselvollen Lebensverhältnisse. David hat diesen Psalm am Ende seines Lebens gedichtet (darum kommt Ps 18 im Alten Testament fast wörtlich noch einmal vor, nämlich als Quintessenz und Zusammenfassung der Erfahrungen Davids, 2. Sam 22), und er bringt darin zum Ausdruck, daß ihm manchmal gewissermaßen das Wasser bis zum Halse stand: *»Als mir angst war, rief ich den Herrn an und schrie zu meinem Gott…«* Aber Gott *»streckte seine Hand aus von der Höhe und faßte mich und zog mich aus großen Wassern… Er hatte Lust zu mir«* (V. 7a.17.20b).

Gott hat David nicht abgeschrieben, und David hat großes Vertrauen zu Gott: *»Mit meinem Gott kann ich über Mauern springen«* (V. 30b). Er kann also mit Gott »Mauern« überwinden ohne zu wissen, was ihn jenseits einer solchen »Mauer« erwartet, wohin er stürzen wird. Wenn er mit Gott auch ins Ungewisse springt, so fällt er doch in jedem Fall in Gottes Hand – ähnlich wie Akrobaten, die ein Sicherheitsnetz haben, in das sie bei einem Absturz fallen können.

»Mit meinem Gott kann ich über Mauern springen.« Das kann David aufgrund seiner Erfahrungen so sagen. Daher spricht er am Anfang dieses Psalmes auch (und nimmt damit das Ergebnis vorweg): *»Herzlich lieb habe ich dich, HERR, meine Stärke! HERR, mein Fels, meine Burg, mein Erretter…«* (V. 2.3a).

Dabei erkennt David freilich, daß und wie Gott ihn in diesen wechselvollen Verhältnissen auch erzogen hat. Am Schluß steht kein stolzer Mann da, der sagt, er habe den »lieben Gott« als großen Bundesgenossen, weil er selbst sich immer vorzüglich verhalten habe. Nein, David sagt (mit Worten des 119. Psalms): »Ehe ich gedemütigt wurde, irrte ich; nun aber halte ich dein Wort.« David sieht sich von Gott am kurzen Zügel geführt.

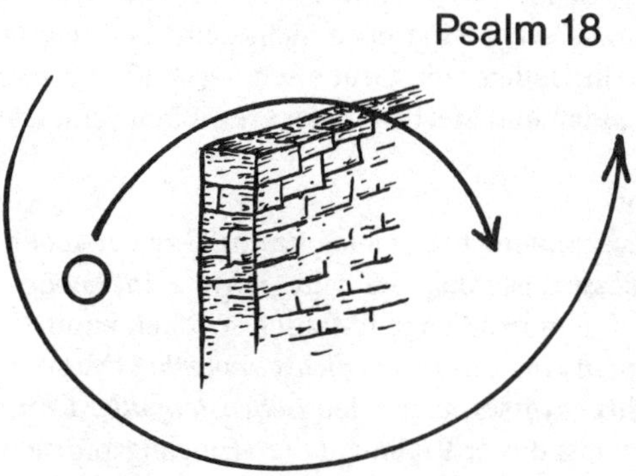

Abb. 98: Mit Gott über Mauern springen

Psalm 19 beschreibt die Größe Gottes in der Natur (*»Die Himmel erzählen die Ehre Gottes…«* , V. 1–7) und in dem seinen Willen offenbarenden Wort (*»Das Gesetz des HERRN ist vollkommen…«*, V. 8–15).

Psalm 22 ist geradezu *Christi Leidenspsalm* und zeigt, wie tief es hinabgehen kann, ja wie unser Gott diesen Sohn, den er so wunderbar erhöht und neben sich gesetzt hat, zuvor in die Tiefe führte. Der in die Herrlichkeit erhöhte Gerechte muß zuvor durch die Tiefe des Leidens gehen.

Psalm 22 enthält mehrere Verse, die in Jesu Leidensgeschichte aufleuchten. *»Mein Gott, mein Gott, warum hast du mich verlassen?«* (V. 2a). Dieses Wort hat Jesus aus den Psalmen genommen und gebetet (Mt 27,46; Mk 15,34). In Psalm 22 findet sich auch jener andere Zug von Jesu Leidensgeschichte, daß die anderen spotten und sagen: *»› Er klage es dem HERRN, der helfe ihm heraus und rette ihn, hat er Gefallen an ihm‹«* (V.9). So wurde auch an seinem Kreuz zu Jesus gesprochen (Mt 27,43). Und in Psalm 22 steht: *»Sie teilen meine Kleider unter sich und werfen das Los um mein Gewand«* (V. 19; vgl. Joh 19,24), und: *»Sie haben meine Hände und Füße durchgraben«* (V. 17b; vgl. Joh 20,25.27). Aber auch Jesu Wort am Kreuz: »Mich dürstet« (Joh 19,28) erinnert an Psalm 22: *»Meine Zunge klebt mir am Gaumen«* (V. 16b).

Psalm 22 ist also ein richtiggehender Leidenspsalm, der mit dem Ausblick auf die Erhöhung des Gerechten schließt, wenn es dort heißt, daß die Völker diesem Herrn die Ehre geben und ihn preisen werden (V. 28ff.).

Es ist augenscheinlich, daß Jesus diesen Psalm gelebt hat. Er hat seinen Weg nicht nur aus dem unmittelbaren Umgang mit seinem Vater erkannt, sondern er ist auch aus der Heiligen Schrift seines Weges gewiß geworden. Das Wort vom leidenden Gottesknecht (Jes 53) und Worte des 22. Psalms bis hin zu dem Satz: »Du wirst mich nicht dem Tode überlassen und nicht zugeben, daß dein Heiliger die Grube sehe« (16,10) haben Jesus geholfen, seinen Weg in Leiden und Sterben in der Gewißheit seiner Auferstehung zu gehen.

In diesem Zusammenhang ist auch **Psalm 23** zu verstehen, der zeigt, was das Ergebnis dessen ist, daß der gute Hirte sein Leben für die Schafe gelassen hat: daß nun nämlich ein Mensch so leben kann, daß er gewiß ist: *»Der HERR ist mein Hirte, mir wird nichts mangeln«* (V. 1).

Psalm 23 führt gewissermaßen den *Lebenslauf aller Christen* vor Augen:
– Zunächst verweist dieser Psalm auf die »Eingangspforte«: *»Der HERR ist mein Hirte«* (V. 1). Wenn der Psalmist den HERRN seinen Hirten nennt, so ist daran abzulesen, daß er bereit ist, diesem Herrn zu folgen. Das ist das, was im Neuen Testament in Matthäus 9,9 steht, wo Jesus spricht: »Folge mir!« Auf diese Spur muß man treten, in dieses Geleis muß man sich hineinnehmen lassen.
– Dann wird der Weg beschrieben und gezeigt, wie man versorgt ist und was man an diesem Herrn hat: *»Er weidet mich auf einer grünen Aue und führet mich zum frischen Wasser... Er führet mich auf rechter Straße...«* (V. 2f.). Man ist auch in der Not nicht allein (V. 4–6a).
– Schließlich ist man am Ziel: *»...und ich werde bleiben im Hause des HERRN immerdar«* (V. 6b).

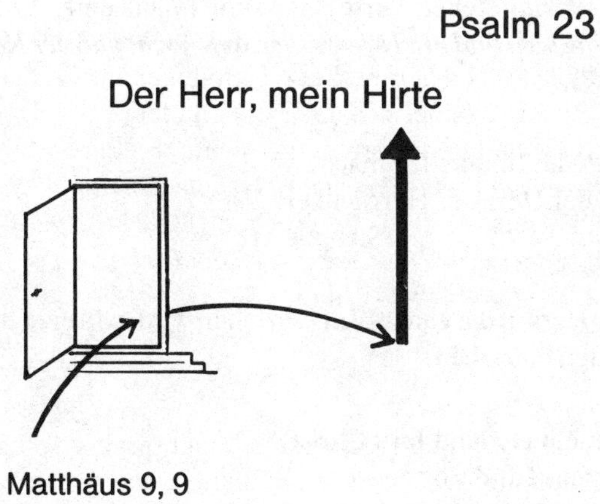

Abb. 99: Der Lebenslauf der Glaubenden

Der HERR steht am Anfang (er ist gewissermaßen die Tür, durch die man eingeht), auf dem Wege ist er dabei (auch im *»finstern Tal«*), und am Ziel darf man wieder bei ihm sein: im »Hause des HERRN«. Dort, wo er ist, ist das »Haus des HERRN«. »Wenn ich hingehe, euch die Stätte zu bereiten, will ich wieder kommen und euch zu mir nehmen, damit ihr seid, wo ich bin«, sagt Jesus (Joh 14,3).

Psalm 24 zeigt, daß dieser große Hirte zugleich auch der König aller Welt ist und sich offenbart; dies ist der *große Adventspsalm*. Der Psalm beginnt: *»Die Erde ist des HERRN«* (V. 1 a), und deshalb macht Gott auch sein Eigentumsrecht geltend, indem Christus kommt und das Eigentumsrecht ausübt.

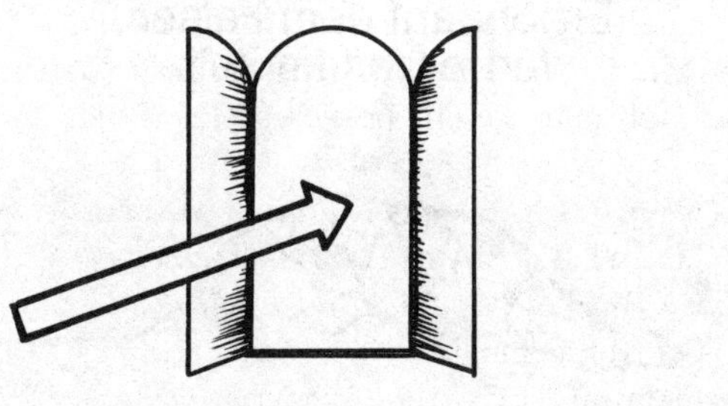

Abb. 100: Offen sein für den König des Advents

In diesem Psalm stehen Verse, die zum Inhalt eines Liedes wurden: *»Machet die Tore weit und die Türen in der Welt hoch, daß der König der Ehre einziehe!«* (V. 7).

Macht hoch die Tür, die Tor macht weit!
Es kommt der Herr der Herrlichkeit...
(Strophe 1)

Ehe dieser Herr in die ganze Welt einziehen wird, will er in das Leben einzelner Menschen einziehen:

Komm, o mein Heiland Jesu Christ,
meins Herzens Tür dir offen ist.
(Strophe 5)

Für denjenigen, der sich diesem Heiland jetzt öffnet, wird dann die große Stunde Segen sein, in der Er in seiner Herrlichkeit kommen wird.

Psalm 27 ist ein Psalm, der die *Geborgenheit in Gott* zum Thema hat. *»Der HERR ist mein Licht und mein Heil; vor wem sollte ich mich fürchten? Der HERR ist meines Lebens Kraft; vor wem sollte mir grauen?«* Hier klingt an, daß die Glaubenden bei ihrem Herrn geborgen sind. Um das auszudrücken, verwendet der Beter dieses Psalms ein interessantes Bild: *»Wenn sich auch ein Heer wider mich lagert, so fürchtet sich dennoch mein Herz nicht; wenn sich Krieg wider mich erhebt, so verlasse ich mich auf* ***ihn****«* (V. 3). Weiter heißt es: *»Er (Gott) birgt mich im Schutz seines Zeltes und erhöht mich auf einen Felsen«* (V. 5b).

Abb. 101: Geborgen bei Gott

Wie Vers 5 existentiell wichtig werden kann, will ich an einem persönlichen Erlebnis deutlich machen.

Ich besitze eine Ausgabe des Neuen Testaments, die ich während des Zweiten Weltkrieges in einem Lazarett bekommen habe. (Zuvor war mir eine andere Ausgabe des Neuen Testaments gestohlen worden.) In dieses Büchlein, zu dem als Anhang der Psalter gehört, habe ich neben Psalm 27 Daten geschrieben – Daten vom Mai 1945. Ich war im Februar noch in Ostpreußen eingeschlossen gewesen; als der Krieg im Mai '45 zu Ende ging, befand ich mich mit anderen Kriegsversehrten in einer alten Hütte auf dem Hochgrat in einem Internierungslager der Franzosen.

In dieser Zeit war Psalm 27 in meiner persönlichen Bibellese an der Reihe. *»Er erhöht mich auf einen Felsen.«* Wir waren auf einem solchen Felsen und schauten ins Land hinaus – von dort aus sahen wir den Einschlag von Granaten und Dörfer, die brannten. Ich trat in der Fürbitte für diejenigen ein, die unter den Granateinschlägen zu leiden hatten, aber ich nahm es aus Vers 5 des 27. Psalmes gerade in meiner Versehrtheit dankbar an, *»erhöht auf dem Felsen«* zu sein.

Eines Tages bekamen wir die Entlassungspapiere; wir konnten nun heimwärts ziehen. Es war ein Trupp von etwa zwölf Leuten, von denen zwei diese Papiere versehentlich nicht bekamen: ein anderer und ich. Und ich hatte mich doch schon darauf vorbereitet, auch fahren zu können! Ich kam nach Hause, ohne daß die Kontrollen unterwegs mich überprüft hatten; zu Hause erfuhr ich, daß man in den Nachbardörfern schon alle Kriegsheimkehrer auf ihre Papiere hin überprüft hatte. Daher hatte ich ziemlich Angst, entdeckt zu werden, da ich keine Papiere besaß.

In dieser Situation hat sich der andere Satz des 27. Psalms bewahrheitet: *»Er birgt mich im Schutz seines Zeltes.«* Das geschah folgendermaßen: Ich hatte damals für unseren Pfarrer, der schon alt war, im Kindergottesdienst die Leitung übernommen. Der Gottesdienst begann sonntagmorgens um 9 Uhr 30, aber ich bin immer schon um 9 Uhr in die Kirche gegangen und habe mich dort noch einmal auf den Kindergottesdienst vorbereitet. Nach dem Ende des Gottesdienstes um 10 Uhr 30 blieb ich weiterhin in der Kirche, bis um 11 Uhr der Kindergottesdienst begann (der bis 12 Uhr dauerte). So war ich jeden Sonntag zwischen 9 und 12 Uhr in der Kirche.

Eines Sonntags kam ich kurz nach 12 Uhr aus der Kirche, und die Leute standen in Gruppen herum und wirkten ganz verstört. Als ich fragte, was los sei, stellte sich heraus, daß kurz nach 9 Uhr zwei oder drei Kompanien der Amerikaner mit zahlreichen Lastwagen vorgefahren waren und das ganze Dorf umstellt hatten. Alle Häuser wurden bis auf den letzten Winkel durchsucht – außer der Kirche. Und fünf Minuten, ehe ich die Kirche verlassen hatte, waren diese Amerikaner wieder weggefahren. Sie haben zwei Lastwagen voll Männer mitgenommen, von denen die meisten innerhalb von 14 Tagen wieder zurückkamen. Aber der Schrecken war zunächst natürlich groß. In dieser Lage habe ich auch an den fünften Vers von Psalm 27 gedacht. (Näher ist darüber berichtet in: ...zu rühmen Seinen Ruhm, Wuppertal/Neuhausen-Stuttgart, S. 85f.89f.)

Psalm 31 ist der Psalm, der das *Vertrauen zu Gott in jeder Lage* zum Ausdruck bringt: Der Glaubende darf immer und überall sein Leben Gott anbefehlen. Das klingt in jenem Vers sehr schön an, den Jesus am Kreuz gebetet hat: *»In deine Hände befehle ich meinen Geist...«* (V. 6a; vgl. Lk 23,46). Diese Aussage wird durch eine weitere ergänzt: *»...du hast mich erlöst, HERR, du treuer Gott«* (V. 6b). Das war ein Wort, das in Israel insbesondere als Abendgebet benützt worden ist.

Dieser Psalm enthält auch ein Wort, das zeigt, daß der Glaubende nicht nur jetzt, sondern auch in Zukunft sein Leben Gott anbefehlen darf: *»Meine Zeit steht in deinen Händen«* (V. 16a). Damit betet der Psalmist: ›Nimm du, Herr, die Zukunft in deine Hand; bemiß du die Frist, wie du sie bemessen willst!‹

Psalm 32 ist der *große Lobpreis für die Sündenvergebung: »Wohl dem, dem die Übertretungen vergeben sind, dem die Sünde bedeckt ist!«* (V. 1). Da geht einem Menschen die Sonne auf, nachdem er wie unter einer schweren Wolkendecke war. Dieser Psalm Davids stellt fast eine Vorleistung von Golgatha her dar, die David sozusagen im voraus erhalten hat. Er beschreibt in diesem Psalm noch einmal, wie sehr er unten durch mußte: *»Als ich es wollte verschweigen, verschmachteten meine Gebeine...«* (V. 3).

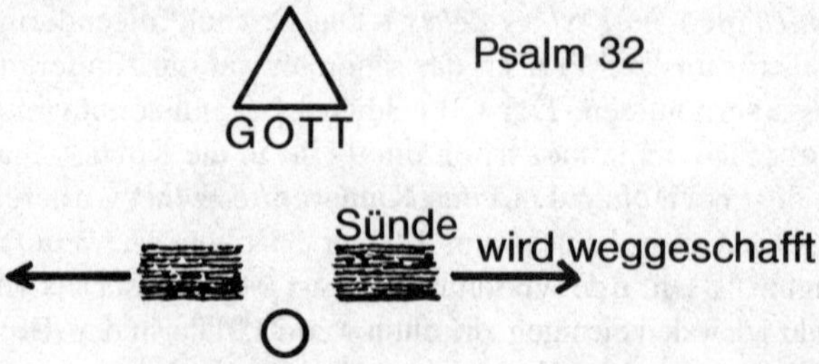

Abb. 102: Freude über die Vergebung

Der Mensch befindet sich zunächst unter der »Wolkendecke« der Sünde und schaut die »Sonne« – die Gnade Gottes – nicht mehr. Sodann ist diese Sünde weggeschoben (vgl. Abb. 102: die beiden Pfeile), und er sieht sich im wohligen, tröstlichen »Sonnenschein« der Gnade Gottes.

David geht es auch darum, den Weg recht weiterzugehen; und es ist ihm tröstlich, zu wissen: »›Ich will dich mit meinen Augen leiten‹« (V. 8b). Nachdem David den schweren Fehltritt getan hat und ihm die Sünde vergeben ist, geht es um das rechte Weitergeleitet-Werden. Denn es nützt nichts, wenn der Lehrer einem Schüler, der beim Malen eine ungeschickte Hand hat, ein neues weißes Blatt gibt, weil er das vorherige beschmiert hat; denn das neue Blatt wird nach fünf Minuten wieder so beschmiert sein wie das alte. Glaubende Menschen bedürfen, wenn sie um Sündenvergebung bitten, auch der Bewahrung und der Anleitung Gottes für die Zukunft.

In **Psalm 33** kommt zum Ausdruck, daß *Gott regiert*. In diesem Psalm steht das Wort: *»Des HERRN Wort ist wahrhaftig, und was er zusagt, das hält er gewiß«* (V. 4).

Psalm 34 ist ein Psalm, in dem jemand zum gemeinsamen *Lob Gottes* einlädt: *»Meine Seele soll sich rühmen des HERRN, daß es die Elenden hören und sich freuen. Preiset mit mir den HERRN und laßt uns miteinander seinen Namen erhöhen!«* (V. 4). Das ist die Antwort des Beters auf die Erhörung seiner Gebete (V. 5.7). Diese Erfahrung, die der Psalmist mit Gott gemacht hat, soll andere ermutigen, sich doch auch mit ihren Nöten an Gott zu wenden, sich an Gott zu halten.

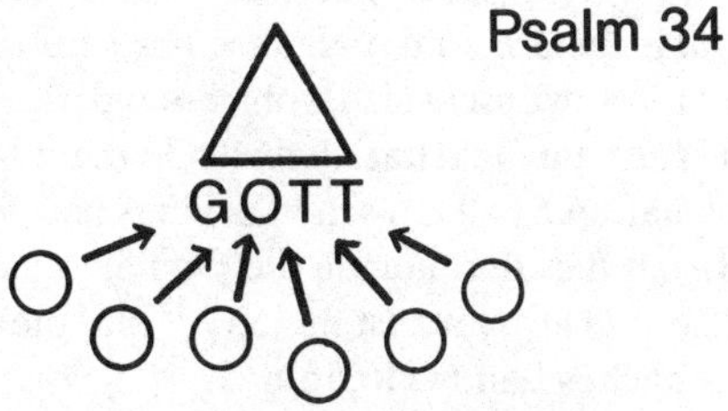

Abb. 103: Gemeinsames Lob Gottes

So bringt der Beter in der Versammlung, im Gottesdienst Gott sein Lob vor, aber er denkt auch an diejenigen, die mithören. Er will nicht vor ihnen prunken – im Gegenteil: er spricht auch sein ganzes Elend aus –, aber er spricht davon, wie hilfreich es sei, sich an den HERRN zu wenden (siehe Abb. 103).

»Wenn die Gerechten schreien, so hört der HERR und errettet sie aus all ihrer Not« (V. 18). Die »Gerechten« sind nicht die Selbstgerechten, sondern die durch Christus, durch sein Vergeben gerecht Gemachten. »Christi Blut und Gerechtigkeit, das ist mein Schmuck und Ehrenkleid.« In diesem »Ehrenkleid« können wir vor Gott treten zum Gebet.

Dann zieht der Psalmist die Schlußfolgerung, daß sich Gott zu den Zerschlagenen und Gedemütigten niederbeugt (V. 19); zu diesen zählte er offenkundig. Dieser Psalm ist sein Lobpreis, der Gott gilt, aber er will damit die Elenden, die ebenso bedrückt und zerschlagen sind, ermuntern, sich auch so an den HERRN zu wenden und alles Vertrauen auf ihn zu setzen.

Nachdem dieser Mann das vorgetragen hatte, hat man das Blatt, auf dem er sein Gebet niedergeschrieben hatte, wohl aufbewahrt und es bei einer anderen Gelegenheit im Gottesdienst, bei der es sich anbot, wieder hervorgeholt. Vielleicht wurde dieses Blatt auch in den Familien abgeschrieben und weitergegeben (man hat ja in Israel verhältnismäßig früh lesen und schreiben gelernt). So sind diese Psalmlieder in die Häuser gekommen und haben die Menschen in ihrem Verhältnis zu Gott geprägt.

Psalm 37 ist ein Weisheitslied, ein Lied, das dazu anleiten sollte, wie man mit *der* Anfechtung umgehen soll, daß der Gottlose gut und im Glück lebt, während der Glaubende durch Leiden und Anfechtung geht. Es ist die Frage, warum es denen oft gut geht, die nicht nach Gott fragen, die auch damit prunken, daß sie keinen Gott brauchen und die sogar auch sagen, es gäbe gar keinen Gott, während diejenigen, die sich an Gott halten, durch viel Leiden und Anfechtung hindurchgehen müssen.

Wie der Beter des 73. Psalmes ist auch der Beter von Psalm 37 über die »Ruhmredigen« (73,3) gram geworden, aber dann kommt er zu dem Ergebnis: *»Habe deine Lust am HERRN; der wird dir geben, was dein Herz wünscht«* (V. 4). Was wünscht sich wohl jemand, der seine *»Lust am HERRN«* hat? Wer seine Lust am Geld hat, der will Geld, und wer seine Lust an einem schönen Haus hat, der will ein schönes Haus usw. Wer aber seine Lust und Freude am HERRN hat, der möchte die Gemeinschaft des HERRN haben. Er kann dann sagen: »Der HERR ist mein Gut und mein Teil… Das Los ist mir gefallen auf liebliches Land« (16,5 a.6 a).

Der Psalmist lädt sodann ein: *»Befiehl dem HERRN deine Wege und hoffe auf ihn; er wird's wohl machen«* (V. 5). Das bedeutet nicht weniger, als daß man die Führung seines Lebens total abgibt – so wie jemand, der am Steuer eines Fahrzeugs sitzt, sich auf den Beifahrersitz begibt, um einem anderen das Steuer zu überlassen. Das fällt niemandem leicht.

Das zeigt Abbildung 104: Der HERR geht seinen Weg mit dem Glaubenden, denn dieser biegt ein auf den Weg Gottes und läßt sich von Gott mitnehmen.

Ähnlich wie in Psalm 73, so kommt auch in Psalm 37 erst nach einer Zeit des Wartens heraus, daß derjenige gut beraten ist, der sein Leben Gott anbefiehlt. So wird es sich auch eines Tages zeigen, daß derjenige schlecht beraten ist, der das nicht tut.

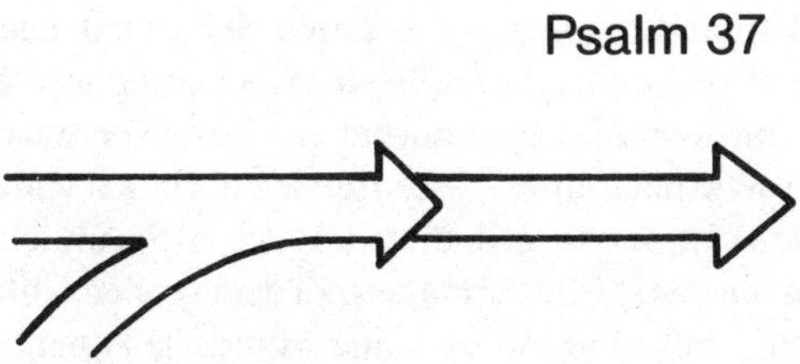

Abb. 104: Das Leben Gott anvertrauen

Deshalb schließt Psalm 37 so: *»Bleibe fromm und halte dich recht; denn einem solchen wird es zuletzt gut gehen«* (V. 37).

Die **Psalmen 42 und 43** sind im Grunde genommen ein einziger Psalm. Dies ist das Lied eines Menschen gewesen, der gern mit auf ein Fest in Jerusalem gegangen wäre, der zum Tempel wallfahren wollte, dem dies aber versagt blieb. Vielleicht befand er sich in der Gegend der Jordanquellen oder der Berge des Libanon (siehe V. 7); vielleicht war er krank oder konnte aus anderen Gründen nicht an dieser Wallfahrt teilnehmen. Deshalb war er von einem großen Schmerz erfüllt.

Es ist aber nicht nur die Sehnsucht nach der Gemeinschaft des Volkes Gottes, nicht nur das Verlangen nach der heiligen Stadt und dem Tempel, die in diesem Psalm offenkundig wird, sondern es ist das Verlangen nach dem lebendigen Gott: *»Wie der Hirsch lechzt nach frischem Wasser, so schreit meine Seele, Gott, zu dir.* Meine Seele dürstet nach Gott, nach dem lebendigen Gott. Wann werde ich dahin kommen, daß ich Gottes Angesicht schaue?« (V. 2f.).

Zwischen diese Verszeilen, in denen sich die Sehnsucht nach Gott ausdrückt, ist immer wieder eine Art Refrain eingeflochten: *»Was betrübst du dich, meine Seele, und bist so unruhig in mir? Harre auf Gott; denn ich werde ihm noch danken, daß er meines Angesichts Hilfe und mein Gott ist«* (42,6.12; 43,5). Dieses Wort vom *Harren auf Gott* ist ein Ausdruck, der auch an anderen Stellen in den Psalmen auffallend oft zu finden ist (siehe 25,3.5.21; 27,14; 31,25; 33,20; 37,9.34; 38,16; 40,2; 52,11; 69,4.7; 71,14; 130,5). Damit ist ein gesammeltes, stilles, erwartungsvolles, geduldiges und doch auch flehendes Warten auf den großen Gott gemeint. Die Gewißheit: *»Harre auf Gott; denn ich werde ihm noch danken«* ist der Dank dieses Beters, und diese Gewißheit der Treue Gottes hielt ihn aufrecht. Wer zu Gott ruft, dem antwortet er; wer Durst zu Gott hat, dessen Durst wird gestillt. Das wußte dieser Beter.

Der Beter des Psalmes 42/43 sieht gewissermaßen das Heiligtum wie auf dem Berge liegend (das war ja geographisch auch so, daß der Tempel an einer für Israel hohen Stelle lag), während bei ihm in der Tiefe – auch in der Tiefe seiner Gemütsstimmung – die große Sehnsucht nach Gott – nach Gottes Heiligtum und dem Allerheiligsten – lebendig war. Dieser Psalmist weiß, daß Gott ihn noch zu sich emporheben und daß er ihm danken werde.

In dem Lied »Wie nach einer Wasserquelle ein Hirsch schreiet mit Begier« (EKG Württ. 458) ist das so gedeutet: Es geht nicht um ein irdisches Heiligtum, sondern um das starke Verlangen, zu dem großen Gott nach Hause zu kommen, darum, daß Gott, wenn seine Stunde gekommen ist, nach uns greift und uns zu sich heraufhebt. »Vater, ich will, daß, wo ich bin, auch die bei mir seien, die du mir gegeben hast«, hat Jesus gebetet (Joh 17,24). Das ist der große Aspekt erst des Neuen Testaments, wo Zeit und Ewigkeit zusammengeschaut werden. Auch hier gilt: *»Was betrübst du dich, meine Seele, und bist so unruhig in mir? Harre auf Gott; denn ich werde ihm noch danken.«* Das ist ein Gebet, das gerade auch an Kranken- und Sterbebetten gesprochen werden kann. Christen dürfen wissen, daß das Letzte der Dank sein wird.

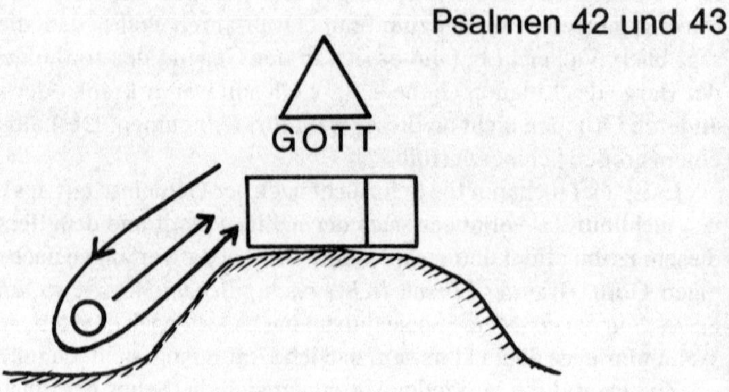

Abb. 105: Die Sehnsucht nach Gott

Psalm 45 ist – vordergründig gesehen – ein *Hochzeitslied* für die Hochzeit eines Königs. In diesem Hochzeitslied wird zum Ausdruck gebracht, daß die junge Braut, die Königin wird, alles vergessen soll: *»Vergiß dein Volk und dein Vaterhaus!«* (V. 11 b). Sie soll nur noch an den König denken, und dann werde er Freude an ihr haben.

Dieser Psalm, der der Form nach ein Hochzeitslied ist, trägt dabei ganz stark messianische Züge. Alle Psalmen, die auf irgendeine Weise vom Königtum Israels handeln (Ps 2; 110 u.a.), haben immer wieder diesen eschatologisch-messianischen Aspekt. So wurde Psalm 45 schon im Alten Testament auf Gott und sein Volk gedeutet – so wie Hosea, Hesekiel und Jesaja immer wieder diesen Vergleich herangezogen haben.

Das darf und kann auch die neutestamentliche Gemeinde, da unser Herr Jesus Christus der Messias Israels, der wahre, von Gott eingesetzte König, und seine Gemeinde seine Braut ist. Von Christus und seiner Gemeinde wird es einmal heißen: »Die Hochzeit des Lammes ist gekommen« (Offb 19,7). Auch in bezug auf die Gemeinde Jesu heißt es: *»Vergiß dein Volk und dein Vaterhaus!«* Das heißt, daß Jesus Christus Vorrang vor allem hat. Jesus sagt: »Wer Vater oder Mutter mehr liebt als mich, der ist meiner nicht wert; und wer Sohn oder Tochter mehr liebt als mich, der ist meiner nicht wert« (Mt 10,37). Auch Verwandtschaft, Familie und Vaterland oder irgendwelche anderen Dinge müssen Jesus untergeordnet sein. Seine unbeschreiblich große Liebe richtig zu beantworten heißt, ihm in jedem Fall den Vorrang zu geben.

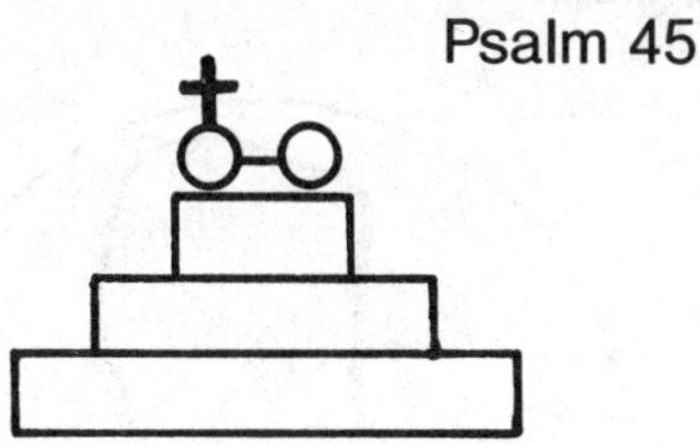

Abb. 106: Der König und seine Braut

Wie der König aus der alttestamentlichen Zeit seine Braut auf den Thron gehoben und neben sich gesetzt hat, so hebt Jesus die Seinen auf seinen Thron (Offb 3,21). Das sind diejenigen, die am Leiden und am Reich teilhaben.

Psalm 46 ist der Psalm, an den Martin Luther dachte, als er das Lied »Ein feste Burg ist unser Gott« dichtete (EKG 201). Dieser Psalm ist möglicherweise in einer Zeit entstanden, in der Jerusalem belagert war (man hat diesen Psalm schon in die Zeit der Belagerung Jerusalems durch den Assyrer Sanherib zu datieren versucht). Psalm 46 bringt einen großen Trost zum Ausdruck: Keine Angst – *»Gott ist unsre Zuversicht und Stärke, eine Hilfe in den großen Nöten, die uns getroffen haben. Darum fürchten wir uns nicht, wenngleich die Welt unterginge und die Berge mitten ins Meer sänken«* (V. 2f.).

Dann heißt es: *»Dennoch soll die Stadt Gottes fein lustig bleiben mit ihren Brünnlein, da die heiligen Wohnungen des Höchsten sind«* (V. 5 a). Es ist also eine bescheidene Sache mit der Stadt Gottes; sie hat keinen Überfluß *(»Brünnlein«)*. In Babylon, der Stadt, in der der große Fluß Euphrat unten durchfloß, war das ganz anders. *»Dennoch soll die Stadt Gottes fein lustig bleiben mit ihren Brünnlein«,* weil dort *»die heiligen Wohnungen des Höchsten sind. Gott ist bei ihr drinnen, darum wird sie fest bleiben…«* Darum

»müssen die Heiden verzagen und die Königreiche fallen..., wenn er sich hören läßt« (V. 5ff.).

Weiter sagt dieser Psalm, daß Gott eine Zerstörung anrichtet – nicht diese feindlichen Mächte –: *»Kommt her und schauet die Werke des HERRN, der auf Erden solch ein Zerstören anrichtet...«* (V. 9). Was richtet er denn für eine Zerstörung an? *»...der den Kriegen steuert in aller Welt, der Bogen zerbricht, Spieße zerschlägt und Wagen mit Feuer verbrennt«* (V. 10). Gott führt die Abrüstung durch! Dafür sorgt er.

Das ist ein Psalm, der eine wunderbare Gewißheit zum Ausdruck bringt. Der Beter hat in größter Anfechtung gar nichts vorzuweisen – keine menschlichen Bundesgenossen, keine eigene Truppenmacht – als nur das eine: *»Gott ist bei ihr drinnen.«*

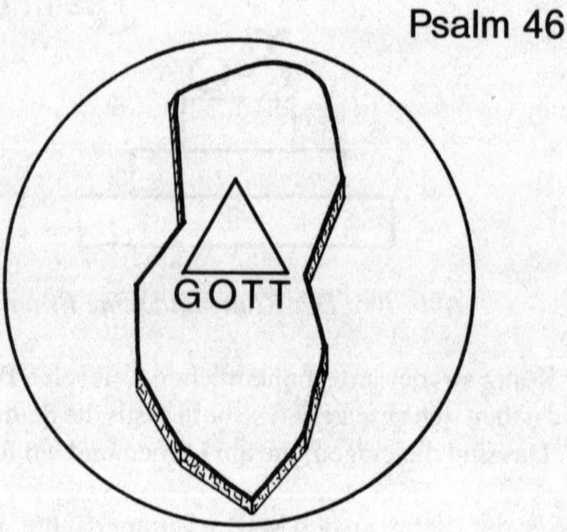

Abb. 107: Gott in und um Jerusalem, inmitten seines Volkes und um sein Volk

In Jerusalem war ja der Tempelplatz, *»da die heiligen Wohnungen des Höchsten sind«*. Abbildung 107 zeigt einen Grundriß von Jerusalem, jener Stadt, in der und um die Gott war. »Ein feste Burg ist unser Gott.« Ähnlich heißt es in Sacharja 2,9: »Ich will, spricht der HERR, eine feurige Mauer rings um sie her sein und will mich herrlich darin erweisen.«

Psalm 49 ist ein Psalm, der eigentlich Jesu Passion deutlich macht, indem er die Frage nach dem wahren Erlöser stellt: *»Kann doch keiner einen andern auslösen oder für ihn an Gott ein Sühnegeld geben – denn es kostet zuviel, ihr Leben auszulösen; er muß davon abstehen ewiglich...«* (V. 8f.). Kein Mensch kann also für einen anderen Genugtuung leisten, denn es hat ja jeder mit sich selbst zu tun und kommt von seinem eigenen Schuldenberg nicht herunter. Deshalb ist der eine Unschuldige gekommen, der »versucht worden ist in allem wie wir, doch ohne Sünde« (Hebr 4,15). Dieser Eine, der Herr Jesus Christus, ist der, der diese Genugtuung leisten konnte.

Psalm 50 enthält die große Einladung unseres Gottes: *»Rufe mich an in der Not, so will ich dich erretten, und du sollst mich preisen«* (V. 15). Am Schluß (V. 23) steht das feine Wort: *»›Wer Dank opfert, der preiset mich, und da ist der Weg, daß ich ihm zeige das Heil Gottes‹.«* Danken ist also gesund! So wird ein Mensch im Innersten gesund, wenn der »Kreislauf« zwischen Gott und Mensch entstört wird, wenn also Gott seine Hilfe schenkt und der Glaubende dies mit seinem Dank erwidert (vgl. Abb. 66).

Psalm 51 ist ein *Bußgebet Davids*. Diesen Psalm betete er in großer Angst, er könnte verworfen werden, Gott könnte den Geist, den er ihm bei seiner Salbung durch Samuel gegeben hat (1. Sam 16,13), wieder nehmen. *»Schaffe in mir, Gott, ein reines Herz, und gib mir einen neuen, beständigen Geist. Verwirf mich nicht von deinem Angesicht, und nimm deinen heiligen Geist nicht von mir«* (V. 12f.).

Es ist, wie ich meine, gut, wenn auch Menschen, die an Gott glauben, gelegentlich über Sünde erschrecken: ›Jetzt habe ich diesem Gedanken oder dieser Stimmung wieder Raum gegeben bzw. diesen Worten, mit denen ich mich selbst großmache, wieder meine Lippen gewidmet! Ich werde doch den großen Gast in meinem Herzen, den Geist Gottes, nicht betrübt haben, daß er auszieht!?‹ Gottes Geist ist nämlich ein empfindlicher und unaufdringlicher Gast.

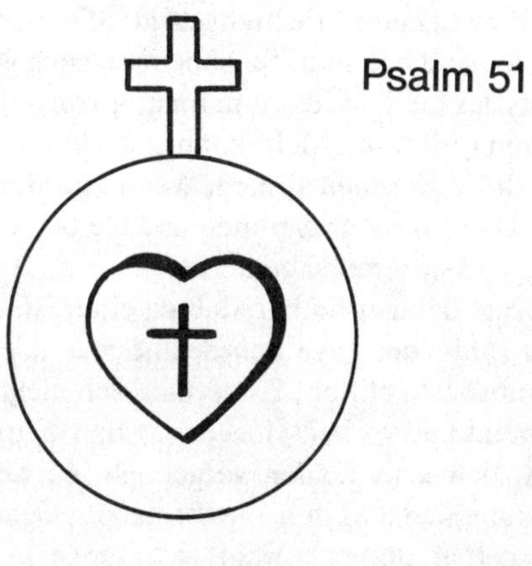

Abb. 108: Die Bitte um Vergebung und um den neuen Geist

Es kann hilfreich sein, diese Worte Davids aus dem 51. Psalm nachzusprechen und Davids Fühlen, Denken und Bitten nachzuvollziehen: *»Schaffe in mir, Gott, ein reines Herz, und gib mir einen neuen, beständigen Geist…«* Der Heilige Geist ist – neutestamentlich gesprochen – der »Christus in uns«, und nun ist es Davids flehentliches Anliegen, daß doch dieser hohe Gast bei ihm bleibe.

Das eine ist das Reinigen: *»Wasche mich rein von meiner Missetat und reinige mich von meiner Sünde«* (V. 4). Das geht vom Kreuz aus und geht voraus. Das ist der zweite Glaubensartikel; und dann geht es um den dritten Glaubensartikel: um den Geist, der dableiben soll.

Psalm 55 ist ein Gebet, das der Psalmist spricht, als er von Feinden bedrängt wird: *»Gott, höre mein Gebet und verbirg dich nicht vor meinem Flehen. Merke auf mich und erhöre mich, wie ich so ruhelos klage und heule, da der Feind so schreit und der Gottlose mich bedrängt; denn sie wollen Unheil über mich bringen und sind mir heftig gram«* (V. 2–4).

Dieser Psalm schließt mit einem feinen Wort: *»Wirf dein Anliegen auf den HERRN; der wird dich versorgen und wird den Gerechten in Ewigkeit nicht wanken lassen* (V. 23). Mancher älter werdende Mensch fragt, wie es mit ihm einmal kommen wird, wenn er bettlägerig wird usw. Dazu wird gesagt: *»Wirf dein Anliegen auf den HERRN…«*

Psalm 56 ist auch das Gebet eines angefochtenen Menschen. Hierin steht das Wort von dem »Krug«, in den die Tränen gesammelt werden: *»Sammle meine Tränen in deinen Krug; ohne Zweifel, du zählst sie«* (V. 9b). Was meint der Beter damit? Was ist für ihn dabei tröstlich?

Eine alte Frau hat ihrer Tochter gesagt: »Dreh' dich um, klag's der Wand, dann wird's niemand bekannt. So habe ich's auch gemacht.« Sie gab diesen Rat angesichts des Leidens, das ihre Tochter von ihrem taktlosen, unverständigen Ehemann widerfuhr. Mehr konnte sie ihr nicht empfehlen.

Das sind die verlorenen Tränen, wenn ein Mensch stundenlang in der Nacht weint. Diese Tränen zerrinnen und bleiben unbeachtet, und man will es auch nicht, daß sie jemand bemerkt.

Psalm 56 sagt demgegenüber, daß da einer ist, der die Tränen beachtet, sammelt und zählt, der auch den Schmerz stillt und die Tränen trocknet. Nichts wird umsonst gelitten! Es verhält sich nicht nur so, daß einmal das Leiden hinter uns und vorbei sein wird, so daß man es vergißt; sondern dazu kommt noch, daß kein Leiden vergeblich ist, wenn man es dem Herrn bringt. Man kann und darf ihm alles bringen – sogar auch die Tränen. Selbst sie sind ihm kostbar, und er bewahrt sie. Das ist die Botschaft dieses Wortes aus Psalm 56.

Psalm 57 ist fröhlicher als Psalm 56: *»Mein Herz ist bereit, Gott, mein Herz ist bereit, daß ich singe und lobe«* (V. 8). Diese Psalmen wissen also auch davon, daß ein Mensch am Abend verzweifelt ist und weint, ihm aber darauf ein froher Morgen aufgehen kann.

Psalm 62 führt ein Stichwort an, das für die Psalmen typisch ist: das Still-Sein zu Gott. *»Meine Seele ist stille zu Gott, der mir hilft«* (V. 2). Johann Christoph Blumhardt hat dazu ein schönes Lied gedichtet: »Sei still zu Gott« (EKG Württ. 560):

Sei still zu Gott,
dem Gott, der helfen wird,
der dein zu sein verheißt.
Sei still zu Gott,
der uns all unsre Bürd
durch Jesus bald entreißt...
(Strophe 1)

Sei still zu Gott,
der wunderbar zu sein
noch nicht vergessen hat.
Harr seiner fest
und glaub's, daß er erschein
und zeige mit der Tat,
wie leicht ihm's ist, in allen Dingen
das Herrlichste noch zu vollbringen.
Sei still zu Gott!
(Strophe 3)

Dieses Still-Sein zu Gott ist mit dem Harren auf Gott verwandt (vgl. zu Ps 42/43). Der Mensch ist dann *»stille zu Gott«*, wenn er nicht aufgeregt allem möglichen hinterherläuft, wenn er nicht Gott und Welt Vorwürfe macht, wenn er auch nicht wie mit Fäusten an die Tür Gottes trommelt in Ungeduld, sondern wenn er in dieser Stille, in dieser Erwartungshaltung geduldig und hoffnungsvoll vor Gott ist. *»Meine Seele ist stille zu Gott, der mir hilft.«*

Psalm 65 ist ein *Erntedankpsalm: »Du krönst das Jahr mit deinem Gut...«* (V. 12) und ist zugleich ein Dank für Gottes Wort: *»Gottes Brünnlein hat Wasser die Fülle«* (V. 10). Hier taucht wieder dieses *»Brünnlein«* auf (vgl. 46,5), das so bescheiden aussieht und das doch die Fülle bringt, so daß man davon leben kann. »Von seiner Fülle haben wir alle genommen Gnade um

Gnade« (Joh 1,16). Aus der Zeit nach der Reformation ist uns das schöne Lied überkommen (EKG 290):

O Lebensbrünnlein tief und groß,
entsprungen aus des Vaters Schoß,
ein wahrer Gott ohn Ende,
der du dich uns hast offenbart
in unsrer Menschheit, rein und zart;
dein lieb Herz zu uns wende.
Denn wie ein Hirsch nach frischer Quell,
so schreit zu dir mein arme Seel
aus dieser Welt Elende.
(Strophe 1)

So ist Jesus, dieser Wanderprediger aus Nazareth, ein »Lebensbrünnlein«, das unscheinbar aussieht und doch »tief und groß« ist, »entsprungen aus des Vaters Schoß«, und man kann »von seiner Fülle« nehmen »Gnade um Gnade«.

Psalm 71 ist ein Psalm, in dem der Beter um Gottes Hilfe im Alter bittet: *»Verwirf mich nicht in meinem Alter, verlaß mich nicht, wenn ich schwach werde«* (V. 9). Gerade im Alter erfahren manche Christen besondere Anfechtungen, und sie dürfen sich auch in dieser Situation an ihren Herrn wenden. Und auch alte Menschen werden von Gott ausgerüstet: *»Ich gehe einher in der Kraft Gottes des HERRN«* (V. 16a), also in innerer Vollmacht. Das dürfen alle Christen empfangen, alte und junge. Was ist das Kennzeichen dieser inneren Vollmacht? *»Ich preise deine Gerechtigkeit allein«* (V. 16b).

Psalm 73 ist ein Psalm, der das, was im Hiobbuch in 42 Kapiteln ausgesprochen ist, wunderbar zusammenfaßt. Psalm 73 ist – ähnlich wie die Psalmen 1 und 37 – eine Art Lehr- oder Weisheitsgedicht. Er zeigt, wie ein Mensch mit der Anfechtung fertig werde, daß es gerade denen, die nicht nach Gott fragen, oft so gut geht, und daß einer, der nach Gott fragt, oft so viel an Belastungen zu tragen hat. Das Thema dieses Psalmes ist *das »Dennoch« des Glaubens*, zu dem sich der Beter angesichts seiner immensen Anfechtung durchringt.

Der Beter stellt zunächst seine Anfechtungen vor (V. 1–16); dann schildert er die Wende, die eintrat, als er *»in das Heiligtum Gottes ging«* (V. 17a), still wurde und *»auf ihr [d.i. der Gottlosen] Ende merkte«*. Der Psalmist lehrt auch diejenigen, die die Anfechtung haben, daß sie zuwarten sollen: Gott habe einen langen Atem! Aber vorher, so sagt er, *»wäre ich fast gestrauchelt mit meinen Füßen…, als ich sah, daß es den Gottlosen so gut ging«* (V. 2f.).

Dann ringt er sich durch zu dem Entschluß: Wie immer es auch geht, *»dennoch bleibe ich stets an dir«* (V. 23a). Interessant ist, wie er es begründet, daß er stets an Gott bleibt. Er meint das nämlich nicht in dem Sinn, als ob er selbstbewußt von sich sagen könnte: ›Ich bleibe treu, selbst wenn alle anderen untreu werden. Was bin ich doch für ein treuer Mensch!‹ Er begründet das ganz anders: *»...denn du hältst mich bei meiner rechten Hand, du leitest mich nach deinem Rat und nimmst mich am Ende mit Ehren an«* (V. 23b.24). Weil der Beter gewiß ist, daß *Gott* ihn immer festhält, deshalb kann er sagen: *»Wenn ich nur dich habe, so frage ich nichts nach Himmel und Erde. Wenn mir gleich Leib und Seele verschmachtet, so bist du doch, Gott, allezeit meines Herzens Trost und mein Teil«* (V. 25f.).

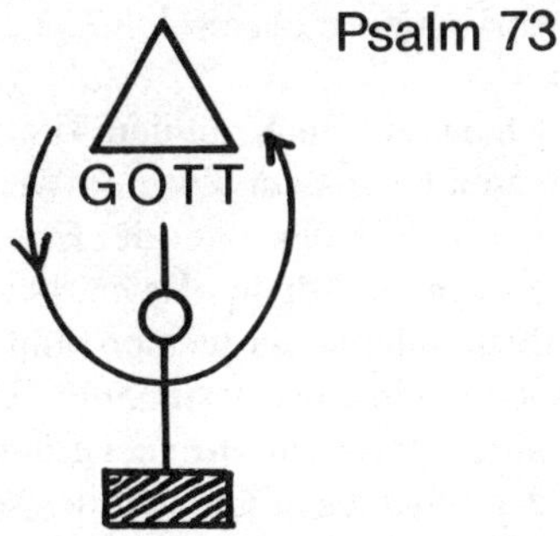

Abb. 109: »Dennoch bleibe ich stets an dir, denn du hältst mich...«

Ein Mann hängt also an Gott, aber ein Mann, an dem gewissermaßen eine große Last hängt – eine mächtige Last der Anfechtung, der Versuchung, die ihn von Gott wegzureißen droht (vgl. Abb. 109). Er bleibt an Gott – nicht, weil er so trefflich treu wäre, sondern weil Gott ihn mit seiner Hand hält.

Wenn ein Glaubender so mit Gott verbunden ist, bleibt freilich nicht viel Ehre für ihn selbst. Um so erstaunlicher ist, daß es trotzdem am Schluß heißt: *»... du nimmst mich am Ende mit Ehren an.«* Gerade wenn Christen nicht so sehr auf ihre Ehre bedacht sind und erkennen, daß im Grunde genommen keine Ehre für sie übrigbleibt, dann wird Gott ihnen Ehre verschaffen.

Psalm 84 ist einer der schönsten Psalmen: Ein Mensch ist *geborgen in Gott, in der Freude an Gott. »Der Vogel hat ein Haus gefunden und die Schwalbe ein Nest für ihre Jungen – deine Altäre, HERR Zebaoth, mein König und mein Gott... Ich will lieber die Tür hüten in meines Gottes Hause als* *wohnen in der Gottlosen Hütten«* (V. 4.11b). Und dann kommt auch die große Freude an Gott selbst zum Ausdruck: *»Mein Leib und Seele freuen sich in dem lebendigen Gott»* (V. 3b).

Der Psalmist spricht auch davon, wie wichtig die Verbindung zu Gott ist, so daß ein Menschenleben auch in Zeiten, in denen es nicht so gut geht, aus einer anderen Quelle gespeist wird: *»Wohl den Menschen, die dich für ihre Stärke halten und von Herzen dir nachwandeln! Wenn sie durchs dürre Tal ziehen, wird es ihnen zum Quellgrund, und Frühregen hüllt es in Segen«* (V. 6f.). Gott verwandelt also die Durststrecken im Leben der Seinen in fruchtbare Oasen. Und wer so die Heimat bei Gott sucht und wessen Leben dadurch fruchtbar wird, der darf auch anderen davon weitergeben. »Wer an mich glaubt«, sagt Jesus, »wie die Schrift sagt, von dessen Leib werden Ströme lebendigen Wassers fließen« (Joh 7,38). *»Wohl denen, die von Herzen dir nachwandeln!«*

Wilhelm Busch hat ein Buch mit dem Titel »...die von Herzen dir nachwandeln« verfaßt und vor dem Zweiten Weltkrieg veröffentlicht. Darin zeigte er an Lebensbildern der Väter der Erweckungsbewegung im Rheinland, im Siegerland und in Minden-Ravensberg, wie diese Männer gewirkt haben. Dieses Buch habe ich in meiner Militärzeit eine Zeitlang gelesen, und es hat mein Leben in einer bestimmten Richtung geprägt. Denn diese Vätergestalten waren geradezu Brunnengräber Gottes: Sie sind durchgebrochen bis zu den lebendigen Quellen des Wortes Gottes und sind dann übergeströmt und haben auch andere ergriffen. Auch in unserer Zeit bedürfen wir solcher Männer und Frauen.

Psalm 90 ist ein Psalm, der von *Gottes Ewigkeit und von der Vergänglichkeit der sündigen Menschen* handelt.

»Herr, du bist unsre Zuflucht für und für... Der du die Menschen lässest sterben und sprichst: Kommt wieder, Menschenkinder!» (V. 1b.3). Der Mensch ist also wie in einen Rundlauf gestellt: Gott gibt ihm einen Auslauf, dann ruft er ihn wieder zurück – und er muß ihm Rechenschaft geben. Es könnte einem bange sein vor der Stunde, da Gott fragt: ›Was hast du aus deinem Leben, aus deiner Zeit, aus deinen Gaben gemacht?‹

Im Blick darauf ist es die große Hilfe, daß Gott nicht nur von seinem Richterthron aus sagt: *»Kommt wieder, Menschenkinder!«*, sondern daß sich unser Herr Jesus an den Weg gestellt hat und auch einlädt: *»Kommt wieder, Menschenkinder!«* Er lädt so ein, daß er sagt: »Kommt her zu mir, alle, die ihr mühselig und beladen seid« – auch mit eurer Schuld (Mt 11,28).

Es ist unendlich hilfreich, nicht erst dann zu kommen, wenn man dem Ruf: *»Kommt wieder, Menschenkinder!«* folgen *muß* – nämlich zum Gericht im Tod –, sondern jetzt schon der Einladung Jesu zu folgen, wo dieses Folgen

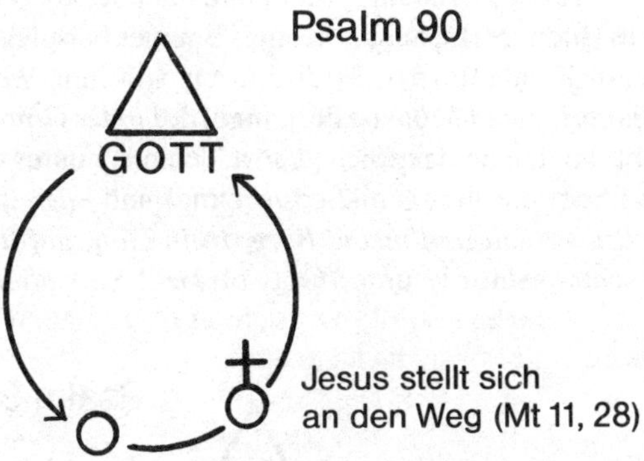

Abb. 110: »Kommt wieder, Menschenkinder!«

in die Freiwilligkeit eines jeden gestellt ist. Dieses Folgen auf Jesu Ruf ist ein Kommen zum Leben, zur Gnade, zum Frieden und zum Segen. »Wer an ihn – den Sohn Gottes – glaubt, der wird nicht gerichtet« (Joh 3,18 a).

Psalm 90 stellt uns vor die Tatsache des Todes – aber so, daß er zugleich zeigt, daß der Tod in der menschlichen Sünde seinen Grund hat. *»Das macht dein Zorn, daß wir so vergehen, und dein Grimm, daß wir so plötzlich dahin müssen«* (V. 7). Unser Tod ist also kein dunkles Schicksal, sondern hat seine Ursache im Zerwürfnis des Menschen mit seinem Gott. »Denn der Sünde Sold ist der Tod«, sagt Paulus und verweist auf die große Rettungsmaßnahme Gottes: »Die Gabe Gottes aber ist das ewige Leben in Christus Jesus, unserm Herrn« (Röm 6,23).

»Lehre uns bedenken, daß wir sterben müssen, auf daß wir klug werden« (V. 12). Wir sollen also den Tod weder verdrängen noch glorifizieren – so meint der 90. Psalm –, sondern wir sollen darum wissen und unser jetziges Leben so ausrichten, daß wir jederzeit vor Gott Rechenschaft ablegen können. Damit weist der Psalmist vor allem auf den Einen hin, auf den wir unser Leben jeden Tag neu ausrichten sollen: *»Zeige deinen Knechten deine Werke und deine Herrlichkeit ihren Kindern«* (V. 16).

Psalm 91 entfaltet das *Thema des starken Schutzes Gottes. »Wer unter dem Schirm des Höchsten sitzt und unter dem Schatten des Allmächtigen bleibt, der spricht zu dem HERRN: Meine Zuversicht und meine Burg, mein Gott, auf den ich hoffe«* (V. 1f.).

In diesem Zusammenhang ist interessant, daß das Wort: »Gott schuf den Menschen zu seinem Bilde« (1. Mose 1,27 a) auch so übersetzt werden kann: der Mensch sei geschaffen im Schatten Gottes. Zwischen »Schatten« und

»Bild« besteht ein Zusammenhang; früher hatte der Schatten sozusagen die Bedeutung eines Bildners. Im Schatten eines Baumes beispielsweise ist man dem Baum ziemlich nahe und nicht distanziert von ihm. Wer *»unter dem Schatten des Allmächtigen bleibt«* ist derjenige, der *unter Gott bleibt*. Wer an dem Platz bleibt, an den er eigentlich gehört – nämlich unter Gott –, der ist geborgen, der findet die ihm gemäße Ordnung, und *»der spricht zu dem* HERRN*: Meine Zuversicht und meine Burg, mein Gott, auf den ich hoffe«*. Laßt uns Menschen sein, die unter Gott bleiben! So sind wir in seinem Schutz.

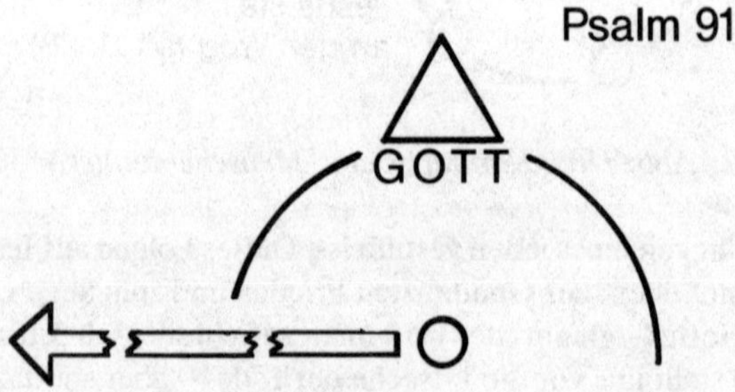

Abb. 111: Bleiben im Schatten Gottes

Abbildung 111 verdeutlicht das so: Das Heraustreten aus dem Schatten, aus dem Schutz Gottes, das seit dem Sündenfall (1. Mose 3) in der Menschheit üblich wurde, das ist durchgestrichen (dargestellt mittels des durchbrochenen Pfeiles).

Psalm 92 ist ein Psalm, der *besonders für alte Menschen* wichtig ist: *»Die gepflanzt sind im Hause des* HERRN*, werden in den Vorhöfen unsres Gottes grünen. Und wenn sie auch alt werden, werden sie dennoch blühen, fruchtbar und frisch sein«* (V. 14f.). Das ist das Geheimnis eines gesegneten Alters: Auch wenn ein alter Mensch nicht immer rüstig ist, bringt er doch seinem Gott Frucht – durch die Fürbitte, durch Liebe, durch Geduld –, wenn er in Ihm verwurzelt bleibt, wenn er bei Gott zu Hause ist.

Psalm 93 redet von der großen Botschaft, daß Gott ein Reich gegründet und begonnen hat, das ewiglich bleibt. Zwar bäumt sich die Welt dagegen auf: *»*HERR*, die Wasserströme erheben sich, die Wasserströme erheben ihr Brausen, die Wasserströme heben empor die Wellen; die Wasserwogen im Meer sind groß und brausen mächtig«*, und doch gilt: *»Der* HERR *aber ist noch größer in der Höhe«* (V. 3f.). Es ist gut, sich diesem Reich zu unterstellen. Das geschieht durch sein Wort (*»Dein Wort ist wahrhaftig und gewiß«*, V. 5a); und dann kommt es darauf an, daß man diesem Wort gehorsam ist.

»Heiligkeit ist die Zierde deines Hauses» (V. 5b). Auch der einzelne Glaubende – sein Leib – ist ein »Tempel des heiligen Geistes« (1. Kor 6,19). Gerhard Tersteegen sagt: »Mache deine Kinder schön.« Wie sind sie vor Gott schön? Das sind sie, indem sie durch Ihn gereinigt sind, indem sie Seinem Geist Raum geben, indem sie sich in das Ebenbild des Herrn Jesus gestalten lassen, von dem es heißt: »Du bist der Schönste unter den Menschenkindern« (Ps 45,3). Das ist nichts Äußerliches wie bei einer Fotografie, sondern bedeutet, daß der Herr in ihnen Gestalt gewinnt.

Psalm 98 besingt *das sichtbare Kommen des HERRN: »Singet dem HERRN ein neues Lied, denn er tut Wunder«* (V. 1). Was ist das »Wunder«, das Gott tut? *»Aller Welt Enden sehen das Heil unsres Gottes«* (V. 3). Diese Aussage hat Händel in seinem Werk »Messias« gewaltig vertont. Es geht in diesem Wort um Gottes sichtbares Kommen.

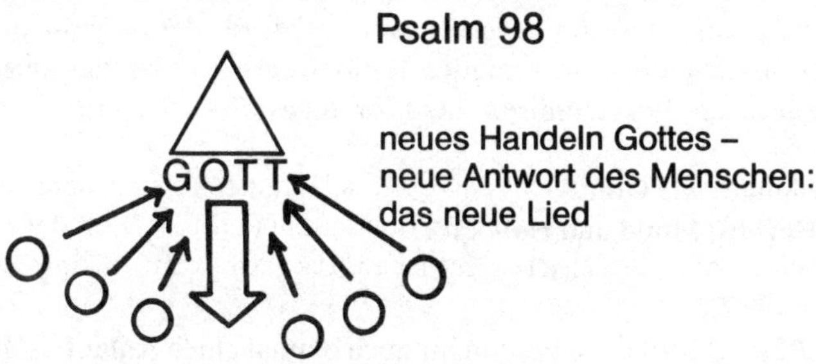

Abb. 112: Das sichtbare Kommen Gottes

Wenn Gott in seiner Heilsgeschichte weiterschreitet, wenn er Neues und Neuartiges tut, wenn er sichtbar die Welt regiert, dann ist naturgemäß und angemessen das *»neue Lied«* das rechte Echo, die rechte Antwort auf diese neue Tat Gottes. Dieses bekannte Psalmwort hat also das neue, gewaltige Offenbarwerden Gottes im Blick.

Das wird in der Offenbarung des Johannes aufgenommen. Dort ist zweimal vom *»neuen Lied«*, das gesungen wird, die Rede (5,9; 14,3). Das *»neue Lied«* ist immer die Antwort derer, die dem Herrn gehören, auf einen neuen Schritt in der Heilsgeschichte Gottes: sei es, daß es zur Entrückung kommt, sei es, daß es zur Hochzeit des Lammes kommt, sei es, daß der Herr wiederkommt und sich vor dieser Welt sichtbar macht.

In **Psalm 100** wird das Geheimnis ins Auge gefaßt, daß es immer ein Wunder ist, wenn ein Mensch im Glauben das ergreift, was Gott schenkt. *»Er hat uns gemacht und nicht wir selbst zu seinem Volk und zu Schafen seiner Weide«* (V. 3). Es ist also nicht der Verdienst von uns Menschen, daß Gott uns beruft und auf den Weg des Glaubens stellt. Wir können uns also nichts darauf einbilden, wenn wir dabei sein dürfen, während etliche unserer Verwandten und Bekannten nicht im Glauben stehen und keinen Zugang dazu bekommen haben. Es ist ein Wunder, das Gott schenkt. Deshalb *»gehet zu seinen Toren ein mit Danken, zu seinen Vorhöfen mit Loben; danket ihm, lobet seinen Namen!«* (V. 4). Man kann auf Gottes Gabe nichts anderes tun als danken.

Wer Ihm gehört, der ist auch in Seinen Dienst gestellt: *»Dienet dem HERRN mit Freuden, kommt vor sein Angesicht mit Frohlocken!«* (V. 2a). Damit ist unser Gottesdienst der Dienst, den wir aus Dankbarkeit und Freude auf den Dienst hin tun, den Gott für uns geleistet hat.

Psalm 103 ist das bekannte Loblied, das so beginnt: *»Lobe den HERRN, meine Seele, und was in mir ist, seinen heiligen Namen!«* (V. 1).

»...was in mir *ist...«:* Wer musikalisch ist, der möge seine musikalischen Fähigkeiten einsetzen, Ihn zu loben; wer beredt ist, der möge seine Worte einsetzen, Ihn zu loben; wer mit den Händen geschickt ist, der möge seine Hände einsetzen, Ihn zu preisen. Ja, dazu soll es wirklich kommen:

Nun danket alle Gott
mit Herzen, Mund und Händen...
(EKG 228,1)

Der Beter des 103. Psalms nimmt noch einmal einen Anlauf: *»Lobe den HERRN, meine Seele, und vergiß nicht, was er dir Gutes getan hat...«* (V. 2). Da mag der eine oder andere an allerlei Wohltaten und erfreuliche Erfahrungen aus seinem Leben denken. Aber der Psalmist faßt hier etwas ganz Spezielles ins Auge: das Wunder, daß unser Gott uns über den Abgrund des Todes, der Vergänglichkeit, des Verderbens hinüberhebt und uns in seine ewige Gemeinschaft hineinnimmt.

»Lobe den HERRN, meine Seele, und vergiß nicht, was er dir Gutes getan hat«:

–*»der dir alle deine Sünden vergibt«:* Gott macht hoffähig für die ewige Herrlichkeit, indem er die vergangene Schuld wegnimmt.

–*»und heilet alle deine Gebrechen«:* Er nimmt uns weg, was uns jetzt anhaftet und vom Heil ausschließen würde.

–*»der dein Leben vom Verderben erlöst«:* Hölle und Tod dürfen uns nicht verschlingen! Unser Leben geht ja auf den Abgrund des Todes zu, aber Er er-

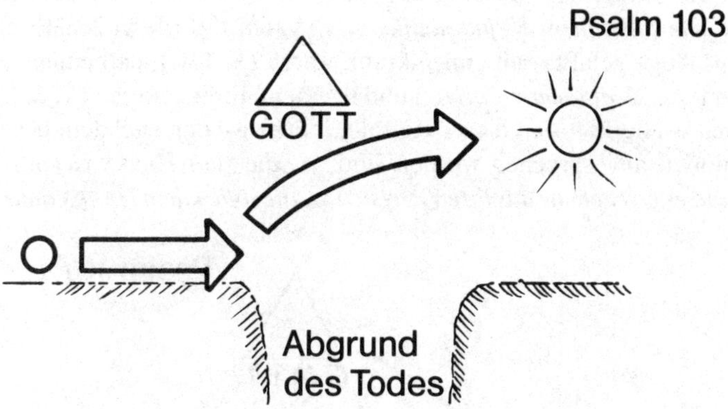

Abb. 113: »...der dein Leben vom Verderben erlöst...«

greift den Menschen und hebt ihn hinüber in seine Herrlichkeit (vgl. Abb. 113).

– *»der dich krönet mit Gnade und Barmherzigkeit«:* Dazu muß uns Gott zuerst reinigen.

Das alles wird am Schluß zusammengefaßt in dem Wort: *»Barmherzig und gnädig ist der Herr, geduldig und von großer Güte«* (V. 8). Man kann über diesen Gott nur staunen und ihn anbeten!

Bei **Psalm 104** geht der Blick weniger auf Gottes Heilshandeln. Dort, wo in Psalm 104 der Ton des Lobes angeschlagen wird, ist der Blick auf die Natur gerichtet. Psalm 104 ist der *Lobpreis des Schöpfers. »Licht ist dein Kleid, das du anhast«* (V. 2a). Damit ist einfach an das Tageslicht gedacht; und dann geht der Blick an den Himmel: *»Du breitest den Himmel aus wie einen Teppich«* (V. 2b).

Dann richtet sich der Blick darauf, daß wir Menschen von Ihm leben, daß wir auch die Nahrung von ihm haben und daß wir auf ihn angewiesen sind: *»Es warten alle auf dich, daß du ihnen Speise gebest zur rechten Zeit«* (V. 27). Der Psalmist rühmt die Treue Gottes.

Psalm 107 ist ein *Danklied der Erlösten*. Man merkt, wie sehr die Psalmsänger immer wieder von den Beobachtungen und Erfahrungen herkommen, die sie in ihrem Leben gemacht haben. Einmal bewundern sie das Heilshandeln Gottes (z.B. in Ps 103), dann seine Treue in der Natur (Ps 104), seine Treue trotz der Sünde Israels (Ps 106) und ein andermal, *wie Gott in allerlei schweren Schicksalen und Notzeiten Gebet erhört* (Ps 107).

»...die zum H*ERRN riefen in ihrer Not, und er errettete sie aus ihren Ängsten..., die sollen dem* H*ERRN danken...«* (V. 6/8.13/15.19/21.28/31). Es wird hier ins Auge gefaßt, daß einige krank waren (V. 17f.), daß einige zur See fuhren (*»auf dem Meere fuhren«*) und in einen Sturm gerieten (V. 23ff.) usw. Viermal wiederholt sich dieser Refrain, immer wieder, nachdem bestimmte Situationen angesprochen worden sind: *»...die zum* H*ERRN riefen in ihrer Not, und er errettete sie aus ihren Ängsten..., die sollen dem* H*ERRN danken...«*

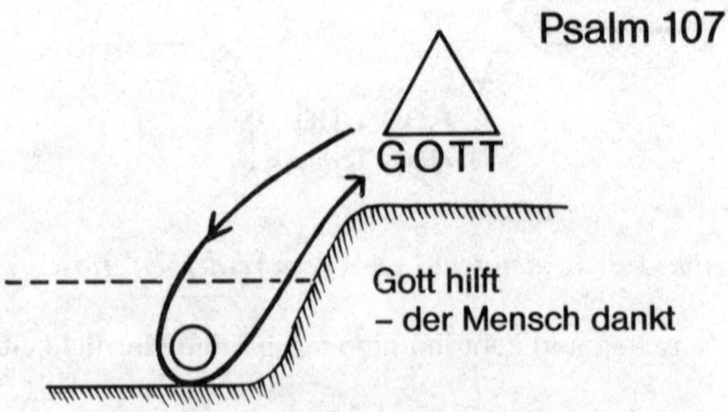

Abb. 114: Das Schreien zu Gott in der Not

In Abbildung 114 ist dargestellt, wie der Mensch aus der Tiefe seiner Not zu Gott schreit und Gott dies erhört und ihm hilft. Der Mensch reagiert darauf immer mit Lob und Dank.

Psalm 110 ist wieder ein *Königspsalm* und ähnlich wie Psalm 2 ein messianischer Psalm. David sagt: *»Der* H*ERR sprach zu meinem Herrn: ›Setze dich zu meiner Rechten, bis ich deine Feinde zum Schemel deiner Füße mache‹«* (V. 1). Wie der Kronprinz bei den orientalischen Königen unter Umständen neben dem König Platz hatte, so ist auch der Messias neben die Rechte Gottes erhöht, wo er uns vertritt (siehe unten, zu Abb. 115).

Dann wird auch davon gesprochen, daß diesem König und Herrn Kinder geboren werden, Gotteskinder: *»Deine Söhne werden dir geboren wie der Tau aus der Morgenröte«* (V. 3b). Wenn man früh aufsteht, die Sonne soeben aufgeht und die Luft vom Frühtau noch etwas feucht ist, sieht man unzählige Tautropfen in den Gärten. In Psalm 110 wird gesagt, daß so die Gotteskinder geboren werden.

Diese große Verheißung ist tröstlich in einer Zeit, in der man den Eindruck hat, daß nur wenige Menschen neu eine Wiedergeburt, eine klare Bekehrung erleben und zum Glauben kommen. Und dennoch wird hier zugesagt, daß Gott seine Kinder bekommen werde; und am Schluß wird eine

»große Schar« sein, »die niemand zählen konnte, aus allen Nationen und Stämmen und Völkern und Sprachen« (Offb 7,9a). Gottes Haus wird nicht halbleer sein! Bei jenem großen Fest wird jeder Stuhl besetzt sein.

In diesem Psalm steht auch das eigenartige Wort, das im Neuen Testament auffallend oft – besonders im Hebräerbrief – zitiert wird: Dieser König ist zugleich Priester, ein Priesterkönig. *»›Du bist ein Priester ewiglich nach der Weise Melchisedeks‹«* (V. 4b), nach der Weise dieses geheimnisvollen Mannes aus 1. Mose 14, der Abraham begegnet ist. Melchisedek war König von Salem, dem sogar Abraham den Zehnten gab und der Abraham segnete.

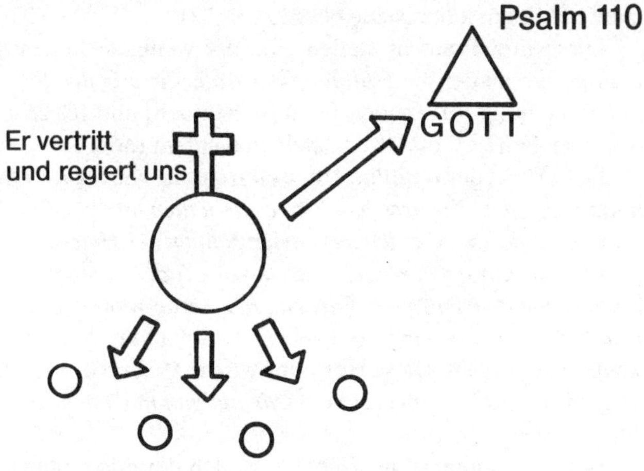

Abb. 115: Jesus Christus – Priester und König

Melchisedek ist so etwas wie ein Modell des messianischen Priesterkönigs, wie es in Abbildung 115 dargestellt ist. Er ist und tut zweierlei zugleich: Er ist einerseits Priester, der uns vor Gott vertritt, und er ist andrerseits König, der sein Volk in einer gnädigen, ja seligen Weise regiert. Er kann uns vor Gott vertreten, denn er sitzt ihm »zur Rechten«, also nicht eine Stufe tiefer. Wir haben einen Fürsprecher beim Vater, der uns regiert.

Psalm 115 spricht davon, daß *Gott allein die Ehre* gebührt: *»Nicht uns, HERR, nicht uns, sondern deinem Namen gib Ehre um deiner Gnade und Treue willen!«* (V. 1). Das ist für uns wichtig, die wir doch so oft darauf erpicht sind, daß Menschen uns die Ehrung, die wir erwarten, entgegenbringen.

Dieser große Gott, dem alle Ehre gebührt, sieht aber *freundlich* auf uns nieder; daher steht in diesem Psalm das schöne Wort: *»Der HERR denkt an uns und segnet uns«* (V. 12a). Es ist hier besonders auch an die Familien gedacht, wenn es heißt: *»Der HERR segne euch je mehr und mehr, euch und eure Kinder!«* (V. 14).

Die **Psalmen 116–118** sind für uns als neutestamentliche Gemeinde wichtig, weil diese drei Psalmen den sogenannten »Lobgesang« bildeten, der am Schluß jeder Passafeier gesprochen worden ist. Das haben auch Jesus und seine Jünger praktiziert: »Und als sie den Lobgesang gesungen hatten, gingen sie hinaus an den Ölberg«, berichtet Matthäus (26,30; Mk 14,26). Die Psalmen 116, 117 und 118 waren für unseren Herrn drei tröstliche Psalmen. Wir wissen ja auch aus seinen Gebetsworten am Kreuz, wie sehr er in den Psalmen lebte (siehe oben, zu Ps 22).

Diese drei Psalmen stellen eine der wenigen Stellen des Alten Testamentes dar, an der die *Hoffnung der Auferstehung der Toten* schon deutlich in Erscheinung tritt (neben Ps 16 [siehe oben] und Jes 26,19: »Deine Toten werden leben«). Gott läßt die Seinen nicht im Tode!

Das drückt der Beter im 116. Psalm so aus: *»Stricke des Todes hatten mich umfangen, des Totenreichs Schrecken hatten mich getroffen; ich kam in Jammer und Not. Aber ich rief an den Namen des HERRN : Ach, HERR, errette mich! ... Denn du hast meine Seele vom Tode errettet, mein Auge von den Tränen, meinen Fuß vom Gleiten. Ich werde wandeln vor dem HERRN im Lande der Lebendigen«* (V. 3.4.8.9). Das mag für den Psalmisten eine Stärkung gewesen sein. Diese Hoffnung wird in Psalm 118 erneut aufgenommen: *»Der HERR züchtigt mich schwer; aber er gibt mich dem Tode nicht preis«* (V. 18).

Bei den Emmausjüngern heißt es, daß der ihnen unbekannte Herr, der sie begleitete, ihnen die Schrift auslegte und damit aufzeigte, daß er wieder auferstehen werde (Lk 24,27.32). Es werden die Psalmen 116–118 gewesen sein, auf die sich Jesus dabei bezogen hat.

Psalm 118 ist geradezu der Osterpsalm: *»Man singt mit Freuden vom Sieg in den Hütten der Gerechten: Die Rechte des HERRN behält den Sieg! Die Rechte des HERRN ist erhöht; die Rechte des HERRN behält den Sieg!«* (V. 15). Die verscheuchte Schar der Jesusjünger, die sich zunächst hinter verschlossenen Türen versammelte, ist durch Pfingsten zur *»Hütte der Gerechten«* geworden.

Das ist neutestamentlich so zu verstehen: Wer an ihn, den großen Gott und seinen Sohn Jesus Christus glaubt, der wird durch den Tod hindurch getragen und mit Jesus erhöht werden. Er, der Auferstandene, ist in der Mitte seiner Jünger, und sie sind um ihn. Wir Christen dürfen auch diese Schar sein, die um die Gegenwart des Auferstandenen weiß.

Psalm 117 – dieser kürzeste aller Psalmen, der zwischen die Psalmen 116 und 118 eingeordnet worden ist – zeigt den Ertrag des großen Sieges: die

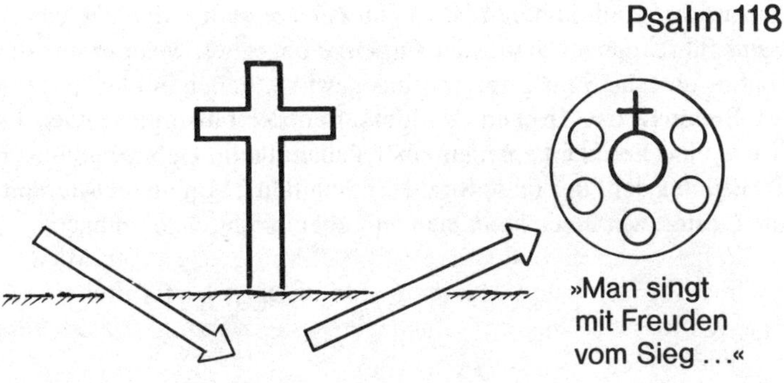

Abb. 116: Der Osterpsalm

Völker preisen den HERRN! Dieser kurze Psalm, der nur zwei Verse umfaßt, lädt die Heiden ein, Ihn zu preisen, weil Er auch ihnen das Heil bringt.

Das ist ja deutlich der neue Schritt auch von Matthäus 10 nach Matthäus 28: In seiner Aussendungsrede weist Jesus seine Jünger an, daß sie nur zu den »verlorenen Schafen aus dem Hause Israel«, nicht aber »den Weg zu den Heiden« gehen und »in keine Stadt der Samariter« ziehen sollten (Mt 10,5f.). Der Ertrag von Jesu Opfergang ist dann die Ausweitung der Aussendung seiner Jünger: »Und Jesus trat herzu und sprach zu ihnen: Mir ist gegeben alle Gewalt im Himmel und auf Erden. Darum gehet hin und machet zu Jüngern alle Völker...« (Mt 28,18f.).

Psalm 119 ist der längste Psalm des Psalters – ein *Lob des Wortes und Gebotes Gottes*. Dieser Psalm ist in der Ordnung des hebräischen Alphabets abgefaßt worden: Im hebräischen Urtext beginnen jeweils acht Verse mit demselben Buchstaben des hebräischen Alphabets, und so kamen (da das hebräische Alphabet 22 Buchstaben umfaßt) 176 Verse zusammen. Man hat diesen Psalm deshalb auch schon das »güldene Alphabet« genannt.

Dieser Psalm ist ein einziger Lobpreis der göttlichen Gebote; er rühmt also mit immer wieder neuen Worten, mit einer Fülle von Gedanken Gottes Wort und Gebot. *»Wie wird ein junger Mann seinen Weg unsträflich gehen? Wenn er sich hält an deine Worte. Ich suche dich von ganzem Herzen; laß mich nicht abirren von deinen Geboten«* (V. 9f.). Ja, es wird in diesem Psalm sogar gesagt: *»Wenn dein Gesetz nicht mein Trost gewesen wäre, so wäre ich vergangen in meinem Elend«* (V. 92). *»Dein Wort ist meines Fußes Leuchte und ein Licht auf meinem Wege«* (V. 105). *»Großen Frieden haben, die dein Gesetz lieben; sie werden nicht straucheln«* (V. 165). Durch Gottes Gebot finden wir uns zum einen auf dem oft verwirrenden Gang durch dieses

Leben zurecht. Zum anderen ist es ein Zeichen dafür, daß der Vater uns liebt, uns führt, uns mit liebender Fürsorge begegnet, wenn er uns so den Weg bahnt und die Spur zeigt und uns gewissermaßen ein Geländer gibt. Gottes Gebot ist ein Zeichen der Liebe und der Fürsorge Gottes. Es ist daher wie eine Leitplanke neben einer Paßstraße im Gebirge: Sie ist eine große Hilfe für den, der diese Straße entlangfährt. Von dieser Art sind die Gebote Gottes. Mit ihnen kann man im Leben hindurchkommen.

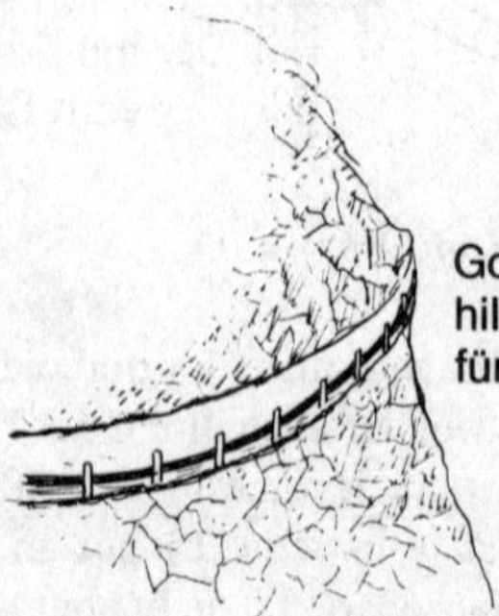

Abb. 117: Wort und Gebot Gottes

Psalm 121 ist ein Wallfahrtslied. *»Ich hebe meine Augen auf zu den Bergen. Woher kommt mir Hilfe?«* (V. 1). Die Wallfahrer sind wohl durch das Jordantal Richtung Süden gezogen und dann nach Jerusalem hinaufgestiegen. Beim Aufstieg vom Jordantal zu der »hochgebauten Stadt« Jerusalem ist ein Höhenunterschied zu überwinden, der dem zwischen der Oberrheinischen Tiefebene und dem Feldberg entspricht. Jerusalem lag ca. 800 Meter hoch, der Jordan mehrere 100 Meter unter dem Meeresspiegel.

Es wird aber deutlich, daß die Berge, zu denen die Pilger aufschauen, nicht die Erhebungen des Judäischen Gebirges sind. Woher kommt die Hilfe, die der Pilger sucht? *»Meine Hilfe kommt vom HERRN, der Himmel und Erde gemacht hat«* (V. 2). Diese Hilfe kommt von dem, den »aller Himmel Himmel nicht fassen« (1. Kön 8,27), der aber auf dem Zionsberg gnädig gegenwärtig zu sein verheißt und der sein Volk schützt. *»Der Hüter Israels schläft und schlummert nicht«* (V. 4). Er ist es, der *»deinen Ausgang und Eingang behüte von nun an bis in Ewigkeit«* (V. 8). Das ganze Leben ist eigentlich ein einziger *»Ausgang und Eingang«*.

In Psalm 90 ist ja davon die Rede, daß Gott die Menschen in die Welt hineinstellt und sie dann ruft: »Kommt wieder, Menschenkinder!« Unser ganzes Leben ist also Ausgang und Eingang: Jeden Tag gehen wir aus unse-

Abb. 118: Der HERR behütet Ausgang und Eingang

rem Zuhause aus und wieder ein. Aber auch unser Leben, das von Gott herkommt, findet wieder zu Gott zurück. Bei diesem Ausgang und Eingang unseres Lebens geht es darum, daß man sich unter Gottes Schutz stellt (vgl. Abb. 118).

Psalm 121 enthält auch das Wort: *»Der HERR behütet dich; der HERR ist dein Schatten über deiner rechten Hand…«* (V. 5). Es gehört ja zum Wesen der Psalmen, daß sie gerade so gemeint sind, daß Menschen darin ihre Erfahrungen niedergeschrieben haben. Daher ist es ganz legitim, daß wir uns mit ihnen identifizieren und sagen: ›Dies oder jenes war auch meine Erfahrung.‹ So möchte ich zu diesem Psalmvers etwas Persönliches erzählen.

Als ich während des Zweiten Weltkrieges in den Turbulenzen der Abwehrkämpfe so schwer verwundet worden bin, habe ich nicht in mein Losungsbüchlein geschaut, obwohl ich es in meiner Kartentasche bei mir hatte. Danach habe ich aber gesehen, daß an jenem Tag, als ich die Kriegsverletzung erlitten habe, wobei mich gewissermaßen der Tod streifte, die Losung war: *»Der HERR behütet dich; der HERR ist ein Schatten über deiner rechten Hand.«* (Näher ist darüber berichtet in: …zu rühmen Seinen Ruhm, Wuppertal/Neuhausen-Stuttgart, S. 72f.)

Psalm 126 ist ein Psalm der Erfahrung und des Trostes, der von angefochtenen Leuten stammt. Das waren damals die gefangenen Juden in Babylon. *»Wenn der HERR die Gefangenen Zions erlösen wird, so werden wir sein wie* *die Träumenden«* (V. 1). Als neutestamentliche Gemeinde denken wir insbesondere auch an die Erlösung unseres Leibes (vgl. Röm 8,23). Dann denken wir aber auch an jenen Zeitpunkt, an dem der Herr seine Gemeinde überhaupt aus dieser Welt herauslösen und zu sich führen wird. *»Dann«* – so heißt es in diesem Psalm – *»wird unser Mund voll Lachens und unsre Zunge voll Rühmens sein«* (V. 2). Dann wird gepriesen werden: *»Der HERR hat Großes uns getan; des sind wir fröhlich«* (V. 3). Das Leid ist ja nicht nur eine Sache, von der man nichts mehr wissen will (wie ein Vorkommnis, das man am liebsten vergißt), sondern das Leid hat ein Eigenwicht: Es ist Saat! *»Die mit Tränen säen, werden mit Freuden ernten. Sie gehen hin und weinen und streuen ihren Samen und kommen mit Freuden und bringen ihre Garben«* (V. 5f.) – nämlich ihrem Herrn, der sie durchgebracht hat, auch in allem Leiden.

Psalm 127 enthält dreimal das Wort *»umsonst«*: Es wäre *»umsonst«*, wenn wir ohne Gott lebten. Das ist die Erfahrung des Menschen. *»Wenn der HERR nicht das Haus baut, so arbeiten umsonst, die daran bauen. Wenn der HERR nicht die Stadt behütet, so wacht der Wächter umsonst. Es ist umsonst, daß ihr früh aufsteht und hernach lange sitzet und esset euer Brot mit Sorgen«* (V. 1–3 a). Aber dann heißt es (wie in Sprüche 10,22): *»Seinen Freunden gibt er es im Schlaf«* (V. 3 b). Das soll nicht heißen, daß wir nichts zu tun bräuchten – aber das Entscheidende tut ER! Wir können säen – die Saat wachsen lassen muß Er.

Psalm 130 zeigt die ganze Weite dessen, was in einem Menschenleben vor sich gehen kann. Nicht selten ist ja das Leiden (vgl. Ps 126) davon begleitet, daß man neu erkennt, wie man schuldig geworden ist. So wird das Leiden von einem Im-tiefsten-Abgrund-Liegen begleitet, daß man nämlich meint, man sei von Gott verworfen und niemand helfe einem mehr heraus. In dieser Lage entsteht das Gebet des 130. Psalmes: *»Aus der Tiefe rufe ich, HERR, zu dir«* (V. 1).

Martin Luther hat diesen Psalm zu dem Lied »Aus tiefer Not schrei ich zu dir« umgedichtet (EKG 195), in dem all diese Worte des Psalmes vorkommen.

Der Beter wartet von einer Morgenwache zur anderen, er wartet und wartet… (V. 6). aber er weiß, daß er nicht umsonst wartet und ruft: *»Wenn du, HERR, Sünden anrechnen willst – HERR, wer wird bestehen?«* (V. 3). Er wird wieder heraufgehoben.

Aber dann kommt ein eigenartiger Ertrag heraus: *»Bei dir ist die Vergebung, daß man dich fürchte»* (V. 4). Es ist wenig Gottesfurcht, auch unter den Glaubenden! Sünden fürchtet man heute weniger als früher, auch in christlichen Kreisen; und die Gottesfurcht wäre doch der Weisheit Anfang

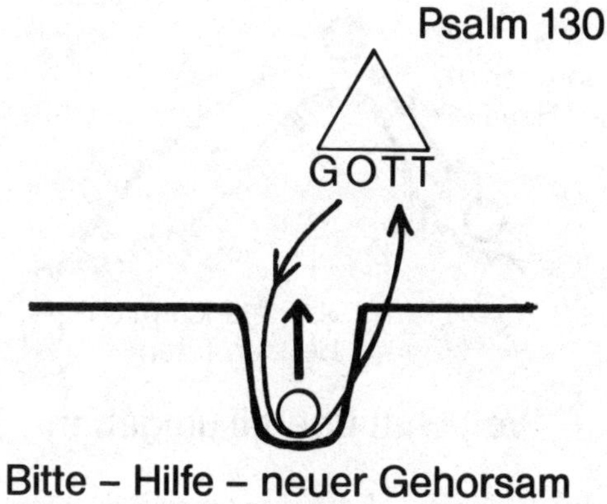

Abb. 119: »Aus der Tiefe rufe ich, HERR, zu dir…«

(Spr 1,7a u.a.). Damit müßte also das Christsein beginnen! Recht zur Gottesfurcht kommt im Grunde genommen nur derjenige, der einmal bewußt in der Talsohle lag oder am Grund der Gletscherspalte und wußte, daß er nicht mehr ohne fremde Hilfe herauskommt. Aus der Erfahrung dieses Gerettet-Werdens, das den HERRN viel gekostet hat und das ein großes Wunder ist, lernt man dann für die Zukunft, sich vor Sünden zu fürchten – bis in die Gedanken hinein. Ein stolzer, ein eigenwilliger Gedanke, ein eigensüchtiges, selbstherrliches Reden geht einem dann nicht mehr so unbesehen über die Lippen. In Psalm 119 steht: »Es ist gut für mich, daß du mich gedemütigt hast, damit ich deine Gebote lerne« (V. 71). So zeigt also Psalm 130, daß die Frucht der Vergebung die Gottesfurcht ist: *»Bei dir ist die Vergebung, daß man dich fürchte.«*

Psalm 139 ist der große Psalm von *Gottes Allwissenheit und Allgegenwart. »Ich sitze oder stehe auf, so weißt du es; du verstehst meine Gedanken von ferne… Es ist kein Wort auf meiner Zunge, das du, HERR, nicht schon wüßtest«* (V. 2.4). Gott ist nicht nur allwissend, sondern auch allgegenwärtig: *»Führe ich gen Himmel, so bist du da; bettete ich mich bei den Toten, siehe, so bist du auch da. Nähme ich Flügel der Morgenröte und bliebe am äußersten Meer, so würde auch dort deine Hand mich führen und deine Rechte mich halten«* (V. 8f.).

Einerseits erschrickt der Beter über diese Allgegenwart Gottes, vor der er nicht entfliehen kann, andrerseits ist ihm dies aber auch tröstlich: *»Von allen Seiten umgibst du mich und hältst deine Hand über mir«* (V. 5). Dieser Psalmist ist überall von Gott umgeben, und das sind auch wir. Ob wir in

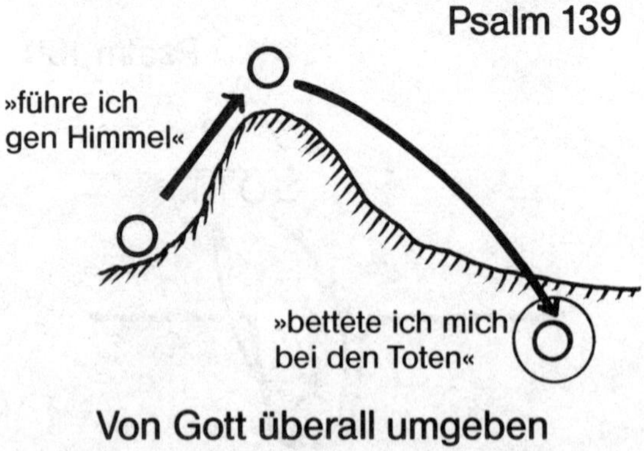

Abb. 120: »Von allen Seiten umgibst du mich...«

unserer Wohnung sind oder infolge einer plötzlichen Erkrankung oder eines Unfalls im Krankenhaus – Er ist dort und hier.

Aber auch hier ist es wieder eine Freude mit Zittern, eine Dankbarkeit für Gottes Allgegenwart, die doch zugleich auch ein Erschrecken über Gottes Allwissenheit ist. *»Herr, du erforschest mich und kennest mich«*, so beginnt dieser Psalm (V. 1); und er schließt mit der ausdrücklichen Bitte, daß Gott den Beter erforschen möge: *»Erforsche mich, Gott, und erkenne mein Herz; prüfe mich und erkenne, wie ich's meine. Und sieh, ob ich auf bösem Wege bin, und leite mich auf ewigem Wege«* (V. 23f.). Dieser Beter erklärt sich bereit, sein ganzes Leben vor Gott offenzulegen. Er will das ausdrücklich so!

Das ist eine gute Sache, wenn man so sein Leben vor Gott offenlegt, auch das Dunkle, das verwundete Gewissen. Eine Wunde, die geheilt werden soll, muß aufgebunden werden.

Die Psalmen 148 und 150 sind dadurch miteinander verwandt, daß beide einen *Lobpreis* darstellen.

Psalm 148 ist so aufgebaut: Alles soll Ihn loben – die Engel (V. 2), die Sonne, der Mond und die Sterne (V. 3), die Fische im Meer (V. 7), die Tiere auf dem Land (V. 10), die Könige und die Völker (V. 11) und insbesondere *»Alte mit den Jungen«* (V. 12b). Die Generationen sollen miteinander Ihn preisen.

Einige andere Bibelstellen – Jesaja 45,8, Philipper 2,10 und Offenbarung 5,13 – möchte man hinzufügen: »Im Himmel und auf Erden und unter der Erde« – von überall her und von allen geht der Lobpreis auf den einen Gott zu. Alle Welt lobe den Herrn!

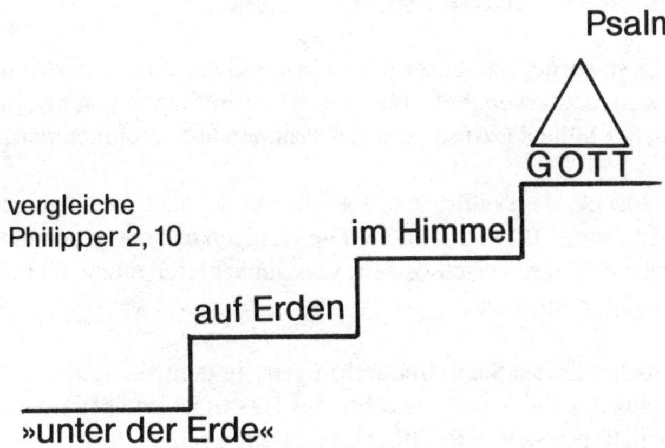

Abb. 121: Alle Welt lobe den HERRN!

Psalm 150 ist insofern sehr interessant, als es hier wieder darum geht, daß alles Ihn preist. Aber im Unterschied zu anderen Psalmen dieser Art geht es hier darum, daß sich der Mensch Hilfsmittel zulegt, um den HERRN zu preisen. *»Lobet ihn mit Posaunen, lobet ihn mit Psalter und Harfen! Lobet ihn mit Pauken und Reigen, lobet ihn mit Saiten und Pfeifen! Lobet ihn mit hellen Zimbeln, lobet ihn mit klingenden Zimbeln!«* (V. 3–5).

Der Mensch hat die wunderbare Gabe, ein kleiner Schöpfer zu sein und sich dazu auch Werkzeuge zu bauen. Er macht sich Werkzeuge für seine Arbeit: den Pflug, den Schraubstock usw. Der Mensch hat sich auch Werkzeuge zu dem Zweck gemacht, um andere zu bekriegen und zu besiegen, Werkzeuge für den Streit (Schwert und Spieß, Pfeil und Bogen, Atombomben...).

Im 150. Psalm wird von einem dritten Zweck der Werkzeuge gesprochen: von einem wunderbaren Zweck. Posaunen, Harfen, Pauken, Pfeifen und Zimbeln zeigen, daß dem Menschen die eigene Stimme zum Lobpreis Gottes nicht genügt. Er mußte etwas dazunehmen! Das ist ein feiner Gebrauch der Werkzeuge, seiner Gabe, Werkzeuge zu schaffen.

Psalm 150 – und damit der gesamte Psalter – schließt mit dem Vers: *»Alles, was Odem hat, lobe den HERRN! Halleluja!«* (V. 6).

3. Was können wir von den Psalmen lernen?

Ich möchte so gerne, daß unser persönliches Gebet, unser persönliches Beten einen neuen, starken Auftrieb, eine Bereicherung bekommt, indem wir etwas von der Fülle des Ausdrucks der Psalmen mit hereinnehmen,

a) des Ausdrucks des Leidtragens über die Sünde, über die Ungerechtigkeit in der Welt usw. (z.B.: »Hilf, HERR! Die Heiligen haben abgenommen«, Ps 12,2; »als ich es wollte verschweigen, verschmachteten meine Gebeine«, Ps 32,3 u.a.); aber dann auch

b) des Ausdrucks des Sich-Hindurchringens zu dem Vertrauen zu Gott selbst angesichts des Todes (»Die Rechte des HERRN ist erhöht; die Rechte des HERRN behält den Sieg!«, Ps 118,15), und dann auch

c) des Ausdrucks des Lobpreises über Gottes Heilshandeln (Ps 103), über seine Wirksamkeit in der Natur (Ps 104 u.a.), über die Erfahrungen in unserem persönlichen Leben in Notzeiten (Ps 107), über das Wunder der Sündenvergebung (»Wohl dem, dem die Übertretungen vergeben sind, dem die Sünde bedeckt ist!«, Ps 32,1) usw. Israel soll Ihn loben – darum und deshalb, daß es ohn all Verdienst und Würdigkeit zum Volk Gottes gemacht wurde (Ps 100). Die Völker sollen Ihn preisen (Ps 117). Auch »Alte mit den Jungen« – die Generationen – sollen Ihn loben. Psalm 148 spricht davon, daß die Engel, Sonne, Mond und Sterne ihn preisen, wie auch die Fische, aber auch die Könige und die Völker. Und schließlich nennt Psalm 150 die Werkzeuge, die nicht nur dazu dienen, daß es der Mensch zu etwas bringe und sich ernähren könne, sondern um Seinen Namen zu erhöhen.

Die Psalmen mögen uns zu einem Leben vor dem Herrn verhelfen, unter Seinem Schatten und Seinem Schutz. »Wer unter dem Schirm des Höchsten sitzt und unter dem Schatten des Allmächtigen bleibt, der spricht zu dem HERRN: Meine Zuversicht und meine Burg, mein Gott, auf den ich hoffe« (Ps 91,1f.).

Die Sprüche Salomos
(mit dem Buch Jesus Sirach und der Weisheit Salomos)

1. Einleitung zum Buch der Sprüche

Die Sprüche Salomos zählen zur Gattung *»Weisheitsliteratur«*. Die Weisheitsliteratur war im Alten Orient allgemein verbreitet, nicht nur in Israel, auch in Ägypten, Babylon und anderswo. Es handelt sich dabei um eine ganz besondere Gattung von Literatur: Man beobachtete das Leben und versuchte, die Vorgänge, die Gesetzmäßigkeiten, die Erscheinungen und Erfahrungen des Lebens zu erfassen, zu ordnen und daraus als Lebenshilfe Schlußfolgerungen zu ziehen. Dies wollte man dann in einem präzisen, geschliffenen Wort verdichten und auf den Punkt bringen. Solch ein Weisheitswort konnte geradezu den Charakter eines Sprichworts bekommen, wiewohl es bewußt formuliert worden ist und unter Umständen eine Art Kunstschöpfung darstellte. In diesen Worten wurden gewissermaßen Faustregeln für das Leben formuliert, etwas, das man wie einen Marschkompaß mit sich führen kann und das einem in verschiedenen Lebenslagen eine Hilfestellung bietet.

Diese Literatur gab es – wie gesagt – nicht nur in Israel, sondern auch in den benachbarten Völkern. Die Weisheitsliteratur in Israel ist wohl nicht einmal die älteste des Vorderen Orients, aber Israel gestaltete seine Weisheitsliteratur auf charakteristische Art und Weise. Zu dieser Literatur, die in die Bibel Eingang gefunden hat, gehören das Buch der Sprüche und in gewissem Sinn auch das Predigerbuch; in etwas späterer Zeit kamen die Bücher Jesus Sirach, das dem Sprüchebuch verwandt ist, und das Buch der Weisheit hinzu. Diese beiden Bücher zählen zu den sog. »Apokryphen«, die zwischen Altes und Neues Testament eingeschoben worden sind. (Es ist übrigens schade, daß die beiden Bücher Jesus Sirach und Weisheit, nachdem im allgemeinen die Apokryphen nicht in unseren Bibelausgaben enthalten sind, etwas in Vergessenheit geraten. Im Anhang dieses Kapitels werden deshalb wichtige Stellen aus diesen beiden apokryphen Weisheitsbüchern besprochen.)

Auch im Neuen Testament finden wir diese Literaturgattung bzw. diese Form des Ausdrucks. Es ist hier mehr an die Form zu denken. Die Bergpredigt und ähnliche Sammlungen von Worten Jesu in den Evangelien sind von der Art der Weisheit. »Alles, was ihr wollt, daß euch die Leute tun sollen, das tut ihnen auch!« (Mt 7,12 a). »Wer sich selbst erhöht, der wird erniedrigt; und wer sich selbst erniedrigt, der wird erhöht« (Mt 23,12; Lk 14,11; 18,14). Jesus bringt in diesen Sätzen die Sache präzise und knapp auf den Punkt. Der Jakobusbrief ist ebenfalls ausgesprochen weisheitlich ausgerichtet; aber auch die Ermahnungen in den Paulusbriefen gehören hierzu, in denen er – nachdem er das Große der Taten Gottes geschildert hat (zum Beispiel im Römerbrief) – darauf zu sprechen kommt, welche Schlußfolgerungen das in unserem Leben haben müsse, etwa in Römer 12 und 13. »Einer komme dem andern mit Ehrerbietung zuvor« (Röm 12,10). »In Demut achte einer den andern höher als sich selbst« (Phil 2,3) usw.

Was ist das Besondere dieser sog. Weisheitsliteratur im Alten und Neuen Testament, in der Bibel? Dies Besondere ist, daß dies keine allgemeine Lebensweisheit darstellt, sondern daß auf den Begriff gebracht und in knappen Formulierungen ausgesagt ist, *was es heißt, unter Gott zu leben*.

Schon Abraham wurde gesagt: »Ich bin der allmächtige Gott; wandle vor mir und sei fromm« (1. Mose 17,1 b). Dies ist das bewußte Leben in der Gegenwart Gottes, im Rechnen mit Ihm, im Rechnen damit, daß Er unser Schöpfer ist, daß Er unter uns waltet, uns erhält, die Leitung und Führung unseres Lebens übernommen hat, daß wir Ihm aber auch Rechenschaft schulden. Das ist der große Horizont, unter dem der Mensch seinen Weg geht. Grundvoraussetzung allen rechten Lebens ist es, Gott als unseren Schöpfer, Eigentumsherrn, Gesetzgeber und Richter ernstzunehmen.

Die Weisheit Israels ist also Weisheit unter dem lebendigen Gott als Anleitung zu einem Leben mit Gott. Aus der Offenbarung Gottes, seinem Bund mit Israel und seiner Gnadengegenwart sollen Folgerungen für den Alltag gezogen werden. Deshalb ist »die Furcht des HERRN der Anfang der Erkenntnis«, der Weisheit (Spr 1,7 a).

Solche Worte sind häufig *Zweizeiler*, bei denen oft in der zweiten Zeile ähnliches wie in der ersten gesagt wird, wodurch die Aussage komplettiert und vervollständigt wird (wie es ja in den Psalmen sehr oft der Fall ist). Es wird aber auch in einer solchen zweiten Zeile das Gegensätzliche zur ersten Zeile ausgedrückt.

Das Buch der Sprüche ist allgemein wenig bekannt und wird wohl kaum als Ganzes gelesen. Aber in diesem Buch kommen einzelne Worte vor, die in die Redeweise unseres Volkes geradezu als Sprichwörter eingegangen sind. Wenn wir diese Worte hören, denken wir meist gar nicht daran, daß es sich dabei um ein Zitat aus den Sprüchen Salomos handelt (zum Beispiel 16,18 b).

2. Der Aufbau des Sprüchebuches

1. Miteinander zusammenhängende Weisheitsregeln (Kap. 1–9)
2. Spruchsammlung von Salomos Lehren von Weisheit und Frömmigkeit (10,1–22,16)
3. Einschub: Worte der Weisen (22,17–24,34)
4. Weitere Sprüche Salomos (Kap. 25–29)
5. Worte Agurs und der Mutter Lemuels (Kap. 30f.)

3. Zum Einzelnen

3.1 Miteinander zusammenhängende Weisheitsregeln (Kap. 1–9)

Diese neun Kapitel bilden den einzigen Abschnitt des Sprüchebuches, der eine eher zusammenhängende Weisheitsrede enthält (die anderen sind Sammlungen, Zusammenstellung von Einzelsprüchen).

Bei diesem Teil handelt es sich um die allgemeine Einleitung in das ganze Buch. Bereits in **Kapitel 1** erscheint sehr früh die weisheitliche Gesamthaltung, ausgedrückt in dem Wort: *»Die Furcht des HERRN ist der Anfang der Erkenntnis (Weisheit)«* (V. 7a). Was heißt das? Als Grundvoraussetzung allen weisen Handelns, allen sich bewährenden Verhaltens ist damit zu rechnen: ›Du bist unter Gott. Er ist Dein Schöpfer, und ihm gehört Dein Leben; Ihm schuldest Du einmal Rechenschaft'. Das bringt Dein Leben ins Lot und gibt die rechte Richtung an.‹ Ich meine, es sei ein ganz wesentlicher Mangel auch unter Christen heute, daß man von der Furcht Gottes recht wenig spricht, von diesem Respekt, dieser Ehrfurcht vor Gott, bei der der Mensch die Sünden fürchtet und bei der er deshalb in seinem Verhalten gehalten ist.

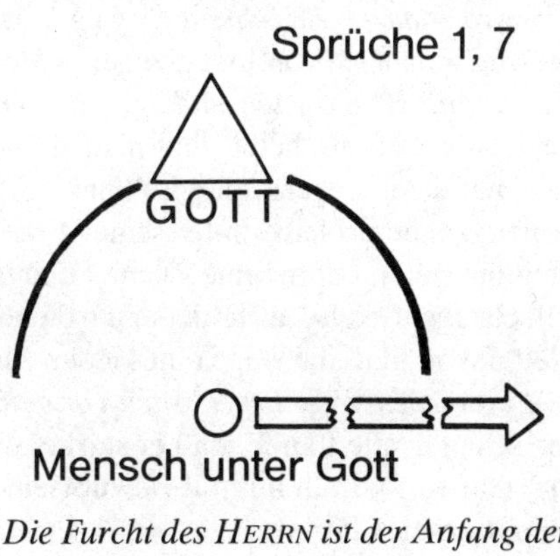

Abb. 122: Die Furcht des HERRN ist der Anfang der Weisheit

Der Mensch ist geschaffen, unter Gott zu wandeln (Abb. 122). Dagegen ist es gefährlich, aus dieser Unterordnung auszubrechen und sein eigener Herr sein zu wollen. Das geht in keinem Fall gut – zum einen für uns selbst und zum anderen auch durch das, womit wir uns an anderen Menschen schuldig machen. Man betrübt sie dadurch. Wir müssen darauf achthaben, daß wir ganz bewußt unter Gott leben.

Neben diesem zentralen Vers des Sprüchebuches steht ein Wort, das dasselbe wie Vers 7 ganz praktisch ausdrückt: *»Wenn dich die bösen Buben locken, so folge nicht«* (V. 10). Das ist die Mahnung, sich aus der Stellung unter Gott nicht herauslocken, herausrufen und davon abbringen zu lassen. Ganz allgemein gesprochen heißt das: Laß Dich nicht von Deiner Umwelt bestimmen! Passe Dich ihr nicht an! Laß Dich nicht von ihr dazu verführen, aus diesem Leben unter Gott herauszutreten!

Wenn man dies befolgt, so verachtet man deshalb die anderen Menschen nicht, die nicht so leben; aber es ist nötig, daß man als Christ einfältig und eindeutig und seines Weges gewiß lebt. So eben wird ein Christ auch auf andere Menschen Einfluß nehmen.

Paul LeSeur, der große Prediger, sagte einmal, eine Gemeinde Jesu, die sich der Welt nicht anpasse, komme in der Welt schwer durch, aber sie nehme großen Einfluß auf die Welt. Eine Gemeinde Jesu, die sich dagegen an die Welt anpasse, komme in der Welt erheblich leichter durch, aber die Welt nehme großen Einfluß auf sie.

In **Kapitel 3** sind zwei wichtige Worte im Blick auf diesen Weg, dieses Leben unter Gott zu finden. Es kommt darauf an, worauf man sein Vertrauen setzt. Das falsche Selbstvertrauen, das falsche Vertrauen auf Menschen, Güter und Möglichkeiten kann jemanden auch unbemerkt dahin bringen, daß er nicht unter Gott bleibt. Deshalb heißt es hier: *»Verlaß dich auf den HERRN von ganzem Herzen, und verlaß dich nicht auf deinen Verstand, sondern gedenke an ihn in allen deinen Wegen, so wird er dich recht führen«* (V. 5f.). Wenn man Ihm so folgt und unter Ihm lebt, wird man auch von Ihm erzogen: *»Mein Sohn, verwirf die Zucht des HERRN nicht und sei nicht ungeduldig, wenn er dich zurechtweist«* (V. 11). Eine Sache zu »verwerfen« heißt, daß man sie am liebsten loswäre. Doch nein, der HERR hat damit Segensvolles im Sinn. *»Sei nicht ungeduldig«*, wolle nicht ausbrechen, sondern bleibe unter seiner Erziehung. Einen jeden »Sohn«, den er aufnimmt, nimmt er in seine Zucht – und hat ihn dennoch lieb wie sein Kind (V. 12). Hier geht es also auch wieder um dieses Leben unter Gott.

Kapitel 5 handelt davon, daß die Wege eines jeden Menschen offen sind vor seinem Gott: *»Eines jeden Wege liegen offen vor dem HERRN«* (V. 21 a). »Des HERRN Augen schauen alle Lande, daß er stärke, die mit ganzem Herzen bei ihm sind« (2. Chr 16,9). Laßt uns mit Bewußtsein so leben in Seinem vollen Licht – auch mit unserer Freude!

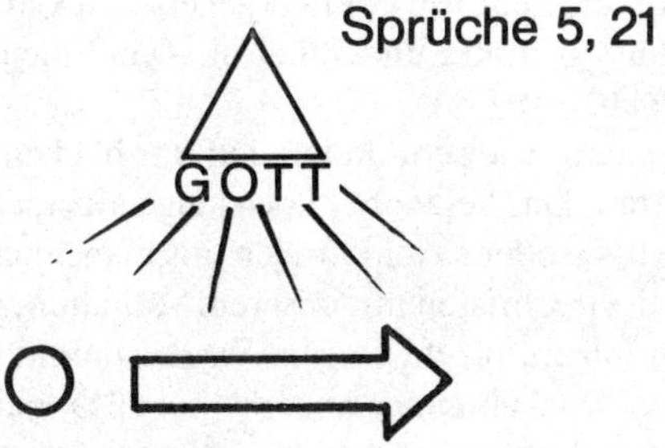

Abb. 123: Weg und Wesen offen – glasklar vor Gott

Es ist interessant, daß von Israel wiederholt gesagt wurde, das Volk sei vor dem HERRN fröhlich (vgl. 1. Kön 1,40; 8,66 u. a.).

Man will uns manchmal weismachen, man könne nur hinter dem Rücken Gottes – also mit schlechtem Gewissen und indem man Gottes Gebot übertritt – fröhlich sein. Nein, man kann »vor dem HERRN, deinem Gott« fröhlich sein – nicht duckmäuserisch, nicht trübselig und nicht so, daß man Elend trägt!

Es wird sicher nicht immer fröhlich zugehen; es wird in der Bibel, auch in den Sprüchen, sehr wohl auch vom Leiden gesprochen. Mindestens dreimal ist davon die Rede, daß der Herr im Leiden die Herzen prüfe und läutere, wie das Gold im Feuer bewährt wird (17,3; vgl. 21,2; 24,12). Das aus 1. Petrus bekannte Wort: »...damit euer Glaube als echt und viel kostbarer befunden werde als das vergängliche Gold, das durchs Feuer geläutert wird« (1. Petr 1,7) ist eigentlich ein Zitat aus den Sprüchen (17,3); ähnliches ist bei Jesus Sirach zu finden (Sir 2,5).

Das zentrale Wort aus **Kapitel 7** lautet: *»Behalte meine Gebote, so wirst du leben...«* (V. 2a). Das ist die Aufforderung, in dem von Gott in seinen Geboten vorgezeichneten Weg zu bleiben. Derjenige, der das befolgt, ist gut beraten; und dann werden auch diejenigen nicht irregeführt, die auf solch einen Menschen blicken.

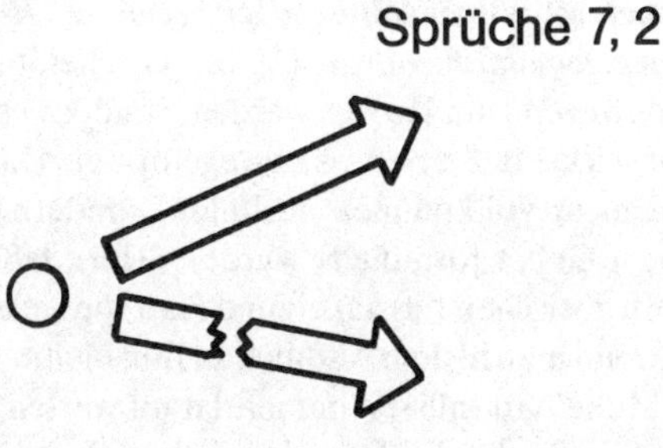

Abb. 124: »Behalte meine Gebote, so wirst du leben«

Folgt man aber nicht dem von Gott vorgegebenen klaren Weg, so kommt man auf die abschüssige Bahn und stürzt ab – und diejenigen, die einem folgen, stürzen mit ab.

Wir ahnen oft kaum, wie sehr andere auf uns blicken und von uns eine Wegweisung erwarten! Das heißt aber noch lange nicht, daß es Beifall gäbe. Vielleicht stören wir sie oder sie empfinden uns manchmal als eine Störung – und dennoch sind wir Christen mit unserem Verhalten, wenn wir einfältig unserem Gewissen folgen, für ihre eigene Wegbestimmung ein Faktor, vielleicht zuweilen eine Beunruhigung. Aber das hat auch sein Gutes. Auf jeden Fall geht es um unser Leben und um die anderen, auf die wir oft Einfluß nehmen – ob ihnen das bewußt ist oder nicht.

Zusammenfassend ist festzuhalten: Es geht um die Einladung zu einem Leben in Einfalt und Klarheit vor Gott. »Behalte meine Gebote, so wirst du leben…« Die Grundvoraussetzung, die Grunderkenntnis dafür ist die Ehrfurcht vor Gott. Das Wort: »Die Furcht des HERRN ist der Anfang der Erkenntnis« steht noch einmal, in etwas abgewandelter Form, am Abschluß der ersten neun Kapitel des Sprüchebuches: *»Der Weisheit Anfang ist die Furcht des HERRN, und den Heiligen erkennen, das ist Verstand«* (9,10).

3.2 Spruchsammlung von Salomos Lehren von Weisheit und Frömmigkeit (10,1–22,16)

Dieser zweite Teil des Sprüchebuches hat den Charakter einer Sammlung, einer Zusammenstellung von sog. Aphorismen, von Worten der Weisheit Salomos also, die teilweise sicher von Salomo stammen, aber auch ihm gewidmet oder in seinem Auftrag gesammelt worden sind. Diese vielen Einzelworte sind manchmal wie Perlen zu einer Kette aneinandergereiht. Speziell dieser Teil der Sprüche trägt den Namen Salomos.

In **Kapitel 10** steht ein feines Wort, das man manch hektischem Menschen heute ins Stammbuch schreiben sollte: *»Der Segen des HERRN allein macht reich, und nichts tut eigene Mühe hinzu«* (V. 22). Das heißt nicht, ein Mensch würde durch Gottes Segen zum Krösus werden, sondern es geht darum, daß ein Mensch Frucht wirkt, daß er etwas zuwege bringt. Dazu muß man also seinen Tagesablauf nicht vollkommen ausfüllen, sondern es geht vielmehr darum (wie in einem Gebet formuliert wurde): ›Herr, laß uns wirken ohne Lässigkeit und Haß!‹ Zwischen Lässigkeit und Haß wird man auf einem guten Weg festgehalten, wenn man in dem Aufblick zu Ihm bleibt. Der Segen Gottes macht reich ohne Mühe! Wir müssen immer darauf warten, daß das, was wir gewissermaßen als Saat in den Boden gelegt haben, Frucht bringt. Aber das haben wir nicht in der Hand. Wir alle warten eigentlich auf die Ernte.

Und dazu steht in Sprüche 10 ein anderes schönes Wort: *»Das Warten der Gerechten wird Freude werden«* (V. 28). Der *»Gerechte«* ist nicht der Selbstgerechte, sondern derjenige, der im Aufblick zu Gott lebt. Der, der so lebt, wartet also nicht vergeblich. So schreibt Paulus in dem großen Auferstehungskapitel (1. Kor 15): »Seid fest, unerschütterlich und nehmt immer zu in dem Werk des Herrn, weil ihr wißt, daß eure Arbeit nicht vergeblich ist in dem Herrn« (1. Kor 15,58).

Sehr praktisch wird in den Sprüchen gezeigt: Brecht doch aus dieser Haltung des einfältigen Lebens vor Gott nicht aus! »Mancher stellt sich reich und hat nichts, und mancher stellt sich arm und hat großes Gut« (Spr 13,7; Luther übersetzte: »Mancher ist arm bei großem Gut, und mancher ist reich bei seiner Armut«).

Ja, in **Kapitel 11** wird geradezu vor einem Verfallen des Menschen an seine Lebensgier gewarnt – in einem Wort, das in Luthers Übersetzung etwas drastisch wirkt: »Ein schönes Weib ohne Zucht ist wie eine Sau mit einem goldenen Ring durch die Nase« (V. 22). (Früher hatten die Frauen ja als Schmuck Ringe in der Nase, feine goldene Ringe.) Ein Mensch, der nicht im Gewissen vor Gott gehalten ist, sondern der auf irgendeine Weise (durchaus nicht nur in sexueller Hinsicht) im Raffen und im Geizen einfach an sich reißen will, was sein Leben zu bereichern und seine Lebensfreude zu erhöhen verspricht, bricht aus dem aus, was Gottes guter Weg für ihn ist, aus diesem großen Horizont des Lebens unter Gott: »Ich bin der allmächtige Gott; wandle vor mir und sei fromm« (1. Mose 17,1).

Sprüche 11,25 ist ein Wort, das im Neuen Testament immer wieder auf allerlei Weise zitiert wird: *»Wer reichlich gibt, wird gelabt, und wer reichlich tränkt, der wird auch getränkt werden.«*

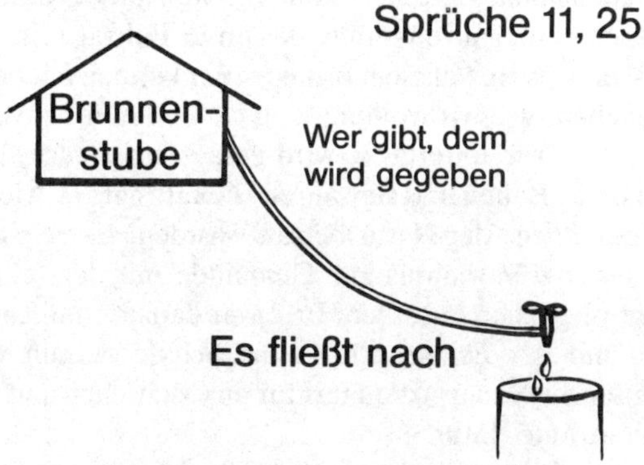

Abb. 125: Wer gibt, dem wird gegeben

Je mehr man gibt, desto mehr empfängt man. Das zeigt das Bild von der Brunnenstube (Abb. 125), von der Wasser heruntergeleitet wird, das unten dem Wasserhahn entströmt. Ist der Wasserhahn zugedreht, so gibt er nichts her, empfängt aber auch nichts. Ist er geöffnet, so strömt aus, was er nur geben kann. Um so mehr strömt dann aus der Brunnenstube und aus der Quelle nach. Das ist auch eine Erkenntnis, die im Neuen Testament mehrmals ausgesprochen wird (vgl. Mt 13,12; 25,29; Mk 4,25; Lk 8,18; 19,26; 2. Kor 9,6).

Kapitel 12 enthält einen Satz, der sich insbesondere an Menschen richtet, die Bauern sind: *»Der Gerechte erbarmt sich seines Viehs; aber das Herz der Gottlosen ist unbarmherzig«* (V. 10). Wenn ich die Technisierung begrüße, dann darum, weil dadurch die Pferde und vor allem die Kühe als Zugtiere entlastet werden. Aus meiner Jugend bei den Kleinbauern auf der Schwäbischen Alb weiß ich noch, welch eine Not es für diese Tiere war, wenn jemand an einem heißen Tag übelgelaunt war und auf seine Kühe einschlug, die über holprige Furchen hinweg einen Wagen ziehen mußten. An den Kühen, die nicht so gewandt sind wie Pferde, hat manch einer seinen Zorn ausgelassen. Meine Eltern sagten oft: »Wenn es die Kühe am Wagen nicht merken, daß der Bauer und die Bäuerin zum Glauben gekommen sind, dann stimmt etwas nicht.«

»Der Gerechte erbarmt sich seines Viehs; aber das Herz der Gottlosen ist unbarmherzig.« Das gilt sicher ganz allgemein für die uns Menschen aufgetragene Verpflichtung gegenüber der Natur, bis hin zum Verbrauch der Energie und im Blick darauf, wie heute mit der Natur umgegangen wird. Ein Mensch, der unter Gott und in der Verantwortung vor Ihm lebt, wird einfach davor bewahrt – ob es belebte oder unbelebte Natur ist (wir wissen ja nicht einmal, inwiefern auch die Pflanzen ein Empfinden haben).

Das wäre ein Beitrag von uns Christen, auch wenn wir nicht ohne weiteres bei diesem Thema mitreden können, weil uns eventuell die Sachkenntnis fehlt. Aber im ganzen müßte das unser Beitrag sein, daß wir auch anderen Menschen ins Bewußtsein bringen: Wir können mit der Natur nicht einfach so umgehen, wie wir wollen, denn sie ist ein uns anvertrautes Gut. »Machet euch die Erde untertan«, wird gesagt, aber auch, daß Gott den Menschen mit dem »Bauen und Bewahren« beauftragte (1. Mose 1,28; 2,15). Wir sind mit der *Pflege* der Natur betraut worden! Es verwundert darum nicht, daß Jesus sein Verhältnis zur Gemeinde mit dem eines Hirten zu seinen Schafen verglichen hat. Der Hirte war damals, am Rand der Wüste, derjenige, der mit der *Fürsorge* für seine Schafe betraut war, mit dem Lebenseinsatz für sie. So sorgt der Herr für uns Menschen und wir wiederum für die uns anvertraute Natur.

Ein weiteres wichtiges Wort ist 14,34: *»Gerechtigkeit erhöht ein Volk; aber die Sünde ist der Leute Verderben.«* Hier ist wiederum ein Sachverhalt kurz und treffend ausgedrückt, den die Weltgeschichte in Jahrhunderten und Jahrtausenden lehrt. Diese Lektion haben wir Deutsche in diesem Jahrhundert auf eine sehr schmerzvolle Weise lernen müssen. Gerechtigkeit heißt nicht nur, daß ein Richter sein Amt gerecht ausübt und nicht parteilich ist. Gerechtigkeit ist – in einem umfassenden Sinn – die Haltung des Menschen, mit der allein er im Lot ist, nämlich dann, wenn er bewußt unter Gott lebt und seinem Gott zu gefallen sucht. Diese Haltung *»erhöht ein Volk«*, und so ist es im Sonnenschein der Gnade Gottes. Zwar ist es so auch nicht ohne Krisen und Anfechtungen, aber es ist im tiefsten gesund und lebt in der guten Erhaltungsordnung Gottes. Die Sünde – der Ausbruch daraus – ist zum Beispiel dies, daß der Mensch meint, er könne mit dem Leben anderer umspringen und sie vernichten, als ob sie Ungeziefer wären, und anderes mehr; wenn er meint, man könne auf Gott verzichten, man müsse ihm nicht mehr trauen... Das geht allemal nicht gut aus: *»Die Sünde ist der Leute Verderben.«*

Abb. 126: »Gerechtigkeit erhöht ein Volk...«

Bildlich veranschaulicht dies der Trümmerhaufen (Abb. 126): Ein Volk, das von Gott ausbricht, gerät in einen Absturz.

Das Wort: *»Hochmut kommt vor dem Fall«* (16,18b) ist mehr als nur eine hausbackene Weisheit, daß dann, wenn jemand allzu sehr seinen Kopf aufrichtet und zum Hans-Guck-in-die-Luft wird, er am nächsten Stein stolpert und sich vor aller Augen lächerlich macht. Dieses Wort drückt vielmehr die Grunderkenntnis von 1. Mose 3 aus, nämlich eine Lehre, die der Mensch aus der Geschichte vom Sündenfall ziehen müßte und die – auf eine Formel gebracht – lautet: *»Hochmut kommt vor dem Fall.«* Das ist eine Aussage über den Fall des Menschen: Er hat den Hochmut zur Ursache. Aber welcher Hochmut ist damit gemeint? Es ist der Hochmut, den die Schlange in 1. Mose 3 ausspricht: »Ihr werdet sein wie Gott« (1. Mose 3,5). Es ist *der* Hochmut, zu dem sich der Mensch durch *den* Feind infizieren läßt, der im höchsten Maß ein wahnsinnig stolzer Geist ist. Er will sich über Gott erheben und niemanden über sich dulden. Dieser Hauptfeind Gottes infiziert Menschen – bis hin zum Antichristen – mit solchem Hochmut. Und das ist immer der Anfang des Falls.

Das beginnt bei der Geschichte vom Sündenfall (vgl. Abb. 127): Der Mensch war unter Gott, in Harmonie mit Ihm; er hing an Gott. Dann ist er von dem Gedanken angesteckt worden, er müsse sein wie Gott und wolle keinen mehr über sich haben. Dazu wollte er sich von Gott losreißen – und er hat sich losgerissen. Die Folge davon ist nicht, daß er an der höchsten Stelle stand, die man überhaupt einnehmen kann, sondern daß er abgestürzt ist.

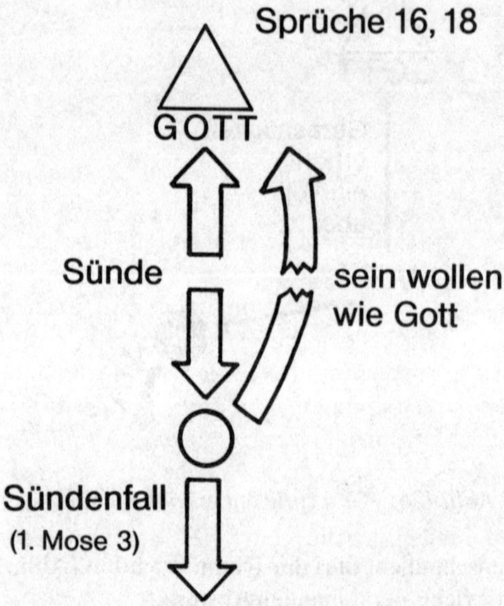

Abb. 127: »Hochmut kommt vor dem Fall«

»Hochmut kommt vor dem Fall«. Das gilt bis hin zu dem Stolz und Sturz des Antichristen (2. Thess 2; Offb 13) und auch bis hin zu dem Sich-Auf-

bäumen des Feindes überhaupt, des Feindes Gottes und der Menschen, und sogar bis hin zu seinem gewaltigen Absturz.

Auch **18,10** ist ein Wort, das auf eine wichtige Frage Antwort gibt. Wie kann man in einer Welt diese Haltung des Lebens unter Gott (von der oben mehrmals die Rede war) durchhalten, in der einen doch so viel falscher Geist infizieren möchte? Das ist die Frage, wie denn ein Mensch gegenüber seinen Versuchungen so durchhalten kann, daß ihm diese nicht zum Verhängnis werden müssen. Das meint das Wort: *»Der Name des HERRN ist eine feste Burg; der Gerechte läuft dorthin und wird beschirmt«*. »Name« heißt in der Bibel »Person« (den Person-Begriff in unserem Sinn kennt die Bibel nicht). So kann man kurzerhand sagen: Der HERR ist diese Burg.

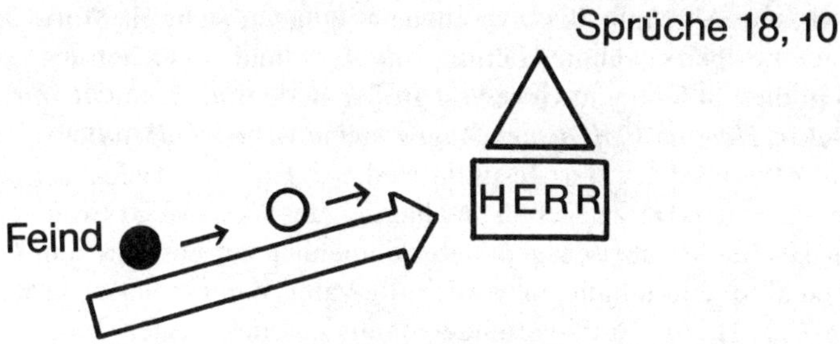

Abb. 128: Der Name des HERRN – eine feste Burg

Der *»Gerechte«* läuft vom Feind weg nicht irgendwohin, sondern zu der *»festen Burg«*, die Gott selbst ist, und dann wird er *»beschirmt«* (Abb. 128). Denn dann kann ihm der Feind nichts mehr anhaben. Luther hat gedichtet: »Mit unsrer Macht ist nichts getan...« Hierbei geht es nicht um die Bedrohung durch Schicksale, sondern um die Bedrohung durch die Versuchung, der wir nicht standhalten könnten, wenn sie je unsere spezifisch schwache Seite trifft und angeht. Dann können wir nur zu Ihm hinfliehen. In dem apokryphen Buch Jesus Sirach steht auch: »Fliehe vor der Sünde wie vor einer Schlange; denn wenn du ihr zu nahe kommst, so sticht sie dich« (Sir 21,2a).

Abschließend finden sich im ersten Teil des Sprüchebuches Ausführungen dieser Art: *»Einen jeglichen dünkt sein Weg recht; aber der HERR prüft die Herzen«* (21,2). Wir wollen im Blick auf uns selbst nicht vorschnell sicher sein; wir wollen aber im Blick auf uns selbst nicht ängstlich sein. Unser Herr kennt uns besser, als wir uns selbst kennen. Ein anderer spricht also über uns das letzte Wort! Das bewahrt uns auch davor, leichtfertig über andere zu urteilen. Daher wollen wir nicht andere be- oder verurteilen; das bedeutet aber nicht, daß wir nicht ihre Worte und Anleitungen prüfen, ob sie nach Gottes Wort sind oder nicht. Aber die Menschen selber zu richten ist nicht unsere Aufgabe!

3.3 Einschub: Worte der Weisen (22,17–24,34)

Dieses Teilstück des Sprüchebuches stellt einen Einschub zwischen den vorangehenden und den nachfolgenden Teil dar und ist die Spruchsammlung einiger anderer weiser Männer Israels. Dieser Abschnitt enthält knapp und zugespitzt formulierte Sprüche, die in etwa dem entsprechen, was man in der allgemeinen Literatur einen »Aphorismus« (das ist ein prägnant formulierter Satz, der eine Lebensweisheit ausdrückt) nennt.

In diesem Abschnitt der Zwischeneinfügungen steht ein Wort, das im Blick auf die oben erwähnte Haltung unter Gott und das Gehen des Lebensweges in diesem Sinn und Geist von großer Bedeutung ist. *»Gib mir, mein Sohn, dein Herz und laß deinen Augen meine Wege wohlgefallen«* (23,26). Auf diese Weise ist der Herr Jesus durch dieses Erdenland gegangen; er hat so dem Vater sein Herz gegeben und hat sich des Vaters Wege »wohlgefallen lassen«. Daher konnte er sagen, als es allmählich zur Passion, zum Leiden ging und als es einsam um ihn wurde: »Ja, Vater; denn so hat es dir wohlgefallen« (Mt 11,26). Jesus verbindet damit geradezu einen Jubelruf (Mt 11,25), wiewohl man sonst bei Jesus kaum solch einen Gefühlsausbruch im freudigen Sinn mehr findet.

»Gib mir, mein Sohn, dein Herz und laß deinen Augen meine Wege wohlgefallen«. Von Gott her gesprochen heißt das: ›Bleibe nicht beharrlich bei dem, was Du Dir in den Kopf gesetzt hast, sondern nimm das an, wie ich Dich führe.‹ Mit dem Wort *»Wege«* ist hier beides im Blickfeld: zum einen die Wege, die Gott durch seine Gebote weist, zum anderen die uns verordneten Schickungen. *»Laß deinen Augen meine Wege wohlgefallen«* – das bedeutet: So, wie wir je und dann geführt werden, so sollen wir dazu ein Ja haben. Die Umstände unseres Lebens, die Rolle, die wir in unserem Leben einzunehmen haben, das Los, wie es für uns gefallen ist, – das gilt es von Gott her anzunehmen.

3.4 Weitere Sprüche Salomos (Kap. 25–29)

Dieser Teil des Buches enthält noch einmal eine Sammlung von Worten in der Salomo-Tradition, die aber erst 250 Jahre nach Salomos Tod von Beauftragten des Königs Hiskia gesammelt worden sind. Die Worte in diesem Abschnitt der Sprüche sind zumeist praktisch ausgerichtet, zum Beispiel: *»Ein Fauler wendet sich im Bett wie die Tür in der Angel«* (26,14).

3.5 Worte Agurs und der Mutter Lemuels (Kap. 30f.)

Am Schluß des Buches finden sich diese Anhänge, die wahrscheinlich von Männern stammen, die nicht aus Israel waren, und von einer Königinmutter, die möglicherweise auch nicht aus Israel stammte und die ihrem Sohn Anweisungen gab. Hierzu gehört das feine Wort: *»Tu deinen Mund auf für die Stummen und für die Sache aller, die verlassen sind«* (31,8). Die Königinmutter warnte ihren Sohn also vor der Gefahr, als König immer nur diejenigen zu hören, die in Erscheinung treten und ihre Angelegenheiten am galantesten vortragen. Sie wies darauf hin, daß der König auf die achten solle, die in der hintersten Reihe stehen und nicht so zu Wort kommen. Diese müsse er beachten und nach vorne holen und dafür sorgen, daß auch sie zu ihrem Recht kommen.

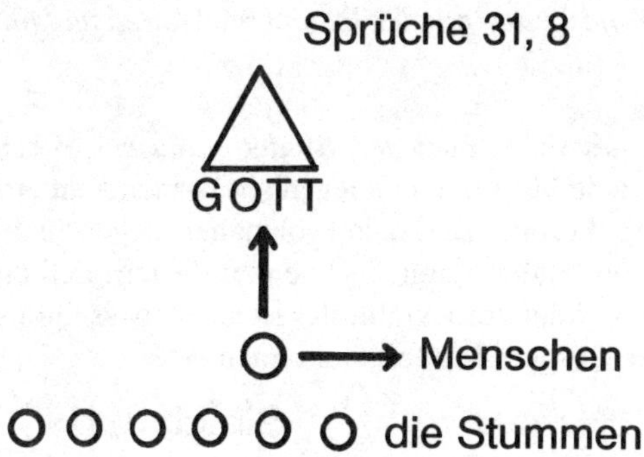

Abb. 129: »Tu deinen Mund auf für die Stummen…«

Es ist nicht sicher, ob der Abschluß des Buches (31,10–31) auch noch von dieser Königinmutter stammt oder ob es ein selbständiges Kapitel darstellt. Dieser Abschnitt stellt eigenartigerweise ein Lob dar, das Lob einer gläubigen Frau und Mutter. Dieser Passus gipfelt in dem Wort: *»Lieblich und schön sein ist nichts; ein Weib, das den Herrn fürchtet, soll man loben«* (V. 30). Ein Mann und Kinder sind dort am besten versorgt, wo eine Mutter da ist, die eine Priesterin für die ganze Familie ist, die unter Gott steht und von Gott her handelt. Es sind hier auch Aufgaben der Hausfrau in aller Nüchternheit und in praktischem Sinn beschrieben – und doch so, daß eine solche Frau bei all dem unter Gott steht.

Dies ist ein Einzelbeispiel, das aus der gesamten Auffächerung des Alltagslebens etwa in einer Gemeinde des Volkes Gottes herausgegriffen wurde. Am Beispiel dieser Frau wird gezeigt, was es heißt, unter Gott zu leben: »Ich bin der allmächtige Gott; wandle vor mir und sei fromm« (1. Mose 17,1b).

4. Das Buch Jesus Sirach

Dieses Buch gehört zu den sog. Apokryphen. Das sind Schriften, die zeitlich und sachgemäß zwischen dem Alten und dem Neuen Testament eingeordnet werden. In den meisten Bibelausgaben heute sind die Apokryphen nicht enthalten; darum führe ich einige wichtige Worte aus dem Buch Jesus Sirach an:

»Mein Kind, willst du Gottes Diener sein, so bereite dich auf Anfechtung vor« (2,1).

»Denn wie das Gold durchs Feuer, so werden auch, die Gott gefallen, durchs Feuer der Trübsal erprobt« (2,5).

»Ehre Vater und Mutter mit der Tat und mit Worten und mit aller Geduld« (3,9).

»Der Segen des Vaters baut den Kindern Häuser« (3,11 a). Nicht jeder Vater und nicht jede Mutter hat Gelegenheit, seinen Kindern ein Vermögen anzusparen. Aber Fürbitte zu tun und von daher segnen zu dürfen, Gutes zu tun für andere und daher damit rechnen zu dürfen, daß etwas davon auf Kind und Kindeskinder zurückfällt, das ist auch etwas Gutes und sogar das Beste, was Eltern für ihre Kinder tun können.

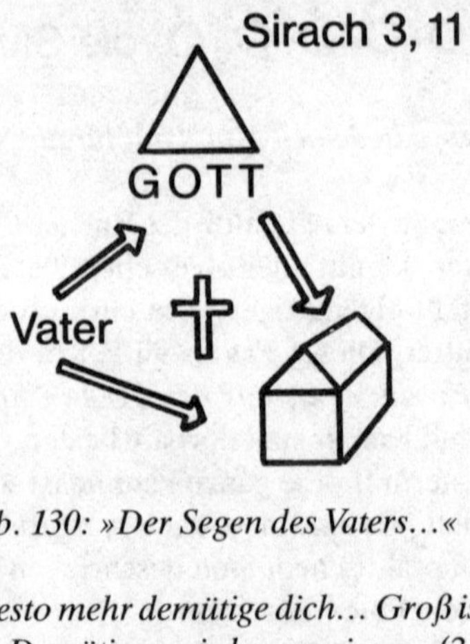

Abb. 130: »Der Segen des Vaters…«

»Je größer du bist, desto mehr demütige dich… Groß ist allein die Majestät des Herrn, und von den Demütigen wird er gepriesen« (3,20 f.).

»Mit dem, was dich nichts angeht, gib dich nicht ab; denn dir ist schon mehr gezeigt, als Menschenverstand fassen kann« (3,24 f.).

»Wenn du betest, so tu's nicht mit halbem Herzen« (7,10).

»Daher kommt aller Hochmut: wenn ein Mensch von Gott abfällt und sein Herz von seinem Schöpfer weicht« (10,14).

»Fliehe vor der Sünde wie vor einer Schlange; denn wenn du ihr zu nahe kommst, so sticht sie dich. Ihre Zähne sind wie Löwenzähne und töten den Menschen« (21,2f.).

»Gewöhne deinen Mund nicht ans Schwören und nicht daran, den Namen des Heiligen ständig zu nennen« (23,9).

»Sieh zu, daß du einen guten Namen behältst; der bleibt dir gewisser als tausend große Schätze Gold« (41,15).

»Nun danket alle Gott, der große Dinge tut an allen Enden, der uns von Mutterleib an lebendig erhält und uns alles Gute tut. Nun dankt dem Gott des Alls. Er gebe uns ein fröhliches Herz und verleihe immerdar Frieden zu unsrer Zeit in Israel, und daß seine Gnade stets bei uns bleibe und uns erlöse, solange wir leben« (50,24–26). Es ist weithin unbekannt, daß der Text des Liedes »Nun danket alle Gott« (EKG 228) aus dem Buch Jesus Sirach stammt!

5. Die Weisheit Salomos

Das apokryphe Buch der Weisheit Salomos ist noch sehr viel unbekannter als das Buch Jesus Sirach. In diesem Buch steht das schöne Wort:

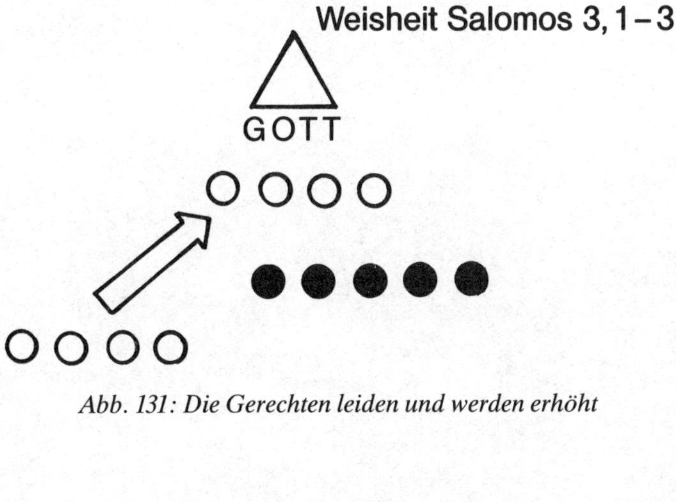

Abb. 131: Die Gerechten leiden und werden erhöht

»Die Seelen der Gerechten sind in Gottes Hand, und keine Qual rührt sie an… Denn wenn sie auch nach Meinung der Menschen viel zu leiden haben, so sind sie doch erfüllt von Hoffnung auf Unsterblichkeit… Er prüft sie wie Gold im Schmelzofen und nimmt sie an wie ein Ganzopfer. Und zur Zeit ihrer gnädigen Heimsuchung werden sie aufleuchten und aufsteigen wie Funken überm Stoppelfeld« (3,1.4.6–7).

Das darauffolgende Wort weist schon zum Neuen Testament hinüber: *»Sie werden die Heiden richten und über die Völker herrschen, und der Herr wird König sein über sie in Ewigkeit. Die auf ihn vertrauen, werden seine Zuverlässigkeit erfahren, und die treu sind in der Liebe, werden bei ihm bleiben. Denn Gnade und Barmherzigkeit wohnt bei seinen Heiligen, und er sucht seine Auserwählten gnädig heim«* (3,8f.).

Der Prediger Salomo

1. Einleitung

Der Name »Der Prediger Salomo« deutet an, daß es sich beim Predigerbuch um das Wort eines Mannes handelt, der seine Rede vor der Volksgemeinde Israels hält. Salomo selbst wird innerhalb des Buches (außer in der Überschrift) nirgends namentlich genannt. Der in 1,1 erwähnte »Sohn Davids« könnte auch ein anderer, späterer Nachfahre Davids sein. Aber die Beschreibung der Herrlichkeit und Weisheit des Verfassers weist auf Salomo hin.

Hat Salomo die Rede selbst verfaßt, die in diesem Buch wiedergegeben wird? Oder ist der Verfasser jemand, der zum Ausdruck bringen will, was gerade das Leben Salomos zeigt: »Alles ist letztlich eitel, leer, sinnlos und nichtig«? Salomo, dieser weise und reiche Mann, verfiel schließlich doch der Torheit, nämlich einem unrechten, Gottes Geboten nicht gemäßen Handeln. Damit arbeitete er auf die Zerstörung seines Reiches, seines Landes und seines Königshauses hin – ob er das wollte oder nicht. Was er unter der Führung Gottes mit viel Klugheit und Umsicht aufgebaut hatte, wurde durch seine Torheit gewissermaßen zur glitzernden Seifenblase gemacht, die schließlich platzte. Auf Salomo trifft daher das Wort Jeremias zu: »Das alles hast du dir doch selbst bereitet, weil du den HERRN, deinen Gott, verläßt, sooft er dich den rechten Weg leiten will« (Jer 2,17). Das Buch des Predigers macht mit Worten eines wohl alten, müde gewordenen Mannes in Nüchternheit deutlich, wie es um den Menschen in der Welt der Sünde, in der von Gott abgefallenen Welt steht. Aber an diesem Buch ist auch abzulesen, daß, je mehr die Trennung von Gott empfunden wird, desto mehr die Sehnsucht danach wächst, daß der Mensch Ihn, die Sonne aller Sonnen, schauen darf.

Im Predigerbuch wird eine Antwort gesucht auf die Frage nach Inhalt, Sinn und Wert des menschlichen Erdenlebens: *»Was hat der Mensch für Gewinn von all seiner Mühe, die er hat unter der Sonne?«* (1,3; 2,22).

2. Der Aufbau des Buches

Gemäß der Frage, die hinter dem gesamten Buch steht (siehe den letzten Abschnitt von der Einleitung), untergliedert sich das Predigerbuch in zwei Abschnitte:

1. Die ausschließlich negative Antwort (1,1–2,24)
2. Die Antwort wird positiver (Kap. 3–12)

3. Zum Einzelnen

3.1 Die ausschließlich negative Antwort (1,1–2,24)

Das Predigerbuch ist vielen schon eine große Frage gewesen. Mich hat einmal ein junger Mann, Seminarist an einer Bibelschule, gefragt, ob denn das Predigerbuch zu Recht in der Bibel sei. Gehört dieses Buch zu Recht zum Kanon der biblischen Bücher, d. h. zu den Schriften, die von prophetischen Männern zum Alten und zum Neuen Testament zusammengestellt wurden?

Was veranlaßt diese Frage? Am Predigerbuch fällt dem Leser schnell auf, daß hier ein außerordentlich trübes, düsteres Bild mit sehr negativen Details gezeichnet wird, insbesondere in den ersten beiden der insgesamt 12 Kapitel.

a) Das Leben in dieser Welt ist nur die ewige, sinnlose Wiederkehr des immer Gleichen (1,1–11)

Das gesamte Predigerbuch wird von der Aussage eingerahmt: *»Alles ist eitel«* (1,2; 12,8). *»Eitel«* heißt »leer, nichtig, sinnlos«. Dieser Mann mit seiner Weisheit fragt nach dem Sinn, Ziel und Zweck des Lebens – und er findet von sich aus keine Antwort als eben diese: Alles ist eitel, ganz eitel, leer und sinnlos.

Eine zweite Schlußfolgerung des Predigers lautet: *»Es geschieht nichts Neues unter der Sonne«* (1,9). Er spricht wiederholt von dem Eitlen, das »unter der Sonne« geschieht. Da bemüht sich ein Mensch um vieles, will aufbauen, will Weisheit finden und Neues unternehmen – aber *»es geschieht nichts Neues unter der Sonne«*. Alles *»geschieht«* in einer vergänglichen, in Sünde geratenen Welt.

b) Auch das Weisheitsstreben bringt nur Kummer (1,12–18)

Der, der dies alles geschrieben hat, also Salomo, sagt über sich: *»Ich, der Prediger, war König über Israel zu Jerusalem... Siehe, ich bin herrlich* *geworden und habe mehr Weisheit als alle, die vor mir gewesen sind zu Jerusalem, und mein Herz hat viel gelernt und erfahren... Ich ward aber gewahr, daß auch dies ein Haschen nach dem Wind ist«*, daß auch das alles ganz eitel war (1,12ff.).

Was auch war, dieser kluge Salomo, dieser bewunderte Mann war töricht genug, in seinem Alter sich mehr und mehr dem Weltgeist, der Sinnenlust, dem Götzendienst zu öffnen. Und eigentlich hat er, der so viel aufgebaut hat, auch schon wieder selbst sozusagen den Sprengstoff gelegt und die Lunten angezündet, die sein eigenes Werk wieder zerstören sollten.

c) Torheit und Weisheit sind beide eitel (Kap. 2)

Menschliche Weisheit hilft gegen all dies nicht: Dem Weisen ergeht es wie dem Toren. So kommt als drittes Bitteres noch hinzu, daß Gott all diese Mühe den Menschen verordnet hat, um sie zu quälen. Dann stirbt der Mensch wie das Vieh: *»Es geht dem Menschen wie dem Vieh: wie dies stirbt, so stirbt auch er, und sie haben alle einen Odem, und der Mensch hat nichts voraus vor dem Vieh; denn es ist alles eitel«* (3,19). Der Mensch ist in seinem Tod nicht anders als das Vieh: Er »ist Erde und soll zu Erde werden« (1. Mose 3,19b). Mit den Worten des Predigers heißt das: »Es fährt alles an einen Ort. Es ist alles aus Staub geworden und wird wieder zu Staub« (3,20).

In diesem Kapitel zeigt sich ein Lebensüberdruß, der daraus entsteht, daß beide dasselbe Schicksal haben, der Weise und der Tor. *»Darum verdroß es mich zu leben, denn es war mir zuwider«* (2,17a).

Dieses Bild zeichnet der Prediger in den ersten zwei bzw. drei Kapiteln des Buches; dann fügt er noch hinzu: *»Ich pries die Toten, die schon gestorben waren, mehr als die Lebendigen, die noch das Leben haben. Und besser daran als beide ist, wer noch nicht geboren ist und des Bösen nicht innewird, das unter der Sonne geschieht«* (4,2f.). Das ist ein ungeheuer trübsinniger, ja schwermütiger Ton, den dieser Mann hier anschlägt.

Wenn man aber das gesamte Buch in den Blick bekommt und es im Ganzen der Heiligen Schrift, des Heilshandelns Gottes sieht, dann ist einem schnell klar, was im Predigerbuch gezeichnet wird. Hier wird nämlich gezeigt, wie die Welt ist, seitdem die Sünde in ihr ist, seit 1. Mose 3: Ja, es ist wahr, daß der Mensch von der Erde genommen und wieder zu Erde werden wird; ja, es ist wahr, daß die Mühe der Arbeit und des Lebens über den Menschen verhängt ist (»Dornen und Disteln soll dir dein Acker tragen«; »unter Mühen sollst du Kinder gebären« usw.). Es ist Unfriede zwischen dem Menschen und der Natur. Die Natur flüchtet vor dem Menschen; und umgekehrt schlägt sie zurück (vgl. 1. Mose 8). Das gehört zu dieser Welt und zu diesem Leben – und das spricht das Predigerbuch mit großer Deutlichkeit aus.

Wie dieser König Salomo, so ist der natürliche Mensch. Es wird damit einfach die unter die Sünde geratene Welt gezeichnet; und es ist gut, sich das nicht zu verhehlen. Man versteht dann, wie Philosophen, die diese Welt nüchtern betrachten, abgesehen von Gott, abgesehen von dem Evangelium von Jesus Christus sagen, der Grundirrtum sei zu meinen, dieses Leben sei lebenswert (so etwa Arthur Schopenhauer).

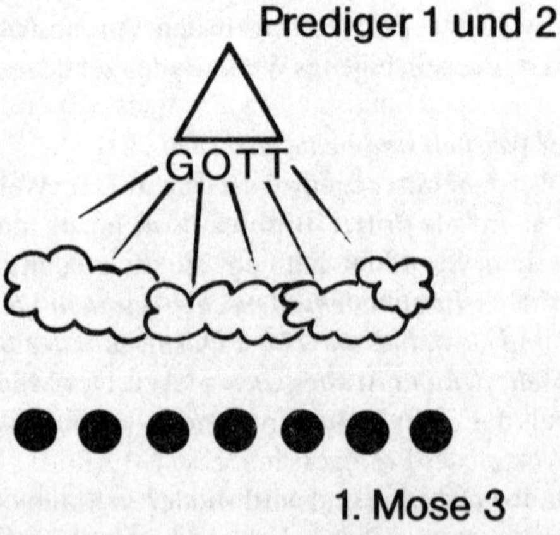

Abb. 132: Wie unter einer dichten Wolkendecke

Die Welt ist eine von Gott abgefallene Welt und befindet sich gewissermaßen unter der Wolkendecke, die den Namen »Sünde« trägt (vgl. Abb. 132). Kein Strahl des göttlichen Lichtes durchdringt dieses dichte Gewölk. So zeigt dieser erste Teil des Predigerbuches schlichtweg die Welt von 1. Mose 3 und den Menschen, der darin lebt. Von ihm heißt es: »Deine Sünde scheidet dich von deinem Gott.«

In den ersten beiden Kapiteln des Predigerbuches bleibt dem Verfasser eigentlich kein anderer Trost als der, den Paulus in 1. Korinther 15 als den Sinn der Welt ankreidet und beanstandet: »Laßt uns essen und trinken; denn morgen sind wir tot!« (1. Kor 15,32; zitiert aus Jes 22,13). So sagt der Prediger in etwa auch: ›Was will man mehr tun, als sich gütlich zu tun, solange man jung ist und gute Tage hat, sich den Wein schmecken zu lassen und im übrigen seine Arbeit, solange man kann, mit Lust zu tun!?‹ *»Ist's nun nicht besser für den Menschen, daß er esse und trinke und seine Seele guter Dinge sei bei seinem Mühen?«* (2,24a). Viel mehr hat er hier an Trost nicht, als mit solch einer Haltung die Dinge dieses Lebens zu ertragen und noch aus allem einigermaßen das Beste zu machen.

3.2 Die Antwort wird positiver (Kap. 3–12)

Ab Kapitel 3 erklingt ein neuer Ton, manchmal deutlicher, manchmal leiser. Nun wird Gott erheblich häufiger erwähnt als am Anfang des Buches, wenn auch nur im Sinne einer oft etwas unfrohen Gottesfurcht, einer Religiosität oder Frömmigkeit, die ein bißchen bedrückend wirkt.

In diesem zweiten Abschnitt, der den Rest des Buches ausmacht, finden sich Worte in diesem Sinn: ›Wenn du gute Tage hast, dann danke deinem Gott; und hast du weniger gute Tage, dann nimm auch das als von Gott verordnet an‹ (vgl. 7,14). Einen Sinn sieht der Prediger darin noch nicht, aber er geht bereits davon aus, daß Gott dies verordnet.

Dies ist ein Ton des Dennoch-mit-Gott-Rechnens. Ich verdeutliche das an dem bereits oben verwendeten Bild: Es ist, als ob an einem Tag, an dem der Himmel dicht bewölkt ist, die Sonne nicht gesehen wird und es dennoch durch das Tageslicht einigermaßen hell ist. Man sieht die Sonne zwar nicht, aber sie ist ein wenig sichtbar, wenn auch durch viele Brechungen hindurch.

So dringt zwischen all den trübseligen Worten, die sich bis zum Schluß des Buches, bis Kapitel 12 fortsetzen, so etwas wie ein Licht durch die ein wenig dünner gewordene Wolkendecke hindurch.

Woran zeigt sich dies? Eitelkeit und Mühsal verschwinden nicht, doch der Fromme erkennt, daß beides, das Angenehme und das, was ihm Schmerzen bereitet, Gottes Gabe ist. Das beginnt schon in Kapitel 2: *»Dies sah ich auch, daß es von Gottes Hand kommt«* (2,24–26).

Es ist interessanterweise daran abzulesen, daß offenbar doch viele in Israel die noch unvollkommene Gottesoffenbarung im Alten Bund so empfunden haben, daß dabei nur ein etwas spärliches Licht hereinbrach, so daß noch vieles im Dunkel blieb. Nicht alle in Israel haben also die Offenbarung Gottes mit der Helligkeit vieler Lobpsalmen besingen können, und es überwiegen im Psalter ja auch die Klagepsalmen (vgl. dazu das Kapitel »Der Psalter«).

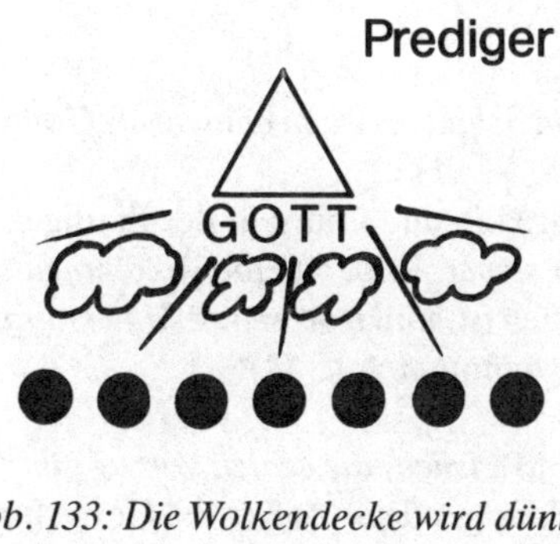

Abb. 133: Die Wolkendecke wird dünner

Unter dem Gesichtspunkt also, daß beides, das Angenehme und das, was dem Menschen Schmerzen bereitet, Gottes Gabe ist, wird ab Kapitel 3 das vorher Dargelegte noch einmal durchgegangen:

a) Gott »hat alles schön gemacht zu seiner Zeit« (3,1–15)

Der Prediger hat erfahren, was er selbst ausspricht: Gott *»hat alles schön gemacht zu seiner Zeit«* (3,11 a), auch dies, daß er offenbart, daß er den Menschen zur Gotteskindschaft, zur Herrlichkeit berufen und dafür den Weg bereitet hat. So ist uns mit der Auferstehung Jesu Christi von den Toten die große Hoffnung zugänglich gemacht.

b) Der Mensch ist vergänglich – um seiner Sünde willen (3,16–22)

Die Nähe des Predigerbuches zu 1. Mose 3 ist offensichtlich (vgl. 3,20; siehe dazu oben, 1.1 c).

So wäre es, wenn Christus nicht auferstanden wäre. Gerade dann, wenn man das Predigerbuch liest, wird man sehr dankbar für das Weiterschreiten Gottes in seiner großen Heilsgeschichte. Man wird dankbar dafür, daß Gott nicht bei dem stehengeblieben ist, was Israel damals empfangen hatte.

c) Die Mühe der Arbeit und die Not der Vereinsamung (4,1–12)

Das, was die Folge des Sündenfalles ist, führt der Prediger weiter aus: *»Besser daran ist, wer noch nicht geboren ist... Da ist nur Eifersucht des einen auf den andern«* (4,3f.). Die Einsamkeit des Menschen ist seine große Not: *»Fällt einer von ihnen, so hilft ihm sein Gesell auf. Weh dem, der allein ist, wenn er fällt! Dann ist kein anderer da, der ihm aufhilft«* (4,10).

d) Rechte Weisheit besteht in der Gottesfurcht (4,17–5,8)

Ähnlich wie das Sprüchebuch weiß der Prediger um die Gottesfurcht als die eigentliche Quelle der Weisheit: *»Bewahre deinen Fuß, wenn du zum Hause Gottes gehst, und komm, daß du hörest«* (4,17 a). *»Sei nicht schnell mit deinem Munde«* (5,1 a).

e) Reichtum wird zum Schaden, wenn er nicht als Gottesgabe verwendet wird (5,9–6,6)

Auch im Blick auf Hab und Gut sagt der Prediger, daß »alles eitel« sei. *»Wie einer nackt von seiner Mutter Leibe gekommen ist, so fährt er wieder dahin, wie er gekommen ist, und trotz seiner Mühe nimmt er nichts mit sich in seiner Hand, wenn er dahinfährt«* (5,14).

f) Die Gottesfurcht ist Weisheit, die echten Vorzug gibt (6,7–8,17)

Nun kommt der Prediger dazu, daß er die Gottesfurcht als etwas erkennt und empfiehlt, das für den Menschen von Vorteil ist. Nein, es ist nicht gleichgültig, wie jemand lebt. Es wird daher in etwa so gesprochen: ›Zwar sieht es oft so aus, als würde Gott einem Gottlosen ein Geschick geben, als ob dieser fromm wäre, und einem Frommen ein Geschick, als wäre dieser gottlos. Und dennoch: Wenn es hundertmal so aussieht, dann sollst du nichtsdestoweniger festhalten, daß Gott den Gerechten lohnt und ihn am Ende trotz allem annimmt‹ (vgl. 7,15; 8,10 ff.).

So finden wir selbst beim Prediger nicht schlechthin die Einstellung: »Laßt uns essen und trinken; denn morgen sind wir tot!«, sondern einen sehnsüchtigen Ausblick nach Gott, ob man nicht doch bei ihm Halt bekäme. Dem Menschen ist ein Verlangen nach Ewigkeit ins Herz gegeben, aber es ist ihm noch alles verborgen. Zwar braucht der Mensch mehr als Nahrungsmittel, um zu leben: *»Alles Mühen des Menschen ist für seinen Mund, aber sein Verlangen bleibt ungestillt«* (6,7), und doch bleibt dieses Verlangen, diese Sehnsucht nach Ewigkeit etwas Unerfülltes.

g) Der Weise (der Fromme) wird zur gegebenen Zeit das rechte Wort und die rechte Tat finden (9,1–12,7)

Ein weiteres Wort im Sinne des Predigers lautet: ›Ein junger Mensch, der sich des Lebens freut, soll bedenken, daß er am Ende über alles Rechenschaft zu geben hat‹ (vgl. 11,9). In diesen Zusammenhang gehört auch eines der bekanntesten Worte des Predigerbuches: *»Denk an deinen Schöpfer in deiner Jugend, ehe die bösen Tage kommen und die Jahre sich nahen, da du wirst sagen: ›Sie gefallen mir nicht‹«* (12,1).

h) »Alles ist eitel« – Grundaussage und Rahmen des Buches (1,2; 12,8)

Am Schluß wird noch einmal wiederholt, was schon am Anfang des Buches steht: *»Es ist alles ganz eitel, spricht der Prediger, ganz eitel«* (12,8).

i) Nachwort (12,9–14)

Hier wird das Fazit des gesamten Predigerbuches gezogen: *»Laßt uns die Hauptsumme aller Lehren hören: Fürchte Gott und halte seine Gebote; denn das gilt für alle Menschen. Denn Gott wird alle Werke vor Gericht bringen, alles, was verborgen ist, es sei gut oder böse«* (12,13 f.). Das ist immerhin doch ein stärkerer Lichtstrahl durch die »Wolkendecke« des Alten Testamentes hindurch.

4. Das Predigerbuch im Gesamtzusammenhang der Heiligen Schrift

Trotz der Schlußsätze des Predigerbuches (12,13f.) ist der Fortschritt groß, der dann mit dem Neuen Testament erfolgt.

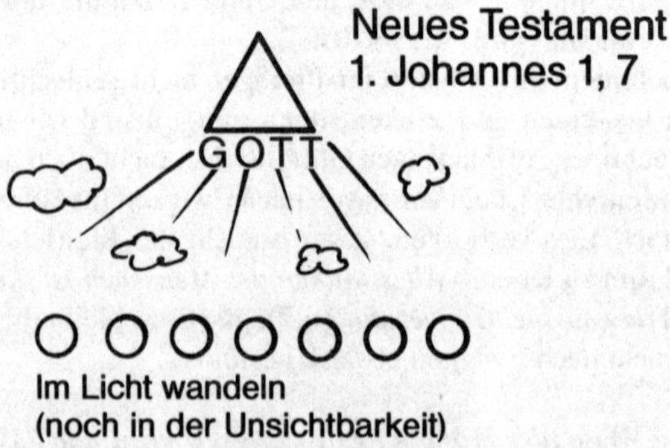

Abb. 134: Die Wolkendecke ist weg

Zwar ist Gott auch nach dem Neuen Testament noch in der Unsichtbarkeit und noch nicht zu sehen, aber die »Wolkendecke« ist aufgerissen, sie verschwindet immer mehr. Der helle Tag bricht damit an, daß Gott das große Neue »unter der Sonne« tut, indem er seinen Sohn Jesus Christus in diese Welt der Sünde sendet und dieser alle Sünde der Welt abträgt (vgl. 2. Kor 5 und die Auslegung dort). Jesus Christus hat sich unter diese »Wolkendecke« gestellt; der »große, schreckliche Tag des HERRN«, der aus dieser »Wolkendecke« hervorbrechen wird (das mächtige »Ungewitter« des Endgerichtes), ist am Karfreitag über Jesus schon hereingebrochen. Was *uns* gegolten hat, hat *ihn* getroffen!

Wo das »Gewitter« niedergegangen ist, dort leuchtet nun die Sonne. Wer dort steht, steht im vollen Licht – und das nicht nur so wie im Alten Testament, wo auch schon der Segen ausgesprochen wird (4. Mose 6, 24–26): »Der HERR lasse sein Angesicht leuchten über dir und sei dir gnädig.« Im Kolosser- und im Hebräerbrief wird gesagt, das sei im Alten Testament alles nur ein »Schatten von den zukünftigen Gütern« gewesen (Hebr 10,1; vgl. Kol 2,17; Hebr 8,5), noch wie unter der Wolkendecke, mehr Verheißung als schon Realität. Mit Jesus Christus ist das volle Licht da, und Christen sind Menschen, die in diesem Licht leben dürfen. »Wenn wir aber im Licht wandeln, wie er im Licht ist« (1. Joh 1,7 a). Wie ist das möglich? »Das Blut Jesu, seines Sohnes, macht uns rein von aller Sünde« (1. Joh 1,7).

Der Prediger fragt noch: Was ist denn der Sinn, der Wert des Lebens? Was nützt es? Was soll es denn überhaupt sein? Was bringt's? Wiederholt tauchen im Predigerbuch solche Fragen auf, vor allem in den ersten beiden Kapiteln. Doch der Prediger hat keine Antwort. Er sagt nur: »Alles ist ganz eitel!« Er kann im Negativen keinen Sinn sehen.

Was meint das Neue Testament dazu? Paulus sagt: »Wir wissen aber, daß denen, die Gott lieben, alle Dinge zum Besten dienen« (Röm 8,28). Und: »Denn ich bin überzeugt, daß dieser Zeit Leiden nicht ins Gewicht fallen gegenüber der Herrlichkeit, die an uns offenbart werden soll« (Röm 8,18). Was wir tun, ist nicht umsonst, seit Jesus auferstanden ist (1. Kor 15,58). Nichts ist mehr sinnlos – weder das Leiden noch das Wirken, weder die Erkenntnis noch das Zeugnis. »Das Wort, das aus meinem Munde geht, ... wird nicht wieder leer zu mir zurückkommen, sondern wird tun, was mir gefällt, und ihm wird gelingen, wozu ich es sende« (Jes 55, 11).

Das Predigerbuch hat also seinen Platz in der Bibel nicht in dem Sinn, daß man herausgelöst aus den biblischen Zusammenhängen die einzelnen Worte dieses Buches gebrauchen könnte, als ob sie allein Aussagen der Bibel wären. Gerade am Buch des Predigers ist zu erkennen, daß das Zitieren einzelner Bibelverse, die aus ihrem Gesamtzusammenhang gelöst worden sind, mißverständlich und irreführend, ja gefährlich sein kann, wenn man die Gesamtaussagen der Bibel dabei aus dem Blick verliert. Wenn das alles wäre, was der Prediger sagt: »Alles ist ganz eitel«, und: »Es geschieht nichts Neues unter der Sonne«, so wäre das schrecklich. Man darf nicht versäumen, hinzuzufügen: Doch, es ist inzwischen etwas Neues geschehen. Dieses große Neue ist, daß Gott ein neues Blatt in der Heilsgeschichte aufgeschlagen hat: »Als aber die Zeit erfüllt war, sandte Gott seinen Sohn« (Gal 4,4) gewissermaßen unter die Wolkendecke. Jesus Christus hat die Voraussetzung dafür geschaffen, daß der Blick zu Gott frei wird, daß aber auch der Weg zu Gott frei wird. »Jesus spricht: Ich bin der Weg und die Wahrheit und das Leben; niemand kommt zum Vater denn durch mich« (Joh 14,6).

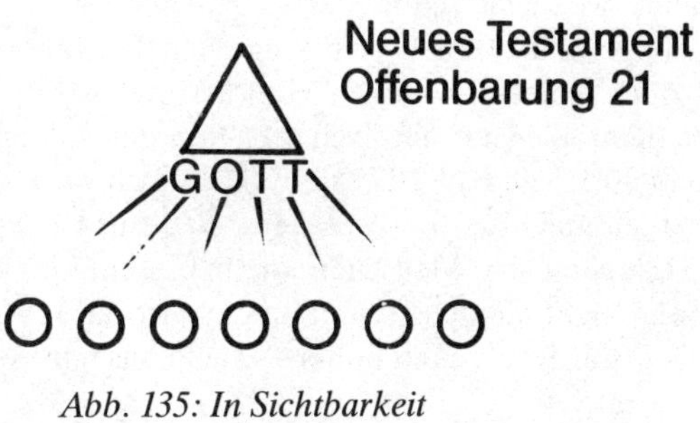

Abb. 135: In Sichtbarkeit

Das, was im Neuen Testament mit Jesus Christus beginnt, wird seine Vollendung finden – und dann wird die Unsichtbarkeit Gottes nicht mehr gegeben sein. Die letzten Reste der »Wolkendecke« werden verschwunden sein, der Himmel ist aufgetan (Offb 19,11), und dann wird ›im vollen Licht zu Gottes Lob die Gottesschau erlangt‹. Gott ist inmitten seiner Menschen; er selber ist das Licht, und die Stadt Gottes wird ein riesiger Lichtdom sein, durchscheinend wie Glas. Und Er sagt: »Siehe, ich mache alles neu!« (Offb 21).

Das ist die Generalüberholung, die Totalüberholung der Aussage des Predigerbuches: »Alles ist eitel.« Diese Aussage geschah aufgrund des damaligen Standes der Heilsgeschichte. Nun gilt nicht mehr: »Es geschieht nichts Neues unter der Sonne«, sondern es ist jetzt alles neu geschaffen. Das ist das Ziel der Wege Gottes; dorthin führt unser Gott.

Das Hohelied Salomos

1. Inhalt, Zweck und Verfasser

Das Hohelied Salomos heißt im Hebräischen »Lied der Lieder«. Dieses Buch ist eine Sammlung von Liebesliedern, von Liedern um die Liebe von Mann und Frau. Der Name Gottes kommt darin kaum vor, d. h. nur an einer Stelle am Schluß des Buches, in der gesagt wird, die Liebe sei eine *»Flamme des Herrn«* (8,6). Es wird in den acht Kapiteln des Hoheliedes mit hohen Worten von der Liebe zwischen Mann und Frau geredet.

Die Lieder dieses Buches wurden gesammelt und zu der jetzt im Alten Testament vorliegenden Komposition zusammengefügt. So entstand eine Aneinanderreihung, die in ihrem Aufbau geradezu dramatisch wirkt: Nachdem die Liebesverbindung entstanden ist, kommen sich die beiden Partner näher; nachdem eine Krise eingetreten war, die das Zueinander-Kommen sehr erschwerte, kommt es am Schluß doch noch zur bräutlichen und ehelichen Gemeinschaft. Also ist das Hohelied so aufgebaut:

a) Die Liebesverbindung entsteht (1,2–2,17)

Der erste Abschnitt des Hoheliedes stellt ein Miteinander-Verbindung-Aufnehmen dar, ein erstes Liebgewinnen.

b) Wachsende Sehnsucht und beglückende Erfüllung (3,1–5,1)

Dieser Abschnitt zeigt, wie sich die beiden einander annähern; sie begegnen sich wiederholt.

c) Gestörte Verbindung und erneute Zusammenführung (5,2–7,14)

Es tritt in der Beziehung eine Krise ein: Er will zu ihr kommen, sie aber verschließt sich. Und als sie sich dann ihm zuwenden möchte, ist er nicht mehr da.

d) Die Liebe führt zum Lebensbund (8,1–14)

Schließlich kommt es doch noch zur bräutlichen und ehelichen Gemeinschaft.

So stellt dieses Hohelied Salomos zunächst vordergründig, in menschlich-natürlichem Sinn eine Sammlung von Liebesliedern dar, die in ihrem Stil mitunter vielleicht etwas schwülstig wirken. Es ist auch die Frage, ob all die Beschreibungen der Schönheit des Mädchens für unser Empfinden als Beschreibungen von Schönheit überhaupt gelten können – etwa, wenn gesagt wird: *»Deine Nase ist wie der Turm auf dem Libanon, der nach Damaskus sieht«* (7,5b). Man muß aber bedenken, daß diese Liedersammlung aus einem anderen Kulturkreis stammt und bereits 3000 Jahre alt.

Mir scheint es fraglich zu sein, ob diese Lieder von Salomo stammen, da es darin im Grunde genommen um die Einehe geht. Zwar könnten einige Bemerkungen auf eine königliche Gestalt wie Salomo hinweisen (wie etwa Aussagen, die den jungen Mann betreffen, der einmal als Hirte und dann wieder als König erscheint [aber Liebende sehen sich ja in allerlei Rollen], und auch das Mädchen erscheint einmal als Ziegenhirtin, ein andermal als Fürstentochter und sodann als Weinberghüterin).

Es ist aber doch ein solch großer Respekt und ein solch feines und reines Verlangen in diesem Mann und in diesem Mädchen, daß man sich nicht vorstellen kann, daß ein Mann wie Salomo, der Hunderte von Frauen hatte, von einer einzigen Frau so reden konnte. Ich nehme deshalb eher an, daß das Hohelied eine Sammlung war, die Salomo gewidmet oder die in seinem Auftrag zusammengestellt worden ist.

2. Zur Kanonizität und zur übertragenen Bedeutung des Buches

2.1 Zur Frage der Kanonizität dieses Buches

Man kann, wenn man das alles erörtert, freilich fragen, warum dieses Buch in der Bibel zu finden ist. Das ist die Frage nach der Kanonizität des Hoheliedes, d.h. nach der Zugehörigkeit zum Kanon. (Ähnliches war ja beim Predigerbuch der Fall.)

Dazu ist zunächst zu sagen: Warum sollte die Liebe von Mann und Frau, wenn sie rein und schöpfungsgemäß gesehen wird, nicht auch in demselben Buch einen Platz haben, in dem Naturpsalmen sind, in dem auch die Werke der Schöpfung – die Berge, die Sonne, die Blumen usw. – besungen werden? Warum sollte hier nicht rechtmäßig und ordnungsgemäß von einer der guten und schönen Gaben Gottes die Rede sein, die von demselben Geber kommt, der all die anderen Gaben dieses Lebens schenkte?

2.2 Der zweite Sinn des Hoheliedes

Wenn man das Ganze der Bibel – insbesondere des Alten Testaments – ins Auge faßt, scheint etwas anderes der Grund dafür gewesen zu sein, daß das Hohelied Salomos einen Platz im biblischen Kanon bekommen hat. Dieses Buch hat nämlich außer der menschlich-natürlichen noch eine weitere Bedeutung.

Man kann ja davon ausgehen, daß es von Gottes Geist erleuchtete Menschen, prophetische Menschen waren, die nicht nur die biblischen Bücher geschrieben, sondern auch gesammelt und abgegrenzt haben. Die prophetischen Männer, die das Alte Testament etwa um 400 v. Chr. zur Abrundung brachten, haben mindestens seit Jesaja und Hosea immer unter dem Bild der ehelichen Liebe von Mann und Frau etwas viel Größeres gesehen, nämlich die Liebe Gottes zu seinem Volk. Die Propheten, die in jenen Schriften so schrieben (z. B. Jes 1; 62,5; Hes 16; 23; das gesamte Hosea-Buch), verwendeten immer wieder das Bild der engsten Verbindung von Menschen, nämlich der Beziehung von Mann und Frau, um daran das Verhältnis Gottes zu seinem Volk zu veranschaulichen. (Ähnlich wird auch in der Bibel mehrfach die andere engste Verbindung von Menschen – der von Eltern mit ihren Kindern – verwendet, um daran die Vaterschaft Gottes über seinen Menschenkindern, über seinem Volk zu verdeutlichen. Aber auch an die Art und Weise des Umgangs einer Mutter mit ihren Kindern ist zu denken, nach der das Verhalten Gottes gegenüber Menschen veranschaulicht wird.)

Wenn man das Hohelied Salomos in diesem zweiten, übertragenen Sinn auffaßt und auslegt, so muß man sich doch davor hüten, jeden einzelnen Zug dieses Buches in diesem Sinne auszudeuten. Sonst kann das zu einer Spielerei, ja zur Blasphemie werden. Schon die alten jüdischen Schriftgelehrten, die Rabbinen, haben das Hohelied – auch in seinen Einzelzügen – durchgehend auf das Verhältnis Gottes zu seinem Volk Israel ausgelegt. Bei dieser Auslegungsart sind sie manchmal zu weit gegangen. Man muß bei dieser Auslegung also auch um eine Grenze wissen.

Aber wenn man um diese Grenze weiß, darf man davon ausgehen, daß es biblisch berechtigt ist, in diesen Liedern nicht nur Lieder über die Liebe zwischen Mann und Frau zu sehen (wie es viele Ausleger heute tun). Es ist vielmehr ganz gewiß zulässig und geboten, wenn daneben und vor allem jener zweite, übertragene Sinn gesehen wird. Denn diese Bedeutung spielt ja auch sonst in der Heiligen Schrift eine so große, fast beherrschende Rolle (siehe oben: Jesaja, Hesekiel, Hosea): Diese Liebe zwischen Mann und Frau dient als Bild für das Verhältnis Gottes zum Menschen.

Im Neuen Testament ist es so, daß Jesus wiederholt den großen kommenden Tag unter Verwendung des Bildes von der Hochzeit darstellt. Immer wieder geht es bei ihm um die königliche Hochzeit, um das große Fest – sowohl in einzelnen Worten wie auch in Gleichnissen (z. B. Mt 25,1 ff.). So redet auch Paulus in Epheser 5,25–27. Zunächst hat man den Eindruck, er rede von der Ehe (was er ja auch tut), und plötzlich gibt er seinen Worten die Wende: »Dies Geheimnis [der Liebe zwischen Mann und Frau] ist groß; ich deute es aber auf Christus und die Gemeinde« (Eph 5,32). Dazu zählt auch Offenbarung 19,7: »Die Hochzeit des Lammes ist gekommen.« Die Stadt Gottes – die vollendete Gemeinde – ist »bereitet wie eine geschmückte Braut für ihren Mann« (21,2). Und – so heißt es in den letzten Versen der Bibel – »der Geist und die Braut sprechen: Komm!« Es ist gut, sich nach dem Fest der liebenden Vereinigung mit Ihm auszustrecken.

Die geistliche Auslegung des Hoheliedes sieht so aus:

Gott wendet sich dem Menschen zu, indem er sich tief zu ihm herabbeugt und ihn zu sich emporhebt (besonders dann in der Entrückung der Gemeinde Jesu; vgl. Abb. 136). Er greift nach dem Menschen und hebt ihn zu sich auf seinen Thron empor. »Die Hochzeit des Lammes ist gekommen« (Offb 19,7). So handelt es sich in Offenbarung 19 eigentlich um die Entrükkung, von der Paulus spricht (1. Thess 4,17). »Entrückung« heißt: Wir dürfen Ihm entgegengehen und dann das Fest der liebenden Vereinigung mit Ihm feiern zu Seinem Lob.

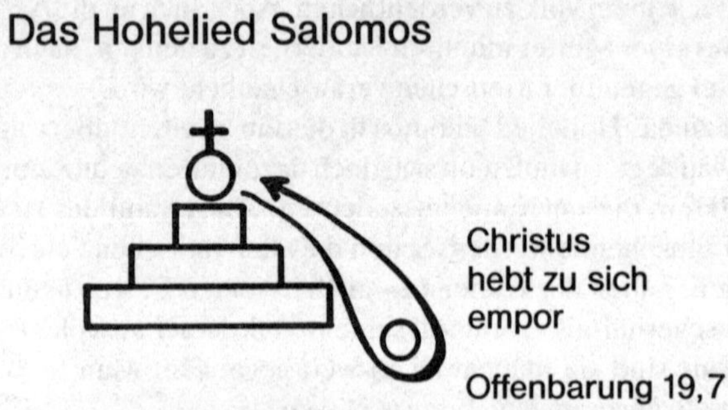

Abb. 136: Das Hohelied Salomos, geistlich gedeutet – die Hochzeit des Lammes

Dann errichtet Jesus das kommende Friedensreich (Offb 20,1 ff.). Der erhöhte Herr macht in den Sendschreiben ein großes Angebot an die Gemeinde von Laodicea, indem er sagt: »Wer überwindet, dem will ich geben, mit mir auf meinem Thron zu sitzen, wie auch ich überwunden habe und mich gesetzt habe mit meinem Vater auf seinen Thron« (Offb 3,21). »Auf dem Thron sitzen« heißt »regieren«. Daher ist in Offenbarung 20 ausdrücklich davon die Rede, daß diejenigen, die zu Christus gehören, mit ihm regieren werden (Offb 20,4b.6b). Die Gemeinschaft mit Christus in der Ewigkeit ist also nicht nur eine Liebesgemeinschaft, sondern auch eine Dienstgemeinschaft mit Ihm. Seine Kinder werden dann in einer jetzt unvorstellbaren Weise im kommenden Friedensreich diese Erde in einem gottgefälligen und für sie alle heilsamen Sinn ordnen dürfen, und zwar in der Gemeinschaft mit dem Herrn. Er gibt ihnen dann auch an Seinem Werk teil.

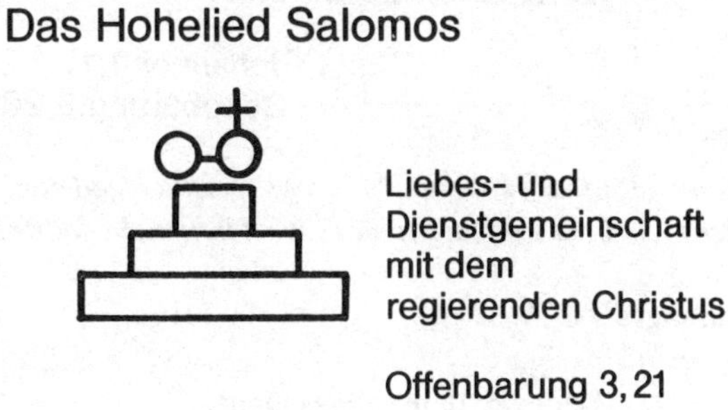

Abb. 137: Das Hohelied Salomos, geistlich gedeutet – im kommenden Friedensreich mit Ihm auf dem Thron

Zwei Verse aus dem Hohelied seien im Sinne der oben erwähnten Ausdeutung von Einzelzügen beleuchtet.

Das ist zum einen die Stelle, in der der Geliebte erscheint und anklopft, aber das Mädchen ihm nicht öffnet (5,2). Das Mädchen spricht: »Ich schlief, aber mein Herz war wach. Da ist die Stimme meines Freundes, der anklopft: ›Tu mir auf, liebe Freundin, meine Schwester, meine Taube, meine Reine...‹« Im dritten Teil des Buches, zu dem dieser Vers gehört, kommt ja das Verhältnis zwischen den beiden Partnern in eine dramatische Krise (siehe 1. c), bei der zunächst das Mädchen den jungen Mann nicht hereinläßt, sich ihm gegenüber also verschließt.

Dieses vergebliche Anklopfen des jungen Mannes ist ein Bild dessen, was Jesus Christus widerfahren ist. »Er kam in sein Eigentum; und die Seinen nahmen ihn nicht auf« (Joh 1,11). Er selbst spricht dann: »Siehe, ich stehe vor der Tür und klopfe an« (Offb 3,20a). Was das heißt, zeigt Abbildung 137: Jesus Christus steht vor der Tür und will zu dem hereinkommen, der drin ist. Aber dieser hat einen Widerwillen und Vorbehalt gegen Jesus und öffnet ihm nicht.

Zum anderen betrifft dies den Fortgang jener Geschichte im Hohelied: Das Mädchen macht nach einiger Zeit die Türe auf, schaut vor die Tür, doch es ist niemand mehr da (5,5f.).

Das Hohelied Salomos 5,2

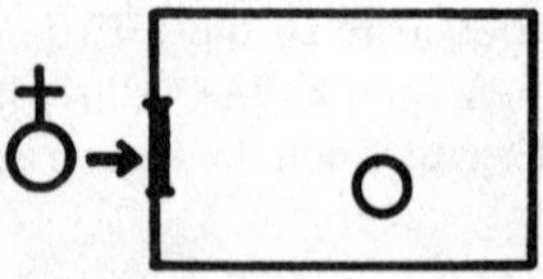

Abb. 138: Das Hohelied Salomos, geistlich gedeutet – der Geliebte klopft an, aber es wird ihm nicht geöffnet

Michael Hahn sagte:

> Bedenke dein seliges Heut',
> die Gnade hat Grenzen und Zeit.

Jesus Christus ist den Menschen nicht immer gleich nahe – und wenn man es sich überlegt hat und Ihm die Türe öffnet, so ist vielleicht niemand mehr da.

Das Hohelied Salomos 5,3

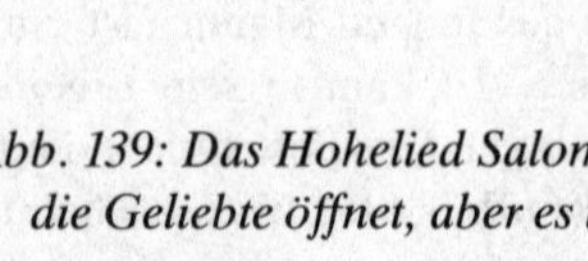

Abb. 139: Das Hohelied Salomos, geistlich gedeutet – die Geliebte öffnet, aber es ist niemand mehr da

Etwas davon hat Israel erleben müssen, als es seinen Messias Jesus von Nazareth abgewiesen hat. Danach war »die Decke vor den Augen« (vgl. 1. Mose 20,16; 2. Kor 3,13–16). Zuerst wollten sie nicht, und dann konnten sie auch nicht mehr. Aber das Ende ist doch das, was Paulus sagt: »Gott hat alle eingeschlossen in den Ungehorsam, damit er sich aller erbarme« (Röm

11,32). Das ist ein Geheimnis, daß schließlich das ganze Israel errettet werden wird. Ausgerechnet der strenge Jakobusbrief beinhaltet das Wort: »Barmherzigkeit triumphiert über das Gericht« (2,13b).

Aber aus dieser Gewißheit darf man kein sicheres System, kein »Ruhekissen« machen. Man sollte damit nicht spekulieren, aber solche Worte einfach hören – und dennoch die Warnung nicht überhören, daß die Gnade »Grenzen und Zeit« hat. Das Gnadenangebot Gottes ist also zeitlich beschränkt. Es könnte sein, daß wir es zu lange hinausschieben, so lange, bis niemand mehr da ist. Das wäre schlimm.

Der Prophet Jesaja

1. Einleitung

1.1 Die Propheten

1.1.1 Die Entstehung der Prophetie in Israel

Um die Zeit zu verstehen, in der die Prophetie entstand und in der die Propheten überwiegend gewirkt haben, ist es notwendig, einen Blick auf die Bücher 1. und 2. Könige sowie 1. und 2. Chronik zu werfen (siehe die entsprechenden Kapitel). Salomo, jener Mann, der gut anfing und weniger gut endete, stellte die Weichen für eine böse Entwicklung. Unter Salomos Sohn Rehabeam erfuhr das Land Israel eine Teilung, und zwar in einer politisch sehr heiklen Lage. Wieder einmal war nämlich eine Großmacht im Kommen: das grausame Assyrien im Nordosten. Im Altertum gab es wohl kein anderes Volk, das so grausam war wie die Assyrer. Eben zur Zeit des Vordringens der Assyrer hat sich das Volk Israel in ein Nord- und ein Südreich gespalten, was schon den Keim des Untergangs in sich barg.

Das Nordreich Israel, das Zehn-Stämme-Land um die Hauptstadt Samaria, ging rasch dem Untergang entgegen. Häufig wechselnde Königsdynastien lösten sich an der Macht ab; die eine hat meist die vorhergehende durch Mord beseitigt, der Götzendienst drang ein und hat sich bald ausgebreitet (siehe dazu die tabellarische Übersicht über die Könige Israels im Kapitel über 2. Könige). Im Südreich Juda verlief diese Entwicklung etwas langsamer, aber auch dieses Land ging deutlich der Katastrophe entgegen.

Mitten in dieser trostlosen Zeit und Entwicklung seines Volkes Israel hat Gott im Alten Bund etwas Großartiges geschenkt: die Propheten. Diese Propheten sind ganz und gar von Gott abhängig und daher von Menschen unabhängig gewesen. In seiner Pädagogik mit seinem Volk führt Gott durch seine Propheten auch weiter zu der Erkenntnis seiner Zukunftspläne; sie sollen sich des getrösten und recht innerlich und äußerlich mitgehen.

1.1.2 Die Worte der Propheten

Die Schriftpropheten waren also das Neue in einer Zeit, in der Israel mit seinen beiden Teilreichen deutlich dem Absturz entgegenging. Die Worte dieser Propheten wurden schriftlich festgehalten – entweder durch sie selbst oder durch ihre Schüler –, und zwar aus verschiedenen Gründen:

a) Ihre Worte waren zwar in ihre jeweilige Gegenwart hineingesprochen, und doch zeigten sie etwas von der bleibenden Bedeutung, die Gottes Wort hat. Weil Gott sich selbst treu ist – er ist ja gestern und heute und in Ewigkeit derselbe –, darum ist es auch für kommende Geschlechter in neuen Situationen wichtig, diese Worte zu haben und zu hören. Wieviel an geistiger Wegweisung auch heute verdanken wir dem Umstand, daß diese Propheten ihre Worte festgehalten haben. Sie haben das nicht nur so wie Geschichtsschreiber getan (etwa mit den einzelnen Worten des Propheten Elia in 1. Könige), sondern sehr ausführlich und umfassend.

b) Bei diesen Propheten ist gelegentlich zu sehen, daß es etwa heißt: ›Binde zu das Zeugnis, versiegle es deinen Schülern!‹ (vgl. Jes 8,16–18). Diese Propheten sprachen also Worte aus, die zu ihrer Zeit noch gar nicht voll aufgenommen und verstanden werden konnten, weil die Zeit dafür noch nicht reif war. Doch diese Worte sollten für spätere Generationen festgehalten werden. Bei Daniel heißt es einmal ausdrücklich: »Viele werden es [d. h. die Worte Daniels] dann durchforschen und große Erkenntnis finden« (Dan 12,4b).

c) Ein dritter, gewaltiger Grund für das schriftliche Festhalten und Sammeln der Prophetenworte ist, daß nun – ganz anders als bisher im Alten Testament – gewissermaßen das Gewölk auseinandertritt (vgl. die Abb. 132ff.: die Wolkendecke zwischen Gott und Welt) und diese Propheten eine Fernsicht bekommen, einen Ausblick auf das große Ziel Gottes. Das war vorher im Alten Testament nur sehr sporadisch gegeben (etwa im Segen Moses am Schluß des fünften Mose-Buches [5. Mose 33] oder merkwürdigerweise bei Bileam, der etwas von dem Stern weiß, der aufgehen soll [4. Mose 24,17]). Aber nun ist der Blick voll auf dieses gewaltige Ziel gerichtet, das Gott mit der Welt hat.

1.2 Der Prophet Jesaja

Das Wirken der Schriftpropheten begann im Nordreich etwa um 760 v. Chr. Amos und Hosea wirkten im Zehn-Stämme-Land. Im Südreich trat etwas später der große Prophet Jesaja auf, dessen Wirkungszeit aber wesentlich länger dauerte als die von Amos oder Hosea. Jesaja hat etwa 50 Jahre lang (ca. 740–690 v. Chr.) in der Regierungszeit von vier Königen gewirkt. Jesaja durfte also verhältnismäßig lange wirken und seine Worte in die vielfältigen Wechselfälle der Verhältnisse in Juda hinein sprechen. Das tat er unter den Königen Usija (der König, der aussätzig war), dessen Sohn Jotam, dessen Enkel Ahas und dessen Urenkel Hiskia (vgl. Jes 1,1). Besonders mit Hiskia hat Jesaja in einer besonders vertrauensvollen Weise zusammengearbeitet. Nach außerbiblischen Quellen ist Jesaja unter Manasse den Märtyrertod gestorben (siehe unten, zu Jes 6).

Jesaja hat eine großartige Sprache. Er war – schlicht gesagt – ein Dichter von Gottes Gnaden. Er hat einprägsame Bilder verwendet, und es sind diese einzigartige Ausführungen, die sein Wort so eindrucksvoll machen. Aber es verzeichnet sein Bild, sähe man in ihm nur den großen Dichter (wie man es im Zeitalter der Aufklärung getan hat). Er ist zwar in gewissem Sinne der »König der Propheten«, aber man sollte über der Schönheit seiner Sprache nicht vergessen, daß Jesaja eine Botschaft mit ganzem Ernst auszurichten hatte, deren Inhalt wichtiger ist als die schöne Sprache, in die er sie kleidete.

2. Der Aufbau des Buches

Das Jesaja-Buch ist in zwei Teile gegliedert, die verschiedene Epochen der Geschichte Israels betreffen:

1. Die Kapitel 1–39 fallen in die Zeit der Bedrohung Israels durch die Großmacht Assur (ca. 740–700 v. Chr.). Sie untergliedern sich so:
a) Jesajas prophetische Worte für Juda/Jerusalem (Kap. 1–12)
b) Jesajas prophetische Worte über die Völkerwelt in Gericht und Gnade (Kap. 13–27)
c) Zions Bedrängnis, Gericht und Rettung (Kap. 28–35)
d) Ein geschichtlicher Anhang (Kap. 36–39)

2. Die Kapitel 40–66 sind in die Zeit des babylonischen Exils Israels einzuordnen. Dieser Abschnitt des Buches besteht aus zwei Teilen:
a) Die Worte an die Gefangenen aus Israel in Babel (Kap. 40–55)
b) Der neue Heilszustand und das Gericht über die Völker (Kap. 56–66)

3. Zum Einzelnen

3.1 Jesaja 1–39

Die Kapitel 1–39 des Jesajabuches sind in die assyrische Zeit hineingesprochen (740–700 v. Chr.). Das war die Periode der Geschichte Israels, in der dieses Volk immer wieder von seiten der Assyrer von seinem Nordosten aus bedroht worden ist. Die assyrische Weltmacht hatte ja das Bestreben, sich alle damals bekannten Völker zu unterwerfen und einzuverleiben. Es war der Gedanke einer Welteinheit durch Welteinheitsreligion, der die assyrischen Herrscher dabei antrieb.

Im Laufe dieser Bedrohung durch Assyrien wurde das Nordreich Israel gewissermaßen hinweggespült, und auch Juda mit seiner Hauptstadt Jerusalem war aufs härteste bedroht. Juda hat aber zur Zeit des Königs Hiskia eine wunderbare Hilfe erfahren; der angreifende assyrische König Sanherib ist von Gott selbst abgewiesen worden.

In den Kapiteln 1–39 seines Buches verfolgt Jesaja dreimal dieselbe Linie:

a) Zunächst werden Gerichte Gottes gezeigt.

b) Sodann wird begründet, warum Gott richtet.

c) Aber es wird auch gezeigt, wie Gott durch die Gerichte zu seinen großen, herrlichen Zielen hindurchführt.

Dementsprechend ist dieser Teil des Jesajabuches in drei große Abschnitte untergliedert (dazu kommt noch der Anhang):

1. Jesajas prophetische Worte für Juda/Jerusalem (Kap. 1–12)

2. Jesajas prophetische Worte über die Völkerwelt in Gericht und Gnade (Kap. 13–27)

3. Zions Bedrängnis, Gericht und Rettung (Kap. 28–35)

(4. Ein geschichtlicher Anhang, Kap. 36–39)

Ich habe diese sich durch diesen Teil ziehende Linie in Abbildung 140 grafisch veranschaulicht. Der Weg Israels führt zunächst hinab durch die Wasser der Trübsal, durch Notzeiten, und dann hinauf zur großen Gottesherrschaft.

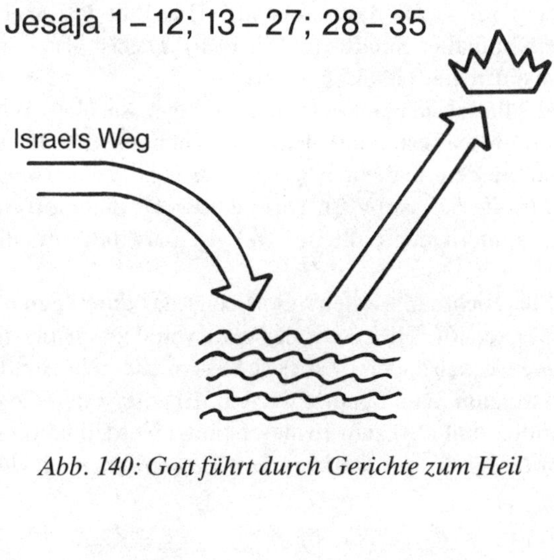

Abb. 140: Gott führt durch Gerichte zum Heil

In der Einzelauslegung von Jesaja 1–39 zeichne ich die drei Schritte nach, die Jesaja in seinem Buch geht.

3.1.1 Jesajas prophetische Worte für Juda/Jerusalem (Kap. 1–12)

In den ersten zwölf Kapiteln wendet sich Jesaja an Israel. Er verkündet das Gericht und die große heilvolle Zukunft Israels. Insbesondere ab dem neunten Kapitel (aber auch schon vorher) tritt die große Hoffnung in Erscheinung, die Israels Zukunft betrifft.

Bereits in **Kapitel 1** setzt Jesaja mit großem Ernst ein, indem er Israels Abfall anprangert und Gottes Strafe ankündigt, aber auch durch den Ruf zurück zu Gott die Chance zur Reinigung von den Sünden und zu einem neuen Gehorsam anbietet.

Jesaja führt zunächst ein Wort Gottes über das von ihm abgefallene Volk Israel an: *»Ein Ochse kennt seinen Herrn und ein Esel die Krippe seines Herrn; aber Israel kennt's nicht, und mein Volk versteht's nicht«* (V. 3). Das ist die große Klage Gottes! Gott klagt hier letztlich nicht um seinetwillen, sondern um des Menschen willen, weil dieser dem entläuft, der sein Leben ist, der ihm wohltat. Gott fragt, was er im Blick auf dieses unbußfertige Volk überhaupt noch tun soll: *»Wohin soll man euch noch schlagen, die ihr doch weiter im Abfall verharrt?«* (V. 5a). Es fruchtet nichts mehr; *»das ganze Haupt ist krank, das ganze Herz ist matt«* (V. 5b). Und Israel läßt sich nicht zurechtweisen.

Aber dann macht Gott das große Angebot: *»Wenn eure Sünde auch blutrot ist, soll sie doch schneeweiß werden, und wenn sie rot ist wie Scharlach, soll sie doch wie Wolle werden«* (V. 18). Dahin bringt Gott sein Volk. Das Neue Testament zeigt, wie das geschieht: »Das Blut Jesu, seines Sohnes, macht uns rein von aller Sünde« (1. Joh 1,7b). Das ist also dennoch keine hoffnungslose Sache mit Israel.

In **Kapitel 2** findet sich erstmals ein gewaltiger Ausblick in die Zukunft, wie es vorher im Alten Testament nicht in Erscheinung tritt. Dieser Ausblick richtet sich auf die Zeit, in der *der Berg, da des HERRN Haus steht, fest stehen wird, höher als alle Berge«* (V. 2). Das heißt wohl, daß Gott nicht nur der Gott Israels, sondern der Gott der Welt ist und dies vor allen sichtbar machen wird.

Wie wird das sichtbar werden? Gott zeigt das durch den einzigartigen Frieden, den er schafft. Hier steht das Wort von den *»Schwertern«*, die zu *»Pflugscharen«* werden sollen (V. 4a), die also nicht mehr zum Kriegführen dienen, sondern zum Säen benutzt werden. Ebenso sollen die *»Spieße«* zu *»Sicheln«* werden und also zum Ernten benützt werden können. *»Denn es wird kein Volk wider das andere das Schwert erheben, und sie wer-*

den hinfort nicht mehr lernen, Krieg zu führen« (V. 4b). Das wird die rechte Abrüstung sein, die dann erfolgen wird, wenn Gott an seinem großen Ziel ist, dem er entgegenführt (vgl. Abb. 145). Das läßt uns auch in bedrängter Zeit unbeirrt und getrost sein.

In **Kapitel 3** richtet sich der Blick wieder auf die Gegenwart jener Zeit. Jesaja geißelt hier die Sünden des Volkes und kündigt das Gericht an. Er brandmarkt insbesondere die Sünden der eitlen Frauen (V. 16–24), die sich, während andere im eigenen Volk darben, mit so ungeheuer viel Schmuck und Kleidung zieren. Jesaja sagt mit drastischen Worten, wohin das führen werde: *»...eine Glatze statt lockigen Haars und statt des Prachtgewandes ein Sack, Brandmal statt Schönheit«* (V. 24b). Die Frauen würden keine Männer mehr haben, weil die Männer im Krieg fallen (V. 25). Das ist das Gericht, das Jesaja hier ankündigt.

In **Kapitel 4** kommt erstmals ein Begriff vor, der ab dort immer wieder auftaucht (in Kap. 6; 10 u. a.): die Redeweise von den »Übriggebliebenen«, vom »heiligen Rest«, vom »heiligen Samen« (vgl. 6,13; 7,3; 10,21f.; 11,16). *»Wer da wird übrigsein in Zion und übrigbleiben in Jerusalem, der wird heilig heißen, ein jeder, der aufgeschrieben ist zum Leben in Jerusalem«* (V. 3). Durch die Läuterungsgerichte wird ein Teil des Volkes herausgebildet, der Werkzeug für die Fortsetzung der Heilsgeschichte Gottes sein kann.

Das ist die »progressive Verengung«: Es werden weniger und weniger bis auf den kleinen Kreis derer, die »auf den Trost Israels warteten« (Lk 2,25), in den dann der Eine hineingepflanzt wurde, der Sohn Gottes. Danach weitet sich diese Verengung wieder: die zwölf Apostel – die 70 Jünger – die 120 Jünger zwischen Himmelfahrt und Pfingsten – die 3000 Menschen an Pfingsten – sodann 5000 Menschen – schließlich die unzählbare Schar »aus allen Nationen und Stämmen und Völkern und Sprachen« (Offb 7,9). So verengt es sich bis zu Jesus von Nazareth, und von da aus verbreitet es sich wieder hinein in alle Welt (vgl. Abb. 2 im Kapitel »Übersicht über das Ganze der Bibel«).

Daran ist zu erkennen, daß Jesaja einen ganz ungewöhnlichen heilsgeschichtlichen Durchblick hatte. Man versteht vieles im Neuen Testament nicht, wenn man Jesaja nicht kennt. Bei Jesus, Paulus und anderen im Neuen Testament ist auf Schritt und Tritt zu sehen, wie sehr sie in den Erkenntnissen des Jesaja leben, insbesondere was die Vorstellung von dem Ziel angeht, das Gott gesetzt hat.

In **Kapitel 5** setzt sich die Gerichtsbotschaft fort in dem erschütternden Weinberglied (V. 1–7). Jesaja hat – aus literarischer Sicht – einen Weg beschritten, wie ihn der Prophet Nathan ging, als er vor den König David trat (2. Sam 12). Nathan erzählte David eine andere Geschichte über die Verfehlung eines Mannes, als es Davids eigene Geschichte war; und er rief

David zum Richter auf, um danach zu sagen: »Du bist der Mann!« David hat also das Urteil über sich selbst gefällt.

Ähnlich erzählt Jesaja in ausgesprochen lyrischer Form das Lied von dem Weinberg seines Freundes. Dieser hatte einen wunderbaren Weinberg angelegt (es wird im einzelnen aufgeführt, welche Mühe der Freund dafür aufgewendet hat). Dann erklingen die dunkleren Akkorde: Dieser Freund hat in seinem Weinberg Frucht gesucht – und keine gefunden.

Jesaja rief, indem er das vortrug, die *»Bürger zu Jerusalem und die Männer Judas«* auf, zu urteilen (V. 3). Das war wohl in der Anfangszeit seines Wirkens, als man ihn noch kaum kannte. Der Prophet trat wohl wie ein fahrender Sänger auf, die damals auf dem Marktplatz ihre Lieder vortrugen.

Doch dann wechselt im Lied plötzlich der Stil. Jesaja geht von der Poesie zur Prosa über. Er legt gewissermaßen sein Saiteninstrument beiseite, wird zum Bußprediger und sagt: *»Des HERRN Zebaoth Weinberg ist das Haus Israel und die Männer Judas seine Pflanzung, an der sein Herz hing«* (V. 7 a). Gott hatte alles für sein Volk getan (das schildert Jesaja am Bild des Weinbergs), und er *»wartete auf Guttat, und siehe, es war Untat«* (V. 7 b). (Jesaja verwendet hier ein Wortspiel, das in der Lutherübersetzung nicht so klar zu erkennen ist wie in dieser modernen Übersetzung.) Dann verkündet Jesaja das Urteil Gottes: Des Weinbergs *»Mauer soll eingerissen werden, daß er zertreten werde. Ich will ihn wüst liegen lassen, daß er nicht beschnitten noch gehackt werde...«* (V. 5 b.6 a). Man merkt, daß es wirklich ein Allmächtiger ist, der hier redet und richtet: *»...und will den Wolken gebieten, daß sie nicht darauf regnen«* (V. 6 b).

Das ist die Gerichtsankündigung für Juda/Jerusalem um der Unfruchtbarkeit gegenüber Gott willen. Jesus greift dieses Bild ja in abgewandelter Form auf und vergleicht Israel mit einem Feigenbaum statt mit einem Weinberg (Lk 13,6–9).

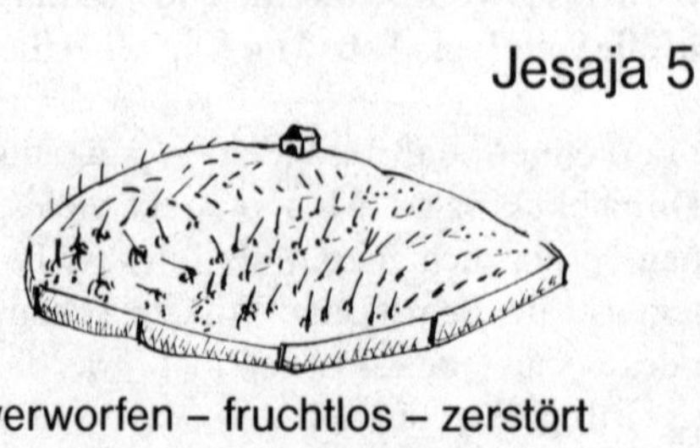

Abb. 141: Das Weinberglied

Jerusalem ist fruchtlos und wird deshalb verworfen und zerstört (vgl. Abb. 141). Das ist der Gang des Volkes Israel.

Daran schließen sich gewaltige Wehe-Worte an (V. 8ff.), ähnlich denen, die in Matthäus 23 von Jesus gesprochen werden. Sie kündigen das Gericht über Juda und Jerusalem unmittelbar an.

Erst danach folgt die beeindruckende Geschichte von Jesajas Berufung zum Propheten in **Kapitel 6**. Vielleicht stand dies am Anfang seines Wirkens, und Jesaja berichtet dies erst hier, weil er nicht sofort mit einem einzigartigen Erlebnis aufwarten wollte, sondern die eigentliche Sache an den Anfang stellt. Wohl erst als seine Zuhörer fragten, wie er überhaupt dazu komme, ihnen diese Worte zu sagen, berichtete er von seiner Beauftragung.

An Jesajas Berufung ist abzulesen, daß derjenige, der Gottes Gnade und Heiligkeit verkündigen will, zuvor selber Gottes Gnade und Heiligkeit erfahren haben muß. Vielleicht war Jesaja zunächst ein junger Mann gewesen, der mit sich selbst recht zufrieden war. Er stammte höchstwahrscheinlich aus priesterlichem Geschlecht und war hochbegabt. Er dürfte als junger Priester im Tempel häufig aus- und eingegangen sein. Und auf einmal wird dieser Mann in einer umwerfenden Weise einfach niedergemacht. Wodurch? *»In dem Jahr, als der König Usija starb, sah ich den Herrn sitzen auf einem hohen und erhabenen Thron, und sein Saum füllte den Tempel«* (V. 1). Jesaja kann nicht beeindruckend genug davon schreiben, auch von den *»Serafim«*, den heiligen Engeln, die in unsagbarer Ehrfurcht vor Gott sind: *»Ein jeder hatte sechs Flügel: mit zweien deckten sie ihr Antlitz, mit zweien deckten sie ihre Füße, und mit zweien flogen sie«* (V. 2). Diese Serafim sind unablässig bereit, Gott zu dienen. Sie rufen anbetend: *»Heilig, heilig, heilig ist der HERR Zebaoth, alle Lande sind seiner Ehre voll!«* (V. 3), so daß der Tempel Salomos, der Jesaja sonst immer so groß und gewaltig vorgekommen ist, erzitterte: *»Die [Tempel-]Schwellen bebten von der Stimme ihres Rufens«* (V. 4). Wie reagierte Jesaja? Er stürzte nieder und kann bloß noch rufen: *»Weh mir, ich vergehe! Denn ich bin unreiner Lippen und wohne unter einem Volk von unreinen Lippen«* (V. 5a).

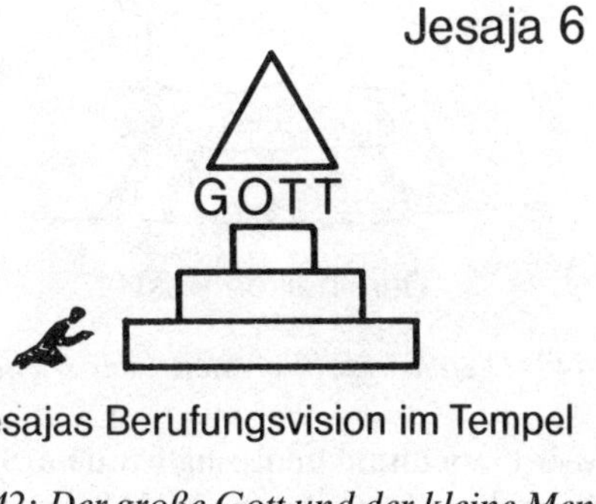

Abb. 142: Der große Gott und der kleine Mensch

Durch das mußte Jesaja hindurchgehen, denn nur so wurde er wirklich zum König unter den Propheten. Daher ist er dann in königlicher Freiheit und Hoheit den Königen seiner Zeit begegnet (von einer solchen Begegnung wird zum Beispiel in Kap. 7 berichtet). Und weil Jesaja so an Gott gebunden ist, kann er diesen Königen Judas gegenüber so frei und unabhängig sein. Weil er so in der Gottesfurcht besteht, konnte er vor Menschen so furchtlos sein.

Jesaja kam sich wie ein kleiner Mensch vor dem großen Gott vor, und er war dies auch (vgl. Abb. 142). Dennoch ist er zum großen Gotteszeugen geworden, zum Boten, dessen Stimme über Jahrtausende hinweg zu hören ist.

Eine bewegende außerbiblische Nachricht besagt, daß Jesaja den König Hiskia überlebt und noch eine Zeitlang unter dem Sohn Hiskias, Manasse, gelebt habe. Unter Manasse sei er dann den Märtyrertod gestorben. Es ist ziemlich sicher, daß sich jene Stelle im Hebräerbrief auch auf Jesaja bezieht, die besagt, manche alttestamentliche Gestalten hätten »Spott und Geißelung erlitten, dazu Fesseln und Gefängnis«, und seien »gesteinigt, zersägt, durchs Schwert getötet worden« (Hebr 11,32ff.). Jesaja ist also für seinen Dienst noch zum Blutzeugen geworden.

Jesaja wurde dann mit der glühenden Kohle vom Altar gereinigt, was zwar wehtat, ihn aber heiligte und bevollmächtigte. Sodann wurde ihm das Erschütternde gesagt, daß sein Wort nur Verstockung bewirken werde (V. 9); denn es sei mit dieser Generation Israels schon zu weit, und es gehe durch die Katastrophe hindurch. Hier bekommt das Wort von den »Übriggebliebenen« eine sehr anschauliche Darstellung, wenn es heißt, dieses Volk werde wie der »Stumpf« eines Baumes sein, aus dem wieder ein Schößling wächst, der dann zu einem großen Baum wird (V. 13).

Jesaja 6,13

Der »heilige Rest«

Abb. 143: Die Übriggebliebenen – der »heilige Rest«

Vom Ernst dieser Gerichtsankündigung wurde nichts abgemildert. Das ist der Weg Judas gewesen, der durch die babylonische Gefangenschaft führte. Israel ging so durch die schwere Krise hindurch, daß Gott dennoch die Heilsgeschichte fortsetzte. Auch bei der Zerstreuung der Juden durch die Römer, die im Grunde genommen bis zum Jahr 1948 andauerte, ist zu sehen, wie Gott durch Gerichte hindurch seine Geschichte fortsetzt.

In **Kapitel 7** fordert Jesaja nachdrücklich dazu auf, daß Israel in einer schwierigen Situation doch sein Vertrauen auf Gott setzen solle. Juda und Israel waren – geographisch gesehen – mit einigen Kleinstaaten (wie Syrien und Edom) zwischen die Großmächte Ägypten und Assur eingebettet. In dieser Lage bot es sich an, daß sich die kleineren Staaten in Koalitionen verbündeten, um den größeren Staaten gewachsen zu sein. (Die politische Konstellation ist in Abb. 64 in Form einer Kartenskizze dargestellt, und die politischen Möglichkeiten sind in der Auslegung von 2. Könige 16 erläutert.) Israel verbündete sich mit Syrien, und beide führten einen »Koalitionskrieg«: Sie wollten nach Jerusalem ziehen und den König Ahas ab- und einen ihnen passenden Mann einsetzen, um so eine Drei-Länder-Koalition (Syrien, Israel, Juda) zu bilden. Diese Koalition sollte ein gewisses Bollwerk gegen das mächtige Assyrien darstellen.

In dieser Lage riet Jesaja, ganz getrost zu sein und (a) dabei nicht mitzumachen (die Bundesgenossenschaft mit Israel und gar mit Syrien wäre mit Götzendienst verbunden gewesen), aber (b) auch nicht sich mit Ägypten zu verbinden und (c) sich auch nicht an Assyrien zu wenden und seinen Schutz zu suchen. Das kleine Juda sollte sich auf keine politische Macht, sondern einzig und allein auf den großen Gott verlassen! Hier steht das feine Wort, das Luther trefflich übersetzt hat: *»Glaubt ihr nicht, so bleibt ihr nicht«* (V. 9b). Bestand wird Juda nur dann haben, wenn es Gott vertraut.

Aber König Ahas war glaubenslos genug, um das abzuweisen (er ist in großer Unruhe geblieben und nicht sehr viel später gestorben).

Im selben Kapitel leuchtet noch ein weiteres großes Wort auf: *»Der HERR wird euch selbst ein Zeichen geben: Siehe, eine Jungfrau ist schwanger und wird einen Sohn gebären, den wird sie nennen Immanuel«* (V. 14). Auch an einer anderen Stelle taucht dieser Name *»Immanuel«* (›Gott mit uns!‹) auf: *»Beschließt einen Rat«*, so wird im Blick auf die Feinde gesagt, *»und es werde nichts daraus... Denn hier ist Immanuel!«* (8,10; vgl. 8,8). Diese Verheißung eines *»Immanuel«* ist die Ankündigung eines Starken, die Jesaja in eine bedrängende Gegenwart hinein spricht und die den Blick auf die große Zukunft lenkt. Dieses Wort hat sich eigentlich mit Jesu Kommen erfüllt (vgl. Mt 1,23).

Aber **Kapitel 8** zeigt noch das Ringen darum, daß Israel seine Hilfe nicht bei Menschen suchen möge. Jesaja nennt seinen Sohn *»Raubebald-Eilebeute«* (V. 1–4); dieser Name bezieht sich auf das Gericht über Damaskus und Samaria durch Assyrien (V. 4). Dann warnt der Prophet vor der Bundesgenossenschaft des Volkes Gottes mit weltlichen Mächten (V. 12f.; mit *»Verschwörung«* ist hier die Koalition, die Bundesgenossenschaft gemeint). *»Weil dies Volk verachtet die Wasser von Siloah, die still dahinfließen, und in Angst zerfließt vor Rezin und dem Sohn Remaljas, siehe, so wird der Herr über sie kommen lassen die starken und vielen Wasser des Stromes [des Tigris], nämlich den König von Assyrien und alle seine Macht, daß sie über alle ihre Ränder fluten und über alle ihre Ufer gehen«* (V. 6f.). Juda soll nicht zu den großen Flüssen – das sind die Kulturlandschaften, in denen die Großmächte angesiedelt sind – laufen und *»die Wasser von Siloah«* nicht *»verachten«*. (*»Siloah«* war das bescheidene Brünnlein am Tempelberg in Jerusalem.) Es soll sich auf Gott verlassen. Gott ist es nicht zu schwer, durch viel oder wenig zu helfen. »Gottes Brünnlein hat Wasser die Fülle« (Ps 65,10).

Der König war zwar unruhig, aber dem Volk ist gnädigerweise eigentlich nichts passiert. Die Gegner miteinander kamen noch nicht zum Schlag. Das Nordreich wurde dann von Feinden überschwemmt, der Staat Israel zerstört und das Volk dort in Gefangenschaft geführt. Aber irgendwie gerieten die Assyrer dann in eine Krise, so daß sie nicht dazu kamen, einen Schritt weiterzugehen und Jerusalem einzunehmen. So weit kam es nicht, wenigstens nicht so, daß Juda ernstlich gefährdet worden ist.

Jesaja blickt mit seiner Botschaft einmal in seine Gegenwart, ein andermal aber auch weit darüber hinaus. Waren die Worte zuvor eindeutig an sein eigenes Volk zu seiner Zeit gerichtet, so beginnt mit 8,23 wieder eine Messiasverheißung: *»Es wird nicht dunkel bleiben über denen, die in Angst sind.«* Dann ist vom *»Weg am Meer«*, vom *»Land jenseits des Jordans«* und vom *»Galiläa der Heiden«* die Rede (das wird in Mt 4,15ff. zitiert). Das setzt sich in **Kapitel 9** fort: *»Das Volk, das im Finstern wandelt, sieht ein großes Licht, und über denen, die da wohnen im finstern Lande, scheint es hell«* (V. 1). Diese Verheißung richtet sich auf die Geburt, den Namen und das Reich des kommenden Messias: *»Uns ist ein Kind geboren, ein Sohn ist uns gegeben, und die Herrschaft ruht auf seiner Schulter...«* (V. 5). In 7,14 ist die »Jungfrau schwanger«; und in 9,5 sieht Jesaja gewissermaßen die Krippe – wiewohl auch hier gesagt wird, es gehe noch durchs Gericht hindurch. Viermal steht in den Kapiteln 9 und 10: *»Bei all dem läßt sein Zorn noch nicht ab, und seine Hand ist [zum Gericht] noch ausgereckt«* (9,11.16.20; 10,4). Es geht nicht ohne die Reinigungsgerichte, sonst wäre Israel nicht ein zum Werk befähigter Zeuge.

In **Kapitel 11** folgt die dritte Messiasverheißung: *»Und es wird ein Reis hervorgehen aus dem Stamm Isais und ein Zweig aus seiner Wurzel Frucht bringen. Auf ihm wird ruhen der Geist des HERRN...«* (V. 1.2a). Die ganze Vielfalt des Geistes Gottes, der göttlichen Gnadenausrüstung, leuchtet hier auf: *»...der Geist der Weisheit und des Verstandes, der Geist des Rates und der Stärke, der Geist der Erkenntnis und der Furcht des HERRN«* (V. 2b).

Es ist bei den Messiasweissagungen eine gewisse Stufenfolge abzulesen: Zuerst ist »die Jungfrau schwanger« (7,14); darauf folgt die Geburt (9,5); und dann wird das Königtum des Messias gezeigt (11,2).

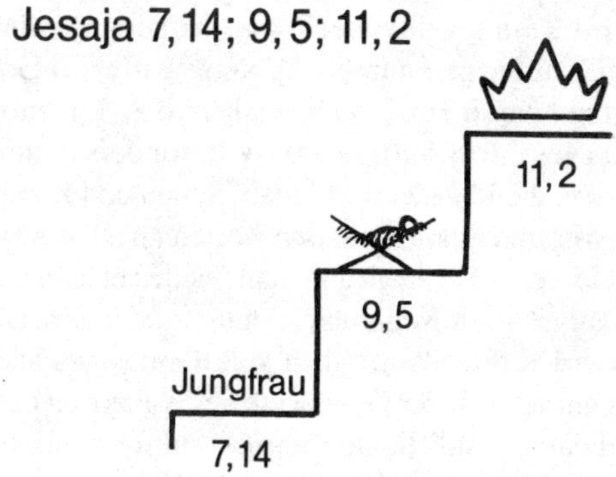

Abb. 144: Die Stufen der Messiasweissagung

Dem schließen sich wunderbare Worte *des* Friedens an, den der Messias schaffen wird und der bis in die Natur hineinreicht: Der paradiesische Frieden wird wiederhergestellt, und *»da werden die Wölfe bei den Lämmern wohnen und die Panther bei den Böcken lagern. Ein kleiner Knabe wird Kälber und junge Löwen und Mastvieh miteinander treiben. Kühe und Bären werden zusammen weiden, daß ihre Jungen beieinander liegen, und Löwen werden Stroh fressen wie die Rinder. Und ein Säugling wird spielen am Loch der Otter, und ein entwöhntes Kind wird seine Hand stecken in die Höhle der Natter«* (V. 6–8). Es ist dann also Friede zwischen den Tieren und zwischen Mensch und Tier.

Kapitel 12 ist das Danklied der Erlösten des HERRN: *»Ich danke dir, HERR, daß du bist zornig gewesen über mich und dein Zorn sich gewendet hat und du mich tröstest… Ihr werdet mit Freuden Wasser schöpfen aus den Heilsbrunnen… Jauchze und rühme, du Tochter Zion; denn der Heilige Israels ist groß bei dir!«* (V. 1.3.6).

An dieser Abfolge der Kapitel 1–12 des Jesajabuches ist schön abzulesen, wie hier Gericht und Gnade, Züchtigung (im Blick auf die Gegenwart) und Anfechtung sowie der Ausblick auf das große Ziel Gottes beisammen sind.

3.1.2 Jesajas prophetische Worte über die Völkerwelt in Gericht und Gnade (Kap. 13–27)

Während es in den Kapiteln 1–12 um nichts anderes als um Israel geht, tritt in den Kapiteln 13–27 in machtvoller Weise die gesamte damalige Völkerwelt (und damit im Grunde genommen die ganze Erde) ins Gesichtsfeld: Welche Ziele hat Gott mit dieser Erde? »Die Erde ist des HERRN« (Ps 24,1 a). Das macht der Prophet Jesaja im Auftrag Gottes besonders deutlich.

Babylon und Assyrien, die Philister und Moab, Syrien und Kusch, Ägypten und Arabien, Edom, Tyrus und Sidon – mit den Worten an all diese Völker wird in den **Kapiteln 13–23** ein weiter Horizont aufgetan. Vielleicht haben die genannten Völker diese Worte gar nicht zur Kenntnis genommen oder nicht zur Kenntnis nehmen können; so wurden diese Worte dem Volk Gottes geschenkt, daß es einen Durchblick auch hinsichtlich der Geschichte der Völkerwelt bekommt.

Auf jeden Fall wird daran deutlich: Gott ist nicht nur Herr über Israel, sondern über die ganze Welt. »Wenn er spricht, so geschieht's; wenn er gebietet, so steht's da« (Ps. 33,9). Und was Gott durch seinen Propheten spricht, das ist eben Gottes richtendes und schaffendes Wort. Diese Worte an die Völker sind auch in dem erfüllt worden, was man an der Geschichte dieser Völker ablesen kann.

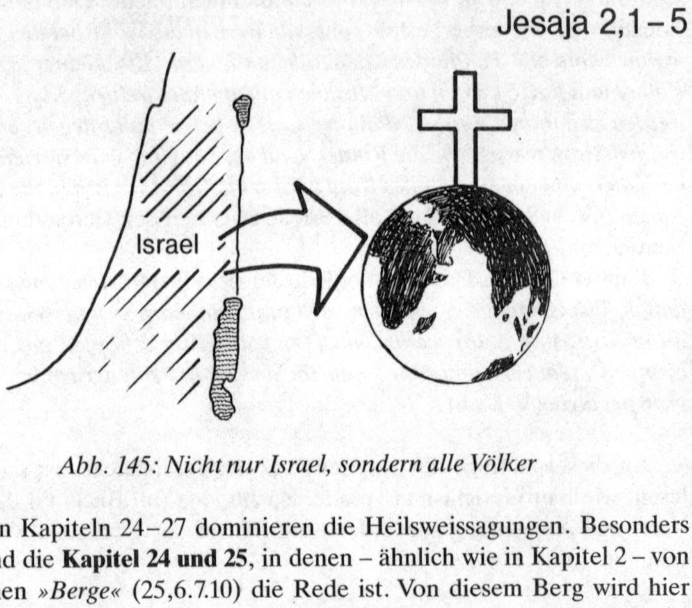

Abb. 145: Nicht nur Israel, sondern alle Völker

In den Kapiteln 24–27 dominieren die Heilsweissagungen. Besonders schön sind die **Kapitel 24 und 25**, in denen – ähnlich wie in Kapitel 2 – von dem hohen *»Berge«* (25,6.7.10) die Rede ist. Von diesem Berg wird hier gesagt, daß er nicht nur alles überragen werde, sondern daß darauf *»der HERR Zebaoth … allen Völkern ein fettes Mahl machen«* werde. Durch das

Opfer des Herrn Jesus Christus kommt es am Ziel schließlich zu diesem großen Fest, zu dem Gott die Völker versammelt.

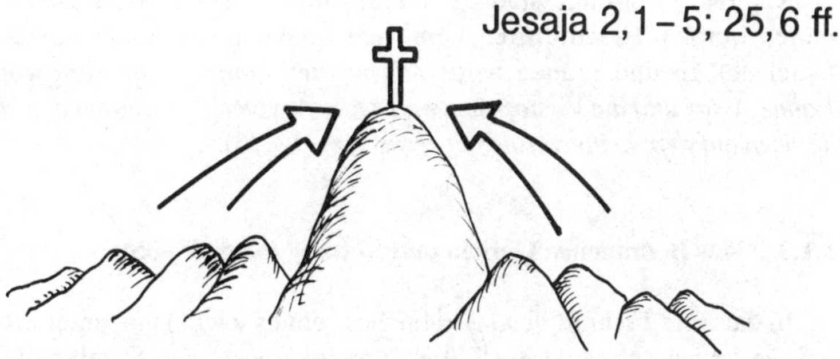

Abb. 146: Das Mahl auf des HERRN Berg für alle Völker

»Und Gott der HERR wird die Tränen von allen Angesichtern abwischen…« (25,8). Wie in Offenbarung 7,17 und 21,4 dieser Vers 25,8 aufgenommen ist, so sind noch viele andere Worte im Neuen Testament – vor allem in Offenbarung 19 bis 22 – Anspielungen auf bzw. Zitate von Aussagen des Jesajabuches. Um so leichter ist es auch, die Offenbarung zu verstehen, wenn man sieht, wie viele ihrer Aussagen über die Vollendung von Heils- und Weltgeschichte im Alten Testament vorbereitet sind. Somit bleibt man nicht im unklaren darüber, wie diese Stellen in der Offenbarung gemeint sind. Vgl. dazu: F. Grünzweig, Johannes-Offenbarung 1. und 2. Teil (Edition-C-Bibelkommentare Bd. 24 und 25), Neuhausen-Stuttgart 19914/19894, zu den genannten Stellen. (Anm. d. Hg.)

Wir dürfen um dieser Aussagen der Heiligen Schrift willen in jeder Lage getrost sein im Blick auf das Ziel Gottes mit dieser Welt. Seien wir doch auch in unseren Anfechtungen zuversichtlich, weil Gott seine Verheißungen erfüllen wird!

Kapitel 26 ist ein Loblied des Volkes Gottes und bringt dessen Hoffnung, die es schon jetzt hat, zum Ausdruck: *»Uns, HERR, wirst du Frieden schaffen; denn auch alles, was wir ausrichten, das hast du für uns getan«* (V. 12). Auch Menschen, auch ein Volk Gottes unter Fremdherrschaft sagt: *»HERR, unser Gott, es herrschen wohl andere Herren über uns als du, aber wir gedenken doch allein deiner und deines Namens«* (26,13). Dann ist auch davon die Rede, daß Gott seine Gemeinde verberge, bis daß das Unglück vorübergeht: *»Geh hin, mein Volk, in deine Kammer, und schließ die Tür hinter dir zu! Verbirg dich einen kleinen Augenblick, bis der Zorn vorübergehe«* (V. 20; vgl. Offb 12; Ps 34). So kann Gott mitten in einer turbulenten Zeit seine Gemeinde dennoch wie im verschlossenen Abteil durch die Weltgeschichte bringen. Aber nicht äußerlich, nicht so, daß diese Gemeinde allem entnommen ist, doch so, daß ihr diese Dinge nicht zur Gefahr werden. Und hinterher staunt sie, wie sie durchgebracht worden ist.

Kapitel 27 weist auf Israels Sammlung hin, bei der die Weltmächte gedemütigt werden. Es wird trotz allem dazu kommen, daß Jakob wurzeln und Israel blühen und grünen wird! *»Es werden kommen die Verlorenen im Lande Assur und die Verstoßenen im Lande Ägypten und werden den HERRN anbeten auf dem heiligen Berg zu Jerusalem«* (V. 13).

3.1.3 Zions Bedrängnis, Gericht und Rettung (Kap. 28–35)

In diesem Abschnitt des Jesajabuches geht es sowohl um Israel wie auch um die Völker; dieser dritte Teil ist also sozusagen eine Kombination des ersten und zweiten Teiles des Buches. Insbesondere ab Kapitel 32 kommt dann wiederum die große Hoffnung in den Blick, nachdem zuvor wieder von den Gerichten gesprochen worden ist.

In **Kapitel 28** wird das Gericht über Ephraim und Juda angekündigt: *»Weh der prächtigen Krone der Trunkenen von Ephraim, der welken Blume ihrer lieblichen Herrlichkeit…«* Wieder ist dann von dem *»Rest«* die Rede, der vom Gericht verschont bleiben wird: *»Zu der Zeit wird der HERR Zebaoth eine liebliche Krone sein und ein herrlicher Kranz für die Übriggebliebenen seines Volks«* (V. 1.5).

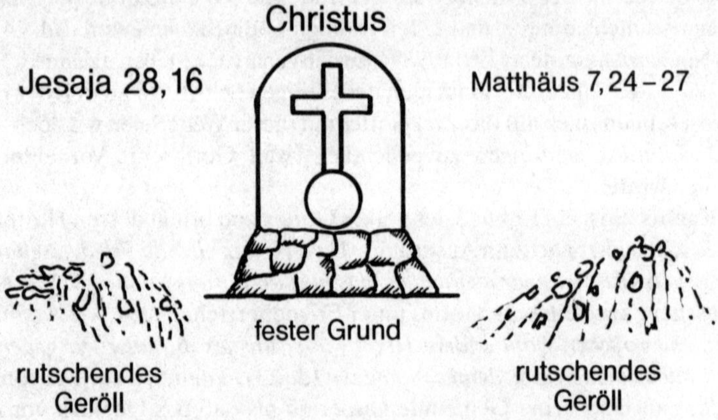

Abb. 147: Der feste Grund mitten in rutschendem Geröll

In diesem Kapitel steht auch der große, gewaltige Satz: *»Darum spricht Gott der HERR: Siehe, ich lege in Zion einen Grundstein, einen bewährten Stein, einen kostbaren Eckstein, der fest gegründet ist. Wer glaubt, der flieht* *nicht«* (V. 16). In einer Lage Israels, in der dieses Volk von Assyrien bedroht wird, ruft Jesaja dazu auf, mitten in dieser akuten Gefahr Gott zu vertrauen und sich an die Verheißung zu halten. Die »Übriggebliebenen« sind also die, die *»nicht fliehen«*, sondern in der Situation des drohenden Untergangs bei dem *»kostbaren Eckstein«* bleiben. Diese trägt Gott hindurch. Diejenigen, die ihm vertrauen, die erfahren, daß er Treue hält.

Auch in **Kapitel 29** geht es um solch eine gefahrvolle Situation: Jerusalem wird geängstigt und gerettet. *»Weh Ariel, Ariel, du Stadt, wo David lagerte...«* (V. 1). *»Ariel«* heißt eigentlich »Herd Gottes«. Darunter hat man den Brandopferaltar im Tempel verstanden. Es wird davon gesagt: *»Ich will den Ariel ängstigen, daß er traurig und voll Jammer sei, und er soll mir ein rechter Ariel sein«* (V. 2), nämlich eine Brandstätte, wenn der Tempel – und das bedeutet: ganz Jerusalem – abbrennt. Aber dann kommt es zur Wende, indem Gott selbst sein Gericht gegen die Völker wendet (V. 5 ff.).

In **Kapitel 30** ruft der Prophet erneut auf, nicht auf die Hilfe fremder Mächte (hier: Ägyptens) zu hoffen. Die große Chance Israels liegt woanders: *»Wenn ihr umkehrtet und stille bliebet, so würde euch geholfen; durch Stillesein und Hoffen würdet ihr stark sein. Aber ihr wollt nicht«* (V. 15). Dennoch: *»Darum harrt der HERR darauf, daß er euch gnädig sei, und er macht sich auf, daß er sich euer erbarme; denn der HERR ist ein Gott des Rechts. Wohl allen, die auf ihn harren!«* (V. 18). Gott antwortet auf das Gebet seines Volkes mit seiner Hilfe: *»Er wird dir gnädig sein, wenn du rufst... Des Mondes Schein wird sein wie der Sonne Schein, und der Sonne Schein wird siebenmal heller sein zu der Zeit, wenn der HERR den Schaden seines Volks verbinden und seine Wunden heilen wird«* (V. 19.26).

So ist der HERR selbst Jerusalems Schutz und Schirm **(Kap. 31)**: *»Der HERR Zebaoth wird Jerusalem beschirmen, wie Vögel es tun mit ihren Flügeln, er wird schützen, erretten, schonen und befreien«* (V. 5).

In **Kapitel 32** wird ein glücklicher Zustand des Volkes unter einem rechten König nach vorangegangenem Gericht angekündigt: *»Siehe, es wird ein König regieren, Gerechtigkeit aufzurichten...«* (V. 1). *»...bis über uns ausgegossen wird der Geist aus der Höhe... Und der Gerechtigkeit Frucht wird Friede sein, und der Ertrag der Gerechtigkeit wird Stille und Sicherheit sein, daß mein Volk in friedlichen Auen wohnen wird, in sicheren Wohnungen und in stolzer Ruhe«* (V. 15.17.18).

Kapitel 33 zeigt den Untergang der Feinde, was den Sündern zum Schrecken, der gläubigen Gemeinde aber zur Freude wird. Das mündet in die wunderbare Verheißung ein, die sich wieder auf den Messias bezieht: *»Deine Augen werden den König sehen in seiner Schönheit«* (V. 17).

In **Kapitel 34** geht es um das Strafgericht Gottes über alle Feinde, auch über die unsichtbaren: *»Alles Heer des Himmels wird dahinschwinden, und* *der Himmel wird zusammengerollt werden wie eine Buchrolle...«* (V. 4). Das sind die Weltgerichte, von denen auch Johannes in der Offenbarung spricht: »Der Himmel wich wie eine Schriftrolle, die zusammengerollt wird, und alle Berge und Inseln wurden wegbewegt von ihrem Ort« (Offb 6,14). Gott wird also die sichtbare und die unsichtbare Welt neu schaffen.

Kapitel 35 beschreibt den herrlichen Zustand des Volkes Gottes nach überstandenem Leiden. *»Stärket die müden Hände und macht fest die wankenden Knie! Saget den verzagten Herzen: ›Seid getrost, fürchtet euch nicht! Seht, da ist euer Gott! Er kommt zur Rache; Gott, der da vergilt, kommt und wird euch helfen‹«* (V. 3f.). Das ist eine der schönsten Stellen des Alten Testaments, an denen die Erwartung der Wiederkunft Jesu aufleuchtet. *Er* bringt die Generalhilfe! *»Die Erlösten des HERRN werden wiederkommen und nach Zion kommen mit Jauchzen; ewige Freude wird über ihrem Haupte sein; Freude und Wonne werden sie ergreifen, und Schmerz und Seufzen wird entfliehen«* (V. 10b).

Mit dieser Schilderung der Freude Seiner Gemeinde, die dann am Ziel ist, schließt der erste Hauptabschnitt des Jesajabuches (Kap. 1–35). Es geht auch persönlich bei uns so wie damals mit Israel: »Ich habe dich geprüft im Glutofen des Elends« (Jes 48,10). »Ich bin überzeugt, daß dieser Zeit Leiden nicht ins Gewicht fallen gegenüber der Herrlichkeit, die an uns offenbart werden soll«, sagt Paulus (Röm 8,18). Diese Leiden sind gerade auch Leiden der Läuterung, nicht nur des Martyriums. Das wußte auch die neutestamentliche Gemeinde (1. Petr 1,6f.).

All das tritt also schon in einem großartigen Panorama bei diesem Propheten Jesaja in Erscheinung; es ist hier geradezu so, als ob das Gewölk aufreißt und so die gesamten großen Gedanken Gottes in Erscheinung treten. Bei Jesaja finden wir Ähnliches wie bei Paulus: »O welch eine Tiefe des Reichtums, beides, der Weisheit und der Erkenntnis Gottes! Wie unbegreiflich sind seine Gerichte und unerforschlich seine Wege!« (Röm 11,33) – und doch zieht Gott seine Glaubenden ins Vertrauen und läßt sie wissen, worauf er hinarbeitet. Das kann ein Mensch kaum fassen!–

Danach folgt aber noch

3.1.4 Ein geschichtlicher Anhang (Kap. 36–39)

Die letzten vier Kapitel des ersten Teiles im Jesajabuch stellen eine Art von geschichtlichem Anhang dar. Hier werden zwei Geschehnisse aus dem Leben des Königs Hiskia berichtet, von denen auch im zweiten Buch der Könige (Kap. 18–20; vgl. 2. Chr 32) die Rede ist: die Belagerung Jerusalems durch den Assyrer Sanherib (Jes 36f.) und Hiskias Krankheit, von der dieser König wieder genesen ist (Jes 38).

3.2 Jesaja 40–66

3.2.1 Die Zeit

Betrafen die Kapitel 1–39 des Jesajabuches Israel bzw. Juda in der assyrischen Zeit (siehe oben, 3.1), so richten sich die Kapitel 40–66 eindeutig an Israel bzw. Juda in einer anderen Zeit. Das ist die babylonische Zeit, also der Zeitraum, der mit der Eroberung und Zerstörung Jerusalems durch das babylonische Heer (587 v. Chr.) begann. Das neubabylonische Reich unter seinem tatkräftigen König Nebukadnezar hat die Assyrer überwältigt und war somit selbst zur Vormacht im Vorderen Orient (bis nach Ägypten hin) geworden.

Inzwischen war die Gerichtsreife in Israel vollends eingetreten, zumal man den letzten großen Boten vor der Katastrophe – Jeremia – abgewiesen hat. Anstatt sich von ihm Gottes Gerichtswort sagen zu lassen, wurde er angefeindet, ja er wäre getötet worden, wenn nicht allerlei Umstände dies verhindert hätten (vgl. dazu das Kapitel über das Buch Jeremia). Im Jahre 587 v. Chr. ist die Stadt Jerusalem von den Babyloniern eingenommen worden, nachdem sich Juda wiederholt gegen diese Großmacht aufgelehnt hatte. So ist dann der Tempel in Flammen aufgegangen und Jerusalem zerstört worden; das Volk wurde ins Exil weggeführt und mußte per Zwangsansiedlung nach Babylon fortziehen.

In diese Zeit also ergeht der zweite Teil des Jesajabuches, in die Zeit, als sie vielleicht 10 oder 20 Jahre in der Gefangenschaft waren bis zum Ende dieser Gefangenschaft. Die Kapitel 56ff. betreffen sodann eventuell schon den anfechtungsreichen Anfang der aus dem Exil Heimgekehrten im Lande der Väter (560–530 v. Chr.).

3.2.2 Die Verfasserfrage

Weil die Worte in Jesaja 40–66 in eine ganz andere Zeitepoche ergehen als die in Jesaja 1–35, deshalb bleibt im Blick auf die Verfasserfrage ein Rätsel, ein Geheimnis, das wir in dieser Weltzeit nicht ganz lüften können. Es gibt zwei Möglichkeiten:

a) Stammen die Worte der Kapitel 40ff. von dem Propheten Jesaja, der zur Zeit Hiskias (also etwa 150 Jahre vorher) gelebt hat, ehe dies akut wurde? Hat der Prophet Jesaja durch Gottes Geist die spätere Situation

Israels im Exil vorausgeschaut und in diese Lage hinein Gottes Wort gesprochen? (Dann muß man annehmen, daß dieser Teil des Jesajabuches zur Zeit Jesajas und danach nicht verstanden worden ist und daher lange Zeit »versiegelt« blieb.)

b) Die andere Möglichkeit, die meines Erachtens nicht von der Hand zu weisen ist und die nichts mit Unglauben zu tun hat (es ist in jedem Fall *Gott*, der in Jesaja 40 ff. redet!), ist diese, daß Gott in der Zeit der babylonischen Gefangenschaft einen neuen Propheten berufen hat, der in seine Zeit hineinsprechen sollte, dessen Botschaften als eine Art von Flugschriften unter den Exilanten umgingen. Dieser Prophet wäre uns dann seinem Namen nach unbekannt, und er mußte vielleicht aus politischen Gründen anonym bleiben. Seine Worte wurden dem Propheten Jesaja angefügt, zumal sie einen ähnlichen Inhalt und eine ähnliche Sprachgewalt wie dieser haben. Man redet in diesem Zusammenhang vom »Deuterojesaja«, d.h. vom »zweiten Jesaja«.

Unter den Handschriften von Qumran befand sich auch eine Rolle mit der Aufzeichnung des Jesajabuches. An diesem Text fällt auf, daß zwischen den Kapiteln 39 und 40 ein großer Abstand ist, so groß wie die Abstände zwischen den einzelnen Prophetenbüchern. Aber es fehlt eine Zwischenüberschrift. Das sieht so aus, als ob diese ganz frühen Abschreiber des Jesajabuches noch gewußt hätten: Das ist ein anderer Prophet, dessen Namen wir nicht kennen, dessen Schrift man aber dem Jesajabuch angefügt hat.

Beide Möglichkeiten halte ich für denkbar. Gott kann Jesaja 150 Jahre früher eine Botschaft gegeben haben. Aber wir sehen sonst immer an den Propheten, daß sie unmittelbar in ihre Zeit und Gegenwart geredet haben, dabei aber Botschaften zu sagen hatten, deren Reichweite sich weit über ihre eigene Zeit hinaus erstreckte. Daher hat es meiner Meinung nach ein Recht, im Blick auf den zweiten Teil des Jesajabuches von einem »zweiten Jesaja«, einem »Deuterojesaja« zu reden.[1]

[1] Kurt Hennig schreibt zur Frage des »Deuterojesaja« im JERUSALEMER BIBELLEXIKON (Neuhausen-Stuttgart 1990, S. 411): »Ein selbständiges Buch etwa des ›Deuterojesaja‹ blieb bis heute immer eine bloße Vermutung. Entscheidender für den christlichen Glauben ist eine andere Überlegung: Wenn davon ausgegangen wird, daß der Hinweis auf die geschichtliche Stunde zur Zeit des Kyrus schlüssig zeige, daß diese Kapitel erst rund 150 Jahre nach Jesajas Zeit geschrieben sein können, dann bedeutet das die Feststellung, daß es echte Prophetie im Sinn der Weissagung auch kommender geschichtlicher Ereignisse nicht geben könne. Dieser Voraussetzung der Auslegung der Heiligen Schrift wird sich aber der Glaube niemals anschließen können. An der Möglichkeit einer Eingebung auch detaillierter Weissagung durch Gottes Heiligen Geist (2. Petr 1,21) kann der Glaube nicht rütteln lassen.«

Aber die Verfasserfrage sollte uns nicht im Wege stehen, die Botschaft zu hören, die im zweiten Teil des Jesajabuches von Gott her ausgerichtet wird.

3.2.3 Die Worte an die Gefangenen aus Israel in Babel (Kap. 40–55)

Was sind das für Menschen gewesen, die aus Juda nach Babylon gebracht worden waren und die jahrzehntelang in diesem fremden Land lebten? Manche von ihnen hatten es in der Gefangenschaft zu etwas gebracht, aber sehr viele unter ihnen waren ungeheuer angefochten – gerade die Glaubenden, gerade diejenigen, die auf den »Trost Israels« warteten. Sie haben sich gefragt: ›Haben wir uns so sehr verfehlt, daß Gott mit Israel gänzlich Schluß macht, daß er die Heilsgeschichte, die er mit uns begonnen hat, nun einfach abbricht?‹ Man kann ja in einer schwierigen Situation durchaus die Anfechtung haben: ›Stehe ich jetzt unter dem Gericht Gottes? Gott hatte mit mir etwas vor. Habe ich mir das nun wegen dieser oder jener Sache verscherzt?‹ Das war die Not gerade unter den Ernsthaften, die Anfechtung gerade unter den Glaubenden, die mit den anderen aus Juda in Babylon zwangsangesiedelt worden waren. Es wuchs in Babylon eine neue Generation von Juden heran, die offenkundig erkannte, was falsch gemacht worden war und die neu beginnen wollte. Das war nicht die Mehrheit der Juden im babylonischen Exil, aber doch eine gewisse Anzahl von ihnen. Dazu gehörten der junge Hesekiel, der junge Daniel und seine Freunde, aber auch andere, die mit ihnen auf den »Trost Israels« warteten.

a) Die neue göttliche Heilstat für Israel (Kap. 40–48)

Diesen bußfertigen und angefochtenen Juden in Babylon durfte die gewaltige Botschaft des zweiten Teiles im Jesajabuch ausgerichtet werden. So beginnt schon **Kapitel 40** mit großartigen Worten: *»Tröstet, tröstet mein Volk! spricht euer Gott. Redet mit Jerusalem freundlich und prediget ihr, daß ihre Knechtschaft, ihr Gericht ein Ende hat…; denn sie hat doppelte Strafe empfangen von der Hand des HERRN für alle ihre Sünden«* (V. 1f.). Das Gericht Gottes hat also sozusagen gefruchtet; die Züchtigung Gottes hat unter diesen Juden etwas bewirkt.

Nun muß aber zurückgefragt werden: Wie kann dieser Trost geschehen? Antwort: indem Gott kommt! *»Es ruft eine Stimme: In der Wüste bereitet dem HERRN den Weg, macht in der Steppe eine ebene Bahn unserm Gott!«* (V. 3). Gott kommt und wird ihnen helfen; er greift in die Geschichte neu ein. Das Hindernis sind nicht die Weltmächte, sondern, falls es ein Hindernis gibt, dann ist es bei den Juden. Die Straße für Ihn, den großen König, muß bereitet werden; die menschlichen Niederungen, alles, was schmutzig und unrein ist, muß bewältigt werden. Was stolz ist und sich erhebt, das muß auch in Ordnung gebracht werden: *»Alle Täler sollen erhöht werden, und alle Berge und Hügel sollen erniedrigt werden, und was uneben ist, soll gerade, und was hügelig ist, soll eben werden«* (V. 4). Es muß sozusagen die Straße planiert werden – die Straße für den König. (Wir wissen, daß später Johannes der Täufer seinen Dienst mit diesen Worten deutete, Lk 3,4–6.) Damit sagt dieser Prophet den Juden: An Gott fehlt es nicht – die Frage ist, ob sich die Juden für sein Kommen, für sein helfendes Eingreifen zubereiten lassen.

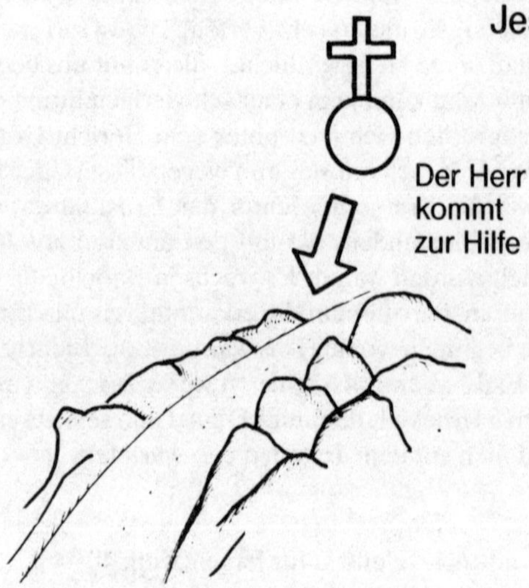

Abb. 148: Die Planierung der »Königsstraße«

Wieder könnten die Juden im Exil gefragt haben: ›Wie soll uns denn geholfen werden? Die Babylonier sitzen doch so fest im Sattel; sie haben uns und die anderen Völker so sehr im Griff, daß wir nichts dagegen ausrichten können.‹ Was antwortet der Prophet? Alle menschliche Herrlichkeit, *»alles Fleisch ist Gras, und alle seine Güte ist wie eine Blume auf dem Felde. Das Gras verdorrt, die Blume verwelkt; denn des* HERRN *Odem bläst darein. Ja, Gras ist das Volk!«* (V. 6b.7). So wird von der Vergänglichkeit der Menschen geredet. Eines bleibt: die Gnadenzusagen Gottes! *»Das Gras verdorrt, die Blume verwelkt, aber das Wort unseres Gottes bleibt ewiglich«* (V. 8).

Und doch bleibt die Anfechtung. Man merkt dem Beginn des Kapitels 40 an, daß der Prophet mit den Leuten im Zwiegespräch war; er wußte gewissermaßen, wo sie der Schuh drückte: ›Aber wir sind doch ein solch müder Haufen, was sollen denn wir ausrichten?‹ Der HERR *»gibt dem Müden Kraft und Stärke genug dem Unvermögenden«* (V. 29).

Hier klingt schon an, daß die Kapitel 40ff. des Jesajabuches eine Fülle von kostbaren, tröstlichen Worten beinhalten.

Das Gespräch setzt sich fort **(Kap. 41)**. Die Exilanten können die Botschaft des Propheten eigentlich immer noch nicht glauben. ›Wir sind doch ein armer Haufen! Wir sind doch als Volk wie ein im Staub zertretener Wurm, zertreten von den Marschstiefeln der Millionen Babylons!‹ *»Fürchte dich nicht, du Würmlein Jakob, du armer Haufe Israel«* (V. 14a). Der Prophet stellt das gar nicht in Abrede, was diese Juden im Exil über sich sagen. *»Ich helfe dir, spricht der HERR, und dein Erlöser ist der Heilige Israels«* (V. 14b). Ja, die Exilanten, die auf den Gott Israels hoffen, sind in dem großen Babylon mit seiner alles beherrschenden Staatsreligion ein »armer Haufe« – aber zu ihnen steht ihr Gott: *»Fürchte dich nicht, ich bin mit dir; weiche nicht, denn ich bin dein Gott. Ich stärke dich, ich helfe dir auch, ich halte dich durch die rechte Hand meiner Gerechtigkeit«* (V. 10). Gott sagt ihnen zu, daß er etwas aus ihnen machen werde: Sie werden größere Bedeutung haben, als sie meinen. *»Ich habe dich zum scharfen, neuen Dreschwagen gemacht…«* (V. 15) – das Völkergeschick wird sich an ihnen entscheiden, mehr als sie denken. Vor den Dreschschlitten wurden damals Zugtiere gespannt, und damit ist man über die aufgeschüttete Ernte gefahren.–

Auch in unserer Zeit entscheidet sich an Israel das Geschick von Völkern! Das sehen wir gerade an den Kriegen, die gegen Israel geführt werden und in die dieses Volk hineingezogen wird.–

Dieser Kontrast zwischen dem »Würmlein Jakob« und dem »armen Haufen Israel« einerseits und dem Wort Gottes: »Ich habe euch zu … gemacht« andrerseits fällt geradezu auf.

Das darf uns aber nicht zu der falschen Vorstellung führen, als ob es dabei gewalttätig zugehen und Gott es seinen Leuten zulassen würde, daß sie von Gewalttaten oder von Terrorismus träumten. Freilich kannten auch die damals Unterworfenen die Versuchung, heimlich gegen den vorzugehen, der sie unterworfen hatte.

Aber es entsteht nun etwas großartig Neues, das eigentlich das Schönste in diesem zweiten Teil des Jesajabuches ist: Mit **Kapitel 42** beginnt eine *Reihe von vier Liedern vom Knecht Gottes* (42,1–9; 49,1–6; 50,4–11; 52,13–53,12). Das sind einzigartige Messiasverheißungen, und zwar alles solche, die zunächst auf das erste Kommen des Messias hinweisen, auf sein Kommen in Niedrigkeit. Das war offenkundig für Jesus und für die erste Christenheit sehr hilfreich. Es hat dem Herrn Jesus geholfen, als Menschgewordener um so klarer den Auftrag seines Vaters zu erkennen, zu dem noch nicht gehörte, daß er, wie es die Jünger und viele andere Juden seiner Zeit erwartet haben, in Herrlichkeit erschien und sofort der Mächtige war. Der Messias kam zunächst in anderer Weise und hatte einen anderen Auftrag.

Das hebräische Wort »Knecht« *(aebaed)* hat einen ganz besonderen Klang. Es heißt einerseits, daß jemand total abhängig, gewissermaßen ein Leibeigener ist, jemand, der überhaupt kein eigenes Programm hat. Das ist sozusagen die Niedrigkeit dieses »Knechts«. Andrerseits bedeutet dieses Wort zugleich auch, daß der »Knecht« bevollmächtigt, beauftragt ist, daß er die rechte Hand seines Auftraggebers ist; daß er der Kunstgriff des großen Arztes ist, durch den die entscheidende Wende herbeigeführt wird. Das Wort »Knecht« taucht auch in der Verbindung »Knechte Davids« auf. Damit sind nicht die Kammerdiener Davids gemeint, sondern seine Minister, seine Generäle.

Das Wort »Knecht« wurde dann in seiner Bedeutung ganz enorm erhöht: Der »Knecht« wird immer wieder wie ein Kronprinz dargestellt, der – wie Salomo schon zur Regierungszeit Davids – als eine Art Hausmeier, als ein bevollmächtigter Regierungsgehilfe auftrat.

Das alles schwingt in dem Wort »Knecht« mit, und sogar dies, daß das auch der Sohn ist, der sozusagen in das Geschäft des Vaters eintritt, der mitdenkt und mitarbeitet, der die Pläne des Vaters realisiert und ausführt.

Weil zuvor vom Dreschschlitten die Rede war (41,15), was so sehr nach Gewalttat aussieht, wird im *ersten Knecht-Gottes-Lied* **(42,1–6)** gleich klargestellt, daß das eigentliche Wirken Gottes auf andere Weise geschieht. Schon bei Elia am Horeb brachten nicht etwa Sturm, Wetter und Erdbeben das eigentliche Kommen Gottes, sondern »ein stilles, sanftes Sausen« (1. Kön 19,11 f.). Dementsprechend steht in Jesaja 42 das wiederholt in den Evangelien zitierte Wort: Der Knecht Gottes *»wird nicht schreien noch rufen, und seine Stimme wird man nicht hören auf den Gassen«* (V. 2). Der Gottesknecht wirkt in der Stille; er ist der Stille, der Sanftmütige, der Unscheinbare – und doch gerade auf diese Weise unendlich Hilfreiche!

Inwiefern ist er der Hilfreiche? *»Das geknickte Rohr wird er nicht zerbrechen, und den glimmenden Docht wird er nicht auslöschen«* (V. 3). Friedrich Nietzsche hat zu seiner Zeit gesagt: »Wenn etwas fällt, dann muß man es noch stoßen!« (Dieses Wort hat sich in unserem Volk schlimm ausgewirkt, vor allem in den 30er Jahren dieses Jahrhunderts!) Gemäß diesem Wort Nietzsches geht es in der Welt zu, aber unser Herr kommt unendlich hilfreich auf eine andere Art und Weise. Was am Boden liegt, das macht er nicht vollends kaputt, sondern auf eine stille, unendlich hilfreiche Weise richtet er es wieder auf. Das zieht sich wie ein roter Faden auch durch die anderen Knecht-Gottes-Lieder hindurch.

In **Kapitel 43** ist der Prophet offenkundig wieder im Gespräch mit den Leuten. Sie sagten zu ihm: ›Ja, wie soll es denn mit uns weitergehen? Wir sind doch alle versklavt!‹ Damit meinten sie offensichtlich nicht nur, daß sie unter der Fremdherrschaft Babylons waren. Sie dachten wohl auch daran, daß sie nicht von ihrer Sünde loskommen, jener Sünde, die für sie so verhängnisvoll geworden ist und die sie in die Katastrophe geführt hat. Daher heißt es im ersten Vers von Jesaja 43: *»Fürchte dich nicht, denn ich habe dich erlöst; ich habe dich bei deinem Namen gerufen; du bist mein!«* Das heißt für Israel: Die Juden im babylonischen Exil sind keine namenlosen Leute. Nein, Gott hat sie bei ihrem Namen gerufen, und sie sind unverwechselbar Sein Eigentum, das Er nicht dem Verderben überläßt (V. 2 ff.), *»weil du in meinen Augen so wert geachtet und auch herrlich bist«* (V. 4 a).

Hierzu tritt aber ein ganz wichtiges Wort, das zu beachten ist. Es regt sich ja im Menschen sofort der Stolz, wenn er hört, was er vor Gott gilt: ›Dann bin ich also doch etwas Besonderes!‹ So mögen sich diese jungen, frommen, bekehrten und begabten Juden als Elite Israels, als eine Art Auslese angesehen haben. Daher spricht Gott in Jesaja 43 auch ein anderes Wort: *»Nicht, daß du mich gerufen hättest, Jakob, oder daß du dich um mich gemüht hättest, Israel«*, sondern *»mir hast du Arbeit gemacht mit deinen Sünden und hast mir Mühe gemacht mit deinen Missetaten«* (V. 22.24 b). Also ist zum Stolz noch lange kein Anlaß, wenn Gott seine Verheißungen auf uns legt und über uns aufrichtet!

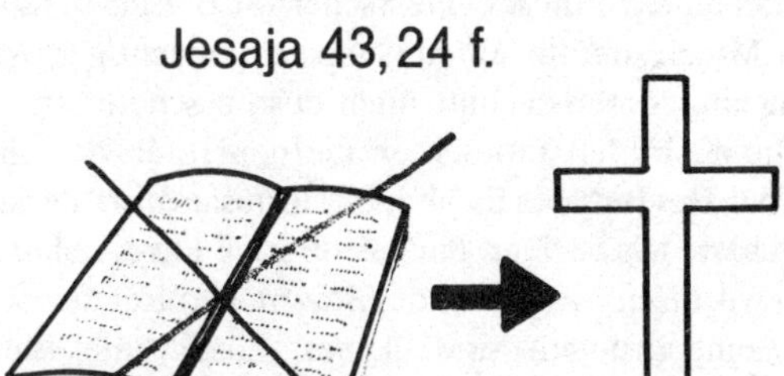

Abb. 149: Das Sündenregister zu tilgen macht viel Arbeit

Die Sünden zu tilgen macht also viel Mühe (siehe Abb. 149), und der Gottesknecht hat sich daran sozusagen zu Tode gearbeitet. Daher heißt es auch im vierten Knecht-Gottes-Lied: »Weil seine Seele sich abgemüht hat...« (53,11 a). Das war eine Riesenarbeit, die unser Herr mit seinem Opfergang geleistet hat!

Kapitel 44 geht außerordentlich eindrucksvoll auf die Frage ein: ›Was haben die Babylonier doch für Götter!‹ Der große Staatsgott der Babylonier war Bel. Man hat natürlich aus dem machtvollen Aufschwung des babylonischen Reiches (die Babylonier haben sich ja alle Völker, die um sie waren, unterworfen) auf die Macht des babylonischen Gottes geschlossen. ›Ist Bel nicht doch mächtiger als Jahwe, der Gott Israels?‹ mag mancher sich gefragt haben.

Daher zeigt Jesaja 44 auffallend anschaulich, wie sich Menschen Götter gemacht haben (V. 6ff.). Jemand fällt einen Baum; einen Teil des Holzes gebraucht er als Brennholz, und aus dem Rest macht er einen Gott (V. 13–17). Das betet er an, als sei es ein Gott. Der Mensch macht seine Götter. Ähnlich hat ja der Philosoph Feuerbach im 19. Jahrhundert gesagt: Ja, so werden die Götzen gemacht, daß der Mensch Götter nach seinem Bilde schafft.

Aber diese Götter sind Götzen. Demgegenüber wird gesagt, daß sich nicht Israel einen Gott gemacht, sondern daß der lebendige Gott Israel gemacht habe. Der lebendige Gott ist es, der den Menschen macht, der auch das Volk Gottes schafft und diesem Volk Raum gibt.

In **Kapitel 45** geht der Blick gewaltig weit hinaus. Zunächst aber richtet er sich auf die Zeitgeschichte: Es wird von Gott gesagt, daß er schon einen Mann parat habe, durch den er die Juden aus dem Exil befreien will. Das ist eine politische Gestalt. Noch ist nicht zu erkennen, wie es und was da passieren könnte. Aber der König Kyrus von Persien ist der kommende Mann. Im Hebräischen heißt dieser Herrscher »Coresch«, im Griechischen »Cyrus«, der Mann, der in einem einzigen, mächtigen Ansturm dieses Babylon dann eingenommen hat, auch dessen scheinbar uneinnehmbare Hauptstadt Babel. Er hat mit seinen Gefolgsleuten das Ungeheure vollbracht: Sie haben das Bett des Euphrat (des Flusses also, der unter der Stadtmauer hindurchfloß) so verlegt, daß dieser Fluß um die Stadtmauer herumfloß. Dadurch wurde ein Weg unter der Stadtmauer frei, durch den sie nachts in die Stadt eingedrungen sind. Damit hatten die Babylonier nicht gerechnet, daß ihnen so etwas drohe. Auf diese Art und Weise hat Kyrus das Reich an sich gerissen und ein neues Weltreich aufgerichtet.

Mit dem Perser Kyrus begann eine andere Politik. Kyrus ging davon aus, daß es zum Aufbau eines gesunden Großreiches erforderlich ist, daß die ihm eingegliederten Völkerschaften in sich gesund sind. Diese Teilvölker des Großreichs konnten aber nur dann gesund sein, wenn sie in ihrer angestammten Heimat leben und die ihnen eigenen Religionen ausüben konnten, ohne daß sie zwangsumgesiedelt wurden. Kyrus hatte erkannt, daß die durch die Umsiedlungspolitik der Babylonier exilierten Menschen haltlos geworden waren. Daher ließ er an die umgesiedelten Teilvölker (nicht nur an die Juden, sondern auch an die anderen) die Weisung ergehen, daß sie in ihre Heimatländer zurückkehren und ruhig ihre eigene, alte Religion wieder annehmen und ausüben sollten. Kyrus hat gewünscht, daß sich diese Teilvölker wieder ihre eigenen Tempel bauen. Durch die Gesundung der Teilvölker hoffte er, einen langen Bestand seines Reiches zu erreichen. Und das Perserreich bestand auch eine verhältnismäßig lange Zeit, erheblich länger jedenfalls als das Reich der Assyrer und das der Babylonier. So war die Art und Weise, wie Kyrus mit den Teilvölkern seines Reiches umging, eine Maßnahme, die sich gut und langfristig ausgewirkt hat.

Jesaja 45 sagt, daß Gott dem Kyrus dies eingegeben hat. Gott war also hier im Spiel, der die Herzen wie Wasserbäche lenkt (Spr 21,1; vgl. dazu die Auslegung zu Dan 10 in dem Kapitel »Der Prophet Daniel«).

Doch dann richtet sich der Blick weit hinaus. *»Ich habe bei mir selbst geschworen, und Gerechtigkeit ist ausgegangen aus meinem Munde, ein Wort, bei dem es bleiben soll: Mir sollen sich alle Knie beugen und alle Zungen schwören und sagen: Im HERRN habe ich Gerechtigkeit und Stärke«* (V. 23.24a). Doch gleich anschließend heißt es: *»Aber alle, die ihm widerstreben, werden zu ihm kommen und beschämt werden«* (V. 24b). Das ist also keine Generalamnestie in dem Sinne, daß der Mensch bleiben könnte, wie er ist, und daß trotzdem alles gut wird. Es muß zumindest das Widerstreben des Menschen gegen Gott bis in die letzten Wurzeln auch getilgt werden. Es ist die Läuterung bis ins letzte nötig! Jesaja 45 knüpft also an Jesaja 1–35 an.

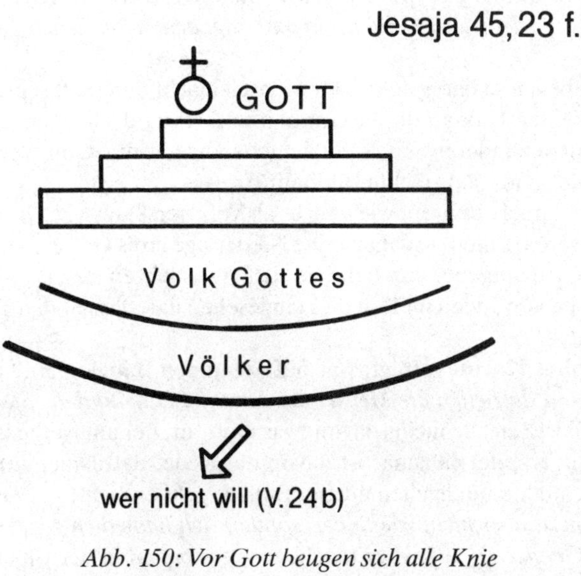

Abb. 150: Vor Gott beugen sich alle Knie

In **Kapitel 46** wird dasselbe wie in 44,17 noch einmal gesagt, in einer bemerkenswerten Abwandlung: Die Heiden müssen ja ihre Götter tragen; sie stellen sie dann irgendwo hin, wo sie sie stehenlassen (V. 1f.). Israel aber wird von seinem Gott getragen, von dem lebendigen Gott. Gott spricht zu seinem Volk: *»Hört mir zu, ihr vom Hause Jakob, und alle, die ihr noch übrig seid vom Hause Israel, die ihr von mir getragen werdet von Mutterleibe an und vom Mutterschoße an mir aufgeladen seid: Auch bis in euer Alter bin ich derselbe, und ich will euch tragen, bis ihr grau werdet. Ich habe es getan; ich will heben und tragen und erretten«* (V. 3f.). Das wird vom Propheten also im Kontrast zu denen gesagt, die ihre Götter, ihre Talismane oder ihre Glücksbringer tragen und befestigen müssen.

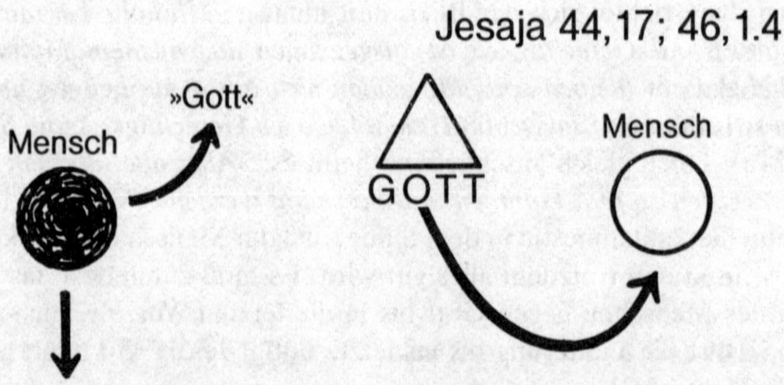

Abb. 151: Der Mensch macht und trägt seinen Götzen – der wahre Gott macht und trägt den Menschen

Das habe ich so dargestellt: Der Mensch macht und trägt seinen »Gott«, hat aber keinen Halt an dieser Gottheit und stürzt deshalb ab (linke Bildhälfte). Auf der anderen Seite steht der lebendige, wahre Gott, der den Menschen schafft und trägt (rechte Bildhälfte).

Das hat Israel erfahren, wiewohl es als Volk versklavt war. In der Misere, in der sie waren, sahen sie daher keine Niederlage ihres Gottes, sondern eine überfällige Züchtigung, durch die sie sich etwas lehren lassen wollten. Daß eine Gruppe von Juden im Exil dies eingesehen hat, das hat den Neuanfang ermöglicht.

In **Kapitel 47** wird gefragt: Was hilft dann den Babyloniern? *»Es sollen hertreten und dir helfen die Meister des Himmelslaufs und die Sterngucker«* (V. 13). Sie wissen alle nichts davon, was Gott tut, der am Werke ist!

Es ist in **Kapitel 48** zunächst davon die Rede, daß Israel durch Läuterungsgerichte hindurchgehen müsse. Billiger geht es nicht! *»Siehe, ich habe dich geläutert, aber nicht wie Silber, sondern ich habe dich geprüft im Glutofen des Elends«* (V. 10). Hier taucht zum erstenmal in der Bibel das Wort auf, das dann im Neuen Testament an zahlreichen Stellen wieder zu finden ist: das Wort vom Läuterungsprozeß. Das war für die Boten Gottes in der Bibel genau der richtige Ausdruck für das, was Gott über sein Volk verhängte. Damit hat auch die babylonische Gefangenschaft eine positive Bedeutung bekommen und war nicht nur ein unangenehmer Zwischenfall, den man möglichst rasch wieder vergessen sollte.

Im selben Kapitel wird jenes Wort gesagt, das auch in Offenbarung 18 steht: *»Geht heraus aus Babel, flieht von den Chaldäern«*, und zwar *»mit fröhlichem Schall«* (V. 20)! Hier ist also an die Heimkehr der Gefangenen gedacht, die nun nichts mehr zurückhalten kann. Menschlich gesehen lag die Ursache dieser Rückkehr in der Einsicht eines klugen neuen Politikers, des Kyrus, – von Gott her gesehen, der die Herzen lenkt, war es Seine Befreiungstat, daß die Juden aus dem Exil wieder heimkehren durften. Das ist ein Signal dafür, nun von den Weltmächten – oder auch von einer verweltlichten Christenheit – aus- und dem wiederkommenden Herrn entgegenzugehen.

b) Die neue göttliche Herrschaft über die Völker (Kap. 49–53)

Kapitel 49 enthält das *zweite Knecht-Gottes-Lied* (V. 1–6). Israel, dieses kleine Völklein, war ja noch mehr geschrumpft, weil eine ganze Anzahl von Juden dort geblieben sind, wohin sie die Babylonier deportiert hatten. Denn nach einigen Jahren im Exil hatten sie es doch zu etwas gebracht und das gelernt, was für dieses Volk typisch gewesen ist: Sie konnten gut Handel treiben. Damit gelang es ihnen, aus ihrer Lage noch das Beste zu machen. Diejenigen, die auf diese Weise die guten Märkte erobert und gelernt hatten, wie man so etwas anpackt, haben nicht daran gedacht, in ihr Heimatland zurückzukehren. Die Heimkehrer waren dagegen solche Leute, denen es ernsthaft um die Geschichte Gottes ging, die er mit seinem Volk machte. Sie wollten den Tempel wiederaufbauen, damit Gott wieder der ihm zustehende Dienst getan werden konnte.

Es geht in Jesaja 49 darum, daß das kleine Völklein der Heimkehrer, in das dieser Gottesknecht gestellt war, der angefochten und verachtet ist (*»ich aber dachte, ich arbeitete vergeblich...«*, V. 4), einen größeren Horizont bekommt. Diesem Knecht Gottes wird gesagt, daß er ein ungeheuer weites Aufgabenfeld habe. Gott war es nämlich zu gering, daß sein Knecht nur die *»Zerstreuten Israels«* zusammenbringt: *»Es ist zu wenig, daß du mein Knecht bist, die Stämme Jakobs aufzurichten und die Zerstreuten Israels wiederzubringen, sondern ich habe dich auch zum Licht der Heiden gemacht, daß du seist mein Heil bis an die Enden der Erde«* (V. 6).

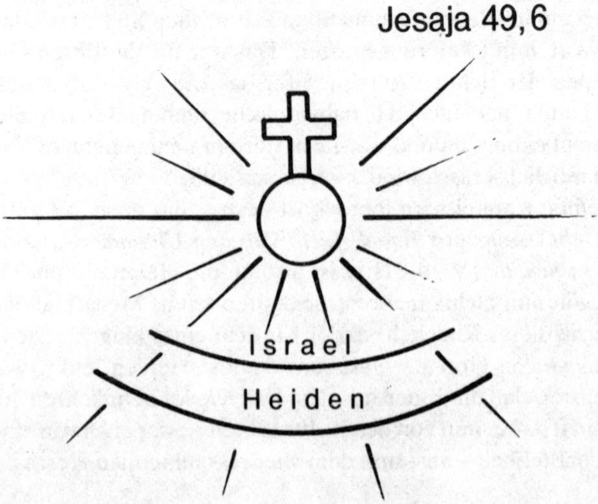

Abb. 152: Der Knecht Gottes ist Israels Licht und der Welt Heil

Im zweiten Knecht-Gottes-Lied tritt also der Schritt in Erscheinung, der auch im Leben Jesu zu sehen ist. *Vor* Jesu Passion heißt es: »Ich bin nur gesandt zu den verlorenen Schafen des Hauses Israel« (Mt 15,24). *Nach* seinem Opfergang wird gesagt: »Gehet hin in alle Welt und predigt das Evangelium aller Kreatur« (Mk 16,15); »gehet hin und machet zu Jüngern alle Völker« (Mt 28,19 a). Das ist der Schritt, der schon in Jesaja 49 sichtbar wird.

Kapitel 50 enthält ein drittes Knecht-Gottes-Lied (V. 4–11), das unter allen Knecht-Gottes-Liedern erstmals nicht nur von der Anfechtung spricht (das war schon in 49,4), nicht nur von der Unscheinbarkeit des Gottesknechtes (wie 42,2), sondern davon, daß der Knecht Gottes mißhandelt wird. *»Ich bot meinen Rücken dar denen, die mich schlugen, und meine Wangen denen, die mich rauften«* (V. 6 a). Es wird aber nicht sichtbar, weswegen das denn geschieht.

Davon ist erst im vierten Knecht-Gottes-Lied – dem ausführlichsten – die Rede, das sozusagen fünf Strophen hat **(Jes 52,13–53,12)**. Man muß sich vorstellen: Der Prophet schaut – wohl in einer Vision – den Mann, der so in Gethsemane leidet, der dann eine Dornenkrone trägt, den man unter dem Kreuz hinausführt, den man zu Tode quält und der das alles ohne Widerrede erduldet *»wie ein Lamm, das zur Schlachtbank geführt wird«* (53,7).

Dabei taucht eine Zwischenfrage auf, die der Prophet vielleicht selbst hat: Wieso geschieht denn das alles? In Israel hat man gedacht (das läßt sich z. B. im Hiob-Buch feststellen), daß es dem, der Gutes tut und sich gut verhält, auch gut gehen müsse, und daß es dem, der schlecht ist, auch schlecht ergehe. Das Prediger-Buch leidet ungeheuer unter der Anfechtung, daß diese Übereinstimmung von Tun und Ergehen nicht mehr gegeben ist. Auch Psalm 73 und das Hiob-Buch zeigen, daß einem schweren Schicksal offenkundig nicht unbedingt ein schlechtes Tun oder Verhalten vorausgehen muß.

Aber der Prophet sagt: *»Wir aber hielten ihn für den, der geplagt und von Gott geschlagen und gemartert wäre«* (V. 4b) – nämlich wegen seiner eigenen Schuld. ›Vielleicht hat der, den ich da so leiden sehe, doch irgendwie Schuld!?‹ Daher ist es wie eine Entdeckung, daß der Prophet merkt, daß dieser Gottesknecht auch seine, des Propheten, Schuld trägt, sowie die Schuld Israels und die Schuld der Welt: *»Aber er ist um unsrer Missetat willen verwundet und um unsrer Sünde willen zerschlagen«* (V. 5a). Im Urtext wird der Ausdruck des Erstaunens darüber besonders deutlich, daß der Gottesknecht nicht seiner eigenen Schuld wegen *»geschlagen und gemartert wäre«*, sondern daß *»er unsere Krankheit trug und unsre Schmerzen auf sich lud«* (V. 4a). Ja, *»die Strafe liegt auf ihm, auf daß wir Frieden hätten, und durch seine Wunden sind wir geheilt«* (V. 5b). Der Gedanke des stellvertretenden Leidens ist es, der hier in seiner ganzen Wucht auftaucht: Gott warf alle Sünde auf seinen Knecht.

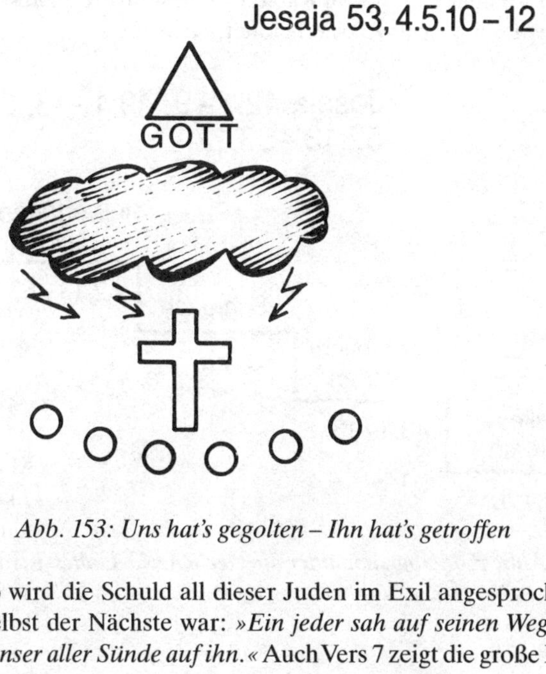

Abb. 153: Uns hat's gegolten – Ihn hat's getroffen

In Vers 6 wird die Schuld all dieser Juden im Exil angesprochen, wo ja jeder sich selbst der Nächste war: *»Ein jeder sah auf seinen Weg. Aber der* HERR *warf unser aller Sünde auf ihn.«* Auch Vers 7 zeigt die große Einsicht in die Art und Weise des stellvertretenden Leidens Jesu: *»Als er gemartert ward, litt er doch willig und tat seinen Mund nicht auf wie ein Lamm, das zur Schlachtbank geführt wird; und wie ein Schaf, das verstummt vor seinem Scherer, tat er seinen Mund nicht auf.«*

Dieses Knecht-Gottes-Lied hat offenkundig Jesus und dann auch der frühen Christenheit ungeheuer viel bedeutet. Jesus ist sich durch dieses Lied über seine Bestimmung um so klarer geworden, über den Auftrag, den der Vater ihm gab: nicht geschwind alle Reiche der Welt zu bekommen (wie der Feind es wollte), sondern willig zu werden, den Weg zum Kreuz zu gehen. *Die* Kardinalstelle im Alten Testament dazu ist dieses vierte und letzte Knecht-Gottes-Lied, das das ausführlichste von allen ist.

Über den, der am Kreuz hängt, bricht das Gewitter des Gerichtes Gottes ein (Abb. 153). »Die Strafe liegt auf ihm, auf daß wir Frieden hätten...«

So weisen die vier Knecht-Gottes-Lieder eine gewisse Stufenfolge des Leidens auf (vgl. Abb. 154). Zu Beginn steht das stille, verborgene Wirken des Gottesknechtes (Kap. 42). Dann kommt es zur ersten Anfechtung (»vergeblich«, Kap. 49), wiewohl der Knecht »Licht unter den Völkern« ist; doch das ist zunächst nur etwas, was zu glauben ist, was dieser Knecht also nicht sieht. Nach Kapitel 50 hat er bereits »Schmach« zu erdulden (»ich bot meinen Rücken dar...«), was in Kapitel 53 im stellvertretenden Leiden des Gottesknechtes in ganzer Klarheit gipfelt.

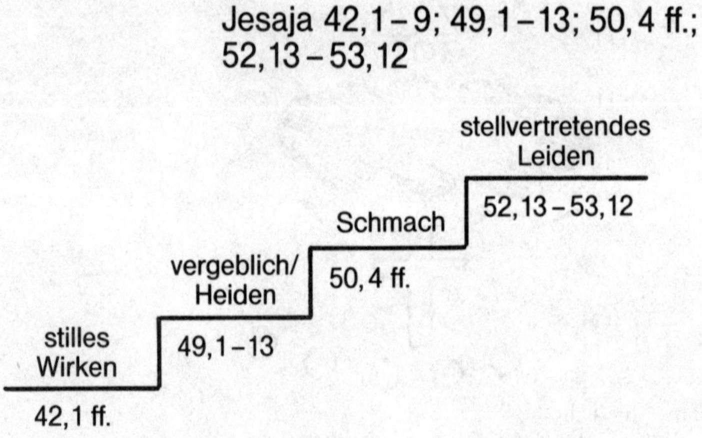

Abb. 154: Übersicht über die vier Knecht-Gottes-Lieder

c) Der neue Heilszustand für Israel (Kap. 54f.)

Mit dem vierten Knecht-Gottes-Lied ist ein gewisser Höhepunkt des Jesajabuches erreicht. In den folgenden, letzten Kapiteln dieses Buches geht es einerseits um einen großen Ausblick, andrerseits darum, dem Volk in seinen alltäglichen Anfechtungen eine Wegleitung zu geben.

Kapitel 54 zeigt, daß die Juden wohl doch noch mit einer längeren Zeit des Exils rechneten, zumal die Verheißung dann noch nicht sofort erfüllt wurde. Da auch der Neuanfang im jüdischen Heimatland unscheinbar war, mußten sie sich fragen, wie es nun weitergehen werde. Aber da sagt Gott, er wolle mit ihnen weitermachen, ja er verheißt eine neue Gnadenzeit: *»Rühme dich, du Unfruchtbare, die du nicht geboren hast... Denn der dich gemacht hat, ist dein Mann... Der HERR hat dich zu sich gerufen wie ein verlassenes und von Herzen betrübtes Weib; und das Weib der Jugendzeit, wie könnte es verstoßen bleiben! spricht dein Gott. Ich habe dich einen kleinen Augenblick verlassen, aber mit großer Barmherzigkeit will ich dich sammeln«* (V. 1.5.6f.). Gott hat sich verpflichtet, hat einen Bund geschlossen, den er mit dem Noah-Bund vergleicht (V. 9). *»Es sollen wohl Berge weichen und Hügel hinfallen, aber meine Gnade soll nicht von dir weichen, und der Bund meines Friedens soll nicht hinfallen, spricht der HERR, dein Erbarmer«* (V. 10).

Kapitel 55 bringt die Einladung zum Gnadenbund Gottes zum Ausdruck. *»Wohlan alle, die ihr durstig seid, kommt her zum Wasser! Und die ihr kein Geld habt, kommt her, kauft und eßt! ... Warum zählt ihr Geld dar für das, was kein Brot ist, und sauren Verdienst für das, was nicht satt macht? ... Ich will mit euch einen ewigen Bund schließen«* (V. 1ff.). Israel soll sich neu allein dem HERRN zuwenden: *»Suchet den HERRN, solange er zu finden ist; rufet ihn an, solange er nahe ist«* (V. 6). Gottes Wort hat eine unfehlbare Wirkung: *»...das Wort, das aus meinem Munde geht, ... wird nicht wieder leer zurückkommen, sondern wird tun, was mir gefällt, und ihm wird gelingen, wozu ich es sende«* (V. 11).

3.2.4 Der neue Heilszustand und das Gericht über die Völker (Kap. 56–66)

Der letzte große Teil des Jesajabuches, die Kapitel 56–66, enthält Worte, die wohl an die heimgekehrte Gemeinde in der anfechtungsreichen Anfangszeit im Heimatland gerichtet sind.

Kapitel 56 zeigt ansatzweise das neue Wachstum Israels über die Grenzen seines Landes hinaus: *»Mein Haus wird ein Bethaus heißen für alle Völker«* (V. 7b). Aber *»ihre Wächter sind blind, sie wissen alle nichts. Stumme Hunde sind sie, die nicht bellen können«* (V. 10a).

Kapitel 57 schildert das Geschick der Frommen und der Gottlosen. *»Der Gerechte ist umgekommen, und niemand ist da, der es zu Herzen nimmt... Ja, der Gerechte ist weggerafft durch die Bosheit«* (V. 1). Aber Gott steht zu den Seinen, auch wenn sie im Elend sind: *»So spricht der Hohe und Erhabene, der ewig wohnt, dessen Name heilig ist: Ich wohne in der Höhe und im Heiligtum und bei denen, die zerschlagenen und demütigen Geistes sind, auf daß ich erquicke den Geist der Gedemütigten und das Herz der Zerschlagenen«* (V. 15).

In **Kapitel 58** geht es um das falsche und das rechte Fasten: *»Rufe getrost, halte nicht an dich! Erhebe deine Stimme wie eine Posaune... Siehe, wenn ihr fastet, hadert und zankt ihr... Das aber ist ein Fasten, an dem ich Gefallen habe: Laß los, die du mit Unrecht gebunden hast, laß ledig, auf die du das Joch gelegt hast! Gib frei, die du bedrückst, reiß jedes Joch weg!«* (V. 1.4.6).

Das Volk stand nach wie vor vor dem Problem, daß es Sünde tat. Gott aber überwindet die Sünde seines Volkes **(Kap. 59)**: *»Siehe, des HERRN Arm ist nicht zu kurz, daß er nicht helfen könnte, und seine Ohren sind nicht hart geworden, so daß er nicht hören könnte, sondern eure Verschuldungen scheiden euch von eurem Gott, und eure Sünden verbergen sein Angesicht vor euch, daß ihr nicht gehört werdet«* (V. 1 f.).

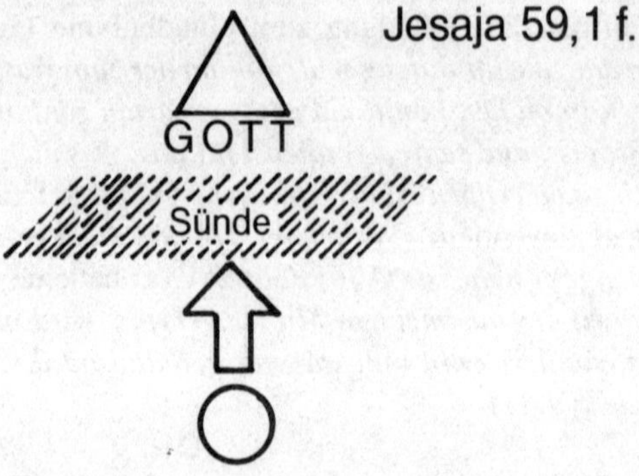

Abb. 155: Sünde verhindert die Erhörlichkeit der Gebete

Gott verheißt, daß er seinem Volk zur Rettung kommen werde: *»Aber für Zion wird er als Erlöser kommen und für die in Jakob, die sich von der Sünde abwenden, spricht der HERR«* (V. 20).

Kapitel 60 bietet den ganz großen Ausblick auf die herrliche Zukunft des kommenden Friedensreiches: *»Mache dich auf, werde licht; denn dein Licht kommt, und die Herrlichkeit des HERRN geht auf über dir!«* (V. 1). Dann wird davon gesprochen, daß *»Finsternis das Erdreich bedeckt«*; *»aber über dir* *geht auf der* H*ERR und seine Herrlichkeit erscheint über dir. Und die Heiden [die Völker] werden zu deinem Lichte ziehen und die Könige zu dem Glanz, der über dir aufgeht«* (V. 2f.). Israel rückt in die Mitte der Völker: *»Diese alle sind versammelt und kommen zu dir«* (V. 4), ja *»die Inseln harren auf mich«* (V. 9a). Schließlich *»sollen die Tage deines Leidens ein Ende haben«* (V. 20b). Das setzt sich in **Kapitel 65** fort – bis hin zur Verheißung eines neuen Himmels und einer neuen Erde (65,17ff.).

Gott spricht hinein in die Anfechtung **(Kap. 66)**: *»Ich will euch trösten, wie einen seine Mutter tröstet«* (V. 13). Er sagt allerdings dazu das sehr ernste Wort, daß es auch ein Draußen geben wird: *»Sie werden hinausgehen und schauen die Leichname derer, die von mir abtrünnig waren; denn ihr Wurm wird nicht sterben, und ihr Feuer wird nicht verlöschen«* (V. 24).

Mit diesem schrecklichen Wort, daß es dies auch geben wird, schließt das Jesajabuch. Das ist das letzte Wort, das dazu führen soll, daß wir auch den Ernst erkennen, wie nötig es ist, sich wirklich an den zu halten, der so seine Gnade anbietet. Mit dieser seiner Gnade ist nicht zu spielen!

Der Prophet Jeremia

1. Einleitung

1.1 Jeremias Auftrag

Der Dienst des Jeremia war außerordentlich schwer. Jeremia hat das Gericht Gottes ankündigen müssen. Es war nötig, dieses Gericht *anzukündigen*. Wenn es ohne jede Vorankündigung über Israel hereingebrochen wäre, so daß plötzlich die Stadt Jerusalem zerstört und das Volk in die babylonische Gefangenschaft abgeführt worden wäre, dann wäre ihnen das eben wie ein nationales Unglück vorgekommen, das zufällig über sie hereingebrochen ist. Doch das Gericht wurde ihnen angekündigt, und daher mußten sie es als ein Gericht *Gottes* erkennen. Darum mußte Jeremia auftreten und diesem Volk sagen, was früher oder später geschehen werde.

Der andere Grund, warum Jeremia die Gerichtsbotschaft ausrichten mußte, war der, daß unter diesen göttlichen Gerichten ein geläuterter Rest herauswachsen sollte, der aus den Worten und aus dem Dienst des Jeremia lernen sollte. Denn so schwer auch sein Dienst war, so hat Jeremia doch (ab Kap. 30) einen Ausblick auf Gottes künftige Heilszeit bekommen. Aber es wird durchgehend betont, daß es nicht ohne die Gerichte Gottes gehe. Jeremia sollte diese Gerichte nicht nur ankündigen, sondern auch miterleiden.

1.2 Die Zeit, in der Jeremia lebte und wirkte

Jeremia hat während der Zeit der letzten fünf Könige Judas gewirkt: unter Josia, Joahas, Jojakim, Jojachin und Zedekia (zu diesen Königen vgl. die Ausführungen im Kapitel über 2. Könige, Abschnitt 3.). Joahas und Jojakim werden in dem Buch des Propheten Jeremia nicht erwähnt. Das war also die Zeit vor dem Untergang des Südreiches Juda.

Im Blick auf Jeremias Wirksamkeit lassen sich drei Hauptphasen unterscheiden:

a) Von der Berufung bis zu den Reformen Josias (2. Kön 22f.; 627–622 v. Chr.)

Josia war der treue und gute, der letzte treffliche König Judas. Er wollte das Steuer herumreißen und eine religiöse Erneuerung herbeiführen. Josia ist im Krieg gegen Pharao Necho gefallen, den ägyptischen Herrscher, der die Auseinandersetzung mit dem aufsteigenden neubabylonischen Reich gesucht hat. Josia ist sozusagen vor dem Unglück hinweggerafft worden, das über sein Volk hereinbrechen sollte.

Jeremia ist wahrscheinlich im Jahre 627 v. Chr. berufen worden und war gewiß an den Reformen des Josia, die 622 v. Chr. einsetzten, wesentlich beteiligt. Jeremia muß damals noch sehr jung gewesen sein.

Nach dem Jahr 622 hören wir eine ganze Zeitlang nichts mehr von Jeremia, nämlich bis zum Jahr 608 v. Chr.

b) Während der Regierungszeit des von Pharao Necho eingesetzten Königs Jojakim (2. Kön 23,34–36; 608–598 v. Chr.)

Nachdem der älteste Sohn Josias, Joahas, kurze Zeit an der Regierung war (2. Kön 23,31 f.), wurde er von Necho abgesetzt. Daraufhin setzte der Pharao den Jojakim als König ein, der dann zehn Jahre lang regiert hat und der übelste von all den Königen war, die Jeremia erlebt hat. In Jojakims Zeit setzt Jeremias Wirksamkeit erneut ein, und gerade unter diesem König war es für Jeremia sehr schwierig zu wirken.

c) Während der Regierungszeit des Königs Zedekia (2. Kön 24,17ff.; 597–587 v. Chr.)

Jojachin, der Nachfolger Jojakims, wurde von Nebukadnezar entthront und an seiner Stelle der schwache König Zedekia eingesetzt, ein weiterer Sohn Josias. Zedekia bemühte sich vergeblich um die Umkehr des Volkes zu Gott; seine Regierungszeit war von Verfolgung und Todesdrohung überschattet.

Die Zeit Jeremias und seine Gerichtsbotschaft stellten Jeremia auf einen doppelten Leidensweg: Er litt *mit* seinen Volksgenossen und mit seinem gottlosen König unter Gottes Gericht, und er litt *unter* seinem Volk und König. Anfeindung, Verleumdung, Verdächtigung, Einsamkeit und Verfolgung waren die Konsequenzen seines Auftretens. Zugleich durfte Jeremia auch schon auf das neue Heil hinausblicken, das auf die Gerichte folgen würde, und es ankündigen.

Jeremias Geschick ist ein Bild für das doppelte Leiden der Gemeinde Jesu in der Endzeit. Die Gemeinde Jesu leidet *mit* der Welt (hierbei ist an die Siegel- und Posaunengerichte in Offb zu denken) und leidet zusätzlich *unter* der Welt, unter der antichristlichen Herrschaft. Man ist bei Jeremia an die zwei Zeugen Jesu erinnert, die in Offenbarung 11 genannt sind, die ihr Zeugnis unter größtem Leiden laut werden lassen.

Wie diesen beiden Zeugen, so erging es auch Jeremia. Ab der Zeit des Königs Jojakim (608–598 v. Chr.; siehe unten) war er immer wieder in Haft; man veranlaßte Mordanschläge auf ihn, und er wurde ausgepeitscht. Man hat sein Buch verbrannt und ihn in eine leere Zisterne geworfen. Er war auch inhaftiert, als die Babylonier ins Land einfielen; sie haben ihn aus dem Gefängnis befreit.

Jeremia hat sich dann entschlossen, während der babylonischen Gefangenschaft mit einem Rest des Volkes in Jerusalem zu bleiben. Aber diese zurückgebliebenen Juden haben den Statthalter Gedalja umgebracht und sind dann nach Ägypten geflohen, wobei sie Jeremia und seinen jungen Freund Baruch mitgeschleppt haben.

Danach ist die Spur verwischt; mehr wissen wir über die Lebensgeschichte Jeremias nicht. Außerbiblische Nachrichten besagen, daß Jeremia in Ägypten durch das Volk getötet worden sei. Demnach hat er also den Märtyrertod erlitten. So ist Jeremia ein ganz besonderer Gotteszeuge gewesen, ein Märtyrer gerade unter einem und durch ein entartetes Volk Gottes.

Es ist also das Besondere dieses alttestamentlichen Propheten – und er ist damit ein Modell dessen, was die Gemeinde Jesu auf dem letzten Wegstück der Geschichte erlebt –, daß er *mit* und *unter* seinem eigenen Volk zu leiden hatte. Jeremia war *mit*belastet, er sah *mit* den anderen der kommenden Katastrophe entgegen; und er hat sehr schwer *unter* dem Volk Israel gelitten.

Auch für die Endzeit ist ja mit solchen Entwicklungen zu rechnen (Offb 17 u.a.), daß nämlich eine entartete Christenheit die echte Christenheit bedrängen wird und gerade sie es ihr schwermachen wird, oft noch mehr als die gottlose Welt. Aber im Neuen Testament wird auch deutlich, daß, je dunkler die Nacht wird, desto näher der Morgen ist. In *einem* Augenblick wird dann die Welt erhellt sein durch den wiederkommenden Herrn. Aber gerade die Schatten, die dem vorausgehen, treten schon bei Jeremia besonders deutlich in Erscheinung. Deshalb hat das Leben Jeremias auch eine prototypische Zukunftsbedeutung für die Gemeinde Jesu.

2. Der Aufbau des Buches

Das Jeremia-Buch ist so aufgebaut:

1. Jeremias Berufung (Kap. 1)
2. Gottes Wort aus Jeremias erster Wirksamkeit (Kap. 2–6)

3. Gottes Wort aus der Zeit Jojakims (Kap. 7–20)
4. Gottes Wort über die Führer des Volkes (Kap. 21–25)
5. Die Geschichte der Leiden Jeremias (Kap. 26–29)
6. Heilsworte Gottes durch Jeremia (Kap. 30–33)
7. Gottes Worte und Berichte über die letzte Zeit der Belagerung und die Eroberung Jerusalems (Kap. 34–39)
8. Der Rest des Volkes, der zurückbleibt, und die Wirksamkeit Jeremias unter ihm (Kap. 40–45)
9. Gerichtsworte über die Völker (Kap. 46–51)
10. Anhang: Kurze Geschichte der Zerstörung Jerusalems (Kap. 52)

3. Zum Einzelnen

3.1 Jeremias Berufung (Kap. 1)

Die Worte der Kapitel 1–6 sind großenteils nicht zeitlich exakt einzuordnen, gehören aber wohl alle in die Anfangszeit der Wirksamkeit Jeremias, die zur Reform Josias und zu einer gewissen religiösen Erneuerung geführt hat.

Kapitel 1 schildert Jeremias Berufung. Jeremia ist ein junger Priester aus Anatot (V. 1), das 7 Kilometer nordöstlich von Jerusalem liegt. *»Zu ihm geschah das Wort des HERRN…«* (V. 2; vgl. V. 4). Jeremia reagiert auf seine Berufung mit den Worten: *»Ach, Herr HERR, ich tauge nicht zu predigen; denn ich bin zu jung«* (V. 6). Vielleicht war er noch keine 20 Jahre alt und hatte das Alter noch nicht erreicht, das man in Israel brauchte, um öffentlich reden zu können. *»Der HERR sprach aber zu mir: Sage nicht: ›Ich bin zu jung‹, sondern du sollst gehen, wohin ich dich sende, und predigen alles, was ich dir gebiete«* (V. 7). Gott führt dann Jeremia in seine Aufgabe ein: *»Und der HERR streckte seine Hand aus und rührte meinen Mund an und sprach zu mir: Siehe, ich lege meine Worte in deinen Mund«* (V. 9).

Bei seiner Berufung sieht Jeremia in einer Vision etwas von einem siedend heißen Topf: *»Ich sehe einen siedenden Kessel überkochen von Norden her«* (V. 13; vgl. 6,22). Dieser Topf läuft über und ergießt seinen schrecklichen, brennend heißen Inhalt über das Land hin (siehe Abb. 156).

Woher kommt die Redeweise *»von Norden her«*? Der Feind Israels, die Babylonier, wohnten im Nordosten bzw. im Osten des Landes. Doch der Gegner kam immer vom Norden her ins Land herein, weil man die syrisch-arabische Wüste mit einem Heer nicht durchqueren konnte. Man mußte den Umweg über den Norden Israels machen.

So schaut Jeremia bereits in Kapitel 1 den Untergang seines Volkes durch den Überfall der babylonischen Heere.

Jeremia 1,13

Abb. 156: Das »heiße« Gericht Gottes

Gott verspricht Jeremia, mit ihm zu sein und ihn *»zur festen Stadt, zur eisernen Säule, zur ehernen Mauer zu machen im ganzen Lande«* (V. 18a). Jeremia soll einsam *»wider die Könige Judas, wider seine Großen, wider seine Priester, wider das Volk des Landes«* (V. 18b) stehen. Das ist Jeremia sehr schwer gefallen, denn er war ein überaus empfindsamer Mensch (während man z. B. bei Amos sieht, daß ihn sein Auftreten nicht so stark aufgerieben hat).

3.2 Gottes Wort aus Jeremias erster Wirksamkeit (Kap. 2–6)

In **Kapitel 2** beginnt die eigentliche Wirksamkeit des Jeremia. Gott hält Israel durch Jeremia vor: *»Mein Volk tut eine zwiefache Sünde: mich, die lebendige Quelle, verlassen sie und machen sich ausgehauene Brunnen, Zisternen, die doch rissig sind und kein Wasser geben«* (V. 13). Und im Blick auf das gesamte Unglück sagt der Prophet: *»Das alles hast du dir doch selbst bereitet, weil du den HERRN, deinen Gott, verläßt, sooft er dich den rechten Weg leiten will«* (V. 17). Er kündigt dem Volk an: *»Du mußt innewerden und erfahren, was es für Jammer und Herzeleid bringt, den HERRN, deinen Gott zu verlassen und ihn nicht zu fürchten, spricht Gott, der HERR Zebaoth«* (V. 19b).

Jeremia ringt also um dieses Volk und zeigt ihm die Ursache seiner Verunsicherung; er will sie in einer eindrucksvollen Weise zurück-, heimrufen. Er hält ihnen vor Augen, wie es damals in der Wüste war: *»So spricht der HERR: Ich gedenke der Treue deiner Jugend und der Liebe deiner Brautzeit, wie du mir folgtest in der Wüste, im Lande, da man nicht sät«* (V. 2). Israel war dem HERRN wie eine liebe Braut, die ihrem Bräutigam auf dem Weg folgt. Und im Auftrag Gottes fragt Jeremia dieses Volk, warum es sich denn jetzt von seinem Gott löst und ihn verläßt. Der Bund zwischen Gott und Israel wird hier mit einem Braut-, einem Ehestand verglichen (wie auch z.B. bei Hosea).

In **Kapitel 3** wird der Götzendienst Israels im gleichen Stile gezeigt: *»Wenn sich ein Mann von seiner Frau scheidet und sie geht von ihm und gehört einem andern, darf er sie auch wieder annehmen? … Du aber hast mit vielen gehurt…«* (V. 1), d.h.: ›Du hast dich auf den üblen Götzendienst eingelassen.‹

Das ganze Elend war das, daß dieses Volk drohte, einfach in seiner Umwelt aufzugehen, sich anzupassen und sich voll und ganz dem Götzendienst hinzugeben. Zwar hat man immer noch von Jahwe geredet, aber der Gott Israels wurde zu *einem* Gott unter vielen anderen Gottheiten. Ja, es war sogar eine ausgesprochene Kultvermischung, die Israel vollzog: Man hat zum Teil, etwa in den Tagen des Königs Manasse, Götzenbilder sogar im Tempel, im Allerheiligsten aufgestellt. Wenn die Heilsgeschichte mit diesem Volk fortgesetzt werden sollte, das sich derart der Religionsvermischung hingab, wenn Israel seinen göttlichen Beruf erfüllen sollte, wenn einmal Gott den Einen in dieses Volk hineinstellen sollte, wenn einmal Apostel und Boten Gottes aus diesem Volk hervorgehen sollten, dann ging es nicht mehr anders, als daß Gott sein abtrünniges Volk durch notvolle und schwere Gerichte hindurchführt.

In **Kapitel 4** ergeht ein erneuter Bußruf an Israel (V. 1ff.). Dieses Kapitel zeigt auch auf besonders erschütternde Weise, daß Jeremia bereits den Kriegslärm des göttlichen Gerichts vernimmt. Der Prophet sieht und hört in einer Art von Vision bereits voraus, was auf dieses Volk zukommt: *»Wie ist mir so weh! Mein Herz pocht mir im Leibe, und ich habe keine Ruhe; denn ich höre der Posaune Hall, den Lärm der Feldschlacht; Niederlage auf Niederlage wird gemeldet. Denn das ganze Land wird verheert, plötzlich sind meine Hütten und meine Zelte zerstört«* (V. 19f.). Mit *»der Posaune Hall«* meint Jeremia den Klang der Hörner, die zum Angriff blasen. Jeremia hört einen Todesschrei nach dem anderen. Noch waren zwar friedliche Zeiten, aber der Prophet erlebt das alles so, und aus diesem Eindruck heraus redet er und will das Volk vor seinem Unheil zurückreißen.

In **Kapitel 5** wird die Gerichtsverfallenheit Israels deutlich, wenn davon gesprochen wird, Jeremia solle durch Jerusalem gehen und Menschen suchen, die nach Gott fragen, – und er werde keine finden. In diesem Zusammenhang steht das schöne Wort: *»HERR, deine Augen schauen nach dem Glauben«*[1] *(V. 3) – doch Gott findet keinen Glauben, sondern er sieht das, was in Abbildung 157 dargestellt ist: Das Volk Israel ist unter Gott, aber es dient fremden Göttern, den Götzen.*

---

[1] *Lutherübersetzung '84: »…sehen auf Wahrhaftigkeit…«*

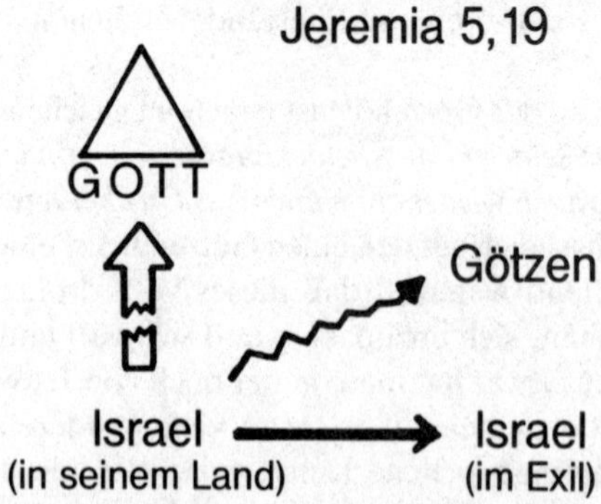

Abb. 157: Womit gesündigt wird, damit wird auch gestraft

Darum sagt dann Gott: *»Wie ihr mich verlaßt und fremden Göttern dient in eurem eigenen Land, so sollt ihr auch Fremden dienen in einem Land, das nicht euer ist«* (V. 19b). Womit sie sündigen, damit werden sie also auch gestraft.

So sagt auch das Neue Testament: Die einen wollen Ihn, können nicht nahe genug bei Ihm sein. Denen sagt der Herr: »Kommt her, ihr Gesegneten meines Vaters, ererbt das Reich, das euch bereitet ist von Anbeginn der Welt!« (Mt 25,34). Und den anderen, die Ihn nicht wollen, wird gesagt: »Geht weg von mir, ihr Verfluchten, in das ewige Feuer, das bereitet ist dem Teufel und seinen Engeln!« (Mt 25,41).

In **Kapitel 6** ist vom wohlverdienten Gericht die Rede. Hier wird ein Wort gesagt, das fast zynisch wirkt. Jeremia muß sagen: *»Die Tochter Zion ist wie eine liebliche Aue; aber es werden Hirten über sie kommen mit ihren Herden; die werden Zelte aufschlagen rings um sie her...«* (V. 2f.). Das sieht fast idyllisch aus, aber es wird ziemlich schnell deutlich, was der Prophet in seiner Vision geschaut hat: Die *»Hirten«* und ihre *»Herden«* sind eigentlich die Feldherren und die Soldaten eines feindlichen Belagerungsheeres (siehe Abb. 158)!

Diese Schilderung der Vision ist von einem Heimruf begleitet: *»Beßre dich, Jerusalem, ehe sich mein Herz von dir wende und dich zum wüsten Lande mache, darin niemand wohnt!«* (V. 8). So wird Israel mit eindringlichen Worten vor seinem Unglück gewarnt und die Möglichkeit zur Umkehr zu seinem Gott eröffnet.

Dies ist das Werben Jeremias um sein Volk, das in der ersten Phase seines Wirkens offenkundig noch zu einem gewissen Erfolg geführt hat. Doch der König Josia wurde vor dem drohenden Unglück hinweggerafft (siehe oben, 1.2); das Volk war gerichtsreif, und die Leute haben nicht auf Jeremias War-

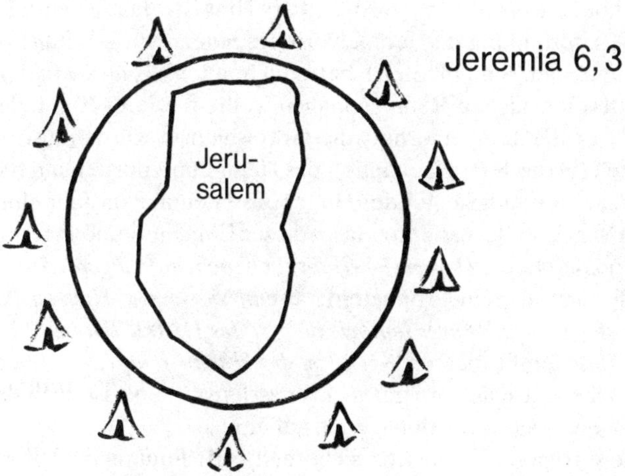

Abb. 158: Die Belagerung der Stadt

nung gehört. Die Reform unter Josia fand zwar ein wenig Anklang, ging aber nicht eigentlich in die Tiefe.

3.3 Gottes Wort aus der Zeit Jojakims (Kap. 7–20)

Diese 14 Kapitel des Jeremia-Buches fallen in die Zeit der Regierung Jojakims (608–598 v. Chr.).

Dieser Teil beginnt in **Kapitel 7** mit einer allgemein ziemlich bekannten Rede, der sog. *Tempelrede* Jeremias.

Jojakim war ja von Pharao Necho eingesetzt worden, also durch Ägypten, die Macht im Westen Israels. Es sah so aus, als könnten die Israeliten so etwas wie das Zünglein an der Waage zwischen den beiden Mächten Babylon und Ägypten sein und sich auf diese Weise als neutraler Staat, als »dritte Macht«, ganz gut hindurchmanövrieren. Nun aber, nachdem die Ägypter von den Babyloniern geschlagen worden waren (605 v. Chr., bei Karkemisch am Euphrat), zeigte es sich, daß Israel ebenfalls von Babylon bedrängt wurde.

In dieser Lage haben sich die Juden doch wieder an Jahwe, ihren Gott, erinnert und sogar einen Bittgottesdienst ausgeschrieben. Das Volk sollte sich auf dem Tempelplatz zu einem Fasten sammeln. Kapitel 7 schildert, daß Jeremia zu diesem Anlaß einen eigenartigen Auftrag bekommt: Er soll an der Tür zum Tempel stehen (gemeint ist wohl ein Tempeltor nach der Art der sog. »Schönen Tür«, die in Apg 3,2.10 erwähnt ist). Das ist eine Pforte, die durch die Umfriedung des Tempelvorhofes von außen her führt und durch die die Leute den Tempelbereich betreten mußten, wenn sie in den eigentlichen gottesdienstlichen Raum gelangen wollten. Dieser Raum des Gottesdienstes war der Tempelvorhof; die Gottesdienste wurden also im Freien abgehalten (in das Tempelgebäude – das Heiligtum – durften nur die Priester bzw. in das Allerheiligste nur der Hohepriester einmal im Jahr eintreten).

Nach Vers 2 sollte also Jeremia an dieser Eingangs- und Durchgangstüre stehen und den Leuten sagen: *»Verlaßt euch nicht auf Lügenworte«* (das sind die Worte der falschen Propheten), *»wenn sie sagen: Hier ist des HERRN Tempel, hier ist des HERRN Tempel, hier ist des HERRN Tempel!«* (V. 4). Der Satz der falschen Propheten: *»Hier ist des HERRN Tempel!«* sollte die Leute sicher machen. ›Euch kann gar nichts passieren – Gott ist doch da, er muß ja! Wer in aller Welt sollte ihm dienen außer uns!?‹

In diese trügerische, falsche Sicherheit wirft Jeremia im Auftrag Gottes ein, daß es doch gar nicht so ausgemacht ist, daß Gott da ist und für Israel ist. Vielmehr: *»Bessert euer Leben und euer Tun, so will ich bei euch wohnen an diesem Ort«* (V. 3.5). Unter dieser Bedingung verspricht Gott, in Israel, im Tempel gegenwärtig zu sein.

Israel hält zwar seinen Bittgottesdienst ab – doch daneben, im Privatleben, sind diese Gottesdienstteilnehmer *»Diebe, Mörder, Ehebrecher und Meineidige«*, die das Vermögen anderer Menschen abjagen und *»dem Baal opfern«*, also den Götzen dienen (V. 9). Gegen dieses Nebeneinander von Gottesdienst und Götzendienst wendet sich Jeremia im Auftrag Gottes. Israel betrieb beides gemeinsam und meinte, wenn es Jahwe, seinen Gott brauche, könne es ihn rufen, wie man die Feuerwehr nur dann ruft, wenn es brennt. Wenn die Not vorbei ist, dann kann Gott wieder abrücken, dann lebt man wieder auf eigene Faust und wie man will. Aber dabei macht Gott nicht mit. Er wohnt nicht mit der Liebe zur Sünde zusammen. Gott kann auch aus dem Tempel ausziehen (vgl. Abb. 159).

Der »Erfolg« des Jeremia war, daß die Leute nicht auf ihn hörten, angefangen bei den geistlichen Führern und beim König Jojakim. Jeremia wurde vielmehr geschlagen und eine Nacht lang eingesperrt. Später wurde er dann vor Gericht gestellt (siehe unten). Man hat ihn also mißhandelt; er galt als ein gefährlicher Mann, ein Defätist, der die Wehrkraft zersetzte. Denn Jeremia hat ja dazu aufgerufen, sich nicht gegen die Babylonier zu wehren, sondern sich dem Gericht Gottes zu unterwerfen. Daher sollte er beseitigt werden; und es bedurfte des Einsatzes einiger treuer und gewissenhafter Leute – auch aus der Umgebung des Königs –, daß dieser Prophet nicht getötet wurde.

In diesem Zusammenhang steht zum erstenmal das schreckliche Wort, das in 14,11 noch einmal auftaucht, daß nämlich Jeremia nicht mehr in der

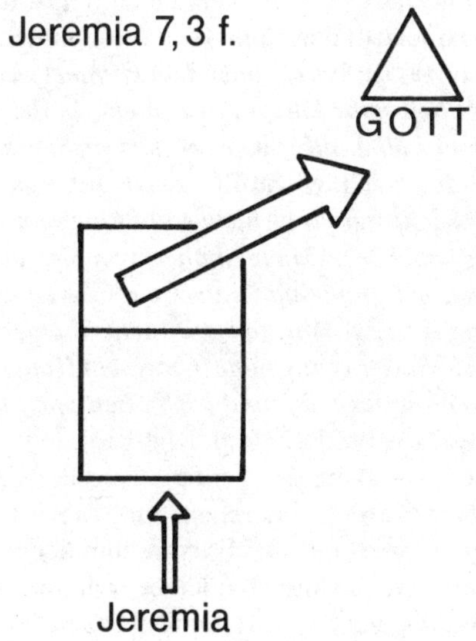

Abb. 159: Gott kann auch aus dem Tempel ausziehen

Fürbitte für dieses Volk eintreten dürfe: *»Du sollst für dies Volk nicht bitten und sollst für sie weder Klage noch Gebet vorbringen, sie auch nicht vertreten vor mir; denn ich will dich nicht hören«* (7,16). Selbst die Fürbitte zweier der größten Männer des Alten Testamentes wäre vergeblich: »Der HERR sprach zu mir: Und wenn auch Mose und Samuel vor mir stünden, so habe ich doch kein Herz für dies Volk. Treibe sie weg von mir, und laß sie weggehen!« (15,1).

An anderen Stellen des Jeremia-Buches wird sichtbar, daß der Prophet durchaus für sein Volk bitten durfte und dies auch tat. In 7,16 und 14,11 ist speziell das gemeint, daß Jeremia nicht darum bitten durfte, daß das Gericht Gottes von diesem Volk abgewendet werde. Israel mußte durch dieses Gericht hindurchgehen; die Gerichtsreife war so weit vorangeschritten, daß kein Aufhalten oder Abwenden des Gerichtes noch möglich war. Nur andeutungsweise ist – etwa in Kapitel 30 – dann auch davon die Rede, daß Gott nach dem Gericht das Heil geben werde.

Kapitel 8 zeigt wiederum die Weigerung des Volkes, zu seinem Gott umzukehren. Trotz der eindringlichen Mahnung und Frage: *»Wo ist jemand, wenn er fällt, der nicht gern wieder aufstünde? Wo ist jemand, wenn er irregeht, der nicht gern wieder zurechtkäme? Warum will denn dies Volk zu Jerusalem irregehen für und für?« »halten sie so fest am falschen Gottesdienst, daß* *sie nicht umkehren wollen«* (V. 4f.). Bei den Tieren ist das Leben geordnet und geregelt, aber Israel tritt den Bund Gottes mit Füßen, der sein Leben in Ordnung bringen soll: *»Der Storch unter dem Himmel weiß seine Zeit, Turteltaube, Kranich und Schwalbe halten die Zeit ein, in der sie wiederkommen sollen; aber mein Volk will das Recht des HERRN nicht wissen«* (V. 7).

In seiner Klage zeigt sich, wie hoffnungslos Jeremia im Blick auf Israel geworden ist: *»›Will denn der HERR nicht mehr Gott sein in Zion, oder soll es keinen König mehr haben?‹ … Mich jammert von Herzen, daß mein Volk so ganz zerschlagen ist; ich gräme und entsetze mich. Ist denn keine Salbe in Gilead, oder ist kein Arzt da? Warum ist denn die Tochter meines Volks nicht geheilt? Ach, daß ich Wasser genug hätte in meinem Haupte und meine Augen Tränenquellen wären, daß ich Tag und Nacht beweinen könnte die Erschlagenen meines Volkes!«* (V. 19.21–23; vgl. Klgl 1,16).

Auch im weiteren Verlauf des Jeremia-Buches wird erkennbar, daß Jeremia sein schwerer Auftrag immer mehr zur Not wird, und er verwünscht sogar den Tag seiner Geburt (20,14): Es wäre ihm lieber, wenn er gar nicht erst geboren worden wäre. So unsagbar leidet er darunter, daß sein Volk von Jahwe, seinem Gott, abgefallen ist. Jeremia liebt sein Volk, und dies tut ihm in der Seele leid. Er ist ja selbst ein junger Priester und muß besonders auch gegen die Priesterschaft reden, was für ihn sehr schmerzlich ist. Daher verzweifelt er manchmal so sehr, daß er – ähnlich wie Hiob – sogar den Tag seiner Geburt verflucht.

Und doch wird Jeremia an keinem Punkt ungehorsam. Er richtet immer das aus, was er sagen sollte, in ganzer Offenheit und Klarheit, wobei er selber sehr darunter leidet. Es ist eigentlich unverständlich, daß ihm seine Volksgenossen das nicht abspüren, wie er in seinem Gewissen gebunden ist und als vor Gott stehend mit ihnen redet. Es ist unerklärlich, daß sie ihn bloß als einen verrückten Kerl ansehen, als einen, der einfach gegen ihre nationale Sicherheit ist und der ihre Propheten und Priester verdächtigt, ohne dafür wirklich einen Anlaß zu haben. Warum merken sie nicht, daß sie es bei Jeremia mit Gott zu tun haben?

Auch **Kapitel 9** zeigt an seiner Klage, wie sehr Jeremia über sein Volk verzweifelt ist: *»Ach, daß ich eine Herberge hätte in der Wüste, so wollte ich mein Volk verlassen und von ihnen ziehen! Denn es sind lauter Ehebrecher und ein treuloser Haufe. Sie schießen mit ihren Zungen lauter Lüge und keine Wahrheit und treiben's mit Gewalt im Lande und gehen von einer Bosheit zur andern, mich aber achten sie nicht, spricht der HERR«* (V. 1f.).

Der Abfall von Gott hat Folgen für die Fruchtbarkeit des Landes: *»Wer ist nun weise, daß er dies verstünde, und zu wem spricht des HERRN Mund, daß er verkündete, warum das Land verdirbt und öde wird wie eine Wüste, die niemand durchwandert? Und der Herr sprach: Weil sie mein Gesetz verlassen,* *das ich ihnen vorgelegt habe, und meinen Worten nicht gehorchen, auch nicht danach leben, ...darum spricht der HERR Zebaoth, der Gott Israels: Siehe, ich will dies Volk mit Wermut speisen und mit Gift tränken«* (V. 11 ff.).

Am Schluß dieses Kapitels stehen Verse, auf die im Neuen Testament Paulus Bezug nimmt: *»So spricht der HERR: Ein Weiser rühme sich nicht seiner Weisheit, ein Starker rühme sich nicht seiner Stärke, ein Reicher rühme sich nicht seines Reichtums. Sondern wer sich rühmen will, der rühme sich dessen, daß er klug sei und mich kenne, daß ich der HERR bin, der Barmherzigkeit, Recht und Gerechtigkeit übt auf Erden; denn solches gefällt mir, spricht der HERR«* (V. 22 f.; vgl. 1. Kor 1,31).

Kapitel 10 betont den Unterschied zwischen dem lebendigen Gott und den von Menschen angefertigten Götzen: *»Ihre Götter sind alle nichts. Man fällt im Walde einen Baum, und der Bildhauer macht daraus mit dem Schnitzmesser ein Werk von Menschenhänden...«* (V. 3). Diese Götzen *»sind ja nichts als Vogelscheuchen im Gurkenfeld«* (V. 5), *»aber dir, HERR, ist niemand gleich; du bist groß, und dein Name ist groß, wie du es mit der Tat beweist«* (V. 6).

In **Kapitel 11** ist zunächst vom Bundesbruch des Volkes die Rede, den Jeremia im Namen Gottes anprangern soll: *»Höret die Worte dieses Bundes, daß ihr sie den Leuten in Juda und den Bürgern von Jerusalem sagt! Und sprich zu ihnen: so spricht der HERR, der Gott Israels: Verflucht sei, wer nicht gehorcht den Worten dieses Bundes, die ich euren Vätern gebot an dem Tage, als ich sie aus Ägyptenland führte, aus dem glühenden Ofen, und sprach: Gehorcht meiner Stimme und tut, wie ich euch geboten habe, so sollt ihr mein Volk sein, und ich will euer Gott sein...«* (V. 2–4).

Jeremia wird noch einmal in besonderer Weise von seinen eigenen Mitdorfbewohnern angefeindet (V. 18 ff.). Er wohnt ja nicht in Jerusalem, sondern – wie viele von den Priesterordnungen – außerhalb der Stadt. (Nach dem 1. Chronik-Buch bestanden ja damals 24 Priesterordnungen, die sich beim Tempeldienst abwechselten. Das ist auch im Neuen Testament bei Zacharias, dem Vater Johannes' des Täufers, der Fall gewesen, der in Jerusalem Dienst tat und danach in sein Heimatdorf zurückkehrte [Lk 1,8.9.23].) Jeremia lebt, wiewohl er Priester ist, in dem Dorf Anatot, nicht in Jerusalem. Und seine eigenen Dorfgenossen – vermutlich die anderen Priester, die in Anatot wohnen – wollen einen Anschlag auf ihn ausüben (V. 19). Doch Jeremia kann sich dem entziehen, wird aber mißhandelt. Das ist für ihn schmerzlich. Auf der einen Seite leidet er darunter und steht in der Fürbitte für diese Leute ein, auf der anderen bittet er aber auch Gott um Rache (V. 20).

Jeremia ist also noch nicht zu dem Verhalten fähig, was an Jesus zu sehen ist, der im Blick auf diejenigen, die ihn kreuzigen, spricht: »Vater, vergib ihnen; denn sie wissen nicht, was sie tun!« (Lk 23,34). Auch Stephanus zeigt gegenüber seinen Peinigern eine andere Haltung als Jeremia, wenn er sagt: »Herr, rechne ihnen diese Sünde nicht an!« (Apg 7,60).

In **Kapitel 12** taucht die von Hiob und Psalm 73 her bekannte Frage auf, warum gottlose Leute im Glück leben könnten, während es denen, die an Gott glauben, auch sehr schlecht gehen kann. *»Warum geht's doch den Gottlosen so gut, und die Abtrünnigen haben alles in Fülle?«*(V. 1b). Jeremia fordert Gott auf: *»Reiß sie weg wie Schafe zum Schlachten«* (V. 3).

Dieses Kapitel enthält auch ein Klagelied Gottes über sein verwüstetes Erbteil: *»Ich habe mein Haus verlassen und mein Erbe verstoßen«* (V. 7ff.), wozu allerdings der hoffnungsvolle Ausblick kommt: *»Wenn ich sie ausgerissen habe, will ich mich wieder über sie erbarmen...«* (V. 15). Jeremia soll wie Gott denken.

Jeremia verwendet häufig eigenartige, für das Empfinden der Menschen seiner Zeit aber deutliche und verständliche Bildworte und Zeichenhandlungen zur Veranschaulichung seiner Botschaft. In **Kapitel 13** ist es ein verdorbener Gürtel, mittels dessen er seine Gerichtsbotschaft plastisch demonstriert: *»So sprach der HERR zu mir: Geh hin und kaufe dir einen leinenen Gürtel und gürte damit deine Lenden, aber laß ihn nicht naß werden!«* Jeremia soll den Gürtel an einem feuchten Ort an einem Bach namens Euphrat vergraben und nach einiger Zeit wieder ausgraben; da ist er verdorben (V. 1–7).

Den Sinn dieser Symbolhandlung erfährt Jeremia danach: *»So spricht der HERR: Ebenso will ich verderben den großen Hochmut Judas und Jerusalems. Dies böse Volk, das meine Worte nicht hören will, sondern nach seinem verstockten Herzen wandelt und andern Göttern folgt, um ihnen zu dienen und sie anzubeten: es soll werden wie der Gürtel, der zu nichts mehr taugt. Denn gleichwie der Gürtel um die Lenden des Mannes gebunden wird, so habe ich, spricht der HERR, das ganze Haus Israel und das ganze Haus Juda um mich gegürtet, daß sie mein Volk sein sollten, mir zum Ruhm, zu Lob und Ehren; aber sie wollten nicht hören«* (V. 9–11).

Mit diesem schlechtgewordenen Gürtel soll Jeremia vor den Leuten erscheinen und sagen, daß Israel für Gott wie ein Gürtel gewesen ist, den er um sich gelegt hat, mit dem er sich umgürtet, umgeben hat. Das Volk sollte Gott so nahe sein wie ein Gürtel, den man am Körper trägt. Israel sollte um Gott her sein können. Er wollte sie tragen. So wäre alles gut gewesen. Aber Israel hat sich von Gott entfernt und ist durch anderes verdorben worden (siehe Abb. 160).

Kapitel 14 zeigt, wie das Volk angesichts von Dürre und Kriegsnot vergeblich zu Gott fleht: *»Ach, HERR, wenn unsre Sünden uns verklagen, so hilf doch um deines Namens willen!«* (V. 7a mit V. 7b–9). Doch dem Propheten wird verwehrt, bei Gott für eine Milderung des Gerichtes zu bitten:

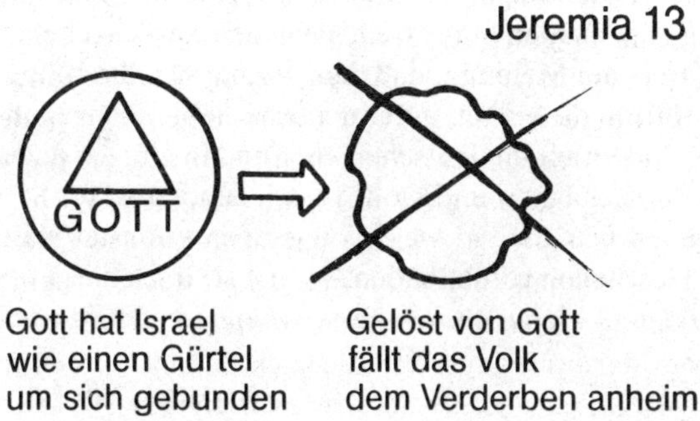

Abb. 160: Fern von Gott – das ist Verderben

»Du sollst nicht für dies Volk um Gnade bitten. Denn wenn sie auch fasten, so will ich doch ihr Flehen nicht erhören…« (V. 11f.).

Kapitel 15 ist wieder ein Kapitel der großen inneren Anfechtung Jeremias. Wie in Kapitel 20 stehen auch hier diese Worte, mit denen der Prophet beklagt, daß seine Mutter ihn geboren habe (V. 10). Aber dann ringt er sich doch zu einem fröhlichen Glauben durch und sagt: *»Dein Wort ward meine Speise, sooft ich's empfing, und dein Wort ist meines Herzens Freude und Trost; denn ich bin ja nach deinem Namen genannt, HERR, Gott Zebaoth«* (V. 16). Und Gott vergibt ihm und sagt: *»Du sollst mein Prediger bleiben«* (V. 19). Es wird Jeremia auch gesagt, daß er künftiges Heil weissagen dürfe.

In **Kapitel 16** bekommt Jeremia etwas Eigenartiges gesagt, etwas, bei dem er ganz weit hinausblickt: Israel werde nicht nur aus Babylon wieder heimkehren dürfen, sondern auch aus allen Völkern gesammelt werden, in die es zerstreut war (V. 14–18). In alle Völker sind die Juden nach dem babylonischen Exil nicht zerstreut worden, sondern erst nach der Zerstörung Jerusalems und des Landes durch die Römer (70 n. Chr.). Gott verheißt hier: *»Ich will sie zurückbringen in das Land, das ich ihren Vätern gegeben habe«* (V. 15b). Darauf folgt das eigenartige Wort: *»Ich will Fische aussenden, spricht der HERR, die sollen sie fischen; und danach will ich viele Jäger aussenden, die sollen sie fangen auf allen Bergen und auf allen Hügeln und in allen Felsklüften«* (V. 16).

Es ist nicht ganz von der Hand zu weisen, daß das möglicherweise ein Ausblick ist auf Theodor Herzl, den Gründer der Weltzionistenbewegung (1898), der Juden aus allen Völkern »gefischt« und sie heimgelockt hat, der diese Bewegung der Rückkehr der Juden aus allen Völkern in ihr Heimatland angestoßen hat.

Und war Hitler der »Jäger«, der die Juden überall »gejagt« hat und durch den sie williger geworden sind, nach Palästina zurückzukehren? Manche Historiker sind ja der Meinung, daß dann, wenn sich die Juden vor etwa 60 Jahren weiterhin an die Völker, unter denen sie lebten, angepaßt hätten, ein liberalisiertes Judentum im deutschen Volk und in einigen anderen Völkern ganz und gar aufgegangen und wohl verschwunden wäre. So schmerzlich Hitlers Vorgehen war und so wenig diejenigen entlastet sind, die dieses schreckliche Geschehen verübt haben, so sind sie doch die gewesen, die veranlaßten, daß Israel wieder eher Israel sein wollte und ins Land seiner Väter zurückkehrte.

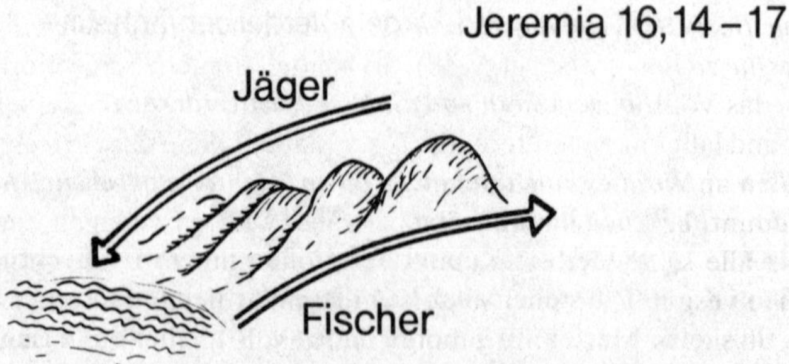

Abb. 161: Die Wiedersammlung Israels

Das habe ich in Abbildung 161 dargestellt: Im Grunde genommen ist bei der Aussendung der *»Fischer«* und *»Jäger«* Gott am Werk, der aus dem Völkermeer sein Volk ins Land seiner Väter zurückholen läßt. So muß alles der Zubereitung Israels und auch der Zubereitung der Gemeinde Jesu Christi dienen, selbst die Feindschaft unter der Völkerwelt, der Gottes Volk ausgesetzt ist.

Kapitel 17 hat die Strafe zum Thema, die auf das falsche Vertrauen auf Menschen folgt. *»Verflucht ist der Mann, der sich auf Menschen verläßt und hält Fleisch für seinen Arm und weicht mit seinem Herzen vom HERRN... Gesegnet aber ist der Mann, der sich auf den HERRN verläßt und dessen Zuversicht der HERR ist«* (V. 5.7). Hier steht auch ein wichtiger Satz der biblischen Psychologie, der Menschenkunde: *»Es ist das Herz ein trotzig und verzagt Ding; wer kann es ergründen?«* (V. 9). Das *»Herz«*, die Person des Menschen ist ja etwas, was die Psychologie schon lange intensiv erforscht. Aber die Bibel ist so nüchtern, daß sie feststellt: *»Ich, der HERR, kann das Herz ergründen und die Nieren prüfen...«* (V. 10 a). Nur Gott, der den Menschen geschaffen hat, sieht in das Innerste des Menschen, und vor Gott wird unser ganzes Wesen offenbar werden.

Eine weitere, eindrucksvolle Gleichnishandlung ist in den **Kapiteln 18 und 19** vorgeführt: das Gleichnis vom Töpfer (18,1 ff.) und die Gleichnishandlung vom zerschmetterten Krug (19,1 ff.). Jeremia wird zunächst ins Töpfergeschäft geschickt, um dort dem Töpfer bei seiner Arbeit zuzusehen. Dieser arbeitet beschädigte Produkte um, so daß daraus etwas Neues entsteht. Das wendet Gott auf Israel an: *»Kann ich nicht ebenso mit euch umgehen, ihr vom Hause Israel, wie dieser Töpfer? ... Siehe, wie der Ton in des Töpfers Hand, so seid auch ihr vom Hause Israel in meiner Hand«* (V. 6).

Es wird dabei einerseits von Gottes souveräner Freiheit gesprochen: *»Bald rede ich über ein Volk und Königreich, daß ich es ausreißen, einreißen und zerstören will...«* (V. 7; vgl. V. 9), andrerseits aber auch von Gottes Antwort auf das menschliche Verhalten: *»...wenn es [=Israel] sich aber bekehrt von seiner Bosheit, gegen die ich rede, so reut mich auch das Unheil, das ich ihm gedachte zu tun«* (V. 8; vgl. V. 10). So handelt der lebendige Gott.

Aber das Volk lehnt Jeremias Botschaft weiterhin ab: »Sie sprechen: ›Kommt und laßt uns gegen Jeremia Böses planen; denn dem Priester wird's nicht fehlen an Weisung noch dem Weisen an Rat noch dem Propheten am Wort! Kommt, laßt uns ihn mit seinen eigenen Worten schlagen und nichts geben auf alle seine Reden!‹« (V. 18). Jeremia reagiert darauf mit einem Gebet: »So vergib ihnen ihre Missetat nicht und tilge ihre Sünde nicht aus vor dir! Laß sie vor dir zu Fall kommen und handle an ihnen zur Zeit deines Zorns!« (V. 23b).

Jeremia wird noch ein zweites Mal zum Töpfer gesandt, um dort einen schönen Krug zu kaufen. Dann soll er die Ältesten, die Stammeshäupter und die obersten Priester im Tal Ben-Hinnom versammeln und vor ihnen den Krug auf die Erde werfen, auf den Fels, um ihn zu zerschmettern, und sagen, daß es Israel ebenso ergehen werde, wenn nämlich Jerusalem durch die Babylonier verwüstet wird.

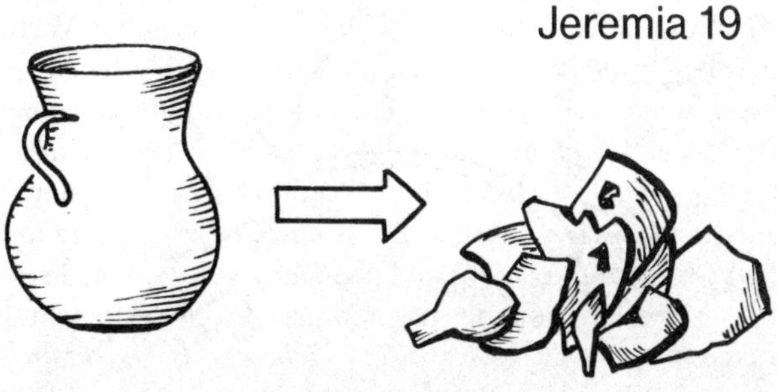

Abb. 162: Jerusalem – wie ein zerbrochener Krug

So ließ Jeremia immer wieder die Gerichtsankündigung Gottes an Israel ergehen, eine Gerichtsankündigung, die freilich immer wieder mit einem

Heimruf verbunden war. Doch gerade die führenden Leute in Israel, auch die geistlichen Führer, haben nicht auf ihn gehört.

Das zeigt sich besonders deutlich in **Kapitel 20**. Gerade wegen der Szene mit dem zerschmetterten Krug hat der oberste Priester Paschhur (dieser Name bedeutet »Freude ringsumher«) Jeremia geschlagen und eingekerkert (V. 1 ff.). Statt daß sich die Leute gefragt haben, ob Jeremia nicht doch recht habe, wurde er mißhandelt.

Später heißt es an einer Stelle, daß einige Männer sagten: »Zur Zeit Hiskias, des Königs von Juda, war ein Prophet, Micha von Moreschet«, der das drohende Gericht Gottes ankündigte und deswegen doch nicht getötet worden war. Vielmehr taten die Leute damals Buße, und darum »reute auch den HERRN das Übel, das er gegen sie geredet hatte...« (26,18 f.) Derartige Stimmen wurden dann und wann auch laut, aber sie waren schnell wieder vom König, von den geistlichen Führern, von den Stammeshäuptern und vom Volk erstickt. Man hat Jeremia schlichtweg mundtot machen wollen.

Nach einer Nacht im Gefängnis wurde Jeremia vor Gericht gestellt, und er sagte zu Paschhur: *»Der HERR nennt dich nicht Paschhur [also ›Freude ringsumher‹], sondern ›Schrecken um und um‹; denn so spricht der HERR: Siehe, ich will dich zum Schrecken machen für dich selbst und alle deine Freunde; sie sollen fallen durchs Schwert ihrer Feinde, und du sollst es mit eigenen Augen sehen. Und ich will ganz Juda in die Hand des Königs von Babel geben; der soll sie wegführen nach Babel und mit dem Schwert töten... Und du, Paschhur, sollst mit allen deinen Hausgenossen gefangen weggeführt werden und nach Babel kommen. Dort sollst du sterben und begraben werden samt allen deinen Freunden, denen du Lügen gepredigt hast«* (V. 4.6).

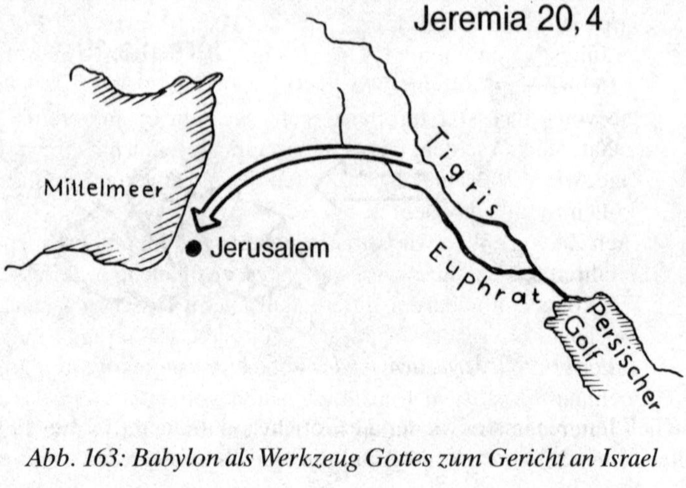

Abb. 163: Babylon als Werkzeug Gottes zum Gericht an Israel

Das hat der Prophet nicht gesagt und sagen müssen, um diesem Oberpriester etwas heimzuzahlen, nicht als Triumph, sondern leidtragend. Er hat es aber dennoch in voller Klarheit vorgebracht, ohne etwas davon zu verschweigen.

Jeremia war also ein treuer Zeuge, und er war es wohl auch, der in besonderem Maße vorbereitet hat, daß unter den jungen Menschen, die ins Exil weggeführt wurden (darunter Daniel und Hesekiel mit ihren Freunden), nach dem Gericht eine geistliche Erneuerung erfolgt ist. Diese Erneuerung war so gewaltig, daß nach der babylonischen Gefangenschaft nichts mehr davon zu hören ist, gegen den Götzendienst müsse angegangen werden. Die Verehrung von Götzen war dann wohl so gründlich abgewehrt und gewissermaßen herausoperiert, daß man auf dergleichen nicht mehr hereingefallen ist.

Im Blick auf diese spätere Erneuerung war es sehr wichtig, daß die prophetischen Worte auch eines Jeremia durch seinen Schüler Baruch überliefert waren. König Jojakim hat die Aufzeichnungen von Jeremias Worten zwar verbrannt (vgl. Kap. 36), doch Jeremia sollte seine Reden dann dem jungen Baruch neu diktieren. Baruch hat sie erneut aufgeschrieben, und so sind diese Reden auf wunderbare Weise doch für die später Lebenden und auch für uns heute festgehalten worden, trotz der großen Verwirrung jener Zeit. Sie sind auch in unserer Zeit, in der manches als gerichtsreif erscheint, ein nachdrücklicher Heimruf zu Gott.–

An dieser Stelle möchte ich an meinen alten Freund Julius von Jan erinnern, der bei Oberlenningen Pfarrer war und der nach der schrecklichen Reichskristallnacht 1938 eine überaus tapfere Predigt gehalten hat – nicht auftrumpfend oder frech, sondern leidend und in ganzer Klarheit –, über das Jeremia-Wort: »O Land, Land, Land, höre des HERRN Wort!« (22,29). (Zur Predigt von Julius von Jan siehe: F. Grünzweig, ...zu rühmen Seinen Ruhm, Wuppertal/Neuhausen-Stuttgart 1988, S. 41 f. Anm. d. Hg.)

Ich weiß von Julius von Jan persönlich, wie sehr er an Jeremia Maß genommen hat, auch in seinem Dienst überhaupt. Jeremia hat ihm im Blick auf die Frage, wie wir uns in solchen Zeiten des allgemeinen Abfalls recht verhalten sollen, sehr viel bedeutet.–

In solchen Zeiten sollten wir Christen nicht triumphieren, nicht einfach alles dahinfahren lassen, aber wir sollten es auch nicht unterlassen zu warnen. Wir können nur darum bitten, daß auch Menschen in unserem Volk und in anderen Völkern in unserer Zeit sich wie Jeremia in seiner Zeit und unter seinem Volk einzusetzen wagen. An seinen Worten können wir Maß nehmen, gerade auch an diesem liebevollen Werben, das dann schließlich unter den jungen Juden im babylonischen Exil seine Früchte trug.

3.4 Gottes Wort über die Führer des Volkes (Kap. 21–25)

Dieser Teil des Jeremia-Buches fällt speziell in die Zeit von Zedekia, des letzten Königs von Juda, ehe das Volk ins babylonische Exil deportiert worden ist.

Kapitel 21 beginnt ganz kennzeichnend für Zedekia. Er schickt zu Jeremia, dem inzwischen altgewordenen Mann, und läßt ihm sagen: *»Befrage doch den HERRN für uns«* (V. 2a). Jeremia soll ein Wort des HERRN erbitten, das Zedekia sagen soll, was er in der Lage zu tun hat, in der er sich befindet.

Das Merkwürdige ist, daß sich Zedekia dieses Wort Gottes erbittet, dann aber nicht gehorcht. Jeremia kann ihm nichts anderes sagen, als daß die Zerstörung Jerusalems unausweichlich ist (V. 3ff.). Das Gericht Gottes ist beschlossene Sache. Nur durch dieses Gericht hindurch ist dem Volk zu helfen! Daher fordert Jeremia Zedekia auf, zu kapitulieren.

Man weiß aus der Geschichte, daß Nebukadnezar eine auffallende Geduld hatte. Es ist bekannt, daß sich dieser neubabylonische Herrscher auch anderen Völkern gegenüber dann, wenn sie sich ihm öffneten, glimpflich verfahren ist. Dies war ja auch schon das dritte Mal, daß sich Israel gegen ihn erhoben hat, und das dritte Mal, daß dieses Volk dabei eine Schlappe erfuhr. Israel hätte doch einiges lernen müssen!

Es kann sich also die Situation ergeben, daß man sich unter ein Gericht Gottes beugt und es annimmt. Das ist etwa an David zu sehen, der sich unter die Züchtigungen, zu denen beispielsweise der Aufstand des Absalom gegen ihn gehörte, ohne Murren beugte. Ja, selbst als ihm Unrecht getan wurde und Schimi ihm zurief: »Bluthund!«, sagte David: »Laßt ihn ruhig fluchen, denn der HERR hat's ihm geboten« (2. Sam 16,7.8.11b).

Rechte Bußfertigkeit kann auch bedeuten, daß man nicht mehr so wehleidig ist, sondern im Sinne von Zinzendorf sagen kann: »Ich brauch's, Herr, schlage zu!« (in dem Lied »Merk, Seele, dir dies große Wort«; EKG Württ. 502, V. 2).

Das ist wohl die Haltung, die Jeremia im Auftrag Gottes von Zedekia verlangt. Das ist bei diesem König geradezu durchgehend die Linie.

Demgegenüber ist fortlaufend zu sehen, daß die Führenden des Volkes, die Priester und die Sippenoberhäupter, nicht im geringsten zur Kapitulation – und das heißt auch: zur Bußfertigkeit – bereit sind. Sie sind vielmehr so unbußfertig, daß sie überhaupt nicht in Erwägung ziehen, ob Jeremia vielleicht doch im Auftrag Gottes redet. Deshalb feinden sie ihn bis aufs Messer an.

In **Kapitel 22** werden die Söhne Josias an ihrem Vater gemessen. Joahas wird gefragt: *»Hat dein Vater nicht auch gegessen und getrunken und hielt dennoch Recht und Gerechtigkeit, und es ging ihm gut?«* (V. 15).

Kapitel 23 ist ein sehr wichtiges Kapitel, in dem erstmals das Bild von den Hirten deutlicher gebraucht wird. Es erfolgt im Blick auf die Hirten eine Ankündigung. Das Bild von den Hirten war für die Menschen damals nicht ungewohnt und meinte menschliche Führer. Auch etwa Nebukadnezar und Pharao Necho, die Großkönige der Israel umgebenden Großmächte, ließen sich »Hirte des Volkes« nennen. So ist auch für die Führenden in Israel – Könige, Sippenoberhäupter und Priester – dieses Bild aufgenommen worden, erstmals in Jeremia 23 (und dann in Hes 34).

Es wird dabei zunächst gezeigt, was das für Hirten sind, »die sich selbst weiden« (Hes 34,2), die sogar ihre Herde zerstreuen (Jer 23,1), dem Tode preisgeben. Was sind das für Hirten!? Es ist auch von dem Dienst die Rede, der dem der Hirten verwandt ist: der Dienst der angeblichen Propheten (Jer 23,9 ff.). Sie wiegen das Volk immer in Sicherheit und sagen dauernd: ›Es passiert euch überhaupt nichts! Es wird alles gutgehen.‹ Jeremia mußte ihnen im Auftrag Gottes sagen: *»Ein Prophet, der Träume hat, der erzähle Träume; wer aber mein Wort hat, der predige mein Wort recht«* (V. 28).

So abwertend wird von diesen Leuten gesprochen; aber dann ist – in Hesekiel 34 und deutlicher in Johannes 10 – von dem einen Hirten die Rede, dem *»gerechten Sproß«* des Hauses David. Er ist endlich einer, auf den man immer schon gewartet hat. Kapitel 23 trifft mitten in die große Anfechtung der letzten Zeit Israels – Jerusalem ist wohl schon belagert – und kündigt den guten Hirten an: *»Siehe, es kommt die Zeit, spricht der HERR, daß ich dem David einen gerechten Sproß erwecken will. Der soll ein König sein, der wohl regieren und Recht und Gerechtigkeit im Lande üben wird«* (V. 5).

In Abbildung 164 habe ich links den bösen Hirten symbolisch dargestellt, dem rechts der eine gute Hirte gegenübersteht, der sich Gott unterordnet. Dieser Hirte wird dann Israel und das Volk Gottes aus den Völkern in die rechte, gute Ordnung bringen. Es ist das Wunderbare, daß auch Jeremia diese große Hoffnung verkündigen darf.

In **Kapitel 25** erfolgt die bereits bekannte Auskunft: Ja, es geht durchs Gericht hindurch, aber nicht so, daß Israel für immer von Gott gestraft würde. Es wird zwar lange dauern, aber Gott wird die Sache Israels wieder aufnehmen. Jeremia sagt: *»Ich habe zu euch nun dreiundzwanzig Jahre lang immer wieder gepredigt, aber ihr habt nie hören wollen… Darum spricht der HERR Zebaoth: Weil ihr denn meine Worte nicht hören wollt, siehe, so will ich ausschicken und kommen lassen alle Völker des Nordens, spricht der HERR, auch meinen Knecht Nebukadnezar, den König von Babel, und will sie bringen über dies Land und über seine Bewohner und über alle diese Völker ringsum… Und diese Völker sollen dem König von Babel dienen siebzig Jahre. Wenn aber die siebzig Jahre um sind, will ich heimsuchen den König von Babel und jenes Volk, spricht der HERR, um ihrer Missetat willen…«* (V. 8–12).

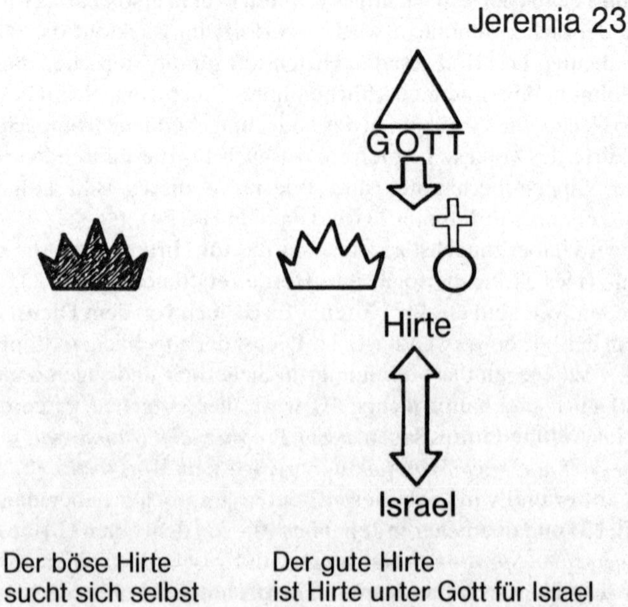

Abb. 164: Die bösen Hirten – der gute Hirte

70 Jahre sind eine sehr lange Zeit; aber diese Zahl ist nicht von der Zerstörung Jerusalems im Jahre 587 an gerechnet, sondern von den ersten Deportationen ins Exil, die schon einige Jahre früher durchgeführt worden sind. Daher konnten beim Wiederaufbau des Tempels, wie ihn das Haggai-Buch schildert, Menschen dabeisein, die noch den früheren, den ersten Tempel gesehen hatten und die deshalb während des bescheidenen Neuanfangs weinten, während die anderen sich freuten (vgl. Hag 2,3 ff.). Wären die 70 Jahre ab der Zerstörung Jerusalems zu rechnen, so wäre es weniger wahrscheinlich gewesen, daß beim Tempelwiederaufbau Leute dabei waren, die Salomos Tempel noch gesehen hatten. Es kam aber ungefähr ab 538 v. Chr. zur Rückkehr, also schon etwa 40 Jahre nach der Zerstörung Jerusalems.

Entscheidend ist aber zum einen, daß man sich unter die lange Zeit des Gerichtes beugt, daß man Geduld hat, wenn der Weg sich dehnt, zum anderen aber auch, daß man nicht ohne Hoffnung leben muß. Das macht das 25. Kapitel des Jeremia-Buches deutlich.

Israel im Exil hatte also keine zu nahe Erwartung der Befreiung aus seiner Lage und konnte daher ungeduldig werden. Auch im Blick auf die Wiederkunft Jesu gibt es eine ungeduldige, illusionäre Naherwartung. Es war auch damals so, daß man sich darauf einstellen mußte, daß die Zeitspanne bis zur Rückkehr ins Land sich dehnen und daß es ziemlich lange dauern würde, bis die Exilszeit zu Ende gehen sollte.

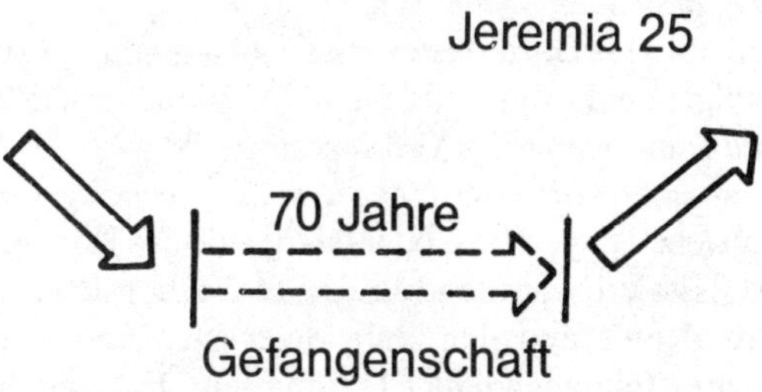

Abb. 165: Die Züchtigungszeit Gottes wird ein Ende haben

Die Züchtigungszeit dauert also lange, länger als die Ungeduld es haben möchte; aber sie hat ein Ende. Vor der babylonischen Gefangenschaft befindet sich Israel in einer Phase des Niedergangs, des Abstiegs, die im Exil endet; nach 70 Jahren werden die Juden wieder heraufgeführt (siehe Abb. 165).

Welches Volk hat solch eine lange Krise, solch eine lange Zeit der Zerstreuung so überstanden! Das war schon damals ein Wunder, denn andere Völker sind bei solchen Miseren unter- und in anderen Völkerschaften aufgegangen. Israel hat dann aber nach der Zerstörung Jerusalems durch die Römer (70/135 n. Chr.) sogar eine weitaus längere Zeit der Zerstreuung überstanden, nämlich fast 1900 Jahre! Wenn Gott mit seinem Volk weitermachen will, dann wird es nicht untergehen.

Das gilt erst recht für die neutestamentliche Gemeinde, von der Jesus sagt: *»Die Pforten der Hölle sollen sie nicht überwältigen«* (Mt 16,18b).

3.5 Die Geschichte der Leiden Jeremias (Kap. 26–29)

Die Kapitel 26–29 sind ein Abschnitt, in dem ganz speziell von Auseinandersetzungen geredet wird, die auch eigentlich das Leiden des Jeremia verursachten. Es scheint, daß Baruch, der Begleiter des Jeremia, diese Kapitel unter dem Aspekt der Leiden des Jeremia zusammengestellt hat. Zwar finden wir in diesen Kapiteln auch Dinge, die über das Leben Jeremias hinausweisen; aber es ist deutlich zu erkennen, wie sehr diese geistliche Auseinandersetzung seine Existenz mitbetroffen und für ihn daher viel Not bedeutet hat.

Kapitel 26 ist eine Art Nachtrag aus der Zeit Jojakims, des früheren Königs also. Es wird hier noch ausführlicher von dem berichtet, was damals bei der Tempelrede passiert ist, von der in Kapitel 7 berichtet wird, was die Juden damals mit Jeremia getan haben. Er wurde geschlagen und eingesperrt. Es wurde gesagt: *»Dieser Mann ist des Todes schuldig; denn er hat geweissagt gegen diese Stadt...«* (V. 11).

Jeremia wird also der Gotteslästerung angeklagt; darauf stand die Todesstrafe. Die Ankläger denken nicht daran, daß sie Gott auch in Zucht nehmen will. Das ist eine ganz eigenartige Verblendung.

Jeremia bringt dann vor: *»Der Herr hat mich zu euch gesandt...«* (V. 15). Er ist doch kein Rebell gegen Juda oder das davidische Königshaus, wie man ihm unterstellt. Er ist kein vaterlandsloser Geselle, der sich gegen das eigene Volk und Land richtet und den Babylonier Nebukadnezar unterstützt. Unter diesen Unterstellungen leidet Jeremia sehr. Er kann dem nur entgegenhalten: *»Der Herr hat mich gesandt...«*

Daraufhin stehen einige auf und verweisen aufgrund ihrer Geschichtskenntnis auf den Propheten Micha, der einsam aufgetreten ist und Gericht geweissagt hat – und weil Israel auf ihn hörte und Buße tat, *»reute den Herrn das Übel, das er gegen sie geredet hatte«* (V. 19).

Jeremia wird immerhin noch einmal freigelassen (V. 24); aber Gott recht geben und sich unter sein Gericht beugen können sich seine Gegner nicht.

Reicht Kapitel 26 noch in die Zeit Jojakims zurück, so fallen die **Kapitel 27 und 28** in die Zeit des Königs Zedekia. In diesen Kapiteln wird eine ganz eigenartige, spannungsvolle Sache berichtet: Jeremia soll wieder mit der für diese Zeit und diesen Raum des Vorderen Orients typischen Symbolsprache auftreten. In einer Zeichenhandlung sollte er sich selbst ein Joch auflegen (V. 2) – aber nicht das Joch eines Zugtieres, sondern das eines Menschen (etwa eines Wasserträgers oder eines Mannes, der z.B. Steine auf einen Bau trägt). Dieses Joch liegt am Nacken auf, und auf beiden Seiten hängt eine Last (siehe Abb. 166).

Jeremia 27 und 28

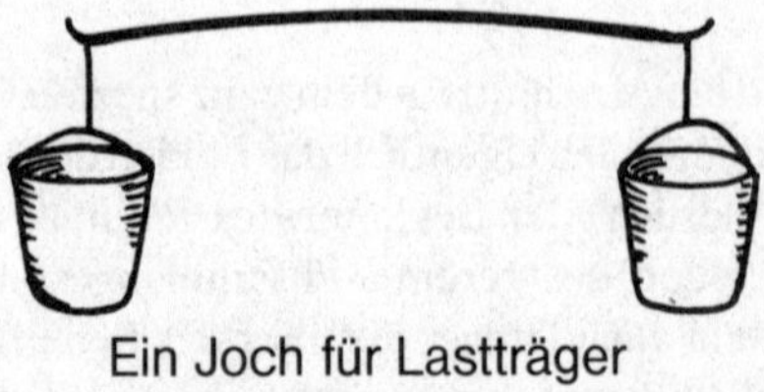

Ein Joch für Lastträger

Abb. 166: Buße zu tun heißt auch, sich unter Gottes Zucht zu beugen

Dieses Joch für Lastträger legt sich Jeremia auf und veranschaulicht damit seine Botschaft, die er im Namen Gottes an Israel richten soll. Sie besagt, daß Israel das Joch auf sich nehmen solle, das Gott auf dieses Volk legen werde: *»Beugt euren Nacken unter das Joch des Königs von Babel und seid ihm und seinem Volk untertan, so sollt ihr am Leben bleiben«* (27,12).

Jeremia fordert also Zedekia auf, sich unter das Joch, unter die Macht Nebukadnezars zu beugen und damit das Gericht Gottes auf sich zu nehmen. Dann werde das Volk nicht untergehen, dann müsse es nicht sein Land verlassen und ins Exil gehen: *»Das Volk, das seinen Nacken unter das Joch des Königs von Babel beugt und ihm untertan ist, das will ich in seinem Lande lassen, daß es dasselbe bebaue und bewohne, spricht der HERR«* (27,11). Jeremia warnt auch davor, auf die Stimme der »Glückspropheten« zu hören (27,14f.).

Aber sodann tritt ein Mann namens Hananja auf, der behauptet, ein Prophet Gottes zu sein (28,1ff.). Er nimmt in aller Öffentlichkeit das Joch von Jeremias Schulter, zerbricht es (28,10) und sagt: *»So spricht der HERR: Ebenso will ich zerbrechen das Joch Nebukadnezars, des Königs von Babel, ehe zwei Jahre um sind, und es vom Nacken aller Völker nehmen. Und der Prophet Jeremia ging seines Weges«* (28,11).

Jeremia hat in diesem Augenblick kein Wort Gottes, mit dem er Hananja entgegentreten kann. Darum heißt es hier, daß der Prophet einfach weggeht (28,11b). Er hat keine Anweisung, jetzt etwas gegen die Worte des Hananja zu sagen; deshalb entgegnet er auch nichts. Andere an seiner Stelle hätten vielleicht argumentiert, um sich keine Blöße zu geben. Nein, Jeremia schwieg und wartete ab, bis Gott erneut zu ihm redete.

Was ist das doch für ein feines Innehalten, ein Warten auf die Weisung Gottes! Jeremia steht blamiert da und muß Hananja das letzte Wort lassen. Spricht Gott denn durch Hananja das letzte Wort?

Jeremia kehrt also nach Hause zurück, und da ergeht wieder Gottes Wort an ihn: Er sollte sich nun ein eisernes Joch machen, ein Joch, das nicht zerbrochen werden kann (28,12ff.). Mit diesem Joch erscheint er wiederum – aber nicht in Eigenmächtigkeit, sondern nachdem er die Weisung Gottes erwartet hatte.–

Zinzendorf sagt in dem S. 372 zitierten Lied »Merk, Seele, dir dies große Wort«: »Wird Jesus in der Seele still, so nimm du auch nichts vor« (V. 4b). Wir würden in einer solchen Lage wie der des Jeremia wohl ein Konzept machen, ein Programm entwickeln, das dann abgespult wird. Darin ist viel Leerlauf, mehr, als wenn man wie Jeremia Gottes Weisung abwartet.–

Mit dem eisernen Joch muß Jeremia weissagen: *»So spricht der HERR: Du hast das hölzerne Joch zerbrochen, aber du hast nun ein eisernes Joch an seine Stelle gesetzt...«*, und im Blick auf Hananja muß er im besonderen sagen, daß dieser ein falscher Prophet ist. *»Darum spricht der HERR: Siehe, ich will dich vom Erdboden nehmen; dies Jahr sollst du sterben, denn du hast* *sie mit deiner Rede vom HERRN abgewendet. Und der Prophet Hananja starb im selben Jahr im siebenten Monat«* (28,16f.).

Welch Signal ist das doch noch einmal, an dem abzulesen ist, daß Jeremia die Vollmacht Gottes hat! Doch sie hören eigenartigerweise nicht auf ihn. Wer will auch gerne kapitulieren und klein beigeben!? Wer will es schon akzeptieren, daß Gott ihn so in Zucht nehmen will!? Israel wollte das damals jedenfalls nicht.–

Vielleicht wollen wir heute das auch nicht. Wie gerne behalten wir doch einen Vorbehalt! Das erst ist freilich rechte Bekehrung, wenn man das Leben dem Herrn ausliefert – zu allem, was er mit einem machen will. In diesem Sinne sagt Paulus: »Ich kann niedrig sein und kann hoch sein; mir ist alles und jedes vertraut: beides, satt sein und hungern, beides, Überfluß haben und Mangel leiden.« Paulus ist zu allem bereit; er läßt sich führen wie am kleinen Finger. Er »vermag alles durch den, der mich mächtig macht«, Christus (Phil 4,12f.). So ist Paulus dazu bereit, sein Leben herzugeben.–

Auf das wollte Gott bei Israel hinaus, und es waren ganz wenige, die sich haben so weit bringen lassen: Daniel, der in die Löwengrube ging, und Hesekiel usw. Aber zuvor, bei Jeremia, war niemand in Israel dazu bereit. Manchmal muß Gott einige notvolle Begebenheiten mit seinem Volk, aber auch mit uns durchmachen, bevor er Menschen endlich so weit hat, wie er sie haben will, um sie ewig selig und seiner ganzen Herrlichkeit teilhaftig zu machen.

Kapitel 29 ist zu entnehmen, daß auch unter dem Vorkommando der Juden, die bereits früher nach Babylon geführt worden sind (als eine Art Faustpfand dafür, daß Israel nicht wieder von Nebukadnezar abfällt), einige Heils- oder Glückspropheten auftreten, die sagen: ›Ihr müßt euch gar nicht so sehr in Babylon einrichten! Demnächst erfolgt die Wende, und dann dürft ihr wieder nach Israel zurückkehren.‹

Diese Leute ärgern sich sehr über das, was Jeremia tut (davon hatten sie auch in Babylon erfahren), und schreiben daher einen Brief an denjenigen, der die Jerusalemer Tempelpolizei befehligt: Diese Polizei sollte doch gegen Jeremia vorgehen, damit sich die Juden nicht weiterhin so etwas gefallen lassen müßten.

In diesem Zusammenhang schreibt Jeremia den Brief, der in Kapitel 29 wiedergegeben ist und der den bekannten Satz enthält: *»Suchet der Stadt Bestes, dahin ich euch habe wegführen lassen, und betet für sie zum HERRN; denn wenn's ihr wohlgeht, so geht's auch euch wohl«* (V. 7). Die Juden in Babylon sollen auch Familien gründen (V. 6), Äcker kaufen (V. 5) und sich richtiggehend dort einrichten.

Das alles steht unter dem Aspekt, daß die Rückkehr ins Land nicht so schnell erfolgen werde, wie es einige Optimisten erwarten. Freilich, Gott hat positive Absichten mit seinem Volk, und Israel wird wieder heimkehren dürfen (vgl. V. 11–14), – aber nicht schon morgen oder übermorgen. Die Lektion Gottes an sein Volk muß erst gelernt sein; Gott bricht die Unterrichtsstunde nicht ab, bevor der Lerninhalt nicht »sitzt«. Gott hat aber dennoch *»Gedanken des Friedens und nicht des Leides«* (V. 11) über seinem Volk.

Deshalb dauerte dann auch die Exilszeit so lange. Es mußte ja – ähnlich wie bei der Wanderung Israels durch die Wüste – eine neue Generation heranwachsen, denn die Alten waren zu verbohrt, zu starrköpfig, zu hartnäckig gegenüber Gott. Darum bedurfte es einiger Zeit, ehe Israel zur Heimkehr bereit war.

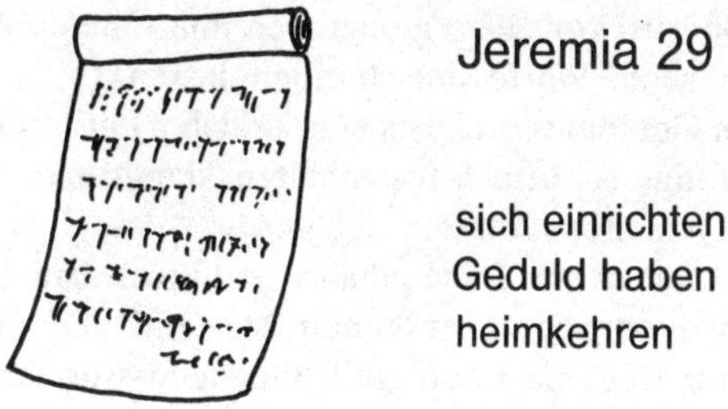

Abb. 167: Ein Brief an die Gefangenen in Babylon

Entsprechendes gilt wohl auch im Blick auf Jesu Wiederkunft. Auf der einen Seite wollen wir bereit sein dafür, daß der Herr Jesus in Kürze kommt, seine Gemeinde entrückt und dann in Herrlichkeit erscheint. Aber es gibt auch eine Art von Naherwartung, die sozusagen mit den Füßen nicht mehr auf dem Boden bleibt, die nicht auch zu einem Weg bereit ist, den der Herr mit seiner Gemeinde geht und der sich dehnen wird. Dazu gilt es aber bereit zu sein.–

Daher spricht Jeremia wiederholt aus – insbesondere auch in dem Brief des Kapitels 29 –, daß die Zeit des Exils noch länger dauern werde und daß sich die Juden in Babylon darauf einstellen und demgemäß verhalten sollten. Sie sollten sich dort bewähren, wohin Gott sie gestellt hatte, – und wenn es mitten in Babylon war!

3.6 Heilsworte Gottes durch Jeremia (Kap. 30–33)

Nach den Kapiteln 27f. (in denen Jeremia das Joch auf sich nehmen und dadurch zeigen muß Buße zu tun heißt, sich unter die Last Gottes zu beugen) und nach Kapitel 29 (mit dem Wortlaut des Briefes Jeremias, in dem er die Juden im Exil dazu aufrief, sich in Babel einzurichten, Geduld zu haben und dennoch auf die Heimkehr zu hoffen) beginnt mit Kapitel 30 ein Abschnitt des Jeremia-Buches, der von dem Horizont der Hoffnung, des neuen Heils geprägt ist. In diesen Kapiteln 30 ff. darf Jeremia ausgesprochen weit hinaus blicken.

Jeremia ist inzwischen ein gefangener Mann und liegt im Wachthof fest (32,2). Es läßt ihn zwar der König zweimal zu sich kommen und hört ihn. Jeremia sagt ihm nichts anderes als das, was er schon früher gesagt hatte: daß sich nämlich Zedekia unter Gottes Gericht beugen solle.

Mitten in dieser Notzeit, in der der Prophet in der belagerten Stadt Jerusalem im Gefängnis lag, gab ihm Gott wunderbare Durchblicke.

In **Kapitel 30** wird vor allem gesagt, Jeremia solle durch seinen jungen Freund Baruch seine Worte aufschreiben lassen (V. 2). Baruch durfte Jeremia wohl im Gefängnis oft besuchen, und ihm hat Jeremia die Aufträge gegeben, das Nötige schriftlich festzuhalten, damit man später den Hoffnungsblick auch behalten konnte.

In **Kapitel 31** finden sich feine inhaltliche Linien. Israel ist also – wie im Vorangehenden durchweg zu erkennen ist – auf dem Abweg, auf dem Absturz von Gott weg. Und nun greift Gott gewissermaßen nach diesem Volk und umfaßt es auch auf seinem Abweg: *»Ich habe dich je und je [d. h. schon immer] geliebt, darum habe ich dich zu mir gezogen aus lauter Güte«* (V. 3). Gottes Hand reicht auch weiter als der Abweg des Menschen (siehe Abb. 168)! Das ist das Wunderbare, das diese Stelle zum Ausdruck bringt.

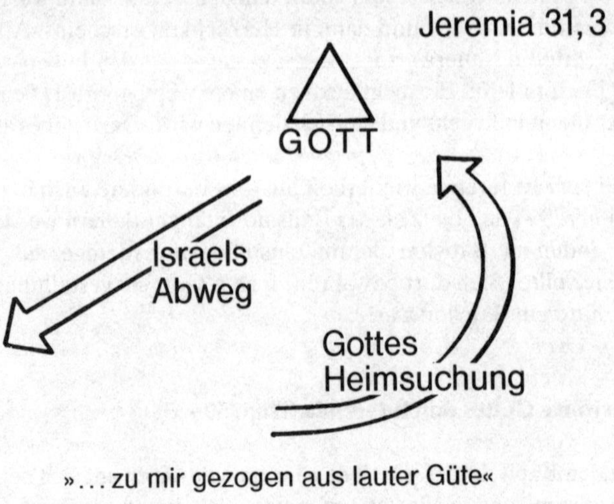

Abb. 168: Gott greift nach Israel, das sich auf dem Abweg befindet

»Gleichwie ich über sie gewacht habe, auszureißen und einzureißen, zu verderben und zu zerstören und zu plagen, so will ich über sie wachen, zu bauen und zu pflanzen, spricht der HERR« (V. 28). Damit sagt Gott, daß zunächst das Alte entfernt und dem Neuen Raum geschaffen werden muß.

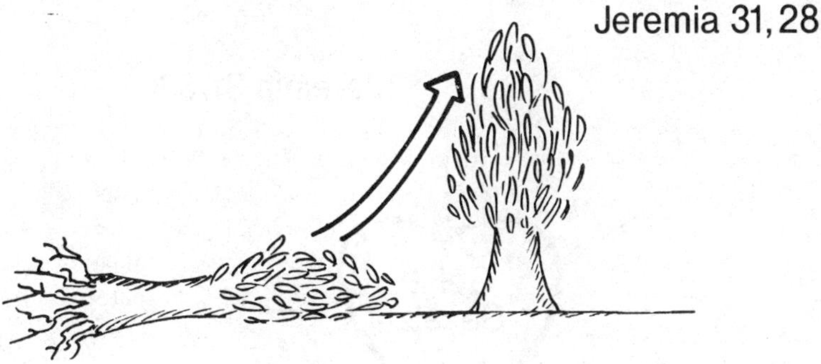

Abb. 169: Wie ausgerissen, so wieder gepflanzt

In Abbildung 169 veranschaulicht der umgerissene Baum, der mitsamt dem Wurzelwerk am Boden liegt, das *»Ausreißen«* (im Unterschied zu Jes 6,13, wo es sich um einen abgesägten, gefällten Baum handelt [vgl. Abb. 143]). In der rechten Bildhälfte ist der wiederaufgerichtete, wiedereingepflanzte Baum gezeichnet. Das veranschaulicht, daß es hier um einen Neuanfang, um ein Schaffen Gottes aus dem Nichts geht.

Am Schluß des Kapitels 31 stehen Verse, die die Schaffung des neuen Menschen durch den Heiligen Geist verheißen (V. 31–34). Dies und Hesekiel 36,26f. sind die bekanntesten Stellen dieser Art im Alten Testament.

»Siehe, es kommt die Zeit, spricht der HERR, da will ich mit dem Hause Israel und mit dem Hause Juda einen neuen Bund schließen, nicht wie der Bund gewesen ist, den ich mit ihren Vätern schloß, als ich sie bei der Hand nahm, um sie aus Ägyptenland zu führen, ein Bund, den sie nicht gehalten haben, ob ich gleich ihr Herr war, spricht der HERR; sondern das soll der Bund sein, den ich mit dem Hause Israel schließen will nach dieser Zeit, spricht der HERR: Ich will mein Gesetz in ihr Herz geben und in ihren Sinn schreiben, und sie sollen mein Volk sein, und ich will ihr Gott sein. Und es wird keiner den andern noch ein Bruder den andern lehren und sagen: ›Erkenne den HERRN‹, sondern sie sollen mich alle erkennen, beide, klein und groß, spricht der HERR; denn ich will ihnen ihre Missetat vergeben und ihrer Sünde nimmermehr gedenken.«

Was ist das Neue, das Gott zu tun verheißt? *»Ich will mein Gesetz in ihr Herz geben und in ihren Sinn schreiben.«* An einen Weihnachtsbaum hängt man Äpfel und Nüsse – diese sind jedoch nicht an dem Baum als Früchte gewachsen. So war die Gerechtigkeit Israels weitgehend eine Gerechtigkeit, die aufgrund der Gebote erwachsen ist, solange noch nicht der Geist gegeben wurde. Allein Gottes Geist macht den Menschen von innen her neu.

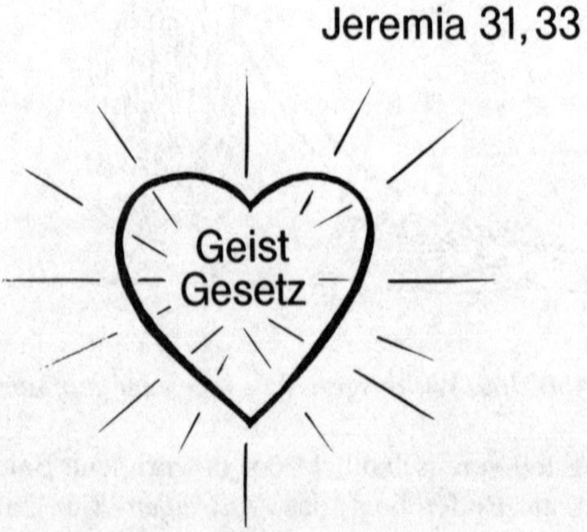

Abb. 170: Gottes Geist und Gebot ins Herz gegeben

Daß dies geschehen wird, wird bei Jeremia zwar geweissagt, angekündigt, aber noch nicht erfüllt. Die Erfüllung geschieht erst an Pfingsten. Selbst in den Erdentagen Jesu hieß es: »Der Geist war noch nicht da« (Joh 7,39). Seit Pfingsten aber ist der Heilige Geist ausgegossen. Er wohnt in den Herzen der Glaubenden und schafft damit das neue Wesen, das Jesus-Wesen. Es wird in die Menschen eingepflanzt. So ist das neue Wesen und Leben ermöglicht.

Auch sonst soll Jeremia immer wieder Zeichen setzen, die anzeigen, daß Israel einerseits in das Gericht geht, daß aber Gott andrerseits trotzdem noch etwas mit seinem Volk vorhat. Ehe die Juden in die babylonische Gefangenschaft müssen, impft ihnen Jeremia gewissermaßen ein, daß Gott dennoch »Gedanken des Friedens und nicht des Leides« (29,11) über sein Volk hat. Dieses Volk ist deshalb nicht verloren, ist nicht wie ein Krug Wasser, den man in den trockenen Sand ausschüttet.

Jeremia tut sodann *»im zehnten Jahr Zedekias«* – also unmittelbar vor der Einnahme Jerusalems durch Nebukadnezar – etwas Eigenartiges **(Kap. 32)**. Jeremia ist ja im Gefängnis und kann von dort aus einiges ordnen (offensichtlich hatte er die Möglichkeit dazu). Er kauft einen Acker, mit Brief und Siegel (also ganz ordnungsgemäß; V. 6ff.). Es ist israelisches Recht gewesen, daß solch ein Rechtsgeschäft innerhalb der Sippe geschehen sollte, damit kein Stück Land an andere fällt. Ein Onkel Jeremias war gestorben, und Jeremia soll dessen Acker erwerben.

Das war wiederum eine Symbolhandlung, mit der Jeremia eine Botschaft Gottes zum Ausdruck bringt. Die Lage ist ja trostlos: Der Prophet selbst liegt im Gefängnis, Jerusalem steht vor dem Untergang – und in dieser Situation kauft Jeremia einen Acker. Damit zeigt er an: *»Man wird wieder Häuser, Äcker und Weinberge kaufen in diesem Lande«* (V. 15). So trichtert Jeremia den Leuten die Hoffnung ein, daß Gott so, wie er über Israel Gerichte kommen läßt, dieses Volk auch wieder ins Land führen und den Neuaufbau ermöglichen werde. *»Gleichwie ich über sie gewacht habe, auszureißen und einzureißen, zu verderben und zu zerstören und zu plagen, so will ich über sie wachen, zu bauen und zu pflanzen, spricht der HERR«* (31,28).

Selbst die Gerichte Gottes sollen Israel ein Zeichen dafür sein, daß Gott mit seinem Wort – sowohl mit seinen Gerichts- wie mit seinen Heilsankündigungen – zuverlässig ist.

Obwohl Jeremia im Wachthof des Gefängnisses eingeschlossen ist, empfängt er – nach **Kapitel 33** – neue, große Weissagungen: *»Rufe mich an, so will ich dir antworten und will dir kundtun große und unfaßbare Dinge, von denen du nichts weißt«* (V. 3).

Welche Verheißungen vernimmt Jeremia? *»Denn ich will das Geschick Judas und das Geschick Israels wenden und will sie bauen wie im Anfang und will sie reinigen von aller Missetat, womit sie wider mich gesündigt haben; und will ihnen vergeben alle Missetaten, womit sie wider mich gesündigt und gefrevelt haben... In jenen Tagen und zu jener Zeit will ich dem David einen gerechten Sproß aufgehen lassen; der soll Recht und Gerechtigkeit schaffen im Lande«* (V. 7.8.15).

3.7 Gottes Worte und Berichte über die letzte Zeit der Belagerung und die Eroberung Jerusalems (Kap. 34–39)

Die Kapitel 34–39 zeigen den schrecklichen Untergang der Stadt Jerusalems.

Doch zunächst wird ein wenig zurückgeblendet. In **Kapitel 35** stellt Jeremia dem Volk die Rechabiter als Vorbild vor. Die Rechabiter waren eine Sippe in Israel, die aus Protest gegen die Seßhaftigkeit des Volkes, gegen die moderne Entwicklung auf dem Stand eines Nomadenstammes geblieben war, gemäß einer Anweisung ihres Stammesoberhauptes (eines Mannes, der längst verstorben war). Jeremia stellt den Ungehorsam Israels gegen Gott dem Gehorsam der Rechabiter gegenüber den Geboten ihres Stammesoberhauptes entgegen. Wenn sogar die Rechabiter so ungern beim Gelübde ihres Vorfahren bleiben, wieviel mehr sollte Israel bei den Geboten des lebendigen Gottes bleiben (V. 13ff.)! Das Volk sollte sich nicht durch die Rechabiter beschämen lassen.

In **Kapitel 36** wird etwas Interessantes nachgetragen, noch einmal aus der Zeit des Königs Jojakim. Damals, als Jeremia gefangengehalten wurde, waren die Worte, die Ankündigung des Propheten vor der Gemeinde, die zu einem Fasten, zu einem Gottesdienst versammelt war, durch Baruch vorgetragen worden.

Als Baruch all die Gerichtsworte verlas, ist einer der Zuhörer davongeeilt und hat das Jojakim berichtet. Jojakim hat daraufhin das Buch mit Jeremias Worten beschlagnahmen lassen; Baruch ist dann geflüchtet und hat sich der Verhaftung entzogen. Jojakim hat sich das Buch vorlesen lassen, hat Spalte um Spalte mit dem Federmesser abgeschnitten und in seinem Kaminfeuer verbrannt. Aber so konnte er die Gerichtsweissagungen Gottes nicht erledigen, auch deren Erfüllung und Vollstreckung nicht. Baruch hat sodann im Auftrag Jeremias (und dieser war von Gott dazu beauftragt worden) das Ganze noch einmal niedergeschrieben.

Es ist erstaunlich, daß das heute so in der Bibel überliefert uns vorliegt; man merkt dem an, daß es in einer unruhigen Phase der Geschichte Israels entstanden ist.

In den **Kapiteln 37 und 38** wird noch einmal über Zedekias Gespräche mit Jeremia berichtet, doch Zedekia hörte nicht auf die Gerichtsbotschaft. Zum wiederholten Male versicherte Jeremia dem König, es werde ihm nichts geschehen, wenn er aus Jerusalem zu den Babyloniern hinausgeht; aber wenn er trotzig beharrt, dann werde er dem Gericht verfallen (38,17f.).

Wieder warfen seine Gegner Jeremia Defätismus vor und unterstellten ihm, er wolle zu den Babyloniern überlaufen. Die Führenden im Volke dominierten; sie schlugen Jeremia und warfen ihn erneut ins Gefängnis (V. 11ff.). Zedekia sprach heimlich mit Jeremia (V. 17ff.), aber er wagte nicht, sich ernsthaft im Sinne der Weisung Gottes für Jeremia einzusetzen (abgesehen von einer geringfügigen Vergünstigung von Jeremias Versorgung, V. 21).

In Kapitel 38 wird erzählt, daß die Gegner Jeremias ihn schlichtweg vernichten wollten. Sie ließen ihn in eine Zisterne werfen, die sich im Hof dieses Gefängnisses befand. Unten in dieser Zisterne befand sich zwar kein Wasser, wohl aber etwas Morast (sonst hätte sich Jeremia beim Fallen verletzt).

In der Nacht wurde Jeremia von einem schwarzen Hofdiener namens Ebed-Melech entdeckt, der den König davon unterrichtete. Daß Jeremia in der Zisterne saß, war nicht im Sinne des Königs, und so gab dieser dem Ebed-Melech einige Männer mit, die Jeremia aus seiner Lage befreiten.

So ist Jeremia bewahrt worden. Es ist bemerkenswert, daß gerade dieser Hofdiener ein Werkzeug der Bewahrung Gottes war, daß er merkte: Gott wacht über Jeremia. (Ein anderer Prophet, der geflohen ist, war ja getötet worden; 26,20–24). Jeremia ist nicht geflohen, obwohl ihm seine Gegner unterstellt haben, er wolle zu den Babyloniern überlaufen. Er wollte ja bei dem Volk bleiben und unter Israel mit seinem Leiden ein Märtyrer sein, um das Volk hören zu lassen bzw. die Erneuerung, auf die Gott mit Israel hinarbeitete, mit vorzubereiten. Durch das Gericht hindurch begann Gott bereits ein Neues, und darum floh Jeremia nicht.

In **Kapitel 39** wird die Eroberung Jerusalems berichtet. (Kap. 52 ist ein Anhang, in dem das ergänzt wird.) Eben die Leute, die zuvor Durchhalteparolen ausgegeben und Jeremia so sehr angefeindet hatten, haben auf der einen Seite Jerusalems ein Hinterpförtlein geöffnet, als auf der anderen Seite die babylonischen Truppen in die Stadt eindrangen. Sie haben bei Nacht und Nebel entkommen und das Volk seinem Schicksal überlassen wollen. Sie sind zwar ein Stück weit entronnen, aber nicht ganz; und so blieb auch ihnen das Gericht nicht erspart (V. 4f.).

3.8 Der Rest des Volkes, der zurückbleibt, und die Wirksamkeit Jeremias unter ihm (Kap. 40–45)

Die **Kapitel 40–45** sind durchweg recht trübselig. Ein hoffnungsloser, verbitterter Haufen war im Land zurückgeblieben – mehr die einfachen Leute, an denen die Babylonier nicht so sehr interessiert waren. Die Babylonier setzten in Juda einen Statthalter ein, Gedalja, doch dieser fiel einem Meuchelmord zum Opfer (Kap. 41). Die Mörder haben die Rache der Babylonier gefürchtet und sind nach Ägypten geflohen.

Dorthin haben sie Jeremia mitgeschleppt (Kap. 43). Nebukadnezar bzw. sein Feldherr hat es Jeremia überlassen zu entscheiden, ob er im Land bleiben oder mitgehen wollte. Jeremia wollte zurückbleiben – vielleicht deshalb, weil er wußte, daß in Babylon andere – Hesekiel zum Beispiel – wirken können. Aber bei dem armen Rest des Volkes war niemand. Jeremia sah seine Aufgabe wohl darin, diesen hoffnungslosen Leuten beizustehen.

Inwiefern er das tun konnte, das tritt nicht mehr so in Erscheinung. Nur für Baruch ist in diesen Kapiteln noch eine freundliche Weissagung enthalten (Kap. 45).

3.9 Gerichtsworte über die Völker (Kap. 46–51)

In den **Schlußkapiteln** werden – ähnlich wie bei Jesaja – Völkerweissagungen wiedergegeben, darunter eine über Babylon mit dem Wort: *»Fliehet aus Babel und zieht aus der Chaldäer Lande«* (50,8), denn Israel soll nicht des Gerichts teilhaftig werden, das über Babylon kommen soll. Ähnlich lautet Jesaja 48,20 a: »Geht heraus aus Babel, flieht von den Chaldäern!«

Insbesondere wird dies aber in Offenbarung 18,4 aufgenommen: »Geht heraus aus ihr [aus Babylon], daß ihr nicht teilhabt an ihren Sünden und nichts empfangt von ihren Plagen!«

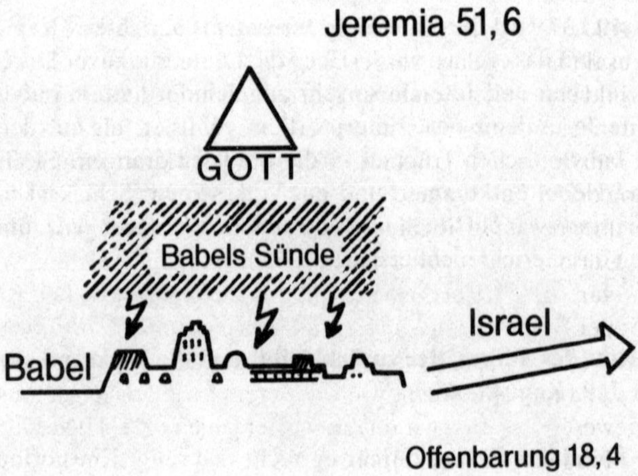

Abb. 171: »Fliehet aus Babel!« Unter dem Gericht hinweg darf Israel dem HERRN entgegengehen

Die Sünde Babylons steht zwischen Gott und dieser Großmacht. Daher bricht das »Gewitter« des Gerichtes über sie herein, und unter dem Gericht hinweg darf Israel dem HERRN entgegengehen (siehe Abb. 171).

Genau das wird im Neuen Testament von der Gemeinde Jesu gesagt für die Zeit, in der dann die endzeitlichen Gerichte über die Widerstrebenden hereinbrechen. Dann darf seine Gemeinde unter den Gerichten hinweg dem HERRN entgegengehen.

3.10 Anhang: Kurze Geschichte der Zerstörung Jerusalems (Kap. 52)

(Dazu siehe oben, Abschnitt 3.7., zu Jer 39.)

Die Klagelieder Jeremias

In fünf Liedern (den fünf Kapiteln dieses Buches) wird auf den Trümmern Jerusalems die Klage ausgesprochen. Diese Lieder stellen eine bewegende Schilderung der Zerstörung der Stadt und des Elends der Weggeführten dar, ein Bekenntnis der Sünde des Volkes, die das Zorngericht Gottes herausgefordert hat, sowie die Bitte um Heimführung und Wiederherstellung des Volkes Gottes.

Zusammengefaßt lautet die Botschaft dieses Buches: ›Wir haben gesündigt. Das Gericht unseres Gottes ist über uns hereingebrochen. Wir haben's verdient. Nun, lieber Herr, mach's mit uns nicht gar aus!‹ Die Klagelieder enden mit der Bitte: *»Bringe uns, HERR, zu dir zurück, daß wir wieder heimkommen...«* (5,21 a), und dann wird zagend gefragt: *»Hast du uns denn ganz verworfen...?«* (5,22a). Irgendwie war Jeremia vielleicht der Ausblick verdunkelt gewesen. ›Haben wir uns zu schwer gegen dich, HERR, versündigt?‹ Mit dieser Frage schließt das Buch.

Wie ein Edelstein in dunkler Fassung leuchtet in diesem Buch das dritte Kapitel hervor. Nach der *Klage Jerusalems* **(Kap. 1)** und dem *Trauerlied über die Verwüstung Judas und Jerusalems* **(Kap. 2)** folgt **Kapitel 3** mit dem *Trost Jeremias*, mit den wunderbaren Worten: *»Die Güte des HERRN ist's, daß wir nicht gar aus sind, seine Barmherzigkeit hat noch kein Ende, sondern sie ist alle Morgen neu, und deine Treue ist groß«* (V. 22f.). Dieses Wort leuchtet in die Klagen und das Flehen dieses Buches hinein, auch in andere Gerichtszeiten. Dieses Wort erhellt auch dunkle Zeiten in unserem Leben oder der Christenheit unserer Zeit überhaupt, die im Abendland so vollmachtlos erscheint.

In **Kapitel 4** wird die Schmach geschildert, in der sich der Zion befand – der Ort des Tempels, an dem Gott gegenwärtig gewesen war. In **Kapitel 5** spricht das Volk in seiner tiefen Erniedrigung zu Gott und bittet ihn, die Schmach und das Elend Israels zu tilgen.

Der Prophet Hesekiel

1. Einleitung

1.1 Die Zeit, in der Hesekiel zu wirken begann

Der Prophet Hesekiel ist ein jüngerer Zeitgenosse des Propheten Jeremia und wirkte unter den Juden im babylonischen Exil.

Im Jahre 598 v. Chr. ist nach zehnjähriger Herrschaft Jojakim, der König von Juda gestorben, der im besonderen Maße das Unheil verschuldet hat. Ihm folgte sein Sohn Jojachin auf den Thron, als bereits ein Feldzug des babylonischen Herrschers Nebukadnezar im Gange war. Nach wenigen Monaten der Herrschaft Jojachins hat Nebukadnezar erstmalig Jerusalem eingenommen, aber noch nicht mehr getan, als den jungen König Jojachin mitgenommen und einen neuen König eingesetzt: Zedekia, den Onkel des Jojachin.

Juda wurde also noch nicht als Provinz dem babylonischen Großreich einverleibt, sondern lediglich als abhängiger Staat an Babylon angegliedert. Zedekia war demnach ein Herrscher »von Nebukadnezars Gnaden«, und sein großer Fehler war, daß er fortwährend von Nebukadnezar, diesem überlegenen Machthaber, abzufallen suchte, obwohl er ihm einen Treueschwur geleistet hatte.

Im Jahre 597 v. Chr., nach der ersten Einnahme Jerusalems durch Nebukadnezar also, bei der die Stadt noch nicht zerstört worden ist und der Großteil der Bevölkerung noch dort ansässig bleiben durfte, wurde mit Jojachin ein Schub junger Leute mit nach Babel genommen, vor allem junge Männer aus vornehmen Familien. Dies stellte eine Art Faustpfand dar: Nebukadnezar meinte, die Juden würden dann nicht mehr von ihm abfallen, wenn vornehme Söhne aus herausragenden Familien schon in seiner Hand seien.

Zu diesen jungen Menschen gehörte auch Hesekiel, ein junger Priester, der zunächst gar nicht auffiel. Hesekiels Wirken begann erst, als unter den jungen Juden im babylonischen Exil eine trügerische Hoffnung aufkam: Sie meinten, ihre Gefangenschaft sei nur ein kurzes Zwischenspiel, Jerusalem werde nichts passieren, und sie würden schon bald wieder in ihr Land zurückkehren. Diese Hoffnung wurde durch angebliche Propheten genährt, durch »Glücks-Propheten«, die die baldige Rückkehr der Gruppe von Juden nach Israel ankündigten und dazu rieten, sich erst gar nicht in Babylon niederzulassen und einzurichten. Hesekiel sollte in dieser Anfangsphase seines Wirkens derartige falsche Illusionen nehmen, als ob es ohne die schmerzvolle Züchtigung durch Gott abgehen würde.

1.2 Hesekiels Auftrag, Verkündigung und Leben

Das Auftreten der »Glücks-Propheten« dauerte etwa fünf Jahre lang; und im fünften Jahr des babylonischen Exils erhielt Hesekiel seinen Auftrag von Gott: Er wurde zum Propheten berufen (1,2f.). Wiederum etwa fünf Jahre lang verkündigte er ein Zeugnis des göttlichen Gerichtes, nämlich so lange, bis die Stadt Jerusalem im Jahre 587 v. Chr. fiel. Von diesem Zeitpunkt an durfte Hesekiel dem ersten Schub von deportierten Juden und den ab 587 eintreffenden vielen Gefangenen eine ganz andere Botschaft verkündigen: Nun lag der Akzent seiner Predigt auf der Blickrichtung der Hoffnung.

So zerfällt der Dienst des Hesekiel (und sein Buch) deutlich in zwei Teile, die durch einen Einschub voneinander getrennt sind:

a) Gerichtsankündigungen im Blick auf das Volk Israel (Kap. 1–24)

Diese Kapitel beinhalten Hesekiels Verkündigung etwa von der »Halbzeit« der Herrschaft Zedekias an bis zur Zerstörung Jerusalems (ca. 592–587 v. Chr.).

Einschub: Das Gericht über die Nationen (Kap. 25–32)

In diesem Zwischenteil stehen ähnliche Worte an die Völker, wie sie bei Jesaja und Jeremia zu finden sind.

b) Heilsweissagungen (Kap. 33–48)

Wenn auch in diesem Teil des Hesekiel-Buches mitunter von Gottes Gericht die Rede ist, so dominieren doch die Heilsweissagungen, zum Beispiel in der Ankündigung der Gabe des Heiligen Geistes (Kap. 36.37.47).

Ab dem Beginn seines Wirkens predigte Hesekiel mindestens 22 Jahre lang (32,17), also nach der Zerstörung Jerusalems immerhin etwa 16 Jahre lang bis ca. 571 v. Chr.

Bald nach seiner Berufung befiel Hesekiel eine Lähmung oder Verkrampfung, die ihn verstummen ließ (3,22ff.). Nur je und dann öffnete ihm

Gott danach den Mund, daß er etwas sagte; und dann redete Hesekiel auch. Die Leute, unter denen der Prophet wirkte, waren noch nicht offen für Gottes Wort. Und wenn der Mensch nicht hören will, hört Gott schließlich auf zu reden. Das ist das Gericht der Verstockung.

Erst nach dem Empfang der bestürzenden Nachricht von der Eroberung Jerusalems, die zunächst alle Hoffnung zunichte machte, erhielt der Prophet die Gabe des Redens wieder (33,21), und er machte dann vollen Gebrauch davon.

Ein Zweites mußte Hesekiel erleiden. Genau in der Zeit, in der Jerusalem fiel, starb unvermutet seine Frau, wohl im Jahre 588 v. Chr. (24,15 ff.). Hesekiel sollte das Gericht Gottes über Israel persönlich miterleben und miterleiden.

Gerade so hat Hesekiel durch seine Verkündigung zunächst unter der kleinen Schar, die als erste ins babylonische Exil gehen mußte, echte Buße gewirkt. Aber auch unter der großen Schar des zweiten Schubs, der aus Juda nach Babylon deportiert wurde, konnte er noch etwa 16 Jahre lang wirken. Hesekiel ist dann wohl in der babylonischen Gefangenschaft gestorben. So ist sein Wort auf einen fruchtbaren Boden gefallen.

Vieles im Neuen Testament – bis hin zur Offenbarung des Johannes – ist nur verständlich, wenn man sich genauer mit diesem Propheten befaßt.

2. Der Aufbau des Buches

Das Hesekiel-Buch ist in drei Teile gegliedert:
1. Das Gericht über das Volk Israel (Kap. 1–24)
2. Das Gericht über die Völker (Kap. 25–32)
3. Die Wiederherstellung Israels (Kap. 33–48)

3. Zum Einzelnen

3.1 Das Gericht über das Volk Israel (Kap. 1–24)

In diesem ersten Teil des Buches hat Hesekiel vor der trügerischen Hoffnung zu warnen, als ob das babylonische Exil für Israel nur gewissermaßen ein Spaziergang wäre, als ob Gott es damit nicht so ernst meinte, als würde schon nichts so heiß gegessen wie es gekocht wird. Nein, die schwere Operation muß vorgenommen werden. Dies hat Hesekiel zu verkündigen, und das erlebt und erleidet er selbst.

Die Geschichte der Berufung Hesekiels **(Kapitel 1f.)** wird mit vielen Einzelheiten, beinahe übergenau, berichtet. Ausführlicher als Jesaja (Jes 6,1: »...sah ich den Herrn sitzen auf einem hohen und erhabenen Thron«) beschreibt Hesekiel in Kapitel 1 den wundervollen, einzigartigen Thron, auch breiter, als es in Offenbarung 4 geschieht, wo ebenfalls die große Zentralschau auf die Mitte des ganzen Kosmos gegeben wird, auf den Ort, an dem Fäden der Weltgeschichte zusammenlaufen: auf Gottes Thron.

»Du Menschenkind...«, so spricht der Heilige Israels Hesekiel an (2,1). Der Prophet spricht ungemein ehrerbietig von Gott; und umgekehrt wird er immer mit den Worten: *»Du Menschenkind«* angeredet, so daß der ganze ungeheure Unterschied zwischen dem Propheten und seinem Herrn und Gott ins Bewußtsein kommt. Etwa 50mal kommt im Hesekiel-Buch – in Gerichts- und Heilsweissagung – die Wendung vor: »Ihr sollt/sie sollen erfahren, daß ich der HERR bin...« (5,13; 6,7.13.14; 7,27; 11,10.12; 12,15.16.20; 13,9.14.21.23; 14,8 usw.). Das steht auch an Stellen, an denen scheint, als ob die Bosheit, die Liederlichkeit und die Starrköpfigkeit überhand nähmen, als ob die Babylonier, die Ägypter und diese heidnischen Götter, die diese beeinflussen, die Herren seien. Immer wieder betont der Prophet, wo es um Gericht und Gnade geht: »Ihr sollt/sie sollen erfahren, daß ich der Herr bin...«

Schon in den ersten beiden Kapiteln des Buches wird dem Propheten gesagt: *»Die Söhne, zu denen ich dich sende, haben harte Köpfe und verstockte Herzen«* (2,4). Israel wird an vielen Stellen ein *»Haus Ungehorsam«* (2,5, so *»Haus des Widerspruchs«* [LÜ] im Hebräischen wörtlich) genannt (2,5.6.7.8; 3,9.26.27 u. a.). Der Ungehorsam ist für dieses Volk so kennzeichnend, daß er das ganze Wesen Israels bestimmt. Es mußte durch ein schreckliches Zerbrechen hindurchgehen, bevor Gott mit diesem Volk seine Heilsgeschichte fortsetzen konnte.– Man fragt sich, durch was Israel heute noch hindurchgehen muß, ehe es seinen König grüßt: »Gelobt sei, der da kommt in dem Namen des Herrn!« (Mt 23,39).–

In **Kapitel 3** empfängt Hesekiel eine erste Botschaft, die zunächst ihm gegeben wird und die er dann weitergibt. Der Prophet hat ein Wächteramt wahrzunehmen: *»Du Menschenkind, ich habe dich zum Wächter gesetzt über das Haus Israel. Du wirst aus meinem Munde das Wort hören und sollst sie in meinem Namen warnen. Wenn ich dem Gottlosen sage: Du mußt des Todes sterben! und du warnst ihn nicht und sagst es ihm nicht, um den Gottlosen vor seinem gottlosen Wege zu warnen, damit er am Leben bleibe, – so wird der Gottlose um seiner Sünde willen sterben, aber sein Blut will ich von deiner Hand fordern. Wenn du aber den Gottlosen warnst und er sich nicht bekehrt von seinem gottlosen Wesen und Wege, so wird er um seiner Sünde willen sterben, aber du hast dein Leben errettet...«* Hesekiel ist in eine große Verantwortung gestellt (V. 17ff.).

Was soll denn der *»Wächter«*? Er soll heimrufen zu dem lebendigen Gott. Immer wieder spricht der HERR aus: »Ich habe kein Gefallen am Tode des Gottlosen, sondern daß der Gottlose umkehre von seinem Wege und lebe…« (18,23.32; 33,11). Der Gottlose soll leben – das Leben aber ist allein bei Gott. »Israel, du bringst dich ins Unglück; denn dein Heil steht allein bei mir«, sagt der HERR (Hos 13,9).

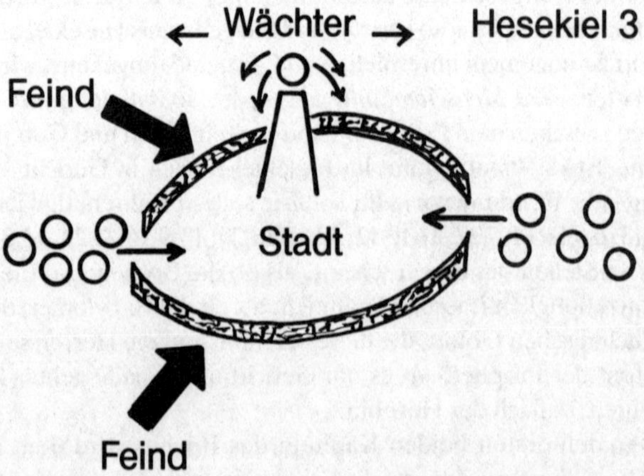

Abb. 172: Der Wächter trägt die Verantwortung

Was hat ein Wächter zu tun (vgl. Abb. 172)? Wir wissen das z. B. aus der Zeit des Dreißigjährigen Krieges. Die Bewohner einer Stadt waren auf den Feldern und arbeiteten, und die Tore der Stadt waren deswegen offen. Auf dem Kirchturm stand der Wächter und hielt nach allen Seiten Ausschau, ob nicht versprengte Truppen anrückten, die sich zwischen den großen Schlachten dadurch durchzubringen versuchten, daß sie Überfälle auf Städte verübten, um dort die Leute zu berauben. Daher lag alles an dem Wächter. Wenn er dann plötzlich sah, wie aus einem Wald in der Ferne sich ein Reitertrupp löste und auf die Stadt zustürmte, stieß er in sein Horn, und alles, was laufen konnte, lief der Stadt zu. Die Tore wurden schnell geschlossen und verriegelt. So waren die Bewohner der Stadt sicher.

Dies ist in Abbildung 172 dargestellt. Der Mann auf dem Turm mit der Posaune hält Ausschau und stößt in die Posaune, wenn der Feind anstürmt. Die Leute eilen von draußen der Stadt zu, um darin noch Bergung zu finden.

Etwas Derartiges ist bei Hesekiel gemeint, und das ist der Grundton seiner Botschaft in jener Zeit des babylonischen Exils: ›Laßt euch doch zu dem lebendigen Gott bekehren, solange es Zeit ist! So seid ihr vor den Gerichten geborgen.‹–

»Ein feste Burg ist unser Gott«, und in dieser Burg allein sind wir geborgen. Gott ist es, der heimrufen läßt, und wenn wir dem nicht folgen, sind wir ein Raub des Feindes. Dafür stellt Gott seine Wächter auf.–

Doch von diesem Zeitpunkt an setzte bei Hesekiel jene eigenartige Lähmung oder jener eigenartige Krampfzustand ein, deretwegen der Prophet in der Regel nicht reden konnte (V. 22 ff.). Hesekiel saß schweigend unter den Menschen, die ihn fragend anschauten und nicht wußten, was mit ihm los war. Sie sollten dessen innewerden, daß Gott redet, wenn sie hören. Wenn sie aber nicht hören, dann hört Gott auf zu reden. Das ist auch ein Hinweis darauf, daß Gott eben auf seine Gerichte zuging und nicht immer so weiterredete.

Im folgenden werden Hesekiel immer wieder einzelne Worte gegeben. Die Juden waren immer noch nicht so weit zu glauben, daß für Jerusalem eine Belagerung zu befürchten war. Nebukadnezar hat denen in Juda, obwohl sie abgefallen waren, eine Frist gewährt und nicht sofort zugeschlagen. Sie schienen sicher zu sein.

Kapitel 4 zeigt, wie Hesekiel ihnen auf einem mesopotamischen, babylonischen Ziegel (es handelte sich wohl um noch prägsamen Lehm, auf dem etwas aufgezeichnet werden konnte) ein Bild oder einen Grundriß der Stadt Jerusalem darstellen und dem die Belagerung der Stadt hinzufügen muß. Diese Juden sollen ganz eindrucksvoll sehen, worum es Gott geht: Auch diejenigen, die schon vorneweg nach Babylon deportiert worden waren, sollten zur Buße geführt werden und ihre trügerischen Hoffnungen aufgeben. Manchmal muß Gott eben auch solche falschen Hoffnungen zerschlagen und sagen, daß es durch Züchtigungen hindurchgeht. Anders wäre nicht mehr zu helfen.

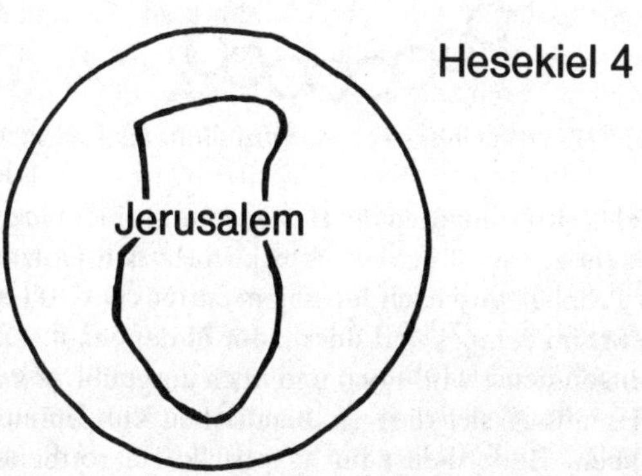

Abb. 173: Jerusalems Stadtplan und Belagerung werden auf einem Ziegelstein dargestellt

Dasselbe, was Hesekiel vor dem kleinen Kreis derer zu sagen hatte, die schon in der babylonischen Gefangenschaft waren, hatte Jeremia, der ältere Zeitgenosse Hesekiels, in Juda/Jerusalem vor sehr viel mehr Menschen auszurichten. Hesekiel bildete die Belagerung Jerusalems in vier sinnbildlichen Handlungen ab.

In **Kapitel 5** werden die Strafgerichte über Jerusalem beschrieben und begründet.

In **Kapitel 6** weissagt Hesekiel die Verwüstung der *»Berge Israels«* (V. 1ff.): *»Siehe, ich will das Schwert über euch bringen...«* Auch der Rest des Volkes, der zunächst entrinnen kann, wird dem Gericht Gottes nicht entgehen (V. 9). Und auch die bereits Deportierten sollen sich keine falschen Hoffnungen machen: Es geht ohne die schwere Züchtigung des göttlichen Gerichts nicht ab (V. 12f.).

In **Kapitel 7** erscheint Hesekiel sodann mit etwas anderem, mit dem er in der für den Vorderen Orient typischen Symbolsprache (wie viele der Propheten es taten) etwas sagt. Das ist mehr als bloß Worte. Hesekiel bringt Ketten, um ihnen zu sagen, daß solche Ketten jetzt gebraucht werden, um die vielen Gefangenen in Juda/Jerusalem ins Exil abzuführen. *»Mache Ketten! Denn das Land ist voll Blutschuld und die Stadt voll Frevel«* (V. 23). Damit kündigt der Prophet die Wegführung des Volkes ins Exil an.

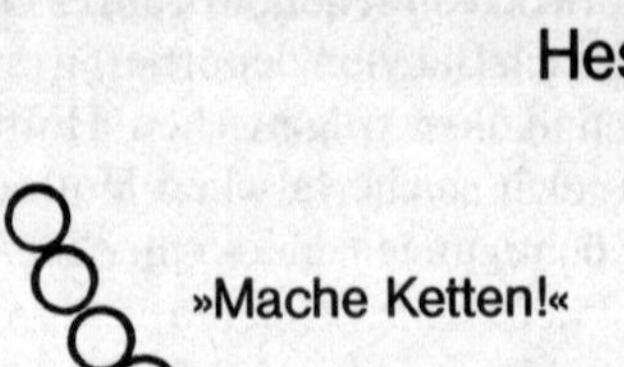

Abb. 174: Wegen des Frevels wird Gott das Volk richten

Die Kapitel 8–10 beinhalten die Beschreibung einer einzigen Vision.

Hesekiel sieht zunächst etwas Schreckliches: den Götzendienst Israels **(Kap. 8)**. Der Prophet wird nach Jerusalem entrückt (V. 3) und erkennt, wie es dort aussieht, im Tempel und überhaupt in der Stadt. Da erschrickt er ungemein: Götzendienst wird noch und noch ausgeübt, sogar in Kammern des Tempels. Es müssen sich die fremdländischen Kulte immer mehr in Juda eingenistet haben. Bilderdienst für ägyptische Tiergottheiten finden statt (V. 10). Jüdische Frauen weinen um eine Naturgottheit (V. 14) wie Frauen der Israel umgebenden Völker: Wenn das Jahr »starb«, wenn die Blätter fielen, dann hat man den Lichtgott beweint. Hesekiel sieht auch 25 Männer, die mit dem Rücken gegen die aufgehende Sonne anbeten (V. 16), was ebenfalls ein Kult war, der von den benachbarten Völkern stammt.

Israel ist also vollkommen vom Götzendienst durchdrungen; dieses Volk droht in der es umgebenden Welt und ihren Religionen unter- und aufzugehen. Es mußte durch Züchtigungen hindurch, damit der Götzendienst von Grund auf ausgerottet wurde, wie es ja dann auch nach der babylonischen Gefangenschaft zu sehen ist. Die nachexilischen Propheten hatten nicht oder kaum mehr gegen den Götzendienst zu kämpfen.

Das war ein auffallender Fortschritt, den das Leiden unter Gottes Gerichten gebracht hat. Es wäre aus gewesen mit der Heilsgeschichte, die Gott mit diesem Volk hatte schaffen wollen, wenn nicht dieser schwere Einschnitt erfolgt wäre.

In **Kapitel 9**, in dem das Gericht an den gottlosen Bewohnern Jerusalems beschrieben wird, ist eine hochinteressante Stelle zu finden, die man wissen muß, um das Wort in der Offenbarung des Johannes zu verstehen, in dem von der Versiegelung die Rede ist (Offb 7,3).

Hesekiel schaut in diesem neunten Kapitel etwas Eigenartiges: die Kennzeichnung und Versiegelung der Gott treu gebliebenen Leute. Der Prophet sieht solche Leute, die über die Sünde des Volkes klagen und seufzen, denen die Wegrichtung, die Israel eingeschlagen hat, ein Schmerz ist. Sie tragen Leid wegen der Untreue des Volkes gegenüber Gott. (Jeremia und Baruch waren offenkundig doch nicht die einzigen »Stillen im Lande« gewesen, wie man nach dem Jeremia-Buch meinen könnte.)

Diese Menschen sollen gekennzeichnet werden, damit sie vom Gericht verschont werden. Einem von sechs Männern, die das Gericht an der Stadt vollziehen sollen (V. 2), sagt der HERR: *»Geh durch die Stadt Jerusalem und zeichne mit einem Zeichen an der Stirn die Leute, die da seufzen und jammern über alle Greuel, die darin geschehen«* (V. 4). Diese Menschen sollen also ein *»Zeichen«* empfangen. (Im hebräischen Urtext wird deutlich, wie dieses *»Zeichen«* aussieht: Es ist der letzte Buchstabe des althebräischen Alphabets, und dieser Buchstabe hat die Form eines Kreuzes.) Sie wurden also – in der Schau des Hesekiel – mit einem Kreuz gezeichnet: als die Bußfertigen, als diejenigen, die Eigentum Gottes sind, und als diejenigen, die demzufolge im Innersten bewahrt werden.

Das ist genau das, was in Offenbarung 7 zu sehen ist, an jener Stelle der Offenbarung des Johannes, die den schweren Posaunengerichten (Offb 8f.) vorausgeht. In Offenbarung 7 wird gesagt, daß die Stürme zurückgehalten werden, bis die »Knechte« (und die »Mägde«) Gottes durch seine Engelboten gezeichnet sind: »Tut der Erde und dem Meer und den Bäumen keinen Schaden, bis wir versiegeln die Knechte unseres Gottes an ihren Stirnen« (V. 3). Sie werden gezeichnet, erhalten die Kennzeichnung, empfangen die

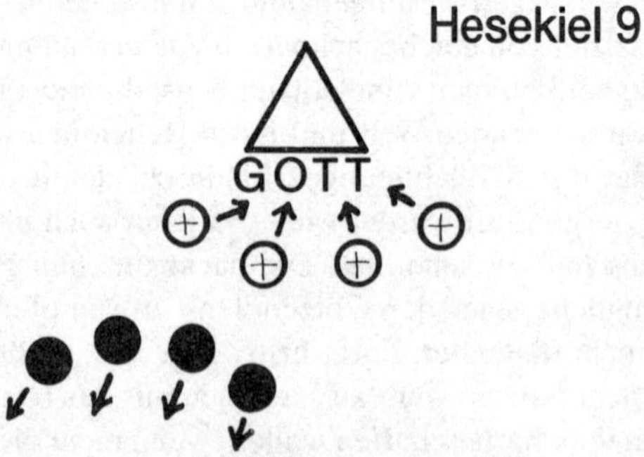

Abb. 175: Diejenigen, die über die Sünde Leid tragen, erhalten Zeichen

Siegelung, auch die Versiegelung und Verriegelung gegen den Ungeist, daß sie durchkommen. »Es kennt der Herr die Seinen und hat sie stets gekannt…« (EKG Württ. 471,1) – das ist die Botschaft von Hesekiel 9 und Offenbarung 7,3.

Paulus sagt, womit Christen nach dem Zeugnis des Neuen Testaments versiegelt werden: »…in ihm [in Christus] seid auch ihr, als ihr gläubig wurdet, versiegelt worden mit dem heiligen Geist, der verheißen ist, welcher ist das Unterpfand unsres Erbes, zu unsrer Erlösung, daß wir sein Eigentum würden zum Lob seiner Herrlichkeit« (Eph 1,13 f.).

Man kann also durch die dunkle Zone durchreisen müssen. Man kann aber trotzdem einerseits gegen den falschen Einfluß sozusagen »plombiert«, versiegelt, verschlossen und verriegelt sein, und man kann andrerseits schon das göttliche Zeugnis, die Garantieerklärung Gottes haben, daß man durchkommt.

Wir wissen nicht, wie es den Menschen ergangen ist, die das »Zeichen« empfangen haben, und ob sie mit zu denjenigen gehörten, die später die Entwicklung zu einem besseren Neuen hin auch in der babylonischen Gefangenschaft miteinleiteten. Ihnen wurde das äußere Leiden jedenfalls nicht erspart. Ob nun die Leute, von denen in Hesekiel 9 geschrieben ist, mit anderen starben oder ob sie in die babylonische Gefangenschaft kamen: Sie waren in jedem Fall mit Gott, ob er sie gleich ans Ziel nahm oder ob sie ein »heiliger Same« unter den anderen ihres Volkes waren.

Auch in Offenbarung 7 heißt es nicht, daß die Versiegelten sofort ans Ziel gelangen würden. Es wird dort zwar sodann die unzählbare Schar und Gottes Thron gezeigt (V. 9 ff.). Aber in Offenbarung 13 ist zu sehen, daß auch die Heiligen noch unter dem Antichristen bleiben.

Kapitel 10 ist wieder im Blick auf die unbußfertige Stadt Jerusalem gesprochen.

In Jeremia 7 hat sich das unbußfertige Volk schnell getröstet und gedacht, Gott könne gar nichts anderes tun als ihm zu helfen, weil er im Tempel wohne und sich an Israel gebunden habe. Jeremia sagte damals das Wort Gottes: »Bessert euer Leben und euer Tun, so will ich bei euch wohnen an diesem Ort« (Jer 7,3.5).

In Hesekiel 10 schaut der Prophet, wie Gott aus dem Tempel auszieht. Zunächst sieht er noch einmal, was er schon in Kapitel 1f. schaute: den Thron Gottes. Dann aber sieht er, wie dieses Zeichen der Gegenwart Gottes im Tempel fortgetragen wird (V. 18f.). Zurück bleibt gewissermaßen eine zwar vergoldete, aber leere Schale.

Ganz Ähnliches ist im Neuen Testament zu sehen. Jesus kommt nach Jerusalem zu seinem letzten Gang. Er zieht in die Stadt ein (Mt 21,1–11) und geht geradewegs zum Tempel (Mt 21,12ff.). Dort gehört er hin, der kommende Messias, dem das Volk zugerufen hat: »Hosianna dem Sohn Davids! Gelobt sei, der da kommt in dem Namen des Herrn!« Jesus reinigt den Tempel; er fängt an, dort die gottgefällige Ordnung zu schaffen. Das aber verbittet sich die jüdische geistliche Obrigkeit und weist ihn ab. Dem folgt im Matthäusevangelium mit einer eigenartigen Betonung der Satz: »Und er ließ sie stehen und ging zur Stadt hinaus…« (21,17). Jesus geht wohl – äußerlich gesehen – einfach in sein Nachtquartier (die galiläischen Festpilger, mit denen er gekommen ist, übernachteten irgendwo außerhalb der Stadt im Gelände). Die auffallende Betonung dessen, daß er diese Juden im Tempel stehenläßt und weggeht, weist aber auf den eigentlichen Vorfall hin: Jesus wird abgewiesen, und damit wird Gott abgewiesen. Später zerreißt der Tempelvorhang (Mt 27,51), was wohl bedeutet, daß der Tempel verlassen und leer ist.

Auf die innere Entleerung folgt also die äußere Zerstörung. Das war sowohl zur Zeit der Babylonier so wie auch zur Zeit der Römer.–

Das ist auch für alle Gemeinden Jesu eine ernste Frage: Es kann zu einer inneren Entleerung kommen, nach der alles im Äußeren weiterhin so verläuft wie bisher. Die Programme werden abgespult, die Veranstaltungen finden statt, aber irgendwann wird auf diese innere Entleerung auch die äußere Zerstörung folgen, indem irgendetwas ausstirbt, daß es zu Ende geht, daß für diese Gemeinde die Verheißung: »Die Pforten der Hölle sollen sie nicht überwältigen« (Mt 16,18b) nicht mehr gilt, weil die Entleerung erfolgt ist. Auf jeden Fall ist nach der Heiligen Schrift mit dieser Möglichkeit zu rechnen.–

Die Kapitel 8–10 sind ein Kernstück der ersten Zeit der Wirksamkeit Hesekiels, die das Entrücktwerden des Propheten nach Jerusalem zum Gegenstand haben.

Es wird zwar auch an anderen Stellen des Hesekiel-Buches ein hoffnungsvolles Wort gesagt; aber **Kapitel 11** ist das einzige Kapitel aus dieser

Zeit, der ersten Periode des Wirkens Hesekiel, in dem voll und ganz ein Ausblick der Hoffnung gewährt wird. In diesem Kapitel weissagt Hesekiel, daß die Erneuerung Israels nicht in Jerusalem erfolgen werde, sondern in Babylon, wohin Gott sein Volk hat wegführen lassen (V. 15f.). Die Erneuerung werde unter dem ersten Schub der Deportierten erfolgen und dann auch unter der Gruppe der anderen, späteren babylonischen Gefangenen.

Hesekiel hat wohl auch einfach etwas davon erkennen dürfen, daß es unter den Deportierten nun anfing, sich zu bewegen. Denn später, als die letzte, größte Gruppe der Verbannten aus Jerusalem in Babylon eintraf, fanden sie dort eine zwar nur kleine Schar vor, aber eine solche, die innerlich weitergekommen war, die eher etwas verstanden hat. Daher hat eine Erwekkung vom ersten Schub der Gefangenen her auch auf die anderen übergegriffen, die mit dem zweiten, großen Schub aus Jerusalem gekommen sind.

An dieser Stelle findet sich erstmals bei Hesekiel die Verheißung, daß Gott seinem Volk ein neues, *»anderes Herz geben«* und *»das steinerne Herz wegnehmen«* werde (vgl. Jer 31,33f.), daß er es von innen her neuschaffen und seinen Willen in ihren Sinn schreiben wird. *»Ich will ihnen ein anderes Herz geben und einen neuen Geist in sie geben und will das steinerne Herz wegnehmen aus ihrem Leibe und ihnen ein fleischernes Herz geben, damit sie in meinen Geboten wandeln und meine Ordnungen halten und danach tun. Und sie sollen mein Volk sein, und ich will ihr Gott sein«*(V. 19f.). Das, was hier in Kapitel 11 zum erstenmal auftaucht, wird dann in den Kapiteln 36.37.47 ausführlicher gezeigt.

Allerdings muß vor dieser Erneuerung Israels das Gericht Gottes durchschritten werden; das zeigen die folgenden Kapitel, aber dies tritt auch in Kapitel 11 zutage: Gott verläßt Jerusalem (siehe Abb. 176).

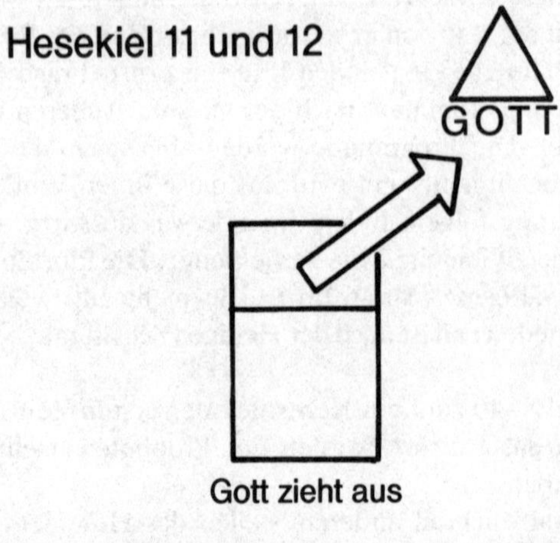

Abb. 176: Gott verläßt den Ort, an dem er unter Israel wohnte

In **Kapitel 12** wird die Wegführung von König und Volk mit symbolischen Handlungen dargestellt: Der Prophet soll seine Sachen packen wie zum Auszug (V. 3f.). Hesekiel soll mit seinem Wort und seinem gesamten Verhalten Zeichen sein (V. 6). Gott schiebt sein Gericht nicht länger auf: *»Was ich rede, soll sich nicht lange hinausziehen, sondern es soll geschehen, spricht Gott der Herr«* (V. 28).

Kapitel 13 ist gegen die falschen Propheten gerichtet. Die Hauptschuld für die geistliche Krise Israels, die Gottes Zorn und Gericht auslöste, lag bei den Priestern und den angeblichen Propheten. Sie nahmen den ihnen aufgetragenen Dienst im eigentlichen Sinne nicht wahr: Sie standen mit ihrem Dienst nicht für Gott vor den Menschen und nicht für die Menschen vor Gott. *»Sie sind nicht in die Bresche gesprungen«* (V. 5 a; vgl. 22,30).

Diese Priester und die angeblichen Propheten hätten in den Riß treten müssen vor Gott, so wie Mose das getan hatte (»tilge mich aus deinem Buch, das du geschrieben hast«, 2. Mose 32,32). Priesterliche Menschen wie Mose wären nötig gewesen; doch die Priester und Propheten haben nur an sich gedacht, sind geflüchtet und haben sich in Sicherheit gebracht. So war das Unglück unausweichlich, und daher ist dann das Gericht über sie hereingebrochen.

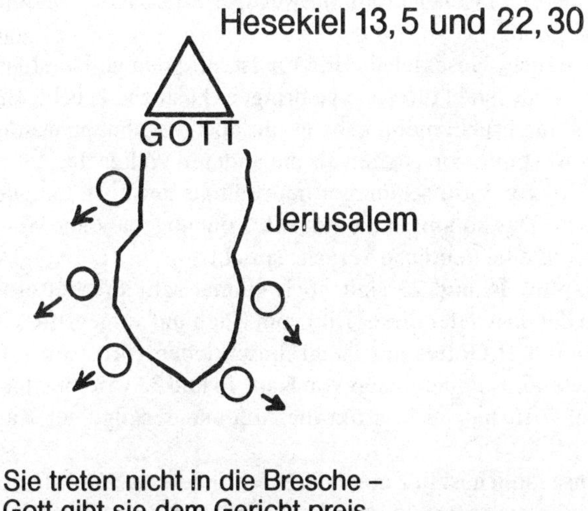

Abb. 177: Gottes Wort gegen die falschen Propheten

Kapitel 14 ist eines der ernstesten Kapitel im Hesekiel-Buch. Götzendiener erhalten auf ihre Fragen keine Antwort von Gott; auf das Gebet um

Bewahrung vor dem Gericht folgt keine Erhörung mehr: *»Du Menschenkind, diese Leute hängen mit ihrem Herzen an ihren Götzen und haben mit Freuden vor Augen, was sie schuldig werden läßt – sollte ich mich wirklich von ihnen befragen lassen?«* (V. 3). Vielmehr *»sollen sie beide ihre Schuld tragen: wie die Schuld des Befragenden, so soll auch die Schuld des Propheten sein, damit das Haus Israel nicht mehr von mir abirrt und sich nicht mehr unrein macht durch alle seine Übertretungen; sondern sie sollen mein Volk sein, und ich will ihr Gott sein, spricht Gott der HERR«* (V. 10f.).

Auch werden hier Männer des Alten Bundes angeführt (*»Noah, Daniel und Hiob«*, V. 14ff.), die allerdings auch nicht mehr die Lage Israels ändern könnten: *»Sie würden durch ihre Gerechtigkeit allein ihr Leben retten… Sie würden weder Söhne noch Töchter retten, sondern allein sich selbst, und das Land müßte öde werden«* (V. 14–20). Fürbitte wird also jetzt nicht mehr erhört; vielmehr muß das Gericht durchschritten werden.

In **Kapitel 15** wird wiederum ein interessantes Bild verwendet. Der Prophet erscheint mit dem Holz eines abgehauenen Weinstocks und fragt, wozu dieses Holzstück zu gebrauchen ist. Wenn dieses Holz ein lebendiger Weinstock ist, am Weinberg eingepflanzt, dann gibt es die köstlichste Frucht. Ist dieser Weinstock aber abgehauen, dann ist sein Holz weniger wert als irgendein anderes, vielleicht minderwertiges Stück Holz. Man kann es nur noch verbrennen.

Das gebraucht Hesekiel als Bild für Israel. Solange Israel Israel ist und seinen Dienst als Israel tut, solange bringt es köstliche Frucht. Bringt dieses Volk aber keine Frucht mehr, kann es nur noch abgehauen werden; dann ist es weniger wert und von Nutzen als die anderen Völker. Ja, der abgefallene Fromme wird von Gott schlimmer beurteilt als der noch nie gläubig gewesene Mensch. Das kommt in diesem Bild vom abgehauenen Weinstock zum Ausdruck, das eine deutliche Sprache spricht.

Die **Kapitel 16 und 23** sind noch einmal sehr erschütternd. Es sind Kapitel, in denen wieder dieses Bild vom Ehebund aufgegriffen ist, mit dem die Gemeinschaft Gottes mit Israel umschrieben wird (wie z.B. Jer 2f.). (Wegen dieses Zusammenhangs von Kap. 16 und 23 wird bei der Auslegung der Kapitel 16ff. hier nicht strikt die Aufeinanderfolge der Kapitel eingehalten.)

Sehr anschaulich ist in Kapitel 16 beschrieben, wie Gott Israel gefunden hat: *»Ich ging an dir vorüber und sah dich in deinem Blut liegen«* (V. 6a). Israel wird als ein Findelkind beschrieben. Als es herangewachsen war, *»da breitete ich meinen Mantel über dich und bedeckte deine Blöße. Und ich schwor dir's und schloß mit dir einen Bund, spricht Gott der HERR, daß du solltest mein sein«* (V. 8). Hier ist wohl an den Bundesschluß am Sinai gedacht.

Aber was geschah? *»Es kam dahin, spricht Gott der HERR, daß du deine Söhne und Töchter nahmst, die du mir geboren hattest, und opfertest sie ihnen [den Götzen] zum Fraß…«* (V. 20).

Jerusalem ist schlimmer als Samaria und Sodom geworden (V. 46–59). Aber am Schluß von Kapitel 16 wird beschrieben, wie sich Gott dieses Volkes wieder erbarmt. Durch eine Vergebung ohnegleichen, durch die Israel völlig beschämt wird, wird Gott den Bund mit seinem Volk erneuern und Israel heimholen: *»Ich will aber gedenken an meinen Bund, den ich mit dir geschlossen habe …, und will mit dir einen ewigen Bund aufrichten. Dann wirst du an deine Wege denken und dich schämen…«* (V. 60f.). Wann? Wenn Gott Israel alles vergeben wird.

Etwas Derartiges erfuhr auch Petrus. Als ihm das Boot voller Fische gegeben wird, führt ihn das in die große Beugung (Lk 5,1ff.). Vielleicht sind ihm auch ganz bestimmte Dinge ins Bewußtsein getreten; daher sagt er: »Herr, geh weg von mir! Ich bin ein sündiger Mensch« (V. 8).

Die unsagbare Liebe und Treue, die Israel dann angenommen hat, wird Israel erst recht noch in die Buße führen. *»Du wagst vor Scham deinen Mund nicht mehr aufzutun, wenn ich dir alles vergeben werde, was du getan hast, spricht Gott der HERR«* (V. 63).

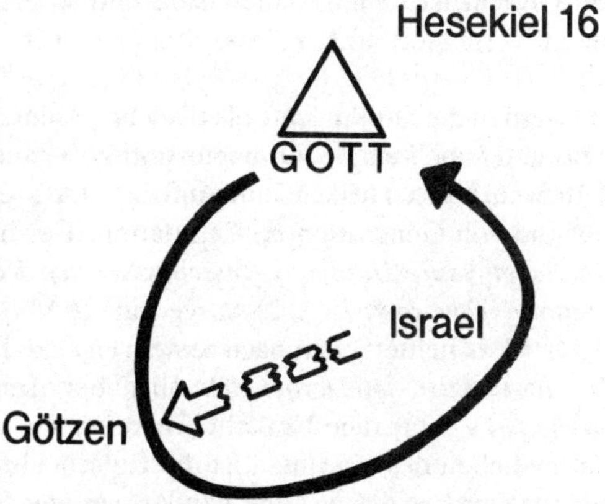

Abb. 178: Israel, das sich den Götzen unterstellt hatte, wird von Gott wieder heimgeholt

Das wird sein, wenn Gott ein Israel, das von ihm wegstrebt, wieder zu sich heimholt. War Israel unter Gott, so war es in Ordnung. Israel wollte aber von Gott weg, hin zu den Götzen. Dieses Volk hat dabei seine schrecklichen Erfahrungen gemacht: *»Darum, siehe, ich will sammeln alle deine Liebhaber, denen du gefallen hast, alle, die du geliebt, samt allen, die du nicht* *geliebt hast, und will sie gegen dich versammeln von überall her und will ihnen deine Blöße aufdecken, daß sie deine ganze Blöße sehen sollen«* (16,37). Das hat Israel erlebt; aber nach dieser bitteren Erfahrung wird Gott sein Volk wieder annehmen und zu sich heimholen.

So zeigt dieser Schluß von Hesekiel 16 einen wunderbaren Horizont: Gott wird sich seines Volkes wieder erbarmen.

In Kapitel 23 wird das Nordreich Samaria und das Südreich Juda mit zwei Schwestern verglichen, die verheiratet sind und die beide Ehebruch treiben, – zwei treulose Frauen.

In den Kapiteln 16 und 23 geht es nicht um Verstöße Israels gegen das sechste Gebot (»Du sollst nicht ehebrechen!«), obwohl solche sexuelle Ausschweifungen in Israel freilich auch um sich gegriffen haben (dies gehörte in den vorderasiatischen Götterkulten ja zur Hingabe an die Gottheit). Aber sexuelle Verfehlungen treten gegenüber dem Bruch des ersten Gebotes in den Hintergrund, der mit dem Bild vom Ehebruch gemeint ist. »Ich bin der HERR, dein Gott... Du sollst keine anderen Götter neben mir haben« (2. Mose 20,2f.).

Im Unterschied zu Kapitel 16 enthält Kapitel 23 keine Heilsweissagungen. Der Aspekt einer Hoffnung über das Gericht Gottes hinaus fehlt hier völlig. Das Gericht ist so ungeheuer nahe und so groß, daß es den gesamten Horizont vermauert und in dieser Stunde den Blick auf das Heil nicht freigibt.

In **Kapitel 17** werden die Großmächte als (Reichs-)Adler dargestellt, das Königshaus Judas und Israels als Zedernwipfel und Weinstock (V. 3ff.).

In **Kapitel 18** wehrt sich Hesekiel im Auftrag Gottes gegen das Verschieben von Schuld von Generation zu Generation. Der in dem *»Sprichwort: ›Die Väter haben saure Trauben gegessen, aber den Kindern sind die Zähne davon stumpf geworden‹«* (V. 2) ausgedrückte Vorgang soll nicht mehr gelten (V. 3). Gott richtet jeden nach seinem *eigenen* Tun und fordert Umkehr. *»Jeder, der sündigt, soll sterben«* (V. 4b), aber auch *»nur wer sündigt, der soll sterben«* (V. 20a). Die Umkehr – und *nur* Umkehr – erwartet Gott, und auch im Leben des einzelnen ist die Entscheidung noch offen: *»Wenn sich aber der Gottlose bekehrt von allen seinen Sünden, die er getan hat, und hält alle meine Gesetze und übt Recht und Gerechtigkeit, so soll er am Leben bleiben und nicht sterben«* (V. 21). *»Meinst du, daß ich Gefallen habe am Tode des Gottlosen, spricht Gott der HERR, und nicht vielmehr daran, daß er sich bekehrt von seinen Wegen und am Leben bleibt? Darum bekehrt euch, so werdet ihr leben«* (V. 23.32).

Kapitel 19 ist ein Klagelied über das Geschick des Königshauses Juda.

Israels ständigen Ungehorsam beantwortet Gott so, daß er seine Ehre in Gnade und Gericht gewahrt weiß **(Kap. 20)**: *»Dort [im Land Israel] werdet* *ihr gedenken an eure Wege und alle eure Taten, mit denen ihr euch unrein gemacht habt, und werdet vor euch selbst Abscheu haben wegen all der bösen Taten, die ihr getan habt. Und ihr werdet erfahren, daß ich der HERR bin, wenn ich so an euch handle zur Ehre meines Namens und nicht nach euren bösen Wegen und verderblichen Taten, du Haus Israel, spricht Gott der HERR«* (V. 43f.).

Gott hält das geschärfte Schwert bereit, das schlachten soll **(Kap. 21)**: *»Das Schwert, ja, das Schwert ist geschärft und blank gefegt. Es ist geschärft, daß es schlachten soll; es ist gefegt, daß es blinken soll«*(V. 14f.). Nebukadnezar steht am Scheideweg; er wendet sich zuerst gegen Jerusalem: *»Der König von Babel wird an der Wegscheide stehen, am Anfang der beiden Wege, um sich wahrsagen zu lassen: er wirft mit den Pfeilen das Los, befragt seinen Götzen und beschaut die Leber. Und das Los in seiner Rechten wird nach Jerusalem deuten: da soll er den Mund auftun mit großem Geschrei, die Stimme erheben mit Kriegsgeschrei, Sturmböcke heranführen gegen die Tore, einen Wall aufschütten und ein Bollwerk bauen«* (V. 26f.). Die Worte: *»Nichts bleibt, wie es ist, sondern was hoch ist, soll erniedrigt werden, und was niedrig ist, soll erhöht werden«* (V. 31b) richten sich gegen den eidbrüchigen Zedekia.

Das belagerte Jerusalem, in das sich auch die Bevölkerung seiner Umgebung geflüchtet hat, wird in **Kapitel 22** mit einem Schmelzofen verglichen (V. 17–22) – mit einem Schmelzofen, in den alles gebracht wird und unter dem ein kräftiges Feuer brennt (siehe Abb. 179).

Gott *»suchte unter ihnen, ob jemand eine Mauer ziehen und in die Bresche vor mir treten würde für das Land, damit ich's nicht vernichten müßte; aber ich fand keinen«* (V. 30). Das ist ein Voraushinweis auf das Lamm von Golgatha, das allein in den Riß treten kann und tritt.

Ähnliches wie mit dem Bild vom Schmelzofen ist in Kapitel 24 mit dem Bild von dem Topf gemeint, der einerseits schmutzig, andrerseits siedend heiß ist und überläuft.

Das ist die schreckliche Zeit, in der Israel an Gottes Gericht preisgegeben ist. Und doch – das wird an anderen Stellen bei den Propheten ausgedrückt, insbesondere in Jesaja 48,10 – hat Gott Israel dabei »geprüft im Glutofen des Elends«. So verfolgt Gott mit seinem Volk auch in seinem Gericht seine Heilspläne.

In **Kapitel 24** erlebt Hesekiel eine letzte Vision in dieser Anfangszeit seines Wirkens: Er sieht in der Ferne den Beginn der Belagerung und der Zerstörung Jerusalems; er erlebt das ganze Grauen mit. Das erschüttert den Propheten ungemein stark, und er weint und klagt. Auch die anderen werden davon ergriffen. Hesekiels Frau stirbt (V. 15ff.) – dadurch soll dem Propheten und den anderen mit ihm der Schrecken dieser Stunde noch mehr

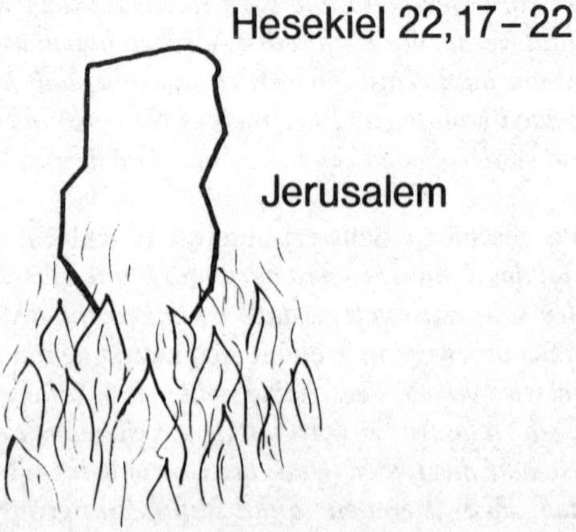

Abb. 179: Jerusalem – Gottes Schmelzofen

bewußt werden. Hesekiel soll die ganze Not dieser Zeit existentiell miterleben; er soll beim Tod seiner Frau nicht einmal die übliche Trauerfeier stattfinden lassen und ein Klagen anstimmen (also kein Leichenbegängnis feierlicher bzw. förmlicher Art arrangieren), weil die Bevölkerung Jerusalems gar nicht dazu kommt, etwas Ähnliches wegen der massenweise gefallenen, umgebrachten und in den Flammen umgekommenen Juden abzuhalten. Durch diesen Verzicht auf öffentliche Trauer soll Hesekiel anzeigen, daß eine andere Not noch viel größer ist als sein persönlicher Verlust der Ehefrau.

Dem geht Kapitel 23 voraus, das Kapitel, in dem diese schreckliche Entartung deutlich beschrieben wird, der Abfall Israels von Gott – der Ehebruch –, die Verletzung der Liebe gegenüber Gott. Diese Sünde konnte nur Israel begehen; die Völker seiner Umgebung (die Babylonier, die Moabiter, die Phönizier usw.) konnten Gott nicht so beleidigen wie diejenigen, denen er seine enge Gemeinschaft geschenkt hat.

Auch nach dem Neuen Testament ist die Gemeinschaft zwischen Gott und dem Glaubenden durch den Heiligen Geist am verletzlichsten, und die Verletzung dieser Gemeinschaft wiegt am schwersten. Jesus nennt sogar die Sünde gegen den Heiligen Geist; Ähnliches findet sich auch im Hebräer- und im 1. Johannesbrief (vgl. z. B. Hebr 10,29; 1. Joh 4,1 ff.).

Zusammenfassend ist zu den Kapiteln 1–24 zu sagen: Die schwere Operation Gottes an Israel, also die Eroberung des Landes und die Zerstörung Jerusalems, war um des geistigen Fortbestandes Israels willen unvermeidlich. Der Prophet sollte diesen gewaltigen Eingriff in das Leben des Volkes auch mit seiner eigenen Person bewußt mit durchleiden. Aber auch für Gott war dies sehr schmerzlich: Das Volk, mit dem er eine Art Ehebund eingegangen war, hat nicht mehr das Recht und die Möglichkeit zu leben. Alle dachten an den Schmerz Israels, nicht aber an Gottes Schmerz.

3.2 Das Gericht über die Völker (Kap. 25–32)

Nachdem Jerusalem gefallen ist und der große Nachschub von Gefangenen aus Juda/Jerusalem in Babylon eingetroffen war, durfte Hesekiel etwas Neues sagen (Kap. 33ff.).

Zwischen den Worten Hesekiels aus den beiden verschiedenen Phasen seines Wirkens, die deutlich zu unterscheiden sind, stehen acht Kapitel mit der Botschaft des Propheten an eine Reihe von Völkern (Kap. 25ff.). Unter den Völkern, die um Israel her seßhaft waren, herrschte die Meinung, die Niederlage Israels im Kampf gegen Babylon sei eine Niederlage Jahwes, des Gottes Israels. Mit Jerusalem und dem Tempel sei auch Jahwe gefallen. Der Zusammenbruch Judas wurde von diesen Völkern nicht als eine Züchtigung durch den lebendigen Gott erkannt.

Daher hatte Hesekiel an diese Völker, die über Israel triumphierten, auszurichten, daß das Gericht zwar am Hause des Herrn beginnt, daß es aber in der Israel umgebenden Welt weitergehen werde. Gott ist nicht nur der Herr Israels, sondern auch der Völker – sowohl im Gericht wie auch in der Gnade. Das erweist er zunächst in seinem Richten (Kap. 25–32); erst in den Kapiteln 33–48 zeigt Gott, daß er in seiner Gnade das Heil Israels schafft und von Israel her mit seiner Gnade auch die Völker erreicht.

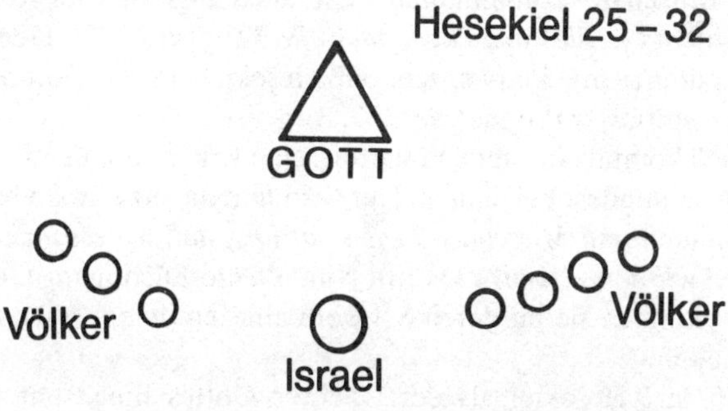

Abb. 180: Gott ist Herr auch über die Völker

Israel steht also vor Gott, aber auch die Völker stehen vor Gott und sind in Gericht und Gnade in seiner Hand (siehe Abb. 180).

3.3 Die Wiederherstellung Israels (Kap. 33–48)

Die Kapitel 33–48 fallen in die große Hauptphase von Hesekiels Wirksamkeit, die ab 587 v. Chr. ca. 16 Jahre dauerte (dieser Termin ist den Kapiteln 47f. zu entnehmen). Hesekiel ist dann wohl in Babylon gestorben, nachdem er im Blick auf die geistliche Erneuerung den Juden im Exil einen wichtigen Dienst hat tun dürfen, mit einem Fernblick hin auf die großen Ziele Gottes am Ende der Geschichte.

3.3.1 Trost und Mahnung für ein verzweifeltes Volk (Kap. 33–39)

In **Kapitel 33** setzt Hesekiel neu ein. Es kommt die Kunde von der Zerstörung Jerusalems und des Tempels (V. 21); und von da an – so wird gesagt – hat Hesekiel nie mehr die oben erwähnte Sprachhemmung (3,22ff.): *»Mein Mund wurde aufgetan, so daß ich nicht mehr stumm sein mußte«* (V. 22b). Hesekiels Weissagung vom Untergang Jerusalems war eingetroffen, und der Prophet kann jetzt wieder reden. Er wird erstaunlicherweise angehört, wenn auch mehr aufgrund eines Interesses an seiner großartigen Sprache, an seinen gewaltigen Bildern (V. 32). Die Juden in Babylon sind zudem davon beeindruckt, daß das, was Hesekiel angekündigt hatte, dann auch eingetreten ist. Tiefer aber geht die Aufnahme seiner Verkündigung durch die Deportierten noch nicht.

Daher sagt Gott, sein Prophet sei *»für sie wie einer..., der eine schöne Stimme hat«* (V. 32). Man hört also nur darauf, *wie* er etwas sagte – wie eindrucksvoll, wie gewaltig, mit welch ausdrucksstarken Bildern –, aber den Inhalt der Botschaft vernimmt man nicht, auch folgt man der Verkündigung Hesekiels nicht (*»...sie tun nicht danach«*, V. 32b; vgl. V. 31). Dem Exilsvolk wird erst später richtig klarwerden, daß Hesekiel ein von Gott bevollmächtigter und inspirierter Prophet war (V. 33).

Dennoch kommt eine neue Frage auf, eine Erkenntnis des gedemütigten Volkes, die zumindest bei einigen laut wird und die eine große Not anzeigt: *»Unsere Sünden und Missetaten liegen auf uns, daß wir darunter vergehen; wie können wir denn leben?«* (V. 10). Nun, da die Züchtigung Gottes eingetroffen ist, können sie an deren Schwere ablesen, wie massiv sie sich verschuldet haben.

Darauf darf Hesekiel als der Wächter Gottes ihnen antworten. Als Gottes Wächter ist er eben derjenige, der den Blick auf das Volk, aber auch auf Gott gerichtet hat. Der Prophet hat das Ohr am Munde Gottes.

In Kapitel 33 wird also noch einmal das Bild vom Wächteramt gebraucht (V. 1ff.). Der Wächter macht hier – im Unterschied zu Kapitel 3 – aber nicht

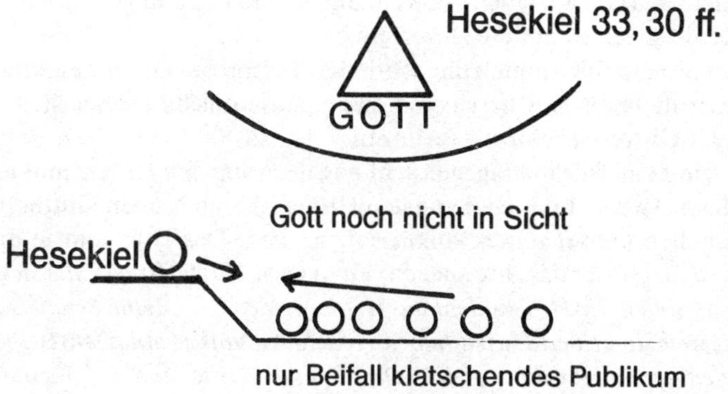

Abb. 181: Der Prophet wird mißverstanden

so sehr den Feind aus, sondern er darf die Morgenröte eines kommenden Tages beschreiben.

Auf ihre Frage: *»Wie können wir denn leben?«* erhalten die Juden die Antwort: *»So wahr ich lebe, spricht Gott der HERR: Ich habe kein Gefallen am Tode des Gottlosen, sondern daß der Gottlose umkehre von seinem Wege und lebe. So kehrt nun um von euren bösen Wegen…«* (V. 11). Ihr Versagen gegenüber Gott steht also sehr klar vor dieser Schar, die anfangs klein gewesen war und die dann durch einen großen Nachschub von verzweifelten Leuten erheblich größer geworden ist. Gott eröffnet ihnen das große Angebot: Sie können leben.

Kapitel 34 ist eines der gewaltigsten Kapitel des Alten Testamentes überhaupt. Sein Thema heißt »Die schlechten Hirten und der eine rechte Hirte«. Daß der HERR der gute Hirte sei, klingt ja im Alten Testament immer wieder an (Ps 80,2; 1. Mose 48,15; Ps 23,1; Jer 23); aber in Hesekiel 34 ist dieses Thema ausführlich dargelegt.

Man muß dazu wissen, daß in der Antike – insbesondere im Orient – sich die Führenden der Völker (von den Führern der kleinen Völker [wie etwa Judas] bis hin zu den Großkönigen der damaligen Großmächte) gerne »Hirte des Volkes« nannten. Das schien ihnen genau das treffende Bild zu sein, in dem sich ihre Position und Aufgabe ausdrücken ließ.

Dieses Hirten-Bild des Orients wäre mißverstanden, wenn man es sentimental versteht (wie es auf den Schäferbildern aus der Zeit der Romantik zu sehen ist); es ist viel gewaltiger und größer. Ein Hirte in diesem Sinne war ein Mann, der unter Einsatz seines Lebens für seine Herde sorgte und der Tag und Nacht nachdachte, wo sie Wasser und Futter bekommen könnte. Er war ein Mann, der insbesondere sein Leben in die Schanze schlug, um die Herde zu schützen. (Es gab damals Löwen, und es war keine ungefährliche Sache, die Herde gegen Raubtiere zu verteidigen.)

Mit diesem Bild wollten die politischen Führer des Orients eindrucksvoll ihre Arbeit, ihr eigenes Werk beschreiben; die Hofdichter haben die Großkönige als »Hirten der Völker« besungen.

In Hesekiel 34 wird dagegen sehr nüchtern von den Hirten geredet. Der Prophet verwendet das Bild von den Hirten, um im Namen Gottes das Tun der falschen Führer seines Volkes aufzuzeigen. Das Volk geht in die Irre, wenn seine Führer das Ihre suchen: *»Wehe den Hirten Israels, die sich selbst weiden! Sollen die Hirten nicht die Herde weiden? … Meine Schafe sind zerstreut, weil sie keinen Hirten haben… Sie irren umher auf allen Bergen und auf allen hohen Hügeln… Siehe, ich will an die Hirten und will meine Herde von ihren Händen fordern…«* (V. 2.5.6.10).

Aber auch zwischen Schafen und Schafen will Jahwe eine Scheidung vornehmen: *»Ich will richten zwischen Schaf und Schaf und Widdern und Böcken«* (V. 17; vgl. V. 20 ff.). Die *»Schafe«* gehen also auch untereinander ungerecht miteinander um, indem die Stärkeren die Schwächeren mit der Schulter wegdrängen und sie nicht an die Quelle heranlassen (V. 21). Sie treten mit den Füßen in die Quelle und machen das Wasser trübe (V. 18).

Daher nimmt sich Gott seines Volkes selber an: *»So spricht Gott der HERR: Siehe, ich will mich meiner Herde selbst annehmen… Ich will sie aus allen Völkern herausführen und aus allen Ländern sammeln und sie in ihr Land bringen… Ich will das Verlorene wieder suchen und das Verirrte zurückbringen und das Verwundete verbinden und das Schwache stärken…«* (V. 11.13.16).

Nach all dem folgt die große Aussage, daß Gott einen hat als seine rechte Hand, als seinen Generalbevollmächtigten, durch den er das oben Gesagte ausführen wird, den neuen David, den einen wahren Hirten: *»Ich will ihnen einen einzigen Hirten erwecken, der sie weiden soll, nämlich meinen Knecht David…«* (V. 23). Seitdem diese Verheißung ergangen ist, hat man in Israel auf diesen wahren Hirten gewartet, den Hirten Israels und der Welt: den Messias Gottes.

Es ist dann abzuspüren, welch ungeheurer Anspruch das war, welche Spannung in den Worten lag, die Jesus auf dem Jerusalemer Tempelplatz den Führenden Israels entgegnete, die ihn umringten und fragten, wer er ist, welche Rolle er für sich in Anspruch nimmt: »Ich bin der gute, der wahre Hirte« (Joh 10,11). Das also ist der unerhörte Anspruch, der darin liegt: Jesus ist der *»einzige Hirte«*, von dem Hesekiel 34,23 spricht.

Aber im weiteren Verlauf von Johannes 10,11 ff. sagt er dann, daß es jetzt noch nicht seine Aufgabe ist, die Weltherrschaft zu übernehmen, sondern: »Der gute Hirte läßt sein Leben für die Schafe« (Joh 10,11 b). Jesus hat sich zuerst mit dem Feind auseinanderzusetzen und muß die Schuld abtragen. Nur so können Menschen in die Hand Gottes kommen. »Niemand wird sie aus meiner Hand reißen... Niemand kann sie aus des Vaters Hand reißen«, denn »mein Vater, der mir sie gegeben hat, ist größer als alles« (Joh 10,28f.). Allein auf diese Weise kann es zu der großen Wiedervereinigung mit Gott kommen.

So geht der Blick Hesekiels hinaus bis zur Vollendung, bis zum kommenden Friedensreich Jesu.

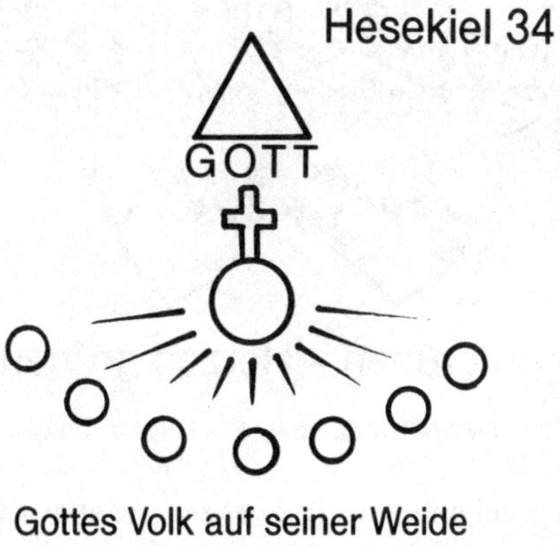

Abb. 182: Gott nimmt sich selbst seiner Herde an

Gott nimmt sich also selbst seiner Herde an, und Gottes Volk ist die Herde auf seiner Weide (siehe Abb. 182). Sie ist um Gott gesammelt, und Gott hat sozusagen als die den Menschen zugewandte Seite den ewigen Sohn, der den Dienst des »guten Hirten« tut.

Kapitel 36 ist wieder ein ähnlich gewichtiges Kapitel wie Hesekiel 34, das auch heute eine ungeheure Aktualität besitzt. Hinter Hesekiel 36 steht die Aussage, daß es noch nicht genügt, wenn die Menschen den neuen Herrn haben, aber selbst die alten Menschen bleiben. Es ist nötig, daß die Menschen selbst neu werden. Wie kann das geschehen? Das ist nur auf die Weise möglich, daß der Herr sie selber von innen her neuschafft mit der Kraft seines Geistes. Der Herr ist ja der Geist (vgl. 2. Kor 3,17).

Das Besondere an Hesekiel 36 ist, daß hier noch ausführlicher als in Jeremia 31 von dem *»neuen Herzen«* gesprochen wird: Das *»steinerne Herz«* werde weggenommen, und ein *»fleischernes Herz«* werde gegeben. *»Ich will meinen Geist in euch geben und will solche Leute aus euch machen, die in meinen Geboten wandeln und meine Rechte halten und danach tun«* (V. 26f.).

Kapitel 36 ist auch insofern interessant, als hier für Israel ein Nacheinander der Erneuerung des Volkes zur Herstellung des Heils gezeigt wird. Zunächst ist in diesem Kapitel von dem erneuten Grünen der Berge die Rede (V. 1–15; v. a. V. 8). Im ersten Teil dieses Kapitels wird also von der äußeren Wiederherstellung Israels gesprochen, während im zweiten Teil mit der inneren Erneuerung des Volkes sozusagen das »Grünen der Herzen« im Mittelpunkt steht.

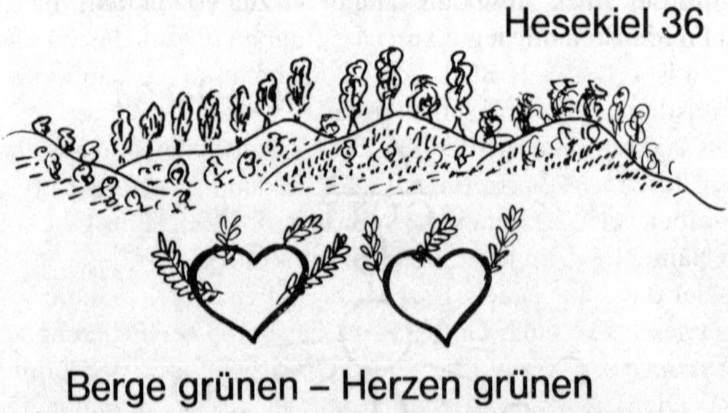

Abb. 183: Israels Erneuerung erfolgt in zwei Schritten

Genauso ist es ja gekommen: Israel ist zuerst äußerlich wiederhergestellt worden – die »Berge grünen« in einem Ausmaße, wie man es sich nach einer jahrhundertelangen Versteppung des Landes nicht mehr hätte vorstellen können. Das aber wird nur als ein erster Schritt gesehen: Auf die äußere Wiederherstellung wird die innere Erneuerung Israels folgen.

Diese innere Erneuerung Israels erfolgt ihrerseits in zwei Schritten: Zunächst ist die Sündenvergebung, die Reinigung nötig, um im Frieden mit Gott zu sein (*»ich will reines Wasser über euch sprengen«*, V. 25 a). Sodann erfolgt das andere, daß Gott nämlich seinen Geist gibt und die Israeliten dadurch von innen her neu werden (V. 26 f.).

Das wird im Blick auf das Volk Israel dann geschehen, wenn der Herr Jesus wiederkommt. »Über das Haus Davids und über die Bürger Jerusalems will ich ausgießen den Geist der Gnade und des Gebets« (Sach 12,10). So werden sie ihn dann empfangen können: »Gelobt sei, der da kommt im Namen des Herrn!« (Mt 23,39).

Ich habe den Eindruck, daß wir heute im Blick auf Israel zwischen dem ersten und dem zweiten Schritt stehen, zwischen der äußeren Wiederherstellung und der inneren Erneuerung.

Das **Kapitel 37** ist insofern noch gewaltiger, als der Kontrast zwischen dem ganzen Elend Israels und dem, wie Gott neuschafft, weitaus größer ist als in Kapitel 36. Die Juden im Exil haben ja gefragt: »Wie können wir denn leben?« (33,10b). Dazu wird in Hesekiel 37 festgestellt, daß Israel tatsächlich tot ist – tot in den Sünden.

Der Prophet sieht Israel wie *»ein weites Feld … voller Totengebeine«* (V. 1b), in einem Zustand also, der einem verlassenen Schlachtfeld der Antike gleicht, wo die Toten nicht begraben wurden. Daher konnte etwa ein gesamtes Tal von Totenschädeln und Totengebeinen übersät sein. So sieht Hesekiel dieses Volk, obschon es äußerlich dem nicht glich, sondern sich nach außen hin erstaunlich gut zurechtgefunden hat und auch zu Wohlstand gekommen ist. Hesekiels Blick richtet sich nicht auf den äußeren, sondern auf den geistlichen Zustand seines Volkes.

Paulus sagt im Epheserbrief, die Christen aus Israel und aus den Völkern seien »tot durch … Übertretungen und Sünden« gewesen (Eph 2,1.5). Im Sendschreiben an die Gemeinde in Sardes (Offb 3,1 ff.) steht sogar: »Du hast den Namen, daß du lebst, und bist tot« (Offb 3,1b).

Hesekiel darf nun Israels Erneuerung durch Gott schauen. Diese Neuschöpfung geschieht durch Gottes Wort, das durch Menschenmund gegeben wird (*»weissage…!«*, V. 4.9.12), und sie vollzieht sich wiederum in zwei Schritten. Die äußerliche Wiederherstellung geschieht dadurch, daß die Gebeine wieder zusammenkommen; es entstehen wieder Körper, die allerdings noch unbelebt sind (V. 7f.). Dann spricht Gott ein zweites Mal: *»Odem, komm herzu von den vier Winden und blase diese Getöteten an, daß sie wieder lebendig werden!«* (V. 9b).

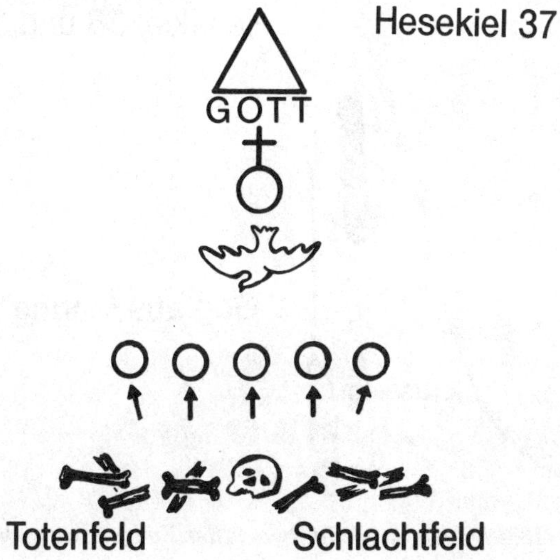

Abb. 184: Leben aus Gott durch seinen Geist unter »David«

In Abbildung 184 ist dargestellt, daß die Totengebeine auf Gottes erstes Wort hin aufstehen und wieder zu Körpern werden und daß beim zweiten Wort Gottes der Geist (die Worte *»Odem«* und »Geist« sind im Hebräischen identisch) gegeben wird, so daß sie geistlich wieder lebendig werden. Das geschieht unter dem neuen »David«, der sie nun regiert (*»mein Knecht David soll ihr König sein und der einzige Hirte für sie alle«*, V. 24f.).

In Hesekiel 37 ist gewissermaßen der dreieinige Gott am Werk zu sehen: Von *Gott* geht das alles aus. Er gibt seinen *Geist*, wodurch die toten Körper belebt werden. Sie werden dann durch den neuen »David« geeinigt und regiert, den Messias *Jesus Christus*.

Die **Kapitel 38 und 39** beinhalten die Weissagung gegen Gog aus Magog. Das Volk Israel kommt, nachdem es zumindest äußerlich wiederhergestellt worden ist, noch einmal in eine letzte schwere Auseinandersetzung (vgl. Offb 20,7ff.; dasselbe bringt auch Sacharja zum Ausdruck). Wiederholt wird gesagt, daß sich das *»am Ende der Zeiten«* ereignen werde (V. 8.16). Hesekiel blickt hier also weit hinaus.

In Hesekiel 38 ist von Gog die Rede, einem König aus Völkerschaften, die nach anderen Auskünften des Alten Testaments in der Nähe des Schwarzen Meeres und beim Kaukasus und wohl noch weiter nördlich ansässig waren (V. 2 par). Es heißt, daß sie vom *»äußersten Norden«* (V. 15) in das Land kommen, das *»in der Mitte der Erde«* (V. 12) ist.

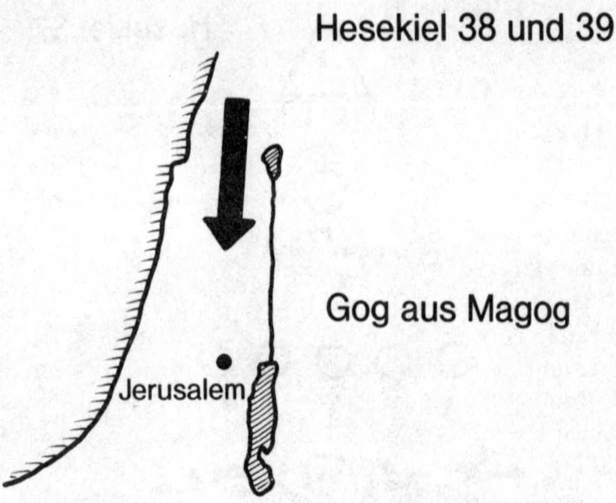

Abb. 185: Der starke Feind Israels der Endzeit stürmt heran – und wird überwunden

Es stürmt also ein starker Feind der Endzeit vom Norden her gegen Israel an und wird überwunden (vgl. Abb. 185).

Das Land Israel liegt ja bemerkenswerterweise an der Schnittstelle der drei Kontinente Asien, Afrika und Europa. An solch einem Knotenpunkt kann man sich einen überwältigenden Völkeransturm gut vorstellen. Dorthin werden also diese Völker aus dem Norden mit einem nie dagewesenen Aufgebot kommen, unter Aufbietung auch vieler anderer Völkerschaften (es sind einige Nachbarvölker Israels genannt). Alle diese gehen gegen das wiederhergestellte Israel vor.

Israel kommt dadurch in größte Bedrängnis (bei Sacharja wird diese Bedrängnis noch weiter geschildert). Doch dann werden diese herandringenden Völker abgewiesen – aber nicht durch Israel, das im Grunde genommen wehrlos ist, sondern durch einen Schrecken Gottes. Es treten zum einen Naturerschütterungen ein (*»ein großes Erdbeben«*, 38,19f.), zum anderen werden die Feinde unter sich uneins (*»...daß jeder sein Schwert gegen den andern erhebt«*, 38,21). So bleibt ein elendiglich vernichtetes Heer übrig. Das Ergebnis für Israel ist, daß es sich vermehrt demütigt und daß nunmehr das *ganze* Israel gesammelt wird: *»Dann werden sie erkennen, daß ich, der HERR, ihr Gott bin, der ich sie unter die Heiden weggeführt habe und wieder in ihr Land sammle und nicht* einen *von ihnen dort zurücklasse«* (39,28).

3.3.2 Wiederherstellung der Ordnungen Israels (Kap. 40–48)

Der weite Horizont, auf den Hesekiel hinausblickt, setzt sich in den **Kapiteln 40–48** fort. Sein Blick reicht hier zunächst in die Nähe: auf die Zeit, in der der Tempel Israels wieder gebaut, der Gottesdienst durch das heimgekehrte Volk wieder aufgenommen und auch das Land wieder aufgebaut werden kann. Und zugleich geht der Blick weit hinaus bis auf die Vollendung, da der Herr inmitten seines ganz ans Ziel gebrachten Volkes wohnt (vgl. Offb 21).

Diese Kapitel 40–48 haben also eine eigenartige prophetische Perspektive, wie sie immer wieder bei den alttestamentlichen Propheten zu finden ist. Diese Propheten blicken einerseits darauf, was in absehbarer Zukunft geschehen wird (und was mittlerweile längst geschehen ist), und andrerseits über das hinweg gewissermaßen in die Ferne. Dabei ist oft gar nicht mehr richtig zu unterscheiden (und der Prophet hat das wohl auch gar nicht ganz deutlich erkannt), was zur Nähe und was in die Ferne gehört. Der Nah- und der Fernblick des Propheten gehen also so ineinander, daß beides nicht voll unterschieden und geschieden werden kann.

Im Bild gesprochen: Das ist, wie wenn man bei schönem, klarem Wetter auf einem Berg steht und andere Gipfel in der Nähe und in der Ferne sieht. Man kann bei einem solchen Ausblick die Entfernung zwischen dem eigenen Standpunkt und den fernen Gipfeln nicht abschätzen, auch nicht, wie tief und lang die Täler sind, die sich zwischen den Bergen erstrecken.

So haben manche alttestamentliche Propheten das erste und das zweite Kommen Jesu zusammengeschaut, ohne voll die Verschiedenartigkeit des ersten und des zweiten Kommens zu erkennen und ohne den zeitlichen Abstand zwischen den beiden wahrzunehmen. Es ist, als hätte ein Fotograf zwei Aufnahmen auf ein und dieselbe Platte geknipst.

Für das Verständnis mancher Aussagen Hesekiels und der Gesichte Daniels (Dan 7–12; vgl. die Auslegung dort) ist es wichtig, die Gesetzmäßigkeit dieser »prophetischen Perspektive« zu kennen und bei der Auslegung im Blick zu behalten.

Bei dem letzten alttestamentlichen Propheten, Johannes dem Täufer, ist das auch so. Er sieht das erste und das zweite Kommen Jesu zusammen. »Siehe, das ist Gottes Lamm, welches der Welt Sünde trägt!« – damit ist das erste Kommen Jesu im Blick (Joh 1,29b). Weiter sagt er, der Messias werde als der große Ernter und Drescher »seine Tenne fegen« und »Weizen« und »Spreu« trennen (Mt 3,12; Lk 3,17). Wegen dieser seiner messianischen Erwartung hat Jesus den Täufer ganz verwirrt, denn Jesus kam viel stiller: »Es ging ein Sämann aus, zu säen seinen Samen…« (Lk 8,5). Das erste Kommen Jesu, dessen Zeit im Grunde genommen bis heute währt, ist Saatzeit; sein zweites Kommen ist Erntezeit (Offb 14,14f.; Mt 13,24–30.36–43). Als neutestamentliche Gemeinde müssen wir das zumindest *unter*scheiden, wenn wir es auch nicht in allem scheiden können.

Entsprechend verhält es sich also mit dem letzten Teil des Hesekiel-Buches. Beim folgenden Durchgang durch diesen Teil weise ich an den einzelnen Abschnitten von Hesekiel 40–48 auf die prophetische Perspektive hin.

a) Das Tempelgebäude (Kap. 40–43)

Am Schluß seiner Wirksamkeit (573 v. Chr.) wird Hesekiel noch einmal im Geist nach Jerusalem versetzt (40,1ff.), ähnlich wie in den Kapiteln 8–10. Hesekiel sah bei seiner ersten Jerusalem-Vision das ganze Elend der Stadt, mit dem Auszug Gottes aus dem Tempel (10,18f.). Diesmal sieht der Prophet aber nicht Gottes Auszug, sondern seinen Wiedereinzug: *»Die Herrlichkeit des Herrn kam hinein ins Tempelhaus durch das Tor, das nach Osten liegt«* (43,4).

Der Prophet schaut hier den Tempel, wie er gebaut werden wird. Einerseits sieht er den Tempel, wie er in den Tagen des Haggai, Esra usw. zu bauen begonnen wurde: ein schlichtes, menschliches Haus. Aber hierbei ist andrerseits immer mit geschaut, was Offenbarung 21,4 verheißt: die himmlische Wohnstatt, »die Hütte Gottes bei den Menschen«.

b) Der Gottesdienst (Kap. 44–46)

Wie mit dem Tempel, so verhält es sich auch mit dem Gottesdienst: Das ist der schlichte israelische Gottesdienst, der wiederhergestellt wurde, wie er einst zur Zeit Aarons und später zu der des Salomo ausgeübt wurde. Und doch ist das auch schon der Gottesdienst im himmlischen Heiligtum.

c) Das Land (Kap. 47f.)

Sah Hesekiel in 43,4 den Wiedereinzug Gottes in den Tempel, so setzt sich das in Kapitel 47 fort. Jerusalem steht inmitten eines ausgedörrten Landes. Doch nun schaut Hesekiel, wie vor der Tür zum Tempel (also dort, wo der Brandopferaltar stand) eine Quelle aufbricht und sich nach vier Seiten ergießt. Der Strom wird immer mächtiger, und alles, was sich davon berühren läßt, wird lebendig und fruchtbar (V. 8–10); das andere bleibt »salzig« und tot (V. 11). Das ist ein Bild des großen Segensstromes, der vom Altar herkommt, vom Opfer herrührt: der Segensstrom des Geistes und Lebens Gottes, hinein in die Welt.

Jesus beginnt dies zu erfüllen.

Außerbiblische Nachrichten besagen ja, daß man – von Hesekiel 47 angeregt – am Laubhüttenfest, einer Art Erntedankfest in Israel, als eine Art Symbolhandlung dies ausführte. Der Hohepriester nahm einen vergoldeten Krug, füllte ihn an der Tempelquelle (dem Teich Siloah unterhalb des Tempels) und trug ihn unter dem Jubel der Volksmenge auf den Tempelplatz hinauf. Dort goß er ihn zu Füßen des Brandopferaltars aus. Und die Menge – eschatologisch gestimmt – dachte: ›Vielleicht bricht heute diese Quelle auf!‹ (Diese Erwartung war ja in Israel außerordentlich lebendig.) Nun mag wohl jedesmal der Jubel der Volksmenge wieder verstummt sein, und der Enttäuschung wurde Raum gegeben, wenn das armselige Rinnsal im Sand versickerte. Noch nicht!

Jesus ist auch zum Laubhüttenfest nach Jerusalem gekommen (Joh 7,37–39). Am letzten Tag dieses Festes, das mehrere Tage lang gefeiert worden ist, wurde als Höhepunkt die oben geschilderte Symbolhandlung ausgeführt. Da »trat Jesus auf und rief...« Das griech. Wort *ekraxen* zeigt, daß das ein gewaltiger Schrei Jesu war, der weit über den Tempelplatz hin ertönt ist. Was rief Jesus? »Wen da dürstet, der komme zu mir und trinke!«

In Offenbarung 22,17 wird dieser Satz zitiert und dem hinzugefügt: »...der nehme das Wasser des Lebens umsonst.«

Auch wird deutlich, woher dieser Strom kommt und woraus er besteht. In Johannes 7,39 wird hinzugefügt: »Das sagte er [Jesus] aber von dem Geist«, der noch nicht gegeben war. Der Geist Gottes war der Ertrag von Jesu Opfergang und seiner Heimkehr zum Vater. Es ist sozusagen der Opferaltar, der Jesu Kreuz ist, von dem sich der Strom des Segens in die Welt hinein ergießt. Diejenigen, die in dieser Welt, in diesem Äon schon glauben, dürfen Erstlinge sein; sie lassen sich jetzt von diesem Segensstrom berühren. Dieser Segensstrom geht gewaltig weiter, wie Offenbarung 22,1–3 zeigt. An Jesu Kreuz-Opferaltar entspringt also dieser Segensstrom für alle Ewigkeit.

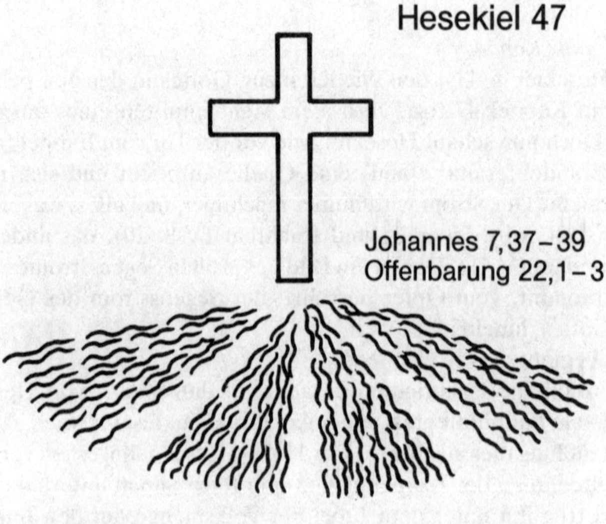

Abb. 186: Der Segensstrom vom Kreuz-Opferaltar

Der Liederdichter Ernst Gebhardt hat über diesen Segensstrom geschrieben:

Ich weiß einen Strom, dessen herrliche Flut
fließt wunderbar stille durchs Land;
doch strahlet und glänzt er wie feurige Glut.
Wem ist dieses Wasser bekannt?
O Seele, ich bitte dich: Komm!
Und such diesen herrlichen Strom!
Sein Wasser fließt frei und mächtiglich,
o glaub's, es fließet für dich!

(Jesu Name Bd. 1, Nr. 63)

Wohl dem, der sich von diesem Strom berühren läßt – weh dem, der sich ihm entziehen will!

In Kapitel 48 schaut Hesekiel die Stadt, die einerseits das alte, das menschlich-irdische Jerusalem ist, das wiederaufgebaut wurde. Auf der anderen Seite sieht Hesekiel die Stadt Gottes, die in Offenbarung 21 dargestellt ist: das neue, himmlische Jerusalem.

Es fällt in diesem Kapitel auf, daß Hesekiel den Namen »Jerusalem« total vermeidet. Es ist für diese Generation, unter der Hesekiel wirkte, soviel Schmerzliches mit dem Jerusalem der damaligen Zeit verbunden gewesen, in dem der Götzendienst eingerissen ist, daß der Prophet den Namen der Stadt nicht gebraucht. Er sagt statt dessen, daß die Stadt Gottes einen neuen Namen haben werde, der heißt: »›*Hier ist der Herr*‹« (V. 35b), der gegenwärtige Gott (vgl. Offb 21,3).

Diese abschließenden Kapitel des Hesekiel-Buches enthalten Bilder, Erkenntnisse, Grundaussagen Gottes durch seinen Propheten, auf denen weitgehend das Neue Testament aufbaut, bis hin zum letzten Buch der Bibel. Es ist erstaunlich, wie dieser Hesekiel solche Einsichten hatte, daß ihm dies aufgegeben worden ist – mitten in einem verzweifelten Volk, das meinte, es sei nun mit ihm, seiner Geschichte und mit der Heilsgeschichte Gottes am Ende. Doch Gott ist nicht am Ende! Er kann auch aus dem Nichts schaffen; er kann auch bleichende Totengebeine zu neuem Leben führen. Vor Gott ist kein Ding unmöglich.

So redet dieser Prophet gewaltig von der Hoheit und Macht Gottes. Einerseits spricht Gott mit: »Du Menschenkind…« den Propheten an. Andrerseits spricht Er: »Ihr sollt/sie sollen erfahren, daß ich der HERR bin…«. Das ist im Blick auf beide, Israel und die Völker, gesagt, und auch im Blick auf Gottes Gericht und Gnade.

Der Prophet Daniel[1]

1. Einleitung

1.1 Die besondere Bedeutung des Daniel-Buches

Das Daniel-Buch ist für die neutestamentliche Gemeinde auch deshalb von besonderem Interesse, weil Jesus außer den Psalmen kein anderes Buch aus dem Alten Testament so oft zitiert hat wie dieses. Auch seine Selbstbezeichnung »Menschensohn« hat er dem Daniel-Buch entnommen (und vieles andere mehr; siehe unten). Das muß uns als neutestamentliche Gemeinde im Blick auf dieses Buch besonders aufmerksam machen, das zu den großen Propheten gerechnet wird, wiewohl es nur 12 Kapitel umfaßt.

Das Daniel-Buch ist für die Christenheit von Beginn an hilfreich und wichtig gewesen, insbesondere für Christen, die in einer ungläubigen Umwelt ihre Verantwortung zu übernehmen hatten. Ebenso ist dieses Buch für die Gemeinde Jesu im ganzen von großer Bedeutung, die unter der Anfeindung durch die Weltmächte, dem Druck der öffentlichen Meinung und der Anfechtung durch den antichristlichen Geist steht. Das Buch macht sie ihres Weges und Zieles gewiß. Der Anfechtung ist der Stachel genommen, wenn man weiß, daß sie längst von Gott in seine Pläne einbezogen ist.

Auch andere alttestamentliche Propheten wurden von Gott im Blick auf seine große Zukunft ins Vertrauen gezogen (vgl. Jes 7–12; 24–35; Hes 33–48; Sach 9–14 u. a.). Doch Daniel wurde insbesondere der Weg gezeigt, den Gott mit seinem Volk und der Welt durch alles Auf und Nieder der Weltgeschichte – auch durch ein letztes Aufbäumen des Feindes hindurch – zum Ziel geht.

---

[1] Der interessierte Leser sei darauf hingewiesen, daß Fritz Grünzweig das Daniel-Buch außerdem in der LUTHERBIBEL ERKLÄRT (Stuttgart 1974) ausgelegt hat. (Anm. d. Hg.)

1.2 Die Zeit, in der Daniel lebte und wirkte

Wie Hesekiel, so gehörte auch Daniel zu den jungen Menschen aus führenden Familien Israels, die schon einige Jahre vor der großen Verschleppung Israels in das babylonische Exil (587 v. Chr.) nach Babylon gebracht worden sind. 597 v. Chr. kam Nebukadnezar nach Jerusalem und nahm die Stadt ein erstes Mal ein. Er hat Jojachin, den Sohn Jojakims, ab- und Zedekia eingesetzt. Dabei hat er eine gewisse Anzahl von Menschen mit nach Babylon genommen als eine Art Faustpfand. Unter ihnen war Hesekiel.

Allerdings war es acht Jahre zuvor, 605 v. Chr., zu einer noch früheren Begegnung Israels mit Nebukadnezar gekommen. Das war im Rahmen der Auseinandersetzung der südwestlich von Israel gelegenen Großmacht Ägypten mit der nordöstlich angesiedelten Großmacht Babylon. Israel befand sich zwischen beiden Mächten. Zunächst kamen die Ägypter und setzten Jojakim als König ein, nachdem der älteste Sohn des Josia, Joahas, kurze Zeit regiert hatte (609 v. Chr.).

Nachdem die Ägypter aber von Nebukadnezar geschlagen worden waren (605 v. Chr., bei Karkemisch am Euphrat), erschien der babylonische Herrscher vor Jerusalem. In dieser Situation war Jojachin so klug, sich den Fakten zu beugen: Er unterwarf sich Nebukadnezar.

Aber schon hierbei fand eine erste Wegführung von Juden ins Exil statt. Nebukadnezar hat bereits bei dieser Gelegenheit, als es nicht zum Kampf gekommen war, einiges aus Israel mitgenommen: wertvolle Geräte aus dem Tempel und eine Anzahl von Söhnen vornehmer Jerusalemer Familien, begabte junge Menschen, mit denen er besondere Absichten hatte. Unter ihnen waren Daniel und seine Freunde. Daniel war also acht Jahre länger als Hesekiel in der Fremde.

Was war die Politik Nebukadnezars? Dieser babylonische Machthaber verfolgte klugerweise die Absicht, herausragende, begabte junge Leute aus den verschiedenen unterworfenen Völkern auszubilden und für sich zu gewinnen. Diese jungen Menschen sollten später in ihr Land zurückkehren und dort die neue Führungsschicht darstellen. Daher wurden diese jungen Menschen keinesfalls als Kriegsgefangene behandelt, sondern sie wurden in einer Schulungsburg, einer Art Eliteschule für den Nachwuchs aus den unterworfenen Völkern, hervorragend gepflegt und vorzüglich ausgebildet. So hat Nebukadnezar diese Leute zu sich herangeführt.

Was erreichte Nebukadnezar damit bei den jungen Juden? Die Hauptgefahr für sie war, daß sie zwar für Nebukadnezar gewonnen wurden, aber für Israel und für Gottes Sache in der Regel verloren waren. (Ähnliches geschah ja mit jungen Menschen unter dem Kommunismus und anderen Ideologien:

Die führenden, begabten jungen Leute mußten gewonnen, innerlich überzeugt werden; ihnen waren alle Vorteile zu bieten, damit die Macht aufrechterhalten werden konnte.)

Doch Daniel, der Prophet und »Fürst« Gottes, blieb trotz aller Anfechtung und Anfeindung seinem Gott treu. Er stand gewissermaßen auf einer hohen Warte, und Gott gab seinem treuen Knecht einen besonders klaren und weitreichenden Blick auf den Weg und auf das Ziel Gottes mit seinem Volk und mit der Welt.

1.3 Die Eigenart von Daniels Verkündigung

Die Prophetie des Daniel ist uns weitgehend in einer seltsamen Bildersprache gegeben, zum Beispiel im Bild von den wilden Tieren, die die Weltmächte darstellen. In der späteren jüdischen *Apokalyptik* hat diese Literaturgattung zu wuchern begonnen und seltsame Blüten getrieben. Doch das Daniel-Buch als das erste derartige Buch stellt eine echte, von Gott geschenkte Prophetie dar (wie auch das einzige neutestamentliche Buch dieser Art, die Offenbarung des Johannes).

1.4 Die Entstehung des Daniel-Buches

Schon seit mehr als 100 Jahren wird in der Theologie die Frage verhandelt, ob das Daniel-Buch nicht sehr viel später als im sechsten Jahrhundert vor Christus, dem Jahrhundert der babylonischen Gefangenschaft Israels, verfaßt worden sei. Es wird an die Zeit um 165 v. Chr. gedacht, als die glaubenstreuen Juden unter Antiochus IV. Epiphanes, dem König eines Nachfolgestaates des Reiches Alexanders des Großen, sehr zu leiden hatten.

Das Daniel-Buch enthält über die Zeit seiner Entstehung auffallend wenig Angaben. Es könnte so gewesen sein: Daniel war ein Gottesmann aus der Zeit der babylonischen Gefangenschaft. Glaubensstärkende Erlebnisse dieses Mannes und des Kreises um ihn waren festgehalten worden, ebenso auch Berichte über Visionen Daniels vom zukünftigen Weg Israels und der Weltmächte, über der Menschen Reich und Gottes Reich.

Diese Berichte sollten weisungsgemäß bis zur Stunde der großen Anfechtung in einem kleinen Kreis von Vertrauten »versiegelt« bleiben (12,4). Dann erst, in der Zeit der großen Anfechtung unter Antiochus IV. Epiphanes, des »Antichrists des Alten Testaments«, war die Zeit reif: Nach einer entsprechenden Redaktion wurde das Ganze der Öffentlichkeit Israels übergeben und schließlich auch in die Sammlung der heiligen Schriften aufgenommen.[1]

Wie immer es bei der Entstehung des uns nun im Kanon des Alten Testamentes vorliegenden Daniel-Buches zugegangen sein mag: Wir wissen darin Gott am Werk, der seiner Gemeinde durch dieses Buch Trost, Wegweisung und Gewißheit gab und gibt und auch in der letzten großen Anfechtung geben wird.

1.5 Daniel und das Neue Testament

Vieles von den Worten Jesu in den Evangelien (z. B. Mt 24), aber auch Aussagen des Paulus im 2. Thessalonicher-Brief (Kap. 2) und Passagen der Offenbarung des Johannes (also die prophetischen Ankündigungen des Neuen Testaments) wären ohne das Daniel-Buch, ohne die Grundaussagen dieser Prophetie nicht verständlich. Weniger der erste als vielmehr der zweite Hauptteil des Buches (Kap. 7–14; siehe Abschnitt 2.2) ist für das Neue Testament von großer Bedeutung.

Jesus selbst hat im Buch des Propheten Daniel wie in keiner anderen alttestamentlichen Schrift gelebt. In diesem Buch hat ihm sein Vater gezeigt, wer er ist: der »Menschensohn« (7,13), der wahre Mensch (im Gegensatz zur Bestienart der von Gott getrennten Mächte und Menschen), der Generalbevollmächtigte Gottes (Mt 9,6; Lk 19,10 u. a.). Im Daniel-Buch fand er ausgesprochen, was seine Aufgabe ist: das Reich Gottes (7,27), also die Rückeroberung der Welt für Gott, ihren rechtmäßigen Herrn.

Auf dieses Buch verweist Jesus die Seinen, wo er ihnen von der notvollen Wegstrecke sagt, die sie noch kurz vor dem Ziel durchschreiten müssen (Mt 24,15). Sein letztes Wort vor dem offiziellen Israel war ein Zitat aus

---

[1] Kurt Hennig schreibt zur Frage der Verfasserschaft des Daniel-Buches im JERUSALEMER BIBELLEXIKON (Neuhausen-Stuttgart 1990, S. 168): »Es gibt ... gute Gründe anzunehmen, daß das Buch Daniel von Daniel selbst verfaßt wurde. Zum einen macht die Entdeckung einiger Daniel-Fragmente in den Qumran-Höhlen die Entstehung des Buches in der Makkabäerzeit unglaubwürdig, zum anderen zeigen neuere Untersuchungen und Ausgrabungen, daß der Autor des Danielbuches eine bemerkenswerte Kenntnis der Bräuche und Lebensumstände des 6. Jh. v. Chr. hatte... Die eigentliche Entscheidung aber fällt mit der Frage, ob es echte Prophetie im Sinn einer von Gottes Geist gewirkten Vorausschau künftiger Ereignisse gibt; nur wer diese Frage verneint, ist darauf angewiesen, Zukunftsweissagungen ausschließlich als nachträgliche Deutung bereits eingetretener Geschehnisse anzusehen.«

Daniel 7, das er auf sich bezieht (siehe dazu unten, Abschnitt 2.2.1, zu Dan 7,13–15).

Auch sonst begegnen uns im Neuen Testament mehrmals Worte und Gedanken aus dem Daniel-Buch (Joh 5,29; 2. Thess 2,4; 1. Kor 6,2; Hebr 11,33f.). Vor allem aber ist es die Offenbarung des Johannes, die auf dem Daniel-Buch basiert und die ohne dieses Buch kaum verständlich wäre (siehe Offb 1,7.13.14.17; 5,11; 7,1 u. a.).

2. Der Aufbau des Buches

Die 12 Kapitel des Daniel-Buches enthalten
1. die Daniel-*Geschichten* (Kap. 1–6) und
2. die Daniel-*Gesichte* (Kap. 7–12).

3. Zum Einzelnen

3.1 Die Daniel-Geschichten (Kap. 1–6)

Der erste Hauptteil des Daniel-Buches beinhaltet Ereignisse im Leben Daniels.

Kapitel 1 handelt von der Erziehung Daniels und seiner Freunde am babylonischen Hof (siehe oben, 1.2).

a) Der Plan Nebukadnezars (V. 1–7)

Nebukadnezar verfolgte – wie oben erwähnt (1.2) – mit den jungen Gefangenen, die besonders begabt waren, ganz besondere Absichten. Er gab ihnen große Chancen, denn er wollte sie für sich gewinnen.

b) Gott durchkreuzt den Plan Nebukadnezars (V. 8–21)

Der Plan des Nebukadnezar, die jungen Menschen für sich zu gewinnen, schlug bei vier Leuten fehl, zunächst bei einem von ihnen: bei Daniel. Daniel war Nebukadnezar gegenüber loyal, war ein gehorsamer Mann, der seine ganzen Kräfte einsetzte, der sich bemühte, sich für künftige Aufgaben ausbilden zu lassen.

Nur in einem Punkte gehorchte er nicht, das war die Grenze. Das betraf recht praktische Dinge: was er aß und trank. Daniel richtete sich danach, daß »man Gott mehr gehorchen muß als den Menschen« (Apg 5,29), und nach dem ersten Gebot: »Ich bin der HERR, dein Gott… Du sollst keine anderen Götter haben neben mir« (2. Mose 20,2f.).

So war Daniel wie ein Stein in der Brandung; das Gewissen dieses jungen Mannes hat ihn davon abgehalten, sich einfach hier gleichschalten und geistlich deformieren zu lassen.

Gott hat diesen jungen Mann auch nicht über dessen Kraft hinaus geprüft. (Man hat den Eindruck, daß Gott für Menschen, die jung sind im Glauben, besonders sorgt.) Das zeigt sich an zweierlei: Zum einen war Daniel nicht allein. Er hat drei Freunde bekommen, die mitgingen. Er war also nicht alleine dem Zeitgeist ausgesetzt, der ihn gleichschalten wollte, sondern hat zu seiner Stärkung Freunde an seine Seite gestellt bekommen. Zum anderen hat der Leiter dieser Schulungsburg erstaunliches Verständnis für diese jungen Leute gehabt und es einmal gewagt, sie gewähren zu lassen, bis hin zu Speise und Trank. Ein weiteres, großes Geschenk für diese jungen Leute war es, daß sie bei der nachfolgenden Prüfung glänzend abschlossen und damit auch der Leiter dieser Eliteschule, der ihnen gegenüber so entgegenkommend war, recht behielt und in seiner Weise weitermachen konnte.–

Das ist auch für eine endzeitliche Entwicklung ganz wichtig zu wissen, daß zwar die Mächte dieser Welt ihr Konzept, ihren großen Plan haben, aber daß Gott durch eine Minderheit diese Kreise der Mächte stört und daß solch ein Plan fehlschlägt.

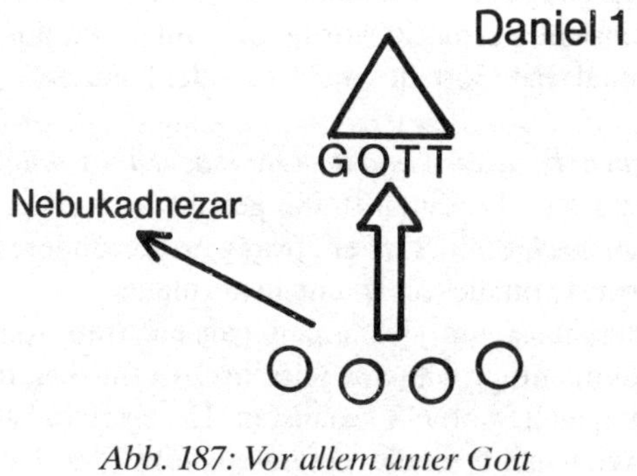

Abb. 187: Vor allem unter Gott

Das habe ich in Abbildung 187 so dargestellt: Die Vier – Daniel und seine drei Freunde – sind vor allem unter Gott. Gewiß, sie stehen auch unter Nebukadnezar, denn sie waren weder Anarchisten noch grundsätzliche Gegner der babylonischen Großmacht, von der Israel unterworfen worden war. Aber sie wollten vor allem Gott untertan sein. »Man muß Gott mehr gehorchen als den Menschen.« Das macht königlich-freie Leute, auch inmitten der Gefangenschaft, auch inmitten einer fremden, ungläubigen Umgebung.–

»Seitdem ich angefangen habe zu fürchten, daß ich Gott untreu würde, habe ich aufgehört, mich vor Menschen zu fürchten.« So sprach ein Mann im

Dritten Reich vor einem Untersuchungsrichter des nationalsozialistischen Regimes, der ihm unter vier Augen sagte: »Wie können Sie sich so frei fühlen? Das ist doch Unsinn; wir haben Sie doch in unserer Hand!« So und ähnlich haben viele Menschen gelebt, die an den Propheten Daniel dachten.–

Kapitel 2 fällt aus dem Rahmen, den die Kapitel 1 und 3 darstellen. Während die Kapitel 1 und 3 eine fortschreitende Geschichte berichten (was in Kapitel 1 zunächst recht ungefährlich ist, bedeutet in Kapitel 3 schon eine Lebensgefahr). In Kapitel 2 geht es um einen Traum, den nicht Daniel, sondern Nebukadnezar hatte und der doch für die ganze biblische Prophetie bis zur Gegenwart grundlegend ist. Nebukadnezar träumte von vier Weltreichen, in denen dieser König gewissermaßen den Gang der Weltgeschichte sah.

Die alten Babylonier, aber auch die Ägypter und die alten Völker des Orients überhaupt hatten offenkundig nicht nur zu Unrecht, sondern zum Teil zu Recht die Vorstellung, daß die Gottheit dem Menschen sich in Traumgesichten mitteile. Dabei handelt es sich um eine frühe Stufe der Offenbarung: Die Leute hatten weder Jesus noch die Prophetie und auch nicht die Heilige Schrift als Ganze. Damals war das eine Weise, auf die ihnen manches mitgeteilt und einsichtig gemacht wurde. Das will ich für uns heute nicht aufwerten; aber damals hat Gott dies immer wieder benützt.

a) Die Ratlosigkeit der Weisen und die Ohnmacht des Königs (V. 1–13)

Nebukadnezar hat also einen Traum gehabt, und als er aufgewacht ist, hatte er nur noch das Gefühl, daß er etwas ganz Besonderes geschaut habe. Aber er wußte sonst von diesem Traum nichts mehr.

Dieser König hatte um sich einen ganzen Stab von Traumdeutern gehabt. Die Traumdeutung war eine Wissenschaft für sich; die Traumdeuter, die sich ein König hielt, waren Spezialisten, Experten in Sachen Traum. Im Grunde genommen gehörte die gesamte Garde der Gelehrten damals irgendwie zu dieser Branche. Da auch Daniel hierin ausgebildet war, wurde er ebenfalls unter diese Leute rubriziert.

Nebukadnezar, ein orientalischer Alleinherrscher, ist sehr ärgerlich über die Traumdeuter an seinem Hof. Er sucht eine Gelegenheit, um zu prüfen, ob sie überhaupt etwas wissen. Daher bittet er sie, ihm seinen Traum zu erzählen. Vermögen sie das, so ist auch ihre Deutung seines Traumes glaubhaft. Er bleibt unerbittlich und sagt, er wolle diese ganze Korona umbringen lassen, wenn sie ihm nicht innerhalb einer bestimmten Frist seinen Traum erzählen können. Daniel wäre auch von dieser Drohung betroffen!

b) Das Gebet Daniels und seiner Freunde (V. 14–26)

Daniel ist ebenso ratlos wie die übrigen Traumdeuter, aber er weiß in dieser Lage einen Ausweg: Er wendet sich an Gott. So ist er zu seinen Freunden gegangen und hat mit ihnen eine Gebetsgemeinschaft gebildet. Das war überhaupt etwas sehr Feines: Unter diesen vielen jungen Israeliten in der Fremde kamen diese vier zu einer Gebetsgemeinschaft zusammen – die anderen offenkundig nicht.

Und Gott beantwortete die Gebetsgemeinschaft der vier jungen Männer. Durch eine Vision bekam Daniel in der Nacht den Traum Nebukadnezars und seine Deutung gezeigt. Daraufhin lobte er Gott: *»Er [Gott] setzt Könige ab und setzt Könige ein«* (V. 21).

Daniel meldete sich bei Nebukadnezar an: Er konnte nun dem König dessen Traum samt Deutung sagen.

c) Das Geheimnis der Weltgeschichte (V. 27–45)

Nebukadnezar empfing Daniel interessiert; und dieser erzählte ihm den Traum. Nebukadnezar bestätigte sofort, daß das sein Traum gewesen war. Er hatte im Traum eine gewaltige Statue, ein riesiges Monarchenbild gesehen, wie man sie damals hergestellt hat. Dies war ein *»großes und hohes und hell glänzendes Bild«* – eine orientalische Götterstatue (V. 31). Bei einem solchen Bild hat man damals die Macht angebetet.

Diese Statue, die Daniel sah, war aus mehreren Materialien zusammengesetzt: Der Kopf bestand aus Gold, Brust und Arme aus Silber, die Lenden waren kupfern, die Schenkel eisern, und die Füße waren teilweise aus Eisen, teilweise aus Ton (also einer Mischung) gebildet.

Daniel sah diese Statue dastehen; dann aber kam ein Stein, ohne von Menschenhänden gelöst zu sein, wie von ungefähr heruntergestürzt, immer größer werdend. Er *»traf das Bild an seinen Füßen«*, also unten, so daß es in sich zusammenstürzte und von diesem Stein zermalmt, erdrückt wurde. Der Stein füllte dann den ganzen Horizont aus (V. 35b).

Daniel gab dem König sofort die Deutung dieses Traumes (V. 36ff.). Er sagt, daß die vier Materialien vier aufeinanderfolgende Weltreiche bedeuteten. Während sonst die Zahl Vier die flächenmäßige Ausdehnung (den Raum) bedeutet (z.B. bei den vier Himmelsrichtungen, die die Welt in ihrer ganzen, weiten Ausdehnung umfassen), meint diese Zahl hier nicht den Raum, sondern die *Zeit*, das zeitliche Nacheinander von Königreichen.

Daniel erklärte dann, daß das goldene Haupt Nebukadnezar bzw. das Weltreich *Babylon* sei (V. 37f.). Das ist nicht verwunderlich, wenn man bedenkt, wieviel auch heute in unserer Kultur – in der Mathematik, in der Geometrie usw. – auf dem fußt, was die Babylonier entwickelt haben. Und

Babylon war ja in noch früherer Zeit (unter Hammurabi u. a.) überhaupt die Grundlegung der Kultur.

Das silberne Reich ist *Persien* (V. 39 a). Mit den Persern sind erstmals die Indogermanen auf die Bildfläche der Weltgeschichte getreten, nachdem es vordem semitische und andere Völker waren, die die Geschichte im Orient bestimmten.

Der kupferne Teil der Statue ist ein Hinweis auf *Alexander den Großen* (V. 39 b), mit dem erstmals eine Bewegung in Gang kam, die sich von den anderen Bewegungen der Geschichte der Völkerwelt unterschied. Die Eroberungszüge vor Alexander gingen immer von Ost nach West (man denke etwa an Dschingis Khan und die Mongolen oder auch an die Hunnen um 200 v. Chr.), immer von Asien her in Richtung Europa. Mit Alexander erging von Europa her ein Schlag gegen den Osten, und dieser Eroberer hat ja sozusagen eine große Einheitskultur (den Hellenismus) geschaffen und damit auch dem Evangelium die Straße geebnet, indem das Griechische weithin vorherrschend war und verstanden wurde: von den Grenzen Indiens bis nach Rom und Spanien. Daher wurde das Neue Testament in seiner griechischen Fassung in einem weitgespannten Raum überall verstanden.

Darauf folgt das eiserne Reich *Rom* (V. 40), das dann später gespalten wurde (wie die beiden Beine eines Menschen auseinandergehen). Durch die Teilung Roms (V. 41–43) entstanden das west- und das oströmische Reich; dies lief dann aus in die europäischen Nationalstaaten (wie die Füße in die zehn Zehen auslaufen). In den Ländern Europas setzt sich also gewissermaßen Rom fort.

Diese Zahl Zehn wird in Offenbarung 17,12 wieder aufgenommen. Dort steht, daß sich zehn Staaten zu *einer* Macht formieren werden; die zehn Könige dieser Staaten übertragen die Macht dem »Tier«, dem Antichristen, dem letzten widergöttlichen, endzeitlichen Weltherrscher. »Wie Könige werden sie für eine Stunde Macht empfangen zusammen mit dem Tier«; sie sind alle *einer* Meinung, haben also keine Meinung, sondern sind die Satelliten des »Tieres«.

Der Stein, der die Statue zertrümmerte, ist Gottes Reich (V. 44 f.), das ohne Zutun der Menschen in die Welt einbricht. Die Linie von diesem »Stein« geht auch durch die gesamte Bibel hindurch, dieses Bild für das Reich Gottes, ja letztlich für Jesus Christus selbst. Die einen, die sich ihm widersetzen, erleben, daß sie zu Fall kommen; für die anderen ist er das Fundament ihres Lebens (»einen anderen Grund kann niemand legen…«, 1. Kor 3,11; vgl. Ps 118,22; Jes 28,16; Lk 2,34; Mt 21,42). Die Statue wird an den Füßen getroffen, also in der letzten Phase, in dieser Zehner-Gestalt, zur Zeit der letzten Erscheinungsgestalt der Weltmächte. Dann wird ER sein Reich aufrichten und wird von daher die Welt regieren.

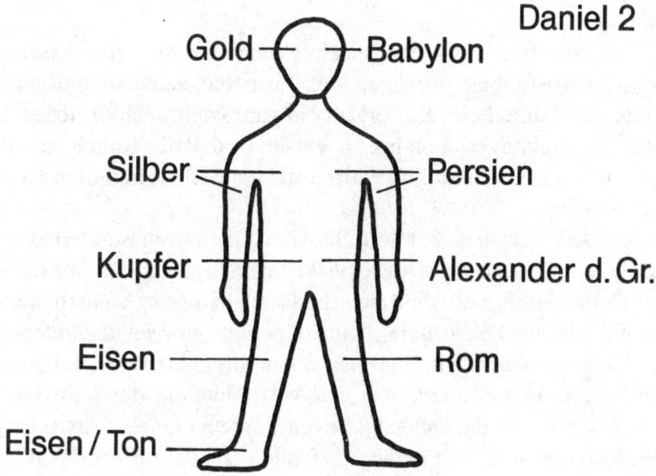

Abb. 188: Die Weltmächte

Dieser Traum Nebukadnezars ist also ein sehr interessanter Durchblick, der – an sich unverstanden – einem weltlichen, heidnischen König gegeben worden ist und den Gott dem Daniel bewußt gemacht und auch gedeutet hat.

Kapitel 3 schildert eine Bewährungsprobe für Daniels Freunde und knüpft damit an Kapitel 1 an, in dem sich der Konflikt Daniels und seiner Freunde mit der Weltanschauung der Staatsmacht anbahnt.

a) Das Bild Nebukadnezars (V. 1–7)

Daniel lebte zwar – das zeigt Kapitel 2 – wohl vor allem am Hof selbst. Dennoch war sein Einfluß nicht so groß, daß er Nebukadnezar davon abhalten konnte, eine solch unsinnige Sache zu unternehmen, daß dieser nämlich eine große vergoldete Götterstatue schaffen und im Tale Dura aufstellen ließ (V. 1). Dieses Standbild war zwar einerseits eine Götterstatue, andrerseits zugleich und vor allem auch eine Repräsentation von Nebukadnezars Macht. Diese Statue war *»sechzig Ellen hoch«* (also 40 Meter, etwa wie ein Fabrikschlot) – und am liebsten wäre Nebukadnezar selbst so groß gewesen.

Nebukadnezar hat dazu noch einen weiteren groben Fehler begangen, den die Mächtigen dieser Welt bis zum heutigen Tag machen: Er ließ nämlich die Staatsgottheit durch seine Beamtenschaft anbeten. Wer dem Staatsgott huldigte, galt als loyal; wer sich daran nicht beteiligte, dem ging es an den Kragen. Nebukadnezar hat bei seinen Beamten angefangen, also bei denen, die er zur Verwaltung in den einzelnen Gebieten seines Staates eingesetzt hatte (V. 3).

Ähnlich ist z. B. auch die Weltmacht Rom in der Auseinandersetzung mit der ersten Christenheit vorgegangen. Rom hat gedacht, daß sich dann, wenn man die Leute beim Kaiserkult ein paar Weihrauchkörnchen auf eine glühende Eisenplatte streuen lassen würde, so daß der Rauch zum Bild des Kaisers aufsteigt, herausstellen würde, wer dem Staat und dem Kaiser treu sei und wer nicht.

Das geschah freilich nicht nur in Babylon und in Rom, sondern das machte und macht jede Weltmacht so, die eine Weltanschauung als für alle maßgeblich erklärt. Dabei wurde und wird nicht bedacht, daß viele Menschen so gewissenlos sind, daß sie ohne weiteres heute der einen, morgen der anderen Staatsmacht huldigen. Diejenigen hingegen, die in ihrem Gewissen gebunden sind, erregen Anstoß. Immer meint man, auf diese Weise die »toten Fische« aussortieren zu können und die widerspenstigen Leute zu fangen. Aber das ist eine große Täuschung, weil sich gerade diejenigen als die unzuverlässigen Leute erweisen, denen es gleichgültig ist, wem sie sich unterwerfen.–

So beugten sich die Leute und katzbuckelten vor Nebukadnezars großem Götzen (siehe Abb. 189, linke Bildhälfte).

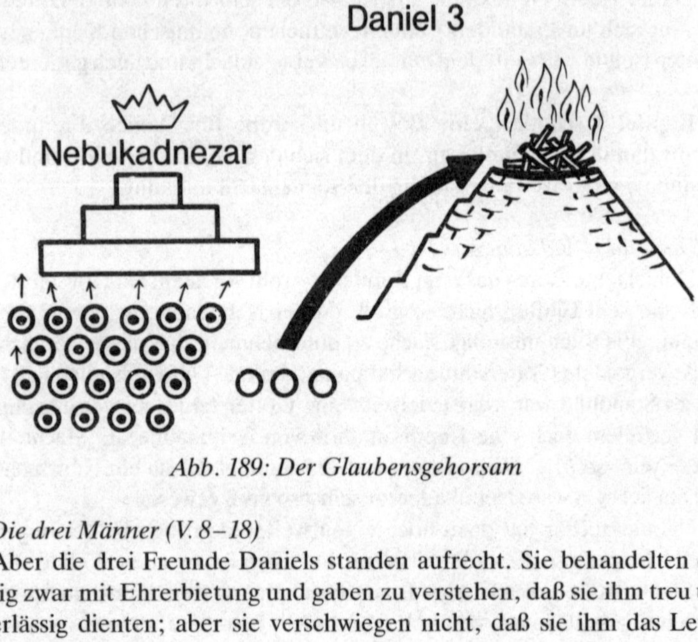

Abb. 189: Der Glaubensgehorsam

b) Die drei Männer (V. 8–18)

Aber die drei Freunde Daniels standen aufrecht. Sie behandelten den König zwar mit Ehrerbietung und gaben zu verstehen, daß sie ihm treu und zuverlässig dienten; aber sie verschwiegen nicht, daß sie ihm das Letzte nicht erbringen könnten.

Eine Großmacht wie Babylon hat bei ihrer Propaganda zweierlei eingesetzt: das Zuckerbrot und die Peitsche. Es wurde eine wunderschöne, begeisternd aufspielende Musikkapelle aufgestellt, die die Leute faszinieren sollte. Daneben hat man es nicht an einem voll angeheizten Erzschmelzofen fehlen lassen, in den man diejenigen werfen wollte, die bei der Huldigung nicht mitmachten. Solch eine Mischung von Begeisterung und Angst haben die Weltmächte immer wieder eingesetzt, denn dadurch bringt man viele Menschen innerlich zum Umfallen.

Doch die drei Freunde blieben fest. Es ist interessant, daß sie ausdrücklich zu Nebukadnezar sagten: *»Wenn unser Gott, den wir verehren, will, so kann er uns erretten... Und wenn er's nicht tun will, so sollst du dennoch wissen, daß wir deinen Gott nicht ehren und das goldene Bild, das du hast aufrichten lassen, nicht anbeten wollen«* (V. 17 f.). Sie wußten nicht, ob ihr Gott sie bewahren würde. Aber ihr Gehorsam gegenüber dem ersten Gebot war von dem Schicksal, das sie erleiden sollten, nicht abhängig!

c) Urteil und Vollstreckung (V. 19–23)

Die Treue gegenüber ihrem Gott brachte Nebukadnezar dazu, daß er sie in den Schmelzofen bringen ließ (vgl. Abb. 189, rechte Bildhälfte).

d) Die Bewahrung (V. 24–27)

Dort aber sind die drei Freunde wunderbar bewahrt worden; das Feuer konnte ihnen nichts antun, und Nebukadnezar sah einen vierten Mann, der aussah, *»als wäre er ein Sohn der Götter«* (V. 25 b), eine Engelgestalt also, bei ihnen im Ofen.–

Es ist nicht immer und überall so gegangen, wo Christen Verfolgung und Bedrängnis erleiden mußten. Oft hat Gott auch seine Kinder durch das Martyrium zu sich genommen und hat sie zu Blutzeugen gemacht: in der Nachfolge ihres Herrn.–

e) Der neue Befehl Nebukadnezars (V. 28–30)

Wenn Nebukadnezar mit Nebukadnezars Mitteln den Glauben stützen will, dann ist das noch schlimmer, als wenn er ihn bekämpft: Er will nun mit der Hinrichtung diejenigen bestrafen, die *»den Gott Schadrachs, Meschachs und Abed-Negos lästern«* (V. 29).

Kapitel 4 schildert einen weiteren Traum Nebukadnezars.

a) Gottes Lob aus Nebukadnezars Mund (3,31–33)

Diese letzten Verse des Kapitels 3 gehören eigentlich an den Schluß von Kapitel 4. Sie beinhalten ein Dekret, das Nebukadnezar erließ, nachdem er wieder vom Wahnsinn genesen war (siehe unten, f).

b) Menschenweisheit an der Grenze (V. 1–6)

Nebukadnezar hatte erneut einen Traum, den er nicht deuten konnte. Wieder befragte er seine Traumdeuter, die ihm den Traum nicht erklären konnten, – bis er sich an Daniel wandte.

c) Der »herrliche« Baum und seine Katastrophe (V. 7–15)

Nebukadnezar sah im Traum einen gewaltigen Baum, dessen *»Höhe reichte bis an den Himmel, und er war zu sehen bis ans Ende der ganzen Erde«* (V. 7ff.). Im Blick darauf wurde gesagt: *»Haut den Baum um…«*

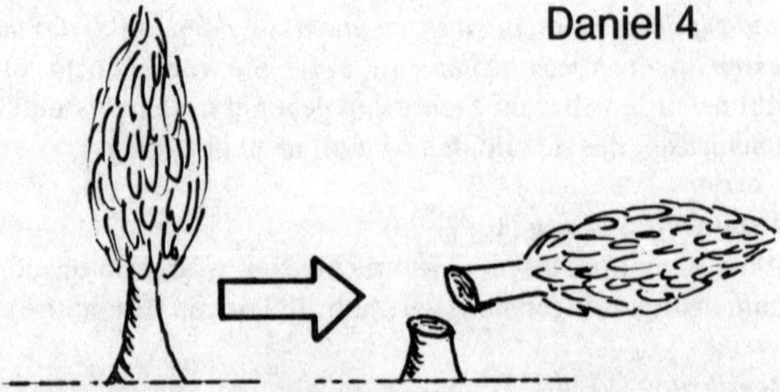

Abb. 190: Stolz – Sturz – Buße

Der Baum, der hoch hinaufwächst, wird dann gefällt (vgl. Abb. 190).

Hier wird wieder eine biblische Linie deutlich. Die Bibel verwendet das Wort *»Baum«* in einer doppelten Hinsicht. Zum einen meint »Baum« den mächtig ausladenden Baum, der hilfreich sein könnte (*»alle Tiere des Feldes fanden Schatten unter ihm, und die Vögel des Himmels saßen auf seinen Ästen…«*, V. 9b), es aber des menschlichen Größenwahns wegen nicht ist. Mit diesem *»Baum«* wird bildlich eine Friedensmacht dargestellt, die die Menschen befriedigt. Doch gleichzeitig hat dieses Bild – wie gesagt – Züge der menschlichen Hybris, des Größenwahns.

Andrerseits redet die Bibel von einem Baum auch in Matthäus 13, wo Jesus im Gleichnis vom Senfkorn davon spricht, wie aus einem kleinen Samen doch ein ganzer Baum erwachsen kann, so daß Menschen in seinem Schatten wohnen und Vögel in seinen Zweigen nisten (Mt 13,31f.). Was hier geschildert wird, das kann allein Gott. Menschen können das nur als Karikatur vollbringen, weil bei ihnen immer der Größenwahn dabei ist.

d) Die Deutung des Traumes (V. 16–24)

Der Kernsatz von Daniels Deutung dieses merkwürdigen Traums von Nebukadnezar lautet: *»Das bist du, König!«* (V. 19a). Daniel ist zunächst erschrocken über das, was er Nebukadnezar sagen muß: daß dieser nämlich ein Größenwahnsinniger ist, der dann, wenn er mit seinem Stolz so weitermache, später »abgehauen« werde. Nebukadnezar hat offenkundig nur noch das Eine von sich gewußt: ›Ich bin das goldene Haupt!‹ Er hat aber nicht mehr gewußt, daß eines Tages ein Stein dagegen fliegen würde und daß er unter der Prüfung eines anderen stand. Deshalb wird ihm zum Ausdruck gebracht, daß er dann, wenn er so weitermacht, dem Gericht verfallen werde.

e) Trotz einjähriger Frist nichts gelernt (V. 25–30)

Gott hat Nebukadnezar die erstaunlich lange Frist von einem Jahr gelassen. Da kam es zum Gipfel seines Größenwahns. Nebukadnezar hat ja die Stadt Babylon großartig aufgebaut; die »hängenden Gärten Nebukadnezars« sind bekannt, also jene Weinberge, die er in künstlich aufgeworfenen Bergen anlegen ließ. (Diese Arbeit ist natürlich von kriegsgefangenen Sklaven verrichtet worden.)

Dann stand er, der Großkönig, auf seiner Königsburg und schaute über die Stadt hin und sagte: *»Das ist das große Babel, das ich erbaut habe zur Königsstadt...«* Wer hat das geschaffen? *»Ich!«* Wodurch wurde das erreicht? *»Durch meine große Macht!«* Wozu wurde das gemacht? *»Zu Ehren meiner großen Herrlichkeit!«* (V. 27). All das ist rundherum eine Selbstvergötterung des Menschen.

Nachdem Nebukadnezar schon einiges erfahren hatte (vgl. Kap. 2), hätte er es besser wissen müssen. Er war ja zudem ein Jahr vorher durch das Bild von dem umgehauenen Baum noch einmal gewarnt worden. Da er all diese Warnungen ausschlug, wurde jetzt »die Axt an die Wurzel gelegt«, wurde er »umgehauen«: Er verfiel dem Wahnsinn (V. 30).

Weil man in alter Zeit noch nicht viel davon wußte, was eine Geisteskrankheit ist und wie ein Geisteskranker gepflegt werden muß, haben es die Höflinge mit Nebukadnezar so gemacht, daß sie ihn aus dem Haus verstießen. Im Garten konnte er liegen, bei Sonnenschein und Regen. Jetzt galt er nichts mehr.

Der Staat wurde nunmehr ohne ihn regiert; wahrscheinlich hat man einen Prinzregenten eingesetzt. Der frühere Herrscher wurde behandelt, als ob er ein wildes Tier wäre.

f) Die harte Lehre war nicht umsonst (V. 31–34)

In dem Zustand des Wahnsinns blieb Nebukadnezar eine ganze Zeitlang. Dann kam er wieder zu Verstand. Er hob den Blick auf zu Gott. Er wußte also einen über sich, während er vorher meinte, er wäre allein Herr, ohne einen anderen über sich zu haben. Jetzt aber demütigte er sich, und so kam – wie er sagte – *»mein Verstand wieder, und ich lobte den Höchsten«* (V. 31).

Er erließ dann einen Aufruf, doch den Gott Himmels und der Erde zu ehren, den Gott, den ihm Daniel verkündigt hatte (das ist das oben erwähnte Dekret, siehe a).

Von da an scheint Nebukadnezar – der im übrigen politisch gesehen recht positiv arbeitete und kein Unmensch war – eine Lehre daraus gezogen zu haben. Er hat sich vor Gott gedemütigt. Nicht lange danach ist er gestorben.

In **Kapitel 5** wird von Nebukadnezars Nachfolger Belsazar berichtet.

a) Das Maß ist voll (V. 1–4)

Belsazar war ein unguter, leichtsinniger Mensch, der jeden Respekt überhaupt aufgegeben hatte. Er hat offenkundig auch Daniel nicht mehr gefragt, wiewohl er ihn zwar als seinen Vertrauten am Hof hielt, aber sich im großen und ganzen nicht mehr um ihn kümmerte.

Dann kam jene Nacht der Gerichtswelle. Belsazar genügten ›Wein und Weib‹ nicht, nein, es mußte dem noch die Blasphemie hinzugefügt werden. Man hat die goldenen Gefäße kommen lassen, die Nebukadnezar aus Jerusalem hat mitnehmen lassen, die er aber noch mit einem gewissen Respekt behandelt hat. Und Belsazar hat mit seinen Kumpanen, Mätressen und Dirnen aus den Tempelgeräten getrunken und den Gott Jahwe verhöhnt und die Götzen Babylons gerühmt.

b) Die Stimmung schlägt um (V. 5–12)

Doch da erschien eine Hand, wie ein Schatten wohl, die an die Wand des Saales schrieb. Die Stimmung schlug vom Übermut in schlotternde Angst um. Dem König wurde es unheimlich, und die Königinmutter, die Witwe Nebukadnezars, erschien. Sie hatte nicht an dem Fest teilgenommen, aber sie hat es wie so manche Mutter gehalten: Sie wachte, als ihr Sohn im Leichtsinn lebte und seine Macht vergeudete. So war sie zur Stelle, als die Stimmung umgeschlagen war. Sie sah ihren Sohn und die Schrift an der Wand; sie erinnerte sich an Daniel, an den sicher inzwischen alt gewordenen Mann. Sie riet dazu, ihn zu holen, da er die Schrift deuten könne. Er habe ja auch Nebukadnezar wichtige Dienste getan.

c) Das Urteil (V. 13–29)

Belsazar scheint Daniel kaum gekannt zu haben. Er empfing ihn und wollte ihn sofort mit einer Ehrenkette behängen (wahrscheinlich, um von ihm eine günstige Auskunft zu bekommen). Aber Daniel winkte ab und sagte: *»Behalte deine Gaben!«* (V. 17). Daniel las Belsazar sodann die Schrift an der Wand vor: *»Mene mene tekel u-parsin«* (»Gezählt, gewogen und zu leicht befunden«; V. 25 ff.).

Im folgenden wird noch berichtet, was auch außerbiblische Berichte bezeugen: Die führenden Männer am Hof haben gemerkt, daß Belsazar vollends alles verschleuderte und verlotterte und damit den gesamten Hof ruinierte. Er mußte weg, wenn das Reich noch einmal genesen sollte. So haben sie eine Palastrevolution durchgeführt und Belsazar in derselben Nacht noch umgebracht. Vielleicht haben sie seine zitternde Angst benützt, weil sie erst in dieser seiner Seelenverfassung gegen ihn vorgehen konnten.

Abb. 191: Gerichtsreife

Abbildung 191 veranschaulicht das »Mene Tekel« an der Wand des königlichen Saales und den nachfolgenden Sturz Belsazars.

Heinrich Heine hat diese Geschichte um Belsazar schön in Gedichtform gebracht:

Die Mitternacht zog näher schon;
in stummer Ruh lag Babylon.

Nur oben in des Königs Schloß,
da flackert's, da lärmt des Königs Troß.

Dort oben in dem Königssaal
Belsazar hielt sein Königsmahl.

Die Knechte saßen in schimmernden Reihn
und leerten die Becher mit funkelndem Wein.

Es klirrten die Becher, es jauchzten die Knecht;
so klang es dem störrigen Könige recht.

Des Königs Wangen leuchten Glut;
im Wein erwuchs ihm kecker Mut.

Und blindlings reißt der Mut ihn fort,
und er lästert die Gottheit mit sündigem Wort.

Und er brüstet sich frech und lästert wild!
Die Knechtenschar ihm Beifall brüllt.

Der König rief mit stolzem Blick;
der Diener eilt und kehrt zurück.

Er trug viel gülden Gerät auf dem Haupt;
das war aus dem Tempel Jehovas geraubt.

Und der König ergriff mit frevler Hand
einen heiligen Becher, gefüllt bis zum Rand.

Und er leert ihn hastig bis auf den Grund
und rufet laut mit schäumendem Mund:

»Jehova! dir künd ich auf ewig Hohn,
ich bin der König von Babylon!«

Doch kaum das grause Wort verklang,
dem König ward's heimlich im Busen bang,

das gellende Lachen verstummte zumal;
es wurde leichenstill im Saal.

Und sieh! und sieh! an weißer Wand,
da kam's hervor, wie Menschenhand,

und schrieb und schrieb an weißer Wand
Buchstaben von Feuer und schrieb und schwand.

Der König stieren Blicks da saß,
mit schlotternden Knien und totenblaß.

Die Knechtenschar saß kalt durchgraut
und saß gar still, gab keinen Laut.

Die Magier kamen, doch keiner verstand
zu deuten die Flammenschrift an der Wand.

Belsazar ward aber in selbiger Nacht
von seinen Knechten umgebracht.

Kapitel 6 berichtet, wie es kam, daß Daniel in die Löwengrube geworfen wurde. Das ist ein Modell für Jesu Kreuz und Auferstehung.

Könige kamen und gingen, Reiche entstanden und zerfielen und andere folgten nach. So folgten auf die Babylonier die Perser; sie haben Babylon eingenommen. Geschichtsschreiber sagen ja, daß dort, wo der Euphrat unter der Stadtmauer Babylons durchfloß, die persischen Truppen in die Stadt eingedrungen seien und so Babylon erobert und dann zerstört hätten. Der persische Herrscher Kyrus hat dann um die Stadt herumgraben und für den Euphrat ein neues Flußbett ausschachten lassen, so daß dieser Strom um die Stadt herumgeführt wurde.

a) Erste Prüfung Daniels (V. 1–4)

Kyrus, der wohl mit dem Namen *»Darius aus Medien«* gemeint ist, war klug genug, Daniel, den großen, alten Mann, der am Hof lebte, einzuladen und ihn zu bitten, seine guten Dienste auch den Persern in der großen Stadt Susa, die nun aufgebaut wurde, zur Verfügung zu stellen. Dort hat Daniel nun als ein »Fürst« Gottes gelebt und als Ratgeber des persischen Königs gewirkt.

Daniel sollte *»über das ganze Königreich«* gesetzt werden (V. 4). Er, der also zu den führenden Männern des Landes gehörte, war aber unter den »Salonlöwen« nicht weniger gefährdet als dann durch die leibhaftigen, brüllenden Löwen in der Löwengrube.

b) Die zweite Prüfung (V. 5–16)

So gab es natürlich auch Neider, die *»danach trachteten, an Daniel etwas zu finden, das gegen das Königreich gerichtet wäre«* (V. 5a). Aber es heißt feinerweise: *»Sie konnten keinen Grund zur Anklage und kein Vergehen finden; denn er [Daniel] war treu, so daß man keine Schuld und kein Vergehen bei ihm finden konnte«* (V. 5b). Sie konnten nichts gegen Daniel vorbringen, *»es sei denn wegen seiner Gottesverehrung«* (V. 6). Der für sie einzig anstößige Punkt an Daniel war, daß dieser einen anderen Glauben hatte als die übrigen. Hier wollten sie einhaken und haben ihm und dem König eine Falle gestellt.

Man hat die Könige der Perser als Götter betrachtet; und ein Gott kann ja nicht fehlen. Wenn man diesbezüglich ein Gesetz erläßt, so ist das völlig in Ordnung. Dann ließe sich das auch nicht mehr ändern.

Daher haben sie den persischen König veranlaßt, dasselbe zu tun, was schon Nebukadnezar getan hatte: Kyrus sollte prüfen, ob ihm gegenüber alle loyal sind, indem sie nämlich einen Monat lang von keinem anderen – weder von einem Gott noch von einem Menschen – *»etwas bitten«* (d.h. ihn anbeten) sollen außer von dem persischen Herrscher. Das hat Kyrus wohl geschmeichelt, und so hat er diesen Erlaß unterschrieben. Erst später hat er gemerkt, was dadurch passiert: daß er damit seinen besten, treuesten und zuverlässigsten Mann, den alten, weisen Daniel, los ist. Denn Daniel würde ja um eines solchen Gesetzes willen auf keinen Fall davon abstehen, mit seinem Gott zu leben.

Daniel blieb auch seinem Gott treu, obwohl er nicht mehr und nicht weniger tat als sonst auch. Er hat weder gegen den Erlaß demonstriert noch seinen Glauben öffentlich zur Schau gestellt, sondern er hat sich verhalten wie alle Tage. Dreimal täglich ist er nämlich von seiner Arbeit in seine Wohnung zurückgekehrt. Dort war ein Fenster, das in Richtung Jerusalem lag, geöffnet. An dem ist er auf die Knie gegangen und hat Gott laut angebetet. Er hat sich also zum Beten weder versteckt noch hat er nur in Gedanken gebetet.

Es waren in den Palästen der Perser nur Wände wie ein Vorhang oder Teppich zwischen den Gemächern. Da konnte man sich gut in die Falten stellen und aus dem Versteck Daniel beobachten. *»Da kamen jene Männer eilends gelaufen und fanden Daniel«* gerade so in seiner Gebetshaltung. Das haben sie gemeldet.

Der König bemühte sich den ganzen Tag *(»bis die Sonne unterging«)* lang, einen Ausweg zu finden (V. 15). Aber dann hatte das Angedrohte doch zu geschehen, wenn er nicht seinem eigenen Gesetz untreu werden wollte: Daniel mußte in den Löwengraben. Er ging still hinein. Der Graben wurde hinter ihm *»versiegelt«* (V. 18), weil die Leute dachten, der König wolle Daniel heimlich retten lassen aus Furcht, daß er sonst von ihnen umgebracht werden könnte (falls das die Löwen nicht täten).

Am nächsten Tag, *»früh am Morgen, als der Tag anbrach, stand der König auf und ging eilends zur Grube«* (V. 20).

Es ist ganz auffallend, wenn man diesen Text aufmerksam liest, wie viele Parallelen zur Passions- und Ostergeschichte hier vorliegen: Der König bemüht sich den ganzen Tag um Daniel wie Pilatus um Jesus; Daniel ging still wie ein Lamm in die Löwengrube; vor die Grube wurde ein Stein gewälzt usw.[3] Allerdings hatte Daniel nicht so tief hinabzugehen wie Jesus: Er mußte nur bis knapp vor den Tod gelangen, nicht aber durchs Sterben hindurch. So ist Daniels Weg durchaus ein Modell für das, was Jesus später erlitt (vgl. Abb. 192).

---

3 Das ist näher ausgeführt im Kommentar von F. Grünzweig zu Daniel 6 in: LUTHERBIBEL ERKLÄRT, Stuttgart 1974, S. 1368f. (Anm. d. Hg.)

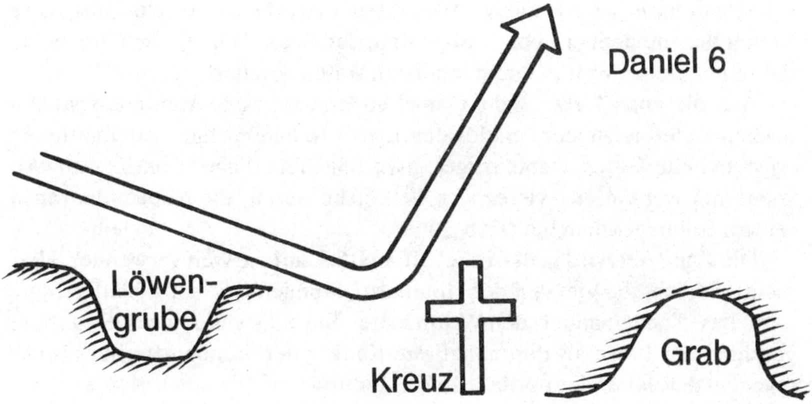

Abb. 192: Daniel in der Löwengrube – das Modell für Jesu Kreuz und Auferstehung

3.2 Die Daniel-Gesichte (Kap. 7–12)

Hat Daniel zuvor Träume und Visionen gedeutet, so hatte er doch auch selbst Visionen und Traumgesichte empfangen. Daniel bekam hierin von Gott einen weiteren großen Einblick in die Zukunftsentwicklung. Das zeigen die sechs Kapitel des zweiten Hauptteils des Daniel-Buches. Diese Kapitel haben für das Neue Testament eine große Bedeutung (vgl. Abschnitt 1.5).

Bereits in Kapitel 2 war zu sehen, daß Nebukadnezar etwas von der Grundgesetzlichkeit der Weltgeschichte, der Weltreiche und des Gottesreiches gezeigt bekommen hat. Er selbst hat das zwar nicht verstanden, aber Daniel hat ihm dies deuten können (vgl. die Statue, das Bild, das die vier Weltreiche symbolisiert).

In **Kapitel 7** erkennt Daniel durch eine Vision das Wesen der Weltreiche, aber auch die Grundzüge des Hereinbruchs des Gottesreiches noch tiefer. »Weltreich und Gottesreich« – das ist das Thema von Daniel 7.

a) Die Reiche der Welt (V. 1–8)

Zunächst sieht Daniel *»das große Meer«* (V. 2f.). Damit ist aber nicht das Meer gemeint, das aus Wasser besteht, sondern das Völkermeer – wie an anderen Stellen der prophetischen Bildsprache (auch Ps 93 u. a.). Es wird gesagt, daß die Stürme dieses *»Meer« peitschten. Was damit gemeint ist, wird gerade in diesem Zusammenhang aufgrund der alten Sprachen deutlich, in denen »Geist« (auch »Geister«) und »Wind«, »Sturm« ein und dasselbe Wort* sind (hebräisch *ruach*). Diese *»Winde«* sind also Geistesmächte, die diese Völker gegeneinander hetzen. *So* wird in der Vision Daniels die Geschichte dieser gefallenen Welt in ihrem innersten Wesen gesehen!

Aus diesem *»Meer«* sieht Daniel sodann seltsame Raubtiergestalten nacheinander aufsteigen: ein löwenartiges, ein bärenartiges, ein pantherartiges und ein viertes, fremdartiges, ganz ungeheuerliches Tier. Es sind also wiederum *vier* Wesen, wie es *vier* Weltreiche waren, die Nebukadnezar in seinem Traum gesehen hat (Kap. 2).

Die Zahl Vier wird in der Bibel oft im Blick auf die Welt verwendet. Hier meint sie nicht die Vierzahl der Himmelsrichtungen (wie sonst häufig), sondern das Nacheinander der Weltmächte. Sie alle werden als Raubtiere gesehen: der Löwe als der mächtigste Räuber der Steppe; der Bär als der mächtigste Räuber der nordischen Wälder usw.

Es ist auffallend, daß Völkermächte im Laufe der Geschichte als Symbol, als Wappentier gerne Raubtiere gewählt haben. In diesem Sinne haben sie sich auch verstanden, und so wollten sie sein: wie Raubtiere. Die Alten haben gesagt: ›Humanität ohne Divinität ist Bestialität‹ (›Menschlichkeit ohne Göttlichkeit wird zur Grausamkeit‹). Genau das hat sich immer wieder gezeigt, bis hinein in unser Jahrhundert.

Das Nacheinander dieser »Raubtiere« ähnelt – wie schon oben angedeutet – der Aufeinanderfolge der Weltmächte in Daniel 2. Es ist hier zu berücksichtigen, daß die Prophetie des Alten Testamentes oft eine doppelte Perspektive hat (den Nah- und den Fernblick; vgl. das, was dazu im Abschnitt 3.3.2 des Kapitels »Der Prophet Hesekiel« ausgeführt ist).

Versteht man dieses Nacheinander der »Raubtiere« im Sinne des prophetischen Nahblicks, dann handelt es sich bei dem *»Löwen«* deutlich um Babylon, bei dem *»Bären«* um das medo-persische Reich, bei dem flinken *»Panther«* um Alexander den Großen und das Reich, das er aufgebaut hat, und bei dem ungeheuerlichen *»Tier«*, das als *»furchtbar und schrecklich«* beschrieben wird, um Rom.

Es geht auch hier bei der letzten der vier Mächte – wie in 2,41 indirekt – um die Zahl Zehn (7,8 ff.). War bei dem Monarchenbild in 2,41 von der Zehnzahl der »Zehen«, so ist in Kapitel 7 von *»zehn Hörnern«* die Rede (V. 7 u.a.). *»Horn«* bedeutet in der Bildsprache der Bibel immer »Macht«, »Gewalt«, was für das Volk Gottes großes Leiden verursacht.

Dabei ist wiederum (vgl. 2,41–43) daran zu denken, daß das alte römische Reich sich in die abendländischen Nationalstaaten aufgegliedert hat.

Es wird also sowohl in Daniel 2 wie in Daniel 7 von einer außerordentlichen Gestalt gesprochen, die aus dem vierten Weltreich herauswachsen werde (7,8). Hier ist offenkundig dasselbe gemeint wie das, wovon Jesus in Matthäus 24, Paulus in 2. Thessalonicher 2 und insbesondere Offenbarung

13 sprechen: der Antichrist. Das Auftreten des Antichristen bedeutet ja ein letztes Aufbäumen der Weltmächte gegen das Hereinbrechen des Gottesreiches, das das letzte Wort haben wird.

b) Das Gericht (V. 9–12)

Dann fällt in diesem gewaltigen Kapitel auf, daß urplötzlich die Szene wechselt, wie etwa in einem Film ein unerwarteter Schnitt erfolgt. Aus diesem Gewoge der Völker, aus dem Sich-Aufblähen der Mächte wird unvermittelt eine Gerichtsverhandlung: *»Ich sah, wie Throne aufgestellt wurden...«* Und derjenige, von dem es hier heißt, er sei *»uralt«*, ist der, von dem in Psalm 90 gesagt wird: »Ehe denn die Berge wurden und die Erde und die Welt geschaffen wurden, bist du, Gott, von Ewigkeit zu Ewigkeit« (Ps 90,2). Er nimmt den Platz auf dem Richterthron ein, und *»Tausendmal Tausende dienten ihm«* (V. 10).

Das Richten hat bei den Alten zugleich immer den Sinn »regieren« (z. B. im Richter-Buch). Zu richten heißt also keineswegs nur, den Kadi zu spielen, sondern meint, das Heft in die Hand zu nehmen, die Sache dieser Welt an sich zu nehmen.

c) Das Friedensreich (V. 13–15)

In dieser Gerichtsszene bei Daniel wird gewissermaßen der Thronsaal sichtbar (wie etwa in Offb 4). Und ganz ähnlich wie in Offenbarung 5 geht die Sache so weiter, daß durch den »König aller Könige und Herrn aller Herren« (Offb 19,16) eine Beauftragung erfolgt: die Beauftragung dessen, der seine rechte Hand ist (V. 13 f.).

»Siehe, es kam einer mit den Wolken des Himmels wie eines Menschen Sohn...« (V. 13). So kommt nun der ewige Gottessohn, der hier mit den Worten *»wie eines Menschen Sohn«* beschrieben wird (V. 13). Er kommt von oben, von Gott her (die »Raubtiere« kamen von unten). Der Titel »Menschensohn« besagt hier zweierlei: Einerseits ist der Menschensohn der ewige Gottessohn, der von Gott Gekommene, der Generalbevollmächtigte Gottes, das Ebenbild seines Wesens. Andrerseits ist er das Urbild des nach dem Bilde Gottes geschaffenen Menschen und das Zielbild des rechten Menschseins in einer Person. Er ist der Erstgeborene der neuen Menschheit. Ihm wird die Herrschaft über alle Reiche und alle Völker gegeben (V. 14). Dieser »Menschensohn« nimmt im Auftrag Gottes die Sache der Welt in die Hand und führt alles zum guten Ziel.

Es ist auffallend, daß Jesus diese Bezeichnung sehr oft, ja ziemlich durchgehend auf sich anwendet. Er gebraucht weniger häufig das Wort »Messias« (griech. *christos*), das damals in aller Mund war, – wohl auch deshalb, weil mit diesem Begriff zu viele menschlich-irdische Erwartungen verbunden waren. Es war ihm wichtig, in ganzer Göttlichkeit, in ewiger Klarheit deutlich zu machen, daß es in seiner Person um den ewigen Sohn geht (»wahrer Gott und wahrer Mensch«), der aus der ewigen Welt Gottes in diese Welt hereinbricht und das Neue schafft.

Das letzte Wort Jesu an das offizielle Israel war ja das Zitat aus Daniel 7 (in Mt 26 par; vgl. oben, Abschnitt 1.5). Bekanntlich hat ja Kaiphas, der Gerichtsvorsitzende, als das Synhedrium (der Hohe Rat) beisammen war und die Sache des Prozesses Jesu nicht so recht klappen wollte (das Zeugnis der Zeugen stimmte nicht überein), zu einem raffinierten Schachzug gegriffen: Er wollte Jesus veranlassen, daß dieser sozusagen die Straftat der Gotteslästerung im Gerichtssaal zur Aufführung brachte und man deshalb keine Zeugen mehr benötigte. Kaiphas gab dem Prozeß eine andere Richtung, indem er ihn unmittelbar auf den Angeklagten verlagerte und zu Jesus sagte: »Ich beschwöre dich bei dem lebendigen Gott, daß du uns sagst, ob du der Christus bist, der Sohn Gottes« (Mt 26,63).

Der bisher im Prozeß so schweigsame Angeklagte öffnete daraufhin seinen Mund und antwortete: »Du sagst es« (V. 64a). Das war in der Sprache von damals ein eindeutiges Ja. Dem fügte Jesus eben dieses alttestamentliche Wort hinzu, das Zitat von der Messiashoheit, der Souveränität des Menschensohnes aus Daniel 7: »Doch ich sage euch: Von nun an werdet ihr sehen den Menschensohn sitzen zur Rechten der Kraft und kommen auf den Wolken des Himmels« (V. 64b). Das hat also Jesus für sich in Anspruch genommen.

Nun stellte sich für dieses offizielle Israel, für dieses Richterkollegium, das zugleich die autonome Landesregierung und die Kirchenleitung war, einfach die Frage: Ist diese Behauptung Jesu wahr oder nicht? Die erste Möglichkeit wurde offenkundig gar nicht weiter erwogen, obschon all die messianischen Zeichen Jesu bekannt waren (»Blinde sehen, Lahme gehen…, Tote stehen auf«, Lk 7,22). Die Waage neigte sich vielmehr nach der anderen Seite: Das Gericht hielt diese Aussage Jesu nicht für wahr, sondern für eine Gotteslästung (V. 65) und verurteilte ihn deshalb zum Tode (V. 66).– So ist die umfassende Bedeutung dieser Stelle des Daniel-Buches im Ganzen der Heilsgeschichte zu verstehen.

d) Das Volk Gottes (V. 16–28)

»Das Reich und die Macht und die Gewalt über die Königreiche unter dem ganzen Himmel wird dem Volk der Heiligen des Höchsten gegeben werden« (V. 27). Daniel endet mit diesen Versen, in denen zum Ausdruck kommt, daß der ewige Sohn, der Gottes- und »Menschensohn« die Herrschaft nicht allein ausübt, sondern *sein* Volk hat. Gott gibt seinem Volk »Teil am Leiden und am Reich« (EKG Württ. 479,2).

Daraus ist im übrigen zu ersehen, daß offenkundig das Reich Gottes gerade nicht nur eine Sache im Himmel ist, sondern auch auf der Erde, und zwar noch auf *dieser* Erde (auch nach Offb 20)! Erst danach spricht die Offenbarung des Johannes von »einem neuen Himmel und einer neuen Erde« (Offb 21,1). Gott läßt auch auf dieser Erde – die aus seiner Hand stammt, die Jesu Fuß berührt hat, die das Blut seines Opfers trank und seinen Leib im Grab barg – nicht dem Feind, dem »Fürsten dieser Welt«, das letzte Wort, auch nicht dem menschlichen Wahn.

So sehen wir in Kapitel 7 noch einmal das Wesen dieser Weltreiche, die sich zuspitzen auf das letzte, widergöttliche, gottfeindliche, antichristliche Reich. Dann aber wandelt sich das Bild: Es taucht eine Gerichtsszene auf, die in die Beauftragung des Einen mündet. Das Ende des Kapitels blickt dann hinaus auf die gute Herrschaft Gottes in Ewigkeit.

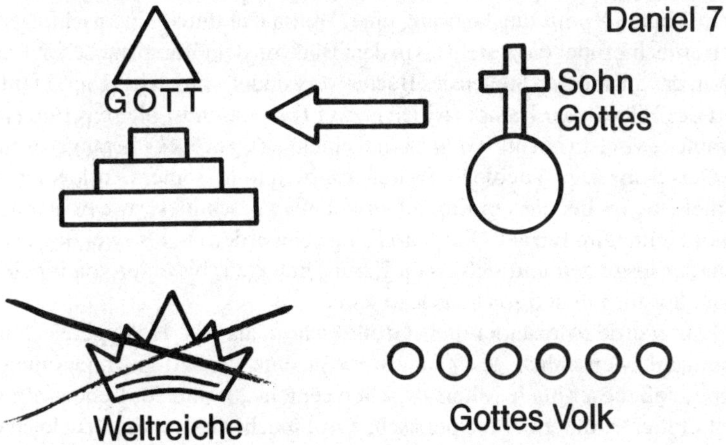

Abb. 193: Die Weltreiche und Gottes Reich

Die Botschaft von Daniel 7 ist in Abbildung 193 bildhaft dargestellt. Der lebendige Gott sitzt auf dem Thron; der Sohn kommt und wird beauftragt. Während die Weltreiche alle von unten kommen, indem sie dem dämonisierten Völkermeer entsteigen, kommt der Sohn von Gott her und mit ihm Gottes Volk. Die Weltreiche werden sodann durchgestrichen, haben ausgespielt.

Dieses Kapitel ist grundlegend für die große zielgerichtete Linie des Neuen Testaments. Darin wird wiederum die teleologische Ausrichtung der gesamten Bibel erkennbar (vgl. das Kapitel »Übersicht über die ganze Bibel«). Dabei geht es nicht nur darum, daß der einzelne Mensch selig wird, sondern auch darum, daß Gott seine Ziele mit der ganzen Welt hat und alles herrlich vollenden wird. Trotz des ungeheuren Zwischenfalls der menschlichen Sünde wird er dieses Ziel erreichen, »damit Gott sei alles in allem« (1. Kor 15,28b).

Kapitel 8 bezieht sich weitgehend auf eine vergangene Zeit, die es in ihrem Wesen zeigt. Auch dieses Kapitel schildert eine Vision Daniels aus der Zeit Belsazars (also noch aus der neubabylonischen Epoche, V. 1; vgl. 7,1). Schon in dieser Zeit wird Daniel gewissermaßen der nächste und der übernächste Schritt gezeigt, nämlich was sich speziell zwischen Persien (das ja bald darauf über Babylon obsiegt) und dem danach neu heraufkommenden Weltreich Alexanders des Großen abspielen wird. Die ganze Weltgeschichte ist ja bei Daniel so geschildert, daß ein stärkerer Räuber dem anderen, schwächer gewordenen Räuber dessen Raub abjagt. Das hat den Strom von Blut und Tränen verursacht, der die Weltgeschichte durchzieht.

In Kapitel 8 wird die Ablösung einer Weltmacht durch eine nachfolgende noch ernüchternder dargestellt als in dem Bild von dem Kampf zwischen Raubtieren, das an anderen Stellen des Buches verwendet worden ist (Kap. 2 und 7). Statt des Bildes vom Kampf zwischen zwei Raubtieren ist hier das Bild eines Kampfes zwischen einem *»Widder«* und einem *»Ziegenbock«* herangezogen.

Der Schweizer Theologe Walter Lüthi hat in seiner Auslegung des Daniel-Buches bei diesem Kapitel anschaulich geschildert, wie er einmal in seiner Heimat im Berner Oberland Zeuge geworden ist, als zwei Böcke aufeinander losgingen und sich einen Kampf lieferten, bis einer von ihnen tot dalag. So stur können solche Böcke sein!

Was wurde Alexander der Große schon als ein Held gefeiert und besungen! Menschlich gesehen war es ja eine großartige, phänomenale Sache, daß dieser junge Mann zwischen seinem 20. und 30. Lebensjahr die Welt eroberte, indem er die persische Großmacht ablöste, und zugleich ein hervorragendes kulturelles Programm hatte: den sog. Hellenismus.

Wir Menschen sehen das gewissermaßen aus der Froschperspektive. Von diesem Blickwinkel aus sehen solche Heroen wie Alexander der Große überwältigend aus. Die Bibel redet jedoch nicht von Heldengestalten, Heldengeschichten und Heldensagen, auch nicht im Blick auf die Großen der Weltgeschichte. Bei den Propheten des Alten Testamentes werden die Mächtigen der Völker aus der Perspektive Gottes gesehen.

In diesem Licht wird der große Alexander wie ein *»Ziegenbock«* gezeigt, der *»ein ansehnliches Horn zwischen seinen Augen hatte«* (V. 5) und der mit gewaltigem Grimm – so schnell, als ob er den Boden nicht berührte – einem *Widder, der zwei Hörner [am Kopf] hatte«*, entgegenlief, ihn niederstieß und zertrampelte (V. 6f.). Mit dem *»Widder«* ist sicherlich Persien gemeint. Alexander nahm nach der Niederlage Persiens den persischen Herrschaftsbereich ein.

In diesen Sätzen des Daniel wird also die Heldengeschichte Alexanders des Großen »entmythologisiert«.

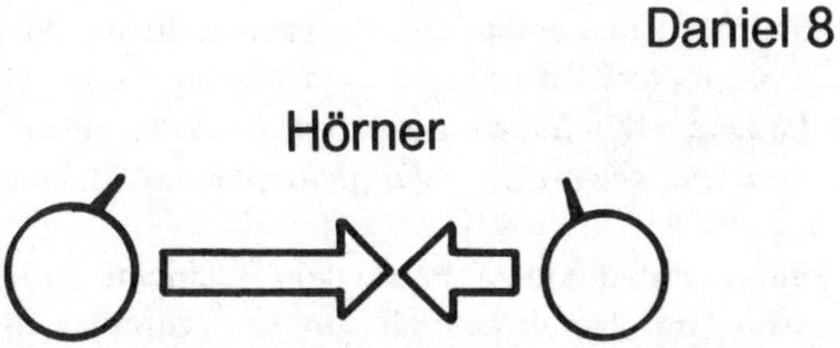

Abb. 194: Der Kampf zwischen Persien und Alexander dem Großen

Die »*Hörner*« spielen hier eine große Rolle. Sie meinen in der prophetischen Bildsprache die äußere Macht: Die Mächte zeigen sich in der Gestalt von »*Hörnern*«.

Auch heute zeigen sich die Weltmächte, die »*Hörner*« – nur daß sie jetzt größer und gefährlicher sind. Verwendete man früher für den Krieg Schwert und Spieß, so sind es heute Panzerarmeen, Flugzeuggeschwader, Raketen und Atombomben. Wird ein großes Jubiläum gefeiert – zum Beispiel das der »Oktoberrevolution« früher –, dann marschiert das Militär auf, und die ausländischen Militärattachés bekommen Stielaugen, wenn sie diese geballte militärische Ausrüstung an sich vorüberziehen sehen.

Bei Daniel wird derartiges ernüchternd, ja despektierlich gezeigt.

Kapitel 9 ist im Blick auf die Heilsgeschichte Gottes und die Geschichte Israels überaus wichtig. Dieses Kapitel könnte man mit: »Die Buße und ihre Antwort« überschreiben.

a) Einleitung (V. 1f.)

Daniel hat erkannt, daß es zu diesem Zeitpunkt (etwa 539 v. Chr.) eigentlich so weit sein dürfte, daß die in Jeremia 25,12 genannten 70 Jahre des Exils vorüber waren. (Wenn man nämlich ab 605 v. Chr. – also ab der allerfrühesten Deportation von Juden ins babylonische Exil – 70 Jahre rechnet, so kommt man auf das Jahr 535 v. Chr.) Es müßte sich nun eigentlich erfüllen und vollziehen, was Gott verheißen hat, daß nämlich Israel in sein Land zurückkehren und den Tempel wieder aufbauen darf.

Dazu kommt, daß Daniel von seinem Rang und seiner Stellung her einen großartigen Überblick über die gesamte politische Entwicklung hatte. Das alles hat ihn wahrscheinlich bewegt zu fragen, woran es fehlte, warum es haperte und was denn wohl diese Entwicklung hemmte.

b) Das Bußgebet (V. 3–19)

Und so sprach Daniel in Kapitel 9 aus, was vordem keiner so ausgesprochen hat. Dieses Kapitel enthält eines der tiefsten Bußgebete der Bibel, in dem endlich einer aus Israel ausspricht, wo die Schuld lag. Nicht Menschen oder Mächte hinderten die Erfüllung der Verheißung, sondern die unvergebene Schuld Israels: *»Wir haben gesündigt, Unrecht getan, sind gottlos gewesen und abtrünnig geworden... Wir gehorchten nicht deinen Knechten, den Propheten...«* (V. 5f.).

Daniel erkannte, daß die letzte Phase der Geschichte Israels deshalb so verlaufen ist, weil Gott Israel dadurch zur Buße führen wollte. Wenn es anders werden soll – so sah er ein –, dann muß sich Israel endlich einmal vor Gott beugen. Diese Erkenntnis kommt hier bei Daniel zum Durchbruch. Ja, dieser Grundton durchzieht geradezu das neunte Kapitel: *»Wir müssen uns alle heute schämen« – mitsamt den Vorvätern, die Israel in diese Lage gebracht haben (V. 7f.).*

Dann sagt er: »Wir liegen vor dir mit unserm Gebet und vertrauen nicht auf unsre Gerechtigkeit, sondern auf deine große Barmherzigkeit« (V. 18). Das spricht ausgerechnet ein Mann aus, der sogar in den Löwengraben gegangen ist, weil er seinem Herrn und Gott treu geblieben ist, und der auch seine Freunde hat so beeinflussen können, daß diese ihrem Gott treu blieben und für ihn in den Erzschmelzofen gingen. Dennoch spricht Daniel so vor Gott – stellvertretend für das Volk. Gewiß hat er auch bei sich Fehler entdeckt, vielleicht aus Zeiten einer gewissen Anpassung, in denen er seinen Weg nicht gerade genug gegangen ist. Wenn schon er sich so vor Gott beugt, wie viel mehr müßten das die anderen tun!?

c) Die Folgen (V. 20–27)

Dieses Bußgebet hat die Wende herbeigeführt. Ja, Buße führt die Wende herbei!

Daher wird Daniel nach dem Bußgebet in einer seltsamen Weise ein Ausblick gegeben, bei dem er beinahe bis ins Detail Jahreszahlen genannt bekommt, wie wir sie sonst in der Bibel nirgends finden. Sie beziehen sich zwar nicht auf das zweite Kommen Jesu[4], doch Jesu erstes Kommen ist auch seinem Termin nach Daniel gezeigt worden.

– Gott zieht ins Vertrauen (V. 20–23)

---

[4] Johann Albrecht Bengel u. a. wollten zwar auch für das zweite Kommen Jesu in Daniel 9 etwas herauslesen, aber dabei tut man dem Text Gewalt an. Ich habe mich mit den Berechnungen Bengels sehr ausführlich beschäftigt. Danach habe ich Zinzendorf verstanden, der diese Rechnerei mit biblischen Zahlenangaben für viel zu kompliziert gehalten hat. So kompliziert offenbart Gott seinen Willen und seine Weisheit nicht! (Anm. d. Vf.)

»Der Mann Gabriel« erscheint Daniel und nennt ihm die Zahl von *»siebzig Wochen«* (V. 21–23). *»Gabriel«*, der hier auftritt und die Neugeburt Israels ankündigt, darf auch später den Fortgang der Heilsgeschichte vorhersagen (bei Zacharias und Maria; Lk 1,19.26). Dieser Engel ist also sozusagen ein Sonderbotschafter, den Gott in seine Menschenwelt sendet. Das ist eine Ausnahme, denn normalerweise redet Gott durch Propheten, also durch Menschen. Aber ausnahmsweise spricht er dort, wo es kein Mensch wissen kann, auch einmal durch solche Boten.

Die *»siebzig Wochen«* sind eigentlich 70 *Jahr*wochen, also Wochen, deren jede sieben Jahre umfaßt.

– Die Erfüllung der Prophetie Gabriels erfolgt in Stufen (V. 24–27)

In der ersten Stufe der Wiederherstellung Israels geht es um eine Frist von *»sieben [Jahr-] Wochen«* (also von 70 Jahren), die bis zum Wiederaufbau des Tempels und zur Errichtung einer neuen Mauer um Jerusalem andauert (was ja dann unter Nehemia geschah; V. 25a). Nach 70 Jahren und in der Folgezeit ereignete sich die Heimkehr und Wiederherstellung Israels, Jerusalems und des Tempels.

Die zweite Stufe: Nach 70 Jahrwochen (V. 24) – also nach 490 Jahren – erfolgt der große, neue, entscheidende Schritt in der Heilsgeschichte Gottes: Der Gesalbte, der Messias Jesus Christus, wird gegeben.

Man kommt, wenn man nachrechnet[5], auf das Jahr 5 v. Chr. als das Jahr der Geburt Christi. Es ist ziemlich sicher, daß Jesus vor dem Jahre 0 unserer Zeitrechnung geboren worden ist, denn im Jahre 4 v. Chr. ist jener Herodes, der den Kindermord begehen ließ, gestorben.

Weiter wird in diesen Versen gesagt, daß nach 70 Jahrwochen *»die Sünde abgetan und die Schuld gesühnt«* (V. 24) und daß bereits nach 69 Jahrwochen der *»Gesalbte ausgerottet«* wird (V. 26). Mit der Frist von 69 Jahrwochen (69 mal 7 = 483) ist das Jahr 25 oder 27 n. Chr. im Blick. Das könnte etwa die Zeit sein, in die dann, wenn man damit rechnet, daß Jesus im Jahre 5 v. Chr. geboren ist, Jesu Opfergang fällt.

»Das Volk eines Fürsten« werde kommen und *»die Stadt und das Heiligtum zerstören«*, heißt es in Vers 26. Damit trete dann das Elend ein.

Darauf folgt gewissermaßen ein Gedankenstrich – bis zur letzten Jahrwoche. In deren »Mitte« werde das Opfer aufhören (V. 27). Dabei denkt man an die dreieinhalb Jahre, die in der Offenbarung des Johannes immer wieder im Blick auf den Antichristen genannt sind (z. B. Offb 13,5 u. a.)[6]

---

[5] Wer dies genauer nachvollziehen will, der lese meine Auslegung in der LUTHERBIBEL ERKLÄRT; dort habe ich das ausführlich dargelegt. (Anm. d. Vf.)

[6] Vgl. F. Grünzweig, Johannes-Offenbarung 1. Teil (Edition-C-Bibelkommentare Bd. 24), Neuhausen-Stuttgart 1991[4], S. 273 f. (Anm. d. Hg.)

Abb. 195: Die Buße und ihre Antwort

Das neunte Kapitel des Daniel-Buches zeigt, daß der himmlische Bote zu dem kleinen Menschen gesandt wird, der vor Gott kniet, und ihm einen großartigen Blick in die Zukunft schenkt (siehe Abb. 195).

So sehen wir an diesem Kapitel, daß Buße eine neue geistliche Zukunft eröffnet und nicht selten auch zu einer neuen geistlichen Erkenntnis im Blick auf die Zukunft führt. Diejenigen, die sich so beugen, zieht Gott auch ins Vertrauen.

Es ist mir immer wieder eine Frage, wenn ich an die Greuel des Dritten Reiches denke bis hin zu dem, was heute an Tötung ungeborenen Lebens und an Für-tot-Erklären Gottes u. a. m. geschieht: Kann es nicht sein, daß Gott auf Menschen wartet, die wie Daniel beten und die nicht sagen: ›Ich aber nicht! Ich habe mich bewährt!‹, sondern die alle Abscheulichkeit und Gottlosigkeit, die sie sehen, vor Gott tragen? Eine Schulderklärung wie die »Stuttgarter Erklärung« aus dem Jahr 1945 ist noch lange nicht das, was Daniel zu seiner Zeit tat. *»Wir liegen vor dir mit unserm Gebet und vertrauen nicht auf unsre Gerechtigkeit, sondern auf deine große Barmherzigkeit.«* Vielleicht würde sich durch solche Buße und solches Gebet der Weg zu einer geistlichen Neubelebung unseres Volkes öffnen. Wenn das nicht durch Gottes Geist geschieht, dann bewirkt aller Betrieb, den wir machen, nichts.

Kapitel 10 zeigt, daß Daniel ein weiteres Mal im Gebet bleibt. Dieses Kapitel gibt insbesondere einen Einblick in das Ringen von Engelmächten in der unsichtbaren Welt. Was Daniel hier sieht, ist einerseits in der Zeit zwischen ihm und Jesu erstem Kommen erfüllt worden. Andrerseits treten hier jedoch interessante Gesetzmäßigkeiten in Erscheinung, die für die Erkenntnis des Hintergrundes der endzeitlichen Auseinandersetzungen von Bedeutung sind.

Mittlerweile waren die Perser an die Macht gekommen (V. 1), aber das Volk Israel war noch nicht frei geworden, durfte noch nicht in sein Land zurückkehren.

a) Der Beter und der Bote (V. 2–7)

Drei Wochen lang betet und fastet Daniel, dieser Mann, der eine wichtige Stellung innehat (V. 2f.), weil er spürt, daß die Sache mit Israel jetzt auf des Messers Schneide steht.–

Es gibt Zeiten, in denen sich wichtige Dinge entscheiden. Dann dürfen Gottes Kinder weder ›schlafen‹ noch sich nur mit dem Alltäglichen beschäftigen, sondern dann ist es wichtig, daß sie wie Daniel vor Gott stehen.–

Daniel hält an am Gebet und bekommt dann eine äußerst eigenartige und überraschende Auskunft. Nach den drei Wochen kommt nämlich wieder ein himmlischer Bote zu ihm (vgl. zu Gabriel; 9,21).

b) Was auf das Gebet hin in der unsichtbaren Welt geschieht (V. 8–14)

Der Bote Gottes zeigt Daniel, daß in der unsichtbaren Welt ein Kampf zwischen »*Michael*«, dem Schutzengel Israels, und dem Dämonenoberhaupt (dem »*Engelfürsten*«, der das persische Weltreich repräsentiert) stattfindet (V. 13).

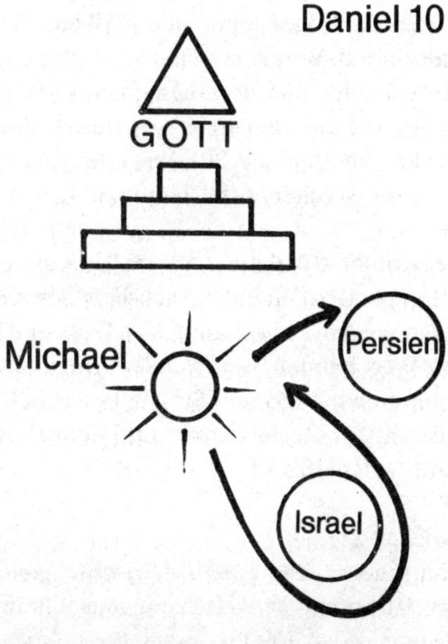

Abb. 196: Engelmächte

Unsere sichtbare Wirklichkeit ist also durch die unsichtbare Wirklichkeit umfaßt, durchdrungen und in hohem Maße bestimmt. Diese unsichtbare Wirklichkeit besteht aus einer lichten und finsteren Welt. Die lichte ist die

Welt Gottes und seiner heiligen Engel; die finstere ist die des Feindes und seines dämonischen Anhangs. Seit Karfreitag und Ostern ist der Teufel ein besiegter Feind. »Er ist gericht': ein Wörtlein kann ihn fällen« (EKG 201,3b).

An diesem unsichtbaren Hintergrund des irdischen Geschehens ist zu erkennen, daß es nicht nur ein staatsmännischer Entschluß von Kyrus war, als er entschied, daß die Juden und andere Völkerschaften heimzuschicken seien (was ja ein geschickter Schachzug dieses Mannes war; vgl. dazu die Auslegung von Jes 45 im Kapitel »Der Prophet Jesaja«). Bei dem Entschluß zu diesem Vorhaben, den Kyrus wohl erst kurz zuvor getroffen hatte, ist vielmehr auch eine Vernichtungsmacht zurückgedrängt und einer Macht des Lichtes ein Weg eröffnet worden.–

Es ist sehr schade, daß in der Christenheit – nicht zuletzt wegen der Putten, jener lächerlichen Engelsfigürchen aus der Barockzeit – die Vorstellung von den Engeln, diesen heiligen Boten Gottes, Not gelitten hat und man kaum mehr von ihnen zu reden wagt. Von Engelmächten der unsichtbaren Welt spricht die Bibel aber vielfach, und auch die Väter der Christenheit haben sich dazu geäußert (z. B. Martin Luther).

Die Bibel sagt über die Engel zum einen, daß einzelne Menschen diese Boten, diese wunderbaren Bediensteten zur Verfügung haben (vgl. Mt 18,10; Hebr 1,14: Engel sind »allesamt dienstbare Geister, ausgesandt zum Dienst um derer willen, die das Heil ererben sollen«). Psalm 103 spricht von Engeln als von »starken Helden« (V. 20). Wir armseligen Menschen dürfen als Kinder Gottes einen solchen Adel haben, daß wir sozusagen solche Bedienstete haben!

Zum anderen spricht die Bibel nicht nur im Blick auf die einzelnen Glaubenden von Engeln, sondern auch hinsichtlich des Ganzen des Volkes Gottes und der Heilsgeschichte überhaupt. Von Gott sind hier Mächte eingesetzt, die dem den Weg bahnen. *»Michael«* wird in diesem Kapitel des Daniel-Buches, aber auch an anderen Stellen der Bibel, immer wieder als der sichtbar, der für Gottes Recht eintritt und dem Fortgang der Heilsgeschichte Bahn schafft (z. B. Offb 12,7).

c) Neue Stärkung (V. 15–21)

Daniel wird von einem, *»der einem Menschen gleich war«* (V. 16.18), wunderbar gestärkt. Er konnte ja nach allem, was ihm in der Vision gezeigt worden ist, nicht mehr reden (V. 15b: *»...schwieg still«*). Das *»Buch der Wahrheit«* (V. 21) ist mit dem Plan Gottes identisch, nach dem alles abläuft.

In **Kapitel 11** wird in der kürzeren, alttestamentlichen prophetischen Perspektive das Aufkommen Antiochus' IV. Epiphanes gezeigt, des »Antichristen des Alten Testaments«.

Alexander der Große, der dem Perserreich ein Ende setzte, ist ja bereits im Alter von 33 Jahren gestorben. Nach seinem Tod haben vier seiner vormaligen Feldherren sein großes Reich unter sich aufgeteilt. So entstanden die sog. Diadochenreiche. Diese existierten zunächst schiedlich-friedlich nebeneinander; doch bald hoben die Diadochenkämpfe an, bei denen die vier Nachfolger Alexanders um ihre Teilgebiete stritten. Israel war von zweien dieser Nachfolgerstaaten besonders umkämpft: im Norden von den Seleukiden (die sich u.a. in Nordsyrien niedergelassen hatten) und im Süden von den Ptolemäern (die in Ägypten ansässig waren).

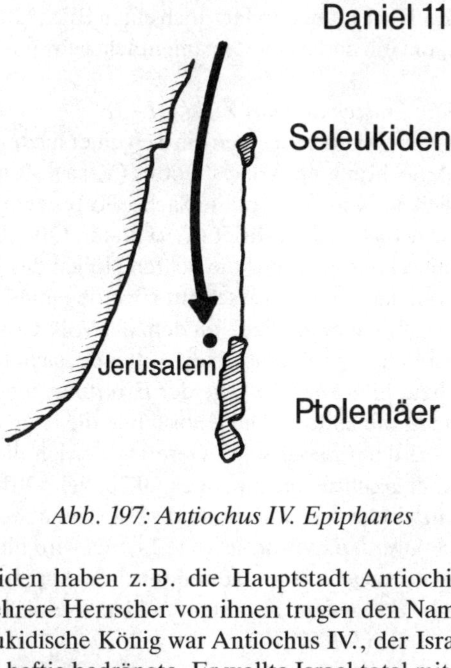

Abb. 197: Antiochus IV. Epiphanes

Die Seleukiden haben z.B. die Hauptstadt Antiochia in Nordsyrien erbaut, und mehrere Herrscher von ihnen trugen den Namen »Antiochus«. Der achte seleukidische König war Antiochus IV., der Israel um 163 v. Chr. ganz besonders heftig bedrängte. Er wollte Israel total mit griechisch-hellenistischem Gedankengut überfremden und zum Beispiel den Jerusalemer Tempel in eine Kultstätte für die griechische Gottheit Jupiter umwandeln u.a.m. In Kapitel 11 ist davon die Rede, wie er die Juden quält und daß er nachher plötzlich nicht mehr da ist.

Dieses Kapitel zeigt in den Versen 2–20 die Weltgeschichte bis zum Auftreten Antiochus' IV. Die List und die Gewalt dieser antichristlichen Gestalt des Alten Testaments werden in den Versen 21–35 auffallend ausführlich geschildert. Der letzte Teil dieses Kapitels (V. 36–45) handelt vom Stolz und vom Sturz des Antiochus IV.

Viele Züge dieser antichristlichen Herrschergestalt tauchen in 2. Thessalonicher 2 und in Offenbarung 13 wieder auf (siehe die Auslegung dort, im 2. Bd.), insbesondere auch in dem neutestamentlichen Bild eben jenes Letzten, in dem der Feind sich noch einmal gegen das kommende Gottesreich aufbäumt.

Kapitel 12 ist der Endzeit und dem Ziel der Geschichte gewidmet. Der alte Daniel darf gewissermaßen den »Prophetentod« sterben wie einst Mose. Dieser durfte nicht mit Israel ins verheißene Land ziehen, aber auf den Weg und das Ziel des Gottesvolkes blicken. So muß auch Daniel sterben, ehe das Ziel da ist; aber er darf noch einen Blick hinaustun – so klar und so weit wie kaum ein anderer alttestamentlicher Prophet.

a) Der Blick auf die Endzeit und das Ziel (V. 1–3)

Was sieht er? Daniel sieht zum einen die Zeit einer letzten, endgeschichtlichen schweren Anfechtung des Volkes Gottes (V. 1 a). Zum anderen sieht er, daß Michael sich *»aufmacht«*, um die Sache Gottes zum Sieg zu führen. Das ist dem ähnlich, was im Judasbrief (V. 9) und in Offenbarung 12 (V. 7) zu lesen ist. Daniel schaut nicht nur die lichten Höhen des Zieles, sondern auch das finstere Tal, das zuvor durchschritten werden muß.

Zum andern sieht Daniel das Ziel, an dem das Volk Gottes so *»errettet«* sein wird, wie einst Israel vor Pharao an das rettende, sichere Ufer gehoben wurde. Daniel schaut hier über die Tage der Errettung zur Zeit Antiochus' IV. hinweg schon auf die endzeitliche Trübsal und die endgültige Errettung (V. 1 b–3). Wer wird dann dabei sein? Gerettet werden diejenigen, deren »Namen im Himmel geschrieben sind« (Lk 10,20; vgl. Offb 20,15). Was ist mit denen, die inzwischen gestorben sind? Die Toten werden am Ende wieder da sein; sie *»werden aufwachen«* (V. 2 a). Es wird hier von zweierlei Auferstehungen gesprochen, von einem doppelten Ausgang: *»...die einen zum ewigen Leben, die andern zu ewiger Schmach und Schande«* (V. 2 b). Jesus zitiert diese Stelle (Joh 5,28 f.).

»Die da lehren« werden besonders genannt (V. 3). Insbesondere in der letzten, verwirrten Zeit sind diejenigen nötig, die klare Positionslichter setzen und so andere anleiten, den Weg zu finden. Diese dürfen dann in Ewigkeit sein, was sie zu Lebzeiten waren. Wer in der Anfechtungszeit gehorsam ist, der darf diesen hohen, heiligen Beruf in Ewigkeit ausüben, darf *»leuchten wie des Himmels Glanz und ... wie die Sterne immer und ewiglich«*.

Interessanterweise nimmt Jesus auch dieses Wort auf und weitet es aus. Im Gleichnis vom Unkraut unter dem Weizen sagt er dies nicht nur von den Lehrern, sondern allgemeiner: »Dann werden die Gerechten leuchten wie

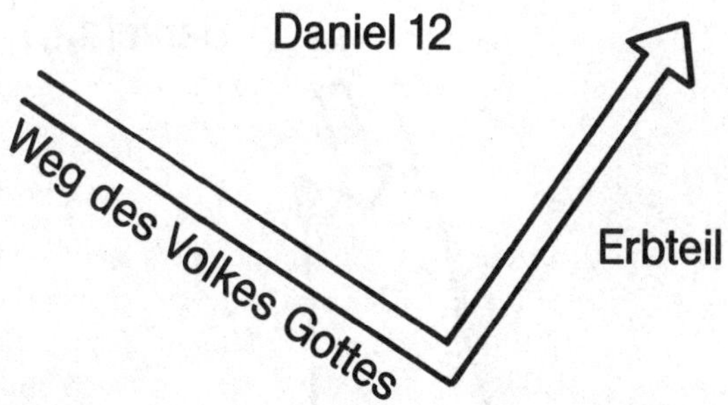

Abb. 198: Durch Leiden zur Herrlichkeit

die Sonne in ihres Vaters Reich« (Mt 13,43). Das gilt also nicht nur für die Lehrer. Ja, jeder Glaubende ist berufen, Jesu Zeuge zu sein und von ihm zu sprechen von Mensch zu Mensch!

b) Die Gebrauchsanweisung für Daniel (V. 4)

Daniel soll *»dies Buch versiegeln«*. Ein Wort kann in der Regel erst dann recht verstanden werden, wenn die Zeit dazu reif ist.

c) Der Zeitpunkt, an dem das geschehen wird (V. 5–13)

– Das Gespräch der Engel (V. 5–7)

In der unsichtbaren Welt wird sehnsüchtig gefragt, wann das, was unter a) beschrieben ist, geschehen werde. Die Zeit des Antichristen ist auf dreieinhalb Zeiten *(»eine Zeit und zwei Zeiten und eine halbe Zeit«)* bemessen. Damit sind wohl dreieinhalb Jahre gemeint (vgl. Offb 13,5; siehe auch oben zu Dan 9,27).

Letztlich bleibt die Frage nach dem Wann offen. Nur eines wird angegeben: Das Ziel wird erreicht sein, *»wenn die Zerstreuung des heiligen Volks [d. h. Israels] ein Ende hat«* (V. 7c). Damit kann nicht mehr *die* Zerstreuung gemeint sein, die Daniel selbst miterlebt hat; denn inzwischen ist Kyrus gekommen und hat die Juden nach Jerusalem ziehen lassen. Mit der hier erwähnten *»Zerstreuung«* muß eine neue, andere Zerstreuung gemeint sein, von der auch in 9,26 gesprochen wird, wo die Zerstörung Jerusalems und des Tempels durch den Fürsten eines Volkes angekündigt wird. Das ist um 70 n. Chr. durch den römischen General Titus geschehen, der später auch Kaiser wurde.

Dann richtet sich hier der Blick aber auch auf das Ende, auf den Zeitpunkt, an dem die *»Zerstreuung des heiligen Volks ein Ende hat«*, wenn es sich aus allen vier Himmelsrichtungen sammelt.

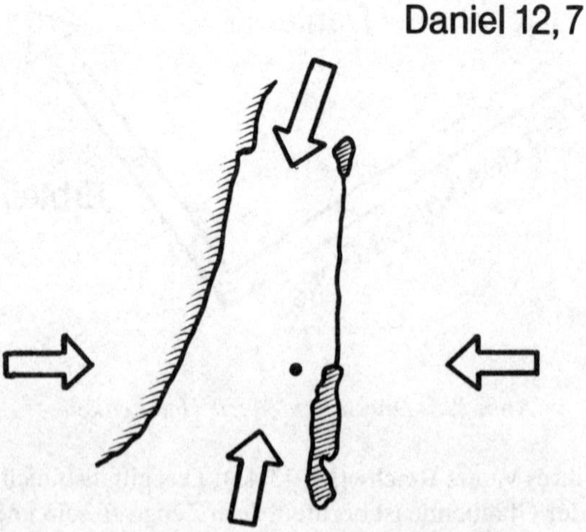

Abb. 199: Israels Sammlung

Was wird dann geschehen? Genau das Wort aus Daniel 12,7 hat Jesus in Lukas 21,24 aufgenommen, wenn er sagt: Israel wird »gefangen weggeführt unter alle Völker, und Jerusalem wird zertreten werden von den Völkern, bis die Zeiten der Völker erfüllt ist«. Dann wird das Ziel erreicht sein. Wenn Gott mit Israel wieder weitermacht, dann hört sein Gnadenangebot an die Völker auf; dann schließt er die Türe der Gnade zu und die Weltgeschichte ab (vgl. Röm 11,25f.).

Dieser heute so wichtige Gedanke, diese so wichtige Erkenntnis Jesu ist in 12,7 bereits Daniel gezeigt worden.

– Daniel schaltet sich in das Gespräch ein (V. 8–13)

Er stellt die Frage: *»Mein Herr, was wird das Letzte davon sein?«* (V. 8). Weiteres über den Ablauf dieser letzten Ereignisse will er also nicht wissen, aber über den Sinn und das Ziel des Leidens will er noch etwas erfahren. Er erfährt, daß die Gottlosen und die Glaubenden ausreifen sollen (vgl. Mt 13,30.39–43; Offb 14,14–20).

Mit Daniel wird abschließend geredet wie mit einem Kind, das am Abend beim Zu-Bett-Gehen im Blick auf den neuen, kommenden Tag voller Fragen ist: *»Geh hin, bis das Ende kommt, und ruhe, bis du auferstehst zu deinem Erbteil am Ende der Tage!«* (V. 13). Wie Daniel sein *»Erbteil«* empfangen wird, so gibt Gott seinen Kindern Anteil an allem, was er ist, hat und tut (Eph 1,11; Kol 1,12; 1. Petr 1,4). Er selbst ist das *»Erbteil«* ohnegleichen (Ps 16,5f.; 5. Mose 18,2)!

So hat Daniel außerordentlich viel sehen dürfen, erkennen können. Dieser in der Fürbitte auf Gottes Werk und Heilsgeschichte so gesammelte Mann hat dann auch diese Ausblicke tun dürfen, die in den Kapiteln 7–12 seines Buches nachzulesen sind.

Der Prophet Hosea

1. Einleitung

1.1 Der Beginn des Wirkens der sog. zwölf Kleinen Propheten

Die zwölf Prophetenbücher von Hosea bis Maleachi werden als »Kleine Propheten« bezeichnet – zur Unterscheidung von den Großen Propheten Jesaja, Jeremia, Hesekiel und Daniel. Um zu bedenken, wann die Kleinen Propheten gewirkt haben, ist ein Blick auf die Geschichte Israels – vor allem im 8. Jahrhundert v. Chr. – unerläßlich.

Um 1000 v. Chr. hat David regiert. Er und sein Sohn Salomo waren etwa 80 Jahre an der Herrschaft; dies war *die* Blütezeit in der Geschichte Israels schlechthin (bis ca. 950 v. Chr.). Danach kam es zu der verhängnisvollen Spaltung des Volkes in das kleine Südreich Juda mit der Hauptstadt Jerusalem und das größere Nordreich Israel (das Zehn-Stämme-Land) mit der Hauptstadt Samaria. Im Jahre 587 v. Chr. wurde das Südreich von jener großen Katastrophe ereilt, die das vorläufige Ende ganz Israels bedeutete: die babylonische Gefangenschaft.

Bereits 150 Jahre zuvor war eine ähnliche Katastrophe über das Nordreich hereingebrochen: die assyrische Gefangenschaft (722 v. Chr.). Obwohl das Nordreich größer als das Südreich war und bessere Voraussetzungen mit sich brachte, ist es doch früher gerichtsreif gewesen. Daher traten die Propheten des Nordreiches (außer Hosea z. B. Amos) auch früher auf als die des Südreichs.

1.2 Die Zeit des Wirkens des Propheten Hosea

Hosea zählt mit Amos (der kurze Zeit vor ihm im Nordreich aufgetreten war) zu den ältesten der sog. Schriftpropheten, jenen Propheten also, die ihre Botschaft entweder selbst aufschrieben oder durch andere haben aufschreiben und dadurch festhalten lassen. Hosea war sozusagen der »Jeremia« des Nordreiches Israel. Warum?

Jeremia hat etwa um 600 v. Chr. in Jerusalem (also im Südreich) gewirkt, ca. 25 Jahre lang unmittelbar vor der Katastrophe. Er war der treue Bote Gottes gewesen, der unter viel Schmerzen das Volk zu Gott heimgerufen hat und der es vor dem Gericht bewahren wollte. Zu dieser Bewahrung Israels kam es freilich nicht, und dennoch durfte Jeremia schon ankündigen, daß Gott dem Volk nach dem Gericht eine neue Zukunft geben würde (zum Einzelnen siehe das Kapitel »Der Prophet Jeremia«).

Auch dem Nordreich hat Gott einen solchen Propheten gegeben wie Jeremia einer für das Südreich war: Hosea. Dieser Prophet war ein empfindsamer, ein sensibler Mann, ein Mensch, der unsäglich darunter gelitten hat, daß er in diesem Volk im Namen Gottes auftreten mußte. Hosea wollte Israel noch heimrufen, durch ihn hat Gott um dieses Volk geworben. Aber Israel hat sich von seinem Irrweg nicht abhalten lassen: Es ging in die Katastrophe. Aber auch Hosea durfte schon ankündigen, daß Gott nach dem Gericht mit Israel weitermachen werde. Menschliche Untreue kann Gottes Treue nicht in Frage stellen!

Hosea wirkte etwa 150 Jahre früher als Jeremia, ja auch früher als Jesaja. Den zeitlichen Beginn seines Wirkens nennt Vers 1 des ersten Kapitels des Hosea-Buches: *»Dies ist das Wort des HERRN, das geschehen ist zu Hosea, dem Sohn Beeris, zur Zeit des Usija, Jotam, Ahas und Hiskia, der Könige von Juda, und zur Zeit Jerobeams, des Sohnes des Joasch, des Königs von Israel.«* Hoseas Auftreten fiel also zunächst in die Zeit Jerobeam II. (787–747 v. Chr.), in eine Zeit der äußeren Blüte und des Wohlstands. In dieser Epoche wurden Israels Grenzen ausgeweitet und wieder gefestigt; das Nordreich hatte seinen Lebensraum gesichert und erlebte – wirtschaftlich gesehen – eine Glanzzeit. Aber das war ein oberflächliches Wohlergehen. Der sittliche Verfall weitete sich mehr und mehr aus. Die Rechtlosigkeit wuchs, und die Übergriffe der Reichen gegenüber den Armen, der Starken gegenüber den Schwachen nahmen mehr und mehr zu.

Insbesondere war es der Götzendienst, der Ausmaße annahm wie nie zuvor. Im Nordreich war ja von seiten der Regierung eine eigene Religion eingeführt worden um zu verhindern, daß die Leute zum Jerusalemer Heiligtum wallfahren. Man hat daher aus Gründen der politischen Zweckmäßigkeit in den Orten Dan und Bethel zwei goldene Kälber (oder Stiere) aufstellen lassen. Die Menschen im Nordreich wollten dabei – wie die im Südreich – auch Jahwe verehren. Abgesehen davon, daß das gegen Gottes Gebot war, kein Bildnis Gottes zu machen, erfolgte im Nordreich mehr und mehr eine Anpassung an den kanaanäischen Baals- und Ascherakult.

Äußerlich gesehen befand sich dieses Volk unter Jerobeam II. also in einer gewissen Blütezeit, aber innerlich war dies spürbar eine Zeit des Niedergangs. Dahinter stand der Abfall des Volkes von seinem Bundesgott Jahwe, seinem Schöpfer und Herrn.

Auf diesen inneren Niedergang folgte dann auch der äußere Niedergang. In den 25 Jahren zwischen dem Tode Jerobeam II. (747 v. Chr.) und dem Jahr, in dem die Hauptstadt zerstört wurde und große Teile der Bevölkerung in das assyrische Exil weggeführt wurden (722 v. Chr.), amtierten nicht weniger als sechs Könige. Mit vier von diesen sechs Regenten übernahm eine neue Dynastie, ein neues Herrscherhaus, die Macht in Israel. Es fand also eine Palastrevolution nach der anderen statt; Königsmorde und Revolten waren keine Seltenheit (vgl. Abb. 200, wo die Aufeinanderfolge dieser Könige aufgelistet ist; zu den einzelnen Königen siehe im Kap. »Das zweite Buch der Könige«, Abschnitt 3.). Erst als sich das mächtige Assyrien das ganze Nordreich einverleibte, fand dieser Kampf aller gegen alle in Israel ein Ende.

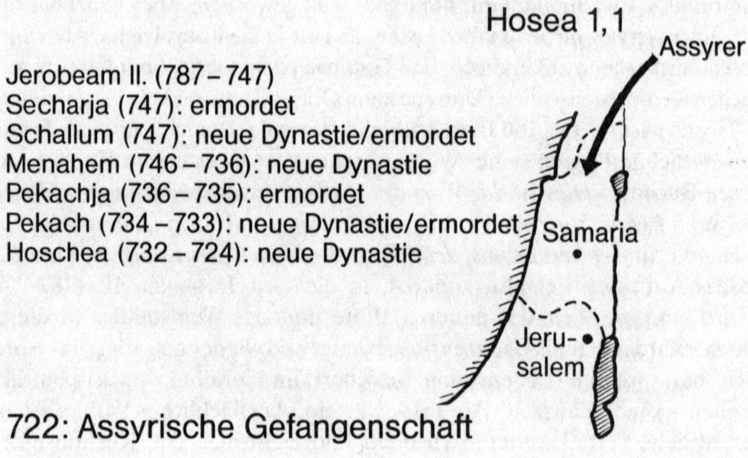

Abb. 200: Die letzten Könige Israels vor dem Ende des Nordreichs

1.3 Zur Botschaft und zur Person des Propheten Hosea

Nur auf dem Hintergrund der Geschichte seiner Zeit (vgl. 1.2) wird die Botschaft des Propheten Hosea recht verständlich. Hosea hatte ja in die Lage Israels seiner Zeit hineinzureden, die ja zunächst – wie gezeigt – von äußerem Aufschwung und Wohlstand sowie von politischer Festigkeit und Sicherheit geprägt war. Hosea begann mit seinem Wirken unter Jerobeam II. (vgl. 1,1). Mit den Augen Gottes durchschaute er in dieser Phase das äußere Geschehen und erkannte den inneren Niedergang.

Bei Hosea taucht zum erstenmal im Alten Testament jenes erschreckende, die Lage erhellende Bild vom *Ehebruch* auf, das zum Ausdruck bringt, daß der Götzendienst des Volkes »Hurerei« ist:

»Das Land läuft vom HERRN weg der Hurerei nach« (1,2b). Daran wird der Abfall Israels in seiner ganzen Schwere sichtbar: Israel hat den wundervollen Bund vom Sinai zerbrochen.

Es geht hierbei also nicht um das sechste (»Du sollst nicht ehebrechen!«), sondern um das erste Gebot: »Ich bin der HERR, dein Gott... Du sollst keine anderen Götter haben neben mir« (2. Mose 20,2f.). Diese Gemeinschaft, die Gott mit dem Volk Israel am Sinai eingegangen ist, ist einem wunderbaren Ehebund vergleichbar.

Es ist sehr zu beachten, daß die beiden engsten menschlichen Gemeinschaften – das Eltern-Kind-Verhältnis und die Ehe – in der Bibel oft Bild für die Gemeinschaft sind, die Gott mit dem Menschen eingeht. Im Blick auf das Bild von der Ehe bricht das bei Hosea zum erstenmal durch in Gestalt einer großen Erkenntnis, die dieser Prophet von Gott her aussprechen darf. Das zieht sich dann durch die gesamte Bibel hindurch (siehe unten, bei Kap. 1).

Vier zentrale Aussagen werden im Ganzen des Hosea-Buches deutlich:

a) Gott, der Himmel und Erde geschaffen hat, ist diese wunderbare Gemeinschaft mit seinem Volk, mit den Menschen eingegangen. Gott hat uns Menschen zu seinem Du geschaffen. Wir sind also nicht nur seine Geschöpfe, die er tief unter sich hat, sondern Gott hat uns heraufgehoben und in seine Gemeinschaft gezogen.

b) Die Menschen – Israel und auch das neutestamentliche Gottesvolk – sind in der Gefahr, in diesem Sinne »Hurerei« zu begehen, daß sie vom Herrn weg- und den Göttern nachlaufen, jenen Göttern, die ihnen so nahegelegt werden, weil die ganze Umwelt ihnen dient. Abfall von Gott ist Hurenwesen – das bringt Hosea mit aller Deutlichkeit zum Ausdruck (vgl. Jes 1,21; Hes 16,28.31.35; Jak 4,4; Offb 17).

Es ist bei den Ideologien und beim Mammonsdienst unserer Zeit gar nicht so leicht zu durchschauen, wo denn da überall die Götzen sind. Wir sind fortwährend in Gefahr, vom Herrn weg- und den Göttern nachzulaufen.

c) Die menschliche Untreue hebt die unwandelbare göttliche Treue nicht auf (vgl. Röm 11 u. a.). Das sagt Paulus so: »Sind wir untreu, so bleibt er doch treu« (2. Tim 2,13). Und im Blick auf Israel sagt er: »Gottes Gaben und Berufung können ihn nicht gereuen« (Röm 11,29). Aber Gott geht mit Menschen – wenn sie sich von ihm nichts sagen lassen – durch schwere, ja schwerste und langwierige Züchtigungen hindurch. Das sagt Hosea Israel mit großer Klarheit.

d) Bei Hosea wird die Möglichkeit angesprochen, ja in Aussicht gestellt, daß es ein Volk Gottes geben wird, das nicht der Hure gleicht, sondern der Braut, der Gattin, die in Geduld, in Lauterkeit und Reinheit an ihrem Manne bleibt. So tritt auch die Einfalt der »Braut«, die eindeutig ihrem

Herrn folgt, als des wahren Gottesvolkes bei Hosea in Erscheinung (vgl. Jes 62,5; Eph 5,23; Offb 12,1 ff.; 19,7; 21,2; 22,17).

Diese vierfache große Einsicht wird Hosea und durch ihn Israel geschenkt und auch in dieser seiner Schrift festgehalten. Diese Linie taucht dann bei Jesaja, Jeremia und Hesekiel (Kap. 16.23) sowie insbesondere im Neuen Testament immer wieder auf – bis hin zur Offenbarung des Johannes, dem letzten Buch der Bibel.

2. Zum Aufbau des Buches

Das Hosea-Buch umfaßt 14 Kapitel. Man tut dem Text vielleicht ein wenig Gewalt an, wenn man dieses Buch noch einmal irgendwie aufteilen will. Daher verzichte ich auf eine detaillierte Gliederung und zeige die wesentlichen Aussagen der einzelnen Kapitel.

3. Zum Einzelnen

In **Kapitel 1** findet sich etwas sehr Seltsames: Der Prophet soll gewissermaßen ein Leidensgefährte Gottes sein. Es wird festgestellt, daß Israel dem HERRN davonläuft, hin zu den Götzen (V. 2b). Und Hosea, dieser Bote Gottes, soll die Not, den Schmerz Gottes empfinden – und zwar auf eine eigenartige Weise: indem der Prophet das schwere Geschick einer untreuen Gattin zu tragen hat (*»Geh hin und nimm ein Hurenweib…«*, V. 2a). Daß Hosea dadurch zum Leidensgenossen Gottes wird, das tritt in diesem ersten Kapitel des Buches in aller Deutlichkeit in Erscheinung.

Hosea muß am eigenen Leib erfahren, was die Relativierung und Vermischung des Glaubens Israels mit anderen Glaubensweisen und Religionen bedeutet. Er hat eine Frau namens Gomer, die aus der Ehe ausbricht. Sie hat ihn offenkundig nicht ganz und gar verlassen. Polygamie von seiten der Männer war ja gang und gäbe. Warum – so konnte man meinen – sollte es also nicht auch eine Frau einmal so halten? Sollte Gomer von Hosea nicht Toleranz erwarten? Doch Hosea hat unter diesem Ehebruch Gomers unsagbar gelitten.

An Hosea ist also besonders gut zu sehen, wie existentiell (so würde man heute sagen) die Propheten das erlebt und erlitten haben, was sie mit ihrer Botschaft Israel mitzuteilen hatten. Zunächst – im Blick auf Gott – hatten sie auszurichten, daß Gott seine Gemeinschaft dem Volke Israel schenkt (siehe Abb. 201, links). Israel mißachtet dies sodann, erwidert die Liebe Gottes

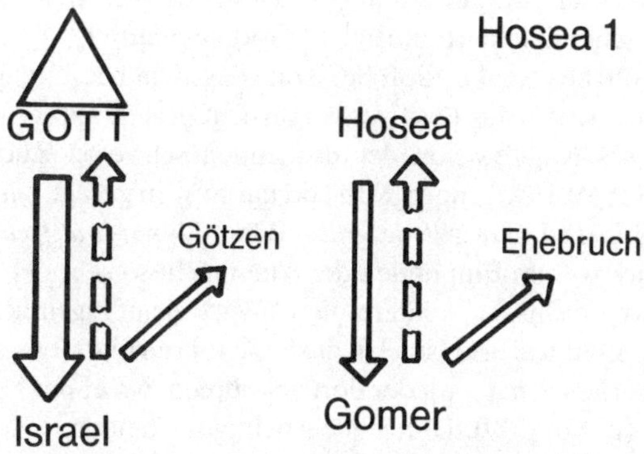

Abb. 201: Hosea – Gottes Leidensgenosse

also nicht und wendet sich den Götzen zu. *Das* ist Israels Sünde, die Hosea mit seiner Ehe darzustellen hat (Abb. 201, rechts)!

Damit wird deutlich, daß dies Verhalten Israels keinesfalls harmlos ist. Wäre Israel gegen jede Relativierung seines Glaubens und jede Religionsvermischung spröde geblieben und hätte solches abgelehnt, so wäre diesem Volk wohl viel erspart geblieben. Es geht dabei ja um die Lauterkeit, die Reinheit, sozusagen um die geistliche Keuschheit des Volkes Gottes. Es ist letztlich die Frage: Hure oder Braut? –

Das ist auch heute keine nebensächliche Frage. Viele Theologen unserer Zeit plädieren für eine tolerante Haltung gegenüber anderen Religionen, etwa dem Islam. Man rät dann dazu, Worte der Bibel wie: »In keinem andern ist das Heil...« (Apg 4,12) nicht so sehr in den Vordergrund zu stellen.

Aber das entspricht der Haltung Israels zur Zeit des Hosea. Darauf darf man sich nicht einlassen! Wenn sich zum Beispiel die frühe Christenheit gegenüber dem Kaiserkult Roms ähnlich tolerant gezeigt hätte, so wäre ihr viel erspart geblieben, nämlich die gesamte 200jährige Verfolgung, die ihr widerfahren ist. Nur weil die Christenheit der ersten Jahrhunderte solche Relativierung und solchen Synkretismus nicht mitgemacht hat, sondern gegen jede Vermischung abweisend blieb, ist sie so verfolgt worden. Das haben die ersten Christen bewußt in Kauf genommen.–

Mit Hoseas Leben – insbesondere seiner Ehe – war einfach die Lage Israels erhellt. Alle Verharmlosung des Götzendienstes (›Man sollte doch nicht so einseitig sein! Man kann sich doch auch von den anderen zu einem solchen Sommernachtsfest unter den Terebinthen einladen lassen und hinterher wieder seinen Jahwegottesdienst halten... Warum denn so einseitig?‹)

wird bei Hosea als das erkennbar, was sie in Wahrheit ist: Ehebruch, Unzucht und schmähliche Treulosigkeit Gott gegenüber.

Das Erfreuliche war, daß Gott bei Israel das nicht hat durchgehen lassen.

In **Kapitel 2** wird etwas Positives in Aussicht gestellt. Zwar wird im ersten Abschnitt dieses Kapitels von der drohenden schweren Züchtigung, vom Gericht geredet (V. 1–15), doch wird sodann in V. 16 gesagt: *»Ich will sie [die treulose Frau] locken und will sie in die Wüste führen und freundlich mit ihr reden.«* *»Wüste«* war im Empfinden der Alten nicht so sehr der wüste Ort, an dem schlichtweg nichts ist, sondern dieses Wort meint eigentlich die Einsamkeit, die Stille. Gott will also Israel in die Stille führen und – obschon ihn dieses Volk so sehr verlassen hat – wieder dort anknüpfen, wo er mit Israel begonnen hat: am Sinai (2. Mose 19). Durch alle Züchtigung hindurch, die freilich auch schmerzhaft ist, will Gott Israel wieder in seine Gemeinschaft zurückführen.

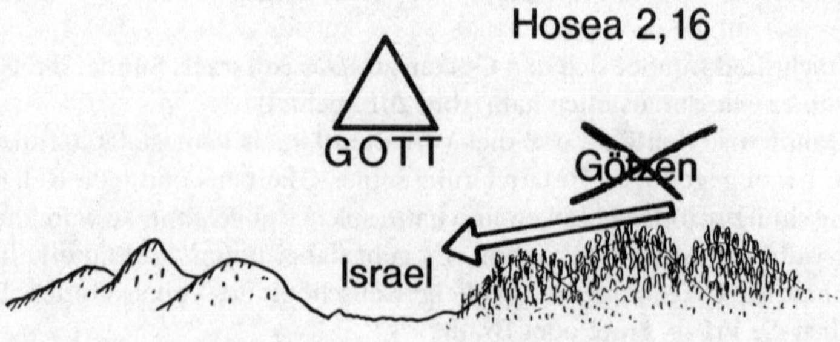

Abb. 202: Gott führt in die Wüste

Christen werden manches an Führung Gottes in ihrem Leben – gerade, wenn sie schon älter bzw. alt geworden sind und schon vieles erlebt haben – besser verstehen, wenn sie merken, wie Gott sie in seiner Arbeit an ihnen gerade auch auf diese Weise fördern will, daß er sie immer wieder auch in die Stille führt. Insbesondere das Alter ist solch eine Zeit. Es geht ja dabei um die ganz große Zukunft. Im Alter haben jene Menschen das Entscheidende nicht hinter, sondern vor sich, die die ganz große Ewigkeit Gottes ernst nehmen! Daher wollen wir Gott mit uns reden lassen, wenn er uns in die Stille führt.–

In diesem Zusammenhang steht das wunderbare Wort: *»Ich will mich mit dir verloben für alle Ewigkeit, ich will mich mit dir verloben in Gerechtigkeit und Recht, in Gnade und Barmherzigkeit«* (V. 21). Durch all die schweren Erziehungen hindurch will Gott also doch die Gemeinschaft mit seinem Volk wiederherstellen und vollenden.

Das gilt nicht nur für Israel, sondern auch für das Volk Gottes aus allen Völkern, das auch durch viel Fallen und Aufstehen geht, auch einzelnen Christen. So arbeitet Gott also an uns: Auch durch Züchtigungen hindurch stellt er doch seine volle Gemeinschaft mit uns her.

In **Kapitel 3** ist davon die Rede, wie Gott durch die Züchtigung hindurch sein Volk zurückgewinnen will. Hier wird davon gesprochen, wie Hosea von Gott den Auftrag bekommt, seine ihm treulos gewordene Frau, die nun als Sklavin erscheint (vielleicht ist sie in die ungute Abhängigkeit von einem Mann geraten; möglicherweise sind aber damit auch ihre Süchte gemeint), wieder befreien soll. Hosea soll ihr dann neu seine Liebe schenken. Allerdings soll sie durch eine Zeit der Buße gehen (vgl. V. 3).

Das ist wiederum ein Bild für das, was Gott an seinem Volk Israel tut. Ja, der Blick richtet sich ganz weit hinaus, denn es ist hier davon die Rede, daß die Israeliten zuletzt durch schwere Züchtigungen gehen, letztendlich aber umkehren, *»ihren König David«* suchen und *»mit Zittern«* zum HERRN kommen werden (V. 4f.).

Es scheint hier schon das im Blickfeld zu sein, wovon in Hesekiel 38 und Sacharja 12–14 die Rede ist: daß nämlich Israel, nachdem es wieder gesammelt ist, noch einmal einen ganz schweren Druck erfährt, so daß es endlich den großen Davidssohn suchen und annehmen wird. »Sie werden mich ansehen, den sie durchbohrt haben« (Sach 12,10). In diesem dritten Kapitel des Hosea-Buches scheint also der Blick des Propheten schon auf diesen letzten schweren Druck, die letzte Erkenntnis und die letzte Hilfe hin zu gehen.

Mit den ersten drei Kapiteln ist eigentlich schon der ganze große Bogen des Hosea-Buches aufgezeigt; das Entscheidende ist damit im Grunde genommen schon gesagt. In den restlichen Kapiteln dieses Buches wird vor allem von den Gerichten ausführlicher geredet, die Israel drohen, wenn es sich nicht zu Gott heimrufen läßt.

Kapitel 4 und 5 sind zwei Kapitel, in denen von der Züchtigung die Rede ist.

In **Kapitel 4** geht es speziell um die Priester Israels (also des Nordreichs). Sie werden getadelt: *»Der HERR hat Ursache, zu schelten, die im Lande wohnen; denn es ist keine Treue, keine Liebe und keine Erkenntnis Gottes im Lande... Allein dich, Priester, habe ich [der HERR] zu schelten«* (V. 1.4). Die Priester sind nämlich hörig geworden, haben sich von der Staatsmacht abhängig machen lassen und sich der Götterwelt der benachbarten Völker angepaßt. *»Du hast die Erkenntnis [d. h. das Wort Gottes] verworfen; darum will ich dich auch verwerfen...«* (V. 6). Die Priester müssen demnach durch sehr ernsthafte Züchtigungen hindurch. Die Zuchtlosigkeit dieser Priester Israels verdunkelt auch ihre Erkenntnis: *»Hurerei, Wein und Trunk machen toll«* (V. 11).

Kapitel 5 redet noch ernster von den politisch Führenden. Es wird hier gesagt, daß weder die Ägypter noch die Assyrer noch irgend jemand sonst Israels Feind ist, sondern der eigentliche Feind des ungehorsamen Gottesvolkes ist der lebendige Gott selbst: *»Ich bin für Ephraim wie ein Löwe…«* (V. 14). Wer sich gegen Gott wendet, gegen den wendet sich Gott. So redet das Neue Testament auch davon, daß »der Zorn Gottes über die Kinder des Ungehorsams kommt« (Eph 5,6; Kol 3,6). Und wenn Gott einreißt, dann hilft kein Bauen. Wehe dem Menschen, dem Gott in diesem seinem Gerichtsernst begegnet! Wer Gott nicht in seiner Gnade annimmt, dem begegnet er so in seinem Gericht.

Gott überläßt Israel zunächst sich selbst: *»Ich will wieder an meinen Ort gehen, bis sie ihre Schuld erkennen«*, denn erst *»wenn's ihnen übel ergeht, so werden sie mich suchen«* (V. 15).

Kapitel 6 setzt fort, wovon in den Kapiteln 4 und 5 die Rede war. (So bilden die Kapitel 4–6 wieder eine Einheit.) Hosea geht in seiner Liebe, in seinem Einfühlungsvermögen, in seinem Erbarmen geradezu so weit, daß er Israel vorsagt, was es sagen soll, so wie eine Mutter ihrem Kind etwas vorspricht, damit dieses das Sprechen lernt. *»›Kommt, wir wollen wieder zum HERRN; denn er hat uns zerrissen, er wird uns auch heilen, er hat uns geschlagen, er wird uns auch verbinden‹«* (V. 1).

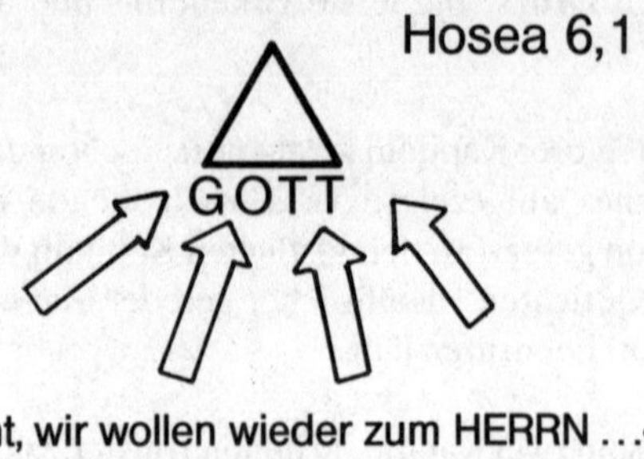

Abb. 203: Gottes Züchtigung soll zur Buße führen

Damit will der Prophet seinem Volk helfen, sich in den Züchtigungen wieder an seinen Gott zu wenden, denn dann werde es keine Enttäuschung erleben: »Ich will nicht tun nach meinem grimmigen Zorn…« (11,9). Wenn doch nur ein Fünklein der Buße bei Israel zu finden wäre!

Ähnlich vergeblich wie Hosea hat 150 Jahre später Jeremia im Südreich gewirkt. Sogar schon bei dieser viel früheren Krise im Nordreich war die Chance gering, daß das Volk auf Gottes Bußruf hörte.

Israel war geneigt, auf Gottes Ruf so zu antworten, daß es ein Sühnopfer darbrachte. Dann sei schon alles gut, meinten die Israeliten. Dem hält

Hosea entgegen, daß es auf die billige Tour nicht gehen werde; Gott lasse sich nicht mit einer äußeren Sache abspeisen. Er will nicht Opfer, sondern Liebe: *»Ich habe Lust an der Liebe und nicht am Opfer, an der Erkenntnis Gottes und nicht am Brandopfer«* (V. 6). Gott will, daß man wirklich sich selbst ihm hingibt – und nicht irgendeine Abschlagsleistung erbringt, eine Ablösungssumme bezahlt, ihn mit irgendwelchen äußeren Gaben abspeist. Es muß schon eine echte Hingabe des Lebens sein!

In **Kapitel 7** wird zu Israel gesagt, daß es eine falsche Zuflucht suche. »Israel, du bringst dich ins Unglück; denn dein Heil steht allein bei mir«, deinem Gott. Dieses Wort steht – dem Sinne nach – nicht nur in 13,9, sondern wiederholt im Hosea-Buch, auch im siebten Kapitel. *»Jetzt rufen sie Ägypten an, dann laufen sie nach Assur«* (V. 11 b). Israel sucht seine Hilfe einmal bei Ägypten, ein andermal bei Assyrien – und setzt sich dabei erst recht in die Nesseln. Das war vor allem bei Israels letztem König, Hoschea, der Fall, der sich zunächst Assyrien und dann Ägypten zuwandte. Da die Assyrer überlegen waren, ist Hoschea diese Politik zum Verhängnis geworden, und so ist es dann zur Katastrophe gekommen. Israel hat das Vertrauen zu Gott, die Zuflucht zu Jahwe aufgegeben und sein Heil bei den Ägyptern und den Assyrern gesucht.

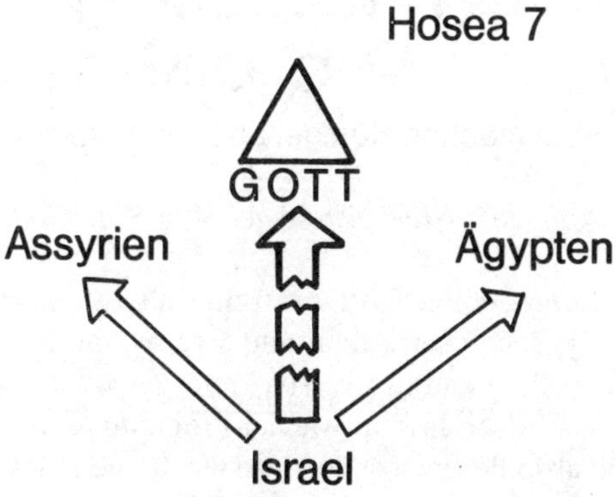

Abb. 204: Israels falsche Zuflucht

In Vers 7 dieses Kapitels wird auf die Palastrevolutionen angespielt: *»Alle ihre Könige fallen...«* Der große Abfall Israels wird daran erkennbar, daß es sich nicht mehr wahrhaftig an Gott wendet, weil der Götzendienst überhandnimmt: *»Sie rufen mich nicht [mehr] von Herzen an, sondern machen ein Geheul auf ihren Lagern...«* (V. 14; vgl. V. 7).

Heißt es in Kapitel 5, daß Gott Israel »wie ein Löwe« begegnet, so bringt **Kapitel 8** zum Ausdruck, er wolle seinem Volk sein *»wie ein Adler, weil sie* *meinen Bund übertreten und sich gegen meine Gebote auflehnen«* (V. 1). Damit ist nicht solch ein Adler gemeint wie der, von dem in 2. Mose 19 steht: »Ihr habt gesehen, ... wie ich euch getragen habe auf Adlersflügeln...« (2. Mose 19,4), sondern Gott wird über Israel kommen wie ein Adler über ein Tier, das er packt und raubt. Gott wird seinem Volk also nicht als Freund, sondern als Feind begegnen und das Gericht wird über das götzendienerische und unbußfertige Israel hereinbrechen.

Dazu gehört auch, was in Vers 4 steht: *»Sie machen Könige, aber ohne mich...«* Jeden Augenblick setzen sie einen anderen Herrscher auf den Thron und erklären ihn zum König, dem das Volk zujubelt. Dann geht es wieder durch Mord und Totschlag und Blutvergießen, bis der nächste folgt.

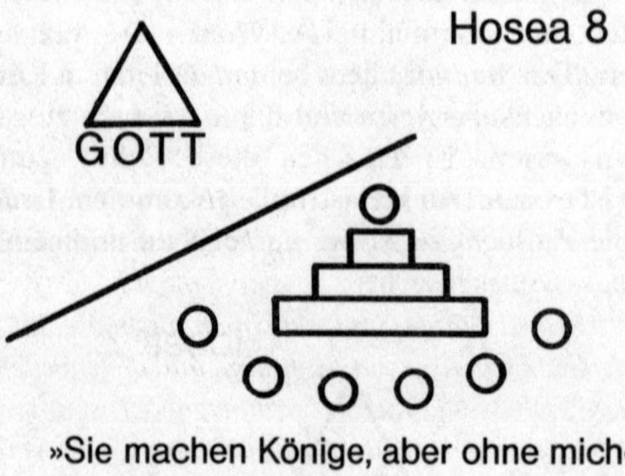

Abb. 205: Israel geht seinen Weg ohne Gott

Sie *»machen Könige«* ohne Gott und ziehen also gewissermaßen den Vorhang vor. Das ist ja schon seit Adam und Eva so, die hinter dem Rücken Gottes etwas tun wollten und sich versteckten.

Wir müssen uns fragen lassen, wieviel Programme und Pläne wir ohne Gott machen und abspulen, selbst dort, wo wir meinen, das Reich Gottes zu bauen. Es ist gefährlich, an Gott vorbeizuleben.

»Ich bin der allmächtige Gott; wandle vor mir und sei fromm« (1. Mose 17,1 b). Israel hat seinen Gott schmählich verlassen und nicht mehr auf seinen Wink gewartet.

Darum – so **Kapitel 9** – muß Israel sein Land verlassen und in die Verbannung gehen (V. 3). Dieses Volk kann nicht in seinem Land bleiben, weil es dort nicht Gott gedient hat. Wo man Gott nicht dient, darf man nicht bleiben!

In **Kapitel 10** wird zum Ausdruck gebracht, warum das Gericht über Israel erfolgt: eben weil die Israeliten Gott nicht gedient haben. *»Israel ist* *ein üppig rankender Weinstock, der seine Früchte trägt. Aber je mehr Früchte er hatte, desto mehr Altäre [für Baal] machten sie; wo das Land am besten war, da richteten sie die schönsten Steinmale [für Aschera] auf«* (V. 1). Je schöner also die Weintrauben wurden, desto mehr hat das Volk die Altäre des Baal damit beladen; und je schöner das Getreide auf den Feldern gedieh und je besser die Ernte ausfiel, desto größer hat Israel die Aschera-Säulen gemacht. Je mehr Wirtschaftswunder Gott ihnen gab, desto mehr haben die Israeliten den Mammon vergöttert.

Deshalb darf das Volk nicht in seinem Land bleiben: *»Das Kalb [das Jerobeam in Bethel hatte aufstellen lassen] wird nach Assyrien gebracht zum Geschenk für den König Jareb«* (V. 6).

Das Gericht bricht sodann insbesondere dort herein, wo sich Israel von Gott und seinen Geboten gelöst hat: *»Die Höhen zu Awen sind verwüstet, auf denen sich Israel versündigte; Disteln und Dornen wachsen auf ihren Altären. Und sie werden sagen: Ihr Berge, bedecket uns! und: Ihr Hügel, fallet über uns!«* (V. 8; vgl. Lk 23,30).

Aber Gott gedenkt seiner Treue **(Kap. 11)**: *»Als Israel jung war, hatte ich ihn lieb und rief ihn, meinen Sohn, aus Ägypten... Ich ließ sie ein menschliches Joch ziehen und in Seilen der Liebe gehen [also im schonenden Dienst] ... [Doch] mein Volk ist müde, sich zu mir zu kehren, und wenn man ihnen predigt, so richtet sich keiner auf. Wie kann ich dich preisgeben, Ephraim, und dich ausliefern, Israel? ... Mein Herz ist andern Sinnes, alle meine Barmherzigkeit ist entbrannt. Ich will nicht tun nach meinem grimmigen Zorn noch Ephraim wieder verderben. Denn ich bin Gott und nicht ein Mensch und bin der Heilige unter dir...«* (V. 1.4.7–9).

In **Kapitel 12** werden die Israeliten darauf angesprochen, daß sie die Nachfahren Jakobs sind, dem Gott doch auch seine Treue erwiesen hat (V. 1.3 ff.). Der Stammvater Israels ist auch im Gericht Gottes das Urbild. Jakob hat sich Gott gestellt, hat mit ihm gekämpft (V. 4). Auch reinigte er sein Haus in Bethel, also an dem Ort, an dem jetzt so viel Götzendienst getrieben wird (vgl. 1. Mose 35).

In **Kapitel 13** wird wieder von der großen Hoffnung gesprochen, die trotz aller Untreue des Volkes geschenkt wird. Israel freilich setzt seinen Götzendienst fort: *»Dennoch sündigen sie weiter: Aus ihrem Silber gießen sie Bilder, wie sie sich's erdenken, Götzen, die doch nur Schmiedewerk sind. Dann sagen sie von ihnen: Wer die Kälber [die beiden in Bethel und Dan] küssen will, der soll Menschen opfern«* (V. 2).

Noch einmal wird dieses Volk eindringlich darauf hingewiesen, wem es sein Heil verdankt: *»Israel, du bringst dich ins Unglück; denn dein Heil steht allein bei mir«* (V. 9).

Vers 14 dieses Kapitels ist eine der alttestamentlichen Stellen, an denen die Hoffnung über den Tod hinaus voll aufleuchtet: *»Aber ich will sie aus dem*

Totenreich erlösen und vom Tode erretten. Tod, ich will dir ein Gift sein; Totenreich, ich will dir eine Pest sein; Rache kenne ich nicht mehr.« Die Treue Gottes wird nicht einmal durch den Tod durchkreuzt (vgl. Röm 8,38f.).

Der eigentliche Sieg über den Tod ist freilich erst im Neuen Testament gegeben: Jesus ist des Todes Tod, er zerstört das Werk des Zerstörers. »Dazu ist erschienen der Sohn Gottes, daß er die Werke des Teufels zerstöre« (1. Joh 3,8b).

In **Kapitel 14** wird Israel noch einmal zur Umkehr zu Gott ermahnt: *»Bekehre dich, Israel, zu dem HERRN, deinem Gott; denn du bist gefallen um deiner Schuld willen«* (V. 2). Das Schuldbekenntnis wird gefordert: *»Sprecht zu ihm: Vergib uns alle Sünde und tu uns wohl, so wollen wir opfern die Frucht unserer Lippen... Wir wollen ... auch nicht mehr sagen zu den Werken unserer Hände: ›Ihr seid unser Gott‹«* (V. 3b.4). Hosea sagt dies wieder Israel vor, wie eine Mutter ihrem Kind etwas vorspricht (vgl. 6,1).

Dann ist die göttliche Heilung möglich: *»So will ich ihre Abtrünnigkeit wieder heilen; gerne will ich sie lieben; denn mein Zorn soll sich von ihnen wenden. Ich will für Israel wie ein Tau sein, daß es blühen soll wie eine Lilie, und seine Wurzeln sollen ausschlagen wie eine Linde und seine Zweige sich ausbreiten, daß es so schön sei wie ein Ölbaum...«* (V. 5–7; vgl. Röm 11).

Aber Gott zwingt mit seiner unwandelbaren, ewigen Treue niemanden. Daher wird am Schluß dieses Buches von dem doppelten Ausgang gesprochen: *»Die Wege des HERRN sind richtig, und die Gerechten wandeln darauf; aber die Übertreter kommen auf ihnen zu Fall«* (V. 10; vgl. im Kapitel »Der Prophet Daniel«, zu Dan 12,2a).

Israel ist schmerzliche Umwege gegangen – und geht sie bis heute. Machen wir doch nicht solch schmerzliche Umwege! Lassen wir uns doch durch Gott heimrufen! Wir können uns so viele Züchtigungen ersparen. Bleiben wir doch in der Einfalt der »Braut« und »folgen dem Lamm nach, wohin es geht« (Offb 14,4; 19,7; 21,2.9).

Der ganz große Horizont, das Geheimnis des Handelns Gottes, tritt bei Hosea, diesem verhältnismäßig unbekannten Propheten, schon in voller Klarheit, in vollem Licht in Erscheinung (vgl. Abschnitt 1.3.).

Der Prophet Joel

1. Einleitung

1.1 Die Frage der zeitlichen Einordnung des Propheten Joel

Beim Propheten Joel weiß man nicht so recht, wo man ihn zeitlich einordnen soll. Bei anderen Propheten – zum Beispiel bei Hosea, Haggai und Maleachi – ist es möglich, die Zeit ihres Auftretens bis auf Jahr und Monat zu ermitteln. Bei Joel weiß man das nicht genau; bei diesem Prophetenbuch fehlt jede Zeitangabe.

Man kann freilich aus einigen Angaben bei Joel Schlüsse ziehen und so zu einer annäherungsweisen zeitlichen Einordnung kommen. Im Joel-Buch wird das Königtum Israels nicht erwähnt, auch keine Hofbeamtenschaft. Joel nennt aber »Priester« (1,9.13; 2,17) und »Älteste« (1,2.14; 2,16). Daraus hat man geschlossen, daß das Joel-Buch in die Zeit nach dem Ende des Königtums und nach der babylonischen Gefangenschaft gehört.

Das Joel-Buch setzt voraus, daß der Tempel steht (vgl. die Erwähnung des Opfers, 1,9.13; 2,14), der etwa um 520 v. Chr. wieder aufgebaut worden ist. Ebenso werden die Stadtmauern Jerusalems erwähnt (2,7.9), die unter Nehemia 445 v. Chr. (also 75 Jahre nach dem Tempel) neu errichtet worden sind.

So muß Joel nach 445 v. Chr. aufgetreten sein, aber in einer Zeit, als der Feldzug Alexanders des Großen noch bevorstand, denn die Griechen waren bis dahin fern; Tyrus, die freie, mächtige Handelsstadt, existierte noch und war handelspolitische Vermittlungsstelle zu den Griechen (4,4–6). Das änderte sich nach dem Eroberungskrieg Alexanders des Großen. Daher nimmt man an, daß Joel kurz nach dem Mauerbau durch Nehemia, vielleicht um 420–400 v. Chr., aufgetreten ist.

Das würde bedeuten, daß Joel der späteste, letzte unter den alttestamentlichen Propheten ist, der noch später als Maleachi gewirkt hat.

1.2 Zu Joels Botschaft im Ganzen

Joel ist einer der Propheten, die im Neuen Testament oft zitiert werden, unter anderem an einer wichtigen Stelle – in der Pfingstpredigt des Petrus (Apg 2,17–21) – und insbesondere mehrfach in der Offenbarung des Johannes (Kap. 14; 21 f.).

Das hat mit der Ausrichtung der Botschaft Joels zu tun. In seiner Verkündigung wird eine Linie gezeigt, die einen weiten Ausblick ermöglicht und mit der die ganze Größe und Weite der Heilsgeschichte ins Blickfeld kommt, wiewohl sich Joels Botschaft an etwas zeitlich sehr Nahes anschließt, das zur Zeit des Propheten kurz bevorstand.

Das Charakteristische an Joels Botschaft ist:

a) Die Menschen zur Zeit Joels leben in Sicherheit dahin. Da wird ihnen durch den Propheten eine gewaltige Heuschreckenplage angedroht (1,4; 2,1 ff.). Doch Buße ermöglicht die Wende. Gott verschont sein Volk und beschenkt es reich.

b) Die Heuschreckenplage weist über sich hinaus auf den großen, schweren Gerichtstag Gottes. Auch hier ist Buße möglich, und auch in dieser Hinsicht beschenkt Gott sein Volk reich.

c) Pfingsten tritt in Sicht: Der Heilige Geist als Kraft zum neuen Wesen und Wirken tritt in Erscheinung (3,1 ff.).

d) Die großen (kosmischen) Vorzeichen des endgültigen Tages des HERRN werden erwähnt (3,3 f.).

e) Und es wird gesagt, daß selbst in der letzten Stunde noch Rettung möglich sein werde: »Wer des HERRN Namen anrufen wird…« (3,5).

f) Das große Völkergericht tritt in den Horizont. Doch der HERR wird Zion darin bewahren (Kap. 4).

g) »Der HERR wird wohnen zu Zion«, und ein Segensstrom wird von dort auch in die dürrsten Gegenden der Welt ausgehen (4,18–21).

2. Zum Aufbau des Buches

Das Buch Joel umfaßt nur vier Kapitel, ist also kein umfangreiches, aber ein sehr inhaltsreiches Buch. Es unterteilt sich so:

1. Eine unmittelbar bevorstehende Heuschreckenplage ist Modell für den großen Tag des HERRN nach allen Tagen der Menschen (1,1–12)
2. Aufforderung zu Buße und Fasten (1,13–20)
3. Nochmalige Beschreibung der Heuschreckenplage im Bild eines Feindesheeres (2,1–11)
4. Nochmaliger Aufruf zur öffentlichen Buße nach der zweiten Schilderung

der Katastrophe (2,12–17)
5. Begnadigung und Segen durch Gott (2,18–27)
6. Neues Wesen und Wirken für das Ziel Gottes (Kap. 3)
7. Der große Ausblick des Propheten (Kap. 4)

3. Zum Einzelnen

3.1 Eine unmittelbar bevorstehende Heuschreckenplage ist Modell für den großen Tag des HERRN nach allen Tagen der Menschen (1,1–12)

Das Joel-Buch beginnt mit der Ankündigung einer mächtigen, erschrekkenden Heuschreckenplage, die vernichtend über das Land kommen wird.

Man muß dazu wissen, daß ein Heuschreckenschwarm damals im Vorderen Orient, als es keine Insektenvertilgungsmittel gab, eine richtiggehende Katastrophe bedeutete. Solch ein Schwarm, der vom Wüstenwind ins Land getragen wurde, konnte mehr Zerstörung mit sich bringen als der Einbruch eines feindlichen Heeres. Denn ein Heuschreckenschwarm vernichtete alles, was auf den Feldern angebaut und vielleicht bald reif zum Ernten war (vgl. V. 10).

»Was die Raupen übriglassen, das fressen die Heuschrecken, und was die Heuschrecken übriglassen, das fressen die Käfer, und was die Käfer übriglassen, das frißt das Geschmeiß« (V. 4). Das Land, das ein Garten war, wird so zur Einöde, wird total verwüstet (V. 7.10–12).

Es wird aus der Praxis geredet, wenn gesagt wird, welche Auswirkungen diese Katastrophe für die Leute haben wird: *»Wacht auf, ihr Trunkenen, und weinet, und heult, alle Weinsäufer, um den süßen Wein; denn er ist euch vor eurem Munde weggenommen! ... Das Feld ist verwüstet und der Acker ausgedörrt...«* (V. 5.10).

Abb. 206: Heuschrecken (Feindesheer) bedrohen das Land

Mit einer kleinen Kartenskizze von Israel verdeutliche ich die Bedrohung des Landes durch Heuschrecken bzw. durch ein Feindesheer (Abb. 206).

So wird hier diese Heuschreckenplage beschrieben, wobei merkwürdig offen bleibt – etwas schillernd –, ob nicht doch darüber hinaus an ein Feindesheer gedacht wird, da der Heuschreckenschwarm mit einem riesigen Kriegsheer verglichen wird (vgl. V. 6f.).

Doch dann redet der Prophet noch ernster davon, daß das Gericht Gottes über ein sattes, gleichgültig gewordenes Volk kommen soll, das eben in einem gewissen Wohlstand und Wohlergehen so dahinlebt (V. 8ff.). Diejenigen, die so leben, sollen aufgeweckt werden (vgl. V. 5a); der Mensch soll aufhorchen und zur Besinnung kommen.

Der erste Teil des ersten Kapitels zeigt in ganzer Tragweite, daß Israel es bei dem Einbruch eines riesigen Heuschreckenheeres mit Gott zu tun hat und nicht nur mit Heuschrecken, mit einer Naturkatastrophe. Gott vielmehr ist es, der sein Volk heimsucht und es in sein Gericht nimmt. Er arbeitet an Israel.

Es ist wichtig, auch bei Geschehnissen unserer Zeit zu sehen, daß wir es dabei letztlich mit Gott zu tun haben und daß Gott uns auch in seine Zucht nehmen und sogar bedrohen kann.

3.2 Aufforderung zu Buße und Fasten (1,13–20)

Nach der ernsten Gerichtsbotschaft des ersten Teils von Kapitel 1 wird im zweiten Teil desselben Kapitels die Möglichkeit aufgezeigt, wie Gott in alledem sein Ziel erreicht: Joel 1,13–20 ist ein gewaltiger Aufruf zur Buße, der bis dahin führt, daß sich der Prophet mit darunter stellt, indem er selbst zum Priester wird.

Mit den Worten *»ihr Diener meines Gottes«* (V. 13) meint Joel die Priester; sie sollen sich in *»das Trauergewand«* hüllen. Diese *»Diener des Altars«* werden aufgefordert, in das Heiligtum zu gehen und vor Gott zu flehen. Joel läßt durch die Priester das ganze Volk dazu aufrufen, sich vor Gott zu beugen, auf daß es zu einer Erweckung komme: *»Ruft die Gemeinde zusammen … und schreit zum HERRN: O weh des Tages! Denn der Tag des HERRN ist nahe und kommt wie ein Verderben vom Allmächtigen«* (V. 14f.).

Damit bringt der Prophet zum Ausdruck, daß Gott solch eine Katastrophe wie jene Heuschreckenplage sich nicht von ungefähr ereignen lasse. Hinter den Heuschrecken bzw. dem Feindesheer droht etwas weit Größeres: Gott selbst kommt zum Gericht.

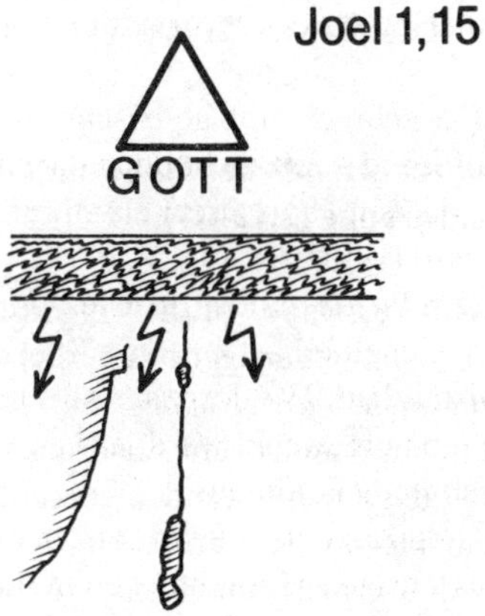

Abb. 207: »Der Tag des HERRN kommt wie ein Verderben«

So wird schon in Joel 1 von dem großen, schrecklichen *»Tag des HERRN«* gesprochen, was nicht unbedingt der allerletzte Gerichtstermin Gottes sein muß, sondern eben jener Tag, an dem Gott in seinem Gericht auf Menschen zukommt, auch auf sein Volk (vgl. Abb. 207).

Joel bringt das in einer sehr eindrucksvollen Sprache vor und stellt sich mit unter den Bußruf. Die Ankündigung jener Katastrophe, die zwar in naher Zukunft droht, aber noch nicht eingetroffen ist, hat dann auch bei den Israeliten eine Frucht gezeitigt.

3.3 Nochmalige Beschreibung der Heuschreckenplage im Bild eines Feindesheeres (2,1–11)

Doch die Buße ist offenkundig noch nicht ernsthaft genug; daher spricht Joel wiederholt von der drohenden Plage (2,1–11) und läßt den Aufruf zur Buße noch einmal ergehen (2,12–17).

Der Prophet schildert im ersten Teil von Kapitel 2 außerordentlich anschaulich, wie es sein wird, wenn die Heuschreckenschwärme die Hauptstadt Jerusalem selbst erreicht haben werden. Diese Heuschrecken kommen wie die Krieger; sie klettern über die Mauern, treten vors Fenster und dringen durch alle Ritzen ein (V. 7ff.). Wie ein tapferes Feindesheer fallen die Heuschrecken in einer gewissen Ordnung über das Land her, das danach kahlgefressen ist. War das Land zuvor ein Lustgarten *(»wie der Garten Eden«)*, so ist es nach diesem Überfall *»wüste Einöde«* (V. 3).

Zugleich geht auch hier wieder der Blick hinaus auf das noch viel Größere und Gewaltigere: auf den Tag des HERRN (V. 1.11).

3.4 Nochmaliger Aufruf zur öffentlichen Buße nach der zweiten Schilderung der Katastrophe (2,12–17)

Erneut ergeht der Ruf zur Buße. In diesem Zusammenhang steht das Wort, das vor einer allzu schnellfertigen, äußerlichen Buße warnt: *»Zerreißet eure Herzen und nicht eure Kleider und bekehret euch zu dem HERRN...«* (V. 13a). Man hat damals zum Ausdruck des Entsetzens – auch bei Bußgottesdiensten – das Obergewand zerrissen. Wenn man auch das Untergewand mit einem kleinen Riß etwas beschädigte, so brachte man damit zum Ausdruck, daß einen eine Sache so bewegt, bedrängt und umtreibt, daß das sehr nahe geht.

Doch der Prophet sagt, das alles könne auch eine Geste sein, die nicht wirklich wehtue. Und wenn man die Buße in der ganzen Gemeinde – gewissermaßen summarisch – aussprechen kann (»Wir alle sind ja Sünder...«), dann ist das nicht unbedingt wirklich eine Sache jedes einzelnen, die mit ganzem Ernst vollzogen wird.

Joel ruft vielmehr jeden in Israel auf, sich ganz persönlich unter Gott und sein Gericht zu beugen: *»Zerreißet eure Herzen und nicht eure Kleider...«* Jeder möge sich fragen, woran es bei ihm gefehlt habe, in welcher Hinsicht er in einen Schlendrian geraten sei, wann und wo er die erste Liebe verlassen habe, wo er der Erziehung Gottes, Gottes Vergebung und dem Neuanfang ausgewichen sei...

Dem wird aber sofort hinzugefügt, daß solch eine Bußbewegung keine hoffnungslose Sache ist. (Es gibt ja auch eine Art von Reue der Ungläubigen, der Welt, die nichts erbringt. »Die Traurigkeit der Welt ... wirkt den Tod« [2. Kor 7,10b].) Wenn da niemand wäre, der auf die Buße reagieren und antworten würde, so wäre das alles ein aussichtsloses Unterfangen.

Daher heißt es hier, daß Buße nicht fruchtlos ist. Wenn der Mensch sich unter seine Sünde beugt und Gott anruft, so wird das von dem großen Gott beantwortet. Das ist die große und gute Nachricht, die sich durch das ganze Alte Testament hindurchzieht und die auch im Joel-Buch steht: Der HERR *»ist gnädig, barmherzig, geduldig und von großer Güte...«* (V. 13b; vgl. 2. Mose 34,6; Ps 103,8; 86,15; 145,8; Jona 4,2).

Darauf folgt sogar der Satz: *»...und es gereut ihn bald die Strafe«* (V. 13c). Vor allem seit dem 18. Jahrhundert – der Zeit der Aufklärung – wird solch ein Satz bei uns häufig kritisiert, weil man meint, daß hier viel zu anthropomorph (menschengestaltig) von Gott gesprochen werde. *Gott* könnte etwas bereuen?

Aber dennoch steht das immer wieder in der Heiligen Schrift, so daß uns Menschen gegenüber zum Ausdruck gebracht wird: Mit Gott verhält es sich nicht einfach so, daß er sich eine Strafe vornimmt und eisern durchführt, ganz gleich, was der Mensch tut; nicht so, daß der Mensch tun könne, was er wolle, es sei sowieso vergeblich, wenn Gott sich etwas vorgenommen hat. Es verhält sich hierbei nicht wie bei einem Uhrwerk, das einmal eingestellt worden ist und dann nur noch abläuft.

Mit dem Wort: *»Es gereut ihn bald die Strafe«* wird vielmehr ausgesagt, daß Gott als der Lebendige, als der Väterlich-Gütige auf das eingeht, was der Mensch tut, und es beantwortet. Die Bibel redet von Gott so menschengestaltig, um damit deutlich zu machen, daß Gott kein totes Prinzip ist, sondern der lebendige Herr, der mit lebendigen Menschen handelt.–

Dazu möchte ich aus seelsorgerlichen Gründen anmerken: Das bedeutet für uns, daß wir in unserer Situation (in unserem persönlichen Leben, im Leben unserer Familie, unseres Volkes...) nicht meinen sollten, wir stünden unter dem Gericht Gottes, das so etwas wie ein Fluch oder ein Verhängnis sei, das über uns hereinbrechen würde. Nein, Joel spricht davon, daß Gott auf unsere Buße reagiert und antwortet. Wenn es in 2. Mose 34,7 heißt, daß »die Missetat der Väter ... an Kindern und Kindeskindern bis ins dritte und vierte Glied« heimgesucht wird, so ist auch diese Gesetzmäßigkeit aufgehoben in dem, der alle Sünde getragen hat: in Jesus Christus. Wenn wir Verschuldung und okkulte Bindungen – selbst wenn sie über Generationen hinweg bestanden haben – vor Gott bringen, dann ist auch das erledigt. Jesus Christus hat allen Fluch auf sich genommen (Gal 3,13f.); er hat das an unserer Statt getragen.–

In Vers 17 sagt Joel den Leuten vor, wie sie mit Gott reden sollen: *»Herr, schone dein Volk und laß dein Erbteil nicht zuschanden werden«* (V. 17b). Es geht hierbei um die Ehre Gottes vor den Völkern als des Besitzherrn des Volkes Gottes und des Landes. *»Warum willst du unter den Völkern sagen lassen: Wo ist nun ihr Gott?«* (V. 17c).

3.5 Begnadigung und Segen durch Gott (2,18–27)

Im letzten Teil von Kapitel 2 wird in aller Freundlichkeit mit dem Volk geredet und gesagt, Gott werde *»den Feind aus Norden«* (sie kamen aus dem Norden) umlenken, *»wegtreiben«* (V. 20a). Wieder ist nicht recht klar, ob es sich nicht auch um ein Feindesheer handeln kann (man denke etwa an Hes 38f., wo von dem Gog aus Magog und von einem riesigen endzeitlichen Feindesheer die Rede ist). Auf jeden Fall ist der Umschwung durch die Buße möglich und durch die Gnade Gottes Wirklichkeit geworden.

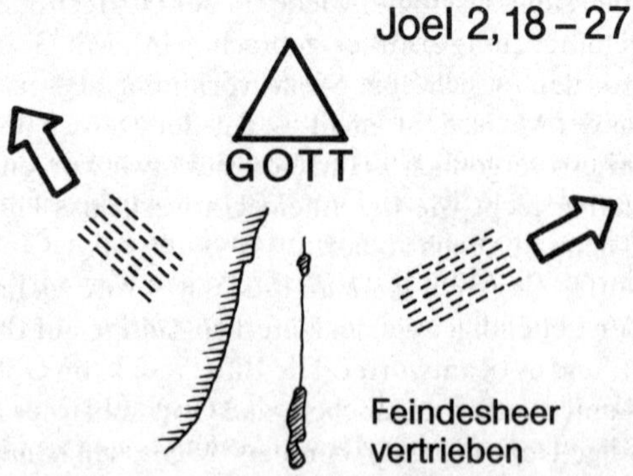

Abb. 208: Begnadigung durch Buße

So folgt auf die Buße des Menschen die Begnadigung durch Gott. Das Feindesheer bzw. die Heuschrecken wird bzw. werden vertrieben (vgl. Abb. 208). Bei Heuschrecken war es oft so, daß sich dies dadurch änderte, daß der Wind die Richtung änderte, aus der er kam. Wie er sie ins Land getragen hatte, so trieb er sie dann wieder weg. Dann war die Gefahr wieder vorüber.

In diesem Kontext steht ein schönes, bekanntes Wort: *»Fürchte dich nicht, liebes Land, sondern sei fröhlich und getrost; denn der Herr kann auch Gewaltiges tun«* (V. 21). Gott kann einen überlegenen Gegner wegscheuchen, und er kann auch ein geistlich lau und tot gewordenes Volk wieder aufwecken.

Das Land soll eine neue Fruchtbarkeit gewinnen (V. 21 ff.), Gott will ihm zu seiner Zeit *»Frühregen und Spätregen«* (V. 23) geben. In solchen Ländern war es ganz wichtig, daß nach einer solchen Heuschreckenplage die nötige Regenmenge fiel, damit sich das Land schnell wieder von der Katastrophe erholen konnte.

Aber es wird auch deutlich, daß hier nicht nur an die Fruchtbarkeit der Felder und an den Regen aus den Wolken gedacht ist. *»Frühregen und Spätregen«* – das ist im Alten Testament immer wieder das Bild für den Heiligen Geist. So ist anschließend an diesen Text vom Heiligen Geist die Rede (3,1), von neuem, vermehrtem Leben aus Gott. Zu diesem Leben ist es durch die schwere Züchtigung oder zumindest durch diese Angst gekommen, die das Volk auf sich zu nehmen hatte.

3.6 Neues Wesen und Wirken für das Ziel Gottes (3,1–5)

Mit diesem Teil des Joel-Buches bricht die große Botschaft durch, daß der HERR die Lauheit seines Volkes durch einen neuen, starken Einfluß des Lebens aus Gott überwindet. Und im Gegensatz zu der Auffassung vom Heiligen Geist als einer Gabe für den Dienst bzw. für ein bestimmtes Amt – zum Beispiel im Blick auf Propheten, Hohepriester und Könige (Saul und David) –, wie es bis hierher im Alten Testament zu sehen war, wird mit einem Mal gesagt: *»Nach diesem will ich meinen Geist ausgießen über* alles *Fleisch...«* (V. 1).

Daß der Geist Gottes *»über* alles *Fleisch«* ausgegossen werden soll, heißt nicht, daß er ›auf alle Leute überhaupt‹ kommen werde. Gemeint ist vielmehr, daß der Heilige Geist über alle diejenigen ausgegossen werde, die für ihn offen sind, – also nicht nur über Propheten, Priester und Könige. Selbst *»eure Söhne und Töchter sollen weissagen... Auch will ich ... über Knechte und Mägde [wörtlich: Sklaven und Sklavinnen] meinen Geist ausgießen«* (V. 1b.2). Der Geist Gottes wird also auch ganz einfachen Leuten gegeben, die damals zumeist sehr ungebildet waren. Für *alle* ist diese Gabe offen!

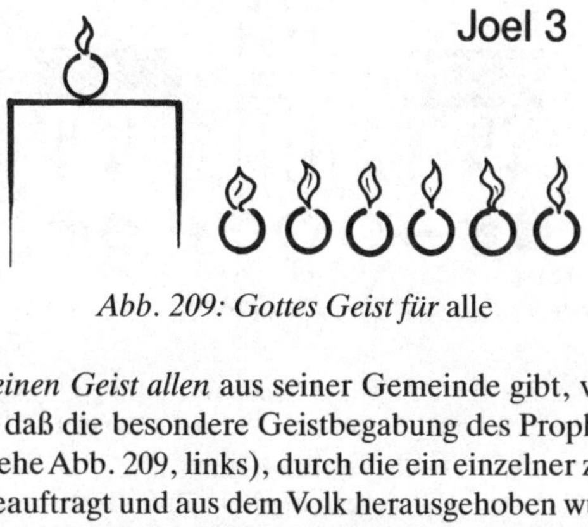

Abb. 209: Gottes Geist für alle

Daß Gott seinen Geist allen aus seiner Gemeinde gibt, veranschauliche ich grafisch so, daß die besondere Geistbegabung des Propheten, Priesters oder Königs (siehe Abb. 209, links), durch die ein einzelner zu einem besonderen Dienst beauftragt und aus dem Volk herausgehoben wurde, von etwas Neuem abgelöst wird. Jeder kann nun den Geist empfangen (Abb. 209, rechts).

Diese Stelle zitiert Petrus in seiner Pfingstpredigt (Apg 2,14–36; Zitat aus Joel 3: Apg 2,17–21). Petrus führt auffallenderweise nicht solche Stellen des Alten Testaments an, die nach unserem Ermessen vielleicht näher gelegen hätten, etwa: »Ich will meinen Geist in euch geben und will solche Leute aus euch machen, die in meinen Geboten wandeln und meine Rechte halten...« (Hes 36,27; vgl. Jer 31,31ff.). Petrus nimmt vielmehr gerade Joels Botschaft auf, nach der auf die Buße der Geistempfang folgt. Das betont auch er und sagt damit: »Tut Buße…, so werdet ihr empfangen die Gabe des heiligen Geistes« (Apg 2,38).

Paulus spricht im Blick auf das Ganze der Gemeinde, auf die Christen allgemein so: »Ihr, die ihr geistlich [d. h. vom Geist erfüllte Menschen] seid…« (Gal 6,1 b). Der Heilige Geist wird also auch nach dem Zeugnis des Neuen Testaments an alle Gläubigen gegeben; und es war ein Unding, daß man in der Kirche die Pfarrer als »Geistliche« bezeichnet hat. Der Geistempfang ist nämlich kein Privileg des Amtsträgers, sondern steht allen offen, die den Geist empfangen wollen. Weil der Geist allen Christen gegeben wird, kann Paulus auch bestimmte Erwartungen an sie stellen: »Wenn ein Mensch etwa von einer Verfehlung ereilt wird, so helft ihm wieder zurecht mit sanftmütigem Geist…« (Gal 6,1 a). Dies wirkt und dazu verhilft der Heilige Geist.

Wie man des Heiligen Geistes als der Gabe Gottes teilhaftig wird, sagt Vers 5 a: *»Wer des HERRN Namen anrufen wird, der soll errettet werden.«*

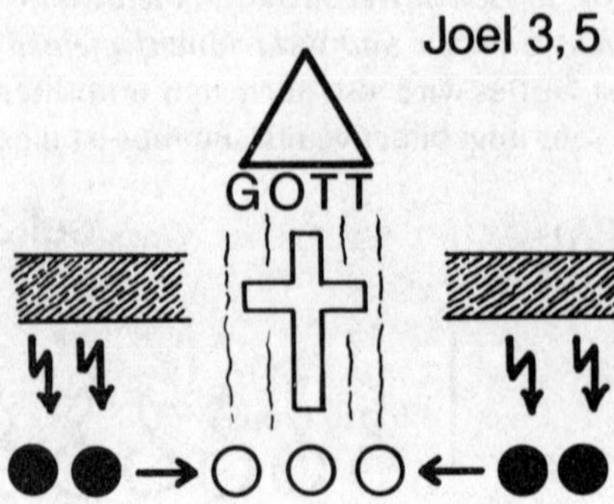

Abb. 210: Errettet!

Auch diesen Vers zitiert Petrus (Apg 2,21) und weist damit darauf hin, wie man den Heiligen Geist empfängt. Das ist gewissermaßen ein Antragsverfahren: Man muß den Geist Gottes wollen.

Zwar läßt Gott »seine Sonne aufgehen über Böse und Gute und läßt regnen über Gerechte und Ungerechte« (Mt 5,45 b). Ob jemand will oder nicht, ob er es weiß oder nicht: Es regnet und schneit auf sein Dach und seinen Garten, oder es scheint die Sonne darauf.

Doch seinen Geist – also sich selbst, das Beste und Letzte von sich – gibt Gott nicht pauschal an alle Menschen. Hinsichtlich seines Geistes fragt er, ob wir ihn *wollen*; und dieser unser Wille drückt sich vor allem in dem aus, daß wir Gott um seinen Geist bitten. »Der Vater im Himmel wird den heiligen Geist geben denen, die ihn bitten!« steht dann im Neuen Testament (Lk 11,13).

Der Blick des Propheten geht in diesem Kapitel aber weiter hinaus und ist nicht nur auf Pfingsten gerichtet: *»Ich will Wunderzeichen geben am Himmel und auf Erden: Blut, Feuer und Rauchdampf. Die Sonne soll in Finsternis und der Mond in Blut verwandelt werden, ehe denn der große und schreckliche Tag des HERRN kommt«* (V. 4). Joel sieht bis hin zu jenen schweren Geburtswehen, die im Vorfeld der Wiederkunft Jesu stattfinden werden. Denn Jesus zitiert Joel 3,4, wenn er in seiner Endzeitrede von gewaltigen kosmischen Veränderungen spricht: »Nach der Bedrängnis jener Zeit wird die Sonne sich verfinstern und der Mond seinen Schein verlieren...« (Mt 24,29a; vgl. Offb 6,12). Das hat schon Joel auszurichten gehabt, daß dem Kommen des Herrn Feuer, Sturm und Erdbeben als Herolde vorausgehen werden – wie einst bei Elia am Sinai (1. Kön 19,11 f.).

Aber auch dann ist noch Rettung möglich; denn auf diese Worte über die gewaltigen Vorzeichen – über diese Krise der Natur, ja der ganzen Welt – folgt der bereits zitierte Vers 5a: *»Wer den Namen des HERRN anrufen wird, der soll errettet werden.«* Auch wenn die »Stürme« der Weltgeschichte sich erheben – oder auch die »Stürme« in unserem persönlichen Leben –, so soll uns das ein Anlaß dafür sein, uns um so eher, um so mehr, um so klarer und eindeutiger an den Herrn zu wenden und zu wissen: Wer immer den Herrn anrufen wird, wird gerettet werden.

Hierbei richtet sich der Blick hinaus bis in die Völkerwelt: *»Auf dem Berge Zion und zu Jerusalem wird Errettung sein ... und bei den Entronnenen, die der HERR berufen wird«* (V. 5b). Das ist ganz sicher ein starker Hinweis auf die Weltmission, die Völkermission.

3.7 Der große Ausblick des Propheten (4,1–21)

In Kapitel 4 des Joel-Buches wird nun erst recht die Endgeschichte ins Auge gefaßt. Dieses Kapitel sagt in seinen 21 Versen gewaltig viel.

Auch in diesem Zusammenhang kommt der Prophet noch einmal auf den »Tag des HERRN« zu sprechen (V. 14). Bei keinem anderen Propheten ist so oft davon die Rede wie bei Joel. Der »Tag des HERRN« ist – nach allen Tagen der Menschen – »groß« und »schrecklich« (3,4b). Wenn der heilige Gott unverhüllt mit dem unheiligen Menschen zusammenstößt, dann trifft den Menschen der Blitzstrahl von Gottes heiligem Gericht (vgl. Abb. 207). So steht im Hebräerbrief: »Schrecklich ist's, in die Hände des lebendigen Gottes zu fallen« (Hebr 10,31).

Das verweist aber auch darauf, daß am Karfreitag, als das Kreuz aufgerichtet war, stellvertretend der »große und schreckliche Tag des HERRN« durch Jesus Christus erlitten worden ist. »Des HERRN Tag ist Finsternis und nicht Licht«, sagt Amos (Am 5,18b). An *diesem* »Tag des HERRN«, dem Karfreitag, »verlor die Sonne ihren Schein« (Lk 23,45a), und der »große und schreckliche Tag des HERRN« ist über Jesus hereingebrochen. Deshalb hat er am Kreuz gesagt: »Mein Gott, mein Gott, warum hast du mich verlassen?« (Mt 27,46b; Mk 15,34b).

Die Gerichtsbotschaft der Propheten, auch Joels, wird also im Neuen Testament keineswegs aufgeweicht, verdünnt oder weniger schrecklich gezeigt. Der Unterschied ist nur, daß das Neue Testament zeigt: Das »Gewitter« des göttlichen Gerichtes ist an Jesus schon niedergegangen.

Für diejenigen, die ihn anrufen und die sich herzurufen lassen, ist das Heil gegeben. Sie werden dieser »Errettung« und Gnade teilhaftig. Jener »große und schreckliche Tag des HERRN« liegt dann schon hinter ihnen und wurde an einem anderen vollstreckt; vor ihnen ist dann nur noch der große, lichte, selige »Tag des HERRN«.

Die anderen, die sich weigern, sich hinzurufen zu lassen, stehen noch unter der »Gewitterfront«, unter dem Zorngericht Gottes. Sie haben den »großen und schrecklichen Tag des HERRN« noch vor sich.

Von diesem doppelten Ausgang der Weltgeschichte – die einen nehmen Gottes Gnade an, die anderen lehnen sie ab – ist im vierten Kapitel des Joel-Buches die Rede.

Die Endphase der Weltgeschichte ist – so wird an Joel 4 deutlich – an sich ein schreckliches Geschehen. Der Prophet sieht hier eine große Zusammenballung aller Völker gegen Jerusalem anstürmen (V. 9–11). Die herandrängenden Nationen erscheinen zu einem *»heiligen Krieg«* und bedrängen die Stadt (V. 9). Das ist genau das, was in Hesekiel 38, in Sacharja 12–14 und im

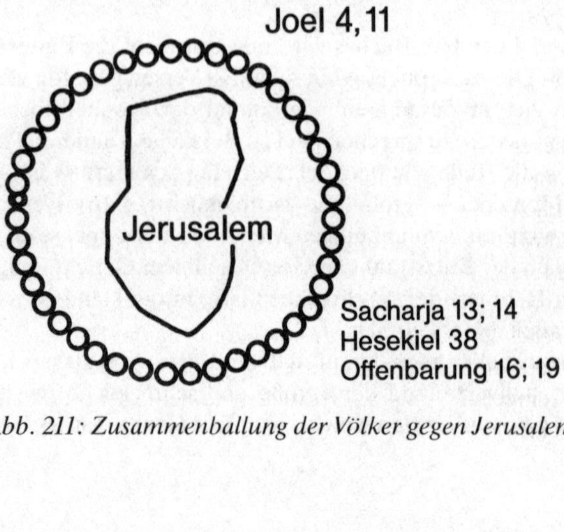

Abb. 211: Zusammenballung der Völker gegen Jerusalem

Grunde genommen auch in Offenbarung 16 von der Schlacht von Harmageddon steht, dem großen, drohenden Aufmarsch gegen eine Schar, die eigentlich ohnmächtig ist.

Wenn man weiß, welche Vokabeln in der islamischen Welt im Blick auf Israel gebraucht werden, dann ahnt man etwas von der Aktualität dieses Wortes von Joel heute.

Von einem eigentlichen Krieg der Nationen gegen Israel ist nicht die Rede; der Text geht verhältnismäßig schnell zu der Aussage über, daß Gott die Völker richten wird: *»Ich will alle Heiden zusammenbringen und will sie ins Tal Joschafat hinabführen und will dort mit ihnen rechten…«* (V. 2a.12). Das wird eine schreckliche *»Ernte«* sein (V. 13; vgl. Offb 14).

Das *»Tal Joschafat«* gab und gibt es in Israel unter diesem Namen nicht. Damit ist möglicherweise das Tal Hinnom südlich von Jerusalem gemeint; vielleicht ist diese Bezeichnung aber auch nur ein Symbolname und heißt »Tal des Rechtspruches«, wo Gott selbst Recht spricht und seinem Volk – seinem alttestamentlichen und neutestamentlichen Gottesvolk – Recht schafft.

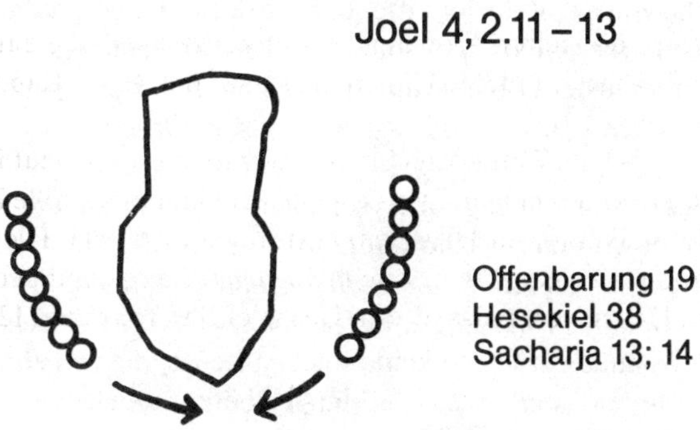

Abb. 212: Hinabgeführt zum Gericht

Aber dieses Geschehen, das auf uns erschreckend wirkt, ist nicht das Letzte. Denn es gibt dann auf dem Berg Zion *den* Ort, an dem der »große und schreckliche Tag des HERRN« schon hereingebrochen ist.

Am Schluß des vierten Kapitels geht der Blick des Propheten auf das hin, was das Endergebnis sein wird: *»Der HERR wird wohnen zu Zion«* (V. 21b). Davon lesen wir auch in Offenbarung 21 und 22. Es wird dann *»eine [Segens-] Quelle ausgehen vom Hause des HERRN«* und von der Stadt aus, ein Segensstrom, der das Land befruchtet und segnet (V. 18). Und nichts Unreines wird darin mehr eingehen können; die Stadt wird heilig sein, und kein Fremder wird mehr darin wandeln (V. 17; vgl. Hes 47; 48,35; Joh 7,38f.).

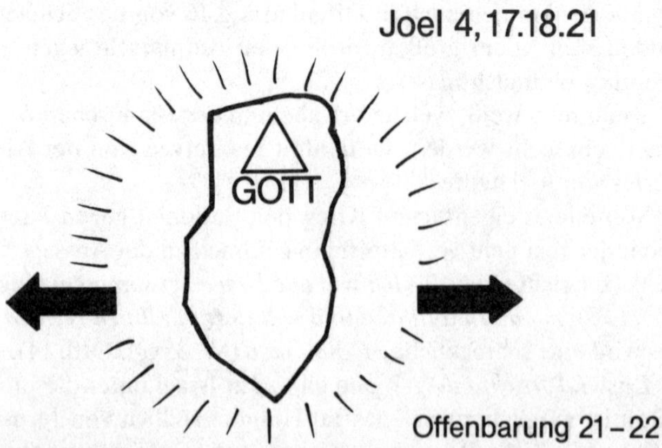

Abb. 213: Wohnstatt Gottes und sein Segenseinfluß

Man spürt bei diesen Worten des Propheten förmlich die Nähe zu einer ganzen Reihe von Kapiteln der Offenbarung des Johannes, die von den Aussagen Joels herkommen. Sie sind von den alttestamentlichen Worten befruchtet, aber in der Offenbarung sind Linien weitergezogen worden. Von der schmerzlichen Ernte im »Tal Joschafat« ist in Offenbarung 14 die Rede (V. 14 ff.).

Das Neue Testament sagt aber vor allem, daß ein anderer an unserer Stelle gerichtet worden ist. Und während die einen das Gericht trifft, heißt es im Blick auf die anderen: *»Ihr sollt's erfahren, daß ich, der HERR, euer Gott, zu Zion auf meinem heiligen Berge wohne«* (V. 17 a). Diejenigen, unter denen Gott wohnen wird, sind keine solchen Leute, die von vornherein auf dem Zion wohnten, sondern solche, die sich herzurufen ließen und die »des HERRN Namen anrufen«.

Es ist in unsere Hand gelegt. Wie wir uns jetzt entscheiden, so wird über uns entschieden werden.

So sieht Joel, der möglicherweise der letzte Bote des alttestamentlichen Gottesvolkes ist, ganz stark den Fortgang der Geschichte Gottes mit dieser Welt – mit Karfreitag und Ostern bis hin zur Endgeschichte und zur Vollendung, wie sie uns in den letzten Kapiteln der Offenbarung des Johannes gezeigt wird.

Der Prophet Amos

1. Einleitung

1.1 Zur Person des Propheten Amos und zur Zeit seines Wirkens

Amos ist der erste von den sog. Schriftpropheten, der noch vor Hosea wirkte, auch früher als Jesaja und die anderen Schriftpropheten. Er ist um das Jahr 760 v. Chr. aufgetreten und war ein Zeitgenosse Hoseas, freilich wohl etwas älter als dieser.

Amos wurde von Gott mit seiner Prophetie an das Nordreich Israel gewiesen (wie Hosea), wiewohl er aus Tekoa im Südreich Juda stammte (1,1). Der Ort Tekoa liegt ca. 16 Kilometer südlich von Jerusalem, an der Grenze zwischen dem noch fruchtbaren Land und der Wüste Juda, gegen das Tote Meer hin. Manche Ausleger meinen, daß Amos von Tekoa aus immer das Tote Meer vor Augen gehabt hätte, diese Stätte des Gerichts über Sodom und Gomorrha. Dieser Anblick hat ihn wohl mit für den Anruf Gottes offengemacht.

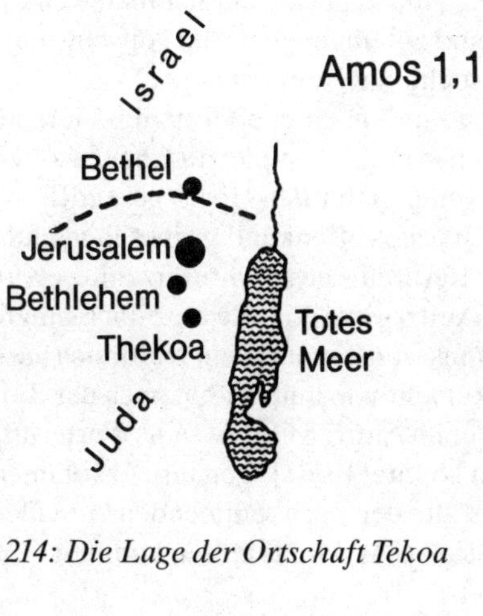

Abb. 214: Die Lage der Ortschaft Tekoa

Amos war »ein Hirt« und Maulbeerfeigen-Pflanzer (7,14b), der von der Herde weg berufen wurde (7,15). Er war also kein Priester und nicht aus den gebildeten Ständen; er war auch kein Berufsprophet und kam nicht aus einer der damaligen »Prophetenschulen«.

Amos war also ein Mann, von dem man nicht annahm, daß er einen solchen Auftrag erfüllen würde wie den, den Gott ihm gab, als er ihn als seinen Propheten zu dem Nordreich Israel schickte.

Das entscheidende Heiligtum des Nordreichs war in Bethel. Es hatte ja eine große Tradition (vgl. die Geschehnisse um Jakob und die Himmelsleiter; 1. Mose 28,10–22). Bethel lag an der Südgrenze des Nordreiches, und das dortige Heiligtum sollte die Leute aus dem Nordreich davon abhalten, als Festpilger nach Jerusalem hinaufzuziehen.

Das Nordreich Israel hat in seiner Geschichte manches Auf und Nieder erlebt – zum Beispiel den König Ahab und seine Frau Isebel –, aber auch das Auftreten des großen Propheten Elia. Zur Zeit des Amos befand sich dieses Teilreich eher in einer Phase des Niedergangs, wenn es auch unter Jerobeam II. (787–747 v. Chr.) eine letzte Zeit der Blüte erlebte.

Aber das war eine Scheinblüte; innerlich war alles hohl. Das wird am Amos-Buch deutlich. Zum einen ist es die soziale Ungerechtigkeit dort, die Amos sehr beanstandet. Diese zeigte sich etwa darin, daß Israeliten Israeliten zu Sklaven machten und sie ausbeuteten. Zum anderen beklagt Amos sexuelle Ausschweifungen (z. B. 2,7); und es wird von ihm insbesondere die merkwürdige Mischung von Götzendienst und Gottesdienst beanstandet, die am Heiligtum von Bethel praktiziert wurde.

Die Lage des Nordreichs ist also von einer äußeren Blüte und der inneren Hohlheit gekennzeichnet. Das »Gewitter« des Gerichtes Gottes aber stand am Horizont, war jedoch noch nicht sichtbar, weil der starke Herrscher Jerobeam II. das Land zu einem gewissen Aufschwung und auch zu einer politisch weiten Ausdehnung gebracht hat.

In dieser Lage und noch ehe Gott zum Gericht schreitet, um das Volk vorher zu warnen, um ihm eine letzte Chance zu geben, hat Gott zunächst den Amos und wenig später den Hosea gesandt.

So mußte sich Amos offenkundig eines Tages auf den Weg zum Nordreich machen. Seine Berufungsgeschichte erzählte er nicht, sondern nur seine Botschaft. Der Auftrag des Amos war zeitlich umgrenzt: Nach einer kurzen Zeit des Auftretens wurde er aus dem Nordreich ausgewiesen (7,12). Danach hörte man nichts mehr von ihm. Er hat nach der Zeit seines Auftretens wohl als erster Prophet im Auftrag Gottes seine Worte aufgeschrieben, damit man später erkennen konnte: Es ist ja genauso gekommen, wie Amos es angekündigt hatte. Das sollte den nachkommenden Geschlechtern zu einer Warnung werden, so daß sie etwas daraus lernen konnten.

Amos ist so etwas wie ein Vorläufer Jesu, der den Tempel reinigen soll, wie ja auch Jesus ruft: »Jerusalem, Jerusalem... Wie oft habe ich deine Kinder versammeln wollen, wie eine Henne ihre Küken versammelt unter ihre Flügel; und ihr habt nicht gewollt! Siehe, ›euer Haus soll euch wüst gelassen werden‹« (Mt 23,37f.). Das war ein letzter Anruf und Heimruf Jesu an sein Volk.

1.2 Die Botschaft des Amos

Während Hosea immer wieder das unbegreifliche Erbarmen Gottes zum Ausdruck bringen soll, war Amos die Aufgabe zugewiesen, die unbeugsame Gerechtigkeit Gottes zu bezeugen. Er geißelte im Auftrag Gottes die soziale Ungerechtigkeit und die Unzucht, die bei Israel eingerissen war. Vor allem mußte er sich gegen das staatliche »Heiligtum« in Bethel wenden, das gegen die göttliche Anweisung dort eingerichtet worden war. Doch Amos bezeugte zugleich auch, daß Gott der Herr der Völkerwelt ist.

Die Gesamtbotschaft des Amos-Buches ist mit der Tempelreinigung Jesu vergleichbar (Mt 21,12–17). Jesus geht auf Jerusalem zu, und dann geschieht das atemberaubend Wichtige: Dort steht der Tempel, das Heiligtum, das Zeichen der Gegenwart Gottes in Israel; dort sind die Menschen, die ihm in besonderer Weise dienen sollen – die Hohepriester, die Leviten und die übrige Priesterschaft. Werden sie ihn akzeptieren, Jesus, den Gottgesandten, wenn er göttliche Herrschaft geltend macht? Wenn er hier seine Korrektur anbringt? Was wäre es in Israel gewesen, wenn damals die Führenden Israels gesagt hätten: »Komm und räume alles aus, was du hassest und mich reuet; komm und reinige dein Haus, das die Sünde hat entweihet...« (»Sieh, dein König kommt zu dir«, EKG Württ. 403,3). Damals, um 30 n. Chr., hat man sich in Jerusalem, im alten Judäa, dem widersetzt, hat sich den Zugriff Gottes verbeten, und das hat die Katastrophe für dieses Volk bedeutet. Wenn man als Volk Gottes, das es wissen muß, das schon lange davon singt und sagt (man denke an die Psalmen: »Gelobt sei, der da kommt im Namen des Herrn«), ihn so abweist, so ist das eine Katastrophe.

Das Amos-Buch spricht in seiner Gesamtbotschaft und in den Geschehnissen, die es berichtet, von nichts anderem, als daß zur Zeit des Amos – also fast 800 Jahre vor Jesu Passion – eine solche Reinigung erfolgen sollte, wie sie Jesus in seiner Tempelreinigung vollzog. Was damals bei Amos geschah ist so etwas wie ein Modell für das, was dann mit Jesu Kommen geschah – bei der Tempelreinigung und der Katastrophe, die danach über den Tempel kam. Was in Jesu Tagen in Jerusalem und im legitimen Jerusalemer Tempel geschah, das geschah auf ähnliche Weise schon sehr viel früher: nämlich im

»Heiligtum« von Bethel, dem sog. Königsheiligtum, das im Nordreich Israel eingerichtet wurde und in dem sie auch Jahwe, den Bundesgott vom Sinai, anbeten wollten.

Unser Herr steht auch immer wieder vor uns; er will seine Korrekturen anbringen. Es ist nötig, daß wir uns korrigieren lassen. Die Frage ist, ob auch wir uns – grob oder fein – ihm entziehen und uns ihm verschließen, unser Leben selbst in der Hand behalten wollen, es nach unserem Gefallen gestalten, unsere Programme verwirklichen, unseren Absichten leben, oder ob wir sagen: »Komm und räume alles aus…« Es geht um die Frage, ob wir Gott in Jesus Christus ganz den Herrn über unser Leben sein lassen. Wenn ja, dann ist es gut, denn dann steht das Ja Gottes über uns. Wenn wir uns dagegen ihm verschließen und entziehen, dann ist das der Zerbruch, das Gericht, die Katastrophe, das Ende.

Vor einer entsprechenden Entscheidung stand zunächst das Nordreich Israel, dann aber auch das Südreich Juda.

2. Zum Aufbau des Buches

Das Amos-Buch enthält wohl Reden, die Amos in Bethel ausgesprochen und später schriftlich festgehalten hat. Das Buch gliedert sich so auf:

1. Gerichtsworte über Israels Nachbarvölker, über Juda und Israel (Kap. 1f.)
2. Strafreden gegen Israel (Kap. 3–6)
3. Prophetische Gesichte und Worte über das kommende Gericht (7,1–9,10)
4. Abschließende Ankündigung der künftigen Heilszeit (9,11–15)

3. Zum Einzelnen

3.1 Gerichtsworte über Israels Nachbarvölker, über Juda und Israel (Kap. 1f.)

Die **Kapitel 1 und 2** enthalten zunächst eigenartige Gerichtsworte über die Völker jenes ganzen Raumes, zu dem auch Israel gehörte. ›Ich höre den HERRN brüllen vom Zion her, wie ein Löwe brüllt‹, so sagt Amos etwa wiederholt (vgl. 1,2: 3,8). Es gehen also die Gerichte von dem heiligen Gott aus, der in Jerusalem sein legitimes Heiligtum hat. Während Hosea mehr das liebende Werben Gottes zum Ausdruck bringen soll, ist Amos einer, der glasklar, in Härte und in Unerbittlichkeit den Rechtsanspruch Gottes auf die Menschen und in besonderer Weise auf sein Volk bekunden soll.

Das ist eine Seite der biblischen Botschaft, die heute oft etwas kleingeschrieben wird. Aber Gott hat einen Anspruch auf uns, ob uns das paßt oder nicht; man muß gar nicht erst lange Propaganda machen und sagen, wie lieb Gott sei. Nein, wir sind seine Geschöpfe und gehören ihm. Es ist ein Wunder, wenn er dann gnädig mit uns verfährt. Er ist in jedem Fall der Herr.

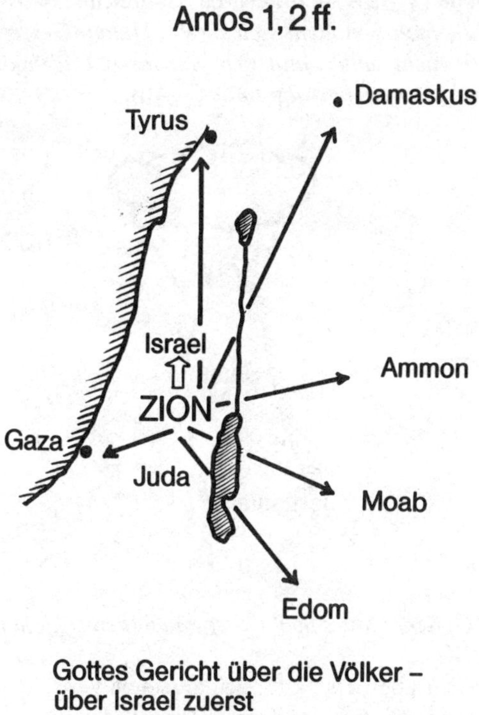

Abb. 215: Das Gericht geht von Gott aus

In immer wieder neu einsetzenden kurzen Worten wird das Gericht gezeigt, das reihum ergeht, nach allen Seiten hin: gegen Damaskus (1,3–5), zu den Philistern (1,6–8), gegen Tyrus (1,9 f.), zu den Edomitern (1,11 f.), zu den Ammonitern (1,13–15) und den Moabitern (2,1–3).

Das Gericht Gottes ergeht auch gegen Juda (2,4 f.), insbesondere aber gegen Israel (2,6–16). Es ist wie ein Gewitter, das umherzieht und dann über dem Volk stehenbleibt, dem am meisten geschenkt ist. Der Herr hat Israel aus allen Völkern erwählt, und dieses Volk sucht er darum auch in besonderer Weise heim (vgl. 3,1). »Die Zeit ist da, daß das Gericht anfängt an dem Hause Gottes« (1. Petr 4,17).

Es ist schon eine große Sache, wenn wir das Evangelium kennen und haben. Das ist ein Geschenk, aber auch eine Verantwortung, auch heute.

In Kapitel 2 wird ausführlich davon gesprochen, wie dieses Gericht gewissermaßen über dem Volk Israel stehenbleibt: *»Ich will sie nicht schonen, weil sie die Unschuldigen für Geld und die Armen für ein Paar Schuhe verkaufen«* (V. 6b). Aber auch das Südreich Juda ist mit angesprochen: *»Ich will sie nicht schonen, weil sie des HERRN Gesetz verachten und seine Ordnungen nicht halten und sich von ihren Lügengötzen verführen lassen, denen ihre Väter nachgefolgt sind«* (V. 4b).

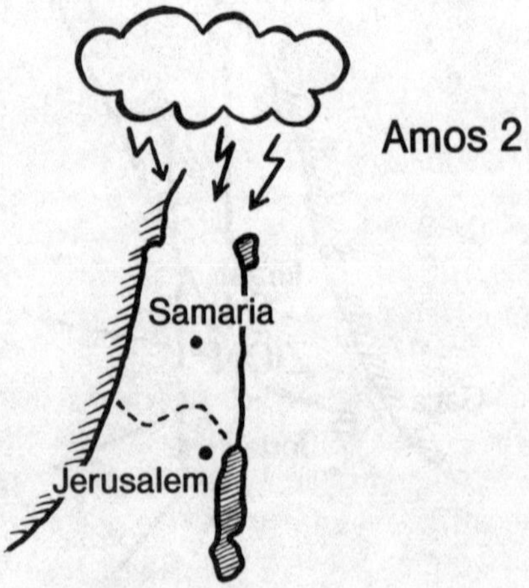

Abb. 216: Das Gericht Gottes bleibt über Israel (den zehn Stämmen) stehen

Wie das Gericht über das Nordreich aussehen wird, ist noch nicht klar zum Ausdruck gebracht. Erst später wird gesagt, daß die Gefangenen über Syrien hinaus weggeführt werden (»bis jenseits von Damaskus«, 5,27). Das ist ca. 40 Jahre danach eingetreten, im Jahre 722 v. Chr., als Israel nach Assyrien ins Exil gebracht worden ist. (Das ist also in etwa dieselbe zeitliche Distanz wie zwischen Jesu Tempelreinigung und der Zerstörung des Jerusalemer Tempels im Jahre 70 n. Chr.)

Aber bei Amos ist noch von anderen Gerichten die Rede, zum Beispiel von einer Heuschreckenplage (*»die Auen der Hirten werden vertrocknen«*, 1,2; vgl. Joel 1 f.). Es wird aber auch von einem Erdbeben, das sie erschüttern werde, gesprochen (*»ich will's unter euch schwanken machen«*, 2,13; schon in 1,1 steht: *»...zwei Jahre vor dem Erdbeben«*). Alles kommt dabei in Bewegung, und die Angst ergreift sie. Gott will dieses sein Volk aufwecken. ›Wer nicht hören will muß fühlen.‹

3.2 Strafreden gegen Israel (Kap. 3–6)

Die vier Kapitel 3–6 stellen den nächsten Abschnitt des Amos-Buches dar. Dies sind ausgesprochene Gerichtsreden, bei denen es aber nicht an einem ganz starken Werben Gottes um sein Volk fehlt. Das Gericht über Israel liegt nicht schon so fest, daß es keine Rettung mehr gäbe: Dieses Volk könnte noch Buße tun.

In **Kapitel 3** setzt Amos neu ein und spricht noch einmal von den Gnadentaten Gottes – daß Gott sie *»aus Ägyptenland geführt«* (V. 1) habe – und von Israels Erwählung: *»Aus allen Geschlechtern auf Erden habe ich allein euch erkannt...«* (V. 2a).

Ausgerechnet diese Leute, denen Gott so Großes gegeben hat, verfallen so der Gottlosigkeit! Das ist der Grund für Gottes Gericht: *»...darum will ich auch an euch heimsuchen all eure Sünde«* (V. 2b).

Wen Gott erwählt, dem schenkt er besondere Liebe, aber von ihm verlangt er auch besonders strenge Rechenschaft. »Wem viel gegeben ist, bei dem wird man viel suchen; und wem viel anvertraut ist, von dem wird man um so mehr fordern«, sagt Jesus (Lk 12,48).

Immer wieder kommt Amos auf die soziale Ungerechtigkeit, die sittliche Entartung und den Götzendienst zu sprechen. Und Israel soll wissen, daß dieses Gericht nicht im Sinne eines blinden Schicksals erfolgt (weil sich etwa irgendeine Naturkatastrophe ereignet), nicht, weil Heuschrecken zufällig über das Land herfallen würden und auch nicht wegen der etwaigen Zufälligkeit eines Geschichtsverlaufs (etwa durch das Aufkommen der assyrischen Großmacht, die plötzlich in der Konkurrenz mit den Ägyptern diesen überlegen würden). Das alles kommt vielmehr *von Gott.*

In diesem Zusammenhang steht dann: *»Ist etwa ein Unglück in der Stadt, das der HERR nicht tut?«* (V. 6). Dieses Wort hat hier buchstäblich die Bedeutung: Es ist Gerichtstag Gottes und Züchtigung durch Gott; Israel hat es auch in den Dingen, die ihm wehtun, mit Gott zu tun.

Es ist auch für Christen gut, wenn sie daran denken, daß es zum einen Nöte gibt, die die Bedeutung der Prüfung haben: Das Gute soll bewährt werden (siehe Hiob!). Zum anderen gibt es aber auch Schicksalsschläge und Nöte, die Antwort Gottes auf Ungehorsam sind und die uns aufwecken und vor dem Bösen bewahren sollen. Man muß vor seinem Gott stehen um zu erkennen, was Gottes Arbeit ist, die er mit einem hat. Vielleicht ist es beides zugleich: einerseits eine gewisse Erziehung oder Züchtigung, andrerseits eine Prüfung und Bewährung.

Damit das Gericht ganz gewiß als Tat Gottes erkannt wird, steht im folgenden Vers: *»Gott der HERR tut nichts, er offenbare denn seinen Ratschluß den Propheten, seinen Knechten«* (V. 7). Dadurch, daß das Gericht vorher schon angekündigt wurde, wird also ganz klar erkennbar, daß es die Erfüllung einer Ankündigung Gottes ist – im guten Sinn eine Erfüllung von Verheißungen, aber auch im Sinn des Eintreffens von Gerichtsweissagungen.

Auch eine endgeschichtliche Entwicklung hat immer wieder diesen Charakter: Sie wurde uns zuvor angekündigt, und uns verwundert also nichts. Um so gewisser können wir des Weges sein, wenn wir das alles sehen und wissen.

In diesem dritten Kapitel werden sogar die Heiden aus den Nachbarvölkern Israels aufgefordert, Zeugen des bösen Wesens in Israel/Samaria zu werden und darüber entsetzt zu sein: *»Verkündigt in den Palästen von Aschdod und in den Palästen im Lande Ägypten und sprecht: Sammelt euch auf den Bergen um Samaria und sehet, welch ein großes Zetergeschrei und Unrecht darin ist«* (V. 9). Neben der Hauptstadt Samaria wird insbesondere auch der Ort des staatlich eingerichteten gottwidrigen Heiligtums vom göttlichen Gericht getroffen werden (*»...will ich die Altäre in Bethel heimsuchen«*, V. 14).

In **Kapitel 4** und in den darauffolgenden Kapiteln werden bestimmte Stände zur Buße gerufen, ja gewissermaßen angeprangert. Das sind zunächst die vornehmen Frauen (4,1–3), die Amos mit den Worten anredet: *»Ihr fetten Kühe, die ihr auf dem Berge Samarias seid«* (V. 1). Das klingt fast beleidigend (oder sollte es vielleicht sogar sein).

Die vornehmen Damen werden sich über Amos, diesen Bauern aus Tekoa, nicht gerade gefreut haben, der ihnen seine Botschaft so ins Angesicht schleuderte. Ihnen wird zum Vorwurf gemacht, daß sie ihre eigenen Volksgenossen in unguter Weise behandeln, indem sie sie quälen und ausnützen. Auch rufen diese Damen ihre Männer dazu auf und verführen sie dazu, ein ausschweifendes Leben zu führen: *»Bringt her, laßt uns saufen!«* übersetzt Luther sehr drastisch (V. 1b).

Gott will diese Frauen aus dem »Fischteich« des angenehmen Lebens, das sie führen, *»herausziehen«* lassen *»mit Angeln«* (V. 2); sie werden am *»Hermon«* (dem Gebirge im Norden Israels) vorbei in die assyrische Gefangenschaft ziehen müssen (V. 3).

Es wird hier sehr deutlich, daß ein Wohlstand, den man mit einer gewissen Selbstverständlichkeit annehmen kann, dazu führen kann, daß man doch eben sozial ungerecht wird, an arme Menschen (auch in anderen Völkern) nicht in genügendem Maße denkt (vielleicht auch nicht an Mitchristen in anderen Völkern), nicht wirkliche Opfer bringt und dadurch auch einer Gerichtsreife entgegengeht.

In den Versen 4ff. wird ersichtlich, daß und wie Gott sein Volk mit kleineren Gerichtsereignissen noch rechtzeitig vor dem schweren Gericht zur Umkehr bringen möchte: mit einer Hungersnot (V. 6), Dürre (V. 7ff.),

Krankheit und Erdbeben (V. 10ff.). Aber fünfmal kommt mit den Worten: *»DENNOCH BEKEHRT IHR EUCH NICHT ZU MIR, spricht der HERR«* zum Ausdruck, daß Gottes Züchtigungen mißachtet werden (in V. 6.8.9.10.11).

Alles war also umsonst: *»So bereite dich, Israel, und begegne deinem Gott«* (V. 12b), auch zum Gericht. Israel hat es nun mit Gott selbst zu tun: *»Er tritt einher auf den Höhen der Erde«* (V. 13b).

In **Kapitel 5** geht es sodann um das ganze Volk, im besonderen aber auch um die Führenden im gottesdienstlichen Leben, also um die Priester.

Das Kapitel beginnt mit einem Klagelied, das Amos zu singen hat: *»Die Jungfrau Israel ist gefallen, daß sie nicht wieder aufstehen wird«* (V. 2a).

In diesem Kapitel ist aber noch einmal ein besonderes Werben Gottes um sein Volk zu vernehmen. Nachdem zuvor Israel zur Begegnung mit Gott im Gericht aufgefordert worden war (4,12f.), wird es also doch noch einmal eingeladen: *»Suchet mich, so werdet ihr leben«* (V. 4b). Werbend ist hier immer wieder genannt, wohin sich Israel nicht wenden soll: *»Suchet nicht Bethel und kommt nicht nach Gilgal und geht nicht nach Beerscheba...«* (V. 5). (Gilgal war ein Wallfahrtsort, an dem man des Elia gedachte.) Ach, all diese äußeren Dinge sind es nicht! Man hat von solchen Wallfahrten vielleicht so eine Art Glücksbringer mitgebracht. Gott lädt zu sich selbst ein: *»Suchet den HERRN...«* (V. 6a). Das heißt: ›Öffnet euer Leben mir! Laßt mich den Herrn eures Lebens sein! Werdet meine Nachfolger, werdet gehorsame Leute!‹ So wirbt Gott um sein Volk.

Aber dann erfolgt die schmerzliche Auskunft, daß diejenigen, die in Israel recht lehren, als unangenehm angesehen und verschmäht werden (V. 10.13). Sie hört man nicht gern. Aber Leute, die den anderen zu Gefallen reden, die die enge Pfort weit- und den schmalen Weg breitmachen, werden gern gehört und auch akzeptiert. Das ist für Amos ein Schmerz.

So wird dann von Gott gesagt: Nur dann, wenn Israel Buße tut, wenn seine Gerechtigkeit wie ein Strom sein wird (V. 24), dann wolle er bei seinem Volk wohnen. *»Suchet das Gute und nicht das Böse, auf daß ihr leben könnt, so wird der HERR, der Gott Zebaoth, bei euch sein, wie ihr rühmt«* (V. 14). Die Israeliten meinten, ihnen könne ja gar nichts passieren und Gott müsse ja in Bethel sein, das ja schon seit Jakob ein bedeutender Ort in der Heilsgeschichte war. Nein; vielmehr »bessert euer Leben und euer Tun, so will ich bei euch wohnen an diesem Ort« (Jer 7,3). Dasselbe, was Jeremia später dem Südreich zu sagen haben wird, bringt Amos nachdrücklich zum Ausdruck.

Israel wartet auf Gott, doch er wird zum Gericht kommen: *»Weh denen, die des HERRN Tag herbeiwünschen! ... Denn des HERRN Tag ist Finsternis und nicht Licht«* (V. 18). Des *»HERRN Tag«* wird also ein Tag des Gerichts sein.

Doch Israel tat nicht Buße und folgte Amos nicht. Die Gottesdienste, die die Israeliten feierten, waren ein Lippendienst und kein Herzensgehorsam. Der äußerliche Gottesdienst hilft nicht: *»Ich bin euren Feiertagen gram und verachte sie und mag eure Versammlungen nicht riechen«* (V. 21). Deshalb ergehen die scharfen Worte an das Volk: *»Tu weg von mir das Geplärr deiner Lieder; denn ich mag dein Harfenspiel nicht hören«* (V. 23 a). So zieht sich Gott vom Gottesdienst Israels zurück – ähnlich wie Jesus, von dem es mit einer auffallenden Betonung nach der Tempelreinigung heißt: »Und er ließ sie stehen und ging zur Stadt hinaus…« (Mt 21,17). Auch diese Stelle zeigt, daß Gott aus dem Tempel auszieht. Sie wollten ihn nicht – nun haben sie ihn nicht.

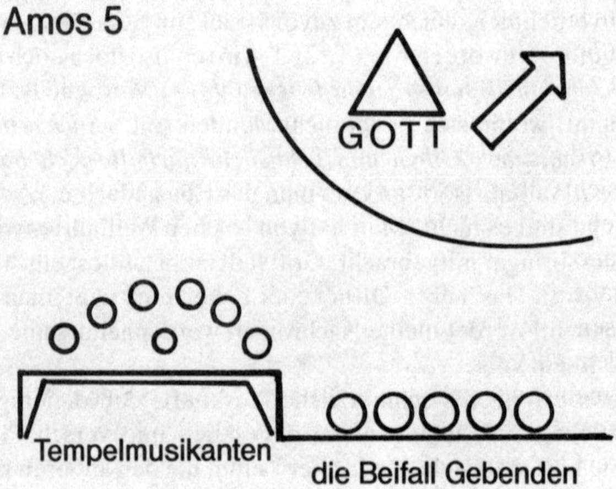

Abb. 217: Gott wendet sich vom Gottesdienst der Ungehorsamen ab

Das hat Israel erleben müssen. Die geistliche Musik dort wurde im Tempel kunstvoll aufgeführt (vgl. Abb. 217). Man hatte ja seit der Zeit Davids und Salomos einige Kunstformen entwickelt, und Tempelchöre und Sängerschulen gestalteten die Gottesdienste mit (das ist in den beiden Chronik-Büchern ausführlich dargestellt; vgl. die Auslegung dort). Auf einem Podest befand sich die Musikkapelle der Tempelmusikanten, davor die Menge, die Beifall spendete und die meinte, das sei Gottesdienst.

Aber Gott wendet sich davon ab *(»Ich bin euren Feiertagen gram…«)*, wenn beim Gottesdienst das nicht dabei ist, daß man sich ihm unterwirft. Fehlt das, so fehlt das Entscheidende.

Kapitel 6 setzt das fort. Nachdem Amos zuvor auf die Frauen (4,1–3) und auf die Priester (Kap. 5) zu sprechen gekommen war, sind es in diesem Kapitel die politisch Führenden, an die er sich wendet: *»Weh den Sorglosen* *zu Zion und weh denen, die voll Zuversicht sind auf dem Berge Samarias, den Vornehmen des Erstlings unter den Völkern...«* (V. 1). Amos sagt ihnen, daß sie so, wie sie jetzt dem Volk vorangehen – nämlich im Bösen und nicht im Guten –, einmal vorangehen würden, wenn sie am Hermon vorbei ins assyrische Exil abgeführt werden (V. 7).

3.3 Prophetische Gesichte und Worte über das kommende Gericht (7,1–9,10)

Dieser dritte Teil des Amos-Buches ist von einigen Visionen, von einigen Bildern durchsetzt, enthält aber auch Botschaft und einen geschichtlichen Abschnitt (7,10–17).

Kapitel 7 beginnt mit drei Visionen über die zu Ende gehende Langmutszeit Gottes.

Die erste dieser Visionen zeigt ein Bild, in dem Amos Heuschrecken heraufziehen sieht, die »Gericht« bedeuten (V. 1–3). Die zweite Vision zeigt ein Bild von Feuer (V. 4–7), bei dem man nicht recht weiß, ob an eine Art von Steppenbrand, an eine Dürre oder an eine Feuersbrunst gedacht ist, die die Häuser erfaßt.

Bei diesen beiden Visionen bittet Amos um Gottes Langmut, um Bewahrung vor dem Gericht (V. 2.5). Dieser Prophet war also nicht – wie man manchmal meinen könnte – ein steinharter Mann, der vom Ausland kommt, den Israeliten ein Gerichtswort hinwirft und dann wieder geht. Amos ist vielmehr auch ein Prophet, der den priesterlichen Dienst der Fürbitte tut: *»Ach HERR, sei gnädig!«* Um seines Namens willen soll Gott das Gericht nicht vollziehen, damit also nicht die Völker über seinen heiligen Namen lästern.

Auf die zweimalige Fürbitte von Amos hin heißt es beide Male: *»Da reute (es) den HERRN...«* (V. 3a.6a).

Einige Zeit später sieht Amos eine dritte Vision: Eine schräge, hängende Mauer ist stark geneigt. Wie nahe sie dem Einsturz ist, das wird daran deutlich, daß Amos ein Bleilot sieht, das daneben hängt und dadurch anzeigt, wie stark diese Mauer geneigt ist.[1]

Israel geht der Katastrophe entgegen, denn nun wird zu Amos gesagt: *»Ich will das Bleilot legen an mein Volk Israel und ihm nichts mehr über-*

---

[1] Daran erkennt man, daß sie schon um das Jahr 760 v. Chr. solch ein Bleilot gehabt haben, wie es bis heute die Maurer an neu zu errichtende Mauern halten, damit diese senkrecht werden. So alt ist diese Kultur also, die ja später über Griechenland und Rom usw. zu uns gekommen ist. (Anm. d. Vf.)

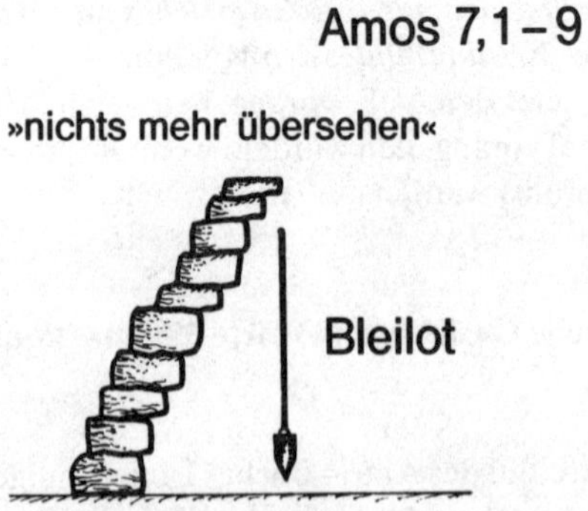

Abb. 218: Unmöglichkeit der Fürbitte (schließlich)

sehen« (V. 8b). Der Absturz ist also unausweichlich. Zwar spricht Amos zum Abschluß des Buches von einer neuen Gnadenzeit (wie auch die anderen Propheten dies im Blick haben); aber bei diesem Propheten ist es so, wie es Jeremia und Hesekiel später für Juda/Jerusalem erfahren mußten: Es kommt eine Zeit, in der die Fürbitte des Propheten das jetzt folgende Gericht nicht mehr abwendet. Dieses Gericht muß vielmehr durchschritten werden, wenn das Volk Gottes nicht überhaupt ganz untergehen und für die Heilsgeschichte verlorengehen soll.

Hier geht es also nicht um ein ewiges Verlorengehen, sondern das, was abgewiesen wird, ist die Fürbitte dafür, daß das jetzt folgende Gericht nicht eintritt. Diese Sache darf Amos von nun an nicht mehr vor Gott bringen.

Nach diesen drei Visionen (denen zwei weitere folgen werden: 8,1–3; 9,1ff.) kommt das Entscheidende: Jetzt greift im Heiligtum von Bethel Amazja ein, der dortige Oberpriester (V. 10–17). Zunächst erstattet er Bericht an den König, der ja in Samaria wohnt, nicht in Bethel: *»Der Amos macht einen Aufruhr gegen dich im Hause Israel; das Land kann seine Worte nicht ertragen«* (V. 10b).–

Es war ja auch im letzten Jahrhundert in Rußland das Eigenartige, als Goßner und andere eine Erweckung ins Land brachten (nach Petersburg usw.), daß zwar der damalige Zar, Alexander, dieser Bewegung gegenüber recht offen gewesen wäre, daß aber die hohen und höchsten Würdenträger der damaligen russisch-orthodoxen Kirche (der Staatskirche) die politischen Machthaber drängten, gegen diese Männer vorzugehen. Goßner wurde ausgewiesen. Eine Mutter zeigte damals ihren Kindern den im Zug sitzenden ausreisenden Goßner und sagte: »So macht es unser Land mit den Propheten Gottes!« Vielleicht ist damals mehr an Entscheidung auch im Blick auf die Ereignisse von 1917/18 gefallen als wir denken mögen.–

Auch bei Amos war es schon so, daß von der »kirchlich« führenden Seite die politische Mißdeutung des prophetischen Dienstes ausgesprochen wurde: *»Der Amos macht einen Aufruhr.«*

An solches dachte Amos überhaupt nicht. Seine Botschaft war im Grunde genommen eine völlig unpolitische: Es ging um das Verhältnis zu Gott und nicht um das Verhältnis zu politischen Mächten.

Doch er wurde mißdeutet; und eben jener Amazja hat den König aufgefordert, gegen Amos vorzugehen.

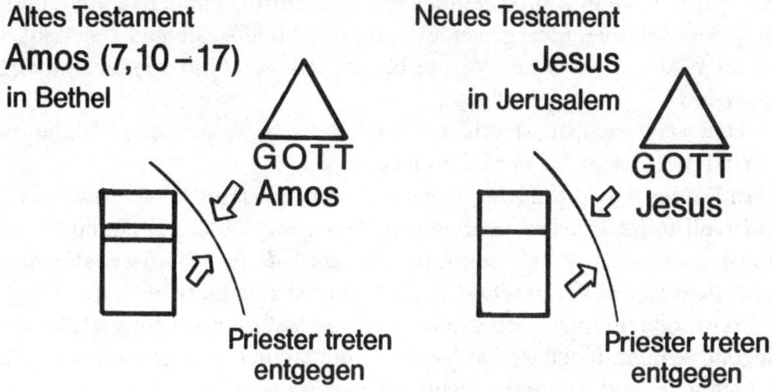

Abb. 219: Die Priester weisen den Herrschaftsanspruch und die Zurechtweisung Gottes ab

Wie bei Amos, so waren es auch bei Jesus die Priester am Jerusalemer Tempel, die ihn und damit den Herrschaftsanspruch und die Zurechtweisung Gottes abgelehnt und von sich gewiesen haben (siehe Abb. 219).

Es wird aber nicht recht sichtbar, ob der König wirklich etwas gegen Amos unternommen hat. Denn *Amazja* sprach nun den Propheten an und sagte, Bethel sei *»des Königs Heiligtum«*, und Amos mache sich also des Landfriedensbruchs schuldig, wenn er dort auftrete. Amazja schickte Amos nach Hause: *»Geh weg und flieh ins Land Juda ... und weissage daselbst«* (V. 12b).

Ebenso wie auch Jesus keine Palastrevolution in Gang setzte – weder im Tempel noch in Jerusalem überhaupt – und Petrus anwies, sein gezücktes Schwert wieder wegzustecken (Joh 18,11), sondern seine Hände hinhielt, als er gefangengenommen worden ist, so hat auch Amos der Aufforderung des Amazja Folge geleistet und das Land verlassen.

Das tat er aber nicht, ohne diesem Oberpriester von Bethel zu sagen: *»Du ... sollst in einem unreinen Lande sterben«* (V. 17b), in einem fremden, heidnischen Land also. Das mußte Amos dem Amazja von Gott her ausrichten – nicht, um sich zu rächen, sondern um ihm das zu sagen, was ihm bevorstand. Es ist ja dann auch genauso gekommen; und die letzte Botschaft des Amos in Bethel war im Grunde genommen ein letzter Heimruf Gottes.

So, wie später Jesus bei der Tempelreinigung abgewiesen wurde, so ist Amos abgestoßen worden, und die Katastrophe folgte dann zur gegebenen Zeit nach.

Danach hört man nichts mehr von Amos, außer dem, daß er diese Worte aufgeschrieben hat. Wahrscheinlich war sein Auftrag damit beendigt, und er hat wieder seine Herden geweidet und seine Maulbeerfeigen angebaut. Er war dabei sicher wie schon vorher bereit, sich von Gott wieder senden zu lassen.

Aber seine Schrift ist erhalten geblieben, diese gewaltige Einladung: »Suchet den HERRN, so werdet ihr leben!«

In **Kapitel 8** wird zunächst die vierte Vision geschildert: Amos sieht einen Korb voll reifer Früchte, und es wird ihm gesagt, was das bedeutet. *»Da sprach der HERR … : Reif zum Ende ist mein Volk Israel; ich will ihm nichts mehr übersehen«* (V. 2b). Das Land ist also reif zum Gericht.

So werden im folgenden in einem letzten Bußruf noch einmal alle, überwiegend soziale, Übeltaten aufgezählt und dadurch gezeigt, wie sich Israel verhalten hat und dadurch gerichtsreif geworden ist (V. 4–10).

Die Gerichtsreife zeigt sich auch daran, daß eine Zeit angekündigt wird, in der man vergeblich nach Gottes Wort verlangen wird (V. 11f.). Die Israeliten haben lange Zeit auf Gottes Wort nicht gehört (vgl. 5,10.13) – nun *können* sie nicht mehr hören, denn sie haben Gottes Wort nicht mehr.

In diesem Zusammenhang steht das bekannte Wort: *»Siehe, es kommt die Zeit, spricht Gott der HERR, daß ich einen Hunger ins Land schicken werde, nicht einen Hunger nach Brot oder Durst nach Wasser, sondern nach dem Wort des HERRN, es zu hören…»* Das ist erfreulich; aber es heißt dann weiter: *»…daß sie hin und her von einem Meer zum andern, von Norden nach Osten laufen und des HERRN Wort suchen und doch nicht finden werden«* (V. 11f.).

So kann es also auch möglich sein, daß dann, wenn man lange Zeit Gottes Wort abweist, es nicht mehr da ist bzw. man keinen Zugang mehr dazu findet. Was Amos hier ausspricht, ist ein äußerst ernstes Wort!

In **Kapitel 9** sieht Amos in einer fünften und letzten Vision in Bethel *»den Herrn über dem Altar stehen«* (V. 1a). Gott gibt hier die Weisung (an wen, wird nicht recht klar): *»Schlage an den Knauf, daß die Pfosten beben und die Trümmer ihnen allen auf den Kopf fallen«* (V. 1). Das ist wohl eine Weisung an Eroberer, die von Gott als Zuchtrute seinem Volk gegenüber benutzt worden sind, denn die Assyrer haben einige Jahrzehnte später so das Heiligtum von Bethel zerstört.

Die in Kapitel 9 nicht namentlich genannte und also noch unbekannte Macht bekommt demnach von Gott den Auftrag, das Gericht so auszuführen, *»daß keiner von ihnen entfliehen noch irgendeiner entkommen soll! ... Und wenn sie sich auch versteckten oben auf dem Berge Karmel, will ich sie doch suchen und von dort herabholen; und wenn sie sich vor meinen Augen verbärgen im Grunde des Meeres, so will ich doch der Schlange befehlen, sie dort zu beißen«* (V. 1b–3).

3.4 Abschließende Ankündigung der künftigen Heilszeit (9,11–15)

Das Amos-Buch schließt damit ab, daß Amos die Botschaft noch ausrichten darf, daß das Gericht Gottes nicht das Letzte ist. In diesem Sinn hat der ältere Blumhardt gesagt, Gottes Richten sei nie ein Hinrichten, sondern ein Herrichten.

So schließt Amos mit der Ankündigung Gottes: *»Zur selben Zeit will ich die zerfallene Hütte Davids wieder aufrichten...«* (V. 11 a). Was früher ein Königspalast auf dem Zion war – ein stolzes Haus Davids –, ist jetzt ein halbzerfallenes Zelt, eine *»Hütte«*. Aber *Er* will *»wieder aufrichten«* und einen Davidssproß, einen aus dem Davidshaus zum Messias machen, einen so einfachen Mann wie Amos, der Hirte und Maulbeerfeigen-Pflanzer war. Solch ein Mann war der Zimmermannssohn aus Nazareth (ein Zimmermann war damals ein einfacher Bauarbeiter).

Ja, Gott greift sich seine Leute, wo er will; und dieser Amos war für den einzigartigen Großen so etwas wie ein Vorläufer, wie ein Modell.

Amos darf so weit hinausschauen, daß er sieht, daß Gott sein Volk wieder sammeln werde: *»Ich will die Gefangenschaft meines Volks Israel wenden... Denn ich will sie in ihr Land pflanzen, daß sie nicht mehr aus ihrem Land ausgerottet werden, das ich ihnen gegeben habe, spricht der HERR, dein Gott«* (V. 14f.). Wenn Gott verspricht, daß Israel sein Land nie mehr verlieren werde, dann kann niemand Israel daraus vertreiben (auch keine PLO!).

Amos, der sonst eine so ernste, schwere Botschaft auszurichten hat, darf so weit hinausblicken, daß er über die Gerichte hinweg ins ferne Frührot eines neuen, herrlichen Gottestages schaut.

Das Entscheidende bei diesem Propheten ist – wie oben gesagt – die Gesamtbotschaft dieses Textes.

Bei uns wird Gott anderes beanstanden als damals bei den Leuten in Samaria. Aber die entscheidende Frage ist – wie damals und bei Jesu Tempelreinigung –, wie wir reagieren: ob wir Ihn annehmen oder abweisen, ob wir uns Ihm entziehen und verschließen wollen oder ob wir uns Ihm öffnen. ER – unser Schicksal!

Die Propheten Jona und Obadja

In der Anordnung der einzelnen biblischen Bücher folgt nach dem Amos-Buch das Buch des Propheten Obadja und dann das des Propheten Jona. Hier behandle ich Obadja und Jona in umgekehrter Reihenfolge, da nach der zeitlichen Aufeinanderfolge Jona vor Obadja steht.

1. Der Prophet Jona

1.1 Einleitung

1.1.1 Die Zeit von Jonas Wirken

Es ist vielen Bibellesern nicht bekannt, daß einigermaßen klar ist, wann Jona gelebt und gewirkt hat, weil dieser Prophet im zweiten Buch der Könige erwähnt wird. In 2. Könige 14,25f. heißt es von Jerobeam II. (787–747 v. Chr.), dem König im Nordreich Israel: »Er stellte wieder her das Gebiet Israels von Hamat bis ans Salzmeer nach dem Wort des HERRN, des Gottes Israels, das er geredet hatte durch seinen Knecht Jona, den Sohn Amittais, den Propheten, der von Gat-Hefer war. Denn der HERR sah den bitteren Jammer Israels an, daß sie allesamt dahin waren und kein Helfer in Israel war.«

Jona trat um 760 v. Chr. auf, also wenige Jahrzehnte vor dem Untergang des Nordreiches. Im Jahr 722 v. Chr. wurde ja Samaria und das Zehn-Stämme-Land durch die Assyrer erobert, und große Teile der Bevölkerung wurden aus dem Nordreich in die Gefangenschaft weggeführt.

Jona lebte und wirkte also zur Zeit Jerobeam II., jenes letzten bedeutenden Herrschers des Nordreiches Israel (dem sog. Zehn-Stämme-Land). Jona ist wohl etwas früher als Amos und Hosea aufgetreten. Er durfte im Unterschied zu diesen beiden Propheten im positiven Sinn reden und Israel sagen: ›Gott hat sich euer erbarmt!‹ »Der HERR sah den bitteren Jammer Israels an«, denn dieses Volk war von fremden Mächten gebrandschatzt und gequält worden.

So hat Gott Israel einen Mann gegeben, Jerobeam II., der dem Volk gegen seine Feinde Recht schaffen sollte, ähnlich wie die früheren Richter (Gideon usw.). Es wird im 2. Könige-Buch also positiv verzeichnet, daß Jerobeam II. so erfolgreich war. Dieser König sicherte noch einmal die Grenzen; auch erweiterte er das Land und führte es zu einer gewissen Sicherheit und Wohlfahrt. Er regierte 40 Jahre lang. Das war das Erbarmen Gottes mit diesem Volk.

Die Propheten Amos und Hosea müssen später sagen, daß Israel diese Zeit schlecht genützt hat. Trotz dieses Erbarmens Gottes wurde dieses Volk schließlich doch von Gottes Gericht ereilt.

Im Blick auf Jona ist es aber wichtig zu sehen, daß dem späteren Gericht das Erbarmen Gottes vorausging. Denn dann wird Jonas Botschaft und sein Verhalten, wie es das Jona-Buch zeigt, verständlich.

1.1.2 Jonas Botschaft

Es ist außerordentlich seltsam, was das Jona-Buch zeigt: Nachdem Israel Gottes Erbarmen erfahren hat, wollte Gott seine Barmherzigkeit der Welt zuwenden, nämlich einem heidnischen Volk, das in Ninive lebte. Diese Botschaft wollte aber Jona nicht an Ninive ausrichten und auch nicht dieser Stadt zuvor das Gericht ankündigen. Gott könnte sich dieses Volkes in Ninive erbarmen – und das wollte Jona nicht. Er wollte vielmehr die Barmherzigkeit Gottes auf Israel beschränkt sehen.

Das muß man verstehen. Auf allen Völkern des Vorderen Orients lastete damals die assyrische Bedrohung wie ein mächtiger Alpdruck – auf Israel und Juda, aber auch auf Syrien usw. Ninive, die Hauptstadt des assyrischen Reiches, war die Metropole der Großmacht im Nordosten, war sozusagen wie eine raubgierige Spinne, die ihr Netz ausgespannt hatte und die eins um das andere von diesen armen Mücklein – den eroberten Kleinstaaten – aussog. Berichte aus jener Zeit besagen, daß kein Volk bei seinen Eroberungszügen so grausam vorgegangen sei wie die Assyrer. (Die Ägypter wie auch die Babylonier waren weitaus menschlicher.)

Daher wird einsichtig, daß Jona wahrscheinlich aufatmete, als er erfuhr, daß er den Assyrern deren Untergang in 40 Tagen ankündigen sollte. Er wird vielleicht Gott gedankt haben, daß endlich diese Großmacht gerichtet und dadurch der Alpdruck auch von Israel genommen wird.

Jona sollte den Assyrern aber auch *mitteilen*, daß sie demnächst gerichtet werden. Im Blick darauf hatte er eine Sorge: Die Assyrer könnten ja sogar Buße tun! Sie könnten Jonas Worten glauben! Und wer weiß, ob Gott dann nicht barmherzig ist und das Gericht nicht kommen läßt? Das ist eine eigenartige Besorgnis. So wird in Kapitel 4 ausgesprochen, daß Gottes Erbarmen den Jona verdrießlich stimmte. Jona wollte die Barmherzigkeit Gottes auf sein Volk – Israel – beschränken und sie dem Volk der Assyrer vorenthalten.

Denn Gott ist barmherzig, und ihn reut des Gerichts, – aber nicht einfach so mir nichts, dir nichts. Er ist dem *Bußfertigen* gnädig; und Buße kann nur dort eintreten, wo sie gepredigt und wo dazu aufgerufen wird. So ist es der erste Schritt des Erbarmens Gottes, daß er den Menschen zur Buße ruft und ihm in Gnaden Buße schenkt.

Deshalb war Jona in Ninive nötig, aber er hat sich geweigert, dorthin zu gehen.

1.2 Zum Einzelnen

In **Kapitel 1** wird Jonas Berufung und seine Flucht vor Gott geschildert.

Gott sendet Jona nach Ninive und spricht dabei von der Gerichtsverfallenheit dieser Stadt: *»Es geschah das Wort des HERRN zu Jona, dem Sohn Amittais: Mache dich auf und geh in die große Stadt Ninive und predige wider sie; denn ihre Bosheit ist vor mich gekommen«* (V. 1f.). Die Assyrer haben schwer gesündigt, und deshalb wird sie das Gericht treffen.–

Menschliche Sünde bewirkt also das Gericht Gottes! Das gilt es auch heute wieder schlicht zu sehen und zu lernen. Die verbreitete Meinung, Gott sei die reine Güte und würde nicht richten, ist nicht biblisch. Gott kann richten und zürnen; er nennt Sünde Sünde. »Schrecklich ist's, in die Hände des lebendigen Gottes zu fallen« (Hebr 10,31). Das wird in der Heiligen Schrift in Klarheit ausgesprochen, und zwar keineswegs nur im Alten, sondern ebenso im Neuen Testament. In letzterem ist im Blick auf die Welt sogar noch mehr vom Zorngericht Gottes die Rede, das »über die Kinder des Ungehorsams« kommt (Eph 5,6).–

Abb. 220: Sünde bewirkt Gottes Gericht

Gottes Gericht hängt über Ninive wie ein schweres Gewitter, das über diese Stadt hereinbrechen wird (vgl. Abb. 220).

Die Ankündigung des Gerichts über Ninive hat große Aktualität, weil eine Frist genannt wird: »Es sind noch vierzig Tage, so wird Ninive untergehen« (3,4b).

Es ist keine Penetranz, wenn etwa gesagt wird, es könne bis zum Abend anders werden, als es am frühen Morgen war. Und es ist keine »apokalyptische Spekulation« (wie man gelegentlich hört), wenn gesagt wird, daß manche Weltentwicklungen von der Art seien, daß sie als längst in der Heiligen Schrift angekündigte Vorzeichen der nahenden Wiederkunft von Jesus Christus und auch des Gerichts verstanden werden. Denn »er wird sitzen auf dem Thron seiner Herrlichkeit, und alle Völker werden vor ihm versammelt werden. Und er wird sie voneinander scheiden« – je nachdem, wie Menschen sich entschieden haben (Mt 25,31 f.).

Aber diese Gerichtsankündigung ist nicht das Letzte. Indem eben das Gericht angekündigt wird, ehe es eintrifft, und Gott nicht einfach schweigend zuschlägt, bedeutet das eine Chance, eine Aufforderung, sich von seiner Sünde abzuwenden, Buße zu tun, Gott um Vergebung zu bitten und von seinen bösen Werken zu lassen.

Diese Möglichkeit ist mit Abbildung 221 angedeutet. Das war es wohl, was Jona befürchtet hat: daß die Leute in Ninive Buße tun, nachdem er ihnen das Gericht angekündigt hat, und daß dann gewissermaßen die Gewitterwolken verschwinden werden und Gott sein Angesicht über ihnen leuchten lassen und ihnen Gnade erzeigen wird.

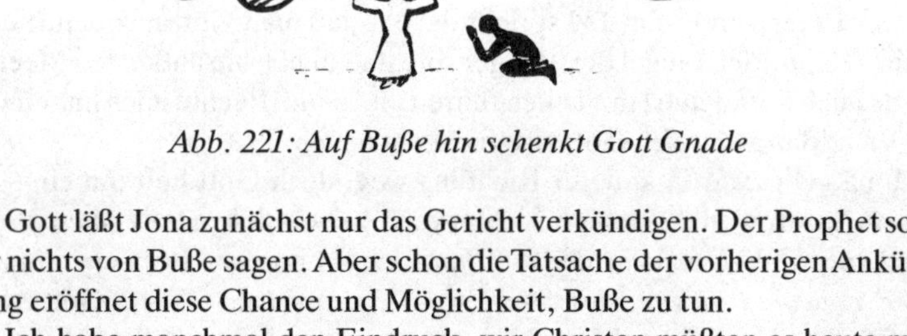

Abb. 221: Auf Buße hin schenkt Gott Gnade

Gott läßt Jona zunächst nur das Gericht verkündigen. Der Prophet sollte gar nichts von Buße sagen. Aber schon die Tatsache der vorherigen Ankündigung eröffnet diese Chance und Möglichkeit, Buße zu tun.

Ich habe manchmal den Eindruck, wir Christen müßten es heute mehr wagen, nicht in irgendeiner Anmaßung, sondern einfach von der Heiligen

Schrift her auch zu sagen: ›Liebe Leute, liebes deutsches Volk! Wir sind vom Gericht Gottes bedroht – nicht etwa nur von der Umweltverschmutzung, nicht nur durch den Verschleiß der Vorräte, nicht nur durch das Wettrüsten der Großmächte u.a. Letztlich sind wir vielmehr von Gott bedroht! Wir haben es mit Gott zu tun.‹ Und eben indem das recht angekündigt wird, ist damit auch die Möglichkeit eröffnet, daß Menschen daraus die Konsequenzen ziehen und Gott um Vergebung bitten.

Das ist auf jeden Fall die Möglichkeit, die das Neue Testament noch auf ganz andere Weise zeigt, wo der Eine und Einzigartige zum Sühnopfer hingestellt ist, zu dem man eilen kann (Röm 3,25). Dort kann man seine ›Gnadengesuche‹ an den lebendigen Gott einreichen.

Daß Buße auch in Ninive geschah, wo es kein Mensch dachte, das zeigt Kapitel 3.

Doch Jona verweigert den Gehorsam gegenüber Gottes Auftrag (V. 4–15). Er möchte damit Gott korrigieren und den Leuten von Ninive *keine* Chance geben. In Jonas Augen haben diese genug verbrochen; er meint, nun sei es Zeit, daß diese Menschen an die Reihe kommen und daß andere kleine, arme, bedrückte Völker (auch Israel) von ihnen entlastet werden.

Das ist – wie gesagt – bedenklich; doch Jona ist ein Bote, der nicht mit Gott denkt. Der Bote, der mit Gott denkt, weiß: Gott will, daß niemand verlorengehe, sondern daß »allen Menschen geholfen werde und sie zur Erkenntnis der Wahrheit kommen« (1. Tim 2,4; im Urtext heißt es: »...daß alle Menschen *gerettet* werden...«).

Doch Jona – und das ist oft die Weise der Boten Gottes, bis heute – meint allzu genau zu wissen, wer die Möglichkeit zur Buße, die Gott anbietet, annehmen will und wer nicht. Nicht, daß er den Leuten von Ninive die Buße und Umkehr zu Gott nicht gönnen würde, aber er meint, sie seien ganz andere Menschen als in Israel und wollten nichts davon wissen.

Daher weicht Jona aus. Gott schickte ihn nach Ninive, also nach Osten; Jona reist mit einem Schiff aber nach Westen, um *»dem HERRN aus den Augen zu kommen«* (V. 3b).

Der Beter von Psalm 139 spricht davon, daß man Gott nicht entfliehen kann: »Nähme ich Flügel der Morgenröte und bliebe am äußersten Meer, so würde auch dort deine Hand mich führen und deine Rechte mich halten« (Ps 139,9f.). Man kann sich Gott also nicht entziehen.

Jona geht zwar in anderer Richtung weg, doch Gott holt ihn ein – mit diesem Sturm, von dem hier berichtet wird: *»Da ließ der HERR einen großen Wind aufs Meer kommen, und es erhob sich ein großes Ungewitter auf dem Meer, daß man meinte, das Schiff würde zerbrechen«* (V. 4). Gott selbst sendet das *»Ungewitter«*! Das Unwetter war also kein zufälliges Unglück, auch lag es nicht an der Jahreszeit; auch kein Zusammentreffen ungünstiger

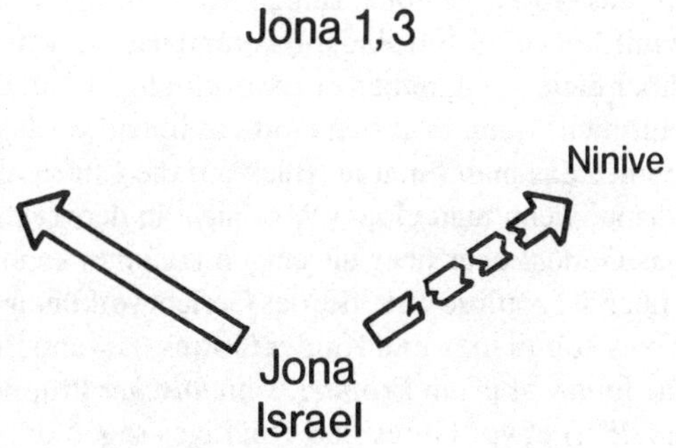

Abb. 222: Ein Bote Gottes verweigert Gott den Gehorsam und geht in eine andere Richtung

meteorologischer Umstände war die Ursache für den Sturm. Vielmehr war es *Gott*, der den Sturm sandte.

Davon ahnten die Heiden auf dem Schiff etwas, und so ruft jeder von ihnen seinen Gott an (vgl. V. 6). Nur einer schläft und betet nicht: der Prophet des lebendigen Gottes! Er liegt unten im Schiff. Aber das ist nicht die Art und Weise, wie Jesus im Boot schlief: nämlich im Vertrauen auf seinen Vater. Jona vielmehr schläft im Trotz und darum, weil er Gottes Weisung nicht folgen will. Er schläft in der Dumpfheit, mit der Decke über den Kopf gezogen. Jona will von nichts etwas wissen.

Interessanterweise ist es ausgerechnet ein Heide, nämlich der Kapitän oder Schiffseigner, der einen Mann aus Israel, der dazu noch ein Prophet ist, auffordert, daß er betet: »*Was schläfst du? Steh auf, rufe deinen Gott an! Ob vielleicht dieser Gott an uns gedenken will, daß wir nicht verderben*« (V. 6).

Abb. 223: Gott kommt über seinen Boten mit Gericht

Das Gericht, das Gott über Jona, seinen Boten bringt, überschattet auch diejenigen, die mit Jona im Schiff sind. So kommt das Gericht auch eher über den Boten als über diejenigen, denen er es verkündigen soll: den Assyrern.

Das kann eintreten, wenn man sich Gott aus irgendwelchen Gründen entzieht. Ich frage mich das manchmal im Blick auf die Christenheit in unserem Volk, ob nicht dann, wenn man Gottes Wort nicht in der rechten Weise auszurichten wagt, das Gericht eher über diejenigen kommen kann, die die Boten sein sollten, als über die gottlose Welt, der das Gericht verkündigt werden sollte.

So weit kann es kommen, wenn Kinder Gottes, ja wenn Propheten ungehorsam werden! Jona war ja ein *Prophet*, kein *falscher* Prophet! Er hat doch (nach 2. Kön 14,25f.) etwas Gutes und Richtiges sagen dürfen und gesagt und war hierin auch gehorsam. Aber so kann man in einer falschen Grundhaltung, die nicht mit Gott denkt, auf ein falsches Geleise kommen!

Kinder Gottes, Boten Gottes, die gehorsam sind, sind für ihre Umgebung eine Hilfe und Wohltat. Ein Bote, der Gott ungehorsam ist, ist für seine Umgebung eher eine Belastung.

Die Männer, auf deren Schiff Jona mitfährt, merken bei dem lang anhaltenden Sturm, daß etwas dahinterstecken müsse. Daher wollen sie feststellen, woran das denn liege. Schließlich sagt Jona ihnen die ganze Wahrheit: daß er vor seinem, dem lebendigen Gott fliehe und deshalb alles so gekommen sei, wie es gekommen ist.

Das ist ein eigenartiges Zeugnis für den lebendigen Gott und für dessen Wirksamkeit, auch im Negativen, so daß die Männer aufhorchen: *»Da fürchteten sich die Leute sehr...«* (V. 10a). Jona muß also auch mit seinem Ungehorsam und im Gericht, das ihn ereilt, die Blicke der Menschen auf den lebendigen Gott lenken.

Jona bietet den Männern auf dem Schiff an: *»Nehmt mich und werft mich ins Meer, so wird das Meer still werden...«* (V. 12a). Er, der die Leute so in Gefahr gebracht hat, ist bereit, sich zu opfern. Wahrscheinlich will Jona lieber sterben als nach Ninive gehen.

Falsch freilich war sein Angebot nicht. Die Leute sind human (wie man an dem Bericht ablesen kann): Es wird betont, mit welcher Anstrengung sie rudern, um Jona doch noch vor dem Schrecklichen zu bewahren (V. 13). Aber als alles nichts mehr hilft, handeln sie doch nach seinem Rat und werfen Jona ins Meer, begleitet von einem Bußgebet, das an Jahwe, den Gott Israels gerichtet ist (*»Da riefen sie zu dem HERRN...«*, V. 14a). Sie betonen, daß sie kein *»unschuldiges Blut«* vergießen wollen, aber es gehe nun nicht mehr anders (V. 14b).

Diese Heiden werden in einer positiven Art und Weise gezeigt, wie überhaupt im gesamten Jona-Buch die anderen Menschen im Vergleich zu Jona, dem Propheten aus dem Volk Gottes, recht gut wegkommen.

Kapitel 2 zeigt, daß und wie Gott in seiner Gnade seinen Propheten bewahrt und zurückholt. Das geschieht nicht durch das Rettungsboot eines Schiffes, sondern durch einen Fisch: *»Aber der HERR ließ einen großen Fisch kommen, Jona zu verschlingen...«* (V. 1a). Die Geschichte darüber ist das Kapitel des Jona-Buches, das am meisten bekannt ist.

Und diese Geschichte wird häufig belächelt. Aber immerhin ist es auffallend, daß Jesus diese Geschichte nicht nur – wie es heute oft geschieht – als ein Bild angesehen hat (vgl. Mt 12,38–40 par). Er ging vielmehr von der Tatsächlichkeit dieses Geschehens aus und sah darin eine Vorausabbildung des ebenfalls wirklichen Geschehens, daß er selbst gestorben ist, begraben wurde und nach drei Tagen auferstand (das ist auch keine Bildsprache, sondern ein wirkliches Geschehen!).

Ich meine, wir müssen uns entscheiden: Sehen wir die Naturgesetze als Gott an, dann denken wir, es könne nichts geschehen außer dem, was den Naturgesetzen gemäß abläuft. Wenn wir aber Gott als Gott ansehen und ihn als Gott anerkennen, dann werden wir der Überzeugung sein, daß vor Gott kein Ding unmöglich sei – auch wenn wir ein Geschehen wie das mit Jona und dem Fisch heute gar nicht mehr erklären und rekonstruieren können. (Alle Versuche, solche Vorgänge irgendwie – auch biologisch und medizinisch – zu erklären, sind meines Erachtens unsinnig.)

Vor Gott ist kein Ding unmöglich! Er kann diesen Mann auffangen, umwenden und wieder an Land transportieren. Dann wird Jona zum zweiten Mal der Auftrag gegeben, nach Ninive zu gehen (siehe Kap. 3).

Abb. 224: Gott fängt den Boten in Gnaden auf

Bereits das Verschlungen-Werden Jonas durch den Fisch, der für ihn gewissermaßen das Rettungsboot ist, ist bereits eine Wirksamkeit der Begnadigung durch Gott, der Aufbewahrung dieses Mannes durch Gott für seinen Auftrag (vgl. Abb. 224).–

Der Missionar Johannes Rebmann, der 29 Jahre lang in Ostafrika in einem mörderischen Klima gewirkt hat und kurz nach seiner Rückkehr nach Korntal gestorben ist, äußerte, daß ein Gottesbote unsterblich sei, solange

Gott für ihn einen Auftrag habe. Das habe er in Afrika trotz zahlreicher Malariaerkrankungen, angesichts wilder Tiere, im Hinblick auf Stammeskämpfe sowie unter Verzicht auf jeglichen Heimaturlaub erlebt.–

Gott hat Jona für seinen Auftrag aufbewahrt. Im Leib des Fisches ist Jonas Trotz und Starrsinn doch gebrochen, und so heißt es: *»Jona betete zu dem HERRN, seinem Gott, im Leibe des Fisches«* (V. 2). Es folgt sodann ein ausführliches Gebet, eine Art von Psalm (V. 3–10).

Aber offenkundig ist das nicht der Wortlaut des Gebetes im Leib des Fisches, denn es wird in diesem Gebet in der Vergangenheitsform geredet: *»Ich rief zu dem HERRN in meiner Angst, und er antwortete mir. Ich schrie aus dem Rachen des Todes, und du hörtest meine Stimme«* (V. 3f.) usw. Also muß das ausgesprochen worden sein, nachdem Jona bereits an Land transportiert worden war und seine Glieder wieder zusammengelesen hatte und dazu seine fünf Sinne und wieder richtige Gedanken fassen konnte. Da erfaßte er die Situation erst ganz.

Die Antwort Gottes wird in Vers 11 wiedergegeben: *»Der HERR sprach zu dem Fisch, und der spie Jona aus ans Land.«* Das Tier ist Gott gehorsamer als der Mensch – der Fisch ist gehorsamer als Jona.

In **Kapitel 3** bekommt Jona erneut den Auftrag, nach Ninive zu gehen und dort im Namen Gottes aufzutreten (V. 1f.). Auch Ninive – das »Moskau« jener Zeit – *»war eine große Stadt vor Gott«* (V. 3b). Sie kann sich so wenig Gott entziehen wie Jona. Nun marschiert der Prophet schließlich doch dorthin (V. 3a) und ist so wenigstens äußerlich gehorsam, während er innerlich gleichgültig bleibt.

Es ist für Jona nicht einfach, nach Ninive hineinzugehen und Gottes Botschaft zu sagen.

Das Alte Testament enthält ja Beispiele genug, die zeigen, daß Menschen auf eine Bußpredigt ganz anders reagierten als die Niniviten. Nicht nur der moderne Mensch, sondern der Mensch überhaupt kann ganz anders reagieren, als Jona es erlebt. Den Bewohnern von Sodom und Gomorrha war die Botschaft des Lot lächerlich (1. Mose 19). Es hätte Jona auch wie seinem Zeitgenossen Amos ergehen können, der in Israel etwas ausrichtete, das sodann politisch mißdeutet worden ist (vgl. Am 7,10: »Der Amos macht einen Aufruhr«).

So hätte man auch in Ninive Jona vorwerfen können, daß in seiner Person einer aus den unterworfenen Völkern auftreten, einen Aufruhr machen und vielleicht die Wehrkraft zersetzen wolle. Der Prophet hätte wie Amos ausgewiesen werden können (Am 7,12f.).

Es ist auffallend, daß dieser gleichgültige Jona nicht einfach abgewiesen wird, dieser Mann, der wohl nicht so sehr mit Nachdruck sprach. Vielleicht ruft er seine Worte nur an einigen wenigen Stellen der Stadt aus. Und dieser Jona findet Gehör!

Innerlich ist Jona dabei immer noch unbeteiligt; er führt diesen Auftrag Gottes widerstrebend und mit Widerwillen aus. Seine Predigt lautet: *»Es sind noch vierzig Jahre, so wird Ninive untergehen«* (V. 4b). Jona redet dabei nicht aus der herzlichen Barmherzigkeit heraus und will innerlich nicht mittun. Er ist gleichgültig und will im Grunde genommen gar nicht, daß die Leute von Ninive Buße tun.

Aber in *einem* Punkt gehorcht er: Er richtet die Botschaft recht aus, die Gott ihm aufgetragen hatte. Und davon geht eine gewaltige Wirkung aus (V. 5).

Selbst ein innerlich unbeteiligter, gleichgültiger Bote kann also etwas bewirken, wenn er nur die Botschaft recht ausrichtet. Das Schlimmste ist, wenn man von der Botschaft etwas abbricht!

Was dann folgt, ist ebenso außergewöhnlich wie Jonas Auftreten in Ninive: Der König selbst tritt von seinem Thron herab, hüllt sich in ein Büßergewand (V. 6b) und erläßt einen bemerkenswert guten Bußaufruf: *»Ein jeder bekehre sich von seinem bösen Wege und vom Frevel seiner Hände! Wer weiß? Vielleicht läßt Gott es sich gereuen und wendet sich ab von seinem grimmigen Zorn, daß wir nicht verderben«* (V. 8b.9).

Gott schenkt dieser Buße Beachtung: So, wie die Leute von Ninive ihr böses Wesen reut, gereut Gott sein Strafgericht, das er mit ihnen vorhatte (V. 10).

Abb. 225: Buße und Gnade in Ninive

Zeigt Abbildung 220, wie es mit der Stadt Ninive hätte kommen können, über der das Gewittergewölk von Gottes Gericht hängt, so verdeutlicht Abbildung 225, wie das Gewölk beiseite rückt. Gott läßt nun seine Sonne scheinen, läßt sein Angesicht über den Leuten von Ninive leuchten und ist ihnen gnädig. *»Ihn reute das Übel, das er ihnen angekündigt hatte«* (V. 10b), weil die Menschen dort Buße tun. Der König tritt herunter von seinem Thron und legt seine Krone ab (Abb. 225 rechts), weil dieser schlichte Bote, dieser Ausländer, dieser geringe Mann aus dem unterworfenen Volk Gottes Gerichtsankündigung ausrichtete.

Bei der Buße handelt es sich also schon um etwas Besonderes. Ohne Buße ging es in Ninive nicht! Es war nicht irgendein Zufall, daß Gott das Gericht von den Niniviten abwandte, sondern das war eine Auswirkung der Buße, die dort getan wurde.–

Es ist mir wichtig, daß wir es auch heute wieder mit Klarheit auszusprechen wagen: Nach dem Zeugnis der Heiligen Schrift ist dies oder jenes Sünde, und Gottes Wort sagt, daß früher oder später über die Sünde das Gericht kommen werde und daß nur Eines hilft – Buße tun.–

Die Botschaft Jonas hat also in Ninive Wunder gewirkt, und erst im Anschluß daran – in **Kapitel 4** – folgt die Bußpredigt für den Bußprediger. Nach den Leuten von Ninive kommt Jona an die Reihe.

Das entspricht dem Gleichnis vom verlorenen Sohn (Lk 15,11–32): Nachdem der verlorene Sohn heimgekehrt war und in Ordnung gebracht wurde, nachdem dieser Sohn von der Güte des Vaters umfangen war, ging der Vater hinaus und sprach in großer Güte und Geduld mit dem älteren Sohn, um ihm zurechtzuhelfen. Er sollte mit dem Vater denken, ins Haus kommen und sich mitfreuen.

Die Jona-Geschichte hat eine große Ähnlichkeit mit diesem Gleichnis vom verlorenen Sohn: Jona entspricht als Vertreter Israels dem älteren Sohn.

Das vierte Kapitel des Jona-Buches zeigt, wie Gott mit Geduld diesen Mann zu überwinden und zu überzeugen versucht, denjenigen, den es ärgert, daß Gott barmherzig war: *»Das aber verdroß Jona sehr, und er ward zornig«* (V. 1). Ja, er wirft Gott vor, daß er *»gnädig, barmherzig, langmütig und von großer Güte«* ist (V. 2b) und sagt, ähnlich wie Elia: *»So nimm nun, HERR, meine Seele von mir; denn ich möchte lieber tot sein als leben«* (V. 3). Elia sprach solches aus, weil die Leute ihn nicht hörten und nicht Buße taten. Jona dagegen spricht so, weil die Niniviten Buße getan haben und Gott sie gerettet und das Gericht von ihnen weggenommen hat.

So kann ein Mensch, der Gottes Bote ist, verbohrt werden und so wenig mit Gott denken! Das habe ich in Abbildung 226 so veranschaulicht: Jona verkriecht sich in eine Art Schneckenhaus.

Das zeigt sich an der folgenden Geschichte, in der geschildert wird, wie Jona außerhalb der Stadt die in 3,4 genannte Frist der 40 Tage abwartet (V. 5). Er möchte sehen, ob das Gericht vielleicht nicht doch noch eintrifft, und wartet aus sicherem Abstand in einiger Distanz von der Stadt, damit ihn das Gericht nicht mittreffe. Jona hofft auf das gewaltige Schauspiel des Gerichtes Gottes über Ninive.

Dort redet Gott mit Jona, um auch ihn in den Sonnenschein seiner Gnade hereinzuholen.

Das geht so vor sich: Eine Pflanze wächst auf und gibt einen gewissen Schatten, doch sie stirbt ebenso rasch wie sie gewachsen ist. Darüber ist Jona ärger-

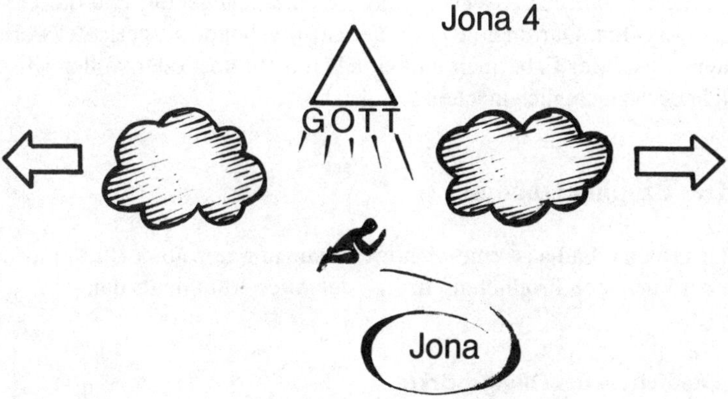

Abb. 226: Der Bote denkt nicht mit Gott

lich. Da beginnt Gott das Gespräch mit ihm: *»Meinst du, daß du mit Recht zürnst um der Staude willen?«* Jona erwidert: *»Mit Recht zürne ich bis an den Tod«* (V. 9).

Daraufhin sagt Gott zu ihm: *»Dich jammert die Staude…, die in einer Nacht ward und in einer Nacht verdarb, und mich sollte nicht jammern Ninive, eine so große Stadt, in der mehr als hundertzwanzigtausend Menschen sind, die nicht wissen, was rechts oder links ist, dazu auch viele Tiere?«* (V. 10f.). Mit den *»Menschen, die nicht wissen, was rechts oder links ist«*, sind offenkundig die Kinder gemeint, die von diesem Gericht mitbetroffen gewesen wären.

Die Formulierung *»dazu auch viele Tiere«* ist mir besonders sympathisch. Was müssen doch die Tiere auf der dem Menschen anvertrauten Erde um der menschlichen Sünde und Bosheit willen leiden! »Der Herr … erbarmt sich aller seiner Werke« (Ps 145,9).

Die Geschichte von Jona endet wie das Gleichnis vom verlorenen Sohn (Lk 15,32). Am Schluß jenes Gleichnisses wird nur noch das Werben des Vaters um den älteren Sohn sichtbar; über die Reaktion dieses Sohnes wird nichts mehr gesagt. Das liegt daran, daß das gesamte Gleichnis eine Frage an die Hörer war: ›Wie reagiert ihr jetzt? Wollt ihr euch nicht umstimmen lassen, daß ihr mit Gott und seiner Barmherzigkeit denkt?‹

Ebenso entläßt das Jona-Buch seine Hörer und Leser mit einer Frage, die nicht nur an Jona gerichtet ist, sondern an das Volk Gottes überhaupt: ›Hat auch euer Verständnis von Gottes Barmherzigkeit diesen weiten Horizont, daß Gott *allen* die Chance eröffnet?‹ Aber diese von Gott eröffnete Möglichkeit zur Heimkehr zu ihm ist – das betone ich hier noch einmal – keine Möglichkeit ohne Buße! Ohne Buße wird niemand der Barmherzigkeit Gottes teilhaftig. Aber eben diese Buße, diese Möglichkeit zur Heimkehr zu

Gott, diese Chance zur Begnadigung ist für *alle* gegeben, und dieser Weg steht *allen* offen. Darum muß *allen* das Entsprechende ausgerichtet werden. Wollen wir Gottes Erbarmen und Gnade nur für uns, oder wollen wir dies auch andern zugänglich machen?

2. Der Prophet Obadja

Das Buch Obadja ist eine wichtige Ergänzung zum Jona-Buch und stellt eine der kürzesten Prophetenschriften des Alten Testaments dar.

2.1 Die Zeit, in der Obadja wirkte

Obadja lebte ca. 180 Jahre später als Jona, in der Zeit, als Juda/Jerusalem von den Babyloniern eingenommen wurde. Die Botschaft Obadjas ist aber nicht an Israel oder Juda, sondern an die Edomiter gerichtet.

Die Edomiter – die Nachfahren Esaus, die jenseits des Jordan bzw. des Toten Meeres lebten – haben sich in dieser Zeit schwer an Israel verschuldet. Bis dahin galt nämlich das ungeschriebene Gesetz (schon seit der Landnahme unter Josua), daß die Israeliten den Edomitern nichts zuleide tun, weil diese mit ihnen verwandt – sozusagen Vettern – waren. (Esau und Jakob waren ja Brüder. Bei der Landnahme wurde daher das edomitische Volk umgangen.) Die Edomiter waren so etwas wie die Randsiedler des Volkes Gottes.

Doch dann kam es zu höchst bedenklichen Maßnahmen: Die Edomiter haben die Gelegenheit, daß die Babylonier Juda mit seiner Hauptstadt Jerusalem eroberten, ausgenützt.

Die Edomiter haben aus der Not der Israeliten Kapital geschlagen, indem sie plünderten, raubten und sich überhaupt äußerst ungut gegenüber Juda/Jerusalem benahmen. Es wird den Edomitern sogar zum Vorwurf gemacht, daß sie den Flüchtigen aufgelauert, sie überfallen und getötet haben: *»Du sollst nicht stehen an den Fluchtwegen, um seine [Judas] Entronnenen zu morden…«* (V. 14).

Deshalb wurde ihnen das Gericht angekündigt: *»Du … sollst dich nicht freuen über die Söhne Juda zur Zeit ihres Jammers…«* (V. 12).

2.2 Die Bedeutung des Obadja-Buches

Das Obadja-Buch nimmt auf einmal eine eigenartige Wende und redet vom großen *»Tag des Herrn«*, an dem Gott alle Völker richten und an dem auf dem Zion eine Errettung sein werde (V. 15.17). Dann werde der HERR König über den ganzen Erdboden sein, und die Heiligen werden die Völker richten.

Das ist ja das Eigenartige, das immer wieder bei den alttestamentlichen Propheten zu sehen ist: Auf einmal tut sich ein neuer, gewaltiger Horizont auf, nachdem man zuvor nur in die unmittelbare Nähe, in die Zeit und an den Ort des Propheten sah. Damit wird gesagt: Gott bietet seine Gnade an, aber die Gnade hat »Grenzen und Zeit«. Es geht nicht ewig so weiter. Es wird vielmehr das Gericht über die Völker kommen.

Dieses Gericht – das ist die besondere Botschaft des Obadja – trifft auch diejenigen, die zwischen den Fronten standen. Zwischen den Fronten kann man nicht bleiben! Die Edomiter mußten sich entscheiden, ob sie die Not Israels mittragen, diesen Leuten beistehen und sich selbst vielleicht dadurch gefährden oder ob sie ganz auf die Seite der Gegner Israels treten wollten. Denn – so wird gesagt – die Tür wird einmal geschlossen sein: am *»Tag des HERRN«*, dem Tag des Gerichts über alle Völker.

Das Obadja-Buch ist eine wichtige Ergänzung zum Jona-Buch. Im Jona-Buch tritt der große, weite Horizont des Angebots der Gnade Gottes an die Nahen und die Fernen voll in Erscheinung. Das Obadja-Buch sagt, daß das aber nicht ewig so fortgehen werde. Jetzt ist die Tür offen – dann aber wird die Tür geschlossen sein. Es genügt dann auch nicht, ein wenig in der Nähe zu stehen, wie Edom in der Nähe von Juda/Jerusalem war. Es genügt nicht, vor oder unter der Tür zu sein; man muß vielmehr hineingehen. Man kann also nicht zwischen den Fronten bleiben.

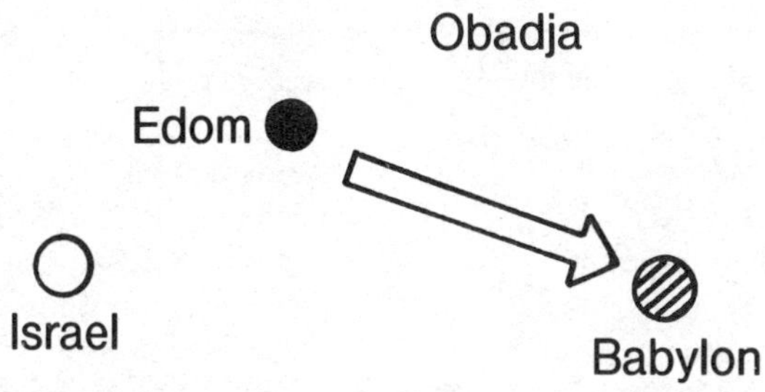

Abb. 227: Man kann nicht zwischen Fronten bleiben

Das verdeutlicht Abbildung 227: Edom, zwischen Israel und dem mächtigen Babylon, hat sich entschieden, sich auf die Seite des Mächtigeren zu schlagen. Daher hat es Israel mitverfolgt.

Das wird – wenn ich auch andere Stellen der Bibel recht verstehe – zum Wesen endzeitlicher Entwicklung gehören, daß deutlicher wird: Zwischen den Fronten kann man nicht bleiben, sondern man muß sich entscheiden.

Und das Endgericht ist nichts anderes, als daß man bei der einmal getroffenen Entscheidung festgelegt, fixiert wird. »Wer Böses tut, der tue weiterhin Böses…; aber wer gerecht ist, der übe weiterhin Gerechtigkeit…« (Offb 22,11). Gott legt bei der einmal getroffenen Entscheidung fest. Das Richten Gottes ist nichts anderes, als daß Menschen bei der einmal getroffenen Entscheidung festgelegt werden. Wie wir uns entscheiden, so wird über uns entschieden.

Das macht also gerade das Obadja-Buch zusätzlich zum Jona-Buch deutlich. Das hebt freilich das Jona-Buch nicht auf, sondern macht die Einladung, die bei Jona ausgesprochen ist, dringlicher. Gott wartet noch auf mich – wer weiß, wie lange? Das unterstreicht dieses kurze Büchlein des Obadja, das auf den ersten Blick in eine uns ferne Zeit spricht und uns als längst überholt vorkommt, und zeigt damit etwas, das für die endzeitliche Entwicklung entscheidend wichtig ist.

Der Prophet Micha

1. Einleitung

Der Prophet Micha war sozusagen der »zweite Zeuge« neben Jesaja. So, wie Jesus seine Jünger zu zweit ausgesandt hat und wie im alten israelitischen Recht der Grundsatz gilt: ›Durch zweier Zeugen Mund wird die Wahrheit kund‹ (vgl. 5. Mose 17,6; 19,15; Mt 18,16; 2. Kor 13,1; Hebr 10,28), so hat Gott gelegentlich gerade zwei Zeugen miteinander losziehen lassen.

Der ältere und bekanntere von diesen beiden Zeugen, der auch – menschlich gesehen – größer war, war Jesaja. Der Prophet Micha, sein Zeitgenosse, war vielleicht etwas jünger als Jesaja.

1.1 Die Zeit, in der der Prophet Micha wirkte

Die Zeit, in der Micha auftrat, war die Zeit, von der wir auch bei anderen Propheten immer wieder hören: Das Volk war in ein Nord- und ein Südreich aufgeteilt worden, und damit war eigentlich schon sein Untergang vorbereitet. Dazu kam die schwere Bedrohung aus nordöstlicher Richtung: das mächtige Assyrerreich.

Im Nordreich Israel, das größer als das Südreich Juda war und das mehr Aussicht gehabt hätte, seine Existenz zu sichern und Bestand zu haben, ist das Prophetenwort weitgehend in den Wind geschlagen worden (das sieht man bei Amos und Hosea).

Wenig später – ca. 750 bis 700 v. Chr. – sind dem Südreich Juda die beiden Propheten Jesaja und Micha gegeben worden, wobei Michas Wirken etwa in die Jahre 750–720 v. Chr. fällt. 722 v. Chr. ist das Nordreich durch den Ansturm der Assyrer weggerissen worden und untergegangen. Seine Hauptstadt Samaria ist zerstört und das Volk in die Gefangenschaft, in die Sklaverei geführt worden. Dem Südreich hingegen ist auffallenderweise noch einmal eine Frist, ein Aufschub gegeben worden. Die Welle des Assyreransturms hat Juda nicht eigentlich erreicht, wiewohl zur Zeit des Königs

Hiskia Jerusalem eine Zeitlang belagert wurde (701 v. Chr.). Aber erst 587 v. Chr. – also etwa 130 Jahre nach dem Untergang des Nordreichs – haben die Babylonier Jerusalem eingenommen und das Südreich zerstört.

Daß Juda ein solcher Aufschub gegeben worden ist, der über mehrere Generationen hinweg andauerte, das hing damit zusammen, daß der König Hiskia und das Volk auf Gottes Boten, ja auf Gott selbst und sein Wort hörten und Buße taten.–

Das ist auch heute die Regel: Trotz allem Nicht-Sehen-und-doch-Glauben führt Unbußfertigkeit die Gerichte Gottes herbei. Ernstliche Buße und erneute Zuwendung zu Gott hingegen kann Gerichte abwenden – wenigstens unter einem gewissen Teil, unter solchen, die den Charakter der zehn Gerechten Sodoms haben (1. Mose 18,32) und die das auch für die anderen mitbewirken.–

Micha war hauptsächlich ein Werkzeug Gottes dazu, daß es im Südreich Juda zu einer Wende gekommen ist, was zumindest einen Aufschub des Gerichts zur Folge hatte. Es ist aufschlußreich zu beobachten, was dieser Prophet verkündigt. Das ist dem verwandt, was Jesaja sagt, wird aber doch mit einer bemerkenswerten Selbständigkeit vorgebracht. Ein zweiter Zeuge muß ja selbständig sein. Er soll zwar einerseits nicht im Widerspruch zu dem anderen Zeugen und im Gegensatz zu diesem reden, andrerseits aber auch nicht einfach eine Dublette des anderen sein, sondern ein eigenständiges, das erste Zeugnis unterstreichendes und ergänzendes Wort ausrichten.

Das trifft auf Micha zu, der kein gerade sehr bekannter Prophet ist. Und doch ist er insofern hochinteressant, als er diesen Dienst eines zweiten Zeugen tun durfte.

1.2 Michas Botschaft

Die Predigt Michas ist zunächst eine Gerichtspredigt. Micha deckte das Unrecht auf: den Götzendienst, aber auch Lug und Trug, mit der die wohlhabende Oberschicht den Besitz der bäuerlichen Bevölkerung an sich zu bringen suchte, ohne zu bedenken, daß ja alles Land dem HERRN gehört. Dabei meinte man, als auserwähltes Volk Gottes vor allem Unheil sicher zu sein. In dieser Lage hielt der Prophet Micha dem Volk dessen Sünde vor, »voll Kraft, voll Geist des HERRN, voll Recht und Stärke« (3,8).

Die Zuchtrute Gottes war die Großmacht Assyrien, die über Syrien nach Israel eindrang und das Nordreich eroberte. Das Gericht über Juda/Jerusalem verzögerte sich – wie gesagt – bis 587 v. Chr., wiewohl Jerusalem schon in Hiskias Tagen von den Assyrern belagert worden ist.

Doch Michas Botschaft ist nicht ausschließlich eine, die das kommende Gericht Gottes ankündigte, sondern dieser Prophet durfte auch vom kommenden Heil und von demjenigen sprechen, der dieses Heil bringen wird: der in Bethlehem geborene Messias (5,1). Micha darf zudem sagen, was den Weg zum künftigen Heil eröffnet: Umkehr zu Gott, Buße, Vergebung und ein neuer Gehorsam.

2. Der Aufbau des Buches

Gemäß dem, was in 1.2 über Michas Botschaft ausgeführt wurde, ist das Micha-Buch in drei Teile untergliedert:

1. Gerichtsreden über Israel und Juda (Kap. 1–3)
2. Das kommende Heil (Kap. 4f.)
3. Schuld, Buße, Vergebung und neuer Gehorsam Israels – der Weg dazu, Werkzeug des Heiles Gottes zu sein (Kap. 6f.)

3. Zum Einzelnen

3.1 Gerichtsreden über Israel und Juda (Kap. 1–3)

Die ersten drei Kapitel des Micha-Buches sind ein ausgesprochen durchdringender Bußruf.

Micha beginnt in **Kapitel 1** mit Wucht. Gott redet durch den Propheten, und Michas Botschaft ist *»das Wort des Herrn«*, das er *»geschaut hat über Samaria und Jerusalem«* (V. 1), ist also an beide, Israel und Juda, gerichtet.

Gott erscheint zum Gericht über Israel und Juda: *»Höret, alle Völker! Merke auf, Land und alles, was darinnen ist! Denn Gott der Herr hat mit euch zu reden, ja, der Herr aus seinem heiligen Tempel«* (V. 2). Weiter sagt Micha, Gott werde *»herausgehen aus seiner Wohnung und herabfahren und treten auf die Höhen der Erde«* (V. 3), aber nicht so sehr zum Gericht auf die *»Höhen«* der anderen Völker, sondern zum Reinigungsgericht über Israel.

Wenn in den Versen 5–7 in erster Linie das Nordreich Israel genannt wird, so ist dies doch nur ein Auftakt dazu, daß auch mit dem Südreich Juda in ganzem Ernst geredet wird (V. 8–16): *»Unheilbar ist die Plage des Herrn: sie kommt bis nach Juda, sein Schlag reicht bis an meines Volkes Tor, bis hin nach Jerusalem«* (V. 9; vgl. V. 12). Denn das Südreich war der eigentliche Ort von Michas Wirksamkeit.

Angeprangert wird vor allem der Götzendienst (*»Alle seine Götzen sollen zerbrochen … werden«*, V. 7). Aber es ist auch das wirtschaftliche Verhalten gerade der Mächtigen und der Wohlhabenden, das Micha so sehr geißelt.

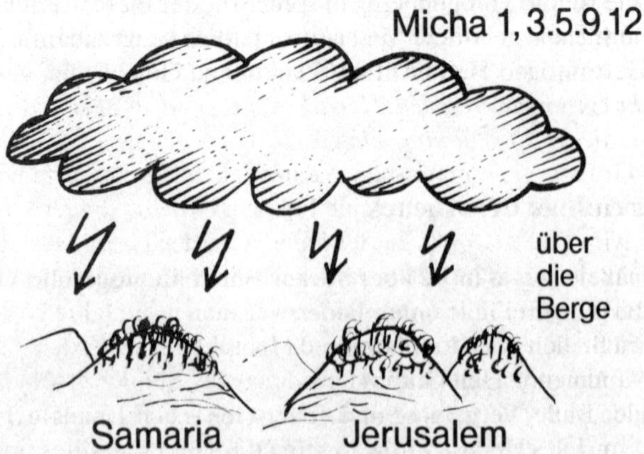

Abb. 228: Gott kommt zum Gericht über Samaria und Jerusalem

Die Skizze zu Kapitel 1 (Abb. 228) veranschaulicht: Gott tritt auf die »Höhen«, aber nicht so sehr auf diejenigen der Nachbarvölker Israels und Judas, sondern es sind insbesondere Samaria (also das Nordreich) und Jerusalem (das Südreich), denen das Gericht Gottes droht. »Wem viel gegeben ist, bei dem wird man viel suchen; und wem viel anvertraut ist, von dem wird man um so mehr fordern« (Lk 12,48b).

In **Kapitel 2** tritt ein neuer Gedanke in Erscheinung: Der Bußruf wird konkreter und bringt zum Ausdruck, daß neben dem Götzendienst vor allem das Verhalten im wirtschaftlichen Bereich beanstandet wird, nämlich das Vorgehen der Mächtigen und Reichen gegen ihre eigenen Landsleute. Sie bringen Äcker, Felder und Häuser an sich, obwohl das Land Gott gehört: *»Weh denen, die Schaden zu tun trachten…, weil sie die Macht haben. Sie reißen Äcker an sich und nehmen Häuser, wie sie's gelüstet. So treiben sie Gewalt mit eines jeden Hause und mit eines jeden Erbe«* (V. 1f.).

Das Land- und Bodenrecht war in Israel so geregelt, daß das Land eigentlich Gott gehörte. »Das Land ist mein«, sagt der HERR (3. Mose 25,23). Er gab es sozusagen den einzelnen Stämmen, Sippen und Familien zu Lehen; es sollte im Hall- oder Erlaßjahr wieder an *die* Familien zurückfallen, die es ursprünglich besessen hatten. Das Land durfte also nicht als wirtschaftliches Objekt, als Gegenstand des allgemeinen Handels betrachtet werden.

Aber die ohnehin Wohlhabenden haben allerlei Wege gefunden, wie sie noch mehr Grundbesitz an sich bringen konnten. Vielleicht sind armen

Leuten Kredite gegeben worden, die sie wegen überhöhter Zinsen nicht mehr zurückzahlen konnten. Dann kam es zur Zwangsversteigerung. So haben die Reichen möglicherweise den Grundbesitz erworben.

Demgegenüber spricht Micha aus, daß derjenige, der im Land und am Land Gottes so sündigt, nicht in diesem Land bleiben darf: *»Meines Volkes Land kriegt einen fremden Herrn! Wann wird er uns die Äcker wieder zuteilen, die er uns genommen hat?«* (V. 4b).–

Im Grunde genommen hängt damit auch das neutestamentliche Wort zusammen: »Wir haben hier keine bleibende Stadt, sondern die zukünftige suchen wir« (Hebr 13,14). In der Bibel wird der Tod nie als eine Selbstverständlichkeit aufgefaßt, etwa im Sinne einer fortdauernden Aufeinanderfolge von Geschlechtern (›man stirbt, weil man in die Jahre kommt und dann gehen muß, damit wieder für andere Menschen Platz ist‹).

Der Tod wird vielmehr immer als Folge der Sünde verstanden: »Der Tod ist zu allen Menschen durchgedrungen, weil sie alle gesündigt haben« (Röm 5,12b). Im Tod erleiden wir Menschen das Gericht Gottes im letzten; und deshalb ist gerade das Sterbenmüssen für viele eine letzte Anfechtung des Nicht-Sehens-und-doch-Glaubens.

Vielfach haben Christen in der Anfechtung des Sterbens den Eindruck, als ob sie schuldig und im Unfrieden mit Gott wären. Aber dennoch wollen sie den Glauben daran durchhalten, daß Gott zu seinen Gnadenzusagen steht: ›Wenn es hier zu Ende geht und ich auch um meiner Sünde willen aus diesem Land, aus diesem Leben gehen muß, so ist schon die neue Stätte für mich bereitet‹ (vgl. Joh 14,2).–

In dem Land, in dem es sündigt, darf Israel also nicht bleiben.

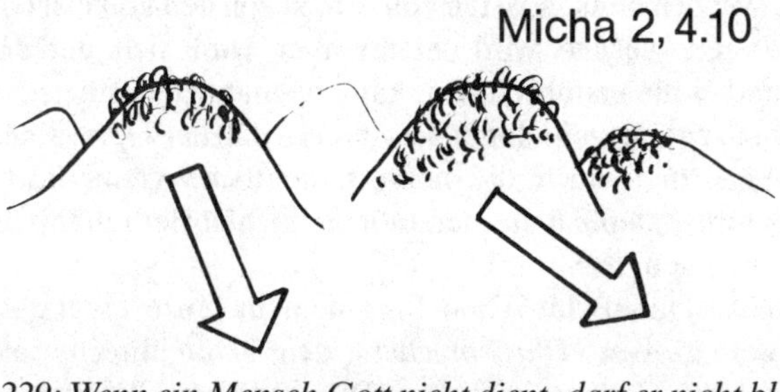

Abb. 229: Wenn ein Mensch Gott nicht dient, darf er nicht bleiben

Abbildung 229 veranschaulicht, daß die Verweigerung des Gehorsams gegenüber Gott zur Folge hat, daß die Israeliten aus ihrem Land müssen.

Es wird in diesem Kapitel erstmals schon auf Babylon angespielt: Das Volk wird einmal nach Babylon weggeführt werden. *»Ihr müßt davon, ihr sollt an dieser Stätte nicht bleiben!«* (V. 10a; vgl. V. 4). Weil die Wohlhabenden eine verwöhnende Lebensart haben, haben sie auch ihre Kinder verhätschelt: Sie sollen auch um ihre »verzärtelten Kinder« (1,16) weinen, denn diese müssen nach Babylon deportiert werden. Sie werden um so schwerer an dem harten Gericht zu tragen haben.

In den ersten drei Kapiteln des Buches redet Micha in erster Linie von der Sünde. Diese Kapitel entfalten zwar mit knappen Worten den Inhalt der Bußpredigt dieses Mannes, und doch klingt am Ende des zweiten Kapitels (V. 12 f.) etwas erstaunlich Positives an, etwas von der Hilfe, die Gott seinem Volk schenken will, von der Begnadigung, die die Israeliten erfahren sollen. Zwar müssen sie ins Exil; aber dann wird Gott sich ihrer erbarmen.

Bereits hier darf Micha also schon etwas davon hören, schauen und sagen, daß sich Gott nach geschehenem Gericht seines Volkes wieder erbarmen wird: *»Ich will dich, Jakob, sammeln ganz und gar und, was übrig ist von Israel, zusammenbringen...«* (V. 12 a).

Dann richtet sich der Blick des Propheten ganz weit hinaus: auf die letzte Bedrohung Israels. Ähnliches ist auch bei anderen Propheten zu sehen, etwa in Hesekiel 38 und Sacharja 12–14. Immer wieder wird von einer endzeitlichen, schweren Bedrohung des wiedergesammelten Israels, von dem davor die Rede ist, gesprochen. Über die Gegenwart und die nahe Zukunft sehen die Israeliten auch hier den großen, fernen Horizont, daß nämlich der Herr kommen und sein Volk Israel aus der letzten, schweren Bedrängnis und Umklammerung befreien werde: *»Er wird als Durchbrecher vor ihnen heraufziehen; sie werden durchbrechen und durchs Tor hinausziehen, und ihr König wird vor ihnen hergehen und der HERR an ihrer Spitze«* (V. 13).

Dabei haben wir wohl daran zu denken, daß Israel zuletzt in einer gewaltigen Weise von den benachbarten Völkern, ja von den Völkern der Welt überhaupt umdrängt werden wird. Dann aber wird sich der Herr Israels erbarmen und es hinausführen. Das kann niemand verhindern.

Das hängt zeitlich wohl damit zusammen, daß der Herr seine Gemeinde aus allen Völkern – auch die neutestamentliche Gemeinde – aus der Bedrängnis führt, nämlich aus der antichristlichen Bedrängnis, zur Entrükkung, ihm entgegen.

Hier steht erstmals im Alten Testament in Form einer Ankündigung etwas von dem großen *»Durchbrecher«*, dem »Durchbrecher aller Bande« (EKG 262). Jesus Christus ist dieser *»Durchbrecher«*. Das hat schon damit begonnen, daß er mit seiner Geburt, seinem Kreuz und seiner Auferstehung in diese Welt hereingetreten ist und den Weg gebahnt, den großen Durchbruch geschafft hat.

Kapitel 3 setzt die Gerichtsankündigung fort und fügt ihr noch einen weiteren Gesichtspunkt hinzu. Auch in diesem Kapitel wird wieder gerade mit den Führenden Israels ins Gericht gegangen. Micha gebraucht hier harte

Worte im Blick auf die falschen Propheten: *»So spricht der HERR wider die Propheten, die mein Volk verführen, die da predigen, es werde gut gehen, wenn man ihnen zu fressen gibt; wer ihnen aber nichts ins Maul gibt, dem predigen sie, es werde ein Krieg kommen«* (V. 5).

Ja, Micha wäre als Prophet anerkannt und angesehen, wenn er den Führenden sagen würde, wie sie verschwenderisch leben könnten. Doch er spricht gemäß dem Auftrag Gottes, nämlich *»voll Kraft, voll Geist des HERRN, voll Recht und Stärke«*, so daß er *»Jakob seine Übertretung und Israel seine Sünde anzeigen kann«* (V. 8).

All dies prangert Micha an. Es ist offenkundig nötig, daß Sünde Sünde genannt wird. Wie sehr ist doch das Wort »Sünde« heutzutage unmodern geworden, und wie wenig wagt man es, davon zu reden, was Sünde ist! Würden wir doch konkret Sünden beanstanden – um Gottes willen und im Gehorsam gegenüber seinem Auftrag! Damit kann man sich freilich unbeliebt machen und Menschen wehtun. Aber das darf offensichtlich Menschen nicht erspart werden, wenn ihnen wirklich geholfen werden soll.

So spricht Micha die Sünde offen und konkret an. Es kommt noch hinzu, daß er seinen Volksgenossen vorhält, daß sie sich darauf berufen, das Heiligtum ja in ihrer Mitte zu haben (V. 9–12).

Das wird 120 Jahre später bei Jeremia eine große Rolle spielen. Jeremia hält dem entgegen: »Bessert euer Leben und euer Tun, *so* will ich bei euch wohnen an diesem Ort« (Jer 7,3; vgl. die Auslegung von Jeremia 7 im Kapitel »Der Prophet Jeremia«).

Dieser Gedanke tritt auch schon bei Micha auf, daß sich die Führenden von Gott abwenden und in ihrer Sünde beharren: *»So höret doch dies, ihr Häupter im Hause Jakob und ihr Herren im Hause Israel, die ihr das Recht verabscheut und alles, was gerade ist, krumm macht; die ihr Zion mit Blut baut und Jerusalem mit Unrecht – seine Häupter richten für Geschenke, seine Priester lehren für Lohn und seine Propheten wahrsagen für Geld – und euch dennoch auf den HERRN verlaßt und sprecht: ›Ist nicht der HERR unter uns? Es kann kein Unglück über uns kommen‹«* (V. 9–11). Das hat zur Folge, daß sich Gott von diesen *»Häuptern«* und *»Herren«* abwendet: *»Darum wird Zion um euretwillen wie ein Acker gepflügt werden, und Jerusalem wird zu Steinhaufen werden und der Berg des Tempels zu einer Höhe wilden Gestrüpps«* (V. 12).

Das ist etwas, das sich durch die Heilige Schrift hindurchzieht, daß unsere unbereinigte Sünde *aus der Vergangenheit* wie auch die Sünde, die wir *jetzt* festhalten, ein Hindernis für die Erhörlichkeit unserer Gebete ist.

Deshalb hat Jesus im Vaterunser die beiden Bitten um das tägliche Brot mit der Bitte um die Vergebung der Schuld mit dem Bindewort »und« verbunden: »Unser tägliches Brot gib uns heute. *Und* vergib uns unsere

Schuld…« (Mt 6,11f. par). Wir könnten überhaupt nicht beten, wenn wir nicht zuerst und zugleich darum bitten würden, daß Gott noch das Hindernis der Erhörlichkeit unserer Gebete wegräume, daß er vergangene Sünde bei uns bereinigen, vergeben und daß er auch die gegenwärtige Liebe zur Sünde beiseite schaffen möge. Darum fährt das Vaterunser fort: »…sondern erlöse uns von dem Bösen« (Mt 6,13b). Damit ist nicht *das* Böse gemeint, sondern *der* Böse. Es ist die Bitte um die Erlösung von dem, der uns immer wieder gefangenhalten und in das alte, böse Wesen hineinziehen will.

Die ersten drei Kapitel des Micha-Buches enthalten also den gewaltigen Bußruf dieses Propheten, wobei freilich in 2,12f. ein hoffnungsvoller Ausblick gegeben wird. Ohne einen solchen Bußruf geht es offenkundig nicht. Es muß den Menschen ihre Sünden vorgehalten und gesagt werden, wo es fehlt und was auf dem Spiel steht, wenn das Nötige getan werden soll, daß sie zur Buße kommen.–

Es bewegt mich auch im Blick auf unser Volk die Frage an uns Christen, die wir uns an die Heilige Schrift halten möchten: Haben wir den Bußruf Gottes recht ausgerichtet, oder waren wir im Blick darauf manchmal durch die mitteleuropäische Höflichkeit zu sehr gehemmt, so etwas auszusprechen?

3.2 Das kommende Heil (Kap. 4f.)

Die Kapitel 4 und 5 sind ausgesprochen Kapitel der großen Hoffnung. Das Volk hat sich wohl – dies gehört vielleicht schon in die Zeit Hiskias – durchaus dem Bußruf Michas geöffnet. Daher darf es nicht nur die Begnadigung in der nahen Zukunft, die Durchhilfe und die Gewährung einer Frist erfahren, sondern den Blick auch schon weit hinaus auf die Ziele Gottes richten. Kapitel 4 redet vom Reich Gottes und Kapitel 5 von dem, der das Reich Gottes bringt: vom Messias.

In **Kapitel 4** ist davon die Rede, daß *»in den letzten Tagen … der Berg, darauf des HERRN Haus ist, fest stehen, höher als alle Berge und über die Hügel erhaben«* sein wird (V. 1a). Das, was Gott tut – mit Israel und auf dem Zion –, wird also *das* Herausragende sein.

Im Grunde genommen haben die *»letzten Tage«* mit dem ersten Kommen Jesu begonnen, wie wir aus Hebräer 1 sehen: »Nachdem Gott vorzeiten vielfach und auf vielerlei Weise geredet hat zu den Vätern durch die Propheten, hat er *in diesen letzten Tagen* zu uns geredet durch den Sohn, den er eingesetzt hat zum Erben über alles, durch den er auch die Welt gemacht hat« (Hebr 1,1f.; vgl. Gal 4,4). Das, was der Herr mit Golgatha, Pfingsten und

Ostern getan hat, ist das Herausragende. Noch aber ist das vor den Augen der Welt verborgen, noch steht Er an der Tür und klopft an (Offb 3,20), noch ist Seine Herrlichkeit nicht erschienen, – weil Er noch die Chance geben will, daß man auf seine Seite tritt. Im Vollsinn wird das Wort von den *»letzten Tagen«* aber dann in Erfüllung gehen, wenn Er kommt.

Dann werden die Völker kommen, auch aus der Ferne. Schon jetzt sehen wir dort, wo Erweckungen sind, einen großen Aufbruch zu dem Kreuz, zu demjenigen, der uns die große Hoffnung erworben hat. Kommen jetzt Menschen *aus* den Völkern, so werden es im kommenden Friedensreich die Völker sein, die sich zum Heiligtum aufmachen. Die Völker *kommen*, und es *geht* Weisung und Herrschaft vom Heiligtum *aus* (vgl. Abb. 230).

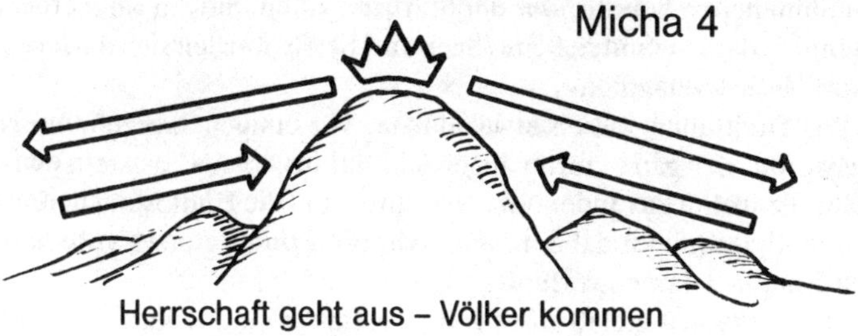

Abb. 230: Das Friedensreich

Gott wird also regieren und die Sache dieser Welt in seine gute Hand nehmen. Dann wird das erreicht werden, was kein Abkommen der Völker je erreichen wird: eine wirkliche Abrüstung. Hier steht das wunderbare Wort: *»Sie werden ihre Schwerter zu Pflugscharen und ihre Spieße zu Sicheln machen. Es wird kein Volk wider das andere das Schwert erheben, und sie werden hinfort nicht mehr lernen, Krieg zu führen«* (V. 3b). Das ist der große Friede, den ER dann schafft.

Danach ist aber von der Begnadigung des zerschlagenen Volkes die Rede: *»Zur selben Zeit, spricht der HERR, will ich die Lahmen sammeln und die Verstoßenen zusammenbringen und die ich geplagt habe«* (V. 6).

Noch aber ist auch von der Züchtigung die Rede, durch die die Israeliten hindurchmüssen, auch davon, daß sie zerstreut werden: *»Du mußt zwar zur Stadt hinaus und auf dem Felde wohnen und nach Babel kommen«* (V. 10b). Dabei ist sowohl an Babylon wie auch an die Zerstreuung Israels durch die Römer im Jahre 70 n. Chr. zu denken. *»Aber von dort wirst du wieder errettet werden, dort wird dich der HERR erlösen von deinen Feinden«* (V. 10c).

Dann kommt Micha noch einmal (vgl. 2,12f.) auf die gewaltige Zusammenballung der Völker in Feindschaft gegen Israel zu sprechen, auf die kolossale Umklammerung Israels durch die Völker (V. 11).

Im Anschluß daran wird etwas Merkwürdiges gesagt: *»Sie [die Völker] wissen des HERRN Gedanken nicht und kennen seinen Ratschlag nicht, daß er sie zusammengebracht hat wie Garben auf der Tenne«* (V. 12). Es ist immer wieder so, daß dieses kleine Volk einer gerichtsreifen Welt dann doch zum Gericht wird, weil Gott sich zu ihm bekennt, – zum Gericht in einer Weise, von der wir jetzt noch nichts wissen.

»Zur selben Zeit will ich Jerusalem machen zum Laststein für alle Völker«, heißt es bei Sacharja (12,3a). Der »Laststein« war bei den Alten ein Sportgerät, ein Stein, den es wegzuheben galt. Derjenige, der den schwersten Stein heben konnte, war der Stärkste. »Alle, die ihn wegheben wollen, sollen sich daran wund reißen« (Sach 12,3b), sie werden sich daran verheben (schwäbisch: »verlupfen«).–

Wir Deutschen wissen etwas davon. Vor einigen Jahrzehnten ist einer dagewesen, der ganz kräftig zugepackt hat und den »Laststein« wegheben wollte. Er wollte das Judentum vernichten und die Endlösung herbeiführen. Er und alle, die ihm dabei halfen, wie auch unser ganzes Volk haben sich ganz erheblich daran »verlupft«.

Mir ist es wichtig, daß unser Volk, das eine so eindrückliche Lehre bekommen hat, sich nicht noch einmal dieses Fehlers schuldig macht. Wir sollten unsere Verbundenheit mit Israel, die aus dem Schuldgefühl heraus entstanden ist, nicht unseren wirtschaftlichen Interessen opfern (Ölimport!). Das könnte bei uns sonst ziemlich schnell zu einer Gerichtsreife führen.–

So ist in Kapitel 4 die Rede vom Ausgehen der Herrschaft Gottes und vom Kommen der Völker zum Zion, aber am Schluß des Kapitels auch von dem anderen Kommen der Völker, wenn sie sich im Widerwillen gegen Israel versammeln. »Wir wollen nicht, daß dieser über uns herrsche!« – das steckt letztlich dahinter. Es ist gut, sich daran nicht zu beteiligen. Diese Völker merken nicht, daß *»er sie zusammengebracht hat«*, daß das also ein Zeichen des Gerichtes über sie ist, wenn sie darauf eingehen.

In dem wichtigen **Kapitel 5** wird gesagt, daß es nicht Israel an sich ist, sondern der Eine aus Israel, der das Entscheidende tut und an dem die Entscheidungen fallen: der in Bethlehem geborene Friedenskönig.

»Und du, Bethlehem Efrata…« In Bethlehem war eine verhältnismäßig unbedeutende Sippe Efrat ansässig, deren Städtlein kein großes Gewicht hatte. *»…die du klein bist unter den Städten in Juda, aus dir soll mir der kommen, der in Israel Herr sei…«* (V. 1a).

Damit deutlich wird, daß hier nicht der alte König David gemeint ist, der damals schon 300 Jahre tot war, sondern ein künftiger Herrscher, wird hinzugefügt: »*...dessen Ausgang von Anfang und von Ewigkeit her gewesen ist*« (V. 1b). Das ist ein seltsamer Hinweis – wie er sonst an kaum einer Stelle im Alten Testament zu finden ist – auf die Präexistenz Jesu, auf das Sein des Sohnes beim Vater, des dann Menschgewordenen (vgl. Joh 1,1). An diesem Friedenskönig hängt dann alles; er richtet das aus. Er ist der von Gott Gekommene, in Bethlehem Geborene und auf den Thron Erhöhte, der sozusagen die rechte Hand ist, durch die Gott wirkt (vgl. Abb. 231).

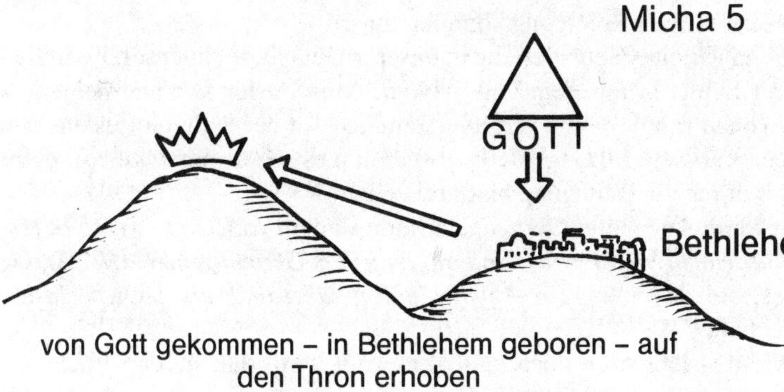

Abb. 231: Der Friedenskönig

So ist Jesus von Gott gekommen und in Bethlehem geboren, der Stadt auf jener Anhöhe, die im Vergleich zu Jerusalem bescheiden wirkt. (Aber die Weisen mußten von Jerusalem, wo sie ja zunächst den neugeborenen Königssohn vermutet haben, zu dem armseligen Bethlehem weiterwandern, das in der Steppe, am Rande der Wüste, lag, und dort zu dem bescheidenen Stall bzw. der Höhle gehen.)

Er wird nicht nur den Rest Israels als guter Hirte »*weiden*«, sondern »*er wird zur selben Zeit herrlich werden, so weit die Welt ist. Und er wird der Friede sein*« (V. 3f.). Israel wird dann Sieg haben gegen seine Feinde (V. 5.7.8.).

Aber Israel muß zuvor gereinigt werden, bevor es Werkzeug der Reinigung Gottes an anderen Völkern werden kann. Darum spricht der Prophet von der nötigen Buße, die in Israel geschehen muß: »*Ich will deine Götzenbilder und Steinmale aus deiner Mitte ausrotten, daß du nicht mehr anbeten sollst deiner Hände Werk, und will deine Ascherabilder ausreißen aus deiner Mitte und deine Städte vertilgen*« (V. 12f.).

3.3 Schuld, Buße, Vergebung und neuer Gehorsam Israels – der Weg dazu, Werkzeug des Heiles Gottes zu sein (Kap. 6f.)

Israel wird also davor bewahrt zu meinen, es sei schon prächtig und doch *der* Bundesgenosse Gottes, der Gott helfen müsse, daß er zu seinem Sieg kommt.

Auch darauf bezieht es sich, wenn in den Kapiteln 6 und 7 zum wiederholten Male betont wird, daß Israel, will es an Gottes Werk teilhaben, zu einer eindeutigen Reinigung kommen müsse.–

Wenn wir eine Neubelebung in unserer Gemeinde, in unserer Kirche, in unserer Stadt, in unserem Volk wollen, dann dürfen wir nie meinen, wir seien von vornherein und selbstverständlich auf der Seite Gottes und seine Bundesgenossen. Im Gegenteil: Gott nimmt es gerade mit uns ernst; es muß bei uns durch die Reinigung hindurchgehen.–

In **Kapitel 6** rechtet Gott zunächst mit seinem Volk (V. 1–5): *»Der Herr will mit seinem Volk rechten und mit Israel ins Gericht gehen«* (V. 2b). Gott war es, der das Volk *»aus Ägyptenland geführt und aus der Knechtschaft erlöst«* hat (V. 4).

Wie den Israeliten noch einmal bewußt wird, daß sie eigentlich etwas dafür tun müßten, daß Gott sie annimmt, erfolgt die Frage nach dem rechten Gottesdienst (V. 6–9): *»›Womit soll ich mich dem Herrn nahen, mich beugen vor dem hohen Gott? Soll ich mich ihm mit Brandopfern nahen…?‹«* (V. 6). Ja, es kommt sogar zu der Frage: *»›Soll ich meinen Erstgeborenen für meine Übertretung geben, meines Leibes Frucht für meine Sünde?‹«* (V. 6f.). In den Nachbarvölkern Israels wurden ja sogar Kinder geopfert.

Das wird von Micha sehr schlicht und klar beantwortet. Es gilt nicht herumzurätseln, womit man Gott besänftigen kann; man soll sich nicht mit irgendwelchen Nebensächlichkeiten abgeben, sondern: *»Es ist dir gesagt, Mensch, was gut ist und was der Herr von dir fordert, nämlich Gottes Wort halten und Liebe üben und demütig sein vor deinem Gott«* (V. 8).

Israel soll also *»Gottes Wort halten«*. Es hat ja seine Gebote und kennt sie; es weiß, was Gott gefällt und was nicht.

Israel soll dazu *»Liebe üben«*. Das ist die Summe aller Gebote. Wenn man demgemäß lebt, kann man einander nicht mehr übervorteilen, sondern man will dann lieber geben als nehmen.

Das alles soll in der Demut vor Gott geschehen *(»demütig sein vor deinem Gott«)*, also indem man in der Beugung, im Bußernst bleibt. *So* gebraucht Gott das Volk und ist ihm gnädig; so verwirklicht Gott seine Segensabsichten.

Daraufhin wird aufgedeckt, was verhindert, daß dieser Erkenntnis Folge geleistet wird (V. 9–16). Es werden all die großen und kleinen Schandtaten

Israels noch einmal aufgezählt: das illegitim erworbene Gut, *»unrechte Waage und falsche Gewichte«* (V. 11), sowie alles, was die wohlhabenden Israeliten sonst noch verübt haben, um ihren Reichtum zu mehren. Alles, was dadurch eingenommen wurde, daß andere Leute übervorteilt worden sind, muß entfernt werden.

Gott will sein Land also reinigen. Nur dann, wenn das geschieht, kann Israel bei Gottes Werk dabeisein.

In den ersten Versen von **Kapitel 7** wird gezeigt, daß noch immer wenig Gutes im Volk zu finden ist. *»Ach, es geht mir wie einem, der Obst pflücken will, der im Weinberge Nachlese hält, da man keine Trauben findet zu essen, und ich wollte doch gerne die besten Früchte haben!«* (V. 1). Nach wie vor werden Bestechlichkeit und Korruption im Volk Gottes praktiziert: *»Der Fürst und der Richter fordern Geschenke. Die Gewaltigen reden nach ihrem Mutwillen, um Schaden zu tun, und drehen's, wie sie wollen«* (V. 3b). Ja, *»des Menschen Feinde sind seine eigenen Hausgenossen«* (V. 6b).

Noch ist das Volk aber auch in einer bedrückenden Lage. (Das war ja die Zeit unter Hiskia, als Sanherib vor Jerusalem erschien.) Aber die Propheten bringen die frohe Zuversicht zum Ausdruck, daß dann, wenn die Israeliten so Buße tun, Gott ihnen ganz gewiß gnädig sein wird.

Wir wissen aus der Belagerungsgeschichte von Sanherib, daß die Assyrer propagandistische Mittel eingesetzt haben (vgl. 2. Kön 18; Jes 36f.). Das ging so weit, daß ein assyrischer Feldherr bei den Verhandlungen mit Juda sagte, er wüßte genau, daß sich die Israeliten gegen ihren Gott versündigt hätten und daß die Assyrer gekommen seien, um das Volk im Auftrag seines Gottes zu bestrafen. So haben die heidnischen Assyrer die Menschen aus Juda verunsichert!

Aber das Volk hat gewußt, daß Gott dann, wenn man ihn um Verzeihung bittet, »gnädig, barmherzig und von großer Güte« ist. Daher heißt es: *»Freue dich nicht über mich, meine Feindin! Wenn ich auch darniederliege, so werde ich wieder aufstehen; und wenn ich auch im Finstern sitze, so ist doch der HERR mein Licht«* (V. 8). Der HERR erhört Gebet, auch wenn sich das Volk verschuldet hat: *»Ich will des HERRN Zorn tragen – denn ich habe wider ihn gesündigt –, bis er meine Sache führe und mir Recht schaffe. Er wird mich ans Licht bringen, daß ich seine Gnade schaue«* (V. 9).

Das Micha-Buch schließt mit einem wunderbaren Wort der Bewunderung Gottes, der mit seinem in Sünde geratenen Volk so gnädig umgeht:

> *»Wo ist solch ein Gott, wie du bist, der die Sünde vergibt und erläßt die Schuld denen, die übriggeblieben sind von seinem Erbteil; der an seinem Zorn nicht ewig festhält, denn er ist barmherzig! Er wird sich unser wieder erbarmen, unsere Schuld unter die Füße treten und alle unsere Sünden in die*

Tiefen des Meeres werfen. Du wirst Jakob die Treue halten und Abraham Gnade erweisen, wie du unsern Vätern vorzeiten geschworen hast« (V. 18–20).

Zwar ist soviel Sünde da, und Micha hat mit seinen Worten mehr als recht und Gott hätte mehr als ein Recht, dieses Volk dem Gericht zu überantworten – und doch verzeiht Gott und wirft die Sünden *»in die Tiefen des Meeres«*!

Mit dieser großen, neutestamentlich anmutenden Botschaft kommt das Micha-Buch zu einem Abschluß, vielleicht einfach aufgrund der Erfahrung, daß Sanherib vor Jerusalem abgewiesen worden ist. ›Ach, was ist doch Gott gut, daß er nicht mit uns ins Gericht gegangen ist, sondern noch so seine Geduld und Gnade bewiesen hat!‹–

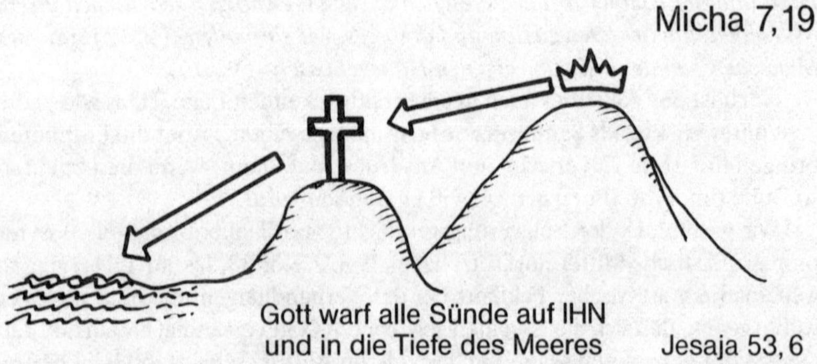

Abb. 232: Alle unsere Sünde wirft Gott ins Meer, weil sie zuvor auf Ihn geworfen wird

Micha spricht davon, daß Gott *»unsere Sünden in die Tiefe des Meeres«* wirft. Jesaja – also Michas etwas älterer Freund – ergänzt das: »Ein jeder sah auf seinen Weg.« Alle waren also Egoisten und jeder von sich selbst ›besetzt‹; »aber der HERR warf unser aller Sünde auf ihn«, nämlich den leidenden Gottesknecht (Jes 53,6). Damit ist die Sünde erledigt.

Ja, wenn die Sünde auf Ihn geworfen wird, wenn wir sie auf Ihn werfen, sie Ihm bringen und Ihm auch unsere Schuld und unser Versäumnis anvertrauen, dann wirft Er's in *»die Tiefe des Meeres«*. Die Sünde ist damit fort, vergeben und vergessen.

Wir sollen dann auch nicht gewissermaßen mit einem Hebegerät die getilgte Schuld wieder heraufholen wollen. Manche meinen, es sei fromm, wenn ihre oft selbstquälerische angebliche Buße alte Sünde wieder aus der Tiefe herausholt. Aber solches ist Unglaube und Ungehorsam.

Wenn uns solche alte, vergebene Schuld wieder einfällt – sei es aufgrund der natürlichen Erinnerung oder vielleicht in einer momentanen depressiven Stimmung –, dann wollen wir nur eins tun: dafür danken, daß »der HERR unser aller Sünde auf ihn«, seinen Knecht, und damit in »die Tiefe des Meeres« warf! Wir müssen das nicht mehr tragen.

Die Propheten Habakuk und Nahum

1. Der Prophet Habakuk

1.1 Einleitung

Der Prophet Habakuk ist verhältnismäßig unbekannt. Sein Name wurde oft lächerlich gemacht oder galt als Inbegriff einer altväterlichen Angelegenheit. Aber das kann nur jemand sagen, der die drei Kapitel dieses kleinen Prophetenbüchleins nicht kennt.

Wie Micha neben Jesaja, so ist Habakuk ein »zweiter Zeuge« neben Jeremia. Gott hat immer wieder zwei Boten zusammen beauftragt: Mose und Aaron, Josua und Kaleb, die Jünger jeweils zu zweit, Paulus und Barnabas, Paulus und Silas... Das macht die Erfüllung des Auftrags offensichtlich leichter.

Habakuk war mit Jeremia ausgesprochen geistesverwandt. Er war ebenso empfindsamen Gemüts wie Jeremia und hat auch unter dem Gericht gelitten, das er über das Volk hereinbrechen sah.

Habakuk war wohl etwas jünger als Jeremia und wirkte vermutlich kürzer als dieser. Man weiß wenig oder fast nichts über ihn. Lediglich die Zeit seines Auftretens ist klar: Habakuk wirkte unter Jojakim, dem drittletzten König von Juda (608–598 v. Chr.).

Jojakim war kein guter Regent. Er sprang willkürlich mit dem Volk um. Auch verachtete er Gottes Wort: Als ihm vorgelesen wurde, was Jeremia an Prophetenworten hatte aufschreiben lassen, schnitt er Blatt um Blatt oder Kolumne um Kolumne, Spalte um Spalte mit seinem Federmesser ab und verbrannte es im Kaminfeuer.

Unter diesem Herrscher wirkte also Habakuk. Ihm wie auch Jeremia war es zwar nicht geschenkt, das Gericht aufzuhalten. Das Volk wurde aber durch diese beiden Propheten darauf vorbereitet, daß Gottes Gericht nicht umsonst war, sondern daß es eine Frucht gezeitigt hat. Habakuk bereitete mit die geistliche Erneuerung und Erweckung unter den nach Babylon Weggeführten vor. Dazu gehörte, daß Hesekiel, Daniel und andere machtvoll unter diesem Volk wirkten und ihm vor Augen führten, daß Gott mit ihm weitermachen würde.

Manche Forscher meinen, dieses kurze Habakuk-Buch habe unter der jüdischen Gemeinde im Exil, in den in Babylon verstreuten jüdischen Kreisen eine große Rolle gespielt. Das seien diejenigen gewesen, die in Babylon nicht nur um den zerstörten Tempel und das verlorene Land trauerten, sondern die wegen der Sünde Israels Leid trugen.

Dieses weithin unbekannte Büchlein enthält einige wichtige Worte, die im Neuen Testament mehrfach zitiert werden. Habakuk durfte große Erkenntnisse aussprechen, die im Neuen Testament erst recht zum Durchbruch und zur Entfaltung kamen.

1.2 Zum Aufbau des Buches

Das Habakuk-Buch ist in sechs Teile untergliedert:

1. Die Klage über die Sünde Israels in Jojakims Tagen (1,1–4)
2. Die bestürzende Antwort: das Strafgericht Gottes an Israel durch die Babylonier (1,5–11)
3. Nun ruft der Prophet erst recht um Hilfe (1,12–17)
4. Denen, die auf ihn warten, gibt Gott eine gnädige Antwort (2,1–4)
5. Auch das Gericht über die Feinde wird geweissagt (2,5–20)
6. Der Psalm Habakuks (Kap. 3)

1.3 Zum Einzelnen

Das ganze Habakuk-Buch ist ein einziges Gebet, abgefaßt in der Gedichtform, in einer poetisch schönen Sprache. Ansonsten aber ist es ein im Ganzen flehentliches Gebet zu Gott, das auch die Zusagen Gottes anbetend und im Lobpreis wiedergibt.

a) Die Klage über die Sünde Israels in Jojakims Tagen (1,1–4)

Das Buch Habakuk beginnt mit einem Hilferuf des Propheten: *»Herr, wie lange soll ich schreien, und du willst nicht hören? Wie lange soll ich zu dir rufen: ›Frevel!‹, und du willst nicht helfen?«* (V. 2). Das Wort »*›Frevel‹*« ist ein Ausdruck dafür, daß in jener Zeit in Israel etwas Gotteslästerliches geschah, etwas, das Gottes Gericht über das Volk herabriß. Und das ist zugleich ein Hilferuf, wie man etwa im Deutschen um Hilfe ruft, wenn man selbst bedroht ist oder jemand anderes und man nicht in der Lage ist, ihm beizustehen.

Damit eröffnet Habakuk sein Buch, und er begründet dies auch: Das *»Gesetz«* – in erster Linie die Gebote Gottes – erscheint als *»ohnmächtig«* (V. 4a), und die Menschen schieben es auf die Seite. Das ist kein Wunder, wenn selbst der König so mit dem an ihn und an das Volk gerichteten Wort Gottes umgeht, daß er es einfach verbrennt und meint, sich darüber hinwegsetzen zu können.

»Es geht Gewalt vor Recht« (V. 3b). Jojakim war ein gewalttätiger Mann und die Oberen im Volk mit ihm.

Diese ersten vier Verse des Buches stellen also einen Hilferuf des Propheten dar: ›Wie lange soll ich rufen, ohne daß du, HERR, eingreifst?‹

b) Die bestürzende Antwort: das Strafgericht Gottes an Israel durch die Babylonier (1,5–11)

Der zweite Abschnitt des Buches bringt zum Ausdruck, daß Gott schon eingreift – aber anders, als Habakuk es gedacht hat. *»Ich will die Chaldäer [nämlich die Babylonier] erwecken, ein grimmiges und schnelles Volk, das hinziehen«* und über Juda kommen wird (V. 6a).

Gott kann auch auf eine solche Weise Gebet erhören – etwa die Bitte um die Überwindung der Schläfrigkeit, der Laxheit, auch in der Christenheit –, daß er nicht unmittelbar eine Erweckung schenkt, sondern Umstände schafft, durch die die Menschen in Not geraten und in die göttliche Erziehung kommen.

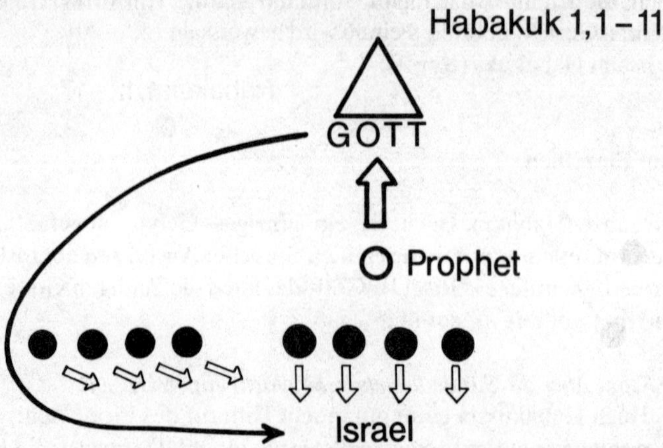

Abb. 233: Die Züchtigung der Sünder ist Antwort auf den Schrei des Propheten gegen die Sünde

Abbildung 233 zeigt, wie der Prophet zu Gott ruft; und die Antwort Gottes darauf, daß sich Israel von ihm abwendet, ist, daß sich ein mächtiger Feind gegen Israel wendet. Das Unrecht, das das Volk Gottes tut, wird mit dem

Unrecht beantwortet, das durch einen noch Gewalttätigeren und Stärkeren an ihm geschieht. *Gott* ruft das babylonische Volk herbei: *»Ich will … erwecken…«*

Es ist also eine erschütternde Nachricht, die der Prophet von seiten Gottes vernimmt. Und Habakuk spricht das mit Anbetung aus und damit, daß er Gott recht gibt.

c) Nun ruft der Prophet erst recht um Hilfe (1,12–17)

Der Prophet nimmt im dritten Abschnitt des ersten Kapitels das Wort, um eine zweite Bitte auszusprechen. Er stimmt der Züchtigung Gottes zu, aber bittet: *»Laß uns nicht sterben; sondern laß sie uns, o* HERR, *nur eine Strafe sein, und laß sie, o unser Fels, uns nur züchtigen«* (V. 12b).

Habakuk erbittet also eine Züchtigung, die – wenn man so sagen will – nur mit der Rute, nicht aber mit dem Schwert durchgeführt werden soll. Es ist die Bitte, daß Gott sein Gericht nicht das letzte sein möge.

»Du läßt es den Menschen gehen wie den Fischen im Meer, wie dem Gewürm, das keinen Herrn hat« (V. 14). Es sollen nicht, sagt der Prophet, für immer die Angler dastehen, die Völker herausholen und an sich reißen; sie sollen nicht *»ihr Netz immerdar ausleeren«* können, mit dem sie Völker fangen und Menschen an sich ziehen (V. 14f.). Es geht Habakuk darum, daß Gott es gnädig macht, so daß die Gewalttaten, die das Volk erfährt, nicht das Letzte sind (vgl. Abb. 234).

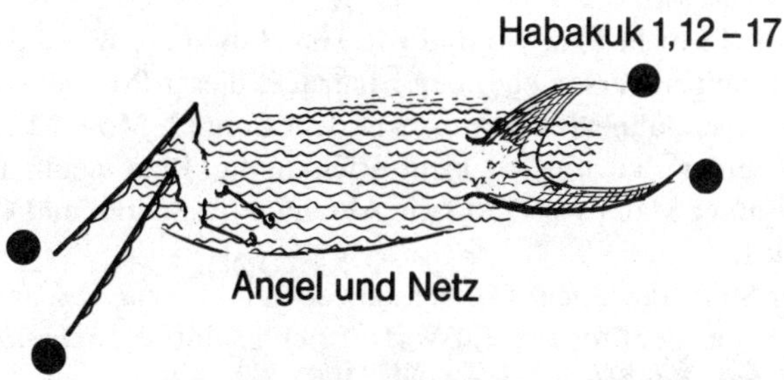

Abb. 234: Das Gericht möge nicht endgültig sein

Zusammenfassend läßt sich sagen: Habakuk gibt Gottes Richten recht; seine Bitte geht nur dahin, daß dieses Gericht nicht das Letzte sei.

d) Denen, die auf ihn warten, gibt Gott eine gnädige Antwort (2,1–4)

Habakuk bekommt im folgenden eine zweite Antwort von Gott.

Dieser Prophet steht ja stellvertretend für das Volk in dieser Haltung, daß ihm die Sünde und das Unrecht mehr als alles andere leidtun, auch mehr als die Not, die das Volk durch die Feinde erfährt. Die Sünde ist für ihn weitaus schlimmer als ein schweres Schicksal. Deshalb hat er auch ein Ja zu Gottes Züchtigungen; er bittet lediglich darum, daß diese Erziehungsmaßnahmen nicht das Letzte sein mögen. Gott hat, indem er erzieht, positive Absichten; er will nicht vernichten.

So sagt Habakuk: *»Hier stehe ich auf meiner Warte ... und schaue und sehe zu, was er mir sagen und antworten werde...«* (V. 1). Der Prophet hält Ausschau nach Gottes Antwort und wartet.

Hier taucht das Wort *»warten«* auf, das wir auch aus den Psalmen kennen und das die Haltung des Beters kennzeichnet. Ein Beter ist ein Mensch, der sich an Gott wendet und der warten kann. Er ist deshalb in seinem Warten geduldig, weil er weiß, daß er und die Menschen, für die er mit die Verantwortung trägt, es verdient haben, daß Gott sie warten läßt. Gott ist der majestätische Herr, der allein und selbst die Zeit bestimmt, zu der er helfen wird.

In diesem Warten zeigt sich zugleich die frohe Zuversicht des Beters, daß er nicht vergeblich wartet. Zuletzt wird ihm Gott doch seine Güte offenbaren und sich ihm zukehren.

Um dieses Warten zu veranschaulichen, ziehe ich einen Vergleich aus der Tierwelt heran. (Es ist ja das Verhältnis des Menschen zum Tier in der Bibel oft ein Bild für das Verhältnis des Menschen zu seinem Gott [»Hirte«, »Herde« usw.].) Ein Hund kann wartend zu seinem Herrn aufschauen, bis dieser ihm etwas gibt, etwas zuwirft. Dieses Tier ist geduldig und doch in seinem Warten gewiß.

Es wird nicht recht klar, wo und wie Habakuk diese Worte ausrichtet. Man hat bei einigen Versen eher den Eindruck, dieser Prophet sei nur ein Fürbitter gewesen, ähnlich wie Mose auf dem Berg (2. Mose 32,7 ff.), und den Leuten seiner Zeit war das nicht offenkundig. Man meint, Habakuk liege als einsamer Mann vor Gott (wie Abraham für Sodom und Gomorra; 1. Mose 18,16 ff.).

An einer Stelle des Buches Habakuk – eben in diesem Abschnitt – wird aber deutlich, daß der Prophet sein Wort ausrichten durfte. *»Schreib auf, was du geschaut hast, deutlich auf eine Tafel«* (V. 2).

Vielleicht hat Habakuk seine Botschaft auch ausgesprochen. Auf jeden Fall hat er sie zusätzlich oder ausschließlich aufgeschrieben und am Tempeleingang aufgestellt, wo diejenigen vorübergingen, die wegen der Sünde ihres Königs, der Führenden ihres Volkes und weiter Kreise des Volkes überhaupt Leid trugen.

»Die Weissagung wird ja noch erfüllt werden... Wenn sie sich auch hinzieht« (V. 3). Daher darf das Volk auch mitten unter dem Gericht wissen, daß es im Grunde genommen Gott wohlgefällig ist. Das hat die Leute offenbar auch in die babylonische Gefangenschaft begleitet. Vielleicht haben sie diese

kurzen Reden Habakuks dann mitgenommen und dort anhand dieser Schriften gebetet.

Es entstanden ja im babylonischen Exil erstmals Synagogen. Die Juden waren im fremden Land und hatten keinen Tempel mehr. So haben sie Bethäuser eingerichtet, die zunächst sicher sehr schlicht waren. Später wurde zum Beispiel in Babylon eine prächtige Synagoge erbaut, die von Archäologen ausgegraben wurde und in der man wichtige Handschriften gefunden hat.

Das Habakuk-Buch hat also in den Kreisen des exilierten Judentums gewirkt. Man hat sich dort unter die Gerichte Gottes gebeugt und doch in Gewißheit Ausschau gehalten, denn *»die Weissagung wird ja noch erfüllt werden... Wenn sie sich auch hinzieht, so harre ihrer; sie wird gewiß kommen und nicht ausbleiben«* (V. 3).

Weil er so harrt und ausschaut (V. 1), sagt der Prophet dieses Wort, daß sich die Weissagung noch erfüllen werde (V. 3). Das zieht sich auch durch das Neue Testament hindurch und spielt vor allem an solchen Stellen eine Rolle, an denen es um die Erwartung der Wiederkunft Jesu geht (insbesondere in 2. Petr 3).

Entsprechend heißt es im 2. Petrus-Brief: »Der Herr verzögert nicht die Verheißung, wie es einige für eine Verzögerung halten; sondern er hat Geduld mit euch und will nicht, daß jemand verloren werde, sondern daß jedermann zur Buße finde« (2. Petr 3,9).

Gott wird also nicht in Verzug kommen. Wer in Verzug kommt, das sind wir. Wir kommen damit in Verzug, uns zu bereiten und andere dahin zu führen, daß sie bereitet werden.

Die Haltung des Harrens ist Gott wohlgefällig, die tiefe Demut, die Geduld, die Gott keine Vorschriften machen und ihm die Zeit und Weise seines Eingreifens nicht vorrechnen will, die aber auch andrerseits das große Vertrauen zu Gottes Verheißungen zugleich festhält.

In Vers 4 steht das bekannte Wort: *»Der Gerechte aber wird durch seinen Glauben leben.«* Das ist etwas gedrängt ausgedrückt und meint: So ist ein Mensch Gott recht, wenn er in dem oben beschriebenen Sinne glaubt, so daß er Gott Gott sein läßt und deshalb in der Demut verharrt. Dazu gehört, daß solch ein Mensch damit rechnet, daß Gott ihm dennoch gut ist: Gott hat Zusagen gegeben, die er auch erfüllen wird.

In dieser Glaubenshaltung der tiefen Demut und des hohen Vertrauens also ist der Mensch Gott recht, und so wird er leben. Mitten in den Gerichten, in den Anfechtungen, im Wissen um Sünde, die zum Himmel schreit (»›Frevel‹«; 1,2), dennoch dieses Vertrauen durchzuhalten – das ist es, was Gott von uns haben will!

Kein alttestamentliches Wort wird je so oft im Neuen Testament zitiert wie dieses. Es steht hier unter anderem an zwei ganz wichtigen Stellen, nämlich am Eingang des Römerbriefs und an einer entscheidenden Stelle des Galaterbriefs. In Römer 1,17 schlägt Paulus mit diesem Wort den Grundton des ganzen Briefes an. Und in Galater 3,11 spricht Paulus davon, wie ein Mensch vor Gott gerecht ist: »Daß aber durchs Gesetz niemand gerecht wird vor Gott, ist offenbar; denn ›der Gerechte wird aus Glauben leben‹.« Als Glaubender, als Gott so Vertrauender ist er Gott recht – nicht, indem er die Pluspunkte vorrechnet, sondern indem er dasteht wie ein Hund vor seinem Herrn, der einfach wartet, bis er etwas bekommt.

Das Wort Habakuk 2,4b findet sich auch an anderen Stellen im Neuen Testament noch (z.B. Joh 11,25; Hebr 10,38). Immer wieder klingt hier dieses Wissen an.–

Das ist auch jenes Wort gewesen, an dem Martin Luther die ganze reformatorische Erkenntnis aufgegangen ist. Durch dieses Wort hat er den Trost des Evangeliums empfangen, er, der sich so ungeheuer gequält und sich in seiner Klosterzelle tage- und nächtelang kasteit hat. Luther hatte gemeint, er müsse Gott etwas vorrechnen können, und war dann fast wie von einem Zorn gegen Gott ergriffen worden, gegen den Gott, der dem Menschen soviel zumutet, was dieser gar nicht erbringen kann.

An Habakuk hat Luther es gelernt, daß der Mensch selbst in einer Zeit der himmelschreienden Sünde Gott wohlgefällt, wenn er in der tiefen Demut und im hohen Vertrauen ein Glaubender, ein Gott Erharrender ist. So hat Luther das Lied »Aus tiefer Not schrei ich zu dir« (EKG 195) als eines der großen Bekenntnisse und Lobpreise dieser unerwarteten und unausdenklich großen Gnade Gottes gedichtet. Darin singt er von eben diesem Harren (Strophe 4).–

Daraufhin empfängt der harrende Prophet die Verheißung Gottes (vgl. Abb. 235). Habakuk steht in Israel auf der Warte. Ich habe in Abbildung 235 (siehe S. 533) fünf Israeliten gezeichnet, die dem Propheten zuhören (wie die fünf klugen Jungfrauen im Gleichnis Jesu, die auch Ausschau zu Gott halten; Mt 25,1–13). Gott nimmt sein Volk in Verwahrung. Wenn auch nicht äußerlich (sie müssen durch das Gericht hindurchgehen), so wird das Volk doch innerlich verwahrt. Die Israeliten müssen daher nicht verzagen und meinen, daß Gott seine Heilsgeschichte mit Israel beendet. Er führt sie vielmehr weiter – trotz des Ansturms von Babylon.

e) Auch das Gericht über die Feinde wird geweissagt (2,5–20)

Habakuk darf dann fortfahren und dem Volk verkündigen, daß die göttlichen Gerichte nicht das Letzte sind. Das zeigt sich auch im Äußeren: Zum Inhalt der Weissagung Gottes durch Habakuk gehört auch die Ankündigung des Gerichts über Israels Feinde.

Babylon wird zunächst mit einem Ungeheuer verglichen, das *»seinen Rachen aufsperrt«* und alle Völker verschlingen will (V. 5). *»Weh dem, der*

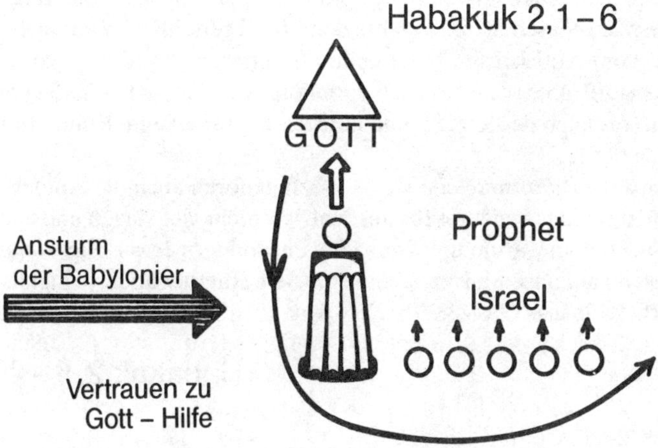

Abb. 235: Der auf Gott harrende Prophet empfängt die Verheißung

sein Gut mehrt mit fremdem Gut – wie lange wird's währen? – und häuft viel Pfänder bei sich auf! … Denn du hast viele Völker beraubt. So werden dich wieder berauben alle übrigen Völker um des Menschenblutes willen und um des Frevels willen, begangen am Lande und an der Stadt und an allen, die darin wohnen« (V. 6b.8).

Babylon gleicht dem Räuber, der seine Höhle hat, um seinen Raub zu verstecken, der *»sein Nest in der Höhe«* hat (V. 9), nämlich ein Raubnest, eine Burg.

»Die Steine in der Mauer [der Verteidigung] werden schreien« (V. 11a), und das, *»woran die Völker sich abgearbeitet haben, muß mit Feuer verbrennen«* (V. 13). Auch die Götzen helfen nicht mehr (V. 18f.).

Aber der HERR wird reden und handeln. Gott zerbricht die Zuchtrute, mit der er zuvor geschlagen hat, – insbesondere dann, wenn sie übermütig wird und sich selbst vergottet. Gott bewahrt und führt sein Volk. Er selber greift ein, und *»die Erde wird voll werden von Erkenntnis der Ehre des HERRN, wie Wasser das Meer bedeckt«* (V. 14).

»Aber der HERR ist in seinem heiligen Tempel. Es sei vor ihm stille alle Welt!« (V. 20). Hier ist nicht der Jerusalemer Tempel gemeint, der ja in Flammen aufgegangen ist. Aber wie wir aus dem 2. Mose-Buch, aus dem Hebräerbrief und der Offenbarung des Johannes wissen, war der Tempel in Jerusalem ja nur ein kleines Abbild. Mit dem *»Tempel«* ist das himmlische Heiligtum gemeint, das zugleich Gottes Thronsaal ist.

Gott hat also auf seinem Richter- und Regierungssitz Platz genommen, und nun wird er ein- und durchgreifen.

Wenn Gott, der im Tempel gegenwärtig zu sein verheißt, redet, dann müssen alle Menschen und Mächte den Mund verschließen und sich still verhalten. Vom Antichristen heißt es in Offenbarung 13, daß er große Worte spreche (Offb 13,5f.). Aber auch er muß schweigen. »Alles muß vor dir sich beugen, bis auch der letzte Feind muß schweigen«, sagte Blumhardt (EKG Württ. 428,5).

»Es sei vor ihm stille alle Welt.« Dazu gehören auch die Kinder Gottes, die Christen. Das bedeutet für uns, daß wir nicht viel klagen und auch nicht zuviel nach dem Warum und Wieso fragen, sondern erwartungsvoll und vertrauensvoll auf unseren Herrn blicken. »Sein Rat ist wunderbar, und er führt es herrlich hinaus« (Jes 28,29b). ER wird auch die Ungeheuer vernichten.

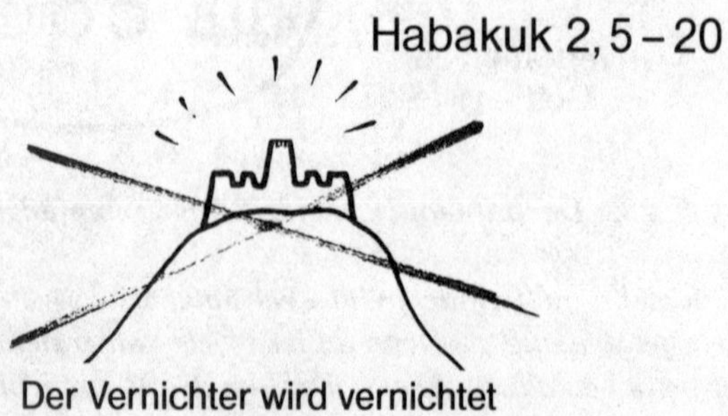

Abb. 236: Das Gericht über die Feinde

f) Der Psalm Habakuks (Kap. 3)

Dieses Kapitel ist ein richtiger Psalm, ein Lied in Gedichtform, in dem Habakuk noch einmal von der Bosheit des Volkes und von der Züchtigung, die es erfahren muß, redet. Das Gericht steht noch bevor; die babylonische ›Woge‹ geht hoch und höher und wird bald auch die ›hochgebaute‹ Stadt Jerusalem erreicht haben.

Dieser Psalm beginnt mit der Bitte, daß Gott möglichst bald seine Ankündigung in die Tat umsetzen möge (V. 2). Habakuk schaut die Größe Gottes in der Natur und in der Weltgeschichte (V. 3–12). Israels Gott zog aus, seinem Volk zu helfen (V. 13). So kann das Gottesvolk mitten in den herannahenden Gerichten fröhlich sein in Gott; Habakuk ringt sich dazu durch, daß man im HERRN getrost sein kann: *»Aber ich will mich freuen des HERRN und fröhlich sein in Gott, meinem Heil«* (V. 18). Das ist die Grundhaltung, die sich in diesem Kapitel durchgehend zeigt.

»In dir ist Freude in allem Leide…« Das ist eine der Grundaussagen der Bibel. Man kann sogar inmitten von Not und Bedrängnis fröhlich sein, fröhlich *in* dem Herrn, unserem Gott, obschon es einem äußerlich schlechtgeht.

Mit diesem Wort in ihrem geringen Gepäck sind möglicherweise die Exilanten in die babylonische Gefangenschaft gezogen. Trotz des übermächtigen Feindes waren sie *»fröhlich in Gott«*, denn Gott ist größer als alles.

»Der Herr ist meine Kraft, er wird meine Füße machen wie Hirschfüße und wird mich über die Höhen führen« (V. 19). Der Prophet kann also dahingehen, ohne in die Abgründe der Angst, der Verzagtheit, der Entmutigung, der Verzweiflung zu stürzen. Habakuk sieht den Untergang des Volkes durch den übermächtigen Feind unentrinnbar auf sich zukommen, aber er stürzt nicht in das Verderben, sondern geht *»über die Höhen«*.

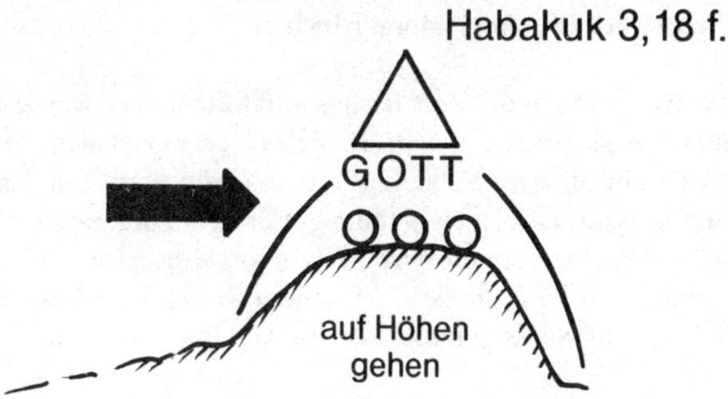

Abb. 237: Trotz Übermacht der Feinde fröhlich in Gott

An Habakuk ist zu sehen, daß man diese Gewißheit und Zuversicht aber nicht etwa nur deshalb besitzt, weil man ein glückliches Gemüt hat und ein grundsätzlicher Optimist ist. An diesem Propheten ist abzulesen, daß man das nur dadurch erreicht, daß man zuvor die ganz tiefe Anfechtung durchschreitet.

Habakuk zeigt, daß es nicht ohne das Durchschreiten der ganz, ganz tiefen Anfechtungen geht. Der Prophet kommt nicht zu Freude und Zuversicht ohne den Schmerzensschrei, ohne die Erkenntnis der Sünde seines Volkes und auch nicht ohne das Durchleiden der Angst: ›Macht Gott ganz Schluß mit uns?‹

Durch das alles hindurch gewinnt der Prophet die Zusage, die er fassen und anderen vor Augen stellen kann, daß das alles nicht das Letzte ist. Gott führt es nicht nur herrlich hinaus; er steht nicht nur am Ziel, sondern ist schon jetzt gegenwärtig, und man kann jetzt schon in dem Herrn und deshalb fröhlich sein.–

Ich meine, das gilt auch für Christen, die alt sind, und auch im Blick auf ein Krankheitsleiden, das zum Tode führt, im Blick auf düstere Wegstrecken des Lebens, in denen Christen vielleicht auch durch Depressionen hindurchgehen. Das gilt insbesondere auch für die endzeitliche Gemeinde. Der Weg zur Entrückung und auf den Thron ist kein Spaziergang, aber man kann durch Sein Wort gewisse Schritte tun.

2. Der Prophet Nahum

Das Buch des Propheten Nahum hat gerade in der Zeit Habakuks und unter der jüdischen Exilsgemeinde in Babylon einen besonderen Dienst getan.

2.1 Die Zeit, in der der Prophet Nahum wirkte

Das Nahum-Buch fällt in die Zeit Jesajas und Michas und wurde ca. 120 Jahre vor dem Habakuk-Buch abgefaßt. In dieser Zeit war es nicht das babylonische, sondern ein anderes Volk, das übermächtig wurde und im Vordringen war: die Assyrer. Das Buch Nahum gehört wohl in jene Zeit, in der das Nordreich von den Assyrern erobert und zerstört wurde (um 722 v. Chr.). Vielleicht hat Nahum unter Josia gewirkt, jenem König des Südreichs, der die religiöse Selbständigkeit gegenüber Assyrien erstrebte und durchsetzte.

2.2 Die Botschaft Nahums

Als die Assyrer vor Jerusalem erschienen, wagte es Nahum, im Auftrag Gottes bereits die Zerstörung, den Untergang Ninives und das ganze Elend, in das die Assyrer geraten sollten, schlicht zu beschreiben.

Nachdem Assur untergegangen war, weil die Babylonier und andere Völker mit ihnen die Assyrer geschlagen hatten, war die Folgerung naheliegend: Wenn jene, die Assyrer, gekommen und gegangen sind, dann werden gewiß auch die Babylonier kommen und gehen.

So war das Nahum-Buch in späterer Zeit ein stärkendes Beispiel dafür, daß und wie Gott auch mit übermächtigen Feinden fertiggeworden ist und fernerhin fertigwerden wird. Wie es einst Assyrien ergangen ist, so wird es auch Babylon und allen sich selbst vergottenden, erbarmungslosen Gewaltigen und Mächten der Welt ergehen, bis hin zum Antichristen, ja zum Feind selbst.

Und so, wie alle Mächte der Welt und diejenigen, die die Gemeinde Gottes bedrängten, gestorben und vergangen sind, so wird es auch dem letzten Bedränger – dem Antichristen und dem Feind selbst – ergehen.

Wie eine Perle leuchtet in dem Buch Nahums ein Satz auf, den der Prophet angesichts der Bedrohung durch die assyrische Großmacht im Vertrauen auf die bergende Kraft Gottes sagen konnte: *»Der HERR ist gütig und eine Feste [eine Festung, eine Burg] zur Zeit der Not und kennt die, die auf ihn trauen«* (1,7). Nach denen, *»die auf ihn trauen«*, greift Gott, und er holt sie herein in seine Gemeinschaft. Nicht, daß ihnen äußerlich alles erspart bleiben würde, aber sie werden innerlich bewahrt und hindurchgetragen.

Ähnlich wie bei Habakuk geht es hier um das Harren, um das Glauben, um das *»Trauen«*. Es ist nötig, daß der Mensch sich an Gott wendet, sich in ihm birgt, sich vor ihm beugt, sich ihm anvertraut und Vertrauen und Hoffnung in ihn setzt. Gott erwartet Vertrauen von uns Menschen, und er kann das auch erwarten. So gehen die Wege derer, *»die auf ihn trauen«*, gewiß zum Himmel ein.

Das Nahum-Buch ist also auch eine nachdrückliche Warnung an Juda, sich doch nicht auf die Weltmächte zu verlassen, die doch kommen *und* gehen, sondern allein auf den ewigen, treuen, allmächtigen Gott.

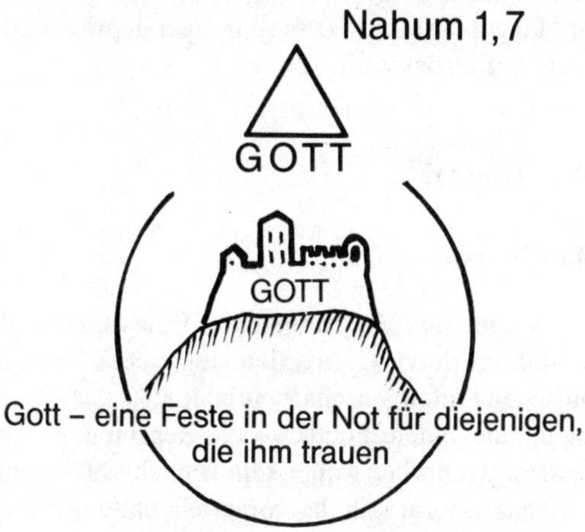

Abb. 238: »Ein feste Burg ist unser Gott«

Die Propheten Haggai und Zefanja

Zefanja ist ein vorexilischer Prophet – er wirkte also *vor* der babylonischen Gefangenschaft –, Haggai ein nachexilischer. Obwohl also Zefanja der frühere dieser beiden Propheten ist, stelle ich die Reihenfolge um und lenke das Augenmerk zuerst auf das Haggai-, dann auf das Zefanja-Buch. Denn während Zefanja eher in den Bahnen der anderen vorexilischen Propheten geht, ist Haggai in seiner Form sehr eigengeprägt und in seiner Botschaft schlicht, aber eindrucksvoll.

1. Der Prophet Haggai

1.1 Einleitung

Im Jahre 538 v. Chr. sind die ehemaligen Einwohner Judas/Jerusalems bzw. deren Nachfahren durch Cyrus, den siegreichen Perserkönig, wieder aus der babylonischen Gefangenschaft entlassen.

Cyrus verfolgte eine andere Politik als die Regenten der Großmächte vor ihm. Dieser persische Herrscher wollte kein Einheitsvölkergemisch in seinem Großreich, wie Nebukadnezar sich das vorgestellt hatte (siehe dazu die Einleitung im Kapitel »Der Prophet Daniel«). Die Konzeption des Persers Cyrus war im Vergleich zu der Nebukadnezars wohl die richtigere. Cyrus sagte sich, daß die Völker nur dann gesunde Bausteine seines Reiches wären, wenn er ihnen Raum für ihre je eigene Kultur geben würde. Sie müßten an den ihnen angestammten Plätzen angesiedelt und nicht zwangsumgesiedelt werden. Daher gab Cyrus nicht nur den Juden, sondern allen Völkern, die aus ihrem Heimatland deportiert worden waren, die Erlaubnis, an ihre angestammten Plätze zurückzukehren.

Unter den Juden, die 538 v. Chr. in ihr Land zurückkehrten, war großer Jubel. Man sah in diesem Geschehen die Erfüllung der Verheißungen, die früher gegeben worden waren. So waren zunächst Freude und Dankbarkeit groß.

Doch nach zehn oder 15 Jahren ließ das nach. Zum einen zog bei ihnen eine gewisse Enttäuschung ein; sie hatten sich die Erfüllung der Verheißungen eben doch anders vorgestellt. Das hing auch damit zusammen, daß die Propheten oft Ankündigungen für die konkrete, nahe sowie für die herrliche, ferne Zukunft in *einem* Satz ausgesprochen haben. Daher wußten die Leute nicht zwischen beidem zu unterscheiden und hatten deshalb erheblich größere Erwartungen.–

Es ist auch heute wichtig, das Nacheinander des Handelns Gottes zu sehen. Denn sonst ist man enttäuscht – angefangen bei der Frage der Krankenheilung usw. Gewiß, Gott tut Zeichen und Wunder, gibt Kostproben seiner herrlichen Macht; aber es ist noch nicht die Zeit gekommen, von der es heißt: »Gott wird abwischen alle Tränen von ihren Augen, und der Tod wird nicht mehr sein, noch Leid noch Geschrei noch Schmerz wird mehr sein; denn das Erste ist vergangen« (Offb 21,4).–

Zu der oben genannten Enttäuschung der Heimkehrer Israels kam zum andern das, was bei einer geistlichen Blütezeit immer wieder zu beobachten ist: Solch ein Aufschwung läßt irgendwann einmal nach; man sinkt ermattet zurück und geht auf ein Mittelmaß. So zog auch damals eine gewisse Gleichgültigkeit ein.

In dieser Situation hat Gott seinem Volk den Propheten Haggai, diesen ansonsten unbekannten Mann, geschenkt. Haggai bekam den Auftrag, seinem Volk einen Anstoß zu geben und es wieder aufzurichten.

Dieser Auftrag erging in eine klar umrissene und beschränkte Zeit. Man kann die Reden Haggais auf den Tag genau datieren. Sie sind im Regierungsjahr eines bestimmten persischen Herrschers gegeben worden; dazu wird jeweils Monat und Tag nach dem babylonisch-persischen Kalender angegeben (1,1; 2,1.10.20). Von Ende August bis Ende Dezember im Jahre 520 v. Chr. – also 18 Jahre nach der Rückkehr der Juden in ihr Land – hatte Haggai vier Botschaften auszurichten.

Diese klaren vier Botschaften haben auch eine große, seelsorgerliche Bedeutung für uns heute – so schlicht sie sind und so fremdartig sie uns auch anmuten. Diese Aktualität ist bei genauerem Hinsehen zu erkennen.

Diese vier Botschaften Haggais sind so beschaffen, daß sie von verschiedenen Seiten aus Israel vor dem Absturz bewahren sollen. Die Juden sollen weder zur Linken noch zur Rechten abstürzen, sondern *den* Weg finden, auf dem sie Gottes Volk bleiben.

Das veranschaulicht Abbildung 239. Israel droht zur Linken in Halbheit und Gleichgültigkeit (Kap. 1) sowie in Nachlässigkeit, in das Nicht-ernst-Nehmen und in einen falschen Kompromiß (2,10–14) abzustürzen. Und es sieht sich der Gefahr ausgesetzt, zur Rechten in Verzagtheit (2,1–9) und Angst (2,20–23) zu fallen.[1]

[1] Aus unbekannten Gründen läßt Vf. bei seiner Auslegung des Haggai-Buches den Abschnitt 2,15–19 aus. (Anm. d. Hg.)

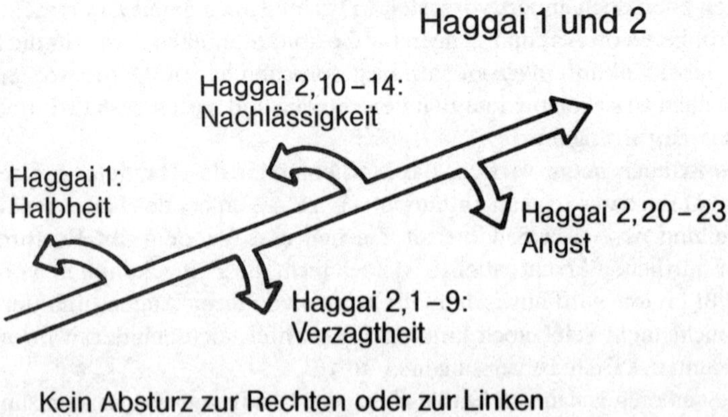

Abb. 239: Der Weg des Volkes Gottes gleicht einer Gratwanderung

Durch die Botschaft Haggais wird Israel als Volk Gottes auf der Gratwanderung durch die Geschichte hindurch bewahrt und als Werkzeug der Heilsgeschichte Gottes in Dienst genommen.

1.2 Zum Aufbau des Buches

Das Haggai-Buch untergliedert sich in vier Teile:

1. Die erste Botschaft: Gegen die Halbheit (1,1–15)
2. Die zweite Botschaft: Gegen die Verzagtheit (2,1–9)
3. Die dritte Botschaft: Gegen die Nachlässigkeit und den falschen Kompromiß (2,10–14)
4. Die vierte Botschaft: Gegen die Angst (2,20–23)

1.3 Zum Einzelnen

1.3.1 Die erste Botschaft: Gegen die Halbheit (1,1–15)

Haggai beginnt damit, daß er beanstandet, die Juden würden *»getäfelte Häuser«* bauen und bewohnen (V. 4). Die Juden sind ja in ihr Land zurückgekehrt und haben Jerusalem neu errichtet; sie haben – je nach Tüchtigkeit und Geschick – diese Stadt sogar schön wieder aufgebaut (das besagt der Ausdruck *»getäfelte Häuser«*).

Dafür also hätten die Juden zwar Zeit, sagt Haggai; aber offenkundig meinen sie, es sei *»die Zeit ... noch nicht da, daß man des HERRN Haus baue«* (V. 2b). Es wird also beanstandet, daß die Arbeit am Tempel schon so lange liegengeblieben ist. Der Brandopferaltar steht zwar, und der Tempelbau ist wohl schon begonnen worden; aber jetzt eilt jeder lieber, sein Eigentum zu pflegen, und läßt die Arbeit am Hause Gottes sein.

Haggai sagt auch, wohin das führt: *»Ihr säet viel und bringt wenig ein; ... wer Geld verdient, der legt's in einen löchrigen Beutel«* (V. 6). Kurz: Sie haben weder Zeit noch Geld noch Interesse für Gott. Deshalb stehen sie unter einer spürbaren Segenslosigkeit.

Nun ergeht der Aufruf des Propheten, die Juden sollen Buße tun und Gehorsam leisten – eben dadurch, daß sie fortfahren, den Tempel zu bauen. Gott soll an der ersten Stelle stehen.

Dann heißt es: *»Der HERR erweckte den Geist Serubbabels«* – das ist der Statthalter der Perser in Juda, ein Jude aus dem Geschlecht Davids – *»... und den Geist Jeschuas, des Sohnes Jozadaks, des Hohenpriesters, und den Geist aller übrigen vom Volk, daß sie kamen und arbeiteten am Hause des HERRN Zebaoth, ihres Gottes«* (V. 14). Gott erweckte also das ganze Volk.

Also schafft das einfache Wort dieses schlichten, aber gehorsamen Haggai eine Erweckung. Er sagt etwas, das den Leuten unangenehm ist, und muß damit rechnen, daß er nicht gut ankommt. Das ist keine Erweckung, bei der die Funken sprühen, bei der es zu einem Überschwang der Gefühle kommt und Auffallendes geschieht. Aus ihr ergibt sich vielmehr etwas sehr Schlichtes und Prosaisches: daß nämlich die Leute ihre Spitzhacken und Brecheisen nehmen und in den Steinbruch gehen, daß sie zu den Äxten und Sägen greifen und in den Wald gehen. Haggai spornt also die Menschen an, am Tempel weiterzubauen.

Nun mag man fragen: Was soll das im Blick auf uns bedeuten? Ich meine, daß dieser erste Teil des Haggai-Buches eine ganz wichtige Botschaft enthält. Wir werden hier nämlich vor die Frage gestellt: Was ist die Rangfolge in unserem Leben? Was steht an der ersten Stelle? Was hat Vorrang, Priorität? Wofür geben wir unser Geld aus? Wofür haben wir Zeit?

Haggai sagt nichts dagegen, daß die Juden Häuser bauen. So ist auch nichts dagegen zu sagen, daß man sich ordentlich kleidet und vielleicht dann und wann eine nette Urlaubsreise macht. Aber die Frage ist die der *Relation*, des Verhältnisses. Steht das, was wir für Gottes Sache und für die Not der Welt geben, in gar keinem Verhältnis zu dem, was wir für uns selbst ausgeben? Das ist die ernste Frage, die das erste Kapitel des Haggai-Buches stellt.

Haggai zeigt auf, daß die Setzung einer falschen Priorität Segenslosigkeit bewirkt. Gottes Wort will uns neu erwecken; und in diesem Kapitel des

Haggai-Buches hat das Wort ›Erweckung‹ die ganz nüchterne Bedeutung, daß bei uns die Rangfolge verändert wird, daß die Prioritäten neu gesetzt werden.–

George Williams, jener Engländer, der den CVJM-Weltbund gegründet hat, hatte den Grundsatz: »God first!« (›Gott zuerst!‹). Das war in seinem Leben klar, und daher hat ihn Gott benützt und gesegnet.–

Das ist also die Botschaft Nr. 1 Ende August des Jahres 520 v. Chr.: ›Sieh einmal nach, wie bei dir die Rangfolge ist!‹ Damit wendet sich Haggai gegen die Halbheit und die Lauheit.

Das zweite Kapitel des Haggai-Buches enthält die drei weiteren Botschaften Haggais:

1.3.2 Die zweite Botschaft: Gegen die Verzagtheit (2,1–9)

Die zweite Botschaft zielt in eine völlig andere Richtung als die erste, denn es tritt eine ganz andere Gefahr in Erscheinung.

Nachdem die Leute wach geworden sind, sind sie verzagt, – insbesondere diejenigen, die noch den alten Tempel in seiner ganzen Pracht gesehen haben. *»Wer ist unter euch noch übrig, der dies Haus in seiner früheren Herrlichkeit gesehen hat? Und wie seht ihr's nun? Sieht es nicht wie nichts aus?«* (V. 3). Jener Tempel Salomos war aus kostbaren Steinen, aus viel Gold, Marmor und Zedernholz gebaut. Der neu entstehende Tempel dagegen ist ein armseliges Häuschen. Mäuerchen aus Feldsteinen werden errichtet; aus dem Wald wird ganz gewöhnliches Holz geholt. Was wird das schon werden?! Die Leute verzagen.–

Gerade wenn man geistlich aufwacht wird einem bewußt, wie weit man noch hinter dem zurück ist, was einmal war, und wie mangelhaft das Jetzige ist. Das betrifft oft insbesondere ältere Menschen, die frühere Zeiten der Erweckung erlebt haben. Manche denken an solche Zeiten so zurück: ›Ja, das war damals noch eine Jugend! Seinerzeit kamen viele Leute in die Versammlungen! Das war dazumal noch eine schöne Sache!‹

Gerade also, wenn man wach wird, wenn man die Sache des Herrn liebt, empfindet man dies stark. Man meint dann, man stünde weit hinter dem zurück, was früher war, und sieht das als einen Rückschritt an. Das ist die Anfechtung, von der Haggai spricht.

Solche Verzagtheit wird in der Bibel nicht gelobt; sie ist keine Bußfertigkeit, ist kein Bußernst. Sie wird vielmehr getadelt. Es steht sogar in Offenbarung 21,8: »Die Feigen [LÜ 1912: ›der Verzagten‹] aber und Ungläubigen und Frevler…, deren Teil wird in dem Pfuhl sein…« Es ist also wichtig, daß uns eine Hilfe gegen die Verzagtheit gegeben wird. Das geschieht nun.

Was ist der Inhalt der zweiten Botschaft Haggais im September des Jahres 520 v. Chr.? *»Aber nun, Serubbabel, sei getrost, spricht der HERR, sei getrost, Jeschua, du Sohn Jozadaks, du Hoherpriester!«* (V. 4 a). ›Jemanden trösten‹ heißt ursprünglich (auch im Deutschen) ›jemanden durch eine gute Nachricht wieder stark machen‹. Hat man zuvor die Hände hängen lassen und hört dann eine gute Nachricht, so ermutigt dies zum Weitermachen.

Welche gute Nachricht ist das bei Haggai? *»Ich bin mit euch, spricht der HERR Zebaoth«* (V. 4 c). Ist Gott dabei, dann ist alles gut.

Im Neuen Testament heißt es: »Ist Gott für uns, wer kann wider uns sein?« (Röm 8,31 b). Woher weiß man, daß man Gott auf seiner Seite hat? Wir wissen das wegen Seines Kreuzes: »Der auch seinen eigenen Sohn nicht verschont hat, sondern hat ihn für uns alle dahingegeben – wie sollte er uns mit ihm nicht alles schenken?« (Röm 8,32).

»Ich bin mit euch!« Das übertrumpft alles andere. Dann ist nichts mehr zu fürchten – denn derjenige, bei dem Gott ist, ist immer in der Majorität. Mit Gott ist man immer in der Übermacht!

Mögen wir Nullen sein, so ist Er die Eins vor den Nullen, und dann bekommen die Nullen einen Wert. Mathematisch ausgedrückt: $0 + \infty = \infty$.

Die Folge davon ist nicht, daß die Juden die Hände in den Schoß legen sollen und meinen, der ›liebe Gott‹ werde schon alles recht machen. Es heißt vielmehr: *»Sei getrost, alles Volk im Lande, spricht der HERR, und arbeitet!«* (V. 4 b).

So soll sich das Volk nicht entmutigen lassen, sondern unbeirrt arbeiten. Sein Werk wird schon seinen Lohn haben. Gott macht auch aus einer bescheidenen Sache etwas. Er ist derjenige, der »ruft das, was nicht ist, daß es sei« (Röm 4,17 b). Der, der aus nichts etwas machen kann, kann auch aus dem, was wir tun, etwas machen.

»Mein Geist soll unter euch bleiben. Fürchtet euch nicht!« (V. 5 b). Die Juden sterben nicht und gehen nicht unter, denn *»es soll die Herrlichkeit dieses neuen Hauses größer werden, als die des ersten gewesen ist, spricht der HERR Zebaoth«* (V. 9 b). Warum wird die *»Herrlichkeit«* des neuen Heiligtums die des salomonischen Tempels übertreffen? Man soll in den neu erbauten Tempel *»aller Völker Kostbarkeiten«* bringen (V. 7).

Wir denken dabei an das Geschehen in den Tagen nach der Geburt Jesu, als man ihn zur Darstellung und zur Beschneidung in den Tempel gebracht hat (Lk 2,21 f.). In *»dieses neue Haus«* ist also der ewige Sohn gebracht worden. Wir denken dabei auch daran, daß Jesus auf dem Tempelplatz einlud: »Wen da dürstet, der komme zu mir und trinke!« (Joh 7,37 b). Und wir denken dabei daran, daß an Pfingsten wohl in der Halle Salomos auf dem Tempelplatz der Heilige Geist gegeben worden ist (Apg 2).

Was hat doch Gott aus diesem bescheidenen Tempelhäuschen gemacht! Er kann also auch aus dem bescheidenen Dienst von uns Christen – wie bei Israel – etwas machen, das viel größer ist. Trauen wir ihm doch viel, sehr viel zu!

»…und ich will Frieden geben an dieser Stätte«, sagt der HERR (V. 9c). Gott teilt also an dieser Stätte seinen Frieden aus, den Frieden, »der höher ist als alle Vernunft« (Phil 4,7).–

Es können etwa Haus- und Jugendkreise in Gemeinden und Gemeinschaften klein sein, es kann der Gottesdienstbesuch abnehmen usw. – aber Gott kann auch aus einer bescheidenen Sache etwas Rechtes machen. Es kommt also gar nicht darauf an, daß sich Christen bei Großveranstaltungen treffen, nur um eine Stärkung dadurch zu erfahren, daß sie sehen: ›Wir sind *doch* nicht solch ein armseliger Haufen!‹ Sie rechnen vielmehr damit, daß ihr Herr auch aus einem bescheidenen Kreis und einem unscheinbaren Werk etwas Segensvolles machen kann. Gott hat ja aus dem bescheidenen Gebäude etwas gemacht, das jene kleine Schar nach der babylonischen Gefangenschaft unter viel Anfechtung und Anfeindung von seiten ihrer Umgebung gebaut hat.

1.3.3 Die dritte Botschaft: Gegen die Nachlässigkeit und den falschen Kompromiß (2,10–14)

Diese dritte Botschaft fällt bereits in den Dezember des Jahres 520 v. Chr. Anscheinend hat auch das, was Haggai hier sagt, bei den Juden nicht sonderlich stark gewirkt.

Gott hat viel Mühe mit jenen Juden gehabt – aber er hat sie auch mit uns heute. Immer wieder muß er uns davor bewahren, nach dieser oder jener Seite von ihm abzufallen.

Waren Halbheit und Verzagtheit schon zwei ganz verschiedene Anfechtungen, so ist es in diesem Abschnitt des Haggai-Buches wiederum eine ganz andere Versuchung, gegen die sich der Prophet wendet. Im Volk ist eine gewisse Nachlässigkeit und Bereitschaft zum Kompromiß eingerissen, nämlich die, daß man es mit allem nicht so genau nimmt.

Die Juden haben wohl gerade ihren Altar aufgebaut und Gottesdienst gehalten. Deshalb liegt es für Haggai nahe, das, was er ihnen zu sagen hatte, anhand von kultischen Bildern auszudrücken.

Er fragt zunächst die Priester: *»Wenn jemand heiliges Fleisch trüge im Zipfel seines Kleides und berührte danach mit seinem Zipfel Brot, Gekochtes, Wein, Öl oder was es für Speise wäre, würde es auch heilig?«* (V. 12a). Man hat ja damals die Toga um sich geschlungen und darin auch Lebensmittel eingeschlagen; danach strich man mit einer Spitze des Gewandes an Lebensmitteln vorbei, die für das Opfer bestimmt waren und auf dem Altar dargebracht wurden.

Sind dadurch die Lebensmittel, die man im Gewande trug, auch schon Opfer-Lebensmittel? Sind sie damit auch schon *»heilige«* Lebensmittel? *»Die Priester antworteten und sprachen: Nein«* (V. 12b).

Solch eine flüchtige Berührung mit dem Zipfel der Toga, in die diese Nahrungsmittel eingeschlagen waren, genügt natürlich nicht. So oberflächlich und so mittelbar geht es nicht. Lebensmittel, die zum Opfer bestimmt sind, müssen auf den Altar gelegt und gereinigt werden (zum Reinigen der Opfer stand ein besonderes Wasserbecken bereit). Sodann muß dieses Opfer mit einem heiligen Feuer vom Altar angezündet werden.

Haggai will sich damit nicht zu Fragen des Kultes äußern, sondern sagen, wie es um die Juden steht und woran es bei ihnen fehlt. Wie die Lebensmittel im Gewand, so sind auch die Juden. Sie kommen nur ein bißchen mit den Dingen in Berührung, sind nur so ein bißchen Mitläufer und stehen in einer sehr mittelbaren und indirekten Beziehung zu Gott und zum Gottesdienst.

Daher ist es auch für die Juden nötig, daß sie ihr Leben gewissermaßen auf den Altar bringen, daß sie um Reinigung bitten, ja daß auch ihr Leben in den Tod gegeben und daß es mit dem heiligen Feuer Seines Geistes entzündet wird.

Nur so stimmt die Richtung; nur so ist das Leben im Blick auf Gott in Ordnung. Alles Indirekte und Mittelbare genügt nicht im Blick darauf, daß das Leben von Menschen in Ordnung gebracht werden muß. Es gilt, sein Leben ohne Vorbehalt dem Herrn auf den Altar zu legen, ihn um die Reinigung zu bitten, das alte Wesen in den Tod zu geben und bitten, daß er einen selbst mit seinem heiligen Feuer entzünde. »Seid brennend im Geist!« schreibt Paulus (Röm 12,11). Man kann darum bitten, dann geschieht es.

So spricht dieser verhältnismäßig unbekannte Prophet Haggai auch in unsere Lage und sagt, daß wir dauernd in der Gefahr sind, ins alte Wesen zurückzusinken.

Noch in derselben Rede vom Dezember jenen Jahres 520 v. Chr. fährt er fort und zeigt, daß umgekehrt eine auch nur flüchtige Berührung mit dem Todeswesen schon aufs Schwerste gefährdend wirkt: *»Wenn aber jemand durch Berührung eines Toten unrein wäre und eins davon anrührte, würde es auch unrein? Die Priester antworteten und sprachen: Es würde unrein«* (V. 13).

Haggai greift damit wieder ein Bild aus dem kultischen Bereich auf. Nach dem Gesetz Moses war es ja so, daß derjenige, der einen Toten berührt hat, an diesem Tag kein Opfer darbringen durfte und sich bestimmten Reinigungen unterziehen mußte, bevor er wieder am gottesdienstlichen Leben Israels voll teilhatte (vgl. 4. Mose 19,16ff.).

Wieder will Haggai nicht von kultischen Dingen reden, sondern von der gesamten Existenz der Juden (V. 14) und – im übertragenen Sinn – von der unsrigen. Seine Botschaft lautet: Schon eine flüchtige Berührung mit dem alten Todeswesen bringt schon in schwerste Gefahr.

Ich will dasselbe anhand eines anderen Vorganges sagen, der uns heute näherliegt. In meinem früheren Beruf als Kanzleigehilfe mußten meine Kollegen und ich auch bei gerichtlichen Leichenöffnungen Protokoll führen. Bei dieser Arbeit konnten wir beobachten, daß die Ärzte sehr darauf geachtet haben, daß sie sich nicht in die eigene Hand schnitten. Sie wollten sich nicht verletzen, weil ja auf diese Weise das Leichengift in den Körper hätte gelangen können, was lebensgefährlich gewesen wäre.

Das alte Todeswesen ist so etwas wie solch ein Leichengift.

Das ist also Haggais drittes Wort an Israel: Eine flüchtige Berührung mit dem Heiligen genügt nicht; aber schon eine nur beiläufige Berührung mit dem Todeswesen gefährdet aufs Höchste. So ist Haggais Botschaft eine Heiligungspredigt im besten Sinne des Wortes.

1.3.4 Die vierte Botschaft: Gegen die Angst (2,20–23)

Die vierte und letzte Botschaft, die Haggai Ende Dezember des Jahres 520 v. Chr. ausrichtete, betrifft wieder die Gefährdung nach der anderen Seite hin. Das ist nun nicht mehr die Gefahr der Gleichgültigkeit, sondern die der nackten Angst.

Außerbiblische Nachrichten besagen, daß in jenem Jahr, in jenen Tagen oder Wochen das persische Reich aufs Schwerste erschüttert worden ist, weil eine Palastrevolution vor sich ging. Das war keine Angelegenheit, die schnell vorüber war. Es kam vielmehr zu harten Kämpfen, und man fürchtete schon, daß der persische Herrscher zumindest abgesetzt oder gar getötet würde, wenn nicht sogar, daß dieses Reich selbst zum Einsturz kommen könnte.

Der persische König jener Zeit war einer von jenen Regenten, die die oben genannte Politik durchführten (vgl. 1.1). Daher kam unter den Völkern, die in ihr Heimatland hatten zurückkehren dürfen, die Angst auf, ob sie nicht ihr Recht auf die Ansiedlung in ihrer Heimat wieder verlieren würden und ob man sie nicht versklaven würde.

Israel, dieses schwache Volk bzw. der kleine Rest dieses Volkes, bekam also auch solche Angst, vor allem derjenige in Israel, der im Auftrag Persiens dort Statthalter war: Serubbabel. Sollte plötzlich alles, was soeben neu entstanden war, aus den Fugen geraten?

Speziell zu Serubbabel wird in dieser Situation gesagt, daß eine große Erschütterung unter den Völkern entstehen werde: *»Ich will Himmel und Erde erschüttern und will die Throne der Königreiche umstürzen und die mächtigen Königreiche der Heiden vertilgen und will umwerfen die Wagen und die darauf fahren; Roß und Reiter sollen fallen, ein jeder durch des andern Schwert«* (V. 21 b.22). Es werde einmal alles durcheinander geraten, sagt Haggai, aber jetzt noch nicht.

Der persische König konnte seine Herrschaft wieder stabilisieren. Aber es kam später im persischen Reich zu vielen Wirren, und schließlich hat ja dann Alexander der Große dieses Reich umgestoßen. Und auch nach Alexanders Tod gab es keinen Frieden, denn die Diadochen – die ehemaligen Feldherren Alexanders – haben sich untereinander wegen der Aufteilung seines Reiches bekriegt.

Doch Serubbabel wird verheißen: *»Zur selben Zeit, spricht der HERR Zebaoth, will ich dich, Serubbabel, du Sohn Schealtiëls, meinen Knecht, nehmen, spricht der HERR, und dich wie einen Siegelring halten; denn ich habe dich erwählt, spricht der HERR Zebaoth«* (V. 23). Serubbabel ist für Gott wie ein kostbarer Ring, den man an seinen Ringfinger und nicht in die Westentasche steckt, damit er ganz gewiß nicht verlorengeht, sondern aufgehoben und bewahrt bleibt.

Der Statthalter Serubbabel ist ja hin- und hergerissen, einerseits für sein Volk einzutreten und andrerseits zugleich persische Belange zu berücksichtigen und sich mit den Statthaltern der benachbarten Provinzen gutzustellen usw. Zu ihm und dem armen, kleinen Volk wird damit gesagt, daß Gott sie mehr schätzt als einen Schmuckring.

Ein *»Siegelring«* wurde dazu benützt, um Urkunden auszufertigen, um die Rechtsgültigkeit zu bestätigen. Auf solch einem Ring war normalerweise das Monogramm, der Name seines Besitzers geprägt. *Nomen est omen* – der Name ist das Wesen. So sagt Gott Serubbabel, daß er ihn in sein Wesen umgestaltet. Serubbabel darf etwas vom Wesen des wahren Königs, des Herrn über Himmel und Erde, tragen. Das aber nicht, weil er so herausragend oder ein Prachtexemplar von Mensch wäre, sondern schlicht, weil *»ich dich erwählt habe«*. Aufgrund seiner grundlosen Barmherzigkeit hat Gott nach Serubbabel gegriffen – mitten im Durcheinander der Revolution in Persien.–

Das ist für uns Christen in unserer Zeit ein ganz wichtiges Wort, und das wird es auch in der Endzeit sein: *»Ich will dich wie einen Siegelring halten; denn ich habe dich erwählt.«* Wir wollen doch auch dieses Vertrauen haben und unser Leben in Seine Hand legen. Gott steckt sich uns sozusagen wie eine Kostbarkeit an seine Hand. Ja, er bevollmächtigt uns – in erster Linie zum Gebet, aber auch zur Ausrichtung der heilenden Botschaft, seines Evangeliums. Und er gestaltet uns in sein Wesen um – mitten in dem Wirrwarr –, bis er uns dann endgültig zu sich heimnimmt. Auf jeden Fall bringt Gott uns durch, und wir müssen nicht befürchten, einfach untergepflügt zu werden (wie es jenes Völklein Israel und sein Statthalter Serubbabel befürchteten). Nein, *»ich will dich wie einen Siegelring halten; denn ich habe dich erwählt«*.

2. Der Prophet Zefanja

2.1 Zu Zefanjas Zeit und Botschaft

Zefanja hat erheblich früher als Haggai gewirkt, auch etwas früher als Jeremia und Habakuk. Sein Wirken fällt in die Zeit *vor* der babylonischen Gefangenschaft, in die Jahre, als der spätere König Josia noch minderjährig war und noch nicht gegen die Mißwirtschaft und den Götzendienst im Land angehen konnte. Das war die Zeit um 625 v. Chr.

Die Botschaft Zefanjas ist zum einen eine gewaltige *Gerichtsbotschaft*, die sich zwar auch gegen andere Völker richtet (davon redet Zefanja zuerst, aber nur ganz kurz; 1,2f.), in erster Linie aber gegen Israel. Gott selbst ist es, der vor allem sein Volk richtet, denn »das Gericht fängt an an dem Hause Gottes« (1. Petr 4,17a), und »wem viel anvertraut ist, von dem wird man um so mehr fordern« (Lk 12,48b). Über das unmittelbar Bevorstehende geht dabei der Blick des Propheten hinaus auf endzeitliche Gerichte.

Zum andern ist die Botschaft Zefanjas aber auch eine wundervolle *Gnadenbotschaft*: Die Gerichte dienen der Reinigung. So ist das Ergebnis etwas Gott Wohlgefälliges in Israel, aber auch unter den Völkern.

So hat Zefanja erfahren: Gott züchtigt sein Volk, aber dann begnadigt er es durch die Züchtigungen, durch die Demütigungen hindurch. »Ich will in dir übrig lassen ein armes und geringes Volk; die werden auf des HERRN Namen trauen« (3,12) – und diese Leute »trauen« nicht umsonst auf Gott.

Abbildung 240 veranschaulicht die grundlegende Botschaft des Zefanja-Buches: In Gericht und Gnade wendet sich Gott zuerst an sein Volk Israel (»Jerusalem«), dann an die Völker. Das Gericht gilt dem Stolz – die Gnade wird der Demut gegeben.

Das ist freilich kein Naturgesetz, das in Kraft wäre, ganz gleich, was der Mensch tut. Diese Botschaft gilt nicht unbesehen allen, sondern nur den Demütigen, denen, die sich so in die Arbeit Gottes nehmen und sich demütigen lassen. »Gott widersteht den Hochmütigen, aber den Demütigen gibt er Gnade« (1. Petr 5,5b; vgl. Spr 3,34; Jak 4,6) – sowohl den Demütigen aus

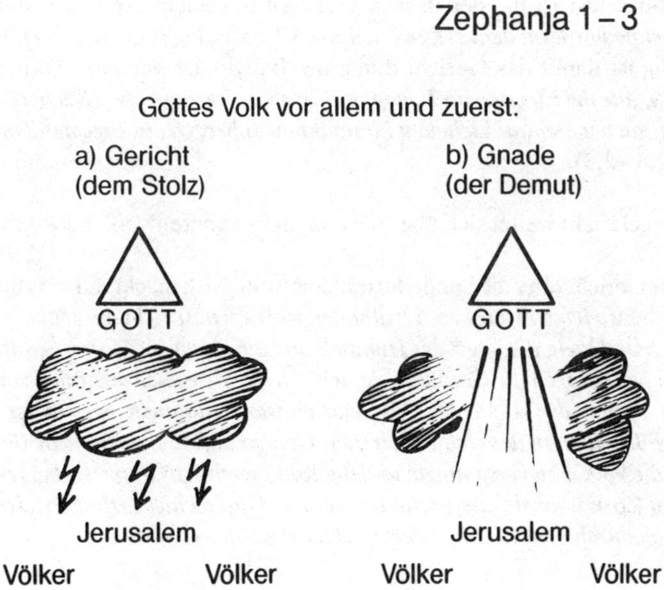

Abb. 240: Der Weg des Volkes Gottes – durch Gericht und Gnade

Israel als auch aus den Völkern. Ja, Gott ist auch Menschen aus allen Völkern gnädig (3,9).

Das gilt auch im Blick auf die Endzeit. Der Schar der Demütigen wird von Jesus gesagt: »Fürchte dich nicht, du kleine Herde! Denn es hat eurem Vater wohlgefallen, euch das Reich zu geben« (Lk 12,32).

2.2 Zum Einzelnen

Ich entfalte die Botschaft des Zefanja-Buches gemäß ihrer Eigenart in zwei Punkten:

2.2.1 Das Gericht

a) Das Gericht erging damals über Juda/Jerusalem (1,4–2,3). Die Botschaft Zefanjas richtete sich an das Südreich Juda in seiner damaligen Situation. Insbesondere der sicheren, stolzen Oberschicht drohte das Gericht, jener Elite in Juda, die sich fremder Religion und Kultur öffnete.

Gott selbst ist es, der diesem Gebaren in seinem Gericht widersteht: *»Seid stille vor Gott dem HERRN, denn des HERRN Tag ist nahe«* (1,7). Vordergründig ist damit das Gericht durch die Babylonier gemeint. *»Suchet den HERRN, alle ihr Elenden im Lande, die ihr seine Rechte haltet! Suchet Gerechtigkeit, suchet Demut! Vielleicht könnt ihr euch bergen am Tage des Zorns des HERRN!«* (2,3).

b) Das Gericht weitet sich über die damals bekannten Völker aus (2,4–15).

c) Das Gericht über die Sünde Jerusalems weitet sich machtvoll aus zum Weltgeschehen: *»Ich will alles vom Erdboden wegraffen, spricht der HERR. Ich will Mensch und Vieh, die Vögel des Himmels und die Fische im Meer wegraffen; ich will zu Fall bringen die Gottlosen, ja, ich will die Menschen ausrotten vom Erdboden, spricht der HERR«* (1,2f.). *»Darum wartet auf mich, spricht der HERR, bis auf den Tag, an dem ich zum letzten Gericht auftrete; denn mein Beschluß ist es, die Völker zu versammeln und die Königreiche zusammenzubringen, um meinen Zorn über sie auszuschütten, ja, alle Glut meines Grimmes; denn alle Welt soll durch meines Eifers Feuer verzehrt werden«* (3,8).

2.2.2 Durch Reinigungsgerichte erweist Gott dennoch seine Gnade

Die Reinigungsgerichte sind ein Gerichtswalten Gottes, das positive Vorzeichen hat.

a) Die Reinigungsgerichte geschehen an Israel. Wenn sich dieses Volk sofort beugen würde, müßte das Gericht gar nicht erfolgen: *»Mich sollst du fürchten und dich zurechtweisen lassen –, so würde ihre Wohnung nicht ausgerottet und nichts von allem kommen, womit ich sie heimsuchen wollte«* (3,7).

Ohne Lehrgeld zu zahlen ging es schon damals nicht ab, und ohne dieses geht es auch heute nicht. Auch wir Christen hätten manches in unserem Leben einfacher haben können. Wenn wir mehr und besser gehört hätten, dann hätten wir nicht soviel fühlen müssen.

b) Auch den Völkern wird die Gnade angeboten: *»Es sollen ihn anbeten alle Inseln der Heiden, ein jeder an seiner Stätte«* (2,11 b). *»Dann aber will ich den Völkern reine Lippen geben, daß sie alle des HERRN Namen anrufen sollen und ihm einträchtig dienen«* (3,9).

In dieser Weltzeit sind die Glaubenden immer in der Diaspora, in der Zerstreuung: *»Von jenseits der Ströme von Kusch werden meine Anbeter, mein zerstreutes Volk, mir Geschenke bringen«* (3,10).

c) Es geht um die *»Übriggebliebenen«* (2,7.9b; 3,13), um den heiligen »Rest«, um die Auswahl – vornehmlich aus Israel, aber auch aus den Völkern –, um ein *»armes und geringes Volk«* derer, die demütig sind und *»auf des Herrn Namen trauen«* (3,12).

Darüber werden im Zefanja-Buch die wunderbarsten Worte gesprochen: *»Zur selben Zeit will ich euch heimbringen und euch zur selben Zeit sammeln; denn ich will euch zu Lob und Ehren bringen unter allen Völkern auf Erden, wenn ich eure Gefangenschaft wenden werde vor euren Augen, spricht der Herr«* (3,20). Das *»Wegnehmen der Strafe«* (3,15; infolge der Sühne von Jes 53) ist Grund zur Freude:

> *»Jauchze, du Tochter Zion! Frohlocke, Israel! Freue dich und sei fröhlich von ganzem Herzen, du Tochter Jerusalem! Denn der Herr hat deine Strafe weggenommen und deine Feinde abgewendet. Der Herr, der König Israels, ist bei dir, daß du dich vor keinem Unheil mehr fürchten mußt. Zur selben Zeit wird man sprechen zu Jerusalem: Fürchte dich nicht, Zion! Laß deine Hände nicht sinken! Denn der Herr, dein Gott, ist bei dir, ein starker Heiland. Er wird sich über dich freuen und dir freundlich sein, er wird dir vergeben in seiner Liebe und wird über dich mit Jauchzen fröhlich sein«* (3,14–17).

Zefanja hatte also diese Botschaft auszurichten, daß Gott in Gericht und Gnade an seinem Volk und an den Völkern handelt. Dieser Prophet macht deutlich: Mit diesen Menschen, an die er seine Botschaft richtet, hat es später Haggai nach der babylonischen Gefangenschaft zu tun. Auch sie sind keine fertigen Menschen.

Manchmal wundert man sich über sich selbst: Man hat schon soviel an Lehren bekommen und fällt doch immer wieder in das Alte zurück. So hat Gott nach wie vor viel Arbeit und Mühe mit uns, und er macht sich diese Mühe. Das wurde beim Propheten Haggai deutlich: Einmal muß Gott uns auf der einen Seite – im Übermut – halten, auf daß wir nicht herunterfallen, dann wieder auf der anderen Seite, so daß wir nicht in Verzagtheit und Schwermut stürzen. Aber er ist ein treuer Gott: »Mir hast du Arbeit gemacht mit deinen Sünden und hast mir Mühe gemacht mit deinen Missetaten« (Jes 43,24b). Wir machen ihm also viel Arbeit. Doch er nimmt diese Mühe, die er mit uns hat, gerne auf sich, – sonst wären wir übel dran.

Der Prophet Sacharja

1. Einleitung

Wie verschieden die Gabe und die Aufgabe von Boten Gottes doch sein kann! Obwohl die Propheten Haggai und Sacharja wohl in demselben Jahr auftraten, hatten sie doch eine ganz unterschiedliche Botschaft auszurichten.

Haggai hat sein sachliches, praktisches, schlichtes Wort in wenigen Monaten gesprochen (vgl. im Kapitel »Die Propheten Haggai und Zefanja« die Einleitung zum Propheten Haggai).

Sacharja hat nicht nur wenige Monate, sondern wohl einige Jahre gewirkt und seinen Blick ausgesprochen weit hinaus richten dürfen. Gerade im Blick auf die Zukunft Israels sagt Sacharja eigentlich mehr als irgendein anderer Prophet.

Sacharja trat also wie Haggai im Jahre 520 v. Chr. auf und wirkte dann noch zwei Jahre lang (bis 518 v. Chr.). Das Buch dieses Propheten zählt zu denjenigen Büchern des Alten Testaments, die im Neuen Testament häufig zitiert werden.

2. Zum Aufbau des Buches

Die Gliederung des Sacharja-Buches ist recht einfach:

1. Acht Nachtgesichte (Kap. 1–6)
2. Die Frage des Fastens (Kap. 7 f.)
3. Die Vorbereitung der Endzeit in Israel und unter den Völkern (Kap. 9–11)
4. Die Endzeit (Kap. 12–14)

3. Zum Einzelnen

3.1 Acht Nachtgesichte (Kap. 1–6)

Die ersten sechs Kapitel des Sacharja-Buches schildern acht Visionen. Sacharja bekommt hier einen Einblick, wie Gott seinem Volk Israel, ja seinem Volk überhaupt (also auch seiner Gemeinde aus den Völkern) die Treue hält und die gesamte Weltgeschichte letztlich in den Dienst dessen stellt, daß er mit seiner Heilsgeschichte zu seinem Ziel kommt.

Das ist der großartige Inhalt dieser Kapitel, der im Neuen Testament immer wieder aufgenommen wird (im einzelnen siehe unten).

Abbildung 241 zeigt eine Übersicht über die acht Visionen, die Sacharja jeweils nachts empfangen hat.

Abb. 241: Sacharjas Visionen

3.1.1 Die erste Vision (1,7–17)

In Sacharjas erster Vision begegnet man erstmals den apokalyptischen Reitern aus Offenbarung 6. Sie setzen – nach dem Zeugnis der Offenbarung – die Weltgeschichte in Bewegung und gehen dabei nicht sinn- und ziellos vor (so sehr uns das so vorkommen mag), sondern bereiten die große Zielentwicklung Gottes vor.

Bei Sacharja sind diese apokalyptischen Reiter noch nicht auf dem Weg (wie in Offb 6), sondern er sieht sie *»zwischen den Myrten im Talgrund«* (V. 8; vgl. V. 10f.) noch in Ruhe. Und der Prophet ist schmerzlich berührt: *»HERR Zebaoth, wie lange noch willst du dich nicht erbarmen über Jerusalem und über die Städte Judas…?«* (V. 12). Die Dinge sind noch nicht im Gang;

die Welt- und Heilsgeschichte läßt noch auf sich warten. Sacharja schaut eine Stille, die ihn belastet. Doch die Reiter sind schon da und stehen bereit; darum sieht sie der Prophet.

3.1.2 Die zweite Vision (2,1–4)

In seinem zweiten Nachtgesicht sieht Sacharja, wie vier Schmiede vier Hörner abschlagen.

Das ist eine seltsame Sache, die man nicht auf den ersten Blick versteht. Sie wird aber klarer, wenn man folgendes bedenkt:

a) Die Zahl Vier ist die Vollzahl der Welt – sowohl der vier Himmelsrichtungen als auch (nach Daniel) der vier Reiche, die aufeinander folgen.

b) *»Hörner«* sind immer Zeichen der Macht.

Diese Vision schildert also wohl die Entmachtung der Weltmächte durch unsichtbare Mächte. Die Weltmächte sind ja immer im Kommen und Gehen. Die zweite Vision des Sacharja macht deutlich, daß nicht eigentlich die Babylonier die Assyrer entmachtet haben, auch nicht die Perser die Babylonier und später die Griechen die Perser. Es ist vielmehr so, daß der große Gott seine Mächte in der unsichtbaren Wirklichkeit hat, die dieses Nacheinander der Weltmächte bewirken. Die Mächte *gehen* – der HERR *kommt*!

3.1.3 Die dritte Vision (2,5–17)

Das dritte Nachtgesicht Sacharjas zeigt, daß inmitten des Kommens und Gehens der Mächte das Volk Gottes wunderbar bewahrt wird. Der Prophet sieht in seiner Vision Jerusalem, das stark bevölkert und ohne Mauern ist (V. 8). Gott selber ist für diese Stadt Mauer und Schutz: *»Ich will, spricht der HERR, eine feurige Mauer rings um sie her sein und will mich herrlich darin erweisen«* (V. 9). Ja, wer Israel, *»wer euch antastet, der tastet meinen Augapfel an«* (V. 12b).

Das wird hier für Israel gesagt und gilt auch für dieses Volk. Wir Deutschen haben erlebt, wie jemand diesen *»Augapfel«* antasten wollte. Er hat merken müssen, daß er sozusagen mit seiner Hand an eine Starkstromleitung faßte; deshalb hat ihn dann der Schlag getroffen.

Diese Worte Sacharjas (2,9.12b) gelten auch im Blick auf die Gemeinde Jesu in Bedrängnis und Verfolgung auf dem Weg durch die Weltgeschichte und auch für den einzelnen Glaubenden, der sein Leben Gott anbefiehlt.

Die Schwierigkeit im Blick auf Israel und seine Zukunft kommt nicht – so wird hier deutlich – von den irdischen Feindmächten. Diese Mächte können Israel nicht *»antasten«*. Was aber die eigentliche Schwierigkeit für Israel ist, was im Grunde genommen gegen Israel spricht, ist seine eigene Schuld (das zeigt Kap. 3).

3.1.4 Die vierte Vision (Kap. 3)

In seinem vierten Nachtgesicht sieht Sacharja Jeschua, den Hohepriester Israels (vgl. Hag 1,1.14; 2,4), vor Gott stehen, der aber mit seinem Gebet nicht durchdringt. Dem Gebet des Hohepriesters steht ein Hindernis entgegen: seine *»unreinen Kleider«* (V. 3.4 a). Das ist ein Hinweis auf die Schuld, die Jeschua hindert, als Priester vor allem in der Fürbitte für Israel vor Gott zu treten. Und Satan, dem Jeschua damit eine Handhabe gegeben hat, stellt sich ihm in den Weg und verhindert seine Gebete (V. 1 ff.).

Aber dann steht schon im Alten Testament an dieser Stelle das feine Wort: *»Ich nehme deine Sünde von dir und lasse dir Feierkleider anziehen«* (V. 4 b.5). Im Neuen Testament ist dann auch von diesen *»reinen Kleidern«* die Rede, den Kleidern, die sie »gewaschen« haben und »hell gemacht im Blut des Lammes« (Offb 7,14 b).

Zinzendorf hat demgemäß gedichtet:

Christi Blut und Gerechtigkeit,
das ist mein Schmuck und Ehrenkleid,
damit will ich vor Gott bestehn,
wenn ich zum Himmel werd eingehn.
(EKG 273,1)

Nun, da seine Sünde genommen ist, darf der Hohepriester Jeschua Hinweis auf *»meinen Knecht, ›den Sproß‹«*, »das Reis aus der Wurzel Isais« (Jes 11,10), sein.

In den ersten drei Kapiteln des Sacharja-Buches wird deutlich: Gott bereitet die Dinge vor; er führt seine Weltgeschichte zum Ziel. Die Mächte werden entmachtet; sie kommen und gehen. Seine Gemeinde ist bewahrt, aber das große Handicap ist die Schuld, die Sünde. Das hat auch Friedrich Schiller gewußt:

Das Leben ist der Güter höchstes nicht,
der Übel größtes aber ist die Schuld.

Gebete werden durch Schuld verhindert. Gott aber kann Sünde nehmen und die »reinen Kleider« schenken.

3.1.5 Die fünfte Vision (Kap. 4)

Luther hat gesagt: »Wo Vergebung der Sünde ist, da ist Leben und Seligkeit.« In Sacharjas fünftem Nachtgesicht schaut der Prophet zwei Amtsträger Israels, den Hohepriester Jeschua und den Statthalter Serubbabel, im Bild von zwei Ölbäumen. (Öl ist in der Bildsprache der Bibel ein Bild für den Geist Gottes.) Diese Amtsträger dürfen den Geist Gottes nicht nur haben, sondern sie dürfen ihn weitergeben, wie Jesus sagt: »Wer an mich glaubt, wie die Schrift sagt, von dessen Leib werden Ströme lebendigen Wassers fließen« (Joh 7,38).

Wie geht die Heilsgeschichte wirklich voran? Nicht, daß die Völker einander an der Macht ablösen, ist das Eigentliche (das ist gewissermaßen nur die ›Begleitmusik‹), sondern das Wesentliche geschieht in den Herzen, von innen her. Wie kommt das in Gang? Das entscheidende Wort im Blick darauf ist Sacharja 4,6: *»Es soll nicht durch Heer oder Kraft, sondern durch meinen Geist geschehen, spricht der HERR Zebaoth.«*

3.1.6 Die sechste und die siebte Vision (Kap. 5)

Sacharja zeigt in der sechsten und siebten Vision anhand von zwei eindrucksvollen Bildern, daß nicht nur die früher begangene Sünde – also die Sünde der Vergangenheit – abgewaschen wird. Das neue Leben aus Gott geschieht nicht nur einfach dadurch. Dazu kommt nämlich, daß auch die Liebe zur Sünde *heute* beseitigt und überwunden werden muß. Die Sünde wird weggetragen – das bringt Kapitel 5 zum Ausdruck.

In seinem sechsten Nachtgesicht sieht Sacharja eine *»Schriftrolle«*, ein offenes Blatt, das durch die Luft fliegt und vom Wind weggetragen wird. Es wird gesagt, das sei die Sünde des Landes (V. 3: *»der Fluch, der ausgeht über das ganze Land«*).

Hierbei ist wohl noch einmal an das Vergangene gedacht. Dieses Blatt, die Schriftrolle, die vom Sturm fortgetragen wird, hat etwa das Ausmaß des Landes Israel (V. 2).

Sacharjas siebtes Nachtgesicht zeigt eine Frauengestalt, die – in einer Tonne sitzend – von zwei Engelgestalten weggetragen wird. Es soll alle Sünde, alle Befleckungen im Lande, aller Götzendienst weggebracht werden.

Es geht in Kapitel 5 um die Bereinigung vergangener Sünde *(»Schriftrolle«)* und um das Austilgen, das In-den-Tod-Geben der jetzt vorhandenen Sünde *(»eine Frau, die saß in der Tonne«)*. Das allein hat zur Folge, daß Israel überhaupt befähigt ist, Werkzeug der Heilsgeschichte zu sein.

3.1.7 Die achte Vision (Kap. 6)

Im achten der Nachtgesichte sieht Sacharja Kriegswagen ausfahren (V. 1–8; vgl. die erste Vision und Offb 6,1–8!).

Jeschua wird sinnbildlich zum Priesterkönig gekrönt (V. 9–15). Das ist ein Hinweis auf den eigentlichen Priesterkönig, den »›Sproß‹« (V. 12b; vgl. Ps 110).

Die acht Nachtgesichte Sacharjas zeigen die Treue Gottes gegenüber Israel und seiner Gemeinde überhaupt. Sie zeigen, daß und wie Gott die Weltgeschichte in seinen Dienst stellt. Sein Ziel aber ist sein Volk, ist seine Gemeinde; Israel und die Gemeinde sollen darum geistlich erneuert werden. Doch Israel bzw. die Gemeinde müssen zuvor durch die Reinigung hindurchgehen; und Gottes Geist, nicht aber das eigene Können vermag das Neue zu schaffen.

3.2 Die Frage des Fastens (Kap. 7f.)

Anlaß für diesen Abschnitt ist etwas Ähnliches wie das, was auch bei Haggai und Maleachi zu sehen ist: eine Anfrage des Volkes, die hinsichtlich des Fastens aufgekommen war. Derartiges ist bei den vorexilischen Propheten immer wieder zu sehen, daß diese Propheten nämlich etwas gefragt werden.

Bei der Frage an Sacharja ging es um folgendes: Als die Babylonier Jerusalem zerstörten, hat das Volk Leid getragen. Das geschah nicht nur, weil die Israeliten von diesem Verhängnis betroffen waren, sondern sie haben den Zusammenhang zwischen ihrer Sünde und dem gesehen, was sie erlitten haben. »Ich empfinde, meine Sünde sei an allem Jammer schuld« – das hat man in Israel gewußt.

Inzwischen waren sie etwa seit 18 Jahren wieder in ihrem Land und haben immer noch gefastet. So fragen sie: *»Muß ich immer noch im fünften Monat weinen und Fasten halten, wie ich es nun so viele Jahre getan habe?«* (7,3b).

Sacharja sagt ihnen im Auftrag Gottes, daß das äußere Fasten überhaupt nicht so wichtig sei, sondern: *»Richtet recht, und ein jeder erweise seinem Bruder Güte und Barmherzigkeit«* (7,9).

Das ist dasselbe wie das, was die vorexilischen Propheten sagten: »Das ist ein Fasten, an dem ich Gefallen habe…«, und dann nennen sie das, was getan werden muß: »Laß los, die du mit Unrecht gebunden hast… Brich dem Hungrigen dein Brot« usw. (Jes 58,6ff.). All die Wohltaten, die damals im Alltag nötig waren, hätten das rechte Fasten ausgemacht.–

Ich meine, das bedeutet für uns, daß wir unser Leben jeden Tag und jede Stunde vor Gott offenlegen und sagen: ›Herr, wie willst du's? Wie soll ich's machen, im Tun und im Lassen? Verfüge du ganz und gar darüber!‹ Das ist's, was dem Herrn gefällt, daß wir ihm alles zur Verfügung stellen und all das ablegen, was nicht in seinem Sinn ist, und wenn es uns noch so sehr ans Herz gewachsen ist.–

In diesem Sinn redet Sacharja mit den Leuten und darf sofort hinzufügen, daß bald die wunderbare Zeit kommen werde: *»So spricht der HERR: Ich kehre wieder auf den Zion zurück und will zu Jerusalem wohnen, daß Jerusalem eine Stadt der Treue heißen soll und der Berg des HERRN Zebaoth ein heiliger Berg«* (8,3). *»Und es soll geschehen: Wie ihr vom Hause Juda und vom Hause Israel ein Fluch gewesen seid unter den Heiden, so will ich euch erlösen, daß ihr ein Segen sein sollt. Fürchtet euch nur nicht und stärket eure Hände!«* (8,13).

Dann wird von Israel aus die gute Nachricht in die Welt gehen, und die Menschen werden auf dem Weg nach Jerusalem sein: Es *»werden viele Völker, Heiden in Scharen, kommen, den HERRN Zebaoth in Jerusalem zu suchen und den HERRN anzuflehen… Zu der Zeit werden zehn Männer aus allen Sprachen der Heiden* einen *jüdischen Mann beim Zipfel seines Gewandes ergreifen und sagen: Wir wollen mit euch gehen, denn wir hören, daß Gott mit euch ist«* (8,22f.).

Zum einen ist gewiß wahr, was die Väter des Pietismus immer wieder betont haben: daß das einmal kommende Friedensreich im Vollsinn erfüllt werde, wenn, wie hier steht, zehn Männer aus den Völkern einen aus Israel am Gewand festhalten und sagen: ›Laß uns mit dir ziehen, denn wir hören, bei euch sei der HERR.‹ Die Väter meinten, das sei ein Hinweis auf eine einzigartige Völkermission durch das dann bekehrte Israel.

Zum andern ist es aber doch so, daß das in einem gewissen Sinn jetzt schon im Gange ist. Seit Pfingsten geht doch von Jerusalem, vom Ölberg (dort hat ja Jesus Christus den Missionsbefehl gegeben) die gute Nachricht hinaus. Die Botschaft von der Reinigung, vom »reinen Kleid«, das angezogen wird, und von dem Geist, der nicht »Heer oder Kraft« ist (4,6), ist ja voll im Gang, und die Menschen sind unterwegs nach Jerusalem: »Ihr seid gekommen zu dem Berg Zion und zu der Stadt des lebendigen Gottes, dem himmlischen Jerusalem…« (Hebr 12,22). Dorthin sind wir als neutestamentliche Gemeinde also schon gekommen.

Aber es ist doch so, daß es jetzt Menschen *aus* den Völkern sind, die durch Menschen *aus* Israel den Geist empfangen haben; im kommenden Friedensreich werden nicht nur Menschen *aus* den Völkern, sondern werden die *Völker* durch *Israel* bekehrt werden. Ich meine, diese Sicht der Väter ist durchaus biblisch; und eben dieser große Zusammenhang wird in den Kapiteln 7 und 8 des Sacharja-Buches aufgezeigt.

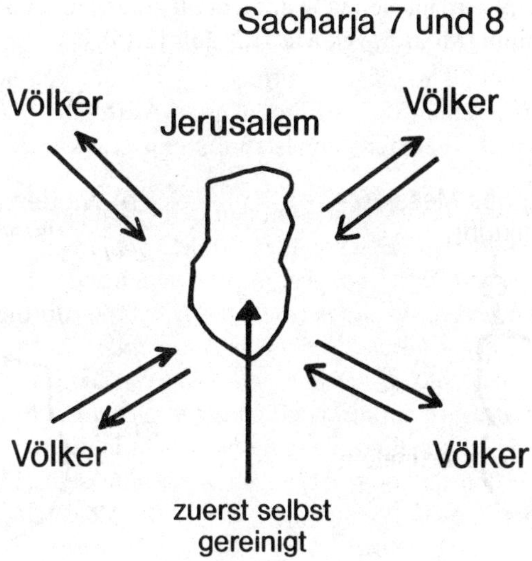

Abb. 242: Die Völkermission durch Israel nach seiner Reinigung

Die Völkermission durch Israel ist in Abbildung 242 veranschaulicht: Das Evangelium geht hinaus, die Völker kommen herzu; aber zuvor muß Israel selbst gereinigt werden.

3.3 Die Vorbereitung der Endzeit in Israel und unter den Völkern (Kap. 9–11)

Die Kapitel 9–11 zeigen ganz zentral die Vorbereitung, das In-die-Wege-Leiten der Heils- und Endgeschichte, also das Walten Gottes, das durch das Kommen des Messias in Niedrigkeit und die Wiedersammlung Israels die Endzeit vorbereitet.

In diesem Abschnitt des Sacharja-Buches schaut der Prophet, daß der König Israels auf einem Esel reitet. *»Du, Tochter Zion, freue dich sehr, und du, Tochter Jerusalem, jauchze! Siehe, dein König kommt zu dir, ein Gerechter und ein Helfer, arm und reitet auf einem Esel, auf einem Füllen der Eselin«* (9,9). Daß der König Israels, der Messias, gewaltlos kommt, war für die Ohren Israels neu. Es war vielmehr die Erwartung Israels, daß er sofort gewaltig kommen würde. Das war aber von damals aus gesehen in der Heilsgeschichte erst das Übernächste. Das Nächste war vielmehr, daß der Messias gewaltlos und sanftmütig kommen wird – auch als der Auferstandene, der vor der Tür steht und anklopft (Offb 3,20).

Sacharja 9,9 wird im Neuen Testament oft zitiert, unter anderem im Matthäusevangelium (Mt 21,5; vgl. Mk 11,2; Joh 12,15).

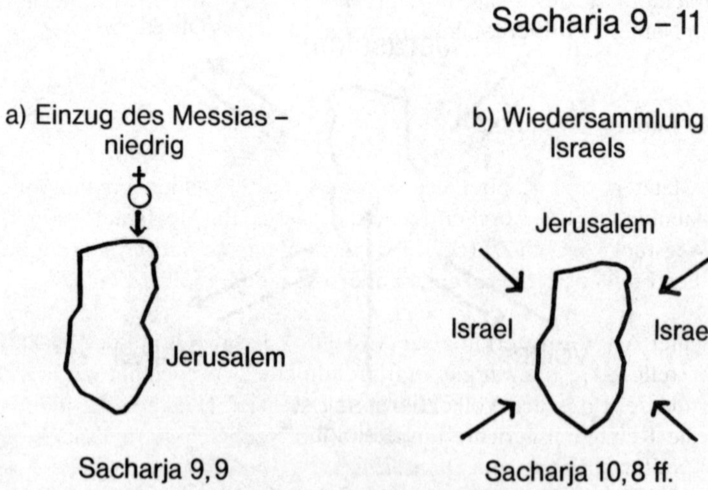

Abb. 243: Vorbereitung der Endzeit

Das ist in Abbildung 243 so dargestellt:

a) Der Einzug des Messias in Niedrigkeit geschieht am Anfang der Heilsgeschichte. Der Messias zieht also ein in die Stadt und opfert sich dort (vgl. 9,11: *»Ich lasse um des Blutes deines Bundes willen deine Gefangenen frei...«*).

b) In Kapitel 10 ist dann schon von der Wiedersammlung Israels am Ende der Geschichte die Rede: *»Und ich will das Haus Juda stärken und das Haus Josef erretten und will sie wieder einsetzen; denn ich erbarme mich ihrer... Denn ich will sie zurückbringen«* (V. 6a.10a). Die Juden kommen von allen Seiten herzu; es ist ein Zeichen seiner Treue, daß Gott das zerstreute Volk wieder sammelt.

In Kapitel 11 ist von dem guten und den bösen Hirten die Rede. Der Hinweis auf den guten Hirten erfolgt dadurch, daß dieser Hirte vom Propheten dargestellt wird. Für ihn werden *»dreißig Silberstücke«* (V. 12b) gegeben.

Doch es werden auch die schlechten Hirten dargestellt (V. 15ff.) – von der Zeit der Könige Israels vor der babylonischen Gefangenschaft bis hin zum Antichristen: *»Siehe, ich werde einen Hirten im Lande erwecken, der nach dem Verlorenen nicht sehen, das Verlaufene nicht suchen, der das Zerbrochene nicht heilen und das Gesunde nicht versorgen wird; aber das Fleisch der Fetten wird er fressen und ihre Klauen zerreißen«* (V. 16).

So handelt dieses Kapitel von Christus und Antichristus, von dem, der um dreißig Silberlinge verkauft wird, und von dem bösen Hirten, der sich selbst weidet (wie Jesus sagt: »Wenn ein anderer kommen wird in seinem eigenen Namen, den werdet ihr annehmen«, Joh 5,43).

3.4 Die Endzeit (Kap. 12–14)

Die letzten drei Kapitel des Sacharja-Buches bilden einen großen, zusammenhängenden Abschnitt, der die Endgeschichte Israels oder das letzte Wegstück vor dem Ziel zeigt. Hier geht es um die Aufrichtung des messianischen Friedensreiches in einer äußerst spannungsvollen Zeit.

In einer Art Vorbemerkung zur Auslegung dieser Kapitel des Sacharja-Buches stelle ich fest: Zwar gilt im Blick auf Israel wie auch hinsichtlich der Gemeinde Jesu aus den Völkern dieselbe Gesetzmäßigkeit, daß nämlich durch die Reinigungsgerichte hindurch eine Neubelebung und auch eine neue Bevollmächtigung zum Dienst erfolgt.

Und doch bekam Israel auch seine spezifische Verheißung; diesem Volk wurde sein besonderer Weg gewiesen. Daher war es nicht richtig, wenn man durch Jahrhunderte hindurch in Theologie und Kirche einfach gesagt hat, alle diese alttestamentlichen Verheißungen gehörten jetzt der neutestamentlichen Gemeinde aus Israel und den Völkern. Israel hat eben *seinen* Weg und *seine* Verheißungen.

Was zeigen die Kapitel 12–14 des Sacharja-Buches? Sie zeigen: Das nun wieder gesammelte Israel geht noch einmal durch eine ganz, ganz schwere Betrübnis hindurch. Auch dieses gesammelte Israel wird noch einmal eingeschlossen werden, und zwar von seinen Nachbarvölkern und von den Völkern der Welt. Die Völker wollen Juda/Jerusalem vernichten: *»Siehe, ich will Jerusalem zum Taumelbecher zurichten für alle Völker ringsumher.«* Das Wort *»Taumelbecher«* heißt wohl, daß die Völker keinen Verstand mehr haben werden. *»Zur selben Zeit will ich Jerusalem machen zum Laststein für alle Völker. Alle, die ihn wegheben wollen, sollen sich daran wund reißen; denn es werden sich alle Völker auf Erden gegen Jerusalem versammeln«* (12,2f.).

Auf dem Papier kann es ja schon durch einen UN-Beschluß usw. geschehen, daß sich praktisch mehr oder weniger alle Völker gegen dieses Land und das Volk Israel richten.

Es kommt also zu einer ganz gewaltigen Bedrängnis, ja das Land wird von den Gegnern Israels überspült. Sie erscheinen vor der Stadt; und auch die Stadt scheint – zumindest teilweise – eingenommen zu werden.

»Zu der Zeit wird der H*ERR* *die Bürger Jerusalems beschirmen…«* (12,8 a), *»und zu der Zeit werde ich darauf bedacht sein, alle Heiden zu vertilgen, die gegen Jerusalem gezogen sind«* (12,9).

Aber zuvor muß Israel zur Buße kommen; auch dann wird dieses Volk also nicht ohne *Buße*, nicht ohne *Reinigung*, nicht ohne den *Heiligen Geist* neu werden.

Auf die Buße Israels folgt die Reinigung des Volkes von vergangener und gegenwärtiger Sünde: *»Zu der Zeit werden das Haus David und die Bürger Jerusalems einen offenen Quell haben gegen Sünde und Befleckung. Zu der Zeit, spricht der* H*ERR* *Zebaoth, will ich die Namen der Götzen ausrotten aus dem Lande…«* (13,1.2 a).

Auch der geläuterte Rest Israels geht noch durch sehr schwere Anfechtungen hindurch: *»Es soll geschehen in dem ganzen Lande, spricht der* H*ERR, daß zwei Teile darin ausgerottet werden sollen und untergehen, und nur der dritte Teil soll darin übrigbleiben«* (13,8). Zwei Drittel der im Lande Wiedergesammelten sollen umkommen, und das restliche Drittel soll durchs Feuer gehen (13,9 a). Dieses letzte Drittel wird *»dann meinen Namen anrufen, und ich will sie erhören. Ich will sagen: Es ist mein Volk; und sie werden sagen:* H*ERR, mein Gott!«* (13,9 b).

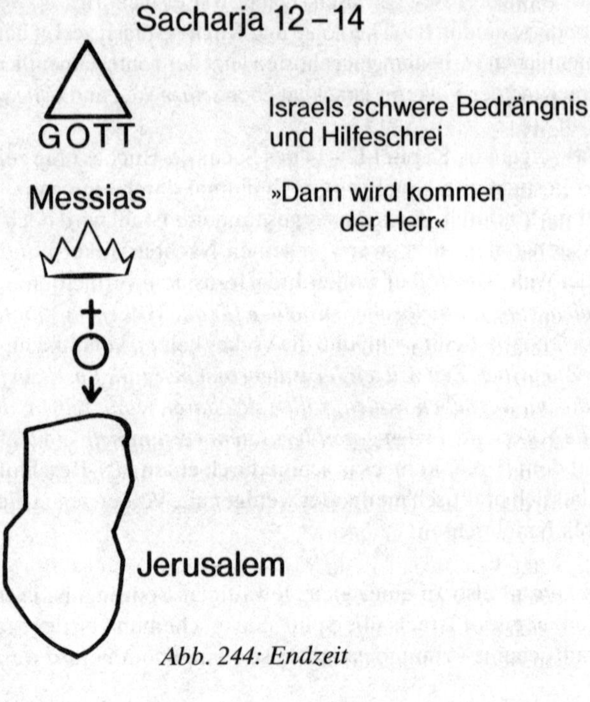

Abb. 244: Endzeit

Der Rest des Volkes schreit endlich zu Gott und nimmt offenkundig die Hilfe *dort* an, wo sie ihm geschenkt wird: nämlich in seinem Messias Jesus von Nazareth. »*Und sie werden mich ansehen, den sie durchbohrt haben, und sie werden um ihn klagen, wie man klagt um ein einziges Kind*« (12,10b). Endlich kommt es so weit, daß alles eigene Urteil und Vorurteil abgelegt wird und Israel die Hilfe dort annimmt, wo Gott diesem Volk die Hilfe anbietet und gibt.

In der gesamten Zeit zwischen Jesu Erdentagen bis zum Augenblick der Wiederkunft Jesu werden Menschen *aus* den Völkern bekehrt durch das, was sie *hören*. Jetzt ist also Hör-Zeit. Das brachte Jesus bei seiner Predigt in der Synagoge von Nazareth zum Ausdruck, nachdem er Jesaja 61,1f. vorgelesen hatte (Lk 4,14ff.). »Aller *Augen* in der Synagoge sahen auf ihn«, aber er sagte: »Heute ist dieses Wort der Schrift erfüllt vor euren *Ohren*« (Lk 4,20f.). Menschen werden durch das *Wort* bekehrt.

Wenn Jesus sich offenbaren wird, wird Israel durch das bekehrt, was es *sieht*: »*Sie werden mich ansehen, den sie durchbohrt haben...*« Dann wird es sich zeigen, daß der Kommende, auf den die Juden ja warten, der Gekommene ist, nämlich Jesus von Nazareth, ihr Messias.

Und dann »*werden sie um ihn klagen, wie man klagt um ein einziges Kind*«. Sie klagen, wie man klagt, wenn man das erstgeborene Kind dadurch verloren hat, daß es gestorben ist. Sie werden also nicht *darüber* klagen, was man *ihnen* alles angetan hat, sondern *darüber*, was sie *ihm* angetan haben. Sie werden also Buße tun.–

Vorher ist Israel augenscheinlich noch nicht so weit; zuvor »hängt die Decke vor ihrem Herzen« (2. Kor 3,13ff.). Man hat den Juden oft Unrecht getan. Bei Gott hat alles seine Zeit; und es war eben zuvor noch nicht die Zeit, daß Israel diese »Decke« genommen wird.

Auch die oft harten Worte Luthers gegen die Juden hängen damit zusammen, daß er meinte: Wenn ihm das Evangelium so begegnet wäre wie in der mittelalterlichen Kirche, hätte er es auch nicht angenommen. Da aber nun der ganze Glanz des Evangeliums in Erscheinung getreten sei, müßte nun auch Israel das Evangelium annehmen.

Das aber war für Israel als Volk noch nicht möglich, denn die Stunde war noch nicht da. Für uns Christen ist es daher nötig, im Blick auf Israel, den ›älteren Bruder‹, Geduld zu haben, bis Israel dann, wenn der Druck am größten ist, zu Gott rufen wird.–

Das setzt fort, wenn es in Kapitel 13 heißt: »*Die Bürger Jerusalems werden einen offenen Quell haben gegen Sünde und Befleckung*« (13,1). Wenn sie sich so beugen und so klagen, dann gibt es für sie auch die Vergebung; dann ist die alte Schuld abgewaschen.

Das Blut Jesu Christi, dieses einzigartige Reinigungsmittel, kann auch alte, uralte, tief eingefressene Sünde abwaschen. »Das Blut Jesu ... macht uns rein von aller Sünde« (1. Joh 1,7).

Zu neuem Leben kommt Israel – wie gesagt – nur durch Buße, Reinigung und den Heiligen Geist. So steht in 12,10 a: *»Über das Haus David und über die Bürger Jerusalems will ich ausgießen den Geist der Gnade und des Gebets.«*

In Kapitel 14 wird noch einmal ausgesprochen: *»Ich werde alle Heiden sammeln zum Kampf gegen Jerusalem«* (14,2 a). Nicht nur das Land, sondern auch die Stadt (Jerusalem) ist betroffen: *»Die Stadt wird erobert... Und die Hälfte der Stadt wird gefangen weggeführt werden, aber das übrige Volk wird nicht aus der Stadt ausgerottet werden«* (14,2 bc).

Das ist wohl der Augenblick des letzten großen Hilfeschreis Israels zu Gott, des Gebetsschreis ohne Vorbehalt, von dem in 13,9 b die Rede ist. Dann wird *»der HERR ... ausziehen und kämpfen gegen diese Heiden [d. h. Völker]... Und seine Füße werden stehen zu der Zeit auf dem Ölberg, der vor Jerusalem liegt nach Osten hin. Und der Ölberg wird sich in der Mitte spalten...«* (14,3 f.). So ist auch in der Apostelgeschichte zu lesen, daß Jesus »so wiederkommen wird, wie ihr ihn habt gen Himmel fahren sehen« (Apg 1,11 b).

Dann *»werdet ihr fliehen, wie ihr vorzeiten geflohen seid vor dem Erdbeben zur Zeit Usijas«* (14,5 b), und dann wird *»der HERR ... König sein über alle Lande«* (14,9 a; vgl. Offb 17,14; 19,16).

Aber wer das Heil nicht annimmt, wird dann unter dem Gericht sein (V. 12–14). In Jerusalem wird es jedoch *»keinen Bann mehr geben«* (V. 11 b), und alles wird dort gleicherweise heilig sein (V. 20 f.). Sogar auf den *»Schellen der Rosse«* steht: *»›Heilig dem HERRN‹.«*

In den Kapiteln 12–14 des Sacharja-Buches ist zu sehen, wie Gott an Menschen arbeitet und mit ihnen doch zum Ziele kommt. Das kann durch einen schweren Druck hindurchgehen, bis sie endlich, endlich die Hilfe dort annehmen, wo sie sich ihnen bietet, bis sie sich beugen, um Vergebung bitten, bis sie sich den Dienst unseres Herrn und Heilandes gefallen lassen.

Wieviel ist auch bei uns und unserem Volk nötig, bis Gott mit uns am Ziele ist?!

Der Prophet Maleachi

1. Einleitung

Der Prophet Maleachi wirkte etwas später als Haggai und Sacharja. Sein Auftreten fällt in die Zeit zwischen 515/16 v. Chr., der Zeit, als der Tempel wieder eingeweiht worden ist (der Jerusalemer Tempel wird im Maleachi-Buch vorausgesetzt), und 458 v. Chr., dem Jahr, in dem Esra und Nehemia das Halten des Gesetzes im Volk durchsetzten. Maleachi wirkte vielleicht um das Jahr 500 v. Chr.

In der Anordnung der Bücher in unserer Bibel ist er der letzte der Propheten und steht am Schluß des Alten Testaments. In der Reihenfolge des Auftretens der Propheten war aber nicht Maleachi der letzte, denn Joel wirkte noch etwas später (vgl. die Einleitung zum Kapitel »Der Prophet Joel«).

Die genaue Zeit von Maleachis Wirken ist also nicht bekannt. Die Zeit seines Auftretens war aber auf jeden Fall eine Zeit der Angefochtenheit und einer allmählichen Gleichgültigkeit. Die Leute zur Zeit Maleachis waren verzagt und ließen darum in ihrem Verhalten auch in ethischer Hinsicht nach. Im Maleachi-Buch wird die Wurzel – die Verzagtheit als Grundschaden – bloßgelegt. Gott geht auf diese Menschen mit einer immensen Geduld ein.

Die Anfechtung jener Zeit hängt damit zusammen, daß die Menschen damals nicht zwischen dem großen Endziel und dem vorläufigen Ziel Gottes zu unterscheiden wußten.–

Wir als neutestamentliche Gemeinde sind davon unterrichtet, daß »noch nicht offenbar geworden ist, was wir sein werden« (1. Joh 3,2). Ein Teil der Verheißungen ist erfüllt – Christus ist gekommen, die Sünde ist getragen, wir sind Gottes Kinder und haben den Geist empfangen –, aber die Zeit, in der »der Tod nicht mehr sein wird, noch Leid noch Geschrei noch Schmerz mehr sein wird« (Offb 21,4), die Zeit, in der der Feind beseitigt wird, ist noch nicht gekommen. Das ist ein »Schon« und ein »Noch-nicht«.–

Weil die Juden zur Zeit Maleachis erwarteten, daß das alles auf einmal eintreffen werde, waren sie immer wieder beunruhigt und angefochten.

Nachdem die hohen Erwartungen nach der Rückkehr ins Land so nicht erfüllt wurden, stellte sich eine gewisse Entmutigung ein. Der Zweifel an Gottes Wort und seiner Zusage griff um sich. Dadurch wurde bald der Glaube aufgeweicht und – infolgedessen – der Gehorsam beeinträchtigt. Wieder kam es zu einer gewissen sozialen Ungerechtigkeit in Israel, und Ehen und Familien wurden aufgelöst. Der soziale und sittliche Verfall brachte eine Auflösung des gottesdienstlichen Lebens mit sich. Doch wieder war es so, daß Gott sein Volk nicht einfach laufenließ.

Denn in dieser Zeit trat Maleachi auf, von dem wir nicht sicher wissen, ob »Maleachi« ursprünglich sein Name oder ob das seine Amtsbezeichnung war. »Maleachi« heißt nämlich »mein Bote«. Gott hat in seiner Treue wieder einen Boten geschickt.–

Wie es in der langen Geschichte des Volkes Israels immer wieder war, so macht es Gott auch immer wieder in unserer persönlichen Lebensgeschichte. Gerade Christen, die älter sind, stehen ja in der Gefahr, allmählich schläfrig zu werden und im Eifer nachzulassen. Sie haben sich wohl einmal viel vorgenommen, waren einst sehr entschieden und haben treu gebetet. Aber dann geschah – ihrer Meinung nach – nicht sehr viel, und so wurden sie auch in der Heiligung des Wesens und Lebens gleichgültiger und nachlässiger.

Wegen dieser Gefahr, die von Zeit zu Zeit auftaucht, muß Gott uns einen Ansporn geben, daß wir immer wieder neu seinem Wort begegnen. So schenkt er uns dann und wann neue Boten, die uns die Wahrheit neu oder so sagen, daß wir sie neu hören, obgleich es im Grunde genommen immer wieder dasselbe ist. So hält Gott in seiner Treue die Wacht über unserem Glauben, auf daß wir nicht ermüden, sondern durchhalten.–

Das Maleachi-Buch umfaßt im Ganzen sieben Worte des Propheten. Lebensvoll und praktisch geht Maleachi in sieben Gesprächen auf Fragen der Leute ein, die diese in ihrer Glaubensanfechtung oder in ihrem Widerspruch gestellt haben. Maleachi spricht sehr nüchtern und beantwortet die Fragen der Menschen klar von Gottes Wort her. So ist das Maleachi-Buch ein sehr praktisches Buch.

Die Fragen, auf die Maleachi eingeht, betreffen durchgehend Probleme, die wir als Christen in der Welt in unseren Anfechtungen auch oft haben.

2. Zum Aufbau des Buches

Das Maleachi-Buch ist nach den sieben Fragen untergliedert, auf die der Prophet antwortet:

1. Woran merken wir, daß Gott uns liebhat? (1,2–5)

2. Wodurch verachten wir Gottes Namen? (1,6–14)
3. Warum sind wir (die Priester) so unwert vor den Menschen? (2,1–9)
4. Warum hört Gott unsere Gebete nicht? (2,10–16)
5. Ist es denn Gott gleichgültig, was die Menschen tun? (2,17–3,5)
6. Inwiefern sollen sich die Menschen bekehren? (3,6–12)
7. Was nützt es, daß wir Gottes Gebote halten und in Buße einhergehen? (3,13–24)

3. Zum Einzelnen

3.1 Woran merken wir, daß Gott uns liebhat? (1,2–5)

Als Erstes geht Maleachi auf die anfechtungsvolle Frage ein: ›Ihr sagt immer, daß Gott die Liebe sei.‹ (Das ist also schon im Alten Testament gesagt, etwa im zweiten Teil des Jesaja-Buches.) ›Unser Leben sieht ja gerade nicht danach aus, als ob Gott die Liebe sei!‹ sagen die Leute weithin.

Diese Armutei, diese Anfechtung umdrängt die Menschen auch von seiten ihrer Feinde. Daher sagen sie: ›Es sieht nicht gerade so aus, als ob Gott uns liebt. Woran sollen wir denn erkennen, daß dem so ist?‹

Darauf antwortet Maleachi im ersten Teil seines Buches. Woran ist denn Gottes Liebe zu erkennen? Maleachi entgegnet, diese sei daran zu erkennen, daß Gott Israel ›ohn Verdienst und Würdigkeit‹ erwählt hat – zu seinem Eigentumsvolk, zu seinem Werkzeug, durch das er etwas Besonderes tut. Er hat sie erwählt zu *dem* Volk, in dessen Mitte er wohnt und mit dem er so unmittelbar seine Geschichte macht.

Solches tut Gott – zumindest vorläufig – mit anderen Völkern nicht, etwa mit den von Maleachi genannten Edomitern, den Nachfahren Esaus (V. 4). Luther übersetzt etwas hart: »*...und doch hab ich Jakob lieb und hasse Esau...*« In den Grundsprachen der Bibel (hebräisch und griechisch) hat das Wort »hassen« nicht den Sinn der Anfeindung, sondern jemanden zu hassen meint hier, ihn zu übergehen. So müßte man übersetzen: »...und doch hab ich Jakob lieb und Esau übergangen...« Gott hat die Edomiter übergangen. Es ist seine Freiheit, nach demjenigen zu greifen, nach dem er will.

Dazu sagten die Väter – etwa Philipp Matthäus Hahn – zu Recht, Gnadenwahl sei Reihenfolge. Zuerst kam Israel an die Reihe, dann die anderen Völker (bzw. Menschen aus den anderen Völkern). Aber der HERR hat *Israel* erwählt, und in der Mitte dieses Volkes steht der Tempel; hier will der HERR wohnen und Israel als Werkzeug seiner Heilsgeschichte benützen.

Das ist zwar für Israel keine einfache Sache (denn Gott nimmt es mit seinen Leuten sehr genau); und doch bedeutet das etwas für dieses Volk: ›Ihr seid Geliebte Gottes!‹ Seit Abraham und seit dem Bundesschluß auf dem Sinai sind die Israeliten erwählte Leute.

Im Neuen Testament wird diese Frage im Blick auf die neutestamentliche Gemeinde etwas anders beantwortet. ›Woher wissen wir, daß Gott uns liebt, daß er für uns ist?‹ wird Paulus gefragt (Röm 8). Er antwortet: Gott »hat auch seinen eigenen Sohn nicht verschont, sondern hat ihn für uns alle dahingegeben – wie sollte er uns mit ihm nicht alles schenken?« (Röm 8,32). Am Kreuz seines Sohnes können wir erkennen, wie lieb Gott uns hat und wieviel wir ihm wert sind.

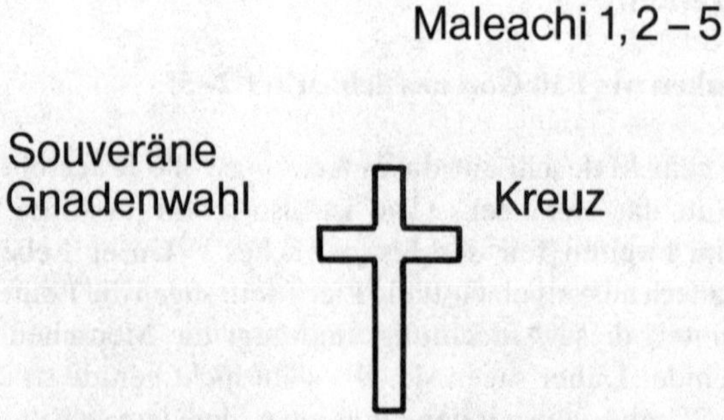

Abb. 245: Wo ist Gottes Liebe zu erkennen?

Selbst wenn unsere Schicksale noch so rätselhaft sind, so wissen wir doch, daß Gott uns liebhat, ja daß er auch den negativen Dingen in unserem Leben ein positives Vorzeichen geben kann. Alles muß ihm und darum uns dienen! »Wir wissen aber, daß denen, die Gott lieben, alle Dinge zum Besten dienen…« (Röm 8,28a). Denjenigen, die mit Gott mitgehen, die sich von ihm mitnehmen lassen und seine Liebe beantworten, muß also alles dienlich sein.–

Die erste Frage, die Maleachi beantwortet, ist also die Frage, wo Gottes Liebe denn zu erkennen ist.

3.2 Wodurch verachten wir Gottes Namen? (1,6–14)

Die Leute haben zu Maleachi wohl gesagt: ›Ach, Maleachi, du predigst immer nur Buße. Warum ist das denn alles so ernst und wird so vorwurfsvoll gesagt!? Warum sollen wir uns denn ändern? Wir sind doch ganz passable Leute!‹

Maleachi hält dem entgegen: ›Schaut einmal an, was ihr Gott zum Opfer bringt!‹ (V. 7). Er spricht von damals alltäglichen Dingen: von den Opfertieren, die die Menschen in den Tempel brachten. Die Menschen sagten sich offenbar: ›Ja, ja, man soll im Tempel ein Lamm opfern. Aber das muß doch nicht gerade das beste Tier sein; irgendein todkrankes Stück Vieh ist gut genug.‹ Oder wenn man Farren opfern mußte, so nahm man vielleicht einen, der links hinten lahmte, und man meinte, daß solch ein Tier für das Opfer genüge.

Der Prophet sagt dann: *»Bring es doch deinem Fürsten! Meinst du, daß du ihm gefallen werdest oder daß er dich gnädig ansehen werde?«* (V. 8b). Würde sich ein *»Fürst«* nicht verachtet fühlen, wenn man sich ihm gegenüber so verhalten würde? Dem großen Gott gegenüber aber nahmen sich die Menschen das heraus.

Bei uns heute sind es vielleicht andere Dinge. Wir singen etwa ein Lied zu Gottes Lob. Wo sind dabei unsere Gedanken? Wo ist unser Herz? Ist es vielleicht ganz woanders? Ist denn Gott etwas Nebensächliches? Oder man will morgens eine Zeit der Stille – des Bibellesens und Gebets – machen. Aber wohin wandern indessen die Gedanken? Woran denken wir in unserer Zeit des persönlichen Bibellesens und der Fürbitte tatsächlich? Was kommt bei uns auf den »Altar«? Ist Gott für uns nebensächlich – auch im Blick auf unsere Zeiteinteilung, unser Geld? Wofür haben wir Zeit und wofür nicht?

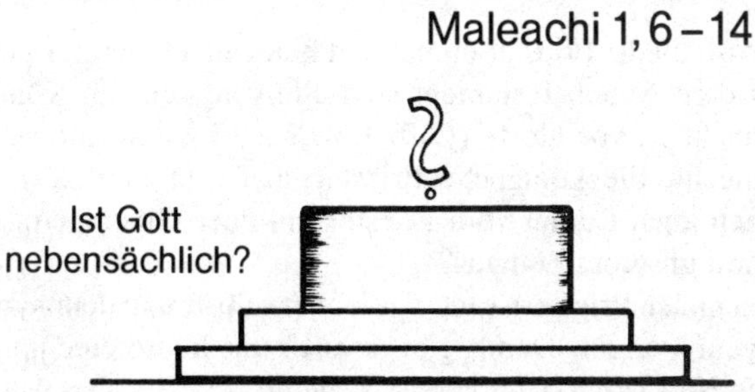

Abb. 246: Was kommt bei uns auf den »Altar«?

3.3 Warum sind wir (die Priester) so unwert vor den Menschen? (2,1–9)

Die Priester fragen den Propheten Maleachi: ›Warum sind wir so unwert vor den Leuten?‹ (vgl. V. 9). Das Volk hört nicht auf sie. ›Müßte Gott uns nicht eine ganz andere Autorität geben?‹ fragen sie. ›Wir sollen den Leuten doch Gottes Wort ausrichten und nicht nur ihre Opfer darbringen und für sie beten!‹

Was antwortet Maleachi darauf im Auftrag Gottes? Ja, das ist wahr, *»des Priesters Lippen sollen die Lehre bewahren, daß man aus seinem Munde Weisung suche...«* (V. 7a). Der Priester ist also Gott zugewandt (er hört auf

Gott) und hört, was Gott ihm sagt. Er hat gewissermaßen sein Ohr am Mund Gottes. Dann ist der Priester aber auch den Menschen zugewandt und sagt ihnen das, was er gehört hat.

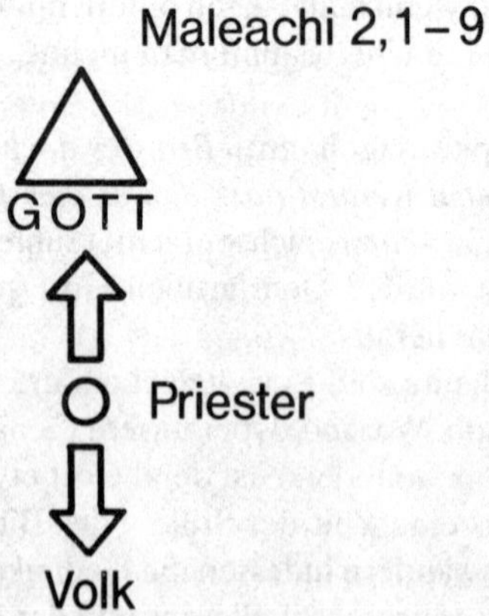

Abb. 247: Rechte Priester sagen, was sie von Gott hören

Aber das Wort an die Priester damals gilt heute nicht nur im Blick auf die Pfarrer. Nach dem Neuen Testament sind alle Christen »zu Königen und Priestern gemacht ... vor Gott« (Offb 1,6). Wir Christen sind »das auserwählte Geschlecht, die königliche Priesterschaft« (1. Petr 2,9). Wie die Bibel, so sprach auch Luther vom Priestertum aller Gläubigen. Aber wie steht es denn mit unserem Zeugnis?–

Was Maleachi den Priestern sagt, das lebt er selbst, und demgemäß weist er seine Zeitgenossen an. Damit gibt er auch uns heute eine Anweisung, denn er ist *»ein Bote [Engel] des Herrn Zebaoth«* (V. 7b). Das Wort *»Bote«* bzw. »Engel« kann sowohl im Hebräischen wie auch im Griechischen einen himmlischen wie auch einen menschlichen Boten meinen. Auf jeden Fall ist die Aufgabe eines solchen *»Boten«* ein hohes, wundervolles Amt, das aber auch eine große Verantwortung mit sich bringt.

An diese Verantwortung denkt Maleachi, wenn er zu den Priestern sagt: *»Ihr aber seid von dem Wege abgewichen und habt viele zu Fall gebracht durch falsche Weisung«* (V. 8a). Die Priester reden den Leuten nach dem Mund. Vorübergehend sind die Menschen dann befriedigt und freuen sich.

Ein modernes, liberales, tolerantes Wort beruhigt die Welt zunächst, doch schon bald sagen die Menschen: ›Was jener sagt, das wissen wir doch schon, das können wir uns selbst sagen!‹ Dann fragen sie erst recht nicht nach diesem Zeugen.

Gott verspricht zwar: »Es [das Wort] wird nicht wieder leer zu mir zurückkommen, sondern wird tun, was mir gefällt, und ihm wird gelingen, wozu ich es sende« (Jes 55,11 b). Wo die Zeugen und Verkündiger Gottes Wort sagen, finden sie auch Ohren. Aber wenn das ein vermischtes, verwässertes, beschnittenes, ein ›unschädlich gemachtes‹ Wort ist, ein Wort, das steril gemacht und angepaßt worden ist, dann hat es keine Vollmacht mehr. Die *Boten* haben dann keine Vollmacht mehr!–

Das ist eine Botschaft, die auch uns Christen dazu ermahnt, darauf zu achten, daß unser Wort zum einen lieblich ist: »Eure Rede sei allezeit freundlich« (Kol 4,6). Man kann Liebe nicht mit Ingrimm predigen! Ja, »eure Rede sei allezeit freundlich *und* mit Salz gewürzt«! Unser Wort darf andrerseits ruhig auch ›beißen‹ – in seiner ganzen scharfen Wahrheit. Es ist die Kunst des Zeugen, beides zu vereinen. Dazu bedarf es der Leitung durch Gottes Geist.

3.4 Warum hört Gott unsere Gebete nicht? (2,10–16)

Diese vierte Frage ist wiederum zugleich ganz modern: ›Warum werden denn unsere Gebete nicht erhört?‹ Die Leute sagen: ›Es ist doch ein Elend mit dem Volk Gottes heute! So schwach ist dieses Volk, das nun wieder in Jerusalem versammelt ist!‹ Gerade die älteren Menschen leiden besonders darunter, da sie andere Zeiten gesehen hatten. Das ist solch eine bescheidene, dürftige Angelegenheit!

Sie klagen darüber, daß ihre Gebete nicht erhört werden – speziell die Gebete um eine geistliche Erneuerung, um eine Besserung des Zustandes ihres Volkes. Sie denken wahrscheinlich eher an eine Förderung der äußeren Verhältnisse. Das müßte doch anders werden! *»Ihr bedeckt den Altar des HERRN mit Tränen und Weinen und Seufzen«*, sagt Maleachi (V. 13 a).

Das ist ein wunderbarer Ausdruck dafür, wie ernsthaft diese Menschen gebetet haben, wie sie sich an *die* Stätte gehalten haben, an der Gott gegenwärtig zu sein verheißen hat. Sie *»bedecken den Altar des HERRN mit Tränen«* – warum aber tut Gott nichts?!

Nun deckt Maleachi als Bote Gottes den ganzen Schaden auf. Dieser geht bis dahin, daß offenkundig selbst Leute, die »den Altar mit Tränen bedeckten«, so weit gingen, daß sie ihre israelitischen Ehefrauen (sie sind mit *»Weib deiner Jugend«* gemeint), die ihnen Kinder geboren hatten, hintansetzten und dafür *»eines fremden Gottes Tochter«* (V. 11 a) zur Frau nahmen.

Sie traten also zu Frauen in Beziehung, die aus den benachbarten Völkern stammten und die vielleicht jung und attraktiv waren, zu Heidinnen, die es nicht so genau nahmen.

Und unter diesen Umständen – so meinten diese Männer – könne man am Altar erscheinen und schön beten; Gott müsse sie eilends erhören und die Verhältnisse bessern. Die Angelegenheit mit den heidnischen Frauen sei so etwas wie eine Privatsache. Vielleicht waren sie der Ansicht, daß jeder Mensch irgendwo eine ›menschliche‹ Schwäche habe; das mache ihn sowieso viel liebenswerter.

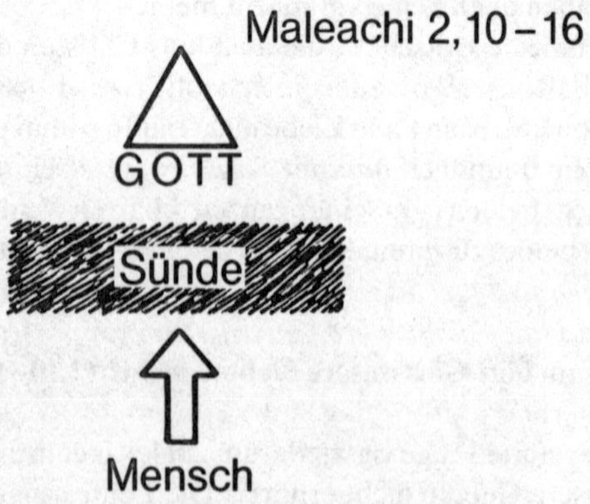

Abb. 248: Sünde hindert die Erhörlichkeit der Gebete

Nein, vor Gott ist das anders. Die ›neue Moral‹ hindert die Gebete – auch wenn sich die ›Schwäche‹ nur in Gedanken und Träumereien zeigt. *»Er mag das Opfer nicht mehr ansehen noch etwas Angenehmes von euren Händen empfangen«* (V. 13b).–

Es zeigt sich in unseren Tagen die Not vieler Menschen, die durch die sexuelle Freizügigkeit in Werbung und Fernsehen angefochten sind. In der Seelsorge kommt zum Ausdruck, daß Christen dadurch belastet werden und nur schwer hindurchfinden. Freilich empören sich Nichtchristen nicht unbedingt über dergleichen. Aber wir Christen sollten nach der Regel handeln und in der Weise bitten, wie Michael Hahn sagte: »Sollt' mir etwas schädlich sein, das laß nicht in mich hinein!« Wir Christen wollen uns den Maßstäben der Welt nicht anpassen und diese nicht übernehmen.

Es ist ja *das* Wunder, daß der Herr Jesus Christus mit seinem Opfer die ganze Schuld abgetragen hat. »Eure Verschuldungen scheiden euch von eurem Gott« (Jes 59,2), aber er hat sie auf sich genommen und abgetragen. Man kann vor Gott erscheinen. Aber wenn man im Ungetrübten mit Gott ist, dann muß es auch nach dem Wort gehen: »Er aber, der Gott des Friedens, heilige euch durch und durch und bewahre euren Geist samt Seele und Leib unversehrt, untadelig für die Ankunft unseres Herrn Jesus Christus« (1. Thess 5,23).

3.5 Ist es denn Gott gleichgültig, was die Menschen tun? (2,17–3,5)

Die fünfte Frage fragt danach, ob es Gott gleichgültig sei, was wir tun. Man könnte ja meinen, daß Gott das böse Wesen gefallen würde (2,17b), vor allem dann, wenn man sieht, wie den anderen – den Ungläubigen – alles, was sie tun, gelingt. Diese Frage geht in die Richtung: ›Wann kommt endlich der HERR?‹ Dabei hat man speziell an *den* HERRN gedacht, der richten wird. Wann kommt Gott zum Gericht? »*›Wo ist der Gott, der da straft?‹*« haben sie gefragt (2,17c).

Maleachi antwortet, daß Gott freilich kommen werde, sogar schon binnen kurzem: »*Bald wird kommen zu seinem Tempel der Herr, den ihr sucht*« (3,1b).

Aber Gott wird kommen, um *sein* Volk zu richten! »*Er wird sitzen und schmelzen und das Silber reinigen, er wird die Söhne Levi reinigen und läutern wie Gold und Silber*« (3,3a). Die Frommen, die Elite, den innersten Kreis wird Gott richten. Der Stamm Levi war ja der gottesdienstliche Stamm und innerhalb dessen die Sippe Aaron die speziell priesterliche Familie. Dort beginnt das Gericht!

Dann zählt der Prophet all das auf, was Gegenstand des Gerichts sein wird: »*Ich will zu euch kommen zum Gericht und will ein schneller Zeuge sein gegen die Zauberer, Ehebrecher, Meineidigen und gegen die, die Gewalt und Unrecht tun den Tagelöhnern, Witwen und Waisen und die den Fremdling drücken und mich nicht fürchten, spricht der HERR Zebaoth*« (3,5).

Ja, Gott kommt schon als Richter – aber *zuerst* zu seinem Volk, ehe er zu den anderen kommt! Das steht auch im Neuen Testament: »Die Zeit ist da, daß das Gericht anfängt *an dem Hause Gottes*« (1. Petr 4,17a).

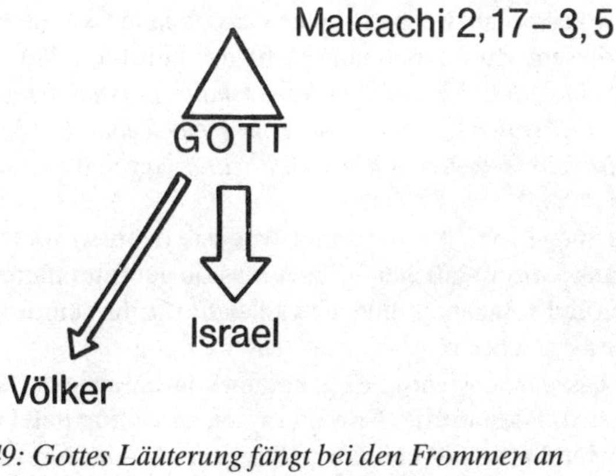

Abb. 249: Gottes Läuterung fängt bei den Frommen an

Zugleich sagt Maleachi, daß Gott zuerst sein Volk richten werde, um es zu *läutern* (3,3). Gott kommt nicht, um *hin*zurichten, sondern um *her*zurichten! Denn »wen der HERR liebt, den weist er zurecht«, ja »den züchtigt er« (Spr 3,11f.; Hebr 12,6a).

Das veranschaulicht Abbildung 249 so: Der stark gezeichnete Pfeil weist unmittelbar auf Israel; Gottes Weg zu den Völkern ist länger (schmaler Pfeil). Das gilt nicht nur hinsichtlich Gottes Gnade und Erwählung, sondern auch bezüglich seines Gerichts und seiner Züchtigung. Bei den Frommen fängt Gott zuerst an, sie zu läutern.

3.6 Inwiefern sollen sich die Menschen bekehren? (3,6–12)

Als Sechstes spricht Maleachi davon, daß sich die Juden bekehren, daß sie umkehren müßten. Ja, inwiefern, *»›worin sollen wir uns bekehren?‹«* (V. 7c). Sie meinen, daß mit ihrem Leben doch alles stimme.

Wieder geht Maleachis Antwort auf etwas ganz Praktisches hinaus: auf den *»Zehnten«* (V. 8). Gott sagt zu denen, die mit ihm so unzufrieden sind, daß er sich treu bleiben werde: *»Ich, der HERR, wandle mich nicht...«* (V. 6a). Und das Volk bleibt sich auch treu – seit *»Jakob«* –, nämlich insofern, daß es untreu und betrügerisch ist und bleibt: *»...aber ihr habt nicht aufgehört, Jakobs Söhne zu sein«* (V. 6b). Das einzig Beständige an diesem Volk ist, daß es unbeständig ist.

Diese Bosheit und betrügerische Art kam unter anderem dabei heraus, wie die Leute ihren *»Zehnten«* gaben. In Israel war vorgesehen, daß für den Tempeldienst (und auch für die Unterstützung armer Menschen im Volk) der zehnte Teil des Einkommens gegeben wurde. Dabei hat man – wie es heutzutage manche Menschen beim Finanzamt zu machen versuchen – auch immer irgendwo etwas abzwacken wollen – als ob man Gott betrügen könnte.

In diesem Zusammenhang steht das berühmte Wort: *»Bringt aber die Zehnten in voller Höhe in mein Vorratshaus, auf daß in meinem Hause Speise sei, und prüft mich hiermit, spricht der HERR Zebaoth, ob ich euch dann nicht des Himmels Fenster auftun werde und Segen herabschütten die Fülle«* (V. 10).

Wir mögen vielleicht fragen: War das denn so wichtig, daß die Leute damals von ihrem bißchen Weizen, das sie geerntet hatten, ganz genau den zehnten Teil weggaben, den sie vielleicht für ihre kinderreiche Familien so dringend brauchten?

Ja, das war so wichtig. Es geht dabei darum, wie der *»Zehnte«* damals in Israel verstanden wurde: Er war ein Zeichen dafür, daß Israel alles von Gott empfangen hatte und daß Gott alles gehörte – bis hin zum eigenen Leben.

Das brachte Israel damit zum Ausdruck, daß es wenigstens etwas davon Gott darbrachte, und zwar das Beste. Das sollte anzeigen, daß die Leute ihm ihr Leben ganz hingaben. Früher oder später zeigte es sich, daß Gott eine solche Haltung mit neuem Segen beantwortete (V. 10b).–

Deshalb ist es auch wichtig und eine große Sache, wenn Jugendliche den zehnten Teil von ihrem Taschengeld oder ihrem Lehrlingsgehalt geben. Das hat vor Gott großes Gewicht, weil es ein praktisches, sichtbares, leibhaftiges Zeichen dafür ist, daß jemand sein Leben Gott hingibt.

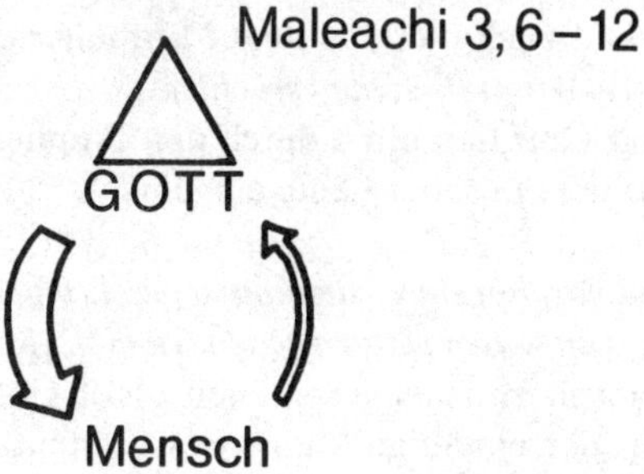

Abb. 250: Gott beantwortet gelebte Hingabe mit neuer Segnung

Gott beantwortet gelebte Hingabe mit neuer Segnung (vgl. Abb. 250). Der Mensch gibt *etwas* (das zeigt der schmale Pfeil) – Gott dagegen gibt daraufhin *die Fülle* (das zeigt der dicke Pfeil).

3.7 Was nützt es, daß wir Gottes Gebote halten und in Buße einhergehen? (3,13–24)

Dieser Abschnitt ist der ausführlichste und zugleich bekannteste des Maleachi-Buches, weil er die meisten Worte enthält, die im Neuen Testament zitiert werden.

Was ist hier die Frage, die Maleachi zu beantworten hat? Die Leute sagen: *»›Es ist umsonst, daß man Gott dient; und was nützt es, daß wir sein Gebot halten und in Buße einhergehen vor dem HERRN Zebaoth? Darum preisen wir die Verächter; denn die Gottlosen gedeihen, und die Gott versuchen, bleiben bewahrt‹«* (V. 14f.).

Das ist eine seltsame Seligpreisung der *»Gottlosen«*! Warum werden denn hier *»die Verächter«*, *»die Gottlosen«* seliggepriesen? Ihnen gelingt alles. Wer es am besten versteht, seine Ellenbogen einzusetzen, wer am geschicktesten betrügt, wer am klügsten lügt usw., kommt am besten voran. So machen die

Leute Gott den Vorwurf, er würde keinen Unterschied zwischen Frommen und Gottlosen machen, ja er würde gar die Liederlichkeit bevorzugen. (Heutzutage lobt man einen Menschen beinahe, der in einem solchermaßen beleidigenden Stil dieser Leute gegen Gott redet.)

Die Frage, den Vorwurf dieser Leute nimmt Maleachi ganz nüchtern auf. Er stellt zunächst einfach fest, daß das eine harte Rede gegen Gott ist (V. 13 a); und weist das dann zurecht.

Weil Gott weiß, daß der Vorwurf der Menschen aus einer großen Anfechtung herrührt, beantwortet er in seiner Liebe, in seinem Erbarmen und in seiner Geduld auch diese so ungut formulierte Frage, die in diesem Ausspruch liegt: *»Wir preisen die Verächter…«*

Was sagt Gott daraufhin durch den Propheten Maleachi im einzelnen, wenn er auf die Frage der Leute eingeht?

a) *»Es wird vor ihm ein Gedenkbuch geschrieben für die, welche den HERRN fürchten und an seinen Namen gedenken«* (V. 16 b). So menschengestaltig, so anthropomorph wird hier gesprochen, als ob Gott ein Notizbuch nötig hätte! Aber damit der einfältige Mensch es versteht, sagt Maleachi: Gott führt Buch, und kein Posten wird hier übersehen, weder das Böse noch das Gute. *»Es wird vor ihm ein Gedenkbuch geschrieben«* – in dem das Schlechte steht, aber auch das Gute, das, worin sich jemand vielleicht überwindet, indem er etwas so gibt, daß die »linke Hand nicht weiß, was die rechte tut« (Mt 6,3).

Zum Beispiel geht jemand in seinem Betrieb einen geraden Weg und man lobt ihn nicht, obwohl er das Beste leistet. Die anderen, die etwas vorweisen, kommen vorwärts.

Abb. 251: Alles wird festgehalten, Böses und Gutes

»Es wird vor ihm ein Gedenkbuch geschrieben...« Menschen mögen das nicht beachten – Gott aber beachtet's. Daher heißt es in den Sendschreiben der Offenbarung des Johannes immer wieder: »Ich kenne deine Werke...« (Offb 2,2.19; 3,1.8.15). Gott kennt das Negative, aber auch das unbeachtete Positive.

b) *»Ich will mich ihrer erbarmen, wie ein Mann sich seines Sohnes erbarmt, der ihm dient«* (V. 17b). Wenn ein Vater zu seinem Kind, eine Mutter zu ihrer Tochter hinzukommen und sehen, wie diese sich ehrlich abmühen, greift ihnen das ans Herz, und sie greifen ein und helfen.

Das wird dieser angefochtenen Schar gesagt; so freundlich redet Gott auch mit Leuten, die ihre Fragen auf eine im Grunde genommen beleidigende Weise an ihn richten. In solcher Langmut geht Gott darauf ein.

c) *»Ihr werdet am Ende doch sehen, was für ein Unterschied ist zwischen dem Gerechten und dem Gottlosen, zwischen dem, der Gott dient, und dem, der ihm nicht dient«* (V. 18). Das ist es, was vor allem betont und hervorgehoben wird: Es wird nicht immer so weitergehen. Der *»Gottlose«* täuscht sich also, wenn er meint, ihm würde es immerzu so gut wie dem *»Gerechten«*, ja besser als diesem gehen. Zunächst allerdings fühlt er sich in seinem Denken und Tun bestätigt.

In einem Gleichnis erzählt Jesus von einem Feigenbaum, der drei Jahre lang nur Blätter hatte, aber keine Frucht, und um den gegraben wird, damit er vielleicht doch noch Feigen trage (Lk 13,6–9). Wenn dieser Feigenbaum hätte denken und reden können, dann hätte er vielleicht einen anderen Feigenbaum, der in seiner Nähe stand, ausgelacht, jenen Baum, der jedes Jahr voll von Feigen hängt, und gesagt: ›Du bist vielleicht dumm! Um wen herum wird denn gegraben? Wer bekommt besonders viel Dünger? Das bist nicht du, sondern das bin ich. Also werde ja *ich* bestätigt!‹ Dabei erkennt er nicht, daß das nur eine letzte Chance ist und daß ihm die Axt schon an die Wurzel gelegt ist. »Vielleicht bringt er doch noch Frucht; wenn aber nicht, so hau ihn ab« (Lk 13,9).

Es geht nicht ewig so weiter. *»Ihr werdet am Ende doch sehen, was für ein Unterschied ist...«* Noch meint man, es sei kein Unterschied zwischen demjenigen, der Gott fürchtet, und demjenigen, der ihn nicht fürchtet, zwischen dem, der Gott dient, und dem, der ihm nicht dient.

Dann werden bei Maleachi zwei Bilder gebraucht, von denen sich das eine auf die Gottlosen bezieht: *»Denn siehe, es kommt ein Tag, der brennen soll wie ein Ofen. Da werden alle Verächter und Gottlosen Stroh sein, und der kommende Tag wird sie anzünden, spricht der HERR Zebaoth, und er wird ihnen weder Wurzel noch Zweig lassen«* (V. 19). Das ist ein schreckliches Bild!

Dieses Bild wird auch im Neuen Testament verwendet, etwa dort, wo Jesus sagt: »In das ewige Feuer, das bereitet ist dem Teufel und seinen Engeln«, kommen diejenigen, die ihm widerstrebten, die nicht nach ihm fragten (Mt 25,41). In der Offenbarung des Johannes ist es ein Meer von Feuer (vgl. Offb 8,8; 15,2).

Im Blick auf diejenigen, *»die ihr meinen Namen fürchtet«* (V. 20a), wird das andere Bild gebraucht: das Bild von der aufgestoßenen Tür, die gewissermaßen aus einem dunklen, muffigen Stall hinaus auf satte, grüne Wiesen führt, wo die Sonne vom wolkenlosen Himmel strahlt. *»Euch aber, die ihr meinen Namen fürchtet, soll aufgehen die Sonne der Gerechtigkeit und Heil unter ihren Flügeln. Und ihr sollt herausgehen und springen wie die Mastkälber«* (V. 20). Bei diesem Wort sieht man förmlich, wie Tiere aus einem Stall hinauslaufen und vor Übermut herumtollen.

Abb. 252: Zweierlei Ausgang

Diese Sätze des Maleachi zeigen also, daß es zweierlei Ausgang geben wird. Denn es ist ein großer Unterschied, ob der Weg in den Feuerofen (Abb. 252, links) oder durch eine offene Tür hinaus ins Freie führt (Abb. 252, rechts). *»Ihr werdet am Ende doch sehen, was für ein Unterschied ist zwischen dem Gerechten und dem Gottlosen, zwischen dem, der Gott dient, und dem, der ihm nicht dient.«*

Abschließend wendet sich Maleachi – er bleibt bei demselben Bild – noch der Frage zu, daß es für die Leute nicht genügt, sich auf den Tag zu freuen, an dem für sie die Türe aufgehen wird, und bis dahin zu meinen, es sei gleichgültig, was sie täten; sie könnten tun, was sie wollen.

Es geht nun um den Gehorsam, um *»das Gesetz meines Knechtes Mose«* (V. 22a). Weil Israel Mose nicht nur am Anfang brauchte, sondern immer wieder zurechtgebracht wurde, so daß Israel wieder zu Israel wurde, darum wird hier auch der andere Knecht Gottes genannt, der Israel wieder zu Israel machen sollte: Elia. *»Siehe, ich will euch senden den Propheten Elia, ehe der große und schreckliche Tag des HERRN kommt«* (V. 23; zu Mose und Elia vgl. die Verklärungsgeschichte Jesu, Mt 17).

Dieser doppelte Dienst – den des Mose am Anfang und den Elias auf dem Weg, wenn man wieder nachgelassen hat und träge geworden ist – wird also wieder getan. Diesen Dienst muß man sich tun lassen, damit man durchhält, bis die Türe aufgeht und man für den Herrn bereit ist. Man soll nicht noch nachlässig werden, nachdem man schon einmal eine Zeitlang auf dem Weg war.

Alles soll nach dem Willen Gottes ausgerichtet werden, auch im Verhältnis der Generationen: *»Der soll das Herz der Väter bekehren zu den Söhnen und das Herz der Söhne zu ihren Vätern, auf daß ich nicht komme und das Erdreich mit dem Bann schlage«* (V. 24).

Der treue Gott hat auch in jener Zeit einen treuen Mann gesandt, der Frage um Frage ›aufarbeitete‹, Anfechtung um Anfechtung unter die Lupe nahm und sie geistlich ausräumte. Maleachi nahm einen Lebensbereich nach dem anderen mit den Menschen durch, so daß ihr Leben ganz in Ordnung kam und sie für den *»großen und schrecklichen Tag des HERRN«* wirklich bereit waren. Auf diese Weise hat Gott sein Volk aus der Verirrung und Verwirrung wieder auf seinen guten, von ihm in seinen Geboten vorgezeichneten Weg herausgeführt.

Das will er auch an uns, seiner neutestamentlichen Gemeinde, tun und uns so auf seinen großen Tag vorbereiten.

Wie sollen wir die Bibel persönlich lesen?

Du Wort des Vaters, rede du
und stille meine Sinnen;
sag an, ich höre willig zu,
ja lehre frei von innen;
so schweigt Vernunft mit ihrem Tand,
und du bekommst die Oberhand
nach deinem Recht und Willen.
Dir räum ich all mein Innres ein;
das wollest du, ja du allein
mit deinem Geist erfüllen.

Johann Albrecht Bengel (1687–1752)

Das rechte Hören des Wortes Gottes

Ich habe im Alter von etwa 18 Jahren in meinem Leben erkannt, daß es so nicht weitergehen konnte wie vorher, daß ich nämlich die sonntäglichen Gottesdienste mehr oder weniger »absaß«.

Es war damals so, daß unser Pfarrer, ein alter Mann, sehr langsam redete. Ich hatte eine rege Phantasie und eilte mit meinen Gedanken immer wieder rasch weiter, während ich diesem Pfarrer zuhörte. So konnte ich freilich nur wenig von dem, was er sagte, recht aufnehmen. Eines Sonntags predigte dieser Pfarrer über das Wort: »Wo zwei oder drei versammelt sind in meinem Namen, da bin ich mitten unter euch« (Mt 18,20). Bei dieser Predigt ist mir zum Bewußtsein gekommen, daß ich viel froher davon ausgehen müßte, daß der Herr selber gegenwärtig ist. Wenn wir *über* ihn reden, redet der Gegenwärtige bereits *mit* uns.

Daraufhin wurde die sonntägliche Predigt für mich auf einmal spannend. Denn von da an wollte ich nur das hören, was ER mir heute in diesem Gottesdienst sagt. Es ging mir von nun an um das, was ER mir jetzt in meine Fragen hinein sagt, in die Fragen, die ich gerade habe oder auch diejenigen, die ich vielleicht noch gar nicht sehe. Ich wollte vernehmen, was ich in dieser meiner Situation an Wegweisung von Gott erhalte.

Als ich das mehr und mehr einübte, in der Zwiesprache mit meinem Herrn auf IHN zu hören, war die Langeweile verschwunden, auch das Abschweifen meiner Gedanken. Nebenbei habe ich dann gemerkt, daß das langsame Reden des Pfarrers eine sehr gefüllte Sprache war und daß dabei ungemein viel gesagt wurde. Jener Pfarrer war ein Mann, der nach der Regel handelte: »Rede wenig, sage viel.« Aus seinen Gottesdiensten hat man etwas mitnehmen können.

Damit will ich sagen: Beim Hören von Schriftauslegung geht es darum, daß wir als Zuhörer über diejenigen, die jetzt gerade reden, hinaufsehen und mit unserem Herrn sprechen: ›Herr, was willst du mir jetzt und heute sagen?‹ Wenn wir so in der Zwiesprache mit Ihm hören, dann wird auf einmal solch ein gemeinsames Hören hochinteressant – sei es im Gottesdienst, in der Gemeinschaftsstunde, im Jugend- oder Hauskreis oder in einer anderen christlichen Versammlung. Wir bekommen dann in der Tat eine Wegleitung.

Das rechte Lesen des Wortes Gottes

Es gibt solche Christen, die mit Gott im Gebet umgehen, ihrem Herrn gehorsam sein wollen und auch unter das Wort Gottes kommen – und dennoch persönlich nicht (bzw. so gut wie nicht) die Bibel lesen. Das bewirkt, daß sie doch nicht so geistlich reife, biblisch gegründete und urteilsfähige Leute sind.

Dann gibt es aber auch nicht wenige solcher Christen, die immer wieder einen Anlauf nehmen, die Bibel zu lesen. Das ist jedesmal eine Sache der Ausdauer, wenn man die Bibel so zu lesen versucht. Dazu wird zum Beispiel ein Bibelleseplan herangezogen, und man liest, was dieser Plan für den jeweiligen Tag als Bibellese vorsieht. Aber Christen, die die Bibel so lesen, führen das oftmals eher als eine Art Pflichtübung aus, ohne daß sie sehr viel dadurch gewinnen, ja ohne daß sie die Stimme ihres Herrn persönlich vernehmen und ihm mit ihrem Gebet persönlich antworten. Immerhin lernt man auf diese Weise ganz gut die Bibel kennen.

Es werden ja Bibelleseplâne und Bibelausgaben angeboten, die aufzeigen, wie man innerhalb einer bestimmten Zeit die gesamte Bibel durchlesen kann (zumindest das ganze Neue Testament und wesentliche Teile des Alten Testaments). Es ist anzuraten, einmal innerhalb solch einer Frist (bei den Bibelleseplâne sind es z.B. vier Jahre) die Beständigkeit und Ausdauer beim Bibellesen durchzuhalten.

Aber unser Bibellesen soll ja mehr sein als nur das, daß wir die Bibel kennenlernen, daß wir biblisches Wissen gewinnen. Wenn der lebendige Gott durch sein Wort mit uns reden will, dann sollte uns aufgehen, was er uns sagt, und dann sollten wir darüber auch zu einer Zwiesprache mit ihm kommen und eine Anleitung zu Gehorsamsschritten erlangen – für den Alltag, für die großen und kleinen Entscheidungen, in denen wir uns gerade befinden.

Damit es zu solchem lebendigem Bibellesen unter dem Herrn und in der Zwiesprache mit ihm kommt, so daß wir sozusagen bei unserem Bibellesen auf die beste Weise »auf Empfang«, auch auf Befehlsempfang, gehen, dazu sollen die folgenden Anregungen dienen. Ich meine nicht, daß wir dazu gewisse Regeln schematisch handhaben müßten; aber es sind doch einige Grundsätze, die hierbei dienlich sein können. Vor allem kommen wir dadurch beim Bibellesen ein ganzes Stück weiter, daß wir bestimmte Fragen an den Bibeltext stellen, den wir gerade lesen.

Vom Umgang mit Bibeltexten

Fragen an den Text

Im Blick auf alle Auslegung und Anwendung eines Bibeltextes gilt grundsätzlich der Satz von Johann Albrecht Bengel:

Wende dich ganz dem Text zu und dann wende den Text ganz auf dich an.

Sich dem Text zuzuwenden heißt, daß wir bei einem Bibeltext zunächst einfach sehen: Was steht da? Was geschah vor 2000 Jahren (oder irgendwann sonst)? Und den Text auf sich anzuwenden bedeutet, daß man – was sehr häufig unmittelbar möglich ist – davon ausgehen kann: So handelt Gott bzw. Jesus mit mir heute auch.

Es sind drei Gruppen von Fragen an einen Bibeltext:

1. Was tat hier Gott bzw. Jesus? Und was tut Er demgemäß heute?

In sehr vielen Texten der Bibel ist Gott bzw. Jesus Subjekt (Satzgegenstand), also der Handelnde. Dort sollte man fragen: Was tat hier Gott bzw. Jesus? In Jesus ist ja Gott für uns nahe geworden; Jesus ist sozusagen die uns zugewandte Seite Gottes: »Wer mich sieht, der sieht den Vater!« (Joh 14,9).

Ist Gott bzw. Jesus Subjekt des Textes, so ist es verhältnismäßig leicht, die erste oben gestellte Frage zu stellen und zu beantworten. Es ist gut, dabei rein äußerlich auf die Verben (Zeitwörter) zu achten.

Damit verbindet sich die Frage: Was tut Er demgemäß heute? Grundsätzlich ist zu sagen: Gott bzw. Jesus ist »gestern und heute und derselbe auch in Ewigkeit« (Hebr 13,8). Wie Er damals mit Menschen umging, so geht er auch heute mit uns um.

Das kann man freilich nicht ganz verallgemeinern. Denn es gibt frühere Phasen der Weltgeschichte und der Heilsgeschichte; daher konnten Menschen in der Vergangenheit besondere Aufträge bekommen, die wir heute so nicht ohne weiteres empfangen. Und doch sehen wir auch bei solchen Menschen unschwer das Allgemeingültige, das für alle Glaubende Gültige. Insbesondere hier gilt der oben zitierte Satz von Johann Albrecht Bengel: »Wende dich ganz dem Text zu und dann wende den Text ganz auf dich an.«

2. Inwiefern gibt mir der Text *während* des Lesens Anlaß zum Danken, Bußetun, Bitten und Fürbitte-Tun?

Diese Fragegruppe dreht sich grundsätzlich darum, inwiefern mir ein Bibeltext dazu Anlaß gibt, in eine Zwiesprache mit meinem Herrn einzutreten.

Danken, Bußetun, Bitten und Fürbitte-Tun sind dabei die vier Punkte, die sich immer wieder auch in meinem persönlichen Umgang mit der Bibel bewährt haben.

Ich will nicht verheimlichen, wie ich auf diese vier Punkte gekommen bin. Martin Luther war einmal bei seinem Friseur, und es entwickelte sich ein gutes Gespräch. Der Friseur hatte nämlich eine sehr ernste Frage an Martin Luther: »Ich möchte auch gerne beten, aber ich bin immer so schnell damit fertig. Wie soll ich denn beten?« Luther sagte ihm, was sich bei ihm selbst bewährt hatte: Wenn er das Vaterunser betete, so wand er um jede einzelne Bitte ein vierfaches »Kränzlein« – des Dankes, der Buße, der Bitte und der Fürbitte.

Das gilt nicht nur für das Vaterunser, sondern auch für die anderen Texte der Bibel (etwa für den Text der täglichen Bibellese), daß man dieses vierfache »Kränzlein« drum herumwinden kann: Inwiefern gibt mir jetzt, während ich über meine Bibel gebeugt bin und Stille Zeit halte, dieses spezielle Wort in spezieller Weise Anlaß, zu danken, Buße zu tun, zu bitten und Fürbitte zu tun?

3. Inwiefern gibt der Text *nach* dem Lesen Anlaß zum Tun, Lassen und willigen Erleiden?

Ein Bibeltext will uns nicht nur veranlassen, während des Lesens zu beten, sondern uns auch entsprechend zu verhalten, wenn wir die Bibel wieder zugeschlagen haben.

Viele Christen haben – wie auch ich – die Erfahrung gemacht, daß man gerade beim Gebet, in der Stille vor Gott, in der Fürbitte für Menschen Aufträge bekommt. Vielleicht soll man einem Menschen einen Brief schreiben, jemandem besonders freundlich begegnen, dies oder jenes tun, jemanden um Verzeihung bitten, etwas ausräumen, das das persönliche Verhältnis zu Gott stört... Gerade wenn man so »auf Empfang« ist wie beim betenden Lesen des Wortes Gottes, ist man weisungsbereit und empfängt auch Weisungen. Dabei kann es sogar geschehen, daß man eine Weisung für eine Lebensaufgabe bekommt.

Auf jeden Fall ist es ganz wichtig, daß wir immer wieder diese Stille Zeit haben, in der wir nicht eigenen frommen Gedanken nachhängen, sondern schlicht auf Gottes Wort hören und unter dem Lesen eines konkreten Textes das, was vor uns steht, den eigenen Lebenskreis, durchgehen, durchbeten und so immer wieder eine Kurskorrektur durch den Herrn empfangen.

Das ist für Christen enorm wichtig; und Menschen, die segensvoll wirken und vollmächtig reden und handeln, sind es, die aus solch einer Stille vor Gott kommen. Das kann immer wieder beobachtet werden. Im Blick auf das Tun, das Lassen und das willige Erleiden schenkt Gott also Weisungen.

Dieser Fragenkreis an einen biblischen Text kann unser Hören auf Gottes Wort ordnen und vertiefen. Meiner Meinung nach muß aber nicht immer an alles, was oben aufgezählt ist, gedacht werden. Es geht nicht darum, dabei strikt schematisch zu verfahren, aber ein gewisses Einüben im Blick auf die persönliche Bibellese ist ganz besonders hilfreich. Man benötigt dann vielleicht ein wenig mehr Zeit dafür und wird wohl nur kürzere Bibeltexteinheiten lesen. Vielleicht ist es auch nur ein einziger Vers, an dem man hängenbleibt. Aber es kommt dann auch innerlich etwas dabei heraus: Man wird gefördert, der Umgang mit dem Herrn wird stetiger, und man erfährt die Korrekturen, die für den Alltag nötig sind.

Beispiele

An zwei Texten seien beispielhaft die Anregungen demonstriert, die ich oben dargelegt habe, so daß in der Praxis deutlich wird, wie der oben gezeigte Umgang mit Bibeltexten aussehen kann.

Erstes Beispiel: *Das Vertrauen festhalten* (Text: die Auferweckung der Tochter des Jaïrus; Markus 5,22–24a.35–43)

>»Da kam einer von den Vorstehern der Synagoge, mit Namen Jaïrus. Und als er Jesus sah, fiel er ihm zu Füßen und bat ihn sehr und sprach: Meine Tochter liegt in den letzten Zügen; komm doch und lege deine Hände auf sie, damit sie gesund werde und lebe. Und er ging hin mit ihm.«
>
>Anschließend wird erzählt, daß eine erhebliche Verzögerung und Unterbrechung dieser Geschichte dadurch eintrat, daß Jesus eine sog. »blutflüssige« Frau heilte (V. 24b–34). Zu der Verzögerung kam es auch deshalb, weil Jesus nicht einfach diese Frau heilen wollte, sondern auch ins Gespräch mit ihr kam, um sie innerlich weiterzuführen.
>
>Die Geschichte der Tochter des Jaïrus geht dann so weiter: »Als er noch so redete, kamen einige aus dem Hause des Vorstehers der Synagoge und sprachen: Deine Tochter ist gestorben; was bemühst du weiter den Meister? Jesus aber hörte mit an, was gesagt wurde, und sprach zu dem Vorsteher: Fürchte dich nicht, glaube nur! Und er ließ niemanden mit sich gehen als Petrus und Jakobus und Johannes, den Bruder des Jakobus. Und sie kamen in das Haus des Vorstehers, und er sah das Getümmel, und wie sehr sie weinten und heulten. Und er ging hinein und sprach zu ihnen: Was lärmt und weint ihr? Das Kind ist nicht gestorben, sondern es schläft. Und sie verlachten ihn. Er aber trieb sie alle hinaus und nahm mit sich den Vater des Kindes und die Mutter und die bei ihm waren, und ging hinein, wo das Kind lag, und ergriff das Kind bei der Hand und sprach zu ihm: Talita kum! – das heißt übersetzt: Mädchen, ich sage dir, steh auf! Und sogleich stand das Mädchen auf und ging umher…«

An diese Geschichte sind zuerst folgende Fragen zu richten: *Was tat hier Jesus? Was tat hier Gott? Und was tut Er demgemäß grundsätzlich auch an uns?*

Dies sind die Schritte, die Jesus in der Geschichte von der Auferweckung der Tochter des Jaïrus unternimmt:

a) Nachdem Jaïrus vor Jesus niederkniete und seine Sache vorbrachte, heißt es: »Und er (Jesus) ging hin mit ihm.« Jesus ging also voran und Jaïrus neben oder hinter ihm her.

Das bedeutet für uns heute: Jesus ist erreichbar und läßt sich um etwas bitten, das er tun will.

b) Jesus ließ Jaïrus sodann warten und befaßte sich mit einem anderen Menschen. Jaïrus wurde auf die Geduldsprobe gestellt. Er war sofort in Versuchung zu sagen: ›Es ist ja ganz schön, Herr Jesus, daß du die Bereitschaft erklärt hast, mitzugehen; aber mir brennt der Boden unter den Füßen, und ich muß nach Hause zu meiner sterbenden Tochter. Wenn du mitgegangen wärst, so wäre mir das lieb gewesen. So muß ich eben ohne dich gehen; aber ich *muß* heim.‹

Jesus läßt uns immer wieder warten, stellt uns auf die Geduldsprobe.

c) Was das Ganze noch mehr erschwerte ist, daß es schlimmer statt besser kam. Während Jesus ansonsten auch über größere Entfernungen hinweg Menschen heilte (vgl. etwa Mt 15,21–28 par Mk 7,24–30), wurde in diesem Falle die Tochter des Jaïus nicht nur nicht geheilt, sondern Jaïrus bekommt die niederschmetternde Nachricht: »Deine Tochter ist gestorben; was bemühst du weiter den Meister?« Diese Nachricht schiebt sich wie einen Keil zwischen Jesus und Jaïus. Jaïrus war nun ganz gewiß in Versuchung zu sagen: ›Herr Jesus, ich danke dir für deine Bereitschaft. Aber nun kann man ja nichts mehr machen.‹ Diese Menschen gingen offenkundig davon aus, daß Jesus wie ein guter Arzt noch etwas hätte ausrichten können, solange das Mädchen krank war und noch lebte. Sie meinten, Jesus sei vielleicht stärker als die Krankheit, doch der Tod sei mächtiger als jeder Mensch, auch als Jesus.

Es wird auch gelegentlich in unserem Leben durch die Anfechtungen gehen, daß etwas, nachdem wir gebetet haben, zunächst nicht besser, sondern schlimmer wird, daß also Erschwernisse eintreten. Wir haben daher damit zu rechnen, daß es im Glaubensleben durch Bewährungsproben hindurchgeht.

d) Jesus sagte Jaïrus, diesem Mann, dessen Glaube zusammenzubrechen drohte, in dieser Situation ein wunderbares Wort: »Fürchte dich nicht, glaube nur!« Jesus sprach dabei nicht davon, was er selbst demnächst tun werde. Jesus forderte von Jaïrus lediglich das Vertrauen zu ihm, Jesus. Es ist, als ob Jesus um diesen Mann den Arm legte und ihn mit seinem Glauben stützte. So gingen die beiden weiter, auf das Haus zu. Jaïrus wußte nicht, was auf ihn zukommen würde.

So spricht unser Herr auch zu uns, wenn wir keinen Rat wissen und nicht erkennen können, ob und was die Zukunft uns bringen wird: ›Vertrau dich mir an, hab' keine Angst! Laß mich nur machen.‹ Das ist ein Gang ins Dunkel, bei dem ER aber dabei ist und den schwachen Glauben stützt. »Wenn ich auch gar nichts fühle von deiner Macht, du bringst mich doch zum Ziele, auch durch die Nacht« (aus dem Lied »So nimm denn meine Hände«, EKG Württ. 561). Das tat und tut Jesus.

So ging er auch durch den eigenartigen Leichenchor hindurch, den man in damaliger Zeit zusammengerufen hat: die Klagefrauen, die nicht nur den

Herrn Jesus, sondern sicher auch den Jaïrus auslachten. Man holt doch keinen Arzt mehr, wenn der Tod schon eingetreten ist, sondern allenfalls den Leichenbeschauer und den Totengräber!

e) Jaïrus ging mit Jesus tapfer durch all das hindurch; und das Schlußergebnis war, daß Vater, Mutter, Kind und der Herr Jesus vor den Trauergästen ganz tröstlich standen, so daß sie sich an ihm freuten und ihm dankten.

Es wird das Schlußergebnis im Blick auf unsere persönlichen Sorgen, wenn wir diese vor Jesus ausbreiten, und auch im Blick auf die Probleme und Nöte der ganzen Welt lauten: »Sein Rat ist wunderbar, und er führt es herrlich hinaus« (Jes 28,29).

Als Zweites ist zu fragen: *Inwiefern gibt uns dieser Text Anlaß zu Dank, Buße, Bitte und Fürbitte?*

Es legt sich ja sofort nahe, daß man beim Lesen und Nachdenken über einen solchen Text *dankend* sagt: ›Lieber Herr, ich habe wie Jaïrus mit diesem und jenem zu tun, diese und jene Aufgabe, habe mit allen möglichen Menschen zu tun. Ich freue mich, daß ich dich habe. Ich danke dir, daß du dich bitten läßt und mich so wie damals Jaïrus hörst und erhörst.‹ Das gibt Anlaß zur *Buße*, so daß man sagt: ›Ich bin ›umgefallen‹ und habe mein Vertrauen weggeworfen im Blick auf diese und jene Angelegenheit, die ganz anders hätte verlaufen können, wenn ich das Vertrauen nicht so schnell aufgegeben hätte.‹

Bitte und Fürbitte finden wir in der Geschichte dort, wo Jaïrus für seine Tochter bat. Es geht mir selbst beim Beten sehr häufig so, daß ich mich mit solchen biblischen Gestalten, mit betenden Menschen der Bibel, identifiziere. So kann man zum Beispiel bitten: ›Herr, dieser Jaïrus möchte ich jetzt sein. So will ich dir auch diese und jene Menschen fürbittend anbefehlen. Die kanaanäische Frau möchte ich jetzt sein. Mose auf dem Berg – das möchte ich jetzt sein. Der fürbittende Abraham möchte ich jetzt sein.‹ Ich meine, gerade wenn man sich so mit den Betern der Bibel identifiziert, dann ist das eine wunderbare Schule unseres Betens in ganz bestimmten Situationen. So kommt man durch die Zeit der Stille über solch einem Text hinein in die Zwiesprache mit dem Herrn heute.

Die dritte Frage ist: *Inwiefern ist der Text mir Anlaß, etwas zu tun, zu lassen oder etwas zu erleiden?*

Was ist zu tun? Man kann nach der Stille über dem o. g. Text zum Beispiel einem anderen Menschen etwas von Jesus zu sagen. Jaïrus hat auch durch irgendjemanden von Jesus erfahren – vielleicht durch seine eigene Frau, die gesagt hat: ›Ich kann ja nicht das Kind verlassen. So tue du mir den Gefallen und gehe zu Jesus, von dem ich gehört habe, daß er in unserer Stadt sei.‹

Wir sollten für Menschen in Not sicherlich auch beten, aber vielleicht noch mehr für sie tun: etwa ihnen sagen, wie es uns und anderen mit Jesus ergangen ist. Man kann ihnen anbieten, es auch einmal zu versuchen, die Zuflucht zu Jesus zu nehmen. Manche Leute meinen ja, nur andere – bekehrte – Menschen könnten und dürften beten und sie selbst könnten und dürften das nicht auf diese Weise. Solchen Menschen kann man eine Hilfestellung dazu geben, wie sie vor Gott ihr Herz ausschütten können. Wenn sie sich an Jesus wenden, wird er schon mit ihnen weitermachen.

Der Text gibt aber auch eine Weisung, etwas zu lassen. Ich kann zum Beispiel mein Reden dahingehend prüfen und korrigieren, daß ich die anderen in ihrem Vertrauen zu Jesus stärke und dieses Vertrauen nicht mindere. Manchmal tun Christen, die schon länger gläubig sind, jüngeren Christen einen schlechten Dienst, wenn sie meinen, sie müßten den Jüngeren in irgendeiner Hinsicht Nüchternheit lehren. Freilich muß man Nüchternheit lehren, aber im Sinn eines biblischen Realismus – eines Realismus des Glaubens – und nicht eines Realismus des Unglaubens.

Zweites Beispiel: *Die letzte Chance* (Text: das Gleichnis vom Feigenbaum; Lukas 13,6–9)

Damit nicht der Eindruck entsteht, daß die oben genannten Fragegruppen gerade auf den damit ausgelegten Bibeltext Markus 5,21 ff. gut passen, in ihrer Anwendung auf andere Bibeltexte aber weniger geeignet sind, führe ich noch ein zweites Beispiel an.

> Jesus erzählte einigen Juden, die zu ihm gekommen waren, ein Gleichnis: »Es hatte einer einen Feigenbaum, der war gepflanzt in seinem Weinberg, und er kam und suchte Frucht darauf und fand keine. Da sprach er zu dem Weingärtner: Siehe, ich bin nun drei Jahre lang gekommen und habe Frucht gesucht an diesem Feigenbaum, und finde keine. So hau ihn ab! Was nimmt er dem Boden die Kraft? Er aber antwortete und sprach zu ihm: Herr, laß ihn noch dies Jahr, bis ich um ihn grabe und ihn dünge; vielleicht bringt er doch noch Frucht; wenn aber nicht, so hau ihn ab.«

Dieser Text hat eine ganz bestimmte heilsgeschichtliche Bedeutung, einen ganz bestimmten heilsgeschichtlichen Ort. Dieses Gleichnis vermittelt den Einblick in ein ganz bestimmtes Geschehen zwischen dem Vater und dem Sohn im Blick auf Israel nach dreijähriger Wirksamkeit Jesu. Der Vater sagt: ›Drei Jahre lang habe ich Frucht gesucht – Frucht aus deinem [des Sohnes] Wirken an Israel. Ich suchte vergeblich. Jetzt ist es an der Zeit, daß Israel verworfen, abgehauen wird.‹ Daran schließt sich die Fürbitte des Sohnes, des »Weingärtners«, gegenüber dem Besitzer des »Feigenbaumes« an. (Israel wird auch an anderen Stellen der Bibel als »Feigenbaum« bzw. als »Weinberg« bezeichnet.) Daraufhin erteilt der Besitzer des Feigenbaums die Weisung, noch einmal ein Jahr lang zu warten, dem Baum noch eine Chance, eine vermehrte Segnung zu geben (»...bis ich um ihn grabe und ihn dünge...«).

Wir Christen sind nicht Israel – und doch handelt Gott auch heute so. Er wendet lange Zeit – vielleicht jahrelang – Arbeit auf einen einzelnen Menschen an, aber auch auf eine Gemeinde, eine Kirche, ein Volk. Gott tut das, damit daraus Frucht erwachse. Diese Frucht ist ein Gott gehorsames, jesusähnliches Leben. Das ist nur *eine einzige* Frucht – und sind nicht viele *Früchte* –, ist das, was Paulus in Galater 5,22 auffächert (»Liebe, Freude, Friede, Geduld...«). Es ist das eine Jesusleben, das Gott von denen erwarten kann, an denen er arbeitet. Die Kinder, die Söhne Gottes sollen dem einen Sohn gleichgestaltet werden. Darauf wartet Gott und hält danach Ausschau.

Dazu kommt die Fürbitte unseres Herrn. »Wir haben einen Fürsprecher bei dem Vater, Jesus Christus« (1. Joh 2,1 b); und »die Geduld unseres Herrn erachtet für eure Rettung« (2. Petr 3,15 a); und »weißt du nicht, daß dich Gottes Güte zur Buße leitet?« (Röm 2,4 b). Vielleicht gibt Gott einem Menschen, an dem er arbeitet, vermehrt Freundlichkeit in äußeren Dingen, auf daß Gottes Güte ihn zur Buße leite. Aber das ist eine letzte Chance; es geht nicht immer so weiter, und dann und wann hört Gott auch mit einem Menschen auf. Das ist die ernste Sprache dieses Wortes in Lukas 13: Man darf mit der Gnade Gottes nicht Mutwillen treiben, nicht mit ihr spielen.

Inwiefern gibt dieser Text Anlaß zum Danken? Man kann über dem Lesen dieses Textes zum Beispiel für Gottes Geduld danken: »Herr, ich danke dir für deine Langmut bisher, für deine Güte, die mich zur Buße leiten will. Du weißt, wie es in dieser Hinsicht bei mir steht. Zeige mir mein Wesen im Spiegel deines Wortes, auch meine Worte, meine Taten, meine Gedanken, meine Stimmungen, mein Alleinsein, mein Begegnen mit anderen Menschen, mein privates und mein berufliches Leben.« Vielleicht klaffen der Sonntag und der Werktag auseinander – dann ist das eine Gelegenheit zur Buße und zu der Bitte: »Lieber Herr, laß doch das, was du auf mich verwendest, nicht umsonst sein! Komm an dein Ziel; laß deinen Geist an mir voll zur Wirkung kommen! Mach mich für dich fruchtbar.«

Wir sollen aber nicht nur im Blick auf uns bitten oder für etwas danken, das wir oder andere von Gott erhalten haben, sondern in der Fürbitte vor

Gott für Menschen einstehen: »Herr, hilf, daß diese Menschen durch Leid und Glück innerlich weiterkommen!«

Man bekommt dadurch auch Weisungen für das, was danach zu tun ist. Man erkennt, was man mit wem zu reden hat, und bittet darum, daß Gott Gelegenheiten zu solchem Gespräch schenken möge. So kann man etwa seinen Mitmenschen in Familie und Beruf Anregungen geben, darüber nachzudenken, welche Ziele Gott damit verfolgt, daß er ihnen so viele Gaben schenkt. Man kann ihnen deutlich machen, daß es nicht darum geht, wie ein Baum zu sein, der mit schönen Blättern einfach dasteht, sondern daß Gott Frucht erwartet. So kann man mit anderen das Gespräch suchen und dafür Weisung und Weisheit von Gott erbitten.

Zusammenfassung

Die hier genannten Regeln und Grundsätze sollen nicht – wie gesagt – zu einem schematisierten Umgang mit der Bibel anleiten, sondern Hilfestellung für das persönliche Bibellesen und für das Weitersagen des Wortes Gottes an andere vermitteln. Man muß darauf achten, daß man dann, wenn man anderen viel weitersagen möchte, doch ja nicht nur die Bibel unter der Frage liest: ›Was kann ich von dem Gelesenen anderen weitersagen?‹ Denn sonst geht das Wort, das uns durch das Herz gehen soll (vgl. Hebr 4,22), an uns vorbei. Daher ist es ganz wichtig, Bibeltexte ausschließlich für sich selbst und im Blick auf sich selbst zu lesen, damit man das Reden und Handeln Gottes in seinem Wort auch an sich selbst erfährt.

Nachwort des Herausgebers

Fritz Grünzweig ist am 24. November 1989 gestorben. Die Realisierung des vorliegenden Werkes konnte er nicht mehr begleiten und überwachen. Daß dieses Werk erscheint, geht auf seine eigene Anregung zurück: Im August 1989 schlug er dem Verleger Friedrich Hänssler vor, sein Gemeindeseminar »Einführung in die Bibel« in Buchform einer breiteren Öffentlichkeit zugänglich zu machen. Er war sich bewußt, daß es dazu einer Umarbeitung der vorliegenden Materialien bedurfte, die er in seiner Autobiographie erwähnte:

> »In den beiden letzten Jahren meines Dienstes in Korntal führte ich in den Gemeindebibelstunden, die damals trotz vieler anderer Wochenveranstaltungen unserer Gemeinde unter alt und jung von etwa zweihundert Teilnehmern besucht waren, auch von auswärtigen, in alle biblischen Bücher ein. Zu jeder Stunde hatte ich einige Folien für den Tageslichtschreiber gezeichnet und auch schon zu Beginn eine Zusammenfassung des an diesem Tag Vorzutragenden vervielfältigt und zum Mitnehmen ausgelegt. Nicht wenige junge Menschen nahmen teil, besonders solche, die Jugendkreise hielten bzw. in Zukunft halten wollen. Die zahlreichen abgezogenen Blätter taten einen Dienst auch weit über den Teilnehmerkreis hinaus und tun ihn zum Teil noch heute« (F. Grünzweig, ...zu rühmen Seinen Ruhm, Wuppertal/Neuhausen-Stuttgart 1988, S. 125).

Diese »Einführung in die biblischen Bücher« wurde aus den oben genannten Materialien und Vorlagen zusammengestellt (also aus den kopierten Blättern, die die Zusammenfassung seiner Ausführungen enthalten, aber auch Zeichnungen, die das Gesagte veranschaulichen sollen).

Doch das wäre zu wenig gewesen, um dieses Buch mit der Fritz Grünzweig eigentümlichen Erläuterung und Auslegung der Bibel zustandezubringen. Denn die Zusammenfassungen des Verfassers sind gewissermaßen wie Gerippe, an denen das »Fleisch« – die lebendige, den Hörer bzw. Leser ansprechende Schriftauslegung – fehlt. Die Gemeindebibelstunden wurden aber erfreulicherweise per Tonaufzeichnung festgehalten, und durch diese Tondokumente ist es möglich geworden, Fritz Grünzweigs Bibelauslegung umfassender in diesem Werk wiederzugeben als es allein anhand der schriftlichen Aufzeichnungen möglich gewesen wäre. Insbesondere die seelsorgerlichen Einflechtungen Fritz Grünzweigs scheinen es wert zu sein, Bibelkunde und Schriftauslegung zu ergänzen. Sie sind darum weitgehend belassen worden, bis auf solche Aussagen, die zu sehr zeitverhaftet waren und deren Aktualität nicht mehr gegeben ist.

Beide vorliegende Textformen – die hektografierten Blätter und die Toncassetten – mußten von mir zu einer einzigen lesbaren Textfassung zusammengearbeitet werden. Dabei war zu berücksichtigen, daß die Texte der Hektografien zwar vollständiger, aber zu knapp waren, um so schlichtweg in dieses Werk aufgenommen zu werden. Sie enthalten vielfach lediglich die Anführung der wichtigsten Zitate des jeweiligen biblischen Buches. Andrerseits ist Fritz Grünzweig in seinen Gemeindebibelstunden des öfteren selektiv verfahren: In jeweils einer Stunde hat er ein biblisches Buch vorgestellt, und er mußte sich, der Kürze der Zeit wegen, vor allem bei den längeren Büchern der Bibel (z.B. 5. Buch Mose, Jesaja) auf *die* Kapitel beschränken, die aus seiner Sicht die wichtigsten sind.

Als Herausgeber und betreuendem Lektor dieses Werkes oblag mir die Aufgabe, aus allen vorliegenden Materialien ein einheitliches Werk zu gestalten, das trotz aller notwendigen editorischen Eingriffe die Grünzweigsche Diktion möglichst weitgehend beibehält. Der Aufbau sowohl der Gemeindebibelstunden wie auch dieses Buches im großen und ganzen war bzw. ist durch die Reihenfolge der biblischen Bücher vorgegeben.

Die Einteilung sowie die Überschriften und Unterüberschriften der einzelnen Kapitel stammen nahezu immer von Fritz Grünzweig. Lediglich dort, wo ich es als für die Übersichtlichkeit unverzichtbar ansah, habe ich Unterüberschriften eingefügt, die dem Leser den Gebrauch des Werkes erleichtern sollen.

Der Wortlaut der Toncassetten ist ziemlich vollständig übernommen worden, mußte aber sprachlich und stilistisch überarbeitet werden. Auch war es unumgänglich, den von den Toncassetten übernommenen Text mit dem der kopierten Blätter in Einklang zu bringen.

Dabei bin ich als Herausgeber nach bestem Wissen und Gewissen so verfahren, daß, wie ich meine, der Intention und dem Anliegen Fritz Grünzweigs weitgehend Rechnung getragen worden ist. An einigen Stellen, an denen es sich nahelegte, habe ich Verweise auf andere Werke Fritz Grünzweigs eingefügt, in denen das, was hier mitunter kurz und knapp erläutert ist, ausführlicher nachgelesen werden kann. An zwei Stellen im alttestamentlichen Teil des Werkes wurden auf Wunsch des Verlages längere Fußnoten eingefügt.

Die Grafiken, ursprünglich von Fritz Grünzweig im Block dem jeweiligen Kapitel vorangestellt, wurden den Textstellen zugeordnet, in denen darauf Bezug genommen ist. Von Georg Ozory wurden die Abbildungen nach den Vorlagen von Fritz Grünzweig, die für die Druckwiedergabe in einem Buch nicht tauglich waren, neu erstellt.

Mein Dank gilt Frau Liselotte Grünzweig und Fräulein Maria Haubensack, die dieses Projekt mit großem Interesse begleiteten und bei auftauchenden Problemen immer bereitwillig geholfen haben.

Ich hoffe, daß das hiermit vorgelegte Werk der Gemeinde Jesu in ihrem Hören auf die Bibel einen guten Dienst leisten wird.

Nellingen, den 30. September 1991 Stephan Zehnle

hänssler

BIBELWISSEN

Erstmals: Die gesamte Bibel erklärt und ausgelegt

Herausgegeben von John F. Walvoord und Roy B. Zuck

„Das konsequente hermeneutische Verständnis der Bibel als der von Gottes Geist eingegebenen Heiligen Schrift macht diese fünfbändige Studienausgabe zum Alten und Neuen Testament zu einer bedeutsamen Bereicherung bereits veröffentlichter Bibelkommentare."
Kurt Hennig, Dekan i. R.

* **Abschnittsweise Auslegung unter besonderer Berücksichtigung schwer verständlicher Verse**

* **Bedeutung von Schlüsselbegriffen im hebräischen und aramäischen Grundtext**

* **Erhellung von „Widersprüchen" des biblischen Textes**

* **Hintergrund-Information und geschichtliche Zusammenhänge**

Dieses neue Kommentarwerk erschließt dem Leser die faszinierende Welt und die heilsgeschichtliche Bedeutung des Alten und Neuen Testaments, die bisher selbst vielen Christen lebenslang Verständnisschwierigkeiten bereitet. Die Texte sind leicht lesbar und dennoch theologisch fundiert.
Weil alle Autoren dem Dallas Theological Seminary zuzuordnen sind, haben alle Beiträge eine gemeinsame bibeltreue Grundlinie, die sich durch die Kommentierung aller Texte zieht.
Das Werk vermeidet sowohl die Weitschweifigkeit mancher anderer Kommentare wie auch die Oberflächlichkeit mancher Kurzkommentare,
Konzeption und Aufbau ermöglichen eine schnelle Einarbeitung in die Texte, mit denen sich ein Ausleger oder Bibelleser befassen will.

Das Leben Jesu

Die authentische Biographie mit Erklärungen

Die Idee

»Das Leben Jesu« bietet die Texte der vier Evangelisten in einer einzigartigen Zusammenschau. Die Schilderungen der vier Evangelisten wurden so zusammengestellt, daß sich Jesu Leben und Dienst vor den Augen des Lesers in der historisch möglichen Abfolge der Ereignisse entfaltet. Der Evangelienharmonie ist ein ausführlicher Anmerkungsteil beigefügt, in dem der Autor die einzelnen Unterschiede zwischen den Evangelien detailliert erörtert.

Der Bibeltext

Die Neue Genfer Übersetzung entstand aus der Überarbeitung des Textes der Schlachter-Bibel. So entstand eine völlig neue Übersetzung, die den Wortlaut des Neuen Testamentes in die Sprache unserer Zeit überträgt. Das Ergebnis ist ein sehr gut lesbarer Text, der sich durch sprachliche Frische und Urtexttreue auszeichnet.

Die Anwendung

Dem Bibelleser bringt dieses Werk Jesu Taten und Worte sowie sein Leben auf eine neue, unmittelbare Weise nahe. Der Anhang macht es dem fachkundigen Leser möglich, den Weg zu verstehen und nachzuvollziehen, auf dem der Verfasser diese Evangelienharmonie erstellt hat.

Gb., ca. 400 S.,
Nr. 391.652
ISBN 3-7751-1652-4

Erscheint: Juni'92

Bitte fragen Sie in Ihrer Buchhandlung nach diesem Buch! Oder schreiben Sie an den Hänssler-Verlag, Postfach 12 20, W-7303 Neuhausen-Stuttgart